現代民事法学の理論

下巻

謹んで
西原道雄先生に捧げます

執筆者一同

〔執筆者一覧〕© 2002 掲載順

1	大島　和夫（おおしま　かずお）	神戸市外国語大学外国語学部教授
2	髙森八四郎（たかもり　はちしろう）	関西大学法学部教授
3	千葉恵美子（ちば　えみこ）	名古屋大学大学院法学研究科教授
4	吉田　光碩（よしだ　みつひろ）	近畿大学法学部教授
5	木村　仁（きむら　ひとし）	岡山大学法学部助教授
6	石尾　賢二（いしお　けんじ）	神戸商科大学商経学部教授
7	越山　和広（こしやま　かずひろ）	香川大学法学部助教授
8	岡本　智子（おかもと　ともこ）	広島大学法学部教授
9	五十嵐　清（いがらし　きよし）	北海道大学名誉教授
10	山田　卓生（やまだ　たかお）	日本大学法学部教授
11	稲垣　喬（いながき　たかし）	弁護士
12	金川　琢雄（かながわ　たくお）	金沢医科大学医学部教授
13	唄　孝一（ばい　こういち）	東京都立大学名誉教授
14	徳本　伸一（とくもと　しんいち）	金沢大学法学部教授
15	道垣内弘人（どうがうち　ひろと）	東京大学大学院総合文化研究科教授
16	伊藤　昌司（いとう　しょうじ）	同志社大学法学部教授
17	松倉　耕作（まつくら　こうさく）	南山大学総合政策学部教授
18	塙　陽子（はなわ　ようこ）	元摂南大学法学部教授
19	高橋　眞（たかはし　まこと）	大阪市立大学大学院法学研究科教授
20	岸田　雅雄（きしだ　まさお）	神戸大学大学院法学研究科教授
21	藤原淳一郎（ふじわら　じゅんいちろう）	慶應義塾大学法学部教授
22	草薙　真一（くさなぎ　しんいち）	神戸商科大学商経学部助教授
23	滝川あおい（たきがわ　あおい）	司法書士
24	荒木　誠之（あらき　せいし）	九州大学名誉教授
25	桑原　洋子（くわはら　ようこ）	皇學館大学社会福祉学部教授
26	樫村　志郎（かしむら　しろう）	神戸大学大学院法学研究科教授

佐智子夫人と

現代民事法学の理論

西原道雄先生古稀記念

下巻

編集代表

佐藤　進・齋藤　修

信　山　社

はじめに

神戸大学名誉教授西原道雄先生は、平成一一年九月に古稀を迎えられ、現在は近畿大学教授としてご活躍中である。西原先生は、学者としてこれまでの民法、損害賠償法、公害法、社会保障法、法社会学等の諸分野における研究・教育、学術活動を通じて、我が国の学界に多大なる貢献をされた。また、神戸大学における教育活動を通じて、教育者として多くの優秀な研究者を育成された。西原先生にご指導頂き、現在までご縁があって親交を持つ私どもが力を合わせて、先生から賜った学恩に対してささやかなお返しをするとともに、学界に対する学問的発展に寄与できれば幸いであると考え、西原道雄先生古稀記念論文集『現代民事法学の理論上下(全二巻)』の刊行のために尽力することになった。幸いにも、我が国の法律学の諸分野において活躍されている多くの先生方にご執筆頂くことができ、また、信山社の全面的な協力を得て、質・量ともに西原先生の古稀記念論文集に相応しい内容にすることができた。論文集の公刊の趣旨に賛同され、ご多用中にもかかわらずご協力頂いた皆様方に心より厚く御礼申し上げる。

先生は、昭和四年九月二一日に商法学の泰斗西原寛一博士のご長男として出生された。昭和二七年三月に東京大学法学部を卒業され、同年四月より昭和三〇年三月まで東京大学大学院で研究奨学生として民法学の泰斗我妻栄博士に師事され、川島武宜博士の指導も受けられて、民法学の研究に勤しまれた。

その後、昭和三〇年四月に神戸大学法学部講師として着任され、三二年に助教授、四一年から平成五年三月に退官されるまで教授として活躍された。その間の昭和五七年四月から昭和五九年三月まで神戸大学法学部長兼大学院法学研究科長を歴任された。退官後は、神戸大学名誉教授となられるとともに、近畿大学教授になられ、平成七年一〇月から一一年九月まで近畿大学大学院法学研究科長として活躍された。

西原先生は、学究生活の当初には家族法を中心として、特に扶養の問題について学問的情熱を傾注された。民法学を取り巻く当時の社会的環境は、戦後の我が国における民主主義が、憲法の制定とともに生成しようとする時期であり、家制度が法律上廃止され、新たな個人主義の樹立が必要となる状況にあった。西原先生は、当時、家族法の中でも、特に脚光を浴びていた中川善之助博士の扶養理論に学問的関心を示され、扶養の研究は社会保障法への展開とともに、その後のライフワークの一分野にもなっている。

昭和三四年九月から二年半にわたって、ドイツのケルン大学に赴かれた。ケルン大学ではケーゲル教授のもとで研究され、この間の長期のドイツでの研究生活が、西原先生の天賦の語学的才能と融合して、卓越したドイツ語の能力を開花させただけでなく、その後のドイツ損害賠償法の研究にとって必要な学問的素養を身につけられたといえよう。ドイツ語で発表された諸論文は、ドイツにおいても希少価値のある信頼度の高い必読文献として高く評価されている。先生が神戸大学に在職中に神戸大学を訪れた全てのドイツ及びスイスの法学者が、先生の堪能な語学力のお陰で、不自由なく過ごすことができ、先生が国際親善に多大なる功績を果たされたことは、周囲の認めるところである。また、ドイツ及びスイス等の大学に留学する際、先生に推薦状や紹介状を書いて頂けたことで、当地で優遇された経験を持つ日本の大学教授も多数に上っている。

昭和三九年に開催された日本私法学会での大会報告「生命侵害・傷害における損害賠償」（私法二七号）の中で、損害賠償法における損害概念及び過失相殺等についての斬新かつ啓発的な主張がなされた。この内容は、より詳細に「人身事故における損害賠償額の法理」（ジュリスト三三九号、三八一号）において発表された。これらを契機として、いわゆる「西原理論（定額化理論、死傷損害説）」の展開がなされた（その後、定額化理論の論点と見解を纏めた論稿が「損害賠償額の算定」遠藤・川井・西原編『演習民法（債権）』である）。定額化理論は、交通事故損害賠償の領域で、特に保険制度の発達過程の中で、極めて実際的な合理性を認められ、項目別定額化として現実化するとともに、従来の差額説による処理の不合理を解決する方向で学説及び判例に大きな影響を与えた。昭和四〇年代の交通事故の急増と深刻な公害の発生及び激化が社会問題となり、学問上も実務上も損害賠償法の研究の必要性が一段と高まることになった。先生は、日本交通法学会の設立準備当時から民法学者として参画され、日本の交通事故を中心とする問題について、法実務家の間でも指導的立場を築かれ、現在まで重鎮として尊重されている。また、我が国において、航空機事故が相次いで発生し、被害者の補償問題が社会的にも以前にもまして重要な意義を有するようになり、航空機については、航空機事故による被害者の救済と航空機騒音公害による損害賠償責任に関して一連の研究を進められることになった。西原理論が、多大の反響を呼んだこともあって、先生の研究の重点が損害賠償法に傾注されることになった。当時、我が国において不法行為法を本格的に研究する有力学者は、東京大学の加藤一郎先生のほか、わずかしかいない状況であり、西原先生は、学界はもとより、法曹界や保険実務家、さらにはマスコミからも最も注目される学者のお一人であった。民法の領域においては、従来からの研究テーマである扶養をはじめとして、財産法と家族法との関係、離婚法における夫婦の不平等、有責配偶者の裡音性急、後見、共同相続及び非嫡出子の相続分等の今日的問題についても研究され、確固たる学問的良心に基づいて独自の理論的展開を示された。

神戸大学の学内にあっては、法学部の民法第二講座及び大学院法学研究科私法（民法）専攻の担当教授として活躍され、故石田喜久夫教授及び高木多喜男教授とともに熱心に後進の指導をされ、今日の神戸大学法学部の発展に大きく寄与されたことは衆目の一致するところである。学外にあっては、日本私法学会、日本法社会学会、日本交通法学会、日独法学会、日本社会保障法学会等の理事として、学会に貢献されている。また、昭和五六年には、日本学術会議会員になられ（選挙では、第二部民事法学で全国区から出られた。）、昭和六〇年六月まで二期にわたって活躍され、学術会議の会員の学会推薦制度への制度改革後は、日本私法学会の推薦を受けて、三期目の学術会議会員になられ、昭和六三年七月から平成六年七月までは、日本学術会議第二部（法律学・政治学）の部長として、種々の困難な問題の解決のために良識ある学者として尽力された。また、昭和六二年一月から平成二年一二月まで司法試験考査委員を、昭和六二年一〇月からは、神戸地方海難審判庁参審員を併任された。

さらに、社会的活動として、昭和四三年六月から神戸家庭裁判所調定委員、昭和六三年一一月から科学技術会議専門委員、昭和五四年一〇月から財団法人交通事故紛争処理センター大阪支部審査員（平成一一年一〇月から大阪支部長）を務められるほか、兵庫県及び神戸市の各種審議会でもご活躍中である。平成七年一月に発生した阪神・淡路大震災のため、誠に残念なことであるが、ご自宅のマンションが損傷を受けた。一日も早く復旧が実現し、お心が休まることを祈念する次第である。

ここに、西原道雄先生の古稀記念論文集が完成し、公刊できることを喜ぶとともに、出版計画の準備段階から刊行に至るまで熱心にご尽力頂いた信山社の今井貴氏に厚く御礼申し上げる。

最後に、今後の西原先生のご健勝とご長寿を心より祈念申し上げる次第である。

平成一三年九月吉日

西原道雄先生古稀記念論文集編集委員会

青野博之
齋藤修
佐藤進
潮海一雄
田上富信
中野俊一郎
松本タミ

西原道雄先生古稀記念論文集　下巻　目　次

題字　齋藤　修

現代民事法学の理論　下巻

1　期待権論序説

大島和夫

はじめに

私の研究テーマのひとつは、「期待」を素材にして社会認識と法の関係について検討することである。そのためには、期待一般および情報について全体的に整理して分析することが必要である。ただし、本稿では紙数が限られているので、(1)経済学における期待と法律学における期待の内容の違い、(2)法律学における期待概念の多様性、について述べるに過ぎない。その意味において、本稿は期待権理論の序説である。

一　社会認識と法

人間が人間の社会を認識するという場合、全てを理解して認識することは不可能であって、部分的なものにとどまらざるを得ない。それは、社会の仕組みが複雑であるということだけでなく、対象とされる人間自体が、意識を持ち、目的をもち、自由に意思決定を行うことによる。しかも、その結果は必ずしも本人が意図したとおりとは限らない。契約においては交渉相手もまた固有の戦略と自由な意思を持ち、自由な決定を行うからである。(1)従って、社会や制度を理解するときには、不確実性は避けられない。

私達の社会認識は、実践的な目的によって導かれている。どの株を購入すれば将来の蓄財に貢献するとか、どの会社に就職すれば定年まで安心して過ごせるかとか、どのテーマを選べば独創的な論文にまとめられそうだといった具合である。実践主体である個人は、それぞれの目的意識によって、社会、制度、企業を認識する。

立法者も、目的意識をもって社会認識を行い、それに基づいて法制度を設計する。一〇〇年前の日本の立法者は近代市民社会像というものを頭に描きながら基本設計を行った。近代市民社会という認識の仕方は当時の日本の実情にはあっていなかったし、西欧社会の理解の仕方としても一面的なものであった。しかし、西欧社会の本質的な理解と日本の社会の近代化の推進にとっては、市民社会というシステム的理解は有用なものであった。

法の社会認識は、もちろん社会を包括的にもれなくカバーするものではない。法律の社会認識は、法の目的を効果的に達成するためのものである。法の目的は時代によって大きく異なる。古代の律令においては官位を正しく決定することが法律の最も重要な目的であり、そのためには、身分序列の決定と先例の正確な記録と理解が不可欠であった。中世の御成敗式目にあっては御家人等の土地争いの解決こそが最大の目的であり、そのために頼朝以来の土地安堵のルールを明確にすることが必要であった。現代の日本の法の目的は、豊かな社会を目指す秩序の維持である。国家の統治、市場と家族の秩序の維持、財産権の保障、要するに政治と経済の秩序維持である。このために法秩序が設計されている。

次のことに注意を喚起したい。第一は、秩序を形成するものは法律ではないということである。換言すると法秩序が経済的秩序を形成するのではない。逆に経済的秩序が政治的秩序と法秩序を形成するにあたって決定的役割を果たす。しかし、このことは、政治的・法的秩序が常に受け身的であるということを意味するものではない。たとえば、一九九八年に制定された金融再生関連法は、その後の破綻した企業の処理に大きな影響を及ぼしているし、日米間の政治的協議は繊維、自動車、半導体、鉄鋼等の産業に大きな影響を与えている。法は形成された秩序を明確化し、保護し、違反を取り締まり、場合によっては変更しようとする。(2)

第二は、法秩序および法の目的の前提となっている社会認識が、時代の進展とともにズレを生じる可能性を常に抱えていることである。日本の現在の法秩序・目的のもとになっている社会認識は、その大部分が一九世紀末および一九四五年の終戦直後のものである。もちろん、これは、基本法について述べているのであって、個別的な法や頻繁に改正される商法などについては当てはまらない。しかし、民法や刑法、憲法などについては当てはまる。商法についても基本的な考え方（たとえば資本充実の原則や株主総会の役割等）は一九五〇年の改正法当時のものである。

日本の民法のうち、財産法の大部分は、一〇〇年前に制定されたままであって、当時の社会認識を引きずっている。(3)そこには、情報や期待といったことがらに関する規定がほとんど存在しない。期待については、わずかに一二七条以下、四〇六条以下、五五六条に規定があるだけで、しかも不十分である。情報については権利の客体とすらみなされていない。(4) しかし、現在では、社会を認識するときに、期待も、その前提としての情報の保有も、避けて通ることのできないテーマとなっている。そこで、社会科学における期待の扱いを、経済学の場合からみてみよう。

(1) ここでいう自由とは、制約された状況の中であっても複数の選択肢があり、そのどれを選択するか分からないという意味である。
(2) 戦争中の統制立法や、戦後の政策的法の中には、社会に対して制度の変更を行おうとするものもある。この場合には、法律が秩序形成機能を果たす。しかし、この場合でも、既存の秩序との整合性を無視することはできず、無視するとみじめな結果に終わる。一九六二年に立法化を図ろうとして失敗した特定産業振興臨時措置法(特振法)は、その顕著な例である。
(3) 財産法は一八九六年に制定され、家族法は一九四七年に全面改正された。立法者は、その当時の社会認識を基本として法の目的を設定している。
(4) 情報の一部である著作については、一八九九年に著作権法(旧法)を制定していたが、一般には著作物保護の理解は広がっていなかった。有名な雲右衛門事件の中で、裁判官は「低級な芸能」がなぜ保護の対象とならないか説明している(大審院判決一九一四年七月四日、刑録二〇輯一三六〇頁)。

二　経済分析における期待

商品交換を行うのは人間である。各商品所有者が自分の所有する商品とは異なるものを手に入れようとするのは、消費のためであると同時に、その商品に関して期待をもっているからである。例えば、それが将来値上がりし、転売によって大きな利益を手にすることができるといった具合である。それなら、売り主が手放さないだろうという疑問が提起されるかも知れない。しかし、交渉の当事者が保有する情報は決して同じではない、むしろ差があるのが普通である。従って、売主の意図と買主の意図は当然に異なる。この意味で、およそあらゆる取引には投機の要素があると言える。つまり、取引の相手を出し抜いて儲けようというわけである(5)。

このような交渉一般における期待の役割については、法律学においては取りあげられることがあっても、経済学においては、あまり問題にされることはない。経済学においては、投資の決定において期待の役割が重視されている。期待を正面から取りあげる合理的期待理論(6)もあるが、紙数の関係で、ケインズの期待理論にしぼって紹介する。

1 ケインズの期待理論

労働者の雇用量と生産物の産出量に対して期待が重大な影響を与えることを最初に強調したのは、ケインズ John Maynard Keynesで、それが体系的に発表されたのは、一九三六年の「雇用・利子および貨幣の一般理論」The General Theory of Employment, Interest and Money (1936)（以下、「一般理論」で表記する）においてであった。以下では、ケインズ理論における期待理論を取りあげる(7)。

(1) 非自発的失業と有効需要

ケインズは、失業の真の原因が労働市場の内部ではなく、生産物市場にあること、すなわち社会的総需要と総供給の関係にあると分析した。総雇用量は総需要関数と総供給関数の交点において決定される。この点において企業者の利潤は極大となる。このときの総需要の値を有効需要という(8)。

雇用量は消費性向と新投資量によって決定されるが、豊かな社会においては限界消費性向が弱いうえに、多くの投資を誘致する機会が乏しくなっている。そのために有効需要の不足が生じ、生産の進行を阻害することになる[9]。そこで、一般理論の結論は、政府の関与によって総需要を増加させ、総雇用量を増加させるというものであった[10]。

総雇用量は有効需要の点で決定される。短期の条件の下では、それはもっぱら有効需要の水準によって決定される。有効需要は企業者たちが雇入れた経常雇用量から獲得を期待する売上金額(総所得)である。この売上金額は現実のものではなく、企業者たちが期待する売上金額なのである。こうして、ケインズの体系においては期待が重要な役割を果たすことになった。

(2) 期　待

ケインズは現実の経済が不確実性の支配する世界であり、不確実な将来についての期待が現在の雇用量と産出量の決定に重大な影響をもたらすと考えた。彼は一般理論の第五章で期待についての概略的な説明を与えている。事業決意の基礎となる期待には二種類のものがある。第一の類型は、製造業者が生産過程を始めるにあたって、彼の完成した産出物に対して得られると期待できる価格に関するもので、短期期待と呼ばれる。第二の類型は、企業者が完成産出物を彼の資本設備に追加するために購入する場合に、将来収益の形で獲得すると望むことのできるものに関するもので長期期待と呼ばれる。

短期期待は、所与の資本設備のもとでのさまざまな産出量に対応する生産費と売上金額についての期待であり、個々の企業の日々の産出量の決定を左右する。長期期待については第一二章で詳しく扱われるが、短期期待は実際には省略してもそれほど不都合ではないとしている[11]。その理由は、実際には、最近の産出量の実現された売上金額が雇用に及ぼす影響と、現在の投入から期待される売上金額が雇用に及ぼす影響との間には大きな重なり合があり、生産者の予測は将来の変化を予想して修正されるよりも、結果に照らして徐々に修正される方がしばしばだからである。

(3) ケインズの長期期待

雇用量は投資規模の影響を受ける。投資の規模は利子率と、投資の限界効率[12]との関係によって決まり、他方、投資の限界効率は、資本資産の供給価格[13]その予想収益とに依存する。予想収益に関する期待の基礎にある考慮事項は、一部は現存の事実であり、一部は将来の出来事である。

前者に属するものはさまざまな類型の資本資産および資本資産一般の現存ストックと、財貨に対する現存消費者需要の強さである。後者に属するのは将来の資本設備、消費者の嗜好、問題としている資本設備の存続期間を通じて、有効需要の大きさ、貨幣賃金の変化などが挙げられる。ケインズは、このような不確実な将来の状態に対する心理的期待を長期期待 state of long-term expectation と定義する。

一般理論の中における長期期待は、投機と企業の区別および健全な投資といったことを分析するためのものと位置づけられるが、そこでは面白いことに論敵であるハイエクと共通する考え方がのぞいている。即ち、不確実性と人間の不可避的な無知である。

将来の状態に関する期待を形成するとき、かなりの程度知識をもっている将来のことに関することが大きなウェイトを占める。そこで、現在の状況と、それが将来どのように変わるかということが長期的期待を決定する重要な要素となる。同時に、そのような予想がどれだけの確信をもってなされるかということにも依存する。[14]

投資の限界効率を考えるとき、この確信の状態は極めて重要である。そこで、利子率は一定であると仮定して、確信の状態が投資の限界効率にどのように関わるのか考察する。資本設備から生み出される将来の収益を推定しようとするとき、極めて不確かな知識にもとづいて行わざるを得ないのが普通である。我々のもっている情報や知識は不確かなものでしかない。すべては宝くじのような面をもっている。実業家たちは、技能と偶然とがまじったゲームをしているようなもので、その結果の平均はプレーヤーたちには分からない。

投資が資本設備の建設という形をとって行われたとき、その投資行為は経済全体だけでなく、個々の個人にとっても不可逆的である。しかし、今日のように企業の所有と経営が分離され、投資市場が組織化されてくると、個々の投資家にとっては投資が流動的なものになる(いつでも売り払うことによって退出できる)。このことは、投資を容易にする反面、経済の不安定性を高めることになった。株式市場の発展に伴って、投資されたものを毎日評価し直し、それに応じて立場を調整できるようになった。

こうして株式市場の発達は投資に大きな影響を及ぼすようになった。人々が新しく資本設備をつくろうとするとき、より安い費用で現存の資本設備を購入することができれば、新しい企業をつくることは意味のないことになってしまう。こうして、多くの場合、投資決定が専門的な企業の本来の意味での期待によって決まるのではなく、株価に表現されるような株式市場で取り引きする人々の平均的な期待によって支配される。

では、既発行の株式(既存の投資)に対する再評価はどのようにして行われるのか。普通使われている確率計算の方法は、人々の行動の慣習が継続することを前提にし、投資家は近い将来のニュースの変化だけを予測する。人々の慣習が変化すると考えたり、一〇年先を予測したりはしない。投資市場がこのような頼りにならない慣習によって支配されている点に弱点がある。

ケインズは、この不安定性をさらに拡大する要因として、素人株主の増加、利潤の短期的変動、群衆心理、職業的投資家(投機家)の短期的予想をあげる。ここで、有名な美人投票の比喩がなされている。[15]

次に投機speculationと企業enterpriseを区別する。投機は市場の心理を予想する活動であり、企業は資本の全存続期間を通じての期待収益を予想する活動である。ニューヨーク株式市場は投機の影響力が極めて大きい。アメリカでは、投資するときにイギリスのような長期的な観点に立って収益を求めるのではなく、キャピタル・ゲインの形で短期的な儲けを求めて投資するのが一般的である。この傾向は、流動的な投資市場の組織化に成功したことに伴う不可避の現象である。公共の利益という観点からはカジノの入り口は入りにくいほうが良い。同じことは株式市場にもあてはまる。(16)

ケインズによると現代資本主義に内在する不安定性要因は投機だけでなく、人間の本性によるものもある。人々の積極的な行動を決定するものは、冷静な数学的期待値の計算ではなく、生まれながらの活動への衝動であって、合理的な自己は、可能な場合には計算をしながらも、しばしば動機として気まぐれや感情や偶然に頼りながら、最善の選択をおこなっている。十分な結果を引き出すために長期間を要するような積極的なことをしようとする我々の決意の大部分は、血気animal spiritsの結果としてのみ行われる。

将来のことに対して人々のもっている知識は限られている。(17)その無知を緩和する重要な要因がある。第一に、割引現在価値を計算するとき将来の収益は割引されるから、比較的近い将来の収益のウェイトが圧倒的に大きくなる。第二に、長期の投資の一つである建物については、長期契約を結ぶことによってリスクを投資家から借家人に転嫁したり、分担することが可能である。第三に、公益事業の場合には、将来の期待収益の一部は、供給に関する独占的な取決めによって保証される。第四に、公共セクターによる投資が増大しつつあるが、その際には投資から得られると期待される社会的利益が大きいということが前提とされて、そのような投資が正当化されている。このときの収益の数学的期待は必ずしも、現在の市場利子率のもとで正当化されるものではなくとも、投

資が行われるのである。(18)

(5) 岩井克人『二一世紀の資本主義論』(筑摩書房、二〇〇〇年) 四頁以下参照。
(6) その簡潔な紹介は、スティグリッツ『マクロ経済学』(東洋経済、一九九五年) 三四二頁以下。
(7) ケインズの理論の歴史的展開については、浅野栄一『ケインズ一般理論入門』(有斐閣、一九七六年) による。
(8) 『ケインズ全集七巻・一般理論』(東洋経済、一九八三年) の第三章、特に二六頁。総需要についての新しい説明は、スティグリッツ「マクロ経済学」東洋経済新報社 (一九九五年) 第四章を、総需要と総供給の関係、および賃金と物価の変動が産出量と雇用量に与える影響については第七章を参照。
(9) ケインズ全集七巻三一頁以下。
(10) その後、総供給曲線の形が垂直であるかとか、政策無効の命題等をめぐって、新しい古典派経済学と新ケインズ派の間で論争が生じたが、省略する。詳しくは、スティグリッツ・前掲書三四二〜三五一頁参照。
(11) 前掲ケインズ全集第七巻、五一頁以下。
(12) ケインズは資本の限界効率という言葉を使っているが、厳密には投資の限界効率というべきである点について、宇沢弘文『ケインズ「一般理論」を読む』岩波セミナーブックス7 (一九八四年) 二一〇頁。
(13) 資本―資産の供給価格とは、この主の資産を市場で購入したときに支払う額 (市場価格) のことではなく、再取得価格 replacement cost のことである。即ち、この資産の生産者に対して限界的な一単位だけ新しく生産するようなインセンティブを与えるような価格のこと (宇沢・前掲二一一頁)。
(14) 以下の長期期待の説明は、一般理論の第一二章、全集七巻一四五頁以下による。
(15) 岩井・前掲書一九頁以下は、この美人投票に関するケインズの説明こそ、ミルトン・フリードマンが言う投機家の合理性に対する最も強力な批判を提供するとする。
(16) ケインズ自身は株の投機でかなり儲けたにもかかわらず、株式市場が投機的性格を帯びることを禁止すべきとし、素人が参入することに反対し、すべての株取引に重い取引税をかけるべきであると主張した。彼は言う。株式の購入を永続的なものとして、結婚と同じように、死あるいはその他重要な理由の他には所有の移転を認めないようにすることこそ、現在の諸悪に対する有用な解決策になるであろう。

(17)「将来の事柄に対して人間は本質的に無知である」という点に関しては、ケインズは論敵のハイエクと同じ考えをもっていた。しかし、ハイエクが人間の設計主義的合理主義を非難して、共同体の中から成長してくる自生的な秩序を重視したのに対し、ケインズは、第二四章の中でまとめているように、理性的な財政政策と合理的な金融制度に基づいて完全雇用と所得分配の平等化を求めることができると考えた。ケインズの考えは、その後半世紀近く、各国の政策担当者と経済学者に影響を及ぼしたが、同時に、その半世紀を通じて明らかになったことは、政策を決定する人々がケインズの想定するような理性的な人々ではなかったということであった。

(18) 東京臨海副都心事業や泉佐野コスモポリスなど、日本の破綻した大型公共事業の決定過程をみると、ケインズの指摘は極めて鋭いものがある。

三　法秩序における期待

経済活動において期待が果たす役割については、一定の理解が得られたと思う。そこで取りあげられている期待は、短期期待も長期期待も経営者の事業と投資の決定において作用するものであって、取引の局面におけるものではない。これに対し、法の世界において現れる期待は、複数の当事者の間で行われる取引に関するものである。交渉一般における期待の保護は、法の世界では当事者達の自己決定による契約の拘束力の保護という形で現れる。

従来、期待権という概念は、主として条件付権利に関して用いられてきた。(19) 日本の民法においては、一二七条以下と非典型担保（譲渡担保、仮登記担保、所有権留保）において用いられてきた。(20) これらについては、一定の研究が蓄積されている。[21] しかしながら、それらの研究を総括する形での期待権理論といったものは形成されていない。以下では、期待権という概念が使用されている場面を整理する。

1　条件と期限（民法第一編第四章第五節）

ドイツのブロマイヤーによれば、条件付権利（期待権）は未確定な権利状態に対応するものであり、しかも現在の保護を受けるとされる。日本において期待権として語られるものも、民法一二八、一二九条における、条件付権利、[22] 即ち、条件付法律行為によって発生し、条件が成就するまでの間の未確定な権利である。この権利は「条件にかかる将来の権利」ではなく、現在の権利である。物権でも債権でもよい。従って、停止条件の成就を故意または過失によって妨げたものは損害賠償責任を負う。問題は、損害賠償請求権が直ちに発生するのか、それとも本来の条件が成就するはずだったときに発生するのかである。四宮は現在の権利である以上、条件成就前でも現実に発生するとするが、[23] 通説は条件付で発生するとする。私は、四宮説の方が筋が通っていると考える。

期待権は条件成就前であっても、対抗要件を備えることによって結果的に排他性をもつ場合がある。典型は仮登記担保であって、条件付買主が仮登記（不登二条）を備えることによって順位を保全することができ、条件成就によって本登記をすれば、仮登記後に登記を備えた第三者に優先することができる。

多数説は、条件付権利を侵害する義務者の処分行為を無効とするが、これは大きな問題であって、日本の民法の体系においてはせいぜい対抗問題になると解すべきである。

期待権は、一般の権利と同様に処分できる（一二九条）。ただし、具体的にどうやって処分できるかは明らかでない場合が多く、そのことが後に所有権留保などの非典型担保において多くの問題を引き起こすことになった。

さらに、一二七条第三項において当事者の意思による遡及効の規定まで置かれたために無用の混乱を生むこととなった(24)。

2　非典型担保について

仮登記担保、譲渡担保、所有権留保は、いわゆる権利移転型担保であって、経済的には貸付金や売掛代金の債権を担保する目的でありながら、法的には目的物の所有権を移転するものである。非典型担保の取扱いについては、戦後の法律学において、華々しい論争が繰り広げられた。それを紹介するためには1冊の本では足りないくらいである。ここでは、期待権との関係に絞って述べる。まず、条件付権利者と義務者の当事者間の関係は、基本的に権利移転契約（担保設定契約）の解釈の問題であるから複雑ではない(25)。従って、問題は第三者との関係である。

最大の焦点は、条件成就（被担保債務の履行）前に条件付権利者が目的物を処分した場合である。民法一二九条は、一般の権利と同様に処分できるというが、担保という目的からすると、そうは簡単に結論が出せない。仮登記担保と譲渡担保については、条件を停止条件とみるか解除条件とみるかで分かれてくる。ブロイマイヤーは「事物の通常の推移によって判断する」と述べているので、それを参考にすると、「被担保債務を弁済する」というのが通常の流れであろう。そうすると、条件成就（被担保債務の弁済）によって目的物の権利を取得するのは、仮登記担保設定者（登記簿上の所有者）であり、譲渡担保設定者（契約上は売主であるから所有権を持っていない）であるから、彼らが条件付権利者ということになる。仮登記担保設定者が条件の成就成就までの間に目的物を処分しうることは当然であって疑問の余地はない。条件不成就（被担保債務の不履行）が確定した場合については周知のように立法的に解決されている。

譲渡担保については、まず次のことに注意する必要がある。それは当事者が所有権移転という合意をしていても、日本の通説は当事者の形式的な意思をあまり問題にすることなく、経済的実体から「物的担保である」として理論構成をしていることである。裁判所も担保的構成に追随する傾向がある。これに対し、有力な疑問(26)が提起されているが、民法学者はあまり気にしていないようである。しかし、このような当事者意思の軽視または安易な「客観的」解釈は大きな問題を残すように思われる。

さて、設定者が担保目的物を条件成就前（弁済期到来前）に譲渡した場合、譲受人は譲渡担保権の付着した所有権を取得するというのが判例・通説である(27)。設定者が譲渡担保のついていない完全な所有物として譲渡した場合には、善意取得の問題となり、譲受人が譲渡担保の付着につき善意または無過失で知らなかった場合には、譲受人は完全な所有権を取得する。そうでなかった場合には、譲渡担保権の付着した所有権を取得するに過ぎない。不動産の場合には、登記名義が譲渡担保権者に移転しているので、譲受人の善意・無過失は認められないのが普通であろう。

3　所有権留保

所有権留保の場合が最も問題である(28)。というのも、自動車や建設機械などの所有権留保においては、設定者(留保買主)による処分が最初から予想されているからである。現実にも自動車の所有権留保における転売の裁判例は多い。それらの判例を総合的にみると次のようにまとめることができる。

所有権留保によって引き渡された自動車等を条件成就（代金完済）前に留保買主（条件付権利者＝期待権者）が第

三者に転売したときに、留保売主は契約を解除して目的物の引渡しを請求する、あるいは契約を維持しながら留保所有権に基づいて引渡しを請求できるか。

前者の場合は、民法五四五条一項但書の制限を逃れるために所有権留保が機能するが、実質的には両者とも差はなく、ともに留保買主及び第三取得者の占有を否定することが目的である。第三取得者からは三つの主張が考えられる。第一は、第三取得者の善意取得（民一九二条）の成立である。第二は、留保売主の引き渡しが請求が権利の濫用にあたるというものである。第三は、留保買主に転売の授権がされておれば、第三取得者は有効に権利取得できるというものである。

善意取得については、自動車や建設機械においては登録、登記の制度があるので、本来は適用がない。ところが未登記の建設機械は予想以上に多く、事件は少なくない。裁判所は、善意取得の認定にあたって第三取得者の過失の存否について次のような判断を示している。第三取得者がユーザーである場合には、目的物の購入にあたって所有権留保の存在を調査する義務はないが、第三取得者が専門商社、古物商、質商、金融業者、機械修理販売業者などの取引の実情に通じている者である場合には調査義務があり、それを怠った場合には過失があると。(29)ただし、例外もあり、おおよその原則である。

権利濫用についての判例は、最も多く、一般条項による権利主張が日本人好みであることを反映している。事件のほとんどは自動車の留保売買で、大抵の場合、留保買主の主張が認められている。ただし、第三取得者が権利濫用を理由に引渡しを拒んだから裁判官はそれで判断したのであって、裁判官自身は転売授権や善意取得についても言及しているケースが殆どである。権利濫用が認められる要件は四つで、(1)ディーラー（留保売主）が販売させる目的でサブディーラー（留保買主）に目的物を引渡し、(2)ディーラーがサブディーラーの売買契約の履行に協力し、(3)ユーザー（第三取得者）はディーラー・サブディーラー間の所有権留保の特約の存在を知らず、(4)ユーザーが代金の全額を支払っていること、である。

転売授権は判例の数は多くないが、理論的には最も重要である。流通過程にある商品につき、買主が当該商品の転売を業とする商人である場合には、留保売主と買主の間に所有権留保の特約があっても、特段の事情のない限り、留保売主は買主がその通常の営業の枠内でその商品を自己の名で転売することを承諾しているとみるべきである。(30)

商人間の所有権留保については、転売授権によって解決を図るのが最も優れていると思う。その理由は以下のとおりである。留保売主のもつ権利は、経済的には動産担保のためである。それを売主は「所有権」と表現しているが、民法を貫く理念が物権法定主義(31)であるとすると、そのような「自由な表示」は当然に制限されると考えるべきである。同時に、所有権留保は民法が立法当時予想できなかった動産担保でもある。このように考えると、経済社会の慣習における留保買主の期待権保護の問題として捉えるのが最も適切と思われる。商品が流通を前提として販売される場合、その代金の回収に時間がかかることは当然である。回収まで転売が禁止されているのであれば買主は転売してはならないが、同時に代金の調達も困難となる。実務において、そのようなことを前提に売却する売主がいるだろうか。むしろ、売主も一緒になって第三取得者を探すのが常識であろう。商品は、その最終的な買主を見つけることができなければ、価値を実現できないのである。そうすると、商品が流通を前提として販売される場合に、第三取得者が代金を支払って受け取った後に、留保売主が引渡し求めることなど、当然に認められないのである。

では、転売が制限されていた場合に第三取得者がそのことを知っていたらどうなるであろうか。この場合でも、所有権は第三取得者に移っているのであり、ただ留保売主の担保権が一種の負担として所有権を制約すると解すべきである。(32)

4　判例に現れたその他の期待権

(1)　相続人や受遺者の権利

判例一　最判一九五五年一二月二六日（民集九巻一四号二〇八三頁）

仮装売買によって不動産の所有権移転登記がなされた後で、売主の推定相続人が、自己の相続権に基づき売買の無効確認を求めた事件において、最高裁は、確認の訴えは原告の有する権利または法律的地位に危険または不安が存在し、これを除去するために被告に対し確認判決を得ることが必要かつ適切な場合に限り許されるとし、推定相続人は単に、将来相続開始の際、被相続人の権利義務を包括的に承継すべき期待権を有するだけであって、現在においては、未だ当然には、被相続人の個々の財産に対し権利を有するものではなく、従って、本件不動産の売買に関し即時確定の利益を有するとは認められないとした。

判例二　最判一九五六年一〇月四日（民集一〇巻一〇号一二二九頁）

老齢の原告が遺贈を内容とする遺言を作成したところ、原告の知らない間に受遺者が原告の土地の所有権移転登記を得ていたり、老後の面倒を見るという約束を反故にしたため、遺言者である原告が前記遺贈を取り消す公正証書遺言を行ったあと、受遺者を被告として前になされた遺言の無効確認と移転登記の抹消登記を求めた事件である。遺贈を取消す遺言を行った後で、遺贈の無効確認を求めたという不思議な事件である。

最高裁は、確認の訴えは原則として法律関係の存否を目的とするものに限り許されるとし、将来における法律関係の成否というようなことを確認の対象とすることは許されないとした。そして、遺贈は死因行為であり遺言者の死亡によってはじめてその効果を発生するものであり、遺言者は何時にても既になした遺言を任意に取消し得るのであるから、その生前においては何等法律関係を発生せしめることはないとした。従って一旦遺贈がなされたとしても、遺言者の生存中は受遺者においては何等の権利も取得せず、受遺者は将来に遺贈の目的物たる権利を取得することの期待権すら持っていないとした。

判例三　最判一九九九年六月一一日（判時一六八五号三六頁）

遺言者の推定相続人が遺言者と受遺者を被告として、遺言者の生存中に、当該遺言が遺言者の意思無能力と方式違反により無効であるとして遺言無効確認を求めた事件である。遺言者は遺言から三年後に痴呆症により心神喪失の常況にあるとして禁治産宣告を受け、病状は回復の見込みがないとされていた。

最高裁は、遺言は遺言者の死亡によって初めてその効力が生ずるものであり、遺言者の生存中は遺贈を定めた遺言によって何等の法律関係も発生せず、受遺者は何等の権利を取得するものではなく、単に事実上の期待を有する地位にあるに過ぎないとした。そして、従って、受遺者の地位は、確認の対象となる権利または法律関係には該当しないから、遺言者の生存中に遺言の無効確認を求める推定相続人の訴えは不適法であるとした。

三つの事件はいずれも破棄自判であるので、下級審ではむしろ推定相続人や受遺者に期待権を認める傾向にあるものと思われる。さらに、最高裁の中に期待権という言葉についての不一致がある。判例一は、期待権について「被相続人の権利義務を包括的に承継するものであるが、現在においては、当然には、被相続人の個々の財産に対し権利を有するものではない」として、将来の権利であって現在の権利ではない、ということと、包括的な権利であって個別的な権利でないと述べているが、包括的か個別的かは、期待権の問題ではない。判例二は、受遺者は将来遺贈の目的物たる権利を取得することの期待権すら持っていないと述べているが、おそらく期待権を理解できなかったのであろう。判例三は、事実上の期待を有する地位にあるに過ぎないといって、権利としての期待を否定しているが、これも期待権概念の理解不十分によるものではないだろうか。

このように最高裁の判決ですら期待権について統一されていないのであるから、期待権について共通の理解が得られていないことは間違いがない。期待権は事実上の期待とは異なり権利である。民法の一二八条で保護され、一二九条によって処分できる。では、推定相続人や受遺者の権利は期待権であろうか。学説の中にはドイツ法に言及するものもあるが[33]、ドイツの相続制度は先順位と後順位の相続を区別しており、日本とは根本的に異なっているので直接の参考にはならない。

日本の現状に即して考えると、判例二のように「老後の世話」と引換に遺贈がなされた場合、受遺者は当然にかなり強い期待を持ち、それは十分に保護に値する。一方、推定相続人の期待は、それだけでは十分に保護に値するか疑問もあろう。しかし、法的には、それらはいずれも遺贈者（被相続人）の死亡という停止条件にかかる条件付権利なのである。

民法が条件付権利について保護と処分を認めていることは紛れもない事実であるが、一口に条件付権利といっても、強弱には差がある。保護の程度や処分の可能性は一様ではない。老後の世話と引換に遺贈がなされた場合のように、なんらかの対価的関係を伴うものについては、期待権として強力に保護すべきであると考えられる。

これに対して、推定相続人の権利は、それだけでは極めて弱い期待としか評価できない。この問題は、贈与にも通じるところがある。(34)

(2) 相殺の期待

最大判一九六四年一二月二三日（民集一八巻一〇号二二一七頁）

民法五一一条は、支払の差止めを受けた第三債務者(B)は、その後に取得した債権による相殺をもって差押債権者（C）に対抗できないとしている。

そこで、最高裁は、その反対解釈として差押前に第三債務者が取得した債権（B→A）による相殺は例外として差押債権者に対抗できるとするが、その場合に第三債務者が差押前に取得したすべての債権が対抗できるのではなく、差押当時、両債権が相殺適状に達していたときと、反対債権が未だ弁済期に達していなくても、差押債権である受働債権（A→B）の弁済期より先にその弁済期が到来するものであるときは、相殺をもって差

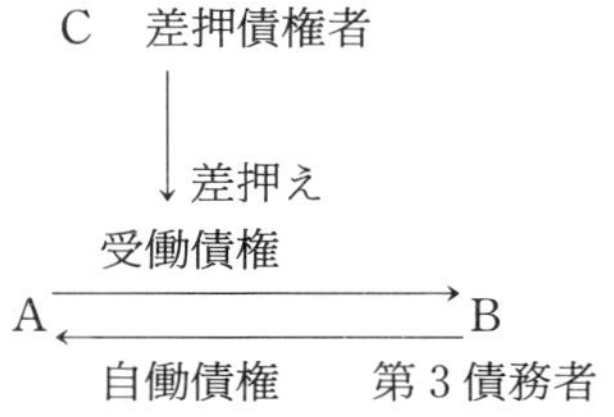

押債権者に対抗できるとした。なぜならば、このような場合には、差押債権の弁済期が到来して差押債権者がその履行を請求し得る状態に達したときには、それ以前に自働債権（B→A）の弁済期は到来しているのだから、第三債務者は自働債権により被差押債権（A→B）と相殺することができる関係にあり、かかる第三債務者の自己の反対債権をもってする将来の相殺に関する期待は正当に保護されるべきであるからとした。もっとも、この判決の重点は、反対債権（B→A）の弁済期が被差押債権（A→B）の弁済期より後に到来する場合は相殺をもって差押債権者に対抗できないという点にあった。この六四年判決は、周知のように一九七〇年の大法廷判決(35)によって覆されるが、「相殺の期待」という考え方自体が否定されたわけではない。この場合の期待権も、「相殺適状になれば相殺する」という条件付権利である。

(3)　契約締結過程における期待　福岡高裁判一九九三年六月三〇日（判時一四八三号五二頁）

原告は、メディカルスポーツセンターを建設するため、被告らから本件土地を三九億五、六四〇万円で購入することにし、両者間で所有権移転登記と代金支払とを一括決済することになったのに、被告らは、いろいろな理由をつけて契約の締結を引き延ばし、最終的には契約当日になって履行を拒否した。原告は、一審において、契約は既に成立しているとして、被告らに対し本件土地の移転登記手続を求める訴を起こしたが、契約は成立していないとして請求は棄却された。二審において原告は、予備的に、契約が成立していないとしても、被告らには契約準備段階における信義則上の注意義務違反による損害賠償責任があると主張したところ、福岡高裁はこれを認め、次のように判示した。

売買契約は形成過程にあり、成立までには至っていない。しかし、事実経過からすれば、原告としては、この交渉の結果に沿った契約の成立を期待し、そのための準備を進めることは当然であり、契約締結の準備がこのような段階にまで至った場合には、被告らとしても原告の期待を侵害しないように誠実に契約の成立に努めるべき信義則上の注意義務がある。正当な理由もなく契約締結を拒否したのであるから損害賠償責任がある。

この考え方は、契約の締結過程において、一定の段階（契約締結のためにかなりの時間と費用を支出したこと）に達すれば、当事者の間に期待が生じること、そしてそれが法的保護に値することを認めた点で注目されるものである。ただし、ここで言われている期待権は従来の条件付権利ではないことに注意しなければならない。契約締結に対する期待は、契約の締結という条件が付けられた権利なのではなく、契約が成立することについての現在の期待である。従って、これは従来の法の世界における期待権（条件付権利）が、経済的意味における期待にまで拡大されたものとみることができるのである。

(4) 適切な治療を受ける期待権　神戸地裁姫路支部判一九九六年九月三〇日（判時一六三〇号九七頁）

近時、医療において期待権という主張が現れるようになった。飲酒して自転車で帰宅途中に路上で転倒して頭部を強打したAが被告の設置する病院に救急車で搬送され、被告により保存的療法を受けていたが、病体が悪化したため他の病院に転送され開頭手術を受けたものの、数日後に死亡した。Aらの相続人が被告に対し、適切な時期に転医措置をすることを怠ったとして、不法行為に基づき損害賠償を請求した。

判決は、被告にAを専門医療機関に転送する義務があったことを認めたが、Aの状態から被告の転送義務違反と死亡との因果関係を否定した。しかし、被告が患者及び親族の適切な治療を受ける期待を侵害したとして、精神的損害を賠償すべき義務があるとして、慰謝料の支払いを命じた。被告は控訴している。

医療事件における期待権の侵害とは、患者が医療の当事者として現代医学の水準に即した適切な治療を受け、これが困難なときはその事情の説明を受け転送措置を受けるなど診療契約上最大限適切な治療を求め得る地位を有するものと解し、このような患者の地位が侵害されたことを問題にするものとされる[36]。とすると、これは診療契約によって成立する権利であり、しかも、条件付き権利ではない。適切な治療を受けることに対する現在の期待である。従って、ここにおいても、(3)で述べたのと同様、従来の法の世界における期待権（条件付権利）が、経済的意味における期待にまで拡大されたものとみることができる。

(5) 飛ばし契約と条件付売買　東京高裁判一九九八年四月二七日（判時一六五一号七一頁）

被告証券会社は顧客Aとの間で「営業特金」と呼ばれる金員預託を受け一任勘定による株式運用を行っていた。しかし、運用結果が思わしくなく、Aに著しい有価証券評価損が発生していた。被告は決算期に評価損を表面化させないため、原告との間で「A保有の株式を原告が一時買い持ちし、三カ月後に上乗せした価格で被告が買戻すか、別の第三者に売却の斡旋を行う」という約束の下に、時価と著しく乖離した価格で売却した。本件株式の時価は三四億円であったが、原告の購入価格は六三億円であり、三カ月後の買戻し価格は六六億円であった。ところが、三カ月経過後も被告は約束の価格で買戻しを行わず、その後も履行を拒絶したので、原告は被告に対し売買代金の支払いを求めて訴えを提起し、予備的に不法行為に基づく損害賠償を請求した。

判決は、原告と被告の間の約束は金銭消費貸借契約ではなく、将来の買い戻しを約束した条件付売買契約であるとし、契約が締結された一九九〇年九月当時の社会的認識[37]に照らすと、公序に反し無効であるとした。[38]

この判決の問題点は、飛ばしという条件付売買について公序違反で無効としながら、他方では不当勧誘について不法行為責任を認めた点である。東京高裁の判断は、契約全体が反社会性の強いものという考え方で、不法の条件が付けられた（民一三二条）というものとは異なる。事件は上告されたので、最高裁の判断が注目される。

(6)　農地の売買　東京高裁一九九八年七月二九日（判時一六七六号六四頁）

被告はAから農地を知事の転用許可を条件として代金六、六三〇万円で買い受け、それを原告に一億九三〇万円で転売し、代金を受け取った。売買契約には「当該物件は農振地区[39]であるが、開発許可を条件とする。万一許可がおりなかった場合、売主は受領済みの金員を返還の事。但し平成二年五月末までに開発許可の見通しができなかった場合とする。」との特約が付されていた。結局、平成二年五月末までに知事の転用許可は得られず、原告は、停止条件が成就せず売買は確定的に無効になったとして代金全額の返還を請求した。これに対し被告は、特約は解除条件であり、平成二年五月末までに転用許可申請をすれば十分に許可の見通しがあったのに、原告がその申請を怠ったものであるとして、売買の有効を主張した。

判決は、前記特約は、原告・被告間の売買において農地法五条の許可が本件農地の所有権移転の停止条件ないし法定条件であると認め、本件売買契約は平成二年五月末日の経過により条件不成就が確定したとした。

この事件は、知事の許可が停止条件か解除条件かが争われた点でめずらしいものである。判例は以前から農地法三、五条の許可については停止条件としている。

(19) 条件付権利についてはA. Blomeyer, Studien zur Bedingungslehre (1939)が、物権的期待についてはL. Raiser, Dingliche Anwartschaften (1961)が、現在でも理論的な到達点を築いている。その後の、ドイツの状況については、拙稿「条件理論と期待権」奥田先生還暦記念論文集（一九九三年）所収を参照されたい。

(20) 拙著『ブロマイヤーの条件理論』神戸外大外国学資料三三号（一九八〇年）、拙稿「条件理論の歴史的考察」神戸外大論叢二九巻一号、四号、三〇巻一、六号（一九八三、八四年）を参照されたい。

(21) 於保不二雄『財産管理権論序説』（一九五四年）三一四頁以下、船越隆司「期待権論」法学新報七二巻四号（一九六五年）、金山正信『注釈民法』第四巻（一九六七年）二九六頁以下、新田宗吉「所有権留保における法律関係」上智法学論集二〇巻一、二号（一九七六年）、新井誠「今世紀ドイツにおける期待権概念と所有権留保の交錯」國學院法学二〇巻四号（一九八三年）。刑法学で所有権留保を扱ったものに恒光徹「所有権留保付き自動車割賦売買の刑法的保護と刑法の担保性」岡山大学法学会雑誌、第四八巻第一号（一九九八年）。

(22) 四宮和夫『民法総則・第四版』（一九八六年）二七七頁以下参照。

(23) 四宮・前掲書二七八頁。

(24) 日本の判例や学説は法律効果の変動を説明するときに遡及効による説明を好む。解除の効力が典型である。また民法も、取消、追認、遺産分割、相続放棄などにおいて遡及効を規定する。これらはすべて未確定無効に関するものであって、私見では遡及効による説明は論理の破綻を生じている。その最大のものが解除の遡及効と履行利益の並存である。

(25) 当事者が物権的効果をもつ権利を勝手に設定して良いのかという疑問が生じるが、これは裁判所が譲渡担保を

「慣習法上の物権」と承認した段階で解決されたというべきであろう。

(26)　直接的には所有権留保についであるが、譲渡担保にもあてはまる理論として、中野貞一郎、民商法雑誌七二巻六号四二頁以下の判例評釈、同「割賦販売をめぐる強制執行法上の問題」『強制執行・破産の研究』（一九七一年）一九三頁以下参照。なお、同『民事執行法・第二版』二七四頁以下参照。

(27)　大判一九二〇・六・二民録二六輯八三九頁。遠藤・川井・原島・広中・水本・山本編『民法(3)第四版』（一九九七年）二六八頁。

(28)　詳しくは、拙稿「所有権留保売買と第三取得者の権利」民商法雑誌九〇巻五号（一九八四年）参照。

(29)　以下、判例の詳細は、注28の拙稿参照。

(30)　大阪高裁判決一九七九年八月一六日、判時九五九号八三頁。

(31)　物権の内容を法律が決定し、当事者の自由な創造を許さないということ。民法の一七五、三四五、三四九条などに表現されている。

(32)　私は所有権留保を慣習法上の動産担保権と考える。米倉明・森井英雄「所有権留保2・目的物の利用関係」NBL六九号一三頁参照。

(33)　判例二の解説の中に、ドイツにおいては遺言者の生存中は遺言無効確認が提起できないことは争いがないとされている（判時八九号一四頁）。

(34)　拙稿「情誼と法」神戸外大論叢三九巻一、二号（一九八九年）参照。

(35)　相殺の担保的機能に関する最高裁の判例は六四年判決も七〇年判決も共に一票差であって、きわめて不安定な状態にある。七〇年六月二四日判決（民集二四巻六号五八七頁）は、いわゆる無制限説の立場から、相殺の制度は受働債権（A→B）につき担保権に似た機能を営むものであり、第三債務者（B）はその債権（B→A）が差押後に取得されたものでないかぎり、自働債権および受働債権の弁済期の前後を問わず、相殺適状に達しさえすれば、差押後においても、これを自働債権として法定相殺することができるとした。

(36)　判時一六三〇号九八頁の解説による。

(37) 一九九一年の証券取引法の改正によって損失保証や損失補塡は違法な行為として禁止された(現証取法四二条の二)。しかし、最判一九九七年九月四日、民集五一巻八号は、改正証券取引法が施行される九二年一月より前であっても、遅くとも九〇年八月当時には損失保証契約が証券取引秩序において許容されない反社会性の強い行為であるとの社会的認識が存在していたとして、損失保証契約を公序違反で無効とした。本判決は、その判断に従っている。

(38) 本判決は、被告会社の不当勧誘による不法行為を認め、損害賠償を命じたが、飛ばしに加担した原告にも過失があるとして、四割の過失相殺を命じた。

(39) この農地は農業振興地域の整備に関する法律による農用地区域にある農地であった。

まとめ

日本の学説も判例も統一的な期待権概念をもっていない。必要がないという意見もありうる。しかし、いままで見てきたように、様々な場所で十分な共通理解もなしに、期待権概念が顔をだすことも珍しくない。

条件の領域では期待権という言葉は用いられているが、現実には当事者意思や対抗問題によって処理されている。非典型担保においては、善意取得や権利濫用が重要な役割をはたしており、期待権という概念は殆ど出てこない。むしろ、三の(3)(4)で扱った判例のように、経済的意味における期待を含める方向で、法の世界における期待権(条件付権利)が、拡大される傾向にあると思われる。

権利濫用や信義則といった一般条項が、あまり抵抗なく用いられる日本の社会においては、統一的な期待権概念など必要がないかもしれない。しかし、学問的には、期待権の内容を確定することが求められるのではないか。この点で、一九八五年に公刊されたアイヘェンホーファーの論文はきわめて興味深い(40)。そこでは、まるで解剖学のように、期待権をめぐる議論を分析し、整理している。私自身としては、ドイツ人の理論的成果を拝借するのではなく、日本の判例と学説を自らの手で解剖して、包括的な期待権理論を構築したいと考えている。最後になったが、西原道雄先生の業績は、日本の法律学にとって優れた手本であると考える。ドイツから輸入された差額説による人身損害賠償理論に対して、根本的な問いかけをされ、日本の実情に対して鋭い批判を投げかけられた。それは、裁判に対してのみならず、民法学界に対してでもあったと思う。

(40)　前出の拙稿「条件理論と期待権」奥田先生還暦記念論文集所収に紹介してある。

2　無能力者の詐術再論

髙森八四郎

はじめに

平成一一年法律一四九号によって民法総則編の能力に関する部分と親族編の後見に関する部分を中心に民法が改正されて、平成一二年四月一日から施行された。いわゆる新法定成年後見制度が創設された訳である。それによって、能力に関しては、無能力者制度から制限能力者制度に変わり、無能力者の詐術に関する民法二〇条の規定も変化した。旧規定は「無能力者カ能力者タルコトヲ……、」となっていたものが、改正法では「制限能力者カ能力者タルコトヲ信セシムル為メ詐術ヲ用ヒタルトキハ其行為ヲ取消スコトヲ得ス」と改められた。これまでの判例においては、未成年者の詐術に関するものは少なく、ほとんどが準禁治産者の詐術に関するものであった。

しかも、浪費者のそれが多かったと推測される。今回の改正によって準禁治産者が被保佐人に変わり、浪費者は被保佐人の範囲から除外されたから、今後、浪費者による詐術はありえないものとなった（ただし旧規定上の浪費を理由とする準禁治産者は、新制度に吸収されないで、そのまま戸籍上も残ることになっている。附則三条三項参照）。その代わり、新しく、事理弁識能力の不十分なる者が制限能力者に加えられ、被補助人としてこれに補助人という保護者が付せられることになった。被補助人は一二条第一項に挙示された行為の一部に限り、特定の法律行為をなすには家裁の審判によって、補助人の同意を得なければならないこととなり、当該行為を補助人の同意を得ずになしたるときは、それを取消すことができることとなったから（一四条ないし一六条）、事理弁識能力が「著しく不十分ナル者」（旧規定では「心神耗弱者」）という被保佐人と共に被補助人の詐術が問題となりうる。被補助人はかつての準禁治産者よりも能力の高い者を想定しているので、詐術を行う可能性を増すと想像しうる。浪費者の詐術の問題は消滅したとはいえ、それに相当する者は、被補助人とされる可能性もあるから（場合によれば、被保佐人ともされえよう）、問題が全て解消した訳ではないし、詐術の問題そのものは増大しうるともいえる。

かつて私は、「無能力者の詐術について」（関大法学論集三九巻四・五合併号所収、一九九〇年）という論説を発表し、「詐術」とは古い時期の判例がいっていた「積極的術策」を要すると解すべきであると主張した。新制限能力者制度の下では一層そのような解釈が必要となるのではないかと思い、再度、これまでの判例を総括してみたいと考えた。「再論」と名付けたゆえんである（ただし、今回の改正によって無能力者の戸籍への記載から制限能力者（未成年者を除く）の後見登記簿への記載へと変わったことにより、どの程度詐術防止上の実効性があるかの検証は今後の課題である）。

一　民法二〇条の立法趣旨と積極的術策の必要性

1　前稿の要旨を若干修正の上、再録しておきたい（ただし、「無能力者」を「制限能力者」に改めている）。『民法は制限能力者が自己を能力者たると相手をして誤信せしめたるために詐術を用いたとき、かような制限能力者を保護する必要はないので、もはや取消権を行使することはできないものとしている（二〇条）。相手方を保護するために制限能力者から取消権を剝奪している訳である。詐術とは制限能力者が完全な能力者であると相手方を誤信せしめる術策のことをいう。制限能力者が「其行為ヲ取得スコトヲ得」なくなる要件は次のとおりである。

①　「能力者タルコトヲ信セシムル為メ」であること　　制限能力者が完全能力者であると相手方をして信ぜしめるだけではなく、法定代理人その他の保護者（援助者）の同意を得ていないのに得ていると信ぜしめる場合をも包含すると解されている（大判大正一二・八・二民集二巻五七七頁）。

②　「詐術ヲ用ヒ」たこと　　初期の判例は（改正前の無能力者に関する）相手方を誤信せしめるために、戸籍謄本を偽造するとか、他人をして自己が能力者であると偽証させるとかのように、積極的に術策の手段を用いた場合をいうと解していた（大判大正五・一二・六民録二二輯二三五八頁）が、その後次第に「緩和」されてきたと解する傾向にある。すなわち「詐術」と認定するには「積極的な術策」と厳格に解するべきではなく、より緩やかに単なる「能力者であるとの陳述」だけでもよいとし、場合によれば、単なる「黙秘」でもよいのではないかと論ずる学説が多くなり、しかもその立論の根拠を判例の流れないし推移がそれを示していると論ずる傾向にある（例えば、我妻栄『新訂民法総則（民法講義Ⅰ）』（昭和四〇年新訂第一刷）九一〜九二頁、津田賛平「無能力者の詐術」The Law

School No. 27（一九八〇年一二月号）七八頁以下、四宮和夫『民法総則（第四版）』（昭和四〇年初版一刷）五九～六〇頁、松坂佐一『民法提要総則（第三版・増訂）』九八頁）。その結果、「裁判所・市役所に問い合わせよ」（大判昭和二・一一・二六民集六巻一一号六二二頁）とか「相当の資産信用があるから安心して取引されたい」（大判昭和八・一・三一民集一二巻一号二四頁、源太郎詐術事件）とかと述べただけでも相手方の誤信を誘発し誤信を強めるものならば詐術にあたると解するようになっているのみならず、傍論ながら「黙秘」でもよいとする判例もある（最判昭和四四・二・一三民集二三巻二号二九一頁　伝兵衛黙秘事件）。しかしながら判例の事案に即して仔細に判例理論を検討するならば、安易にそのようにいうことはできないので、いまなお積極的術策を要すると解するべきであると考える（高森「無能力者の詐術について」『民法学研究』（関大出版部）一頁以下参照）。

③　相手方が能力者であると誤信したこと　　明文の要件ではないが、判例はこれを認めている（大判昭和二・五・二四民集六巻二八三頁、無能力者（準禁治産者）が仲介人に対して詐術を用いたが、相手方本人に及ばなかった場合に取消を認めている）。相手方が制限能力者にすぎないと知っている場合にまで相手方を保護する必要はないからである。法定代理人等の同意を得たものと誤信した場合も当然相手方は保護される。

2　民法二〇条の立法趣旨から積極的術策の必要性はいまなお強いと考える。すなわち、民法二〇条の立法趣旨について、梅博士は、詐術をはたらいた「無能力者」を制裁することを目的としたものではないとしつつむしろ取引の安全を重んじ、単明な法律関係の創出を目指した、つまり、相手方は不法行為に基づく損害賠償請求という救済手段があるのに、損害の算定という必らずしも容易でない方法を強いられるので簡明に行為そのものを有効として相手方の損害の発生を防止しようとしたのであると論じている（詳細は米倉明『民法講義　総則(1)』（有斐閣）一四〇頁参照）。しかし、法律関係を簡明化するとの法的手段を用いたものであったとしても、本来法律行為を解消しえるとの保護を与えられていた制限能力者が詐術を働いたゆえにそれを奪われることによって不利益を受けるものである以上、他方でそれは制限能力者の詐術行為を非難していることを否定することはできない、制限能力者は、能力者と信ぜしめるため相手方を詐術したならば、詐術する制限能力者はもはや保護の必要なしとして取消権を剝奪されるのである。そうであるならば、制限能力者を保護すべしとの要請を顧慮してもなお、相手方の取引上の信頼保護を優先せしめるに足る詐術をのみ問題とすべきであり、詐術を認定するに際しては、制限能力者の抽象的言語的表明に限定されるべきではなく制限能力者の取引締結に付随する言動全体を評価して、総合的に判断し、「積極的術策」があったといえる場合にはじめて、「詐術」をなしたと解すべきである。そうして、制限能力者の取引締結に際しての言動全体を総合的に判断しても、なにらの能力に関する言明・陳述がなく、「積極的術策」があったとみられない場合、例えば、「資産信用あるから安心してくれ」（前掲大判昭和八・一・三一源太郎詐術事件）、「学生自立協会理事長の肩書のある名刺を提示した」（東京高判昭和二八・四・二〇下民集四巻四号五三六頁）などの場合でも、制限能力者制度の欠点を認識しつつ、反信義則的に制度を悪用したと判断できるならば、「詐術」とは別の法理（信義則ないし権利濫用）で制限能力者による取消権行使を制限すべきである。「詐術」概念を空洞化してしまう、安易な「緩和」は厳に戒しめるべきであろう。

二 準積極的術策事案類型の問題点

1 以上が前稿においてこれまでの重要な大審院、最高裁、その他の裁判所の判決を検討した上での結論であった。「無能力者ではない」旨の単なる陳述は詐術というべきではなく、右陳述のほかに「積極的術策」があってはじめて詐術があったと解すべきであり、能力に関するなにらの陳述もなく、無能力者の取引締結に際しての言動全体を評価しても積極的術策があったとはいえない場合でも、源太郎詐術事件のように、無能力者制度（の欠点）を巧みに利用して米の先物取引＝相場取引を行い、もうけたときはその利益を懐にし、損した場合は取引自体を取消して損金を免れるという制度の反信義則的悪用を図ったと認められるときは、詐術法理ではなく、信義則ないし権利濫用の一般法理に依拠して無能力者の取消権行使を否定ないし制限すべきだと解したものである。判例の抽象的判旨にとらわれないで、事案に即して結論の妥当性を検証したつもりである。しかし前稿においてなお十分に分析しきれなかった事案類型がいくつかあった。それは、いわゆる「一級選挙権事件」（大判昭和五・四・一八民集九巻三九八頁、法律新聞三一四七号一三頁（貸金請求事件））に連なるいくつかの判例である（本件の詳細な事実関係と判旨とは後掲を参照してほしい）。一級選挙権事件自体は、積極的術策があったと辛うじて判断しえた事案であった。判旨によれば、準禁治産たる上告人（X）は被上告人（Y）（貸主）と本件消費貸借を為すにあたり、Yに対して、自分は「元準禁治産者ナリシモ父死亡《（ママ）》後其ノ宣言ハ取消サレ」ていると虚偽の事実を明言した上で、大正八年以来各種の選挙権を有し一般人に対して準禁治産者ではないかのように振舞い（実際には明治三九年に準禁治産宣告を受けていた）、「一級の選挙権モアルモノナレハ必ス迷惑ハ掛ケサル旨」を明言して相手方をして自らを能力者と誤信せしめた、というものであった。戸籍謄本を偽造して無能力者たる事実を隠蔽しまた他人をして自己の能力者たるを偽証せしめるような積極的詐欺の手段ではないが、原審はなお、「能力者タルコトヲ信セシムル為積極的ニ欺罔手段ヲ用ヒテ」いると判示し、大審院もこの原審の判断を是認しているからである。本件は、XがYから大正一二年一月四日金五百円を借り受け、一部を支払ったのみで、その余の支払いをしないので、Yが元金と損害金を請求した事件であった。Yの提出した証拠によれば、Xは、大正一一年九月一五日現在、県会議員選挙人名簿に、大正一二年一〇月一日現在、衆院議員選挙人名簿に、大正一四年町会議員選挙人名簿に各々有権者として記載されていた。右のうち国会議員選挙権と県会議員選挙権を一級選挙権といっていたから、「大正一二年一〇月一日現在」の意味がそれ以前は名簿に記載されていないとの意味なら、衆院議員選挙権については虚偽の明言だし、少なくとも県会議員選挙権については、金銭を借り受けた大正一二年一月四日当時は選挙人名簿に記載されていたのであるから「一級ノ選挙権モアルモノナレハ必ス迷惑ハ掛ケサル旨」の明言は、事実を語っていたことにはちがいないのである。須永醇教授によれば（「無能力者の詐術」新版・判例演習民法1総則 一七八一年）、当時の市制・町村制・府県制・衆議院議員選挙法によると禁治産者のみならず準禁治産者にも選挙権が認められていなかった、とのことである。

このように法律上一定の要件をクリアした者にのみ資格が与えられていたり、免許が付与されている場合に、無能力者（ないし制限能力者）にはその資格ないし免許が許されていないにもかかわらず、その資格ないし免許を有していると陳述するならば、取引の相手方をして無能力者であるとの疑いを全く抱かせないし、能力に関して疑念を抱く余地を事前に完全に封じてしまうであろう。それゆえ本件においては無能力者ではない旨の陳述があったケースであるが、もしそれがない場合でも積極的術策のあった場合に準じて無能力者による取消権の行使を否定すべきであると考える。

2　右のような準積極的術策類型ともいうべき事案として、次の二判例を挙げるべきであろう。一つは、大判大正一二年三月一四日（法律新聞二一三六号一九頁、狩猟法事件（約束手形金請求事件））であり、二つは、大阪高判昭和二七年一二月二〇日（下民集三巻一二号一八〇三頁大阪府庁事件（約束手形金請求事件））である。

狩猟法事件は、準禁治産者Xが高利の金を借りて、その支払いのために約束手形を振出したものらしい。手形の所持人YよりXに対して約束手形金を請求したところ、原審たる大阪控訴院はX敗訴の判決を下したのでXが上告した。上告理由は、結局、民法二〇条にいう「詐術」とは、無能力者が能力者であるとの虚偽の陳述（準禁治産者ニ非ザル旨の陳述）をなした上で、それを挙証するための方法の呈示をしてはじめてその要件を満すというべきもので、虚偽の陳述もなく、単に取引に際して南海電鉄大株主の無料乗車券及び真実の狩猟免状を示したにすぎないのに詐術ありと判示した原審判決は破毀されるべきである、という。これに対して大審院は、「民法二〇条の詐術とは、積極的に詐欺手段を用いることをいう。従って準禁治産者が能力者たることを信ぜしめるため積極的に詐欺の手段を用い相手方をして錯誤に陥らしめたるときは、そのなしたる行為を取消すことはできない。本件においては、XはYに対して能力者たると信ぜしめるためその手段として『準禁治産者ニアラザルモノノ如く装ヒテ南海電鉄株式会社大株主ノ乗車券及狩猟免状ヲ示シ被上告人ヲシテ錯誤ニ陥ラシメタルモノ』であって原院が詐術と認定したるは不法ではない。また『積極的詐欺ノ手段トシテ相手方ニ或物ヲ示ス場合ニ於テハ其物ハ必ズシモ偽造ノモノタルヲ要セズ詐欺者ガ之ヲ使用スルノ方法ニシテ相手方ヲシテ錯誤ニ陥ラシムルニ足ルモノナル以上ハ真正ニ成立シタル物ト雖之ヲ以テ積極的詐欺ノ用ニ供シタルモノト云フヲ妨ゲザルモノトス』」（「　」内は現代文になおしている）と判示して上告を棄却した。本件をどのように評価すべきであろうか。私見は、上告理由と同じく、「詐術」の意義を無能力者が能力者である旨の虚偽の陳述をなすこととそれを証明するための積極的術策があることとが必要であるという見解を採るものであるから、準禁治産者に非ざる旨の陳述は一切しておらず、単に①南海電鉄の大株主の乗車券と②狩猟免状を示したすぎない本件において、はたして「詐術」ありと解しうるかということである。私は、右①の物件の呈示そのものにはなんの詐術性も見い出されないと思う。問題は②の狩猟免状の呈示である。いま旧狩猟法を詳らかにはしえないが、これを引き継いだ現銃砲刀剣類所持等取締法五条はつぎのような趣旨を規定している。都道府県公安委員会は銃砲等の所持の許可を受けようとする者がつぎの各号に該当する場合は許可をしてはならない。一号　一八歳に満たない者、二号　精神病者、アルコール、麻薬、大麻、あへん若くは覚せい剤の中毒者又は心神耗弱者（三号以下略）とある。実際上の取扱いでは禁治産者、準禁治産者にも許可していなかったそうである。今後被後見人、被補佐人、被補助人に対してどのように取扱われるかはわからない。そして本件におけるXがどのような手段で準禁治産者であったのに狩猟免（許）状を得ていたのかも詳細は不明であるが、禁治産者、準禁治産者には法律上狩猟免（許）状は付与されえないものとの一般的認識が確立していたとの事情を背景にして、はじめて、大審院の判旨を肯定しうるのではないかと思う。法律上準禁治産者（等無能力者）には許可されえないはずの資格ないし許可が付与されている旨の免状を所持しそれを呈示しつつ取引をする者に対しては、相手方は準禁治産者（等無能力者）であるとは全く疑わず、一切の疑念が事前的に封ぜられるのであるから安心して取引に応ずるはずである。与えられるはずのない免状がなにらかの手違いで与えられ、それをもって無能力者ではないかの如く振舞って取引するものは、厳格には積極的術策とはいえないが、それに準ずる容態とみて二〇条の詐術と目して取消権は剥奪されてもやむを得ないと考える。

3　大阪府庁事件も約束手形金請求事件であった。大阪府庁に勤務していた公務員Yは、浪費者として準禁治産宣告を受けた後も、その事実を秘して勤務を継続し、再三勤務先に来訪した相手方Xに対して何等準禁治産宣告を受けた如き言動を示さずに従来通りの交渉をし、二五万円の負担金（不動産仲介運動費自己負担分）の支払いのために約束手形を振り出し（昭和二五・六・二〇）、Xがその所持人として満期日に支払場所へ右手形を呈示して支払いを求めたところ拒絶された。そこでXは当該手形金の支払いを求めて提訴したのが本件である。大阪高裁は、準禁治産の宣告を受けたY（昭和二五・五・二四、浪費者として）は本件手形の振り出しに当たり、右宣告の事実を秘し、法令上勤務を許されない公職を保持してXと交渉し、自己が完全なる能力者である如く装ってXを誤信させたものであるから、民法二〇条にいわゆる詐術を用いた場合に該当するものと解するのが相当であると判示した。

本件では準禁治産者Yは自分が完全な能力者である旨の陳述はなにも行っていないし、公務員として従来通り勤務を続け、準禁治産宣告を受けた後も、勤務先である大阪府庁内にて相手方Xと交渉して自分の負担金の支払いのために勤務先で約束手形を振り出したにすぎず、他に特段の積極的術策があった訳ではない。右負担金を負うに至ったいきさつはやや複雑で、Yが大阪府庁に勤務中の昭和二四年秋頃より、Xに依頼され、同人他一名所有の山林を天理教会に売り込む仲介をしたが不成功に終り、Xが支出した運動費の約半額の二五万円をYにおいて負担することを承認し、この支払いのために本件手形ほか三通を振り出すに至ったものらしい。大阪高裁は、二〇条の「詐術」の概念になにもふれずに、準禁治産者が「法令上許されない公職を保持して相手方と交渉し、自己が完全なる能力者である如く装って相手方を誤信させた」ことをもってただちに詐術にあたると判断している。地方公務員法一六条は職員としての欠格事由としてその一号において、現行法は、「成年被後見人又は被保佐人」と規定しており（旧規定では禁治産者又は準禁治産者となっていた。ただしこの法律は公布日が昭和二五年一二月一三日で、一六条の施行日は昭和二六年二月一三日のようである）、国家公務員法三八条にも同趣旨の規定があり、同七六条では右欠格条項に該当するに至ったときは当然失職する旨も規定している。これらの規定からみて、大阪府庁職員と取引する者は準禁治産者が公務員として正規に勤務しえるはずはなく、誰れもが禁治産者はもちろん準禁治産者（被後見人、被保佐人）と取引しているとは考え得ないであろう。一点の疑いも抱かないはずである。したがって、「あなたは無能力者ではないですね」などとたずねたり詰問したりすることもありえないので、準禁治産者が自ら無能力者でない旨を陳述するはずもない。準禁治産者はまさに法令上公務員たりえないのであるから、公務員と取引する者にとっては能力に関する一切の疑念の発生が完全に事前的に封ぜられている。法令上無能力者がその地位に就くことや資格を取得することが禁止されている場合、たとえば、公務員、医師、薬剤師、司法書士その他の資格許可証や免許証を保持している者が、その地位に就いたまま、または許可証や免許証を呈示して取引する場合、あたかも完全な能力者であるかの如く装って行為している限り、能力に関するなにらの陳述がなくとも積極的術策に準ずる容態と評価してよいと思われる。大阪府庁事件では、法律の施行日との関連性や、取引の相手方に取引上の実質的損失が生じていないのではないかと疑い得る余地があるなどの点を無視するならば、大阪高判が詐術にあたるとした判断は肯定されてよいのではないかと思う。

4　右とは異なり、東京高判昭和二八年四月二〇日（下民集四巻四号五三六頁、学生自立協会理事長事件〔保証金返還請求事件〕）（上告審判決は、最判昭和三五年五月二四日民集一四巻七号一一五四頁である）は、法令上無能力者に許されていない資格証明書ないし免状等を呈示したのではなく、準禁治産者Xが入札による木材売買契約締結の際に自己の準禁治産者（浪費を理由）なることを秘し、国Y（特別調達庁）の係員に学生自立協会の肩書のある名刺を呈示し、右協会の『理事長をしており、今回はかねてから念願としていたものが落札となり感激にたえない。この木材は他へ転売し、それによって得た利益は同協会の資金にあてたい……』と述べたにすぎない事案であったが、詐術ありと判断された判例であった（最高裁も上告を棄却して同旨を判示している）。東京高裁は、右Xの言動は、特に相手方をあざむくために積極的な術策を用いたとまではいえないとしても、たんに無能力者たることを秘したに止まるものではなく、「前記のような言動と相当多額と認められる契約保証金百六万円も支障なく納付したことをあわせ考えると、右Xの所為は本件契約の相手方であるY（国）の機関である特別調達庁の当該係員をして右Xが本件法律行為をするについて能力者であると信ぜしめるに足りる所為であったとみるのが相当であり」、詐術を用いたものと解すべきものであるとしている。本件では、①学生自立協会の肩書のある名刺の呈示と②前記の『 』部分の言動と③相当多額と認められる保証金（一〇六万円）の納付という三点をあわせ考えて、積極的術策があったといえないが相手をして能力者と誤信せしめたことをもって詐術ありと解している。私は、前稿において本件につき「私見の反信義則的制度悪用の観点からみて限界的事例である」と評価しており、今回改めてつぎのように解するべきだと思う。すなわち、いま少し、たとえば、知能の低い浪費者だったのか否か、入札の本当の動機はなんだったのか、本件訴訟の原告はXと他の秋元某Zなる者の二名であり、Xは一審で訴訟から脱退しており、Zのみが控訴（上告）しているが、このZとXの関係はどうなっているのか、学生自立協会なる団体が真実に存在し、Xが本当に理事長に就任しているのか、入札した木材を何に使用するつもりであったのかなどを、詳細に認定した上で、黙秘も詐術にあたるとの観点ではなく、反信義則的無能力者制度の悪用の観点から信義則ないし権利濫用論の一般理論を用いて結論を導びき出すべきであった。本件は、狩猟法事件や大阪府庁事件とは異なり、準積極的術策事案類型とは位置づけ得ず、民法二〇条の適用を図るべきではなかったと私見は考える。

三　黙秘と詐術の関係

1　詐術判例発展史上、初期すなわち厳格期では積極的術策のある場合に詐術ありとしていたが、第二期すなわち陳述期では、単なる無能力者ではない旨の陳述でも場合によれば、詐術となりうると詐術概念を緩和したと解されるようになったが、判例の事案を仔細に検討するならば、単なる陳述事案と解された判例もまさに積極的術策があったとみなされるべき事案であった（「市役所、裁判所へ問い合わせよ事件」とか「一級選挙権事件」、「源太郎詐術事件」など）。さらに無能力者である旨を全く相手に告知ないし陳述していないケースでも、法令上、無能力者には許されていない、法的地位や資格を示す物件（免状、免許証、公務員たる証明書など）を呈示して能力者であるかの如く装っている場合を取り扱った判例は、二において詳論したように、準積極的術策類型事案と評価してなお、二〇条の詐術ありとしてよいと考える。しかし最判昭和四四年二月一三日（民集二三巻二号二九一頁、伝兵衛黙秘事件〔土地所有権移転登記抹消登記手続請求事件〕）になると、第三期、すなわち黙秘期に入ったと評しうる。本件伝兵衛黙秘事件はつぎのような事案であった（詳細は後記参照）。原告Xは知脳程度が低く尋常小学校四年中退で、遊びを覚え、賭事のための資金を得るべく伝来の家財産を次々と処分し、これを蕩尽するおそれがあったので準禁治産宣告を受け（昭和一二年）、妻が保佐人となっていた。Xは、Y（の父）から昭和二九年一五万円を借り、これを返済しえなかったので、X所有の本件農地（畑一一〇坪）をYとの間で売買（昭和三〇年）、その代金で右貸付元利金を清算する約定の下で、知事の許可があった場合Yに所有権移転の本登記をなす約束で所有権移転請求権保全の仮登記手続を了した。右の間、Xは終始自己が準禁治産者であることを黙秘していたけれど、一方進んで自己が能力者であることを告げた事実もなく、取引の過程でY側の仲介人が、「畑は奥さんも作っているのに相談しなくてもよいか」と尋ねたのに対してXは「自分のものを自分が売るのに何故妻に遠慮がいるのか」と述べた。原審は右の言辞は伝兵衛の能力に関するものではないから民法二〇条にいう詐術に当らないと判断した。Yが上告したところ、最高裁は、傍論ながらつぎのようにいう。

「思うに、民法二〇条にいう「詐術ヲ用キタルトキ」とは、無能力者が能力者であることを誤信させるために、相手方に対し積極的術策を用いた場合にかぎるものではなく、無能力者が、ふつうに人を欺くに足りる言動を用いて相手方の誤信を誘起し、または誤信を強めた場合をも包含すると解すべきである。したがって、無能力者であることを黙秘していた場合でも、それが、無能力者の他の言動などと相俟って、相手方を誤信させ、または誤信を強めたものと認められるときは、なお詐術に当たるというべきであるが、単に無能力者であることを黙秘していたことの一事をもって、右にいう詐術に当たるというのは相当ではない。」

2 私はこの判決に対してつぎのように批判した。その批判を改めて再述したいと思う。

「右判例は、結論的には無能力者伝兵衛に詐術があったと認めた訳ではないのに、上告理由が、能力について単に黙秘していたといっても、不動産取引に明るく、取引に対して積極的な面もあって、言動全体のムードから考えて、総体的・連続的に伝兵衛の言動を評価すべきであるから、そのような観点からは伝兵衛には詐術があったと認めてよいとの主張に答える形ではあるが、『無能力者であることを黙秘していた場合でも、それが、無能力者の他の言動などと相俟って、相手方を誤信させ、または誤信を強めたものと認められるときは、なお詐術にあたるというべきである』と明示するに至った。厳密には傍論というべきであり、この部分は先例拘束力を有しないと解すべきだとしても傍論であるがゆえに最高裁の下級審への決断的意思を表明したと理解されるわが国の裁判慣例からみて、事実上の先例機能を有するのではないかと危惧する。『黙秘していた場合でも事情によっては詐術にあたる』との本最高裁の判断は、一般論としては、『詐術』を、相手方に対して積極的術策を用いた場合にかぎるものではないと解し、無能力者がふつうに人を欺くに足りる言動を用いて相手方の誤信を誘起し、または誤信を強めた場合をも包含する、との理解を前提としている。ここにははっきりとした詐術概念における『積極的術策』性からの『緩和』が看取される。『緩和』というよりはむしろ詐術という概念の『空洞化』(注)というべきであろう。私は、無能力者が単に能力者であると告げて相手方を誤信せしめただけではないまだ詐術にあたらないと解する反面、能力に関する陳述は何もしていないが、単に『資産信用があるから安心して取引してくれ』(源太郎詐術事件)と陳述したにすぎなくても、無能力者制度を詐欺的に利用したと見うる場合には、無能力者から保護を奪ってよいと解するものである。これは、借金を最初から踏み倒すつもりで準禁治産宣告を利用したとか、いわゆる先物取引たる商品取引を行い、損金については無能力者保護を利用して取引自体を取消して損失を免れ、もうけたときには、取引を追認して利益を合法的に手中にするという、そういう目的のために準禁治産宣告を利用したというような事案類型の場合には(前掲源太郎詐術事件参照)、もはや詐術がなくとも、反信義則的無能力者制度の利用(悪用)とみて、民法第一条の信義則ないし権利濫用禁止の法理によって解決を図るべきであると思う。民法二〇条の『詐術ヲ用ヰタルトキ』とはあくまでも厳格期でいうところの、『積極的術策』を用いた場合と解すべきではなかろうか。」

(注、須永醇「無能力者の詐術」新版判例演習民法1総則四〇頁によれば「ここに至って詐術の意味内容の空洞化は否定されようもない段階にまで達した」と適切に評言されている)。

3　かような最高裁の「空洞化」した詐術概念が下級審において踏襲されているのは、東京地判昭和五八年七月一九日(判例時報一一〇〇号八七頁、東日本健康協会取締役副所長詐術事件)である。

右判例は、準禁治産者が、他人の債務につき連帯保証人となる旨の保証契約を締結する際に、準禁治産者である旨を秘し、株式会社東日本健康協会取締役副所長なる肩書を記した名刺を相手方に交付し、「信用限度額一五〇〇万円でよいのか、もっと多くしておく必要がありはしないか」と述べたという事案であった。東京地判は能力に関する陳述がなにもないのに、右準禁治産者に詐術があったと判示している。同じく名古屋高判平成四年六月二五日(判例時報一四四四号八〇頁)は、準禁治産Xが金員を借り受け、自己の土地に根抵当権を設定する際にいくつかの虚偽の言を弄しつつ、終始自己の準禁治産者なることを黙秘していたという事案において、右黙秘と相まって、右準禁治産者の虚偽の言動は、相手方YをしてXが能力者であると誤信させ、または誤信を強めるに足りるものであったと認めるに十分であり、詐術にあたると判示している。私見は、すでに述べたように無能力者が能力について何等の陳述もせず、単に黙秘していたにすぎない場合には、他に虚偽の言動が多少あって相手方の誤信を誘起し、誤信を強めるものであっても安易に詐術と認めるべきではないと考える。右名古屋高判では相手方はつぎのような注目すべき主張を行なっている。すなわち、Xの種々の虚偽の言動（年収をごまかし、もってもいない株券やゴルフ会員権をもっていると嘘をつき、本件土地の権利証を妻にとりあげられているのに、それを秘し、紛失したと偽って保証書で契約したなど）が黙秘と相まってXが民法の準禁治産制度を熟知した上でこれを計画的に悪用したのだから、Xの無能力を理由とする取消は権利の濫用にあたると主張するものである。これは、私見と同旨を開陳している。真に妥当だと思う。この点について、前記最判伝兵衛黙秘事件における原審の判決理由をみてみたい。つぎのとおりである。

4　「民法二〇条の「能力者タルコトヲ信セシムル為メ詐術ヲ用ヰタ」とはどのような場合をいうかについては、これを厳格に解する立場と比較的緩く解しようとする立場とがあり、民法の無能力者制度は往々にて相手方に不測の損害をこうむらせる結果ともなるので、特に取引の安全が重視されるに至った近時においては「詐術」の意味を次第に拡張解釈する傾向にあることは否めないところである。しかしながら「詐術」という以上は、無能力者が自己の行為能力（準禁治産者の場合は保佐人の同意を得ていることをも含めて）についての相手方の誤信を生ぜしめたり、またはこれを強めたりするために、何等かの積極的行為をすることを要するはもちろんであって、たんに無能力者であることを告げなかったというような消極的態度は、その黙秘が具体的状況のもとにおいて詐術としての積極的意味をもつものと評価すべき特段の事由がある場合は別として、一般的にはこれに該当しないものと解するのが相当である。何となれば、無能力者が同意を得ずして法律行為をなす場合、相手方に自己が無能力者であることを黙秘するのは、むしろ当然のことで、いわば世間普通の状態であり、もし単なる黙秘が詐術になるとすれば、無能力者であることを善意の第三者に対抗し得ないというのとほとんど同じ結果になり、無能力者を保護するために取消権を与えた法の精神を全く滅却するに至るからである。そしてこのことは未成年者の場合であると準禁治産者の場合であるとによって何ら異なる道理はないものというべきであろう」と。

おわりに

私見は、前記最判伝兵衛黙秘事件の原審の判決理由の立場に近いのであるが、さらにより厳しく解するべしという見解である。右の「無能力者が法律行為をなす場合、相手方に自己が無能力者であることを黙秘するのは……」というくだりの表現を改めて「自己が無能力者でない旨を陳述するのは、むしろ当然のことであり、いわば世間普通の状態であり」「単なる能力者である旨の陳述が詐術となるとするのではなく、さらにそれに加えて誤信を誘起し誤信を強めたりするために何らかの（虚偽の）積極的行為をすることを要する」と主張したいのである。その意味で名古屋高判平成四年六月二五日の相手方の主張は特筆に値するというべきである。

平成一一年の法改正によって新成年後見制度が創設され、準禁治産者が被保佐人と改められ、浪費者はその理由だけでは、保佐開始の審判を受けることはなくなったが、被補助人の制度が新設されたことから、今後は、被補助人の詐術の問題がクローズアップされるのではないかと予想しうる。被補助人は、準禁治産者より、より能力の高い者を予定しているだけに、詐術概念を安易に「緩和」、「空洞化」する方向ではなく、あくまでも、制限能力者ではない旨、ないし能力者である旨の陳述に加えて何らかの積極的術策のある場合にのみ民法二〇条にいう詐術にあたると厳格に解するべきであると強調したい。

最後に判例の発展ないし変遷を画する時期の主要判例の摘記と事案類型的まとめと主要判例一覧とを掲げることとする。

各期主要判例の摘記

第一期〔積極的術策期〕

【判例1】 大判大正五年一二月六日（民録二二輯二三五八頁、質屋営業資金借用事件）
【判例2】 大判大正六年九月二六日（民録二三輯一四九四頁、弁護士帯同事件）
【判例3】 大判大正一二年三月一四日（新聞二一三六号一九頁、狩猟法事件＝平兵衛狩猟免状呈示事件）

第二期〔陳述期〕

【判例4】 大判昭和二年一一月二六日（民集六巻一一号六二二頁、丸亀市役所・裁判所へ問い合わせよ事件）
【判例5】 大判昭和五年四月一八日（民集九巻三九八頁、一級選挙権事件）
【判例6】 大判昭和八年一月三一日（民集一二巻一号二四頁、源太郎詐術事件）
【判例7】 大判昭和八年一〇月一三日（民集一二巻二三号二四九一頁、保険外交夫人詐術事件）
【判例8】 大阪高判昭和二七年一二月二〇日（下民集三巻一二号一八〇三頁、大阪府庁事件）
【判例9】 最判昭和三五年五月二四日（民集一四巻七号一一五四頁、東京高判昭和二八年四月二〇日、下民集四巻四号五三六頁、学生自立協会理事長詐術事件）

第三期〔黙秘期〕

【判例10】 最判昭和四四年二月一三日（民集二三巻二号二九一頁、伝兵衛黙秘事件）

【判例11】東京地判昭和五八年七月一九日（判例時報一一〇〇号八七頁、東日本健康協会取締役副所長事件）
【判例12】名古屋高判平成四年六月二五日（判例時報一四四四号八〇頁、年収等ごまかし事件）

事案類型的まとめ

(1)　積極的術策事案類型
【判例4】（丸亀市役所・裁判所へ問い合わせよ事件）
【判例5】（一級選挙権事件）

(2)　準積極的術策事案類型
【判例5】（一級選挙権事件）（ただし能力に関し無陳述の場合）
【判例3】（狩猟法事件）
【判例8】（大阪府庁事件）

(3)　権利濫用型＝無陳述型
【判例6】（源太郎詐術事件）
【判例4】（もし無陳述の事案だったならば、ここに含めてよい。）
【判例12】（年収等ごまかし事件）

(4)　黙秘類型
【判例9】（学生自立協会理事長詐術事件）

【判例10】（伝兵衛黙秘事件）
【判例11】（東日本健康協会取締役副所長事件）

判例一覧

第一期＝「詐術」となるのは戸籍謄本を偽造するなどの積極的術策を弄した場合に限る、と解する。これを仮に厳格期と称する―大体大正期まで。

【判例1】

大判大正五年一二月六日（民録二二輯二三五八頁）〔抵当権設定登記抹消請求事件・質屋営業資金借用事件〕

〔事　実〕

準禁治産者Xは、Yより金員を借り受け抵当権を設定するに当り、この金銭貸借の媒介をした訴外Bを通じ、Yに対して、自己が準禁治産者である事実を秘して、実父Aの営んでいる質屋営業をXが自ら継続していくのに必要な資金として借用したい旨告げた。原審は、「Xが自己の無能力を秘し、なおYをして、Xを能力者なりと誤信せしむる目的を以て故らにXが完全なる能力者として父の質屋営業を継続すべき趣旨に解せらるる言詞をYに告げた」との事実によって「詐術」を用いたるものと断じてXを敗訴せしめた。そこでXは上告して、民法二〇条にいわゆる詐術とは、無能力者が自己の能力者たることを信ぜしむるため積極的にある行為をなし、それが虚偽の行為であって、その行為がもし真実の行為だったとすれば、その無能力者は当然能力者と断定さるべき行為をいうものであるが、本件のXの用いた行為というのは、単に自己の準禁治産者であることを秘し、能力者である旨を告げたにすぎず、①なにら積極的行為を為していない、また②Xが父親の質屋営業を継続している事実は真実のことであること、そして③準禁治産者が質屋営業を行ない、これを継続し、父親の質屋営業を継続していると告げたからといって、それでXの能力者たる事実が断定されうるというものでもない、したがって、原判決は二〇条の詐術に関する法律の解釈を誤っていると主張した。

〔判　旨〕　破毀差戻

依テ按スルニ民法第二十条ニ「無能力者カ能力者タルコトヲ信セシムル為メ詐術ヲ用ヒタルトキ」トアルハ例ヘハ戸籍謄本ヲ偽造シテ無能力者タルノ事実ヲ隠蔽シ又ハ他人ヲシテ自己カ能力者タルコトヲ偽証セシムルカ如ク無能力者カ相手方ヲシテ其能力者タルコトヲ信セシムル為メ積極的ニ詐欺ノ手段ヲ用フルヲ謂フモノニシテ本件ノ如キ金銭貸借ノ場合ニ単ニ自己カ無能力者ニ非サルコトヲ債権者ニ通知シ又ハ無能力者タル事実ヲ告ケサルカ如キ若クハ自己ノ営業資本ニ使用スルカ為メ借用スルモノナルコトヲ明言スルカ如キ行為ハ之ヲ以テ同条ニ所謂詐術ト称スヘキモノニ非ス何トナレハ無能力者カ金銭ヲ借入レントスルニ当リ自己カ無能力者ニ非ス若クハ営業資本トシテ使用スルモノナルコトヲ相手方ニ告クルカ如キハ世間普通ノ状態ニシテ此等ニ付テハ宜シク相手方ニ於テ注意スヘク若シ斯カル行為アリタルヲ理由トシテ取消権ヲ喪失セシムルカ如キコトアランカ無能力者ヲ保護スルカ為メニ取消権ヲ与ヘタル法ノ精神ハ殆ント全ク滅却スルニ至ルヤ明カナリ原判決ノ認ムル所ニ依レハ準禁治産者タル上告人カ被上告人ヨリ本件金円ヲ借受ケ抵当権ヲ設定スルニ当リ其貸借ノ媒介ヲ為シタル春藤小市郎ヲ通シテ被上告人ニ対シ自己ノ準禁治産者タルノ事実ヲ秘シ上告人ハ父島谷栄吉ノ営ミ来リタル質屋営業ヲ自ラ継続スルニ要スル資金トシテ借用シタキ旨ヲ告ケタル事実ニシテ無能力者カ単ニ自己ノ無能力者タルコトヲ秘シテ告ケサルカ如キハ詐術ヲ以テ目スヘキモノニアラサレハ如上説明スルカ如クニシテ而シテ又準禁治産者タリトモ質屋営業ヲ為スニ妨ケナキ事ハ言ヲ竢タサル所ナルヲ以テ上告人カ父栄吉ノ営業ヲ継続スル資本トシテ必要ナリトノ事ヲ相手方ニ告クルモ此レ亦能力者タルコトヲ信セシムル為メ詐術ヲ用ヒタルモノト謂フコト得サルヤ明ナリ然ルニ原判決カ前記上告人ノ行為ハ能力者タル事ヲ信セシムル為メ詐術ヲ用ヒタルモノナリトシテ本件上告人の請求ヲ棄却シタルハ民法第二十条ノ解釈ヲ誤リタルモノニシテ破毀ヲ免レサルモノトス

大判大正六年九月二六日（民録二三輯一四九四頁）〔強制執行異議事件・弁護士帯同事件〕

〔事　実〕

事実関係は必らずしもはっきりしない。X（上告人）は、Y（被上告人）から金銭を借りるに際し（借り受け金額がいくらかもわからない）、公証人役場に出頭し、Yの面前で、公証人の訊問に対して、保証人Aと弁護士と称するBの同席するところで、自分は能力者である旨を答えたので、公証人は公正証書を作成し、YもXが能力者であると誤信して本件金銭消費貸借契約を締結した、当然、Xの保佐人の同意は得ていなかった。そのご、おそらく、Xは弁済しなかったのであろう。強制執行を受けてこれに異議を申立て、強制執行異議事件となった。これが本件である。原審において敗訴したXが、「上告理由第二点ハ民法第二十条ニ所謂無能力者カ詐術ヲ用ヒタルトキトハ無能力者カ自己の有能力者ナルコトヲ信セシムル為メ積極的ノ策略手段ヲ用ヒタルコトヲ要シ単純ナル虚偽ノ陳述又ハ沈黙ノ如キハ此中ニ包含セサルコトハ原院以外夙ニ判例学説ノ一致スル所ナリ（御院第一部大正二年（オ）第二二五号判例同第三部大正五年（オ）第六二六号判例参照）」と主張して従来の判例を無視した不当なものであるとして上告した。

〔判　旨〕　破毀自判

因テ按スルニ民法第二十条ノ無能力者カ能力者タルコトヲ信セシムル為メ詐術ヲ用ヰタルトキハ積極的ニ詐欺手段ヲ用ユルコトヲ謂フモノニシテ金銭貸借ノ場合ニ自己カ無能力者ニ非サルコトヲ債権者ニ通知シ又ハ無能力者タル事実ヲ告ケサル如キハ同条ニ所謂詐術ト称スヘキモノニ非サルコトハ当院判例ノ示ス所ナリ（大正五年十二月六日第三民事部判決）本件ニ於テ原院ノ確定セル所ニ依レハ上告人ハ大正四年七月三日公証人石井政吉役場ニ於テ消費貸借契約ヲ締結スル際被上告人ノ面前ニ於テ石井公証人ノ訊問ニ対シ保証人タル可キ浅田加穂及ヒ弁護士ナルコトヲ明言シタル原井節ト共ニ自己ノ能力者タルコトヲ答ヘ同公証人ヲ欺キタルヨリ同人ハ該契約ノ公正証書ヲ作成スルコトヲ承諾シ随テ被上告人モ上告人ノ能力ニ欠クル所ナキモノト誤信シ該契約ヲ締結スルニ至リタルモノニシテ上告人ハ単ニ自己ノ能力者タルコトヲ述ヘ若クハ他人ノ誤信ヲ知リナカラ自己ノ無能力者タルコトヲ黙秘シタルニ過キス上告人カ浅田外一名ヲシテ石井公証人ニ対シ故ラニ上告人ノ能力者タルコトヲ答ヘシメ同公証人及ヒ被上告人ノ誤信ヲ惹起セシムル手段ニ用ヰタ

ルニモ非サレハ如上ノ事実ハ未タ以テ積極的ニ詐欺手段ヲ用ヰタルモノト謂フコトヲ得ス然ルニ原院カ之ヲ以テ上告人カ詐術ヲ用ヰテ自己ノ能力者タルコトヲ信セシメタルモノトシ上告人ハ本件消費貸借契約ヲ取消スコトヲ得スト為シタルハ同法条ヲ不当ニ適用シタル不法アルモノニシテ破毀スヘキモノトス而シテ上告人カ準禁治産者ナルニ拘ラス保佐人ノ同意ヲ得スシテ如上ノ契約ヲ締結シ其後大正五年二月二十三日保佐人ノ同意ナキコトヲ理由トシテ之カ取消ノ意思表示ヲ被上告人ニ対シテ為シタルコトハ原院ニ於テ当事者間ニ争ナキ所ニ属スレハ当院カ直ニ裁判ヲ為スニ熟シタルモノトス以テ他ノ論旨ニ対シテ説明ヲ付セス

【判例3】

大判大正一二年三月一四日〔法律新聞二一三六号一九頁、約束手形金請求事件・狩猟法事件＝平兵衛狩猟免状呈示事件〕

〔事　実〕

事実関係は必らずしもはっきりしない。上告理由によれば、準禁治産者亀岡平兵衛は狩猟免状を受有し「遊猟三昧二日《ママ》月ヲ徒消シ乍ラ高利ノ金ヲ借」りて暮す浪費青年であるらしいが、Yから金を借りて、その支払のために約束手形を振出したので、Yからの約束手形金請求事件を提起された。Xは右行為をなすに際し一度も虚偽の陳述をなしたり、「準禁治産者ニ非サル旨ノ陳述を為シタルコト」もなかったが、南海電鉄大株主無料乗車券及び狩猟免状を示して準禁治産者ではないかの如く装って相手方YをしてXを能力者と誤信せしめたらしい。大阪控訴院で敗訴したXが大審院に上告した。

〔判　旨〕

然レドモ民法第二十條ニ詐術ト云フハ積極的ニ詐欺手段ヲ用フルノ意義ナルコト當院判例ノ認ムル所ニシテ（大正五年（オ）第六百二十六號同年十二月六日判決參照）從テ準禁治産者ガ能力者タルコトヲ信ゼシムル爲積極的詐欺ノ手段ヲ用ヰ相手方ヲシテ錯誤ニ陥ラシメタルトキハ其ノ爲シタル行爲ヲ取消スコトヲ得ザルモノトス本件ニ於テ上告人ハ被上

告人ニ對シ能力者タルコトヲ信ゼシムル爲其ノ手段トシテ準禁治産者ニアラザルモノ、如ク裝ヒテ南海鐵道株式會社大株主ノ乘車券及狩獵免狀ヲ示シ被上告人ヲシテ錯誤ニ陷ラシメタルモノニシテ上告人ニ於テ同會社ノ多數ノ株券ヲ有シ厠狩獵免狀ヲ所持スルノ事實ハ必ズシモ上告人ガ準禁治産者ニ非ズル完全ナル能力者タルコトヲ信ゼシムルニ足ラザルモノト云フヲ得ザルヲ以テ原院ニ於テ被上告人ガ上告人ヨリ右ノ如ク大株主ノ乘車券竝ニ狩獵免狀ヲ示サレタル爲上告人ヲ準禁治産者ニ非ズト誤信シタリト認定シタルハ不法ニ非ズ仍テ第二點ノ論旨ハ理由ナシ、厠積極的詐欺ノ手段トシテ相手方ニ或物ヲ示ス場合ニ於テハ其ノ物ハ必ズシモ僞造ノモノタルヲ要セズ詐欺者ガ之ヲ雜用スルノ方法ニシテ相手方ヲシテ錯誤ニ陷ラシムルニ足ルモノナル以上ハ眞正ニ成立シタル物ト雖之ヲ以テ積極的詐欺ノ用ニ供シタルモノト云フヲ妨ゲザルモノトス本件ニ於テ被上告人ガ上告人ヨリ前示大株主ノ乘車券及狩獵免狀ヲ示サレ上告人ノ準禁治産者ニ非ザルコトヲ誤信スルニ至リタルハ乘車券厠ハ免狀ヲ其ノ物ノ眞否ニ着眼シタルニ非ズシテ上告人ノ其ノ物ヲ雜用シタル手段方法ニ欺瞞セラレ錯誤ニ陷リタルモノナルコト原判決認定事實ニ依リ明ナレバ原院ガ上告人ハ乘車券及狩獵免狀ヲ被上告人ニ示シテ積極的詐欺ヲ行ヒタリト認定シ其ノ乘車券竝ニ免狀ノ眞正ナルヤ否ヤニ付判斷セザリシハ不法ニ非ズ

第二期＝積極的術策を弄した場合に限らず、能力者であるとの陳述も「詐術」となりうる、と解する。これを
仮に陳述期と称する——大体昭和四〇年までの時期

【判例4】

大判昭和二年一一月二六日（民集六巻一一号六二二頁）〔契約履行請求事件・市役所・裁判所へ問い合わせよ事件〕

〔事　実〕

Y（原告、上告人）は準禁治産者たるX（被告、被上告人）に対して、大正九年一一月一六日、金四百円、同年一二月

八日金八百五十円を貸与し、いずれも弁済期を同一〇年一一月三十日、利率百円につき一ケ月金一円と定めた。ところがXは弁済期を過ぎても一向に支払いをなさないので、Yにおいて督促中の同一四年一月一七日には、Xとその妻AとがY方にやって来て、金四百円の分については利率を半減してほしい、また、金八百五十円の分については、内金五百五十円を代金としてX所有の土地を売渡し、残金二百九十五円については(但し少し計算は合わない)、これまた利率を半減してほしいと申出たので、Yはこれを承諾したが、Xは一つも債務を履行しない。よって、貸金及び利息、並びに、所有権移転登記手続を求めて本訴を提起した。Yはかように主張した。これに対してXは、Y主張の如き利率及び弁済期の定めで、金四百円を借受けたことは認めるが、他の事実はすべてこれを否認する。仮に金八百五十円もこれを借受けたとしたところで、Xはこの貸借当時準禁治産者であって、保佐人の同意を得ないでなしたものであるから、これを取消すと抗弁した(上告理由によれば、Xの準禁治産宣告はXの住所地とは異なる岡山区裁判所で大正九年九月二〇日でこれを届出たのは大正一四年一月一四日であったという)。Yはさらに再抗弁して、金八百五十円を貸与した当時は疑念を生じたのでXにたづねたところ、Xは、すでに準禁治産の宣告を受けていたのにこれを秘してYの質問を否認し、「市役所及裁判所ニテ問合セヨト云ヒタルヨリYニ於テ訴外Bヲシテ問合ヲ為サシメタルハ詐術ヲ用ヒYヲシテXカ準禁治産ニアラサルモノノ如ク誤信セシメ」たものであると主張した。

原審は、Yの再抗弁に対して「云々ト再抗弁スレトモ無能力者ナリト信セシムヘキ詐術ヲ用ヒルトハ無能力者カ自己ヲ能力者ナリト信セシムヘキ積極的行為ヲ為スコトヲ要シ単ニ無能力者タルコトヲ否定スルヲ以テ足ラサルカ故ニ右抗弁ハ失当ナリ」と判示した。そこでYが上告してつぎのように述べた。原審判決事実摘示中、証人訴外Bの証言を援用しているが、このBの証言中には、Xはかつて放蕩していたので前述貸付けの話しをするに際して、B及びYが、Xは準禁治産の宣告を受けているのではないかと訊ねたところ、Xはさようなことはないと答え、「裁判所ナリ市役所ニ就キ取調ヘアリ度シト申」したので、そのため実際にBはXの住所地たる丸亀市役所及び丸亀裁判所に赴いて取調べ準禁治産宣告を受けていないことを確かめてもって契約を締結したものである、と供述している。これによってみれば、「XカY及Bノ質問ニ対シ自己カ準禁治産者ナルコトヲ単ニ否定シタルノミニアラスシテ更ニ進ンテ裁判所ナリ市役所ニ就キ取調アリ度シト言明シタルハ明カニY及Bヲシテ錯誤ニ陥ラシムル積極的ノ詐術ニシテ殊ニY及Bヲシテ市役所及区裁判所ヲ調査セシメタル点ヨリ鑑ミルモXニ対シ自己ヲ能力者ナリト信セシムヘキ詐術即術策ヲ用ヒタルモノト断言スルコトヲ得ヘシ」そして更に詳言すれば、「Xハ丸亀市ニ本籍ヲ有シ甲第三号証ヲ見ルモ本件貸借関係前即大正九年七月二十五日モ其ノ住所ヲ丸亀市本町百二十四番地トナシ訴外Cト売買契約ヲ締結シアリテ自己ノ住所ヲ其所ニ表示シ又甲第一号証(金四百円の貸借証書)ノ金円貸借契約ヲ締結シタル際即大正九年十一月十六日モ同一場所ヲ住所トシタル関係ヨリスルモ被告ハ裁判所ナリ市役所ニ付取調ヘヨト云ヘハ丸亀ノ裁判所ナリ市役所ニ付取調フルコトヲ予知シナカラ之ヲ取調ヘセシメタル点并ニXカ準禁治産ノ宣告ヲ受ケタルハ岡山区裁判所ニシテ大正九年九月二十日ナルニ拘ラス共ノ届出ハ大正十四年一月十四日マテ之ヲ秘シ置キ(一件記録十三丁委任状添附ノX戸籍謄本参照)其ノ間ニ於テモ甲第一号証及甲第二号証(金八百五十円の貸借証書)ノ如ク常ニ住所ヲ丸亀市ニ表示シ他人ヲシテ丸亀市内ニテ調査セシメントスル方策ニ出テタルヲ以テ錯誤ニ陥レムトノ詐術ナルコトハ窺知スルニ十分ナリ然ルニ原審裁判所ハ斯ル証拠歴然タル積極的詐術ヲ何等ノ説明ナク且之ヲ排斥スヘキ証拠ナクシテ漫然Xノ此ノ行為ヲ積極的行為ニアラストシテYノ再抗弁ヲ排斥シタルハ失当」であって破棄を免れない。Yはかように主張して上告したものであった。

〔判　旨〕　破毀差戻

『無能力者カ能力者タルコトヲ信セシムル為詐術ヲ用ヒタルトキハ其ノ行為ヲ取消スヲ得ストノ規定ハ両極ノ意義ヲ包含スルモノナリ即単ニ能力者ナリト陳述シタルノ一事ヲ以テハ直チニ其取消権ヲ喪失スルモノニ非スト云フハ其ノ消極的ノ意義ナリ其ノ詐欺ノ行為アリタル場合ニ於テ或種ノ立法例ニ見ルカ如ク無能力者ノ取消権行使ハ之カ為メ毫モ妨ケラルルトコロ無キト共ニ一面無能力者ハ相手方ニ対シ不法行為ニ因ル損害賠償ノ責ニ任セサル可カラスト為スノ主義ハ吾民法ニ於テハ之ヲ採ルコト無ク無能力者ヲシテ当然ニ其ノ取消権ヲ喪失セシムルコトニ依リテ以テ相手方保護ノ方法トス是其ノ積極的ノ意義ナリ従ヒテ所謂詐術ハ猶詐欺ノ行為ト云フカ如シ別ニ特種ノ意義アルコト無シ他ヲシテ誤信ニ陥ラシムル意思ノ下ニ為サレタル行為ニ依リテ其ノ人ノ誤信ヲ惹起シタルトキハ是即詐術ヲ用ヒタルモノニ外ナラス故ニ例ヘハ他人ハ其ノ能力ノ有無ニ付疑ヲ狭メル場合ニ其ノ能力者タルコトヲ信セシムル為之ニ対シ自己ノ能力者タルコトヲ確言シ(若クハ其ノ無能力者タルコトヲ否定シ)其ノ辞令ト其ノ態度ト能ク他ヲシテ爾ク信セシムルニ至リタルト

キハ是亦之ニ該当スルモノナルト共ニ例ヘハ其ノ他人ハ始メヨリ能力者ナルコトヲ信シテ怪マス若クハ能力ノ点ニ付キテハ公然無関心ナル場合ニ之ニ対シ自己ノ能力者ナルコトヲ告ケタリトテ這ハ固ヨリ以テ詐術ヲ用ヒタルモノト云フヲ得サルノミナラス唯此ノ一事未タ以テ取消権喪失ノ結果ヲ生スルニ足ラス』今原判決事実摘示ニ依レハ上告人（Y）ハ原審ニ於テ「準禁治産者ナルコトヲ知ラサリシカ（中略）其ノ疑念ヲ生シタルヲ以テXニ対シ之ヲ訊ネタルニXは当時既ニ（中略）準禁治産ノ宣告ヲ受ケ居タルニ拘ラス之ヲ秘シYヨリノ問ヲ否認シ市役所及裁判所ニテ問合セヨト云ヒタルヨリYニ於テ訴外Bヲシテ問合ヲ為サシメタルハ詐術ヲ用ヒ」云々ト主張セルモノニシテ果シテ斯カル事実アリシ以上更ニ其ノ委曲ノ情況ヲ詳ニスルトキハ所謂詐術ヲ用ヒタルモノニ該当スルコト決シテ之レ無キヲ保ス可カラス而モ原裁判所カ何等事実上ノ審理ヲ為スコト無ク「単ニ無能力タルコトヲ否定スル」ハ未タ以テ詐術ヲ用ヒタルモノト云フニ足ラストコロ為シタルハ上告人ノ主張自体ト民法第二十条ノ法意ト併セテ之ヲ誤解セルノ致ストコロ違法ト云ハサルヲ得ス本件上告ハ此ノ点ニ於テ已ニ其ノ理由アルヲ以テ民事訴訟法第四百四十七条第四百四十八条各第一項ヲ適用シ主文ノ如ク判決シタリ」

【判例5】

大判昭和五年四月一八日（民集九巻三九八頁、法律新聞三一四七号一三頁）〔貸金請求事件・一級選挙権事件〕

〔事　実〕

Y（原告、控訴人、被上告人）は、X（被告、被控訴人、上告人）に対して大正一二年一月四日金五百円を貸与した。Xが一部の支払いをしたのみで、その余の支払いをしないのでYが元金と損害金とを請求したところ、Xは明治三九年五月四日に準禁治産宣告を受けており、右金員貸借当時保佐人の同意を得ないで行為したものであるから右貸借行為を取消すと抗弁した。Xは、大正八年以来各種の選挙権を有し一般人に対して準禁治産者ではないかのように振舞い、本件貸借をなすに際しても「元準禁治産者ナリシモ父死亡後準禁治産宣言ハ取消サレタリ一級ノ選挙権モアルモノナレハ必ス迷惑ハ掛ケサル旨」をYに対して明言していた。Yの提出した証拠によれば、Xは、大正一一年九月一五日現在、県会議員選挙人名簿に、大正一二年一〇月一日現在、衆議院議員選挙人名簿に、大正一四年町会議員選挙人名簿に各々有権者として記載されていることが明らかである。ただしXによって右の記載があるけれどもかつて一度も行使したことはないと抗弁されている。一審はXの抗弁を容れたが、原審は、「本件貸借ヲ為スニ当リ元準禁治産者ナリシモ父死亡後準禁治産者ノ宣言ハ取消サレタリ一級ノ選挙権モアルモノナレハ必ス迷惑ハ掛ケサル旨Yニ対シ明言シタル事実ヲ認ムルニ足ルヘク之ヲ以テXハ本件貸借契約ヲ為スニ当リ詐術ヲ用ヒタルモノト認ムヘクYカXノ言ヲ信シテ本件金員ヲ貸与シタルモノナルコトモ前記証言ニ依リテ之ヲ認メ得ルトコロニシテ原審証人小松崎市郎ノ証言ハ措信シ難シ然ラハXハ本件貸借契約ヲ為スニ当リ能力者ナルコトヲ信セシムル為積極的ニ欺罔手段ヲ用ヒテ該契約ヲ為シタルモノニシテ、Xハ之カ取消ヲ為シ得サルモノト謂フヘクXノ前記取消ノ意思表示ハ無効ナリ」と判示して、Yの請求を認容した。そこでXから上告がなされた。その理由は、「一級の選挙権云々」との明言はいまだ詐術とはいえない。詐術とは、戸籍謄本を偽造して無能力者たる事実を隠蔽しまた他人をして自己の能力者たることを偽証せしめるように積極的詐欺の手段として相手方にある物を示して錯誤に陥らしむるに足る術策を講ずる事実がなければならない。原判示摘示の事実は積極的欺罔手段を用いたとはいえない、というにある。

〔判　旨〕　上告棄却

然レトモ民法第二十条に所謂「詐術ヲ用ヰタルトキ」トハ無能力者カ他人ヲシテ能力者タルコトヲ誤信セシムル為自己ノ能力者タルコトヲ陳述シ因テ其ノ目的ヲ達シタル場合ヲモ指称シ所論ノ如ク積極的詐欺ノ手段トシテ相手方ニ或ル物ヲ示シ錯誤ニ陥ラシムルニ足ル術策ヲ講シタル場合ノミヲ指称スルモノト解スヘキニ非ス（大正十五年（オ）第一三五九号事件昭和二年十一月二十六日言渡本院判決参照）今之ヲ本件ニ観ルニ原判決ハ準禁治産者タル上告人ハ被上告人ト本件消費貸借ヲ為スニ当リ被上告人ニ対シ自分ハ元準禁治産者ナリシモ父死亡後其ノ宣言ハ取消サレ一級ノ選挙権ヲモ有シ居ルモノナレハ必ス迷惑ハ掛ケサルヘシト明言シ被上告人ハ之ヲ信用シテ上告人ニ対シ本件金員ヲ貸与シタル事実ヲ確定シタルモノナルヲ以テ該事実ニ依レハ上告人ハ無能力者ナルニ拘ラス本件消費貸借ヲ為スニ付能力者タルコトヲ信セシムル為民法第二十条ニ所謂詐術ヲ用ヰタルモノニ外ナラス従テ原判決カ上告人ノ為シタル所論取消ノ意思表示ヲ無

効ナリト説明シタルハ相当ニシテ原判決ニハ所論ノ如キ違法アルコトナク論旨其ノ理由ナシ

【判例6】

大判昭和八年一月三一日（民集一二巻一号二四頁）〔委託金等返還請求事件・源太郎詐術事件〕

〔事　実〕

原告Xの先代は関源太郎といって、「健康テ立派ナ人」（第二審で源太郎と直接会って取引した委託会社の店員Aの証言）であったが、大正一三年九月五日準禁治産の宣告を受け（理由は明らかではないが、恐らく浪費が原因と思われる。右店員Aの証言参照）、妻（関くに）が保佐人に選任せられてあった。源太郎は昭和二年一〇月二〇日から同年一一月一五日までの間にY（被告、控訴人、上告人、米穀取引等商品取引委託会社）との間にYの店員A（瀧澤音四郎）を通じて、東京米穀取引所における定期米の売買委託取引を行い、証拠金として三百円並びに証拠金代用として本件債券（どんな債券なのかまた時価いくらかなどの認定はない）をYに交付してあった。源太郎はこのYとの委託契約による定期米商品取引において相当の損金を出したものの如くである（損金総額七百円余と認定されている）。昭和三年四月二六日源太郎は、本件売買の委託及び証拠金並びにその代用品たる債券の交付は重要なる動産に関する権利の得喪を目的とする行為であるのに保佐人たる妻の同意を得ずになしたものであるとの理由で、Yに対して右法律行為の取消の意思表示をした。そのご源太郎は昭和四年一一月二七日に死亡し（何歳であったかも不明）、原告Xが同日その家督相続をした。先代たる源太郎を相続したXはYに対して右に交付した金三百円及び債券の返還を求めて本訴に及んだ。これに対してYは、源太郎が準禁治産宣告を受けていたこと、また行為をなすについて保佐人の同意を得ていなかったことは全くこれを知らず、しかも源太郎は本件法律行為をなすに際して、その能力者たることを信ぜしめるため、Yに対して自分は能力者であると告げ、また「相当ノ資産信用ヲ有スル者ナルヲ以テ安心シテ取引セラレ度キ旨ヲ述ベ以テYヲシテ其能力者タルコトヲ信セシムル為詐術ヲ用ヒタルモノ」であるから、源太郎は本件法律行為を取消すことを得ないと主張した。第一審はXの請求認容。原審は、源太郎が本件取引をなすに当り「自分は相当の資産信用を有するをもって安心して取引せられ度き旨」陳述した事実を確定したが、いまだ詐術を用いたとはいえない。源太郎は右の言動の他には、自己を能力者と信ぜしむべき積極的言動をなしていない、との理由で源太郎の昭和三年四月二六日の取消の意思表示を有効と認め源太郎を家督相続したXは先代源太郎の一切の権利義務を承継するので、本件証拠金三百円と代用品たる債券の返還請求を認めた。これに対してYは詳細な上告理由を展開して上告した。

〔判　旨〕　破毀自判

仍テ按スルニ民法第二十条ニ所謂「詐術ヲ用ヒタルトキ」トハ無能力者カ他人ヲシテ能力者タルコトヲ誤信セシムル為自己ノ能力者タルコトヲ陳述シ因テ其ノ目的ヲ達シタル場合ヲモ指称シ積極的詐欺ノ手段トシテ相手方ニ或ル物ヲ示シ錯誤ニ陥ラシムルニ足ル術策ヲ講シタル場合ノミヲ指称スルモノニ非ス従テ準禁治産者カ他人ト或ル法律行為ヲ為スニ当リ其ノ無能力者タルコトヲ隠蔽スル目的ヲ以テ相手方ニ対シ自分ハ相当ノ資産信用ヲ有スルヲ以テ安心シテ取引セラレ度キ旨ヲ陳述シ以テ相手方ニ対シ其ノ無能力ニ付疑念ヲ生セシムルコトヲ防止シ因テ以テ其ノ目的ヲ達シタル場合ノ如キハ均シク詐術ヲ用ヒタル場合ニ該当スルモノト解スルヲ妥当トス蓋準禁治産者ハ相当ノ資産信用ヲ有スルモ安心シテ取引ヲ為シ得ルモノニ非サルヲ以テ叙上ノ如キ陳述ハ即自己カ取引ノ相手方トシテ完全ナル資格ヲ有スルコトヲ意味スルモノニシテ之ニ因リ相手方ハ其ノ資産信用能力等ニ関スル疑ヲ一掃シ準禁治産者ヲ以テ取引ノ相手方トシテ完全ナルモノト信スルニ至ルヘキコト自己ヲ以テ能力者ナリト確言シ又ハ無能力者ニ非スト陳述シタル場合ト毫モ異ナル所ナケレハナリ原判決ノ確定シタル事実ニ依レハ準備禁治産者タル被上告人先代源太郎ハ昭和二年十月二十日ヨリ同年十一月十五日迄ノ間ニ上告人ニ対シ東京米穀取引所ニ於ケル定期米売買ノ委託ヲ為シ之カ証拠金トシテ金三百円及証拠金代用品トシテ原判決添附物件目録表示ノ債券ヲ上告人ニ交付シタリ而シテ被上告人先代源太郎カ右取引ヲ為スニ当リ上告人ノ店員タル瀧澤音四郎ニ対シ自己ハ相当ノ資産信用ヲ有スルヲ以テ安心シテ取引セラレ度キ旨ヲ述ヘ瀧澤ハ之ヲ上告人ニ通シタリト云フニ在リテ右ノ陳述ハ被上告人先代源太郎カ其ノ無能力者タルコトヲ隠蔽スル目的ヲ以テ為サレタルモノナルコトハ之ヲ推認スルニ足ルヲ以テ被上告人先代源太郎ハ上告人ニ対シテ民法第二十条ニ所謂詐術ヲ用ヒタルモノト認ムヘク従テ取消権ヲ有セサルモノナルニ拘ラス原判決ハ右事実ノミニ依リテハ源太郎カ本件法律行為ヲ為スニ付

能力者タルコトヲ信セシムル為詐術ヲ用ヒタルモノト認メ難シト為シ源太郎ノ為シタル取消権ノ行使ヲ肯定シ本訴請求ヲ認容スルニ至リタルハ失当ニシテ論旨ハ其ノ理由アリ原判決ハ破毀ヲ免レス

【判例7】

大判昭和八年一〇月一三日（民集一二巻二三号二四九一頁）〔貸金請求事件・保険外交夫人詐術事件〕

〔事　実〕

Y（原告・被控訴人、上告人）は、X（被告、控訴人、被上告人）に対して大正一五年中の八月、一一月、一二月の三回に合計金二千三百円を貸付け、昭和二年一月五日右三口の債権合計二千三百円を目的としてX、A、Bとの間に右三名を連帯債務者として準消費貸借契約を締結した。Xらは一部を弁済したのみでその余の支払いをしないので、YはXに支払いを求めて本訴を提起した。本件消費貸借を締結するにあたり、Xは夫のある身であるにかかわらず、自分には夫はいない旨をYに告げ、かつ保険会社の外交員として保険の勧誘をして一人で生活している旨を告げ、その能力者たることをYをして信ぜしめたものであった。しかも、Xの知人C（Cの妻はXの教え子）はその場に同席していて、Cもまた同様の趣旨を述べたので、自己の親友たるCの言もあったのでYはXの言を深く信ずるに至った。ところがXは夫の同意もなく本件金銭貸借契約をしたものであるとしてXの夫はXの行為を取消した。一審はYの請求を認容したが、原審はXの抗弁を容れて、つぎのように判示して本件準消費貸借の取消を認めた。「仮リニXカ本件消費貸借ヲ為シタル際Yニ対シ右Y主張ノ如キコトヲ告ケタル為YカXヲ無夫ノ能力者ナリト信シタル事実アリトスルモXカ単ニ右ノ如キコトヲ告ケタリトノ事実ノミニ依リテハ未タ以テXカ民法第二十条ニ所謂能力者ナルコトヲ信セシムル為メ詐術ヲ用ヒタルモノト做スニ足ラスト解スルヲ相当ナリトス尤モXカYニ右ノ如キ事実ヲ告ケタル際訴外Cモ亦同様ノ趣旨ヲ述ヘ因テYハ深ク其ノ事実ヲ信スルニ至リタルコトハ原審証人C山内チヤウノ証言及Y本人訊問ノ結果ニヨリ之ヲ窺ヒ得レトモXカ右CヲシテJ右ノ如キ陳述ヲ為サシメタリトノ事実ニ付テハ何等ノ証拠ナシ従テ前示Xの夫ノ為シタル取消ノ意思表示ハ無効ナリトノYノ主張ハ理由ナシ然ラハXカ其ノ夫ノ許可ナクシテ為シタル本件準消費貸借ハ右取消ノ結果」初より無効なりしものとみなされる。これに対してYは、XがCをして自己の陳述の真実性を確保する手段に出て、結果、金銭貸借交渉の目的を達したることは原判決の認定事実からこれを認識することはむづかしくはない、「無能力者カ能力者タルコトノ陳述ヲ為ス以外巧ニ相手方ヲ誤信セシメ得ヘキ言辞ヲ弄シ且其ノ席上仮ニ他人ニ委託シテ其ノ事実ヲ裏書セシメタルニ非サルニセヨ尠クトモ他人ヲシテ同一事実ヲ陳述セシムルノ機会ヲ与ヒ之ヲ利用シテ……相手方ヲシテ有夫ノ婦ニ非サルコトヲ誤信セシメタル本件ノ如キ事実カ所謂詐術ヲ用ヰタルモノニ非スト為シタルハ正シク同条ノ解釈ヲ誤リ之カ正当ナル適用ヲ為ササリシモノニシテ破毀ヲ免レサルモノトナリト確信ス」と主張して上告した。

（なお、Yの上告理由によれば、Yのような「厄」に会えるものは他にも多数いてそのうち一人は「悶死」している。Xは保険外交員として非凡な弁才と怪腕とを有し名声実に高い、と述べている）。

〔判　旨〕　破毀差戻

按スルニ民法第二十条ニ所謂「詐術ヲ用ヒタルトキ」トハ無能力者カ他人ヲシテ能力者タルコトヲ誤信セシムル為自己ノ能力者タルコトヲ陳述シ因テ以テ目的ヲ達シタル場合ヲモ指称シ積極的詐欺ノ手段トシテ相手方ニ或ル物ヲ示シ錯誤ニ陥ラシムルニ足ル術策ヲ講シタル場合ノミヲ指称スルモノニ非サルコトハ当院ノ屢判例トスル所ナリ（大正十五年（オ）第一三五九号昭和二年十一月二十六日判決昭和四年（オ）第一九六四号同五年四月十八日判決昭和七年（オ）第一二九三号同八年一月三十一日判決）故ニ若シY主張ノ如ク借主タルXカ本件消費貸借ヲ為シタル際貸主タルYニ対シ夫ナキ旨ヲ告ケ且Xハ保険会社ノ外交員トシテ保険ノ勧誘ヲ為シテ一人ニテ生活シ居ル旨ヲ告ケタル為YカXヲ無夫ノ能力者ナリト信シタル事実アリトセハ之レXカ民法第二十条ニ所謂能力者ナルコトヲ信セシムル為詐術ヲ用ヒタルモノニ外ナラス然ルニ原審カY主張ノ右事実ノ有無ヲ審判スルコトナク論旨摘録ノ如ク説示シ仮ニ斯ル事実アリトスルモXカ単ニ右ノ如キコトヲ告ケタリトノ事実ノミニ依リテハ未タ以テXカ同法条ニ所謂能力者ナルコトヲ信セシムル為詐術ヲ用ヒタルモノト做スニ足ラスト為シ此ノ点ニ関スルYノ夫ノ取消ノ意思表示ハ無効ナル旨ノ再抗弁ヲ排斥シタルハ前記法条ノ解釈適用ヲ誤リタルノ違法アリテ論旨理由アリ原判決ハ全部破毀ヲ免レサルモノトス

【判例8】

大阪高判昭和二七年一二月二〇日（下民集三巻一二号一八〇三頁）〔約束手形金請求事件・大阪府庁事件〕

〔事　実〕

X（控訴人・被告）は昭和二五年六月二〇日Y（被控訴人・原告）宛に金五万円満期は同年同月二八日の約束手形を振り出し、Yがその所持人となって満期日に支払い場所へ右手形を呈示して支払いを求めたところ拒絶された。そこでYは当該手形金の支払いを求めて提訴。対してXは昭和二五年五月二四日浪費者として準禁治産宣告を受けており当該手形振り出し時は保佐人の同意を得ていなかったとして、右手形行為を取消すと主張。されに対してYはXは昭和二三年七月頃より嘱託として他の一般職員と同一の給与待遇の下に大阪府庁統計課に勤務していたところ、同二四年秋頃Yより依頼され、同人他一名所有の山林を天理教会に売り込む仲介をしたが不成功に終わり、Yが支出した運動費の約半額の二五万円をXにおいて負担することを承認し、右支払いの為に本件手形外三通を振り出すに至った事実、またXは本件手形振り出しの一カ月前に準禁治産宣告を受け確定していたにもかかわらず、かかる事実を秘し、同府庁における勤務を継続し、且つYが再三右勤務先を来訪したにもかかわらず何等準禁治産宣告を受けた如き言動を示さずして従来通りの交渉をし、Yの請求に応じて同府庁構内においてYに本件手形を振り出し交付したのであり、Xが詐術を用いたとして当該手形行為は取消すことはできない旨の抗弁をした。

〔判　旨〕　控訴棄却

準禁治産の宣告を受けたXは本件手形の振り出しに当たり、右宣告の事実を秘し、法令上勤務を許されない公職を保持してYと交渉し、自己が完全なる能力者であるが如く装ってYを誤信させたものであるから、民法第二十条に所謂詐術を用いた場合に該当するものと解するのが相当とする。

【判例9】

最判昭和三五年五月二四日（民集一四巻七号一一五四頁）東京高判昭和二八年四月二〇日（下民集四巻四号五三六頁、保証金返還請求事件・学生自立協会理事長詐術事件）

〔事　実〕

X（控訴人）は昭和二五年一月三〇日Y（被控訴人・国（特別調達庁））が木材四五、八八五石を入札により売却するにあたり入札保証金金五四万円を納めて、代金一、〇五八万円として入札したところ、入札価格が最高価であった為Xが落札し、同年二月三日Xは契約保証金として金一〇六万円を納め、同月二八日XとYとの間に右木材を代金一、〇五八万円で買受ける旨その他の事項を定めた契約書が作成された。ところが、Xは昭和二年二月二八日に浪費者として準禁治産者の宣告を受けており（Xは明治一六年二月一七日生、一審脱退原告）、本件木材売買契約につき保佐人の同意を得ていなかったことを理由に当該契約を取消し、契約保証金として支払った金一〇六万円の返還を求めた。それに対しYは、「Xは学生自立協会の理事なる肩書のある名刺を差し出し、自分は学生自立協会の理事長をしているが今回はかねてから念願としていたものが落札となり感激にたえない。この材木は転売し、その利益を同協会の資金としたいと述べ、終始Xが準禁治産者であったことを黙秘していたこと」を抗弁として争った（Xは一審で脱退しZ（Xの権利の譲受人か）が訴訟を承継した）。

〔判　旨〕　上告棄却

落札後契約書作成前におけるXの言動は、特に相手方をあざむくために積極的な術策を用いたとまではいえないとしても、たんに無能力者たることを秘したに止まるものではなく、前記のような言動と相当多額と認められる契約保証金一〇六万円も支障なく納付したことをあわせて考えると、Xの所為は本件契約の相手方であるYをしてXが本件法律行為をするについて能力者であると信ぜしめるに足りる所為であったとみるのが相当であり、民法第二十条にいわゆる無能力者が能力者であることを相手方に信ぜしめるため詐術を用いたものと解すべきものである。

第三期＝無能力であることを黙秘することも場合によっては「詐術」となりうると解する――これを仮に黙秘期と称する――大体昭和四〇年以降

【判例10】

最判昭和四四年二月一三日（民集二三巻二号二九一頁）〔土地所有権移転登記抹消登記手続請求事件・伝兵衛黙秘事件〕

〔事　実〕

原告X_1〔伝兵衛〕は知能程度が低く尋常小学校四年中退で学業を放擲し、早くから悪友に誘われて茶屋遊びを覚え、賭博、競輪等の賭事に耽り、これらの資金を得るために伝来の相続財産を次々に処分し、ついにはこれを蕩尽するおそれがあったので、昭和二二年五月二二日京都地方裁判所において準禁治産の宣告をうけるに至った。それで伝兵衛の妻X_2が保佐人となった（伝兵衛は控訴中に死亡し、妻X_2、長女X_3養子X_4が相続し伝兵衛の権利義務を承継して訴訟手続を続行した）。

亡佐藤鶴次郎（A）は亡伝兵衛の妻でありその保佐人たるX_2の実家に近い京都市左京区一乗寺才形町で農業を営み予てから亡伝兵衛と顔知りであったところ、その頃同人から金借方斡旋を依頼されたので、自己が汲取りに出入りしていた被控訴人Y_1の父Bに話をもちかけ、かくして亡伝兵衛は昭和二九年九月一八日右Aの仲介によりその所有にかかる本件土地を含む京都市左京区○○町○○番地畑七畝二七歩に抵当権を設定し、Bから一五万円を返済期日昭和三〇年六月末日利息月五分毎月末払の約にて仮受け、Aに対する礼金一万五、○○○円と同年九月分の利息等を差引かれ、残金の交付を受けたこと、その後亡伝兵衛において同年一〇月分以降の利息を支払わなかったところから、再びAの仲介斡旋により期日前の昭和三〇年一月二二日頃Bがその子被控訴人Y_1を代理して前記土地のうち本件三畝二〇歩（一一〇坪）を買受け、その代金をもって貸付元利金の清算を受けることとなり、本件土地の売買代金について亡伝兵衛は一坪当り四、○○○円を主張し、Bは三、五〇〇円と主張していたが、仲介人Aが仲をとって三、七五〇円と決め、一一〇坪を代金四一二、五〇〇円で売渡す契約が成立したこと、ただし右土地は農地であって、その譲渡ならびに地目変更について知事の許可を要するので、とりあえず分筆登記のうえ被控訴人Y_1名義に所有権移転請求権保全の仮登記をしておくこととし、伝兵衛において司法書士上羽万吉(C)に右分筆登記および所有権移転請求権保全の仮登記手続を委任するとともに、知事の許可があった場合Y_1に所有権移転の本登記をなすことを約し、右Cを介して本登記手続に必要な自己の印鑑証明書委任状をBに交付した。かくして前記抵当物件中より売渡すべき本件三畝二〇歩(一一〇坪)について昭和三〇年一月二四日受付をもって同町一〇番地の一として分筆登記を経由し、同日同物件について冒頭掲記の所有権移転請求権保全の仮登記(C司法書士を双方の代理人とする)を了し、仮登記当日Bは売買代金中より自己の亡伝兵衛に対する貸付元利金の弁済を受けることとし、これを差引き残代金を伝兵衛に交付したこと、その後伝兵衛は右売却土地につき京都府知事に対して被控訴人Y_1を譲受人とする農地法五条による所有権移転ならびに宅地への地目変更の許可申請をし、その許可があったこと、Y_1は右請求権保全の仮登記を経由し、残代金の支払を了するまでは亡伝兵衛が準禁治産者であることを知らず、仮登記後所有権移転の本登記をなすまでの間に亡伝兵衛金借の事実を察知した保佐人X_2から詰問を受け始めて亡伝兵衛が準禁治産者であることを覚知したことおよび亡伝兵衛は当初Bから一五万円を借受けその利息の支払をなし得ざるに及んで本件土地売却の挙に出たものであるが、その間終始自己が準禁治産者であることを黙秘していたけれども、一方進んで自己が能力者であることを告げた事実もないこと、などが第二審裁判所によって認定されている。そのご昭和三〇年一一月一〇日にY_1はY_2に本件土地の所有権を譲渡し、その旨の登記を了した。

そこで保佐人である妻X_2は、X_1が本件土地をY_1に売却するについてX_2の同意を得ていなかった、と主張して、昭和三一年四月九日送達の訴状をもって右土地売買契約を取消し、所有権移転登記抹消登記を請求したのが本件である。

これに対しY側は、①保佐人X_2の同意があった、②同意がなかったとしても、X_2の追認があった、③同意、追認がなかったとしても、X_1は本件売買をなすに際し、能力者たることを信ぜしめるため詐術を用いた、との抗弁を主張した。

第一審では詐術を認定し、X_1敗訴。さらに原審認定事実によれば、X_1は本件売買に当たって、その代金額の決定、登記関係書類の作成、本件土地の所有権移転および転用についての知事に対する許可申請などに関してある程度積極的に行動したが、終止自己が準禁治産者であることを黙秘しており、また進んで自己が能力者であることを告げた事実もない。また本件売買取引の過程において、仲介人AがX_1X_2夫婦間の円満を慮って、「畑は奥さんも作っているのに相談しなくてもよいのか」、と尋ねたのに対し、「X_1は『自分のものを自分が売るのに何故妻に遠慮がいるのか』」と答えている。この点につき原審は、伝兵衛はこれまでもたびたび所有不動産を他へ処分した経験をもっており、その手続についても明るかったものであるから、自己の秘密の借銭の始末をつけるための本件土地の売却に当ってみずから売主として積極的にその手続を進めたからといって別に不自然でなく、特に伝兵衛において自己を能力者であると信じさせる目的でこれらの行動をしたものと認めるに足りず、これをもって詐術を用いたとはいえないし、「自分のものを自分が売るのに何故妻に遠慮がいるか」との言辞は伝兵衛の能力に関しての言辞ではないし、Aはたんなる仲介にすぎず、取引時にはBにこのことを伝えていず、したがってこれをもっても詐術とはいえないと判断した。Y_1Y_2が上告した。

〔判　旨〕　上告棄却

思うに、民法二〇条にいう「詐術ヲ用ヰタルトキ」とは、無能力者が能力者であることを誤信させるために、相手方に対し積極的術策を用いた場合にかぎるものではなく、無能力者が、ふつうに人を欺くに足りる言動を用いて相手方の誤信を誘起し、または誤信を強めた場合をも包含すると解すべきである。したがって、無能力者であることを黙秘していた場合でも、それが、無能力者の他の言動などと相俟って、相手方を誤信させ、または誤信を強めたものと認められるときは、なお詐術に当たるというべきであるが、単に無能力者であることを黙秘していたことの一事をもって、右にいう詐術に当たるとするのは相当ではない。

これを本件についてみるに、原判示によれば、上村伝兵衛は、所論のように、その所有にかかる農地に抵当権を設定して金員を仮り受け、ついで、利息を支払わなかったところから、本件土地の売買をするにいたったのであり、同人は、その間終始自己が準禁治産者であることを黙秘していたというのであるが、原審の認定した右売買にいたるまでの経緯に照らせば、右黙秘の事実は、詐術に当たらないというべきである。それ故、上村伝兵衛が、本件売買契約に当たり、自己が能力者であることを信ぜしめるため詐術を用いたものと認めることはできないとした原審の認定判断は、相当として是認できる。

原判決挙示の証拠関係に照らせば、所論上村伝兵衛がAに対し「自分のものを自分が売るのに何故妻に遠慮がいるか」と答えたことは、右上村伝兵衛の能力に関しての言辞ではない旨の原審の認定判断は、首肯するに足りる。

【判例11】

東京地判昭和五八年七月一九日（判例時報一一〇〇号八七頁）〔売買代金等請求事件・東日本健康協会取締役副所長事件〕

〔事　実〕

X（原告）と訴外Aは建築木材を継続的に売買し、売買代金の支払い方法を約束手形振り出しとする取引契約を締結した。同日XはAと一緒に訪れたY（被告）との間で、前記契約に対するAの連帯保証人として保証契約を締結した。その際Yは自己が準禁治産者であったにもかかわらず保佐人の同意を得ずに結び、また準禁治産者たることを秘し、Xに対して、株式会社東日本健康協会取締役副所長なる肩書を記した名刺を交付し、XとAとの取引契約の信用限度額に言及し、「信用限度額一、五〇〇万円でよいのか、もっと多くしておく必要がありはしないか」との趣旨の発言をした。その後Aが約束手形に基づく支払いを拒絶したため、XはYに対し売買代金及び利息の支払いを求め提訴。これに対しYは自己が準禁治産者であって、保証契約当時保佐人の同意を得ていなかったとの理由で、当該保証契約を取消す意思を表示した。

〔判　旨〕　請求認容

以上の経緯・状況に鑑みれば、YのX方を訪れる目的がAの連帯保証人となるためで、そのためには、自身が能力者でなくては目的を達し得ないことを充分に認識していたはずである。X方でのAに向かってのYの発言、あるいは、右に交付されたYの肩書を取締役副社長と表示する名刺は、その結果として、X方のYの能力への信頼を強めこそすれ、減殺するものではない。にも拘らず、本件保証契約の締結にあたり、自身が準禁治産者であることを口に出さずにいたのは、Y

において、これを伝えることによりX方を訪れた右の目的が達せられなくなる危険を回避し、且つ、X方のYの能力への信頼を利用しようとの考えがあったからと推認させるものであって、その推認を妨げる証拠はない。そうすると、本件におけるYの右不作為（準禁治産者であることの不告知）は、その客観的な状況・主観的な意図からして、民法第二十条にいう「詐術」を用いたことに該当するというべきである。

【判例12】

名古屋高判平成四年六月二五日（判例時報一四四四号八〇頁）〔根抵当権設定登記抹消登記手続請求事件・年収等ごまかし事件〕

〔事　実〕

X（控訴人・被告）はY（被控訴人・原告）から金員を借り受け、自己の土地に担保として根抵当権を設定した。その後Xは当該根抵当権設定契約を自己の準禁治産者を理由に取消した。それに対しYは、Xが民法の準禁治産制度を熟知したうえでこれを計画的に悪用したこと、契約の際に年収をごまかし株券やゴルフ会員権をもっている等の真実味のない言辞を弄したこと、本件土地の権利証について実は妻に取り上げられていたにもかかわらず、これを秘し、紛失したと偽って保証書で契約したこと、本件契約の際に終始Xは自己の準禁治産者なることを黙秘していたことを抗弁として主張し、さらにこのようなYの行為は信義誠実の原則に悖るものであり、Xの取消は権利の濫用に当たるとして争った。

一審ではXの請求を認容。Yは控訴。

〔判　旨〕　原判決取消、請求棄却

前記最判昭和四四・二・一三（伝兵衛黙秘事件）の判旨を引用した上で、それにつづき、つぎのように判示した。

本件借入れ等に際して採られた被控訴人の前記虚偽を交えた積極的な言動によって、控訴人の被控訴人の能力者であるとの思いは強まりこそすれ、減退することはなかったものと認められ、被控訴人は、右のような経緯により控訴人が被

控訴人の行為能力について何らの疑念も抱いていないことに乗じ、その錯誤を利用して、控訴人から本件借入れを行い、併せて、控訴人との間に本件借入れに伴う担保契約を締結するに至ったものと認められる。……右契約等の締結に際して被控訴人の採った前記の言動等は(自己が準禁治産者であることを進んで告知せず、かえってこれを秘匿していたことと相まって)、控訴人をして、被控訴人が能力者であると誤信させ、またはその誤信を強めるに足りるものであったと認めるのに十分であり、したがって、被控訴人は民法二〇条にいう「詐術」を用いたものというべきである。

3　集合債権譲渡担保再考
――予約型をめぐる最近の判例を契機として――

千葉恵美子

一　問題の所在

集合債権譲渡担保は、直ちに現金化が可能な債権回収手段であり、近年いわゆる正常業務型の担保の一つとして次第に定着してきているといわれている。(1) 実務では、集合債権譲渡担保を取得した場合に、債務者の協力がえられる限り、債権譲渡特例法(2)に基づく債権譲渡登記を経由することとし、(3) そうでない場合には、従来どおり集合債権譲渡担保予約が一般的には利用されているようである。(4)

周知のように、集合債権譲渡担保予約は、主に破産法の上の対抗要件否認を回避するために実務上開発された契約方式である。(5) この方式では、①債務者の支払停止など信用不安の発生時に債権者のみが予約完結権を行使して債権を譲渡させる方式（予約完結型）、ないしは、②債務者の信用不安の発生を債権譲渡の効力発生の停止条件とする方式（停止条件型）が採られているが、担保権実行の際に、予約完結型では予約完結権を行使するのに債権者が債務者に予約完結通知書を送付する必要があるということを除き、予約完結型と停止条件型との間に違いはみられない。すなわち、債権者は債務者との取引により現在及び将来負担する一切の債権を担保するため、債務者が現在並びに将来有する債権を包括的に譲渡すること、予約完結ないし停止条件成就前までは担保対象債権となっている個別の具体的債権につき債務者において回収し、事業資金などに充てることを認めること、担保対象債権を債務者が第三者に処分することを禁止すること、また、対抗要件については、予め債務者より授権された通知代理権に基づき債務者の代理人として債権者が内容証明郵便を発送する方法か、宛名などを白地とした内容証明郵便を予め債務者から預かり、債権者においてこれを補充して債権者が発送する方法か、いずれかによることが一般的には約定されている。(6)

最近、この集合債権譲渡担保予約（予約完結型）の効力を認めた初めての最高裁判決が公表された。最判平成一二年四月二一日民集五四巻四号一五六二頁がそれである。この判決では、予約締結の時点で譲渡対象債権が確定していなくとも、予約完結時において他の債権から識別できる程度に特定されていれば、集合債権譲渡担保が有効に成立し、予約完結後になされた債権譲渡通知をもって第三債務者に対抗できると解されている。

一方で、後述するように、下級審では、集合債権譲渡担保予約（停止条件型）について破産管財人からの否認を認める判決が相次いで公表されている。(7) 対抗要件否認をめぐる判決は上告中のものもあり、今後、最高裁がどのような判断を示すかは予断を許さないが、これらの判決では、集合債権譲渡担保予約の場合にも、契約が締結された時点で担保権設定の効力が生じているとして、破産法七四条一項の一五日の起算点を集合債権譲渡担保予約契約が締結された日であると解し、予約完結後ないし停止条件成就後に悪意でなされた債権譲渡通知を対抗要件否認の対象になると解するものが多い。

これらの下級審判決からすると、対抗要件を否認されないためには、担保権者は集合債権譲渡担保予約契約が締結された時点から一五日以内に対抗要件を具備しておかなければならないことになるが、後述するように、担保設定契約時に設定者から第三債務者に対してなされた確定日付ある譲渡担保設定通知をもって、その後の譲渡担保権実行による債権移転について第三債務者に対する対抗要件を具備したものとはいえないとした裁判例がある。社会的にみて集合債権譲渡担保にはかなりの需要があるにもかかわらず、このような判例の動向は実務を混乱させているといわざるをえない。

そこで、本稿では、前述した最判平成一二年四月二一日と集合債権譲渡担保予約の対抗要件が争点となった前述した一連の判決に着目して、それぞれの判決で結論を正当化する実質的理由がどこに求められているのか、また、その結論をどのような構成を通じて正当化しているのかをまず分析することにする（二、三）。そして、これらの分析を通じて、個別事例において採られている法律構成を統合し関連づけるための糸口をさぐり、いかなる視点から集合債権譲渡担保の法律関係を再構成するべきかを明確にした上で、より安定的で健全な担保とするために、どのような枠組みを用意して利害関係人の利害を調整するべきかを考察することにしたい（四）。

なお、集合債権担保には様々な形態があることが指摘されているが、(8)議論の混乱を避けるために、本稿では、「集合債権譲渡担保」という表現を、以下の担保形態に限定して使うことにする。すなわち、真正の債権譲渡ではなく担保のために将来債権を含む債権群が包括的に譲渡される場合で、かつ、担保権実行前に担保目的に含まれる個別債権の発生・消滅が予定されていて担保対象債権に流動性が認められる場合である。(9)

(1) 堀竜兒「集合債権譲渡担保の今日的課題」『民法における「責任」の横断的考察(伊藤進教授還暦記念論文集)』(一九九七)二四四頁によると、正常業務型の担保として利用されるようになった理由としては、①金融機関などが、バブル期に取引先に多額の融資を行うのに利用したこと、②バブル崩壊後は、不動産・株式価格が大きく下落し、債務者に担保不足が生じ、債権者としてはやむを得ず、集合債権を譲渡担保として取得せざるを得なくなったことが指摘されている。

(2) 一九九八年一〇月に施行された債権譲渡特例法は、債権譲渡の第三者対抗要件の特則を定めた法律であり、債権が譲渡担保に供されている事実を第三債務者に知られることなく、第三者対抗要件を具備することができる。

(3) 池田真朗「債権譲渡登記制度の効用と波紋」銀行法務21五六一号一頁は、①登記事項の概要を商業登記簿に記載する仕組みと②「譲渡に係る債権の総額」として累積額(債務者=譲渡人と第三債務者との商取引において発生する個々の債権の合計額)が記載されることが、債務者の信用不安を引き起こす原因であると指摘されている。

このうち前者については、債権譲渡登記規則の一部を改正する省令(法務省令第二九号、平成一三年三月二六日施行)により、譲渡債権の総額を債務者=譲渡人=設定者の商業登記簿に記載しなくてもよいことになった。

後者の点については、「譲渡に係る債権の総額」として累積額を計上するべきなのか、ピーク時の債権残額(予想残額)なのかをめぐって見解の対立がある(AがBとの間の継続的売買取引にもとづいて毎月一〇〇〇万円ずつ発生することが見込まれる売掛代金債権(発生の翌月末弁済)をCがAに対する債権を担保するために五年間にわたり譲り受ける場合、累積額によると、一〇〇〇万円×六〇ヶ月=六億円が記載されることになるが、ピーク時の債権残額によると、債権の弁済が発生月の翌月末であるから、二〇〇〇万円と記載することになる)。実務で予想残額の記載が主張されるのは、担保実行時点でいくら債権が残っているかが現実の債権回収には重要であり、また、累積額によると、実際に回収できる額に比べ総額が大きく、債務者=譲渡人の信用に不安があるとの誤解を生むおそれがあるからであるとされる。森井英雄=升田純=辰野久夫=池辺吉博『新訂版・債権譲渡特例法の実務』(二〇〇〇)一二九頁以下、道垣内弘人「債権譲渡特例法五条一項にいう『譲渡に係る債権の総額』について」金法一五六七号五六頁、六二~六三頁参照。

（4）　経営法友会債権譲渡担保マニュアル作成研究会編『債権譲渡担保マニュアル』（二〇〇〇）四三頁。
（5）　宮廻美明「将来債権の包括的譲渡予約と否認権の行使」法時五五巻八号一一七〜一二〇頁、梅本弘「集合債権譲渡担保に関する問題点」判タ五一〇号七三頁以下、巻之内茂「リース料債権の譲渡担保をめぐる諸問題」金法一三八七号四六頁以下など。
（6）　経営法友会債権譲渡担保マニュアル作成研究会編・前掲（注4）四五〜六〇頁参照。
（7）　長井秀典「停止条件付集合債権譲渡担保の対抗要件否認」判タ九六〇号三七頁が下級審判決に影響を与えた。
（8）　集合債権担保の範囲にどのようなものが含まれるかについては、学説上も一致をみているわけではない。この点については、椿寿夫『集合債権担保の研究』（一九八九）三一五頁以下。伊藤進「集合債権担保」金融法研究九号六五頁以下。
（9）　したがって、いわゆる診療報酬債権の包括的譲渡の事案を議論の前提に含めないことにする。診療報酬債権の包括的譲渡の事案と本稿で議論の対象とする事案とは、将来債権の包括的譲渡の効力という点では共通した問題点を含むが、後述するように、後者は譲渡債権の対象となっている債権について担保権実行まで設定者＝債務者に取立権を保障することが、集合債権譲渡担保の法律構成を考える場合に極めて重要な問題となる。これに対して、前者の場合には、貸金債権の毎月の弁済期に、設定者＝債務者の下に順次発生する診療報酬債権から担保権者が直接に取立てができることが重要となる。

二　集合債権譲渡担保予約の有効性に関する判例

1　はじめに

集合債権譲渡担保予約は、対抗要件の否認を回避するために開発された契約方式であるが、すでに別稿で検討したように[10]、この他にも、①発生の可能性が不確実な将来債権について担保設定の効力を生じさせる[11]、②担保権者に過度に有利になる法律効果を減殺し集合債権譲渡担保が無効となることを回避する、[12]③目的債権が特定していないとして集合債権譲渡担保が無効とされる場合を回避するといった点から、[13]その有用性が指摘されてきた。

このうち①の点については、未発生の債権を含む集合債権譲渡担保設定契約の債権的効力を認めるために、あえて担保予約と構成する必要は、現状ではなくなったといえる。将来債権の発生可能性が低いことは、債権譲渡「契約」の効力を当然には左右しないとして、将来債権の譲渡可能性を認めた最判平成一一年一月二九日民集五三巻一号一五一頁によって、判例上、未発生の債権であっても担保として有効に譲渡できることが確認されたからである。

一方、将来債権を含む包括的な譲渡担保について予約方式を採ると上記②③の効用があるといえるかどうかは、これまでの判例からすると必ずしもはっきりしていなかった。[14]このような状況にあって、最判平成一二年四月二一日民集五四巻四号一五六二頁[15]は、最高裁判所として初めて、譲渡の目的となるべき債権が特定されており、公序良俗に違反したとはいえないと解して、集合債権譲渡担保予約の効力を認めた。そこで、まず、最高裁が集合債権譲渡担保予約についてどのような判断を示したのかを分析して、集合債権譲渡担保の対外的・対内的効力を統一的に理解するための糸口を探ってみることにしよう。

2　最判平成一二年四月二一日の事案と判旨

(1)　事案の概要

各種繊維製品の製造ならびに売買等を目的とする株式会社Xは訴外Aに長年にわたり原綿等を販売してきたが、昭和六一年頃からAに対して常時年間一億円単位の売掛代金債権残高があった。資金繰りに困難が生じるようになったAは、平成三年ころからXより融資を受けるようになった。平成四年九月当時、Xはすでに Aより根抵当権の設定を受けていたが、Aの経営建て直しに協力し引き続き資金援助をするにつき、さらに別の担保の提供を要求した。

そこで、平成四年九月一日、XのAに対する現在および将来の債権を担保するために、コタツ・羊毛・羽毛ふとん・暖卓台およびこれらのセット等の売却によりAがYら一一社に対して現在および将来有することのある一切の売掛代金債権全額を譲渡することを予約する旨の契約がX・A間で締結された。右契約によれば、Aに債務の弁済の遅滞、支払停止、その他の不信用な事実があった場合には、Aは期限の利益を失い、Xは直ちに債権譲渡の予約を完結でき、Xが債権譲渡通知書の譲渡債権額・日付等の欄を適宜補充し、Yら一一社のうちXが任意に選択した者に譲渡通知書を発行できることになっていた(いわゆる通知留保方式)。なお、譲渡対象となったYら一一社に対する売掛代金債権額は、Aの全売掛代金債権額の五〇%以上を占めるものであった。

平成五年一一月四日、Aより経営改善の見通しが立たず廃業する旨の連絡を受けたXは、同五日、Aに予約完結の意思表示をし、Aに対する債権額の限度内でAから預託されていた債権譲渡通知書（Aの記名印・代表者印押捺済）に日付・譲渡債権額等を補充した上、これをYら一一社に送付し（六日右通知書が到達)、XはYに対して譲受債権の支払を請求した。しかし、Yは平成五年一一月五日にAに対して売掛代金を手形で決済した旨主張して支払いを拒絶した。このため、XはAとの間の債権譲渡契約に基づき本件売掛代金債権を譲り受けたとして、Yに対して五〇〇〇万円およびこれに対する遅延損害金の支払いを求めて本件訴訟を提起した。

第一審（大阪地判平成六年一〇月二八日判時一五五五号九五頁）は、Xは経済的な危機状態にあるAから、Xの増減する債権を担保するために、第三債務者・譲渡債権額について無限定な包括的な債権をいつでも譲り受けることができ、何らの公示手段なくして自己の債権の優先的な弁済を受けることができることになるとして、本件予約は他の債権者との均衡を著しく害し債務者の利益をも損なう著しく不公正なものであり、公序良俗に反する無効な契約であることを理由にXの請求を棄却した。

これに対して、原審（大阪高裁平成八年一月二六日判時一五七四号七〇頁）[16]は、Xの請求を認容した。本件予約は目的債権の第三債務者、発生時期、債権額、予約完結権の行使時期の点で限定されているとして、何らの限定を伴わない包括的な将来債権の譲渡予約ではないとして、本件予約を有効と解した。また、YのAへの弁済が債権の準占有者に対する弁済にあたるとする主張に対しては、Aから債権譲渡の事実を否定する回答を得たのみでXに何ら確認をしないまま直ちにAに弁済したYの行為には過失があるとした。

そこで、Yは、①第三債務者が特定されていないこと、また、譲渡される債権の範囲について始期および終期の定めがないことから、目的債権が特定されていない無効な契約であること、②本件予約はAの一般債権者を害し、Aの利益を損なう著しく不公平な内容であって、公序良俗に反する無効な契約であること等を理由として、上告した。

(2) 判　旨

最高裁は以下のように判示し、本件予約を有効と解した原審の判断を正当としてYの上告を棄却した。

すなわち、将来発生すべき債権が譲渡予約の目的とされている場合にも、予約完結時において譲渡目的となるべき債権を譲渡人が有する他の債権から識別することができる程度に特定されていれば足りるとの一般論を述べた上で、「本件予約において譲渡の目的となるべき債権は、債権者及び債務者が特定され、発生原因が特定の商品についての売買取引とされていることによって、他の債権から識別できる程度に特定されている」とした。

また、本件予約の締結に至る経緯に照らすと、XがAの窮状に乗じて本件予約を締結させ、抜け駆け的に自己の債権の保全を図ったなどということはできないこと、さらに、本件予約においては、AにXに対する債務の不履行等の事由が生じたときに、Xが予約完結の意思表示をして、Aがその時に第三債務者であるYらに対して有する売掛代金債権を譲り受けることができるものであって、右完結の意思表示がされるまでは、Aは本件予約の目的となる債権を自ら取り立てたり、これを処分したりすることができ、Aの債権者もこれを差し押さえたりすることができるのであるから、本件予約がAの経営を過度に拘束し、あるいは他の債権者を不当に害するなどとはいえず、本件予約は公序良俗に反するものではないとした。

3　分析――特定性と公序良俗違反

(1)　特定性を肯定した実質的理由

本件事案のような集合債権譲渡担保の場合、担保目的となる債権には流動性があることから、判例上、譲渡の目的となるべき債権が特定されているかをめぐって判断が分かれていた。[17] 従来、担保のために、将来発生する債権群――しかも複数の第三債務者に対する債権群――の譲渡を受ける合意が有効であるためには、譲渡目的となる債権について①第三債務者、②発生原因、③債権額、④発生する期間の始期・終期がそれぞれ限定されていることが必要であると解する判例が多かった。[18]

本件事案のように、債権者が債権回収に踏み切った時点で債務者に対して有する債権額を上限として譲渡債権額が決定される約定については、譲渡の目的となるべき債権の限度額が特定されていないとして、その効力を否定する傾向にあったといえる。それにもかかわらず、本判決が原審の判断を批判した上告理由を採用せずに、目的債権が特定されていると解したのは、以下の点に実質的理由があったものと思われる。[19]

すなわち、判例に現れた同種の事案と比較すると、本件事案の場合、①第三債務者が複数ではあるが一応は一一社と限定されており、これらの第三債務者に対する発生原因が限定された債権の全額が担保目的とされ、予約締結の段階で譲渡対象債権の種類とその量的範囲がはっきりしていたこと、② 被担保債権額が譲渡目的債権額を常時上回っていたこと、以上の点に特徴がある。

つまり、本件事案でも将来債権を含む包括的な債権の譲渡担保がおこなわれているが、債務者Aが有する現在および将来の債権群に広く担保の網を被せておき、債権回収が必要となった段階で、任意の第三債務者に対する債権群の一部を選択して、Xが予約完結権の行使して債権譲渡の効果を確定的に生じさせたとはいえない点である。

また、Xは本件予約が合意される以前からAに融資をしており、本件予約がAに対して返済猶予・追加融資をするために締結された、いわゆる正常業務型の担保[20]と考えられ、かつ、譲渡通知を受けながら安易に債務者Aに弁済した第三債務者Yとの間で集合債権譲渡担保の効力が争われた事案であったことから、Xの請求が認容されやすかったということがいえる。

(2) 本判決の法律構成

特定性を肯定するために、本判決が採用した法律構成は以下のように整理することができる[21]。

（1） 特定性判断の限定

担保目的債権の特定の問題については、従来からいかなる要素が存在する場合に特定しているといえるかをめぐって判例・学説上、見解が対立してきた。このうち最も重要な対立は、特定性を肯定するために特定の要素を求める見解（特定要素限定説）と、このうちどれかの要素が決定的な要素であるわけではないとする見解（特定要素総合説）の対立である。

これまで判例は特定要素限定説を支持してきたといえるが、この見解は、成立要件をめぐる理論的理由からというよりは、主として、設定者の経済活動を担保権者が過度に支配することになることへの危惧や信用危機時における設定者の一般債権者と担保権者との利害調整への配慮にもとづいてきた。(22)

これに対して、特定要素総合説(23)は、特定性の観点からこのような調整を行うことは、かえって議論を無用に混乱させることになる(24)として、債務者との関係では公序良俗違反や独占禁止法違反の問題として、また、第三債務者およびそれ以外の第三者との関係では対抗要件の有無とその先後で、債務者の一般債権者との関係では詐害行為取消権や否認権を通じて、利害関係者間の法律関係を処理すべきであると批判するとともに、特定の目的を担保対象となる債権を設定者が有するほかの債権から識別するためであるとすると、どの要素が特定のために必須であるというわけではないと主張してきた。

このように、特定性の有無をめぐる議論が混乱してきたのは、集合債権譲渡担保において、目的債権の特定を要求する目的ないし意義が共有されてこなかった点に原因の一端がある。

この点、本判決では、①債権譲渡(担保)＝物権行為の効力が及ぶ目的債権の範囲を画定するために目的債権の特定性の判断が求められているとして、担保権設定当事者の間で譲渡(担保)の目的となっている債権とそれ以外の債権とを識別できるかという観点から特定性の有無が判断され、また、②特定性の判断とは別に、公序良俗違反の有無を判断するにあたって債務者およびその一般債権者を害しないかどうかが判断されている。したがって、本判決は、特定性の判断にあたって、上記①の目的債権の識別可能性のみを判断しているという意味で、特定要素総合説を支持したものといえる。

(2)　特定性の判断基準時とその要素

しかし、本判決は、一方で、特定のために一定の要素を求めており、この点では特定要素限定説に近いといえる。具体的には、①予約締結時点に、譲渡目的となる債権の当事者（AおよびAの取引先Y ら一一社）および特定の発生原因（特定の商品についての売買取引）にもとづく債権であることが特定され、②予約完結権行使時に、個別債権が被担保債権額の範囲でAからXに確定的に譲渡されることから、担保目的で譲渡される債権額も予約完結時点では確定していると判示している。本判決は、特定性の判断基準時を債権譲渡（担保）＝物権行為の効力発生時期である予約完結時まで繰り下げることによって、予約締結の時点で、譲渡の目的とされる債権の限度額が限定されていないとする批判を斥けているものと解される。

本判決では、特定性の判断基準時（予約完結権行使時）と特定ための要素（目的債権の当事者と発生原因）が提示された時点とに齟齬があること[25]から、最高裁は、「予約完結権行使時に移転の対象となる債権は、予約時において提示された基準によって定まることを要求している[26]」とする見解がみられるが、本判決の意義は、むしろ予約完結行使時までに目的債権を他の債権から識別することができる要素が充足されればよいとした点にあると解すべきである。

本判決とこれまでの裁判例とを比較すると、本件予約では、特定性を判断するための要素として担保目的債権の発生期間（譲渡期間の始期と終期）が定められていない[27]。しかし、本判決は、特定性の判断基準時を予約完結権行使時と解することによって、担保対象債権の発生期間が限定されていなくとも譲渡対象は明確であると解したものと考えられる[28]。つまり、予約締結を始期として予約完結行使時を終期とする期間に発生した債権ということになる。

したがって、本判決はこれまで多くの判例が要求してきた特定のための要素のうち、第三債務者と発生原因だ

けで目的債権が特定すると解したわけではないと解される。(29)

（3）公序良俗違反の判断——債務者及びその一般債権者の保護

本判決は、①本件予約が予約締結時点から有効に成立していること、(30) ②目的債権が特定されていると解した上で、③特定性の有無の判断とは別個に、本件予約が公序良俗違反といえないかどうかを検討している。

本判決は、債権譲渡（担保）＝物権行為の効力発生時期は予約完結行使時であると解しているが、このことは、裏をかえせば、たとえ個別の債権が発生したとしても、予約完結権が行使されるまでは債権譲渡（担保）の効力は当該債権に及ばないことを意味している。

本判決では、この点から、さらに、担保権者によって予約完結権が行使されるまでは、債務者は第三債務者から有効に債務の弁済を受けることができるし、債務者の債権者はこれを差し押えることができるとする結論を導き、本件予約が債務者の経営を過度に拘束し、債務者の債権者を不当に害するとはいえないと解して、本件契約が公序良俗に反しないとする結論を導く有力な証拠としている。

しかし、結論を先取りしていえば、このような構成をとったからといって、集合債権譲渡担保契約が常に公序良俗違反にならないわけではなく、また、必ずしも担保権者と設定者＝債務者および担保権者と設定者の債権者間の利害調整が図れるわけでもない。

まず、担保権者・設定者間では、予約構成をとっても、担保権者が設定者の窮状につけこんで契約を締結した場合や、不当に差押禁止財産を作り出したと評価することができる場合には、集合債権譲渡担保契約自体が公序良俗に反して無効となる場合が考えられる。

しかし、このような場合に該当しないとすれば、たとえ債務者＝設定者が将来債権を含む全債権を担保として融資を受けたとしても、[31] 担保権実行前において当該債権につき設定者に取立権が認められる限り、[32] 過剰担保であるとか債務者＝設定者を抑圧するとして、集合債権譲渡担保が民法九〇条によって無効と解される余地はないはずである。問題は、担保権実行前に設定者の取立権をいかなる根拠に基づいて保障するかであり、設定者の取立権と集合債権譲渡担保権者が担保目的で債権の譲渡を受けていることをどのように調和させるかである。予約完結までは設定者に債権が帰属しているとする本判決の構成は、設定者の取立権を認めるためには都合がよいが、担保権者にとっては予約完結権を行使するまでは無担保であることに等しいことになる。

一方、予約完結権が行使されるまでは債権譲渡の効力が生じないことを理由として、設定者の一般債権者・担保権者間の利害を調整しようとする本判決の構成には、限界があるといわざるをえない。このような構成は、集合債権譲渡担保予約がいわゆる駆け込み型で行われたような場合にも、予約完結まではなお債権は設定者に帰属しているから、否認権や詐害行為取消権の対象になる余地がないのか、また、担保対象である個別債権につき予約完結権が行使された後は、常に担保権者が設定者の債権者を害することになるのかという新たな問題を提起することになるからである。

担保権者・設定者の一般債権者間の利害調整については、むしろ否認権や詐害行為取消権の対象にならないのかどうかが検討されるべきである。[33]

特に、集合債権譲渡担保が、いわゆる正常業務型の担保として利用されている現状を前提とすれば、問われるべきことは、担保設定時点では設定者の信用状態が悪化しているとまではいえないが、担保権の実行時点では設定者の主要な財産が集合債権譲渡担保の対象となっている債権である場合に、担保権者と設定者の一般債権者間の利害をいかに調整するかという点である。具体的には、設定者の信用状態が悪化した時点でなされた債権譲渡通知が否認権や詐害行為取消権の対象にならないかが問題であり(三1 2参照)、担保実務の観点からは、否認権や詐害行為取消権の対象とならないために、集合債権譲渡担保の公示手段をいつまでにどのような方法で具備するかが重要となる(三3参照)。

(4)　対抗要件

本件事案では、第三債務者と担保権者の間で集合債権譲渡担保予約の効力が争われているが、担保権者が第三債務者に支払いを請求できるかどうかは、対抗要件を具備していたかどうかによって判断されている。もちろん、対抗力が認められるには、債権譲渡(担保)の効力が生じていることが前提となる。

そこで、本判決は、予約完結権行使時点で、担保目的となっていた債権のうち、この時点で発生していた個別債権群につき一括して債権譲渡(担保)の効力が生じ、各第三債務者に対してこれらの個別債権群につき譲渡通知がなされることによって、担保権者は第三債務者に対して支払いの請求ができるとする結論を導いている。

したがって、本判決では、集合債権譲渡担保の対抗要件という考え方はとられていない。そこでは、担保権実行の結果、確定的に発生する個別債権の譲渡につき、ないしは、予約完結権の行使によって発生した個別債権の譲渡担保につき、対抗要件を具備することが考えられているにすぎない。

(10)　千葉恵美子「集合債権担保の成立と予約」判タ八八七号一四頁以下参照。
(11)　鳥谷部茂「将来債権の担保」星野英一ほか編『担保法の現代的諸問題』(別冊NBL一〇号)六〇～六三頁。
(12)　宮廻・前掲(注5)法時五五巻八号一一七～九頁、梅本・前掲(注5)判タ五一〇号七三頁。
(13)　羽田野宣彦「債権譲渡担保と契約技術」NBL二七九号九頁以下。

(14) 集合債権譲渡担保の有効性について、判例・学説を整理した文献として、三林宏「集合（流動）債権担保の有効性」『現代民法学の諸課題』（玉田弘毅先生古稀記念論文集）（一九九八）三四三頁以下。

(15) 本判決の評釈・解説として、池田雅則・法教二四二号一五六頁、千葉恵美子・法教二四六号別冊判例セレクト二〇頁、渡辺達徳・法セ五五三号一〇七頁、淺生重機・金法一六〇四号一三頁、古積建三郎・民商一二三号六号八九五頁、池田真朗・判時一七四〇号（判例評論五〇七号）一七三頁、鳥谷部茂・ジュリ一二〇二号（平成一二年度重要判例解説）六四頁、河上正二・私法判例リマークス二三号三四頁、角紀代恵・金法一六二〇号二二頁、同・『民法判例百選Ⅰ〔第五版〕』二〇六頁、塩崎勤・判タ一〇六五号七二頁がある。

(16) 本判決の評釈・解説として、小林昭彦・判タ九四五号七八頁、三林宏・私法判例リマークス一五号三一頁などがある。

(17) 特定されていないとした判決として、本件第一審である大阪地判平成六・一〇・二八判時一五五五号九五頁のほか、東京高判昭和五七・七・一五判タ四七九号九七頁、金法一〇四六号四四頁、東京地判昭和六〇・一〇・二二判時一二〇七号七八頁、大阪地判平成七・三・一五訟月四二巻七号一六三九頁、東京地判平成一〇・二・五判タ九八五号二一四頁、東京地判平成一〇・三・六判タ九九八号二〇五頁、東京地判平成一一・一・二六判時一六九二号八二頁など。特定されていると解した判決として、本件原審である大阪高裁平成八・一・二六判時一五七四号七〇頁のほか、大阪地判昭和五六・一一・三〇判時一〇四八号一二八頁、九八五号二一四頁、東京地判平成八・一・二二判時一五八一号一二七頁など。

(18) 前掲注17に掲げた判例参照。なお、本件事案のような、いわゆる流動債権譲渡担保のケースではないが、最判平成一一・一・二九民集五三巻一号一五一頁は、「将来の一定期間内に発生し、又は弁済期が到来すべきいくつかの債権を譲渡の目的とする場合には、適宜の方法により右期間の始期と終期を明確にするなどして譲渡の目的となる債権が特定されるべきである」と判示しているが、この事案で譲渡目的債権となっているのは診療報酬債権であり、第三債務者・債権の発生原因が当然に特定されており、また、毎月発生する診療報酬債権のうち譲渡対象となる債権額が約定されていた。したがって、特定性を判断する要素について、最判平成一一・一・二九は特に新たな判断を示したわけではない。
(19)　以下の分析は、千葉恵美子「集合債権譲渡担保と目的債権の特定性」みんけん（民事研修）五二八号二三頁以下。
(20)　椿寿夫「集合（流動）債権譲渡担保の有効性と効力（上）」ジュリ一一〇二号一二一頁は、譲渡対象とされている債権について発生期間や金額に限定がない場合であっても、正常業務型では直ちに集合債権譲渡担保の効力を否定する必要はないと解する。しかし、特定性の意義が、本文でも述べたように、債権譲渡（担保）の効力が及ぶ範囲を確定することであるとすると、一律に抽象的基準を定立する必要がないといえるかどうかは疑問である。
(21)　以下の分析は、千葉・前掲(注19)二四頁以下。
(22)　代表的な見解として、高木多喜男「集合債権譲渡担保の有効性と対抗要件」『金融取引の法理第一巻』（一九九六）一一二頁以下。この点の分析については、三林・前掲(注14)三九二頁以下参照。
(23)　道垣内弘人『担保物権法』（一九九〇）二九八〜二九八頁、角紀代恵「集合債権の譲渡担保」『民法の争点Ⅰ』（一九八五）一八九頁、山田誠一「多数債権および将来債権の譲渡と対抗要件」ジュリ一〇四〇号一七頁など。
(24)　角紀代恵「流動債権の譲渡担保」法時六五巻九号一七頁。
(25)　鳥谷部・前掲(注15)ジュリ一二〇二号六五頁。
(26)　角・前掲(注15)・金法一六二〇号二五頁。
(27)　特定性の判断要素については、最判平成一一・一・二九民集五三巻一号一五一頁が「将来の一定期間内に発生し、又は弁済期が到来すべき幾つかの債権を譲渡の目的とする場合には、適宜の方法により右期間の始期と終期を明確にするなどして譲渡の目的となる債権が特定されるべきである」と解している。上記判決と本判決の事案は、将来債権の譲渡が問題となっている点では共通性がみられるが、将来債権が譲渡された目的には違いがある。そして、この点の違いが譲渡債権の特定性の判断に影響を与えたものといえる。すなわち、最判平成一一・一・二九では、毎月発生する可能性のある診療報酬債権の一部で貸金債務を弁済する契約がなされており、債権譲渡契約を締結する時点で、譲渡される債権の範囲について始期および終期の定め、各支払期日における譲渡額を定めることが、譲渡対象たる債権とそれ以外の債権とを識別するためには必要であったからである。これに対して、本件事案は、まさに将来債権を含む債権群について担保目的で債権譲渡が行われており、債務者から貸金債権の弁済が受けられなくなった時点で、譲渡担保の目的となっている債務者の売掛代金債権から取立ができればよいからである。したがって、特定性の判断要素につき、本判決が最判平成一一・一・二九を変更したわけでないといえる。

(28) 実務では、集合債権譲渡担保予約の場合にも、譲渡債権の確認・管理のために債務者から定期的ないし随時最新の譲渡債権の詳細を記載した譲渡債権報告書を債務者に提出させ、譲渡債権の発生期間については「〇年〇月〇日から当譲渡債権の表示の差換日まで」とする約定が用いられているようであるが（経営法友会債権譲渡担保マニュアル作成研究会編・前掲（注4）五七頁）、本判決のように解すれば、この種の約定をする必要はないことになる。

(29) 千葉・前掲（注19）二五頁、池田真朗・前掲（注15）判時一七四〇号一七五頁。

(30) すでに、この点については、最判平成一一・一・二九民集五三巻一号一五一頁は将来債権の発生可能性が低いことは債権譲渡「契約」の効力を当然には左右しないと解している。

(31) 鈴木禄弥「最近担保法判例雑考(9)」判タ五一三号五二頁は、たとえ全財産の担保であっても、他方で金融をえられるので、債務者を隷属させるという評価に必ずしもつながらないとする。同旨、椿・前掲（注20）ジュリ一一〇二号一二〇頁。

(32) 同旨、角紀代恵「将来債権の包括的譲渡の効力」みんけん（民事研修）五一五号二三頁（注12）。

(33) 椿・前掲（注20）ジュリ一一〇二号一二〇頁参照。

三　集合債権譲渡担保予約の対抗要件に関する判例

1　判例の動向と法律構成相互間の対立の構図

本章では、集合債権譲渡担保予約について対抗要件が争点となった一連の判決に着目して分析をする。対抗要件に関連する判例は事案との関係でみると二つに分かれており、しかも、法律構成の間には齟齬・矛盾が見られる。

まず事案の観点から判例を分類すると、対抗要件具備行為を留保することによって債務者の信用を維持し、かつ、否認権の行使を回避するために、実務上広く利用されてきた停止条件型の集合債権譲渡担保予約について、担保権者（債権譲受人）が設定者（債権譲渡人）を代理して行った確定日付ある譲渡通知について、破産法七四条一項に基づき対抗要件具備行為の否認を認めた裁判例として、以下の判例が公表されている。【1】大阪地判平成一〇年三月一八判時一六五三号一三五頁[34]、【2】大阪高判平成一〇年七月三一日金法一五二八号三六頁[35]（【1】の控訴審）、【3】大阪高判平成一〇年九月二日金法一五二八号三六頁、【4】東京地判平成一〇年一二月二四日金法一五五九号四四頁、【5】東京高判昭和六二年三月三〇日金法一一九六号三八頁[36]（ただし、停止条件型かどうかは不明）である。また、会社更生手続開始申立て後になされた同様の債権譲渡通知について会社更生法八〇条のもとづき管財人による否認権の行使が認められた判例としては、【6】静岡地判平成五年一〇月二九日判タ八三一号二二二頁[37]がある[38]。

第二に、担保設定契約時に設定者から第三債務者に対してなされた確定日付ある譲渡担保設定通知をもって、その後の譲渡担保権実行による債権移転について第三者に対する対抗要件を具備したものとはいえないとした【7】東京地判平成一一年二月二四日判タ一〇一六号一六七頁、及びその控訴審判決である【8】東京高判平成一一年一一月四日判時一七〇六号一八頁[39]が公表されている。

一方、法律構成の観点から判例の対立状況を分析してみると、以下のように整理することができる。

① 担保権設定時には当事者間でも、譲渡予約について債権的効力が発生するにとどまるのか、それとも、契約締結時点で譲渡（担保）の効力が生じているのか。

＊前者の立場にたつものとして、【4】【5】（停止条件成就時に債権譲渡の効力発生）、【7】（譲渡担保権実行通知が第三債務者に到達した時点で債権譲渡の効力発生）／後者の立場にたつものとして、【1】【2】【3】【6】（予約契約締結時に担保権の効力発生）

② 担保権実行前には債権譲渡の効力が生じておらず、債権は依然として設定者に帰属しているために、設定者に譲渡目的となっている債権につき取立権を認められるのか、それとも設定者の取立権は設定者に当該債権が帰属していることを原因としないのか。

＊前者の立場にたつものとして、【8】／後者の立場にたつものとして、【6】

③ 設定時に、担保権実行通知まで設定者に譲渡目的となっている債権につき取立権がある旨を付加して、第三債務者に包括的な債権譲渡通知をすることによって集合債権譲渡担保につき対抗要件を具備することができるのか、それとも、このような通知には対抗力は認められないのか

＊前者の立場にたつものとして、【1】【2】【3】／後者の立場にたつものとして、【7】【8】

以下では、事案類型ごとに右記の判例に分析を加え、集合債権譲渡担保の対外的・対内的効力を統一的に理解するための糸口をさらに探ってみることにしよう。

2　対抗要件否認の可否

(1)　判例の概要

（1）譲渡担保設定契約時点を起算点とする判例

【1】【2】【3】では、設定者は同一人であり、破産している。また、集合債権譲渡担保権者の一部は共通している。いずれも停止条件付集合債権譲渡担保契約が締結されて約二〜三年後、設定者の手形が不渡りとなった時

点で直ちに、約定にもとづき、設定者が予め作成し預託しておいた債権譲渡通知書が担保権者から第三債務者に送付されている。これらの事件の集合債権譲渡担保契約によると、債権譲渡通知書発送時に債権者の債務者に対する債務は確定し、支払停止・破産申立て・不渡り処分等を受けた時点で直ちに債権譲渡の効力が生じるとする約定がなされている。

このような事実関係のもとで、【1】～【3】では、いずれも破産管財人による対抗要件否認が認められている。しかも法律構成もほぼ共通している。

破産法七四条一項は、支払いの停止又は破産の申立ての後、対抗要件具備行為を行った場合、その権利の設定、移転又は変更の日から一五日間を経過した後にされたものであるときには破産管財人においてこれを否認できる旨を規定しているが、まず、【1】～【3】は、この一五日間の起算点を、権利移転などの原因たる行為がなされた日ではなく、当事者間における権利移転などの効果が生じた日と解した最判昭和四八年四月六日民集二七巻三号四八三頁を踏襲した上で、以下のように判示している。

すなわち、①本件債権譲渡は、債権担保の目的で締結されたものであり、条件未成就の間は期待権であるに過ぎない単なる停止条件付債権譲渡ではなく、契約締結時点で担保権が発生している集合債権譲渡の担保権設定契約であると解し、この点から、②当事者間で権利設定の効果が生じた日＝担保権が発生した時点は、集合債権譲渡の担保権設定契約が締結された時点であるとし、③本件債権譲渡通知を上記起算点から一五日間を経過した後になされたとして否認を認めている。

【6】は【1】～【3】以前の判決であり、会社更生法八〇条にもとづく否認権が問題になった事件であるが、債権譲渡担保権設定を目的とする債権の移転が債権譲渡契約時に生じているとして、会社更生手続開始の申立て

後になされた債権譲渡通知を権利移転の日から一五日を経過して行われたとして否認できると判示している。譲渡通知が留保され、また、設定者に譲渡債権の取立を委任する合意があったからといって、債権譲渡契約の効果が更生会社の資産状況が著しく悪化したときにのみ生じるとの特約が存在するとは認められないと解している。

（2） 譲渡担保設定契約時より後の時点を起算点とする判例

これに対して【4】【5】では、譲渡担保設定契約時より後の時点に債権譲渡の効力が生じたとして、この時点をもって破産法七四条の一五日の起算点と解している。具体的には、【4】は、破産者の支払停止前になされた和議開始の申立てをした日をもって、また、【5】は、破産者が手形の不渡りを出す前に支払停止があったとして、この時点から最も遅く譲渡対象債権が発生した時点をもって、債権譲渡の効力が生じたと解している。しかし、支払停止後になされた債権譲渡通知は、上に述べた起算点から一五日を経過して行われたとして、結論的には否認権の行使を認めている。

(2) 分　析

（1） 対抗要件を否認した実質的理由

前述したように、最高裁平成一二年四月二一日判決は、予約完結の時点で初めて個別債権について一括して債権譲渡（譲渡担保）の効力が生じると解しており、予約完結前ないし停止条件成就前に債権譲渡の効力は発生しないと解している。

このような法律構成を前提とすれば、前記下級審の事案で行われた債権譲渡通知は、債権譲渡の効力が生じた日である予約完結権の行使時点ないし停止条件成就時点から一五日以内に行われていることになり、たとえ債務者の支払停止または破産申立て後に債権譲渡通知がなされても、管財人による否認権の行使を免れることができ

ることになるはずである。(40)

しかし、【1】～【6】は、いずれも対抗要件否認を認めている。このような結論が認められた実質的理由はいったいどこにあるのだろうか。

一つは、集合債権譲渡担保権者は、対抗要件を具備しようと思えばできたにもかかわらず、破産直前に至るまで三年以上にわたって何らの公示手段をとることなくこれを放置している点にある。

実務からは、設定契約時に対抗要件を具備することは、担保権設定者の信用不安を第三債務者等に表明することになり、対抗要件を具備しようと思えばできたとする評価は現実的ではないとする批判がありうると思われる。しかし、判例は、正常な担保権であるとの認識が取引界に広まることによって、この種の問題は解消するとか(【1】【2】)、あるいは、他の担保の設定においても多かれ少なかれ生じる問題である(【3】)として、破産直前まで何らの公示方法を具備しないことが正当化されるわけではないとする。

二つは、集合債権譲渡担保予約は、対抗要件否認を回避するための脱法的な契約手段であると考えられている点である。実務家サイドからも、本契約型と予約型との間に違いがあるとすれば、担保権実行のために予約完結権の行使を必要とするかどうかの点だけであるとする指摘がなされている。(41)それにもかかわらず、本契約型の方式では対抗要件否認が認められ、予約型の方式では否認を免れるとする合理的理由はないといえるからである。

（2）法律構成

【1】【2】【3】は、本件契約を担保権設定契約であると性質決定して、担保権が停止条件付債権譲渡契約を締結した時点で発生していると解している。特に、【2】は、「条件未成就の間は期待権であるにすぎない単なる停止条件付債権譲渡ではなく、契約締結時点で担保権は発生しているが、条件未成就の間は担保権の実行が制限さ

れている集合債権譲渡の担保権設定契約」であるとする。このように集合債権譲渡担保予約を非典型担保の一つと解した上で、設定契約の時点ですでに担保権が発生しているから、この時点で契約当事者間では権利設定の効力が生じたとして、この日から一五日を経過してなされた本件債権譲渡通知を否認できるとする。したがって、【1】【2】【3】は、停止条件成就前に担保権＝物権行為の効力が発生していることを前提としている点で、最高裁平成一二年四月二一日判決とは異なる法律構成を採っている。また、【3】は、譲渡担保権の発生と担保権実行の結果として生じる確定的な債権譲渡と区別しており、この点でも前記最高裁判決との間に違いが見られる。

一方、【4】【5】は、いずれも債権譲渡の効力が発生する時点を操作することによって、実際になされた債権譲渡通知を債権譲渡の効果が発生した時点から一五日を経過して行われたと構成し、対抗要件を否認することができると解している。しかし、【4】【5】のように、設定者の信用不安時を停止条件とする約定について解釈によって条件成就時を繰り上げる法律構成には限界がある。いわゆる正常業務型の集合債権譲渡担保の場合で担保管理がうまくなされればなされるほど、【4】【5】のような法律構成では否認権の行使はむずかしくなり、他方で、【1】【2】【3】が指摘するように、他の債権者からすると、突然集合債権譲渡担保権者に優先効が認められるのに等しい結果となる。

3　対第三者対抗要件の効力

対抗要件を具備しようと思えばできたにもかかわらず、これを怠った点に否認権の根拠があるとすれば、設定契約時に集合債権譲渡担保予約につき対抗要件を具備できることが前提となる。この点、【1】【2】【3】判決はいずれも、集合債権譲渡担保予約について、譲渡対象債権が特定されている限り、担保権設定後直ちに包括的な債権譲渡通知（停止条件付債権譲渡もしくは債権譲渡の予約による将来債権の譲渡）を各第三債務者に送付することによって対抗要件を具備することができると判示している。しかし、【7】【8】判決は、担保権設定時になされた確定日付による譲渡担保設定通知の第三者対抗力を否定している。

(1) 【7】【8】判決の概要

(1) 事実の概要

Xは、平成九年三月三一日、訴外Aに対する一切の債権を被担保債権として、Aの連帯保証人である訴外Bから、BがCとの間の継続的取引契約に基づいて取得する商品売掛代金債権および商品販売受託手数料債権(一年間の将来生ずべき債権を含む)につき譲渡担保の設定を受けている。同年六月四日、BはCに対して確定日付ある書面で譲渡担保設定通知(「Bは、Cに対して有する債権につき、Xを権利者とする譲渡担保権を設定したので、民法四六七条に基づいてご通知申し上げます。XからCに対して譲渡担保権実行(書面または口頭による)がなされた場合には、この債権に対する弁済をXに行って下さい。」)をした。

その後、Bが手形の不渡りを出したため、Aは期限の利益を喪失し、Xは、譲渡担保権を実行すべき事由が生じたとして、Cに対して平成一〇年三月三一日、書面で譲渡担保権実行通知をした。一方、Bは国税を滞納した。このため、Y_1(国)はBのCに対する平成一〇年三月一一日から同月三〇日までの商品売掛代金債権および商品販売受託手数料債権について滞納処分による差押えを行い、Cは平成一〇年四月三日および四月六日付の差押通知書でその旨の通知を受けた。このため、Cは平成一〇年五月二六日、本件債権につき債権者不確知を理由として被供託者をBまたはXとする供託をした。その後、六月二五日にBが破産宣告を受けた。そこで、Xが、設定者Bの破産管財人Y_2と譲渡担保の目的となっている債権を差し押さえたY_1に対して、供託金還付請求権を有することとの確認を求めたのが本件訴訟である。

（2）判　旨

【7】【8】は、いずれも、担保設定契約時に設定者から第三債務者に対してなされた確定日付ある譲渡担保設定通知をもって、その後の譲渡担保権実行による債権移転について第三者に対する対抗要件を具備したものとはいえないと判示している。(42)

【7】は、①本件債権につき譲渡（移転）があった時期は、本件譲渡担保権実行通知が第三債務者に到達した時点であること、②設定契約時に担保権実行がなされるかどうか、なされるとしもその時期がいつであるかについては不確定であることから、債権譲渡の移転の有無及びその時期が不確定である設定契約時に譲渡担保設定通知を担保設定者が第三債務者に行ったとしても、第三者対抗要件を具備したとはいえないと解している。

これに対して、【8】は、①の点に言及することなく、②の点に加えて、以下の③を理由として、譲渡担保設定通知の第三者対抗力を否定した。③債権譲渡の通知を「譲渡した」という事実の通知であると解した上で、本件では、譲渡担保設定契約によってBからXに対し本件債権が移転したものであったとしても、担保権実行通知があるまでは設定者に弁済受領権・相殺権があることから、第三債務者が右通知により債権の帰属に変動が生じたと認識することを期待することはできないことを理由とする。

(2)　分　析

（1）第三者対抗力を否定する実質的理由

予約締結時になされる譲渡担保設定通知では、第三債務者は第三者に対して債権譲渡の有無、時期、債権の帰属先等について確定的かつ確実な情報を提供することができない。このような不正確な情報にもとづく譲渡担保設定通知に第三者対抗力を認めると、債権を二重に譲り受けた人や差押債権者が害される。【7】【8】が譲渡担保設定通知に第三者対抗要件としての通知の効力を認めなかった実質的理由は、まさにこの点にある。

第三者対抗要件である確定日付ある債権譲渡通知は、譲渡債権の同一性が認識できる程度に明確でなければならないとする一般論についてはともかく、実務は【7】【8】の結論を強く批判している。担保権実行まで担保対象債権の取立権を設定者にとどめることを特徴としている集合債権譲渡担保の場合、【7】【8】のように、設定者に取立権があることを付記した通知に第三者対抗力が認められないとすると、結局、集合債権譲渡担保の場合には担保権実行時まで対抗要件を具備することができないことになるからである(43)。

(2)　法律構成

将来発生すべき債権であっても債権を譲渡することは可能であり、また債権の発生前であっても譲渡通知することはできると一般には解されている(44)。しかし、債権が発生しなければ、たとえ譲渡通知がなされていても対抗要件の効力は発生しないし、また、債権が発生しても債権譲渡の効力が生じていなければ、予め通知しても対抗要件の効力は生じない。

【7】【8】は、まさにこのような構成を集合債権譲渡担保の場合にそのまま持ち込んで対抗力を認めることはできないとする結論を導いている。すなわち、集合債権譲渡担保予約の場合には、将来債権を含んでいるから債権自体が未だ発生していない場合があるし、また、予約完結権の行使ないし停止条件の成就前までは、たとえ既発生の債権であっても債権譲渡の効力は生じていない。このような時点でなされた譲渡担保設定通知によって、その後の譲渡担保権実行による債権移転についての第三者に対する対抗要件の効力が認められないと解されているものといえる。

そこでは、担保として債権を譲渡した事実を通知する「担保権設定」の対抗要件と担保権の実行の結果、「確定的に生じた債権譲渡」の事実を通知する対抗要件との区別がなされないまま、これらが渾然一体としてとらえられているといえよう。

また、【8】では、担保権実行通知があるまでは担保設定者に弁済受領権・相殺権があることから、直ちに債権譲渡の効力は生じていないと解されている。【6】が設定者に譲渡債権の取立を委任する合意があったからといって、債権譲渡契約の効果が設定者の資産状況が著しく悪化したときにのみ生じるとの特約が存在するとは認められないと解していることとは対照的である。

【7】【8】のように解すると、集合債権譲渡担保予約は、支払停止後、譲渡担保権実行通知時点において既発生の複数の債権を一括して譲渡する契約を締結した場合と効果の点では違いがないことになる。

(34) 本件判例評釈として、石渡哲・判例評論四八九号（判時一六八六号）二二一頁。

(35) 本件判例評釈として、田頭章一・私法判例リマークス一九号一四八頁。

(36) 本件判例評釈として、竹澤京平・昭和六三年度主要民事判例解説（判タ七〇六号）三〇八頁

(37) 本件判例評釈として、山本克己・私法判例リマークス一〇号一六〇頁。

(38) このほかに、故意否認または危機否認の準用により停止条件付集合債権譲渡担保契約自体が否認されると解したものとして東京地判平成一〇・七・三一判時一六五五号一四三頁、停止条件付債権譲渡契約の詐害行為性が争われた事件ととして東京地判平成九・七・二四金判一〇三九号四八頁、停止条件付集合債権譲渡担保契約自体が詐害行為を構成しない場合に、債務者の信用が悪化した時点でなされた債権譲渡通知につき詐害行為取消権の行使を認めることはできないとしたものとして、最判平成一〇・六・一二民集五二巻四号一一二一頁がある。

(39) 本件判例評釈として、道垣内弘人・私法判例リマークス二二号三〇頁。

(40) 実務では、なお、このような考え方にもとづいて否認権の対象にならないとする見解が根強いようである。上

原敬「停止条件付集合債権譲渡担保契約と否認権について」銀行法務21五五八号一八頁以下参照。
(41)　堀・前掲(注1)二四七頁参照。
(42)　集合債権譲渡担保予約ではなくゴルフ会員権の譲渡担保予約についてではあるが、大阪地判平成九年五月二八日判時一六二四号一二三頁も、譲渡予約時点における確定日付ある証書による承諾をもって第三者対抗要件とすることはできないと解している。譲渡予約がなされたにすぎない時点での債務者の認識では、第三者に譲渡の事実自体を表示することは不可能であるとして、譲渡予約時点での確定日付ある証書による承諾をもって、その後の予約完結権行使による譲渡の対第三者対抗要件に代えることはできないと判示している。
(43)　小野傑「集合債権譲渡担保設定通知の対抗要件としての効力を否定した東京高裁判決が呈した課題」金法一五七四号一頁。森井ほか・前掲(注3)二二一頁。
(44)　我妻栄『新訂債権総論』(一九六四)五三二頁等。大判昭和九・一二・二八民集一三巻二二六一頁など。

四　集合債権譲渡担保の法律構成の再検討

1　再構成のための視点

これまで、集合債権譲渡担保予約につき目的債権が特定しているとして効力を認めた最判平成一二年四月二一日民集五四巻四号一五六二頁と集合債権譲渡担保予約の対抗要件が争点となった一連の判例を素材として、当該紛争を解決するために、結論を正当化する実質的理由がどこにあるのか、また、その結論をどのような構成を通じて正当化しているのかについて考察してきた。これらの分析から当該の紛争の解決という点では結論が妥当であっても、そのために提示された法律構成相互の間には矛盾する点が多いことが明らかになった。

このような現状からすると、集合債権譲渡担保を安定的で健全な担保とするためには、担保権設定当事者間の関係、集合債権譲渡担保権者（以下、担保権者という）と第三債務者との関係、担保権者と第三者との関係について、集合債権譲渡担保の法律関係を一貫して説明するための枠組みを提示することが必要である。以下では、まずこのような作業を行う前提として再構成の視点を明らかにしておくことが有益であろう。

最高裁平成一二年四月二一日判決が理論的前提としているように、予約完結権の行使によって初めて債権譲渡（担保）の効力が生じるとすると、集合債権譲渡予約の効力を肯定したといっても、予約完結ないし停止条件成就前の段階では、債権譲渡の効果が将来生じるかもしれないという単なる期待権が担保権者にあるにすぎないことになる。また、予約完結ないし停止条件成就によって債権譲渡（担保）の効力が生じた後も、集合債権譲渡担保権者は、差押債権者ないしは二重の譲受人より先に対抗要件を具備しなければ、担保の目的となっている債権から債権の回収をすることはできないことになる。これでは、集合債権譲渡担保予約は担保といっても、個別債権の譲渡（担保）の合意を予め包括的にしておくことによって、担保対象となっている個別の債権が発生した時点で一々債権譲渡（担保）の合意をする手間を省くだけのものにすぎないことになる。

もちろん、担保設定契約の当事者がこのような効果しか望まないというのであれば、それは一つの選択である。しかし、間接金融を中心とし、そのために担保を求めることを原則とするわが国の取引慣行にあっては、予約完結ないし停止条件成就前であっても、集合債権譲渡担保に担保権としての効果が認められるのであれば、右に述べた効果を選択をする債権者はいないものといえる。【2】判決が指摘しているように、集合債権譲渡担保予約は、条件未成就の間は期待権であるにすぎない単なる停止条件付債権譲渡契約ではなく、担保のために将来債権を含む債権群を譲渡する契約であることをまず確認する必要がある。

もっとも、債権を目的とする担保手段には、担保的機能を果たす場合まで含めて考えると、集合債権譲渡担保のほかにも、債権質や個別債権の譲渡担保あるいは代理受領・振込指定・取立委任などいろいろな方法がある[45]。重要なことは、これらの方式の中で、あえて、集合債権譲渡担保という手法が利用されるのはなぜか、当事者が集合債権譲渡担保にどのような効果を期待しているのかという点である[46]。

まず、設定者としては、自己の事業資金を獲得するために担保目的となっている債権についても利用することができ、事業からあがる利益によって担保権者に対する借入金債務を弁済することを期待している。担保権者としても、設定者が取り立てた債権と同程度の担保価値のある債権を担保対象債権として補充してくれる限りは、設定者の取立てを認めることに反対する理由はないはずである。かえって、担保権者としては、担保対象となっている債権を累積額によって把握すると多額になりすぎ、借入金債務が滞りなく弁済されているかぎりは、担保管理事務を簡素化し管理コストを削減するために、担保対象債権に対する拘束を最小限に抑えたいはずである。担保権者が集合債権譲渡担保の効果として期待していることは、設定者の資産状況が悪化した時点で、確実に担保対象債権から貸付債権を回収できることである。

そこで、以下では、集合債権譲渡担保に対する設定契約当事者のこのような期待を尊重しながら、安定的で健全な担保とするためにどのような法律構成が考えられるかを考察してみることにしよう。

2　設定者の取立権と集合債権譲渡担保権の対内的効力

担保権実行前における設定者の取立権を保障するために、最判平成一二年四月二一日は、集合債権譲渡担保予約は有効に成立しているが、予約完結権の行使=担保権実行の時点までは、債権譲渡の効力が生じないと解している。しかし、このような構成が担保権者の利益を損なうことは、すでに見てきたようにとおりである(**二 3**(2)(3)参照)。

集合債権譲渡担保権とはどのような権利なのかを考える際に重要なことは、担保権実行前に設定者の取立権を保障することと同時に、担保権実行前に集合債権譲渡担保権者が担保対象債権に担保権を取得しているという効果をどのように調和させるかである。

このためには、いくつかの法律構成が理論的には考えられる。まず、①担保権設定契約によって真正の債権譲渡がなされたと解した上で、これと同時に、担保権者・設定者間に担保権実行まで設定者に担保対象債権につき取立権限を認める取立委任契約が締結されたと解する構成が考えられる。(47)

この構成では、担保権者の権利は保障されるが、設定者の取立権は債権的に構成されることになるから、設定者と担保権者間の取立委任契約の当事者となっていない第三債務者はこれに拘束されない。また、債権は担保権実行前においても担保権者に債権が帰属しているから、たとえ債権譲渡通知がなくとも、第三債務者が債権譲渡の効力を認め担保権者に債務を弁済する場合には、これを有効と解さざるを得ない。(48)もちろん、そのような取立委任契約があることを知らされた第三債務者は設定者に弁済することが多いとは思われるが、設定者の取立権を確保するためには、弁済期が到来した時点で、個別債権ごとに譲渡契約を解除する旨の合意をしておくことが必要となる。しかし、解除権は、担保権者に留保されることになるから、この構成では、設定者に対する取立権の保障に欠ける点があることになる。

二つめの構成は、いわば設定者と担保権者に担保対象債権の分属を認める考え方である。担保権実行までは担保対象債権につき担保権者から第三債務者に対する取立権が認められない結果、設定者から担保権者に対する債権譲渡の効果は完全には生じていないとする構成である。設定者の取立権は、担保権者に債権が完全には譲渡されない結果、なお設定者のもとに残っている債権者としての地位に基づいて認められることになる。この構成は、債権の分属を認める結果、法律構成はかなり複雑になる。また、設定者の信用状態が悪化した時点で、設定者に分属している債権を担保権者に移転することになるから、残存部分の譲渡が否認権や詐害行為取消権の対象になる可能性はなお残ることになる。

そこで、第三の構成として、次のように考えることはできないであろうか。集合債権譲渡担保権が設定されても、債権は設定者に帰属したままであるが、担保権者は、これらの債権に、担保権の私的実行手段として直接の取立権があり、かつ、この直接の取立権の行使が担保権の実行時まで制限される点を内容とする担保権を物権として取得しているとする構成である。

集合債権譲渡担保権は、目的債権の交換価値に対する排他的支配権であり、設定契約の当事者間では、集合債権譲渡担保権の優先弁済権能を実現する手段として、担保権者自らが担保目的となっている債権を取立て、設定者の債務の弁済に優先的に充当することが認められているものと解される。しかし、集合債権譲渡担保の場合、設定者によって取り立てられた債権と同程度の担保価値のある債権が担保対象債権として補充されれば、集合債権譲渡担保権の実行時点において、担保権者の担保対象債権に対する直接の取立権を保障することは可能である。そこで、集合債権譲渡担保の場合には、担保権者の担保対象債権に対する排他的支配権能を害しないがゆえに、集合債権譲渡担保権が実行されるまでは、設定者は担保目的となっている債権の取立てができるものと解されることになる。

このように解すると、設定者の取立権は、担保権者の担保対象債権に対する担保的支配を害しない範囲で認められることになるが、設定者が担保対象債権につき弁済を受けることや、担保対象債権を自動債権として相殺することは当然許されるものと解される。これに対して、担保対象債権の第三者への処分まで設定者に認めなければばならない理由はないのではないかと思われる。集合動産権譲渡担保の場合には、集合物を構成する個別動産の売却しながら、集合物を担保に与信が受けられることが重要であるが、集合債権譲渡担保の場合には、第三者に対して個別債権を処分できないと、この種の担保を設定した意味がないといえるほど、第三者への自由な処分が設定者にとって本質的な権利ではないと解されるからである。(49)

3　集合債権譲渡担保権の対抗要件と対第三者との関係

（1）「担保権設定」の対抗要件としての「譲渡担保設定通知」

現行法上は、集合債権譲渡担保の場合にも、債権譲渡登記を除き、真正の債権譲渡がなされた場合と同様に、四六七条に規定する方法によるしか担保権の設定を公示し対抗要件を具備する方法はない。

しかし、担保目的で債権譲渡が行われている点からすると、真正の債権譲渡が行われた場合における対抗要件とは異なり、債権者＝譲受人に対して担保のために債権譲渡が行われた事実を通知する「担保権設定」の対抗要件と、担保権の実行の結果、「確定的に生じた債権譲渡」の事実を通知する対抗要件とは区別されるべきである。前者については、担保目的となっている債権群につき担保権実行まで設定者に取立権がある旨を付加した確定日付ある譲渡担保設定通知（以下、「譲渡担保設定通知」という）によって対抗要件を具備することができる。そして、このような通知のほうが取引の実態にも合致しているのではないかと考えられる。

確かに、「譲渡担保設定通知」によって第三債務者が認識しうることは、担保権が実行された場合には、担保目的となっている債権について確定的に債権譲渡が生じるということにとどまり、担保権実行の有無とその時期は不確実である。しかし、債権質の場合にも、質権実行の有無とその時期については不確実であり、この点をもって四六七条に規定する方法によってなされた質権設定通知の対抗要件に効力がないと解する見解はないはずである（三六四条）。したがって、集合債権譲渡担保の場合にも、第三債務者が担保目的となっている債権と「譲渡担保設定通知」によって示される債権とが同一であると認識できることは必要であるが、担保権実行の有無とその時期が不確実で確定的に債権譲渡の効果が生じていないことを理由に、「譲渡担保設定通知」をもって集合債権譲渡担保権につき対抗要件が具備できないわけではないはずである。

（2）「譲渡担保設定通知」の対抗力

ただ、ここで注意しなければならないことは、真正の債権譲渡の際になされる「債権譲渡通知」の対抗要件と上述した「譲渡担保設定通知」の対抗要件とを比較すると、対抗要件の効力は同一であるとはいえないことである。

前者の場合には、四六七条一項によって、①債権が誰に帰属するかを外部に公示する方法と②譲受人が第三債務者に対して弁済を請求できる資格が、また同二項によって、③第三債務者以外の第三者に対して譲受人が債権者たることを主張することが認められるものと解されている。[50]これに対して、「譲渡担保設定通知」の場合には、担保権実行通知まで譲渡目的となっている債権群につき設定者に取立権がある旨を付加して通知がなされる結果、①と③については同様の効果(担保権の存在を外部に公示し、かつ、第三債務者以外の第三者に対して譲受人が担保権者たることを主張すること）が認められるとしても、②の点については担保権実行通知がなされるまでは担保権者が第三債務者に対し弁済を請求できる資格はないことになる。つまり、譲渡担保設定通知だけでは担保権者は対第三債務者の対する対抗要件の一部(①)しか具備できないことになり、第三債務者に対する関係でも設定者の取立権が保障されることになる。[51]

もっとも、集合債権譲渡担保の場合には、集合動産譲渡担保とは異なり、集合債権といってもその集合性はより観念的である。しかし、集合債権譲渡担保の場合、設定当事者間では、複数の第三債務者に対する多数の債権群（将来債権を含む）を包括的に担保対象とする契約を締結することはできても、現状では、各第三債務者ごとに対抗要件を具備するしか方法はない[52]。また、第三債務者が特定していないような将来債権群については、設定当事者間でそのような債権群を対象とする担保権設定契約を締結することはできても、今のところ、そもそも対抗要件を具備する方法はないことになる[53]。対抗要件を具備できないということは、第三債務者から債権回収ができないということであり、設定契約の当事者間で譲渡担保権が成立しているといっても、実際上はあまり意味がないといえる。

（3）第三債務者以外の第三者と集合債権譲渡担保権者との関係

集合債権の譲渡担保の場合にも、集合動産の譲渡担保と同様に、集合債権譲渡担保の対抗要件といわゆる集合債権を構成する個別債権の対抗要件との関係をどのように連動させるかは問題となる。同一の担保対象債権に対して集合債権譲渡担保権を主張する者がほかにある場合には、確定日付ある「譲渡担保設定通知」が第三債務者の到達した先後で、いずれの集合債権譲渡担保権が優先するかを決すればよい。しかし、担保対象となっている個別債権の差押債権者や譲受人など第三債務者以外の第三者に対して当該債権に集合債権譲渡担保権の効力が及んでいることを対抗できるかは、別個の検討を要する問題である。

個別債権の譲受人については、前述したように、設定当事者間では、担保対象となる債権を第三者へ処分することは禁止されるべきものと解される。かりに設定者が担保目的となっている個別債権を第三者に処分した場合にも、集合債権譲渡担保権につき確定日付ある「譲渡担保設定通知」がなされ、第三債務者が担保目的となっている債権が「譲渡担保設定通知」によって示される債権群に含まれるものであることを認識できる限り、第三債務者を通じて、個別債権が集合債権譲渡担保の目的となっていることは公示されているものと解される。したがって、確定日付ある「譲渡担保設定通知」が第三債務者に先に到達しているかぎり、担保権者は個別債権の譲受人に対して集合債権譲渡担保権の効力が個別債権に及んでいることを対抗することができるものと解すべきである。

これに対して差押債権者との関係は厄介な問題である。周知のように、判例・通説によれば、金銭債権が差し押さえられた場合、差押債権者と同一債権の譲受人との優劣は、右債権に対する差押命令が第三債務者に送達された時刻（民執一四五条四項）と確定日付ある譲渡通知が第三債務者に到達した時刻の先後によって決定されるものと解されている。両者の関係が対抗問題としての処理がなされているのは、債権の存否や帰属に関する第三債務者の認識を通じて、第三債務者によってそれが差押債権者に表示されうるからである。したがって、個別債権の差押債権者と集合債権譲渡担保権者の関係についても、確定日付ある「譲渡担保設定通知」によって第三債務者が債権の存否および個別債権につき集合債権譲渡担保保権が及んでいることを認識できるかぎり、同様に解すべきものと思われる。

（4）　集合債権譲渡担保の対抗力の発生時期

もう一つの問題は、「譲渡担保設定通知」の対抗要件の効力発生時期である。集合債権譲渡担保の場合、担保対象債権には既発生の債権群だけでなく将来債権群が含まれている。そこで、担保権者が対抗要件を具備したといえるのは、「譲渡担保設定通知」が第三債務者に到達した時点なのか、それとも、担保対象債権となっている個別債権が発生した時点なのかが問題となる。(54)

前述したように、「譲渡担保設定通知」による対抗要件は、当該債権が担保のために帰属していることを外部に知らせる方法であり、かつ、対第三者に対する関係で、担保権者たることを主張できるにとどまる。「譲渡担保設定通知」によって対抗要件を具備したからといって、担保権者が第三債務者に対して直ちに弁済を請求できる資格が認められ、第三債務者が担保権者に対して弁済義務を負うわけではない。その意味では、集合債権譲渡担保の担保対象となっている個別の債権について債権譲渡の対抗要件の有無を判断する必要はないといえる。したがって、たとえ担保対象債権の中になお未発生の債権があったとしても、「担保権設定」については譲渡担保設定通知が第三債務者に到達した時点をもって「集合債権譲渡担保権」につき対抗要件を具備したものと解しても問題はないのではなかろうか。

4　担保権の実行と第三債務者の保護

前述したように、「譲渡担保設定通知」だけでは、担保権者は第三債務者に対し弁済を請求できる資格がないことになる。そこで、担保権を実行する際には、担保権の内容として、集合債権譲渡担保権の優先弁済権能を実現する手段として、担保権者自らが担保目的となっている債権を取立て、設定者の債務の弁済に優先的に充当することが認められており、その結果、設定者の取立権がもはや失われたという点について第三債務者に通知（以下では「担保権実行通知」という）することが必要となる。このような通知によって対第三債務者に対する対抗要件が具備されない限り、たとえ担保権が実行され確定的に債権譲渡がなされたことを第三債務者が知ったとしても、第三債務者は担保権者からの弁済を拒絶することができるものと解される。このような方法によれば、第三債務者を二重弁済の危険から保護することができる。

もちろん、「担保権実行通知」は、設定者の信用状態が悪化した時点でなされることになる。「担保権実行通知」は、実質的には、現在おこなれている方式、すなわち担保権者が予約完結権の行使をして設定者に代理して個別債権の譲渡通知をする方法に極めて近いといえる。そうすると、「担保権実行通知」自体が対抗要件否認の対象となるのではないかとの懸念があるかもしれない。しかし、「担保権実行通知」は、設定者の取立権がもはや喪失し、第三債務者に対して弁済を請求できる資格が担保権者にあることを主張するためになされるにすぎない。つまり、担保権実行通知は譲渡担保権の実行手続の一環としてなされているにすぎず、「担保権実行通知」が対抗要件否認の対象となることはないものと解される。否認権の対象となるのは、「譲渡担保設定通知」が否認される場合と、集合債権譲渡担保の設定行為自体が否認される場合に限定されることになる。

このように、「担保権実行通知」によって初めて担保権者は第三債務者に対して債権の取立てができるとすると、確定日付ある「譲渡担保設定通知」後「担保権実行通知」前に、担保対象債権である個別債権について債権譲渡ないし差押えがなされ、確定日付ある通知ないし差押命令が第三債務者に到達する場合が考えられる。

このような場合にも、「担保権実行通知」がなされていない以上は、担保権者は第三債務者に対して弁済を請求する資格がなく、他方、確定日付ある通知ないし差押命令がなされている以上、個別債権の譲受人・差押債権者は第三債務者に対して債務の弁済を請求でき、第三債務者も弁済すれば免責されることになると解さざるをえない。しかし、確定日付ある「譲渡担保設定通知」が確定日付ある通知ないし差押命令より先に第三債務者に到達しているから、担保権者は個別債権の譲受人・差押債権者に優先することになる。したがって、理論的には担保権者は不当利得であるとして個別債権の譲受人・差押債権者に対して弁済金の返還を請求できるものと解される。

5　担保目的債権の特定と担保実行対象債権の確定

すでに見てきたように、対第三者に対する関係では、確定日付ある「譲渡担保設定通知」が、対第三債務者に対する関係では、「担保権実行通知」が集合債権譲渡担保権の対抗要件となると解すると、対第三者に対する関係では、第三債務者が担保目的となっている債権と「譲渡担保設定通知」によって示される債権とが同一であると認識できることが前提となり、対第三債務者に対する関係では、第三債務者が担保目的となっている債権と「担保権実行通知」によって示される債権とが同一であると認識できることが対抗要件の効力が生じるための前提となる。(55)

そうすると、対第三債務者に対する関係では、遅くとも担保権実行通知がなされた時点で第三債務者が当該債権が担保目的となっている債権かどうかを識別できればよいし、また、この時点で、担保権が及んでいる債権のうち具体的に発生しているどの債権につき、いくら担保権者に弁済すべきかを認識できなければならないことになる。

最高裁平成一二年四月二一日判決は、まさに第三債務者・担保権者間で集合債権譲渡担保権の効力が争われた事件であり、すでに分析したように、予約締結つまり担保権設定の時点で、①担保対象債権の当事者と②その発生原因が限定されており、予約完結権行使時点で確定した被担保債権額が担保対象債権の額を上回っていたことから、その時点で発生していた担保対象債権の全額を弁済すべきであると解したものといえる。したがって、結論的には妥当な判決であったといえる。

もっとも、右最判の事案とは異なり、被担保債権額が担保対象債権の額を上回っているわけではないこともある。また、担保対象債権に対する設定者の取立権が喪失することを第三債務者に対抗できるのは、「担保権実行通知」が第三債務者に到達した時点以降ということになる。つまり、それまでは設定者による取立ては可能であり、担保対象債権には流動性があることになる。したがって、第三債務者に対する関係では、③担保対象債権の発生期間と④その金額によって弁済額を確定するが一般的には必要となろう。

ただ、このような作業を目的債権の特定と呼ぶことは、議論を混乱させるように思われる。設定者に帰属する債権のうち、担保対象債権とそれ以外の債権を識別することというよりは、担保権者が担保権実行手段として第三債務者に対して直接の取立てができる債権を確定することと捉えるほうがよいように思われる。

一方、対第三者に対する関係では、確定日付ある「譲渡担保設定通知」の時点で、担保目的となっている債権が識別できれば、第三債務者はこの点を第三者に対して公示することはできる。したがって、第三債務者は将来債権も含めてどの債権に担保権が及びことになるかが客観的に認識できればよいのであるから、従来、多くの判例が特定のための要素として要求してきた①第三債務者、②発生原因、③債権額、④発生する期間の始期・終期のすべてが必ず必要であるというわけではない。現行法の下では、一般的には、担保対象債権の債務者＝第三債務者については必ず特定する必要があるが、特定の第三債務者に対する現在及び将来有する一切の債権とするか、そうでなければ、第三債務者と担保対象債権の発生原因を限定すれば、必要かつ十分であるといえる。

この結果、被担保債権額と比べて担保担保対象債権が著しく多額となる可能性がある。また、担保対象債権が設定者の全資産に及ぶ可能性もある。しかし、前者については、担保対象債権につき「担保権実行通知」がなされるまでは、設定者に取立権が認められることから、設定者の経済活動の自由を拘束するとは必ずしもいえない。したがって、前者の場合には集合債権譲渡担保設定契約を無効と解するべき理由はないとものと解される。一方、後者については、集合債権譲渡担保設定契約で不当に差押禁止財産を作り出したと評価することができる場合に限って、民法九〇条違反で無効になると解すべきである。

(45)　椿・前掲(注8)三一五頁以下参照。

(46) 千葉・前掲(注10)判タ八八七号一八～一九頁参照。
(47) 道垣内・前掲(39)私法判例リマークス二二号三二頁は、譲渡担保権設定者に対する反対債権を自動債権とする第三債権者による相殺を譲渡担保権者が第三者間相殺を承認したと構成している点からして、このような見解を支持されているのではないかと思われる。また、巻之内茂「債権譲渡特例法施行後の集合債権譲渡担保取引の倒産手続における取扱い」金法一五六七号六七頁も、このような見解ではないかと思われる。
(48) 奥田昌道『債権総論（増補版）』（一九九二）四三九頁参照。
(49) 実務では第三者に対する処分を禁止する条項を約定する場合が多い。経営法友会債権譲渡担保マニュアル作成研究会編・前掲(注4)五四、五八頁参照。
(50) 平井宜雄『債権総論（第二版）』（一九九四）一三九頁参照。
(51) 高木・前掲(注22)一一六頁は、設定者に取立権を認めても、第三債務者に対する対抗要件を具備すると、取立は事実上制限されることになるとするが、本文のように、「譲渡担保設定通知」の対抗力を考えれば、実行までの取立権を設定者に保障することは可能であり、集合債権譲渡担保が債務者の経済活動を阻害するという問題も生じないことになる。
(52) 複数の第三債務者に対する現在および将来の債権群について一個の集合債権譲渡担保権を成立させるためには、これら債権群をひとまとめにするために「箱」を人為的に作り出し、この一個の集合債権譲渡担保権に対応する一個の公示手段で対抗要件を具備できる方法が必要となる。債権譲渡登記を利用しても、当初特定した第三債務者に対する現在および将来債権だけを譲渡する場合には、一回の登記で足りるが、第三債務者を追加・入れ替えながら担保対象債権を維持していくためには、登記の追加、登記のやり直しをするしかない。
(53) 同旨、堀・前掲(注1)二五二頁。
(54) 高木・前掲(注22)一二五～七頁、道垣内弘人「賃料債権に対する物上代位と賃料債権の譲渡」銀行法務21五二二号一五頁。池田真朗「将来債権譲渡の効力（下）――最判平一一・一・二九をめぐって」NBL六六六号三五頁。角・前掲(32)みんけん（民事研修）五一五号二〇頁以下など。

(55) 東京地判平成一〇年二月五日判タ九八五号二一四頁は、集合債権譲渡担保の目的となっている債権を差し押さえた債権者と集合債権譲渡担保権者との間でその優劣が争われた事案で、債権が二重に譲渡された場合には、確定日付ある証書による通知によりその優劣が決せられるのであるから、「債権譲渡を対抗するには、確定日付ある証書によって、譲渡された債権の同一性を認識しうる程度に内容を特定し、明確にされていなければならないと解すべきである」と判示している。

五　終わりに

集合債権譲渡担保予約という契約方式は、設定者の信用状態が悪化した時点で初めて対抗要件を具備することとなり、対抗要件否認を肯定する判決が示すように、脱法的であるとの評価をうけやすいといえる。また、予約完結権行使前には債権的効果しかないとすると、担保といってもきわめて弱い効力しかないことになる。集合債権譲渡担保が正常業務型で利用されるようになっている現状からすると、むしろ、集合債権譲渡担保の実態にあわせて本契約型で、**四**で検討したような法律構成を採るほうがように思われる。[56]また、このような構成をとれば、債権譲渡登記によって対第三者対抗要件を具備する場合にも、集合債権譲渡担保の法律関係につき同様の構成を前提とすることができるものと思われる。

しかし、本稿で示した集合債権譲渡担保の法律構成が、債権譲渡登記を利用する場合にもそのまま妥当するかどうかを検証すること、及び、第三債務者が特定できない段階で、集合債権譲渡担保を設定し対抗要件を具備するために、どのような立法が必要なのかを検討することは別の機会に譲るしかない。[57]

(56) 堀・前掲(注1)二四五頁の本契約型Bと称される契約形態が本稿で展開した法律構成に近いといえる。
(57) 千葉・前掲(注10)判タ八八七号二〇頁以下では、特定債権事業規制法を参考に試論を展開したが、再考の機会を持ちたいと考えている。

4　貸金業法四三条の無力化に向けて

吉田光碩

はじめに

昭和五〇年ごろから「サラ金問題」が社会的に大きくクローズアップされた。高金利、過剰融資、過酷な取立が原因となって昭和五三年には自殺者が一八〇人、五四年には八九人となり、家出は各二二〇三人、一七四〇人にのぼったが、その基本的要因は、①貸付金利が利息制限法をはるかに超える高金利であること、②このような高金利を前提として、業者が借手の資力、信用力を無視して無選別かつ過剰に融資を行う体質にあること、③資力の乏しい借手に対していやがらせ、暴行、早朝・深夜の訪問、債権取立を請け負った暴力団による暴行など、過酷な取立が一部悪質業者によって行われたことにあるとされている。(1)

政府としても対応策の検討をせまられ、規制法の立法に向けて、関係省庁が協議を重ねたが、調整が難航して政府案の作成に至らず、昭和五八年になってようやく、いわゆる貸金業二法（「出資の受入れ、預り金及び金利等の取締りに関する法律」〔以下「出資法」という〕の改正と「貸金業の規制等に関する法律」〔以下「貸金業法」という〕の制定）が、議員立法の形で成立したという経緯がある。

出資法の改正は、それまで刑事罰を伴う金利の最高限度が年一〇九パーセントとなっていたのを、暫定的に年七三パーセントとし、三年経過後には年五四・七五パーセント、五年経過後はすみやかに年四〇・〇〇四パーセントに引き下げるというものであった(2)。

また、制定された貸金業法は貸金業に登録制を導入し、貸金業者に対して、過剰貸付の禁止、貸付条件の店内掲示義務および広告規制、契約書、受取証書等の書面交付の義務づけ、取立行為の規制、債権譲渡等に関する規制など、各種の業務規制を課すとともに、大蔵大臣および都道府県知事の貸金業者に対する監督に関する規定を整備するなど、貸金業に対する規制を強化するのと引き替えに、利息制限法の上限金利、損害金を上回る利息・損害金であっても、それが出資法の上限金利の範囲内であれば（いわゆる「グレーゾーン」(4)）、任意に支払われたものは、一定の要件のもとに有効な利息、損害金の弁済とみなす規定をおいたのである。

みなし弁済を規定するこの四三条を置いたことは、一部に積極的な評価があったものの(5)、多くの学説から借主保護よりむしろ、業者の利益の保護を図った業者保護法としての色彩が強い法律であると批判されている(6)。

当初大蔵省は、出資法の上限金利を半分程度に引き下げる一方で、利息制限法の上限金利も一挙にそこまで引き上げて、グレーゾーンの消失を企図したようだが(7)、結果的には利息制限法の改正には至らず、そのかわり任意に支払われた利息・損害金については、借主から不当利得として返還請求されることを防止できることを目的とした自民党案をベースにして立法された。

この自民党案について、西原道雄教授は私法学会シンポジウムの際に「自民党案の四三条を読むと、せっかく大議論の末、判例によって事実上抹殺された規定を復活させるつもりのようで、このような規定が入ってくることを止められないのだったら、むしろ全体として立法はない方がましだという気さえするわけであります。ですから、いま話がつかなくてうまく立法できないのだったら、最高裁の判例に合わせて（利息制限法）一条二項等を削除するぐらいでとめておけばいいのじゃないかと思います」と発言されている。(8)

本稿では西原教授の右の基本認識を前提として、その後の判例等の推移を踏まえながら、この問題を検討したい。

一　利息制限法に関する判例理論

明治一〇年に制定された旧利息制限法二条は、当初元本の区分に応じて年二割、一割五分、一割二分の最高利率を定め、これを超過する分は「裁判上無効」とした。

判例はこの「裁判上無効」の解釈につき、制限を超過する利息の約定は裁判上は請求できないが、当事者が既に利息を授受したときは、債務者はその返還を請求できないとしていた。しかし、学説はむしろ、制限を超過する利息の契約は単に裁判上無効にとどまらず、法律上無効であって、既に支払われた分についても不当利得として返還を請求できるとするものが多かった。(9)

昭和二九年に制定された新利息制限法は、元本区分をそれぞれ一〇万円未満、一〇〇万円未満、一〇〇万円以上としてそれぞれに対応する上限金利を二割、一割八分、一割五分とし（一条一項）、さらに損害金の上限をその二倍として（四条一項）それを超える部分を無効とするとともに、他方で債務者が超過部分を任意に支払ったときは、その返還を請求できないものとした（一条二項、四条二項）。

右の新利息制限法のもと、判例は当初、制限超過利息を任意に支払った場合はその返還請求も元本充当も許されないとした（最大判昭和三七・六・一三民集一六巻七号一三四〇頁、判時二九九号四頁）。しかしその後判例は見解を改め、まず超過利息の元本充当を認め（最大判昭和三九・一一・一八民集一八巻九号一八六八頁、判時三九〇号八頁、判タ一六八号一七九頁）、超過利息を元本充当した結果、債務が消滅したときは、それ以上に支払った超過利息等の返還請求をも認めるに至った（最大判昭和四三・一一・一三民集二二巻一二号二五二六頁、判時五三五号三頁、判タ二二七号九九頁）。さらに判例は、超過利息・損害金を元本とともに任意に支払った場合においても、不当利得として返還請求できると判示した（最三小判昭和四四・一一・二五民集二三巻一一号二一三七頁、判時五八〇号五四頁、判タ二四二号一七四頁）。

新利息制限法は「裁判上無効」という曖昧な表現を改め、旧利息制限法における判例理論を明文化する形で立法されたが、判例は昭和三九年大法廷判決以後、かなり強引ともみえる解釈を展開して、結局、旧法時代に学説がとっていた見解に到達したのである。

ところが、貸金業法四三条は、一定の要件にではあるが、債務者が制限超過利息を任意に支払ったときは、「有効な利息の債務の弁済とみなす」ことによって、判例が築き上げた理論を、さらに覆してしまった。業者保護法と非難される所以である。

二　みなし弁済が適用される要件

貸金業法四三条によるみなし弁済規定は、あくまで利息制限法の例外規定である。したがって、貸金業者に超過利息・損害金の訴求力はなく、更改・準消費貸借の基礎たりえないし[10]、相殺能力もない。また、制限超過利息についての公正証書の作成、抵当権設定登記は拒絶され、仮に記載・登記されてもその部分は無効である[11]。また、同条に定める要件を満たさなければ、制限超過利息・損害金の支払いは無効であり、判例法理によって元本充当、返還請求の対象とされる。

みなし弁済が適用されるためには、①貸金業者が業として行う金銭消費貸借上の利息または損害金の契約に基づく支払いであること、②利息制限法に定める制限額を超える金銭を利息または損害金として任意に支払ったこと、③貸金業者が貸付に際し、一七条に定める契約書面等を交付しており、その交付している者に対する貸付の契約に基づく支払いであること、④利息または損害金としての支払いを受ける都度、直ちに一八条一項に掲げる受取証書を交付していることの四つの要件を満たし、かつ、⑤三六条に定める業務停止処分に違反する契約に基づくものでないこと、⑥抱き合わせ契約等を禁止する物価統制令一二条の規定に違反する契約に基づくものでないこと、⑦出資法五条二項に違反する契約に基づくものでないことが必要である。

右のうち解釈上、重要な問題が生じるのは主に②③④の要件である。②はさらに二つの要素に分解される。そこで、(1)「利息または損害金として」支払ったとは、支払いの際に債務者等が制限超過利息・損害金への充当を、具体的に指定する必要があるか、あるいは債務者等が指定しない場合には、貸金業者が充当の指定をすることができるか、(2)「任意に」とは、具体的にどのような場合をいうか、特に、支払う際に借主等が制限超過利息・損害金の契約が無効であると認識している必要があるか、(3)カードローンやリボルビングローンなど、変則的な貸金契約の場合に、契約書の記載内容をどのようにすれば、みなし弁済が適用されるか、(4)一八条二項は「前項の規定は、預金又は貯金の口座に対する払込みその他内閣府令で定めるところにより弁済を受ける場合にあっては、当該弁済をした者の請求があった場合に限り、適用する」と規定するが、口座振込による弁済の場合[12]、弁済をした者から請求がなければ、受取証書の交付がなくても、みなし弁済が適用されるか、あるいはその場合にも受取証書の交付がなければ、みなし弁済の適用がないと考えるか、などが重要な解釈問題として浮上してくる。

三　判例・学説の展開

1　「利息または損害金として」の意義

「利息または損害金として」とは、支払う側で超過利息・損害金に充当することを指定する必要があるか。

この点に関しては、弁済者が約定の利息・損害金に充当することを明示して支払った場合に限られ、貸金業者の側で超過利息・損害金に充当した場合は、みなし弁済が適用されないとする解説が多い[13]。しかし、一八条四号では受取証書に「受領金額及びその利息、賠償額の予定に基づく賠償金又は元本への充当額」を記載することが予定されており、このことは実質的には債権者による充当の指定を認めたに等しい構造となっていることが問題として指摘されていた[14]。

判例は後記2に述べるように、弁済者による指定は不要で、約定の利息・損害金に充当されることの認識があればよいとした。

2　「任意に」の意義

「任意に」支払ったとは、債務者が自己の自由意思で支払うことをいう。強制執行により強制的に弁済に当てられた場合のほか、債務者の行為による場合でも、それが詐欺、強迫または錯誤に基づくときは任意に支払われたことにはならない。また、貸金業法二一条の規制に違反してなされた取立行為によって支払われた場合にも任意に支払われたことにはならない(15)。

問題は債務者が制限超過利息・損害金であり、無効であることを認識しながらあえて支払った場合にのみ任意性があると認めるのか、それとも約定の利息・損害金であることを認識して支払っただけで、制限超過利息であり、法律上無効であることを認識していなくとも、任意性ありとするのかである。

大蔵省当局は詐欺、強迫、錯誤に基づくか、強制執行によって強制的に弁済された場合以外は任意性ありと説明するが(16)、学説は一般に制限的に解釈しており、有力な学説は制限超過利息・損害金であり、利息制限法上無効と認識しながらあえて支払った場合にのみ、任意性ありと解すべきだとする(17)。

最二小判平成二・一・二二民集四四巻一号三三二頁、判時一三四九号五八頁、判タ七四六号一〇五頁は「債務者において、その支払った金銭の額が利息制限法一条一項又は四条一項に定める利息又は賠償額の予定の制限額を超えていることあるいは当該超過部分の契約が無効であることまで認識していることを要しない」と判示し、「利息として」あるいは「賠償として」支払ったという意味についても「債務者が利息の契約に基づく利息又は賠償額の予定に基づいて賠償金の支払に充当されることを認識した上」なされたことで足りるとした。

担当調査官は、判決が「指定」という概念に依らなかったのは、制限超過利息・損害金について元本充当を認めた前掲の昭和三九年の大法廷判決が「債務者が利息、損害金と指定して支払っても、制限超過部分に対する指定は無意味であり、結局その部分に対する指定がないのと同一であるから、元本が残存するときは、民法四九一条の適用によりこれに充当されるものといわなければならない」と判示したことをあげて、利息または賠償としての支払に債務者の「指定」を要するとすると、その余の適用要件を欠く場合に、元本充当を認めるのに支障になるからであると解説する。また制限超過利息・損害金であって無効であることまで認識していなければみなし弁済が適用されないとするなら、債務者が「超過利息等の契約が無効であるとは知らなかった」などと弁解しただけで、貸金業法四三条の適用が否定されかねないことなどを考慮した上での判断であると解説している。(18)この判決に対しては、一部に好意的な評価もあるが(19)多くはこれに批判的である。(20)

批判の理由は、利息制限法が利息等についての基本法であるとするならば四三条の要件は厳格に解さなければ、結局利息制限法の趣旨が骨抜きにされてしまうこと、債務者の無知に乗じて債権者が利息制限法違反の無効な超過利息の支払を受けることは、信義則上も認めるべきでないことに尽きよう。

調査官解説が昭和三九年の大法廷判決を持ち出して、超過利息、損害金への充当指定は不要であるとする点についても、この判決は有効な利息の支払であるとか非債弁済として不当利得返還請求の効果を導くことを否定するための前提として「指定」が無意味であるとしたのであり、法四三条の場合は「みなし利息」としての効果を付与するために「指定」が必要かどうかを問題とするもので、説明として説得力を欠くとも反論されている。(21)

消費者金融が社会的に評価されるに足る誠実な業務を遂行したいのであれば、契約にかかる利率が利息制限法所定の制限を超えていること、超過部分は法律上無効であることを広告や契約書面等に明記すべきだとの意見もある。(22)そのような広告をし、契約書にも明記して、貸付の際に債務者にその旨を説明した場合には、返済の際に制限超過利息・損害金へあえて指定すること、制限超過部分が無効であることの認識を不要とすることには合理性が認められるが、現実には業者はそのようなことは絶対にしないし、貸金業法や出資法にそのようなことを義務づける規定もない。にもかかわらず最高裁が右のような結論に至ったことは、一般的に利息制限法に関して無知な債務者に酷なことといえよう。

利息制限法一条二項を事実上機能させなくした判例法理に立ち返るならば、四三条の解釈も、より厳格に解釈してしかるべきではなかったか。

3　一七条の契約書等の記載

平成二年の判例が、みなし弁済における「利息または損害金として任意に支払った」という要件について、前述のように緩やかに解する方向を打ちだしたことから、学説における強い批判があるものの、実務における争点は、一七条の契約書面の記載内容と、一八条の受取証書の交付義務の二点に、事実上重点が移された。

一七条の契約書面の記載については、消費者金融の方法が多様化し、限度額の範囲で何時でも借入ができるカードローンや、同じく元本が一定程度弁済されれば、限度額の範囲で新たな借入ができるリボルビング方式が主流を占めるようになった。カードローンにしても、リボルビング方式にしても、あらたな貸付を実行する際には、既存債務の残高と、新たな貸付額との差額を債務者に交付し、いわゆる借換えの形で、債務が一本化されるのが業者における実務の趨勢であるように思われる。(23) そのような場合に一七条の記載が争点となったものとして以下の下級審判例をあげておく。

①佐世保簡判昭和六〇・九・二四判タ五七七号五五頁。借入限度額を設定した借入限度額設定書は、包括的な借入人の借入限度額を約した書面に過ぎず、個々の具体的な金銭の消費貸借契約を結んだ契約書面とはいえないと判示した。

②秋田地判昭和六三・三・一四判時一二九〇号一三一頁。反復継続して貸付を行うことが予定されている包括契約についての交付書面に、有効期間二年間、毎月の元本充当額五〇〇〇円以上と記載されているにすぎない場合には、一方で毎月末日までの元本充当額が五〇〇〇円以上であれば足りるかのような記載をしながら、片方で貸主の一方的な申入れにより、借受人が予期しない時期に残額の一括返済を迫られる事態を生じるような定めをすることになり、このようなことは立法の趣旨に反し許されないとして、一七条一項六号にいう「返済期間及び返済回数」の記載がないと解すべきで、四三条のみなし弁済の適用はないと判示した。

③京都地判昭和六三・八・一九判時一三一八号一〇六頁。みなし弁済の適用を受けるためには、一七条に定める各記載事項（省令事項を含む）をすべて記載した契約書面を相手方に交付しておかなければならない。事案における契約書には貸付の利率として、実質年率で表示すべきであるのに、日歩で表示しており、また契約書面には貸金業者の登録番号の記載を要するのに、その記載がないから、四三条の適用はないと判示した。

④大阪地判平成二・一・一九判タ七三八号一六〇頁。借換契約がなされた場合において、これによって発生する債務のうち準消費貸借契約に基づく部分の原因債務の金額及びその発生原因事実は、特に弁済の充当計算に関して問題となり、契約時において債務者の負担する債務の額に密接に関連する重要な事項であるといえるから、このような内容の記載のない契約書面を交付しても、一七条一項所定の書面の交付があったとは認められないと判示した。

⑤東京地判平成二・一二・一〇判タ七四八号一六九頁。利息の天引きについては、それが合意の上であっても、貸金業法四三条は適用されないとし、さらに借用証書の上部に印刷された受取証書の返済日（支払期日）の欄に記載されている日付は先取りする利息を計算する期間の終期を意味するにすぎず、真の弁済期を意味するものでは

ないとして、一七条一項六号の「返済期間」の記載がないと判断した。

⑥富山地判平成四・一〇・一五判時一四六三号一四四頁。カードローンの事例で、一七条一項六号に定める「返済期間」は債務者の返済計画に関連する事項であり、弁済の充当計算にもかかわるものであるから、これを一義的に定める必要があり、また、従前の貸付の債務の残高を貸付の金額ないしその一部とする貸付を行ったときに交付する書面には、一七条一項三号所定の「貸付けの金額」として契約の内容を明らかにするため、従前の債務の残高の内訳（元本、利息、賠償金の別）及び従前の貸付を特定するに足りる事項を明記しなければならないなどと判示した。(24)

⑦名古屋高判平成八・一〇・二三判時一六〇〇号一〇三頁、金法一四七三号三二頁、金判一〇〇八号一一頁。リボルビング方式の事例で、個々の貸付契約書面と包括契約書との記載により、債務者が具体的借入金を当てはめ、その返済期間及び返済回数、各回の返済期日及び返済金額、並びに弁済の充当関係などを時間をかけて計算しなければ理解できない程度の記載がされているだけでは、一七条一項が要求する内容を満たしているとはいえないと判示した。(25)

以上、一七条の契約書面の記載事項については、これを厳格に運用するのが下級審の趨勢であり、特に平成二年の最高裁判例を前提とすると、そのことは重要な意味を持つといえる。

4　一八条二項の解釈

口座振込によって制限超過利息・損害金を支払った場合、一八条二項を文理解釈すれば、弁済者からの要求がなければ貸金業者は受取証書を交付しなくてもみなし弁済が適用されそうであるが、一部の学説(26)を除き、圧倒的多数の学説(27)および下級審の趨勢(28)はこの場合にも一項所定の受取証書を交付しなければ、四三条の適用はないとしていた。

最一小判平成一一・一・二一民集五三巻一号九八頁、判時一六六七号六八頁、判タ九九五号七一頁は、みなし弁済が適用されるためには、制限超過利息・損害金が口座振込によってなされたときであっても、「特段の事情のない限り、貸金業者は、右の払込みを受けたことを確認した都度、直ちに、同法一八条一項に規定する書面を債務者に交付しなければならない」と判示して、学説、下級審の運用を追認した。当然の判断といえよう。

なお、東京地判平成九・二・二一判時一六二四号一一六頁、判タ九五三号二八〇頁、金判一〇一九号三一頁は、ATMを利用して返済がなされた場合は、債務者が約定による利息や損害金の具体的金額を認識して支払ったと見る余地はないし、いったん金員が収納されて利用明細書が発行された段階では、返済を撤回することはできないから、利息の支払が任意であったとはいえず、みなし弁済は適用されないと判示した。正当である。

貸金業者の側で今後、事前に画面に利息、損害金、元金の充当予定額が明示され、債務者がそれを確認後に返済できるようにATMを改良すれば、支払の任意性は肯定されることになるが[29]、その場合にも、利用明細書は一八条一項所定の内容を充足したものが要求されることになろう。

おわりに

筆者は、多数の学説と同様、法に無知な者から、利息制限法上無効とされる高利を貸金業者が不当に利得することを容認する貸金業法四三条は、利息制限法一条二項とともに廃止すべきものと考える。

前述のように竹内昭夫教授は貸金業者に対しては全面的に利息制限法の適用を除外すべきであると主張されるが、その理由として①資金調達コストに事業経費と合理的な利潤を上乗せした利息をとって貸し付けることが認められなければ、貸金業は事業として成立しない、②元本一〇〇万円以上は一五パーセントという利息制限法の下では、貸金業の合理的経営は望めない、③いったん任意に支払っておきながら、後になって制限超過利息だから返還せよと請求できるとするのは不合理である、④銀行等から借入を受けえない信用度の低い層ほど、緊急の融資に対する需要は強いのだから、それを塞いでしまうのは妥当でないことをあげられる。(30)

また、利息制限法自体を廃止すべきだと主張される加藤一郎教授は、その理由として、①利息制限法が固定的に利息・損害金の上限を画しているのは、時代後れである、②消費者金融は銀行ローンを含めて幅広く行われるようになっており、競争と選択の幅が広がった状況にあり、利息制限法を外してもそうひどいことにはならない、③特にひどい場合には公序良俗違反による弾力的なコントロールが可能である、④四三条のグレーゾーンは、法律的には中途半端なもので、これをなくしてすっきりさせたほうがよい、⑤比較法的にみても、利息制限法のような法律をもっている国はないことをあげられている。(31)

確かに厳しい金利規制をして、それを超えるものを無効とし、そのすべてについて元本充当、返還請求を認めれば、一部の悪質な業者のみでなく、貸金業者一般が正常な経営ができなくなることは当然ありうる。

サラ金などの高金利貸金業者の存在価値を認めるべきかどうかは、一つの大きな問題であるが、悪質ともいえないような業者をも抹殺するような法システムにすれば、かえってヤミ金融がはびこるということも予想しえないではない。また、利息制限法にしても出資法にしても、固定的な金利で上限を画しており、弾力的な運営はできないようなシステムになっている。

しかし、利息制限法が公序良俗を背景にした強行法であるとするならば、無効であることを知らずに、任意に支払った者に、無効部分の返還請求も認めないとする現行四三条は、明らかに不当な条項であるといえるだろう。

公定歩合が〇・五パーセントと、超低金利の状況が平成七年以降、長期間続く今日では、一五パーセントもの金利が確保できれば、貸金業者であっても合理的な利益は確保できると考えられる[32]。貸金業法四三条を廃止するなら今こそそのチャンスである（公定歩合はその後平成一三年二月に〇・三五パーセントに、同年三月にはさらに〇・二五パーセントに引き下げられており、環境はより整った）。

竹内教授や加藤教授の主張も理解できないわけではないが、今の時点で四三条を廃止しても、正常な貸金業者の存在が不可能となることはないと考えられる。

ただ、金利というものは変動するのが通常の姿であるから、利息制限法の上限金利も、出資法の上限金利も、ひいては民法四〇四条や商法五一四条の法定利率も、固定的なものは好ましくなく、毎年一定時期に見直すことにし、たとえばＴＩＢＯＲ（東京市場におけるインターバンク貸出金利）の基準時までの平均金利に、一定のスプレッドをプラスした金利を上限とするなど、明確な算出基準を設けておくべきであろうと考える[33]。

以上のような抜本的な立法が当面は不可能であるとすれば、妥協策としては前述のように制限超過利息が利息制限法の上限を超えていること、そのためにその部分は法律上無効であるとの開示義務、契約書面への明示義務、顧客への説明義務を貸金業者に課すべきであろう。

（1）　大蔵省銀行局内貸金業関係法令研究会編『一問一答貸金業規制法の解説』六頁（一九八三年）。
（2）　平成二年法律第四二号で、平成三年一一月から四〇・〇〇四パーセントとなっている。さらに平成一二年法律第一〇号で上限金利が二九・二パーセントに引き下げられた（平成一三年一月一日から施行）。なお、日賦貸金業者は、特例として年一〇九・五パーセントのままとされていたが、年五四・七五パーセントに引き下げられた。

（3）　法制定当時、利息制限法は元本一〇万円未満の場合年二割、元本一〇万円以上一〇〇万円未満の場合年一割八分、元本一〇〇万円以上の場合年一割五分を上限としてその超過部分の金利を無効とし、損害賠償の予定は、その二倍を超えるときは無効と規定していた。損害金については平成一二年出資法改正の際に、その上限損害金との調整をはかって、上限は利息の上限の一・四六倍に縮減された。
（4）　大蔵省は「グレーゾーン」という、いかにもマイナスイメージの強い用語を避けて「任意ゾーン」という呼称を正式用語としたが（貸金業関係法令研究会編前掲（注1）文献一二二頁）、その後も「グレーゾーン」の用語が定着し、「任意ゾーン」なる用語はほとんど使われなくなっている。
（5）　竹内昭夫教授は出資法の認める限度を当時の上限金利五四・七五パーセントから引き下げるべきであるが、貸金業者には利息制限法の適用を除外して、出資法の認める限度までは、裁判上利息請求権を認めるべきであると主張され、加藤一郎教授はさらに、利息制限法自体を撤廃すべきであるとされる（金融法研究三号一〇頁、四〇頁（一九八七年））。
（6）　森泉章「貸金業規制法四三条の『みなし弁済規定』の意義」判例時報一〇八一号四頁（一九八三年）、甲斐道太郎「『サラ金二法』施行後の諸問題」法律時報五六巻八号一五頁（一九八四年）、塩田親文「『貸金業規制二法』の課題と展望」金融法務事情一〇四四号一四頁（一九八三年）、木村晋介「貸金業規制二法における利息制限法超過利息の取扱い」金融法務事情一〇二八号一二頁（一九八三年）、沢井裕「貸金業法四三条をめぐって」法律のひろば三六巻九号一二頁（一九八三年）など。
（7）　椿寿夫「自民党の貸金業規制法案」『民法研究Ⅱ』三四六頁（初出・パーソナルローン三巻七、八号（一九七九年））。
（8）　シンポジウム「サラ金規制法の検討」における西原発言・私法四三号七七頁（一九八一年）。
（9）　石井宏治「利息制限法に関する判例の動向」薦田茂正＝中野哲弘編『裁判実務体系13』三三頁（一九八七年）。
（10）　準消費貸借の基礎となるかどうかは、借換の際に問題となる。未払い超過利息を元本に組み入れるだけで現金の授受がなされない場合は、超過利息部分について無効であることは異論がないだろう。実際には新たな貸付に際して、旧債務の残高をゼロとして、新しい借用証書の貸付額と旧債務の残額の差額が現実に交付されることが多い。

この場合にはその契約内容は、旧債務の残高についての準消費貸借と現実の授受額についての消費貸借との混合契約ととらえて、利息制限法の制限を超えるものは無効であるとの解説があるが（森泉章「貸金業規制法四三条の適用要件」青山法学論集二五巻四号五七頁（一九八三年））、後述のとおり、下級審判例では、明言はしないが、借換の際に旧債務の残高明細等をすべて記載した書面を交付すれば、制限超過部分の借換であっても、みなし弁済の適用があることを前提とするものが多い。

(11) 大河純夫「貸金業規制二法の成立と金利規制」法律時報五五巻九号五〇頁（一九八三年）。

(12) 口座振込以外の方法を具体的に定める内閣府令（大蔵省令）は制定されていないので（最高裁判所事務総局編「貸金業関係事件執務資料」五三頁（一九八五年））、実際には口座振込の場合のみが問題となる。

(13) 大河・前掲（注11）論文・法律時報五五巻一一号一〇四頁、大森政輔「貸金業規制法第四三条について」判例時報一〇八〇号八頁（一九八三年）、小田部胤明「貸金業法四三条の要件と立証」判例時報一〇八一号一二頁（一九八三年）、森泉前掲（注10）論文五四頁、難波孝一「貸金業法四三条に関する判例の動向」薦田＝中野編前掲（注9）書四四頁、最高裁事務総局編前掲（注12）書三三頁。

(14) 大河・前掲（注11）論文・法律時報五五巻一一号一〇四頁。

(15) 大森・前掲（注13）論文八頁。

(16) 貸金業関係法令研究会編前掲（注1）書一二三頁。

(17) 木村・前掲（注6）論文一四頁、森泉前掲（注10）論文五五頁、小田部前掲（注13）論文八頁、甲斐道太郎「貸金業法の問題点」自由と正義三四巻一〇号一〇頁（一九八三年）。なお、最高裁事務総局編前掲（注12）書は、もし、債務者が制限超過利息・損害金が無効であると認識していることまで要求すれば、そのような債務者はほとんどいないであろうし、立証面から見ても債権者の側に債務者が無効であることを知っていたことを証明する手だてがほとんどなくなるから、かえってヤミ金融を横行させることにならないかとの疑問も生ずるが、この点を踏まえたうえで、なお債務者保護の観点からこの説をとることも理論的にはありうるとして、結論を留保している。

(18) 滝澤孝臣「判解」法曹時報四四巻一号二三四頁、二四五頁、二三六頁(一九九二年)。
(19) 副田隆重「判批」法学セミナー四四〇号一二〇頁(一九九一年)、石田喜久夫「判批」手形研究四四二号一頁(一九九〇年)など。
(20) 批判は、利息・損害金への指定を不要とし、認識があればよいとする点にも、制限超過利息・損害金であり、法律上無効と認識する必要がないとしたことの両方に反対するもの(伊藤進「判批」別冊ジュリスト消費者取引判例百選一五八頁(一九九五年)、同「判批」私法判例リマークス六九頁(一九九一年))と、制限超過利息の支払いであることの認識は最低限必要とするもの(石川利夫「判批」ジュリスト平成二年度重要判例解説七五頁(一九九一年))、支払人に無効であることの認識が必要とするもの(鎌野邦樹「判批」ジュリスト九七九号一〇一頁(一九九一年))がある。
(21) 伊藤・前掲(注20)論文リマークス三号七一頁。
(22) 荒木新五「貸金業法四三条(みなし弁済)の適用要件」金融・商事判例一〇二六号二頁。
(23) 大蔵省銀行局長通達では、頻度も高い特殊の型の契約の書面の記載・交付に関して以下のように規定している(金融法務事情編集部編「貸金業規制法政省令および基本通達の概要」金融法務事情一〇四四号三九頁(一九八三年))。
① 包括契約を締結したときは、法一七条一項中、包括契約で特定しうる事項を記載した書面を交付する。包括契約に基づく個々の貸付を行ったときには、貸付の金額・年月日および包括契約の契約番号を記載した書面を交付する。
② 借換等、従前の契約に基づく債務の残高を貸付金額とする契約を締結したときに交付する書面には、その債務の残高の内訳(元本、利息、賠償金の別)および従前の貸付契約を特定するに足る事項を併記しなければならない。
(24) 評釈として、小林俊明「判批」ジュリスト一一〇七号一五〇頁(一九九七年)がある。
(25) 評釈として、鎌野邦樹「判批」判例評論四六五号(判時一六一二号)三〇頁がある。
(26) 神前禎「判批」ジュリスト九四二号一一五頁(一九八九頁)。なお大蔵省当局も、一八条二項が適用される場合には一八条一項は適用されないから、みなし弁済が不適用となることはないと解説している（貸金業関係法令研究会編・前掲（注1）書一二八頁。

(27) 最高裁事務総局編前掲（注12）書五五頁は、その理由として①一八条二項の規定は、口座振込の方法による弁済の場合、弁済者が同条一項の書面交付を請求しないかぎり、これを交付しなくても刑罰を科せられないというにとどまり、貸金業者が受取証書を交付しなくとも、みなし弁済の利益を享受することができるとまで規定しているわけではない、②四三条一項二号は一八条書面の交付をみなし弁済の積極的要件としており、これには何ら除外事由が付されていない、③実質的にみても弁済直後に受取証書が交付されてはじめて、債務者はこれを手掛かりに法律上負うべき債務の内容を計算でき、業者に対して制限超過部分の元本充当・返還請求が可能となることをあげている。同旨、森泉・前掲（注10）論文六四頁、大森・前掲（注13）論文一一頁、遠藤美光「判批」ジュリスト九八七号一一二頁（一九九一年）など。

(28) 京都簡判昭和五九・八・八および昭和五九・八・一〇判タ五三九号三八五頁、佐世保簡判昭和六〇・七・二三判時一一八七号一二二頁、大阪地判昭和六一・九・二六判タ六五二号二四六頁、前掲京都地判昭和六三・八・一九判時一三一八号一〇六頁、大阪高判平成元・三・一四判タ七〇五号一七五頁、金判八二七号二九頁、名古屋地判平成七・五・三〇判タ八九七号二一三頁、釧路地判平成八・五・一四判時一六二〇号一三二頁、判タ九二八号二一五頁。

(29) 旗田庸「判批」銀行法務21五五六号一九頁（一九九八年）参照。

(30) 竹内・前掲（注5）報告一一頁。

(31) 金融法研究三号四〇頁における加藤発言。

(32) 高金利を取らなければ貸金業者の経営が成り立たなくなる最大の要因は、貸出に対する回収不能率が異常に高いことにあると思われる。

前述の銀行局長通達では過剰貸付の防止のために、窓口における簡易な審査のみによって無担保、無保証で貸し付ける場合の目処は、当面、当該資金需要者に対する一業者当たりの貸付の金額について五〇万円、又は、当該資金需要者の年収額の一〇パーセントに相当する金額を過剰貸付の防止のための判断基準とするとともに、貸金業者の執るべき措置として、イ　顧客に対し、必要とする以上の金額の借入を勧誘したり、借入意欲をそそるような勧誘をしてはならない、ロ　無担保、無保証の貸付を行うときは、借入申込書に借入希望額、既往借入額、年収額等の項目を顧客自らに記入させることにより、その借入意思の確認を行う、ハ　無担保、無保証の貸付を行うときは、信用情報機関を利用して、顧客の借入状況、既往借入額の返済状況等を調査し、その調査結果を書面に記載する、ニ　上記ロ、ハに係る書面は三年間保存することを要求している（金融法務事情編集部編・前掲（注23）資料三九頁）。貸金業者においてこのような措置が確実に守られているなら、回収不能率は高くはならないはずである。

そもそも、貸金業者がカードローンやリボルビング方式を貸付の主流とすることは、そのような規制の趣旨に反することであり、そのことによって回収不能が生じるのは、貸金業者自身の自己責任の問題であるといえよう。貸付の際に、借入資金の使途、必要金額、返済引当を十分検討してから貸付を行うのは、金融を業とする者にとって、最低限守るべき事柄である。その意味では、通達が無担保、無保証に限って規制を強化することには賛成できない。ひところ問題となった商工ローンでは、借入人本人のみならず、保証人が被害者となった例が多かったことを思い起こすべきである。

(33)　法律ではないが、金利変動型の住宅ローンでは、毎年一二月の返済日ごとに、同年一〇月一日現在の長期プライムレートを基準として、スプレッドを上乗せした金利を適用することにしている点が参考になる。

5　カナダにおける擬制信託と不当利得

木村　仁

はじめに

英米法における不当利得に対する原状回復的救済手段としては、コモン・ロー上の準契約（quasi-contract）があり、エクイティにより発展してきたものとして、エクイティ上のアカウンティング（equitable accounting）、擬制信託（constructive trust）、エクイティ上のリーエン（equitable lien）、そして代位（subrogation）などがある。コモン・ロー上の救済は金銭賠償であり、アカウンティングとともに人的な救済手段である。

これに対して、ある者（被告）が財産を保持しているが、それは良心によると他の者（原告）によって保持されるべきである場合に、原告のために信託によって、その財産を保持していると見なす法的構成が擬制信託である。(1)

擬制信託では、不当利得を保持している者を受託者とし、利益を受領すべき者を受益者と見なして物権的な救済が与えられる。すなわち、擬制受託者は主として、不当利得とされ擬制信託の対象となった財産と、対象財産に関して生じた利益を受益者に返還する義務を負うことになるのである。さらに、擬制受託者のもとに原財産が存在していなくとも、一定の場合にはその価値変形物に対してエクイティ上追及（trace）することが可能となる。

擬制信託は、当事者の意思によって生ずる明示信託（express trust）とは異なり、当事者の意思とは関係なく法によって生ずるものである。また、当事者、特に設定者の意思の推定によって生ずる復帰信託（resulting trust）とも、この点において異なるのである。(2)

イギリスの擬制信託は、既存の財産権にもとづいて、確立されたカテゴリーにおいてのみ擬制信託が生ずるとする制度的擬制信託（institutional constructive trust）であると言われている。これに対してアメリカの擬制信託は、不当利得是正のための手段として常に擬制信託による救済を与えることができるとの点で、救済的擬制信託（remedial constructive trust）と呼ばれている。カナダもこの救済的擬制信託の概念を取り入れているが、カナダの擬制信託法理の発展には独自の歴史的展開がある。特に近年、カナダ最高裁が擬制信託と不当利得との関係、擬制信託が課される要件について新たな見解を示すに至っている。イギリス、アメリカにおける擬制信託については我が国においても優れた研究がなされているが、(3)カナダ法におけるそれについては、未だ十分な検討がなされていない。

本稿では、カナダにおける擬制信託の発展とその内容を明らかにし、擬制信託の要件について検討を加えることを目的とする。擬制信託が課される状況を二つの類型に大別し、それぞれにおける擬制信託の要件と理論的問題点を抽出することを試みる。また擬制信託には、優先弁済権という対第三者効が付与される。擬制信託にもとづいて財産の返還を請求する原告と、返還を求められている被告の一般債権者との利益衡突に関しても、カナダにおける議論を中心に若干の考察を加えたい。なお、大陸法を継受しているケベック州については検討の対象から除外する。

（1）Hanbury & Martin, Modern Equity, 14th ed. (1993) at 291; Muschinski v. Dodds, (1986), 60 A.L.J.R. 52 (H.C.) at 451.

（2）復帰信託と擬制信託の差異については、海原文雄「信託の分類に関する一提言―復帰信託と法定信託―」法政研究四六巻二―四号（一九八〇年）五三九頁以下参照。

（3）英米の擬制信託に関する邦文文献としては、松坂佐一『英米法における不当利得』（一九七六年）一六七頁以下、木下毅『アメリカ私法』（一九八八年）二二三頁以下、森泉章編『イギリス信託法原理の研究』（一九九二年）一四八頁以下、道垣内弘人『信託法理と私法体系』（一九九六年）七三頁以下、植田淳『英米法における信認関係の法理―イギリス判例法を中心として―』（一九九七年）二二四頁以下、松岡久和「アメリカ法における追及の法理と特定性―違法な金銭混和事例を中心に―」林良平先生献呈論文集『現代における物権法と債権法の交錯』（一九九八年）三五七頁以下、石尾賢二「エクイティ上の追及効と擬制信託について」商大論集五〇巻五号（一九九九年）二八七頁以下、同「イギリス法における擬制信託に関する一考察」商大論集五一巻五号（二〇〇〇年）二三九頁以下、などがある。

一　不当利得に対する救済方法

契約上の理由が存在しないにもかかわらず、一方当事者が他方に対して利益を与えた場合、受領・保持金銭返還請求（money had and received）、提供役務相当額の請求（quantum meruit）または物品相当額の請求（quantum valebant）などのコモン・ロー上の請求によって、準契約（quasi-contract）上の救済、すなわち当事者間に契約があったと擬制して不当利得を返還させる救済が与えられてきた。カナダでは一九五四年のDeglman v. Guaranty Trust Co. of Canada事件[4]において、ある財産を支払をなさずに保持することが不当な利得であるとされた場合、準契約による救済に代えて、不当利得概念にもとづいて原状回復的救済が与えられることが確立している。これに対して、エクイティにより発展した原状回復的救済には、アカウンティングという人的救済と擬制信託、リーエン、代位などの物権的救済がある。

1　エクイティ上の救済の種類

（1）　人的救済――アカウンティング

エクイティ上のアカウンティング（清算による償還）は、例えば、受益者に対する受託者の義務などのエクイティ上の義務の履行を確保するために、または代理人の得た利益の償還を本人が求める場合に、あるいは特許や著作権などの侵害による利益の償還を求める場合などに与えられる救済方法である[5]。信認関係においては、受認者が信認義務に違反して得た利得を吐き出させることを目的として、アカウンティングによる救済が与えられる。すなわち、受認者が信認義務に違反して手数料または賄賂を受領した場合、信託財産を自己のために不正に利用して利益を得た場合、機密情報を不正に使用して利益を得た場合などに、その利得を清算して償還する責任を負うとされる[6]。

（2）　物権的救済を求める理由

不当利得の返還を請求する者が、アカウンティングなどの人的救済ではなく、物権的救済を求める理由は何であろうか。まず第一に、不当利得の返還を求められている被告が無資力となった場合、被告の一般債権者に対して優先権を主張できることである。この点が原告にとっては最大の利点であろう。第二に、不当利得を理由に人的な原状回復請求がなされる場合、その範囲は原告の損失によって被告に生じた利得の返還に限定され、その後の財産の価値上昇分に対しては及ばない。擬制信託によって特定の財産の返還が認められると、不当利得時からの財産の価値上昇分を得ることができ、また被告が問題となっている財産を利用したことによって生じた利益に対しても、その償還を請求しうる。(7) 第三に、問題となっている財産が原告にとって特別な価値を有するものであって代替不可能である場合、またはその財産の価値算定が困難である場合、原告は擬制信託によって当該財産の返還を求める強い動機を有することになる。(8) 最後に手続上の利点が挙げられる。不当利得返還を請求された被告は、自己の重要な財産を裁判所の裁判管轄権外に移転してしまうことが考えられるが、物権的請求である場合には、管轄権外の財産に対しても令状の送達がなされうる。また原告は、事実審理前であっても被告の財産の保全命令を求めることができ、さらに物権的請求権に関する出訴期限は人的請求のそれよりも長期間であるとされている。(9) 以上のような理由により原告は物権的救済を求めることになるのである。

(3)　物権的救済――擬制信託、リーエン、代位

擬制信託は、ある者に不当利得が存する場合に、信託によって原告のためにその財産を保持していると法律上見なすものである。具体的には、被告が対象財産を返還する義務を負う場合と、原告が対象財産上に当事者の出費に比例した持分権を獲得する場合がある。(10) 擬制信託の対象となる財産が第三者に譲渡された場合であっても、善意・無過失かつ有償でこれを取得したのでないかぎり、その第三者に対しても擬制信託にもとづく返還を請求

することができる。

これに対してエクイティ上のリーエンは、原告の金銭賠償請求権を担保するために、被告の手にある財産のうえに担保権を設定するものである。(11) リーエンの対象となっている財産が第三者に譲渡された場合も、その者が善意・無過失かつ有償でない限り、リーエンを負担する。擬制信託による救済が認められる場合、原告は擬制信託による救済を求めるか、リーエンを求めるかの選択権を有することになる。(12) 通常原告は、目的物の価格が上昇している場合に擬制信託を請求し、価格が下落している場合には請求価格の担保としてリーエンを設定することを選択することになるであろう。

この他、原告の財産が被告の債務または被告の財産上のリーエンを消滅させるために使用された場合、原告は債権者またはリーエン保有者に代位できるとされている。(13)

2　制度的擬制信託と救済的擬制信託

（1）　制度的擬制信託

constructive trust という用語が最初に使用されたのは一七世紀のイギリスにおいてであるが、エクイティ裁判所は、明示信託から派生するものとして擬制信託を創出してきたと言われる。(14) すなわち、明示信託における受託者が、信託違反によって利益を得た場合または自らの地位を自己の利益のために利用した場合に、その利得を受益者のために保持する義務を法律上負わせることを目的として、擬制信託という用語が用いられたのである。(15) その後エクイティ裁判所は、ある者が他者のために特定の財産を保持する義務を負う場合、その者を受託者または受認者と同様の地位にあると「解釈」するようになる。(16)

受認者が信認義務違反によって利益を得た場合[17]、第三者が受託者の信託違反を認識して信託財産を受領した場合[18]、または信託違反を認識してこれに加功した場合[19]にも、その利益は受益者のために信託によって保持されると擬制される。この他に、イギリスでは次のようなカテゴリーにおいて擬制信託による救済が認められている。すなわち、秘密信託（secret trusts）[20]、相互遺言（mutual wills、複数の者が、両者の死に際して第三者に財産を譲渡する旨の遺言を作成し、当事者の一方が死亡した場合、当該財産に関して受益者のために擬制信託が課されるとする）[21]、殺人による財産の獲得（殺人によって得た利益を保持することは許されないとする）[22]、詐欺による財産の獲得（詐欺によって獲得した財産に対して擬制信託が課される場合がある）[23]、特定履行が与えられる売買契約の売主（不動産の売主は、当該不動産を契約にもとづいて買主のために保持する受託者と見なされる）[24]、不動産に対するモーゲージ（譲渡抵当権者が競売によって剰余利益を得た場合、それは後順位抵当権者または譲渡抵当権設定者のために擬制信託によって保持される）[25]、錯誤による支払（錯誤によって支払われた金銭を受領した者は、支払者のために信託によってその金銭を保持すると見なされる）[26]、エクイティ上のライセンスまたは物権的禁反言の事例（一方が相手方に対して、ある財産のうえに相手方が利益を有すると表示し、その表示を相手方が信頼して行為した場合、擬制信託による救済が認められることがある）[27]などである。制度的擬制信託概念においては、特定の状況が発生したことにより一方当事者は自動的に擬制信託の受託者となり、他者のために当該財産を保持する義務を負うことになるのであるが、不動産売買契約の事例またはモーゲージに関する事例に見られるように、必ずしも信認義務の存在が前提とされてはいないと思われる。

（2）　救済的擬制信託（remedial constructive trust）

救済的擬制信託とは、既存の財産権の存在を前提とせず、不当利得を是正するために必要と思われる場合に裁判所の裁量によって与えられるものである。アメリカの原状回復法リステイトメントにおいては、「一方当事者がその財産を保持することが許されるならば、不当に利得することになるので、その財産の権限を保持している者が、他者にその財産を移転するエクイティ上の義務を負うとされる場合に、擬制信託が生ずる」[28]との規定が存在し、この救済的擬制信託の概念はカナダ[29]、オーストラリア[30]、ニュージーランド[31]で受け入れられている。カナダの判例はしかし、不当利得を擬制信託の唯一かつ包括的な基準とするのではなく、イギリスにおいて見られる伝統的な擬制信託の分類に沿って発展している[32]。

イギリスの判例は現在のところ救済的擬制信託の考えに否定的な態度をとっているが[33]、貴族院の判事のなかには、将来的にイギリスにおいても救済的擬制信託が取り入れられる可能性を示唆する者もおり[34]、今後の展開が注目される。

救済的擬制信託は、原告の既存の財産権にもとづくだけではなく、原告に新しい物的権利を付与する場合がある。従って、裁判所によって擬制信託の命令が下された日からその効力が発生すると解するのが理論上自然であり、オーストラリアの判例[35]はこの見解を支持している。これに対してアメリカでは、原状回復的救済を受ける権利が発生すると同時に擬制信託が成立し、裁判所の判決はそれを実行するに過ぎないとするスコット(Scott)の説[36]と、裁判所の判決が下されて初めて擬制信託が生ずるが、その効力は不当利得発生時に遡及するとのボガート(Bogert)の説[37]が対立している。いずれにせよアメリカにおいては、擬制信託の効力は判決時ではなく、不当利得発生時に生ずるとされている[38]。カナダの判例もこのアメリカの立場を支持している。

カナダにおいて救済的擬制信託が課されるカテゴリーは、①原告の損失によって被告が不当な利益を得た場合と、②被告が、原告に対する義務に違反することによって利得した場合に大別される[39]。次に、この類型に従って、擬制信託が成立する要件とその背景を検討したい。

(4) [1954] 3 D.L.R. 785. 原告は、被告所有の不動産を遺贈してもらうことを約因にして、被告に労務を提供することを約束し、実際に様々な労務提供を行なった。しかしこの契約は口頭で締結されたものであり、詐欺防止法(Statute of Frauds)によって実現することのできないものであった。原告が役務相当額の支払を求めたのに対して、最高裁は、黙示の約束によらず、不当利得を防止するという法によって課された義務にもとづいて原告に救済を認めた。

(5) McGhee, Snell's Equity, 30th ed. (2000) at 705-6.

(6) Maddaugh & McCamus, The Law of Restitution (1990) at 104.

(7) Ibid at 79; Goff & Jones, The Law of Restitution, 5th ed. (2000) at 77.

(8) R. Goode, "Property and Unjust Enrichment", in A. Burrows ed., Essays on the Law of Restitution (1991) at 236.

(9) Maddaugh & McCamus, supra note 6 at 79; Goff & Jones, supra note 7 at 77.

(10) D. Waters, Law of Trusts in Canada, 2nd ed. (1980) at 391-392.

(11) 占有を要件とせず、競売権や優先弁済権が存する点で、わが国の先取特権に相当するものであるが、その範囲はわが国の先取特権より広いといわれる。

(12) Maddaugh & McCamus, supra note 6 at 100.

(13) Restatement of Restitution §162. カナダにおいてもリステイトメントと同様、広範囲な代位が認められているといわれている。Maddaugh & McCamus, supra note 6 at 161.

(14) McGhee, supra note 5 at 222.

(15) Keech v. Sandford (1726) Sel. Cas. t. King 61, 25 E.R. 223.

(16) Waters, supra note 10 at 379.

(17) Boardman v. Phipps [1967] 2 A.C. 67.

(18) Belmont Finance Corporation v. Williams Furniture Ltd. (No. 2) [1980] 1 All E.R. 393.

(19) Barns v. Addy (1874) 9 Ch. App. 244 (C.A.).
(20) Blackwell v. Blackwell [1929] A.C. 318.
(21) Re Cleaver [1981] 1 W.L.R. 939.
(22) Cleaver v. Mutual Reserve Fund Life Association Ltd. [1892] 1 Q.B. 147.
(23) Lonrho plc. v. Fayed (No. 2) [1992] 1 W.L.R. 1 (Ch. D.).
(24) Lysaght v. Edwards (1876) 2 Ch.D. 499.
(25) Banner v. Berridge (1881) 18 Ch. D. 254 at 269.
(26) Chase Manhattan Bank N.A. v. Israel-British Bank (London) Ltd. [1981] Ch. 105; [1980] 2 W.L.R. 202; [1979] 3 All E.R. 1025 (Ch. D.).
(27) Binions v. Evans [1972] 1 Ch. 359 (C.A.).
(28) Restatement of Restitution §160.
(29) Pettkus v. Bekcer (1980), 117 D.L.R. (3d) 257 (S.C.C).
(30) Muschinski v. Dodds (1986), 60 A.L.J.R 52 (H.C.).
(31) Powell v. Thompson [1991] 1 N.Z.L.R. 579.
(32) See Waters supra note 10 at 398-427; Elias, Explaining Constructive Trusts (1990) at 155; A.J. Oakley, Constructive Trusts, 3rd ed. (1997) at 21.
(33) Lonrho plc. v. Fayed [1992] 1 W.L.R. 1 at 9（原告の請求が物権的な基礎にもとづいていない場合には、擬制信託は認められないとされた事例）。
(34) 一九九六年のWestdeutsche Landesbank Girozentale v. Islington London Borough Council [1996] A.C. 669 at 716 (H.L.)においてブラウン・ウィルキンソン（Browne-Wilkinson）卿は、「復帰信託は物権的原状回復救済を発展させる適切な基礎ではないが、もし救済的擬制信託がイギリスに導入されたら、より満足のいく方法を提供できるかもしれない。被告が原告から不当に奪取した財産を悪意で保持している場合、救済の手段として擬制信託が課されるかもしれない。」と述べている。本判決については、石尾・前掲注(3)商大論集五〇巻五号二九一頁以下参照。

(35) Muschinski v. Dodds, [1986] 60 A.L.J.R. 52 at 69 (H.C.).

(36) Scott & Fratcher, The Law of Trusts, 4th ed. (1989) at §462.4.

(37) G. Bogert, The Law of Trusts and Trustees, 2nd ed. (1978) at s. 472.

(38) Rawluk v. Rawluk (1990), 65 D.L.R. (4th) 161 at 176 (S.C.C.); Zaidan Group Ltd. v. City of London (1987), 36 D.L.R. (4th) 443 at 447-448 (Ont. H.C.). See M. Litman, "The Emergence of Unjust Enrichment as a Cause of Action and the Remedy of Constructive Trust" (1988), 26 Alta. L. Rev. 407 at 460-463. これに対してマクリーン (McClean) とウォーターズ (Waters) は、擬制信託の効力発生時期については裁判所の裁量によるべきとの見解を示している。See A. McClean, "Constructive and Resulting Trusts-Unjust Enrichment in a Common Law Relationship-Pettkus v. Becker" (1982), 16 U.B.C.L. Rev. 155 at 174; D. Waters, "The Nature of the Remedial Constructive Trust" in P. Birks ed., Frontiers of Liability Vol. II (1994) at 180.

(39) Soulos v. Korkontzilas (1997), 146 D.L.R. (4th) 214 at 227 (S.C.C.).

二　不当利得にもとづく擬制信託

原告から被告への財産の移転、すなわち原告の損失にもとづいて被告が利得したことを理由に、原告がその返還を請求し、擬制信託による救済が与えられる場合がある。この場合、不当利得それ自体が独立の訴訟原因となるので、原告はその他の訴訟原因を証明する必要はない。不当利得にもとづく原状回復の救済は、原告の損失によって被告に生じた利得の返還を請求するものであり、その範囲は原告の損失を超過するものであってはならない。[40]

1　カナダにおける擬制信託の展開

カナダにおいて不当利得にもとづく救済的擬制信託が認められることとなったのは、婚姻関係または内縁関係が破綻した場合における財産分与をめぐる紛争においてであった。夫婦の一方が他方の財産獲得に際して金銭的な援助を行なった場合には、当事者間に一方が他方の所有する当該財産において受益的権利を有するとの共通の意思(common intention)があったと推定され、離婚の際には復帰信託による救済が与えられてきた。[41] しかし、一方による寄与貢献が労務提供などの非金銭的な形をとっていた場合、それによって他方が財産を獲得することになったとしても、財産分与に際して当該財産に権利を主張することができなかった。[42] 一九七三年のMurdoch v. Murdoch事件[43]では、夫が不動産を購入する際に妻は何ら直接的な金銭的援助をしてはいなかったが、財産形成において様々な形で多大な労力を提供したので、離婚の際に夫名義になっている当該不動産に対して妻が二分の一の権利を請求したという事件である。カナダ最高裁の多数意見は、当該不動産の獲得の際に直接の金銭的援助がない場合には、妻のために復帰信託が設定されたと見なすことはできないと判示した。これに対してラスキン(Laskin)判事は反対意見において、当該財産に関して妻が権利を有するとする共通の意思が証明されずとも、また財産獲得において直接の金銭的貢献をしておらずとも、不当利得にもとづいて擬制信託による救済を与えるべきだと述べた。このラスキン判事の反対意見が、不当利得にもとづく擬制信託法理発展の嚆矢となる。この後、Rathwell v. Rathwell事件[44]では、最高裁の三人の判事が反対意見において、ラスキン判事の見解を支持している。

一九八〇年のPettkus v. Becker事件[45]において、ついにカナダ最高裁は、不当利得にもとづく救済的擬制信託の概念を採用することとなる。事実は次のとおりである。上訴人である男性Yと被上訴人である女性Xは同居生活を始め、その後長年にわたって事実上の婚姻関係にあった。二人は共に働いており、五年間はXが家賃と生活費を支払っていた。これによりYは自らの収入を全て自己の名義で銀行口座に預金することができた。同居を初めてから七年後に、二人はYの預金により農場を購入したが、Y名義により所有されることとした。二人はこの農場で養蜂業を営み、Xはその後一四年間にわたってこの養蜂業を手伝ったが、収益はY名義の口座に預金された。またその後、養蜂業から得た利益とXによる金銭的援助を受けて二つの新たな農場も購入したが、これら二つの農場もY名義の所有とされた。その後二人は別居するに至り、Xは、これらY名義の不動産と財産の半分を得る権利があるとの宣言判決を求めて提訴した。

多数意見は、不当利得を是正する手段としてXに対して擬制信託による救済を与えることを肯認した。最高裁のディクソン（Dickson）判事は「不当利得の原則は、擬制信託の真髄である」[46]と述べ、不当利得の存在を認定するためには、①一方当事者の利得、②それに対応する他方当事者の損失、③利得を正当化する理由のないこと、という要件が満たされなければならないとした。そして本件においては、Xは五年間生活費を支払い、また一四年間にわたって養蜂場で労働を提供しており、Yには利得があるとされた。そしてXはこれに対する報酬をほとんど受取っていないので、Xに損失があると認定された。第三の要件、すなわち利得を正当化する理由が存在するか否かという点については、「婚姻関係またはこれに等しい関係にある一方当事者が、当該財産に関する利益を受けるという合理的期待をもって損害を被り、かつ他方当事者が、その合理的期待を知りまたは知りうべき状況において、一方当事者によって与えられた利益を無償で受領した場合、利得受領者がその利得を保持することは不正義である」[47]との見解を示し、Xにこのような合理的期待があり、Yはこれを認識していたと判示した。従って本件では、不当利得の三要件が満たされているとして、XのためにY所有の不動産とその他の財産の半分に関して擬制信託を課することが妥当であるとの結論を示した。

ここにおいて不当利得の要件が確立し、これを是正する手段としての救済的擬制信託がカナダにおいて採用されることとなったのである。しかしながら、ここではまだ不当利得に対する救済がなぜ擬制信託という物権的救済に逢着するのか、その理論的説明がなされていない。

2　不当利得と擬制信託

一九八六年のSorochan v. Sorochan事件では、不当利得が存在したとしても、擬制信託が適切な救済方法であるか否かは、裁判所の裁量に委ねられることが明示された。(48) また一九八九年のLAC Minerals Ltd. v. International Corona Resources Ltd.事件においても、「財産権を承認することから発生する付加的な権利を原告に付与することが正当な場合にのみ、擬制信託による救済が与えられる」(49)と述べられている。救済的擬制信託は裁判所の裁量によって課されるものであり、必ずしも原告の既存の財産権に依拠するものではないのである。

では、不当利得是正のために擬制信託という救済が正当化されるのはいかなる場合なのであろうか。判例ではまず第一に、金銭賠償では原告に対する救済として不十分であるという条件が求められている。(50) エクイティ上の救済は、コモン・ロー上の救済が不十分な場合にのみ認められるとの原則にもとづき、擬制信託というエクイティ上の物権的救済は、金銭賠償という人的救済では原告にとって不十分である場合の最後の手段として発動されるのである。原告に対する救済の十分性を判断する際には、被告の資力、対象財産の代替可能性、対象財産の価値算定の容易性などが考慮されることになるであろう。(51)

第二に、原告の損失または寄与貢献と対象財産との間に、明確かつ直接の関連性が存在することが必要である。

Peter v. Beblow 事件[52]においてカナダ最高裁は、これを擬制信託の要件として明示した。この事件は、内縁関係が破綻するに至り、原告が労務提供の代償を得ておらず、被告が不当に利得していると主張して、ある不動産に関して擬制信託による救済を求めたものであるが、多数意見は、家族財産紛争事例であると商取引事例であるとを問わず、擬制信託が認められるためには、原告の寄与貢献と対象財産との間に明確かつ直接の関連性が必要であると判示した[53]。ウォーターズ(Waters)もこの見解を支持し、原告の寄与貢献と被告の利得が明確かつ説得的に関連していることが、物権的救済を肯定する唯一の根拠であると述べる[54]。

救済的擬制信託のもとでは裁判所が、良心と正義の観念にもとづいて、広範囲な裁量権を行使して、その救済の可否を決するのではあるが、原則として金銭賠償では原告に対する救済として不十分であること、そして、原告の損失と被告の利得との間に明確な関連性が存在すること、という要件が課されているものと思われる。

3 家族財産紛争と不当利得

上述したように、Peter v. Beblow 事件における多数意見は、家族財産紛争においても原告の寄与貢献と被告の利得との間に明確な関連性を要求すると述べたが、実際には婚姻関係または内縁関係にある者の間で争われる財産紛争においては、原告の損失と被告の利得との関連性は緩やかに解釈される傾向にあると思われる。例えば、Sorochan v. Sorochan 事件[55]においては、原告女性Xと被告男性Yは四二年間にわたって同居していた。Yは問題となっている農場をXと同居する以前から所有していたが、この農場を四二年間、実際に運営管理していたのはXであった。両者の関係が破綻するに至り、Xが農場に関する権利を請求したという事例である。カナダ最高裁は、原告の貢献が直接に当該財産の獲得に結びついている必要はなく、原告の損失と当該財産との間に何らかの関連性があれば十分であるとした(56)。本件では、Xによる労務提供が間接的にではあるが農場の維持と保存に役立っているとして、Xの労務提供と当該財産との間に関連性が肯定され、Xのために擬制信託による救済が認められたのである(57)。また、Peter v. Beblow 事件における多数意見でさえ、原告の寄与貢献と対象不動産との「明確」な関連性を認定せずに、擬制信託による救済を肯定している(58)。

Pettkus 判決が示した第三の要件では、原告が対象財産に関する権利を受けるという合理的期待を持っていた場合に、それを被告が認識しながら無償で受領したとする、いわゆる free acceptance 理論に利得の不当性の根拠が求められた。夫婦の一方が他方に対して利益または労務を提供したとしても、通常はその法的効果を認識していることは稀であって、それによって獲得された財産に関する権利を受けるであろうとの合理的期待を、当初から有していたと解するのは困難な場合が多いと思われる。しかしながら判例は、原告による労務提供が財産の獲得に直接貢献しておらずとも、財産上の権利に関する原告の合理的期待を認め、擬制信託による救済を与えている。

このように解すると、原告によって家事その他の労務提供がなされ、それによって被告が出費を免れたのであれば、被告が婚姻中に獲得した財産は、そのほとんどすべてが不当利得とされ、擬制信託の対象となるであろう(59)。夫婦の財産分与をめぐる紛争において労務提供をした原告にこのように有利な解釈がなされる背景には、婚姻関係または内縁関係の破綻において、当事者間の財産を公正かつ均等に分与することをできるだけ実効力あるものにしたいとの政策的考慮が、底流に強く存在しているものと思われる(60)。

(40) Air Canada v. British Columbia (1989), 59 D.L.R. (4th) 161 at 193-194 (S.C.C.).

(41) E.g., Wiley v. Wiley (1971), 23 D.L.R. (3d) 484 (B.C.S.C.); Kowalchuk v. Kowalchuk (1974), 51 D.L.R. (3d) 463 (Man. C.A.).

(42) イギリスでは、財産取得に関する寄与貢献が間接的であっても、共通意思が推定され、復帰信託が課されうるとする見解も見られる。Gissing v. Gissing [1971] A.C. 886 at 896-897, 903 (H.L.). イギリスにおける家族財産紛争に対する信託的救済については、棚村政行「イギリスにおける家族財産紛争と信託法理」青法二八巻二号（一九八六年）五三頁以下参照。

(43) (1973), 41 D.L.R. (3d) 367 at 388-89 (S.C.C.).

(44) (1978), 83 D.L.R. (3d) 289 (S.C.C.).

(45) (1980), 117 D.L.R. (3d) 257 (S.C.C.).

(46) Ibid. at 273.

(47) Ibid. at 274.

(48) (1986), 29 D.L.R. (4th) 1 at 7 (S.C.C.).

(49) (1989), 61 D.L.R. (4th) 14 at 51 (S.C.C.).

(50) LAC Minerals Ltd. v. International Corona Resources Ltd. (1989), 61 D.L.R. (4th) 14 at 51 (S.C.C.); Rawluk v. Rawluk (1990), 65 D.L.R. (4th) 161 at 188 (S.C.C.); Peter v. Beblow (1993), 101 D.L.R. (4th) 621 at 650 (S.C.C.). See also A. McClean, supra note 38 at 174.

(51) Peter v. Beblow (1993), 101 D.L.R. (4th) 621 at 652 (S.C.C.).

(52) (1993), 101 D.L.R. (4th) 621 (S.C.C.).

(53) Ibid at 649. これに対して少数意見は、「家族財産紛争事件においては、一方当事者によって提供された労務と寄与貢献が、特定の財産に明確かつ直接に関連している必要はない。家族関係における一方当事者が提供した労務に対して何ら報酬が与えられていない場合には、他方当事者はその労務によって土地を獲得し、改良できたと推定されることになる」と述べている。Ibid. at 638.

(54) Waters, supra note 38 at 181.
(55) (1986), 29 D.L.R. (4th) 1 (S.C.C.).
(56) Ibid. at 10.
(57) 同様の趣旨を述べるものとして, Rawluk v. Rawluk (1990), 65 D.L.R. (4th) 161 (S.C.C.).
(58) (1993), 101 D.L.R. (4th) 621 at 654 (S.C.C.).
(59) R. Scane, "Relationships Tantamount to Spousal, Unjust Enrichment, and Constructive Trusts" (1991), 70 Can. Bar Rev. 260 at 289.
(60) See Rawluk v. Rawluk (1990), 65 D.L.R. (4th) 161 at 180 (S.C.C.)「夫婦関係が破綻して、両者が獲得した財産が分与される場合、所有権を判断する際に、他のどの関係よりも公正という概念が重要となる。これは、夫婦間の事例に対して擬制信託を適用する際の基本的なエクイティ上の原則である」.

三　違反行為にもとづく擬制信託

被告が原告に対する義務違反行為(wrongs)によって利益を得たときにも、擬制信託によってその利得の返還が求められる場合がある。この場合、信認義務違反、信頼違反 (breach of confidence) などの原状回復法以外での訴訟原因を証明することによって、原状回復請求がなされる。この場合原則として、被告の利得に焦点を当てて救済内容が確定されるので、救済範囲は原告の損失による制限を受けるものではない。

1　被告の違反行為と不当利得

判例のなかには擬制信託を課する前提として不当利得の存在を要求するものがあるが[61]、被告の違反行為によって被告に利得が生じた場合に、常に不当利得という概念に当てはまるのであろうか。すなわち、被告の利得が原告に由来するものではなく、第三者から生じたものである場合にも、それが原告の損失にもとづくものであるといえるのであろうか。被告が第三者から利益を得たときであっても、被告の不正な行為がなければその利益を原告が獲得していたであろうことが確実である場合には、原告から機会の奪取（interceptive subtraction）があったとされ、不当利得にもとづく原状回復請求が基礎づけられることになる。[62] 例えば、LAC Minerals v. International Corona Resources 事件[63]においては、XとYは鉱石採掘に関してジョイント・ベンチャーによる事業の交渉をしており、そこでXはYに対して、X自らが行なった地質調査の結果、多量の金が採掘し得る可能性が高いことを打ち明けた。しかしYは、その後単独で当該土地の所有権を獲得するに至ったので、Xが信頼違反と信認義務違反を理由に擬制信託による土地の引き渡しと損害賠償を求めた事例である。ラ・フォレスト（La Forest）判事は、本件は原告が所有していた財産を取り戻す場合ではないが、「原状回復法の機能は、原告が所有していた財産または原告の利益として生じたであろう財産を原告が奪取された場合にそれを取り戻すことである」[64]と述べて、原告の損失による被告の利得の存在を認定し、不当利得にもとづく擬制信託を認めたのである。

しかし、被告による機会の奪取がなければ確実に原告はその利益を得ていたと言えるか否か、その判断が困難である場合が少なくないと思われる。また、不当利得にもとづく原状回復的救済には、被告が善意で原告から利益を得て、それを返還するよう求められる場合も含まれるが、これは明らかに被告の違反行為という概念と矛盾する。「被告の利得に対応する原告の損失の存在」という不当利得の要件を厳格に解釈すれば、被告が違反行為によって第三者から財産を獲得している場合には、不当利得法の範囲外であると解するのが妥当であろう。[65] 近年カナダ最高裁は、被告の違反行為を理由とする場合には、被告に不当利得が存在しなくとも擬制信託が課されうることを明確に示すに至った。

2 擬制信託の要件――Soulos v. Korkontzilas事件

カナダ最高裁は一九九七年、義務違反行為にもとづいて擬制信託が課される要件を示した注目すべき判決を下した。Soulos v. Korkontzilas事件(66)における事実関係は次のとおりである。Xはギリシャ人のコミュニティに属する者であり、不動産仲介業者である被告Yに、Xの代理人としてあるビルを購入する交渉を委任していた。Xは売買価格として二五万ドルを提示したが、売主であるAはこれを拒絶して二七万五〇〇〇ドルの反対申込を行なった。Xはこの価格を拒絶し、二六万五〇〇〇ドルの価格を再提示した。AはYに対して二六万五〇〇〇ドルならば売却する旨を伝えたが、しかしYはXに対してこれを報告せず、逆にAは当該ビルを売る気がなくなったので、この件については忘れるようにと述べた。Y自らがAからこのビルを購入したので、後にこれを知ったXが、信認義務違反を理由とする損害賠償と、選択的に当該ビルに擬制信託を課する宣言判決を求めて提訴したのが本件である。Xは、当該ビルには銀行がテナントとして入っており、銀行の賃貸人になることはギリシャ人コミュニティーにおいては信望を高めることになるので、当該ビルは自らにとって特別の価値があると主張した。その後当該ビルの市場価値が下落したので、損害賠償請求を放棄するに至った。

事実審では、Yは市場価格で当該不動産を購入しており、従って利得がないとして擬制信託の救済が否定された。これに対してオンタリオ州控訴裁は、もし代理人が市場価格で財産を取得し、何ら損害がないという理由で擬制信託が否定されるとすると、代理人の信認義務は無意味になってしまうと述べて、擬制信託にもとづく当該不動産の引渡しを命じた。

カナダ最高裁は五対二で、擬制信託による救済を認容した。多数意見を書いたマクロクリン（McLachlin）判事は、被告が義務違反行為によって財産を獲得した場合、擬制信託が認められるために不当利得の存在は不要であるとし、それに代わる要件を示した。その要件とは、①被告に財産を生じさせた行為に関して、エクイティ裁判所が強制してきたようなエクイティ上の義務を被告が負っていること、②被告の手にある財産は、被告が原告に対するエクイティ上の義務に違反して現実の代理人として行動した結果、または代理人と見なされる者として行動した結果、獲得されたものであること、③原告の個人的な事情により、または被告のような立場にある者がその義務に忠実であることを確実にする必要性に関連して、物権的な救済を求める正当な理由が存在すること、④当該事件のあらゆる状況に鑑みて、擬制信託を認めることによって不公正が生ずるような事由がないこと[67]、というものである。本件については、①Yが交渉における情報をXに伝えず、自らそれを利用して不動産を獲得したことはエクイティ上の忠実義務に違反する、②Yの手にある財産は、Xの代理人として忠実義務に違反して行動した結果獲得されたものである、③金銭的な理由ではないが、Xがその特定の財産を所有したいという継続的な要求それだけで、物権的な請求を認める正当な理由となりうる、そして④当該財産の移転を命じたとしても第三者の利益が害されることはなく、またYに関してもXから損失の補償を受けることになるので、何ら不公正に扱われることにはならないと述べて、擬制信託の要件を満たしていると判示した。

3　Soulos 判決とグッドの理論の検討

Soulos 判決によって示された擬制信託の要件は、グッド（Goode）の見解に依拠したものであった[68]。グッドはまず、被告が原告の損失によって利得しており、原告の請求が物権的権利の喪失にもとづく場合、これを理由として擬制信託を求める権利は実体的権利であって裁判所の裁量によるものではなく、被告の債権者の利益によって影響を受けないという(69)。これに対して、原告の請求が被告の違反行為によって獲得された利得または財産の返還を要求する場合、擬制信託の救済が与えられるためには、被告が原告のために利益を獲得すべきエクイティ上の義務に違反して、代理人と見なされる行為(deemed agency activity)の結果、被告が利得したことを証明しなければならないとする。そしてこの救済的擬制信託は、被告の債権者の利益を害してはならず、裁判所の裁量に委ねられるという(70)。

Soulos判決はグッドのこの理論にもとづいて、被告の違反行為を理由として擬制信託が課されるには不当利得の存在は不要であるとし、不当利得が存在しなくとも擬制信託が成立する要件を明確に示した点に意義がある。被告が原告の利益のために行動すべき信認義務または他のエクイティ上の義務に違反して、自らが財産を得たという要件、また被告や第三者の利益を不当に害さないという要件を求めた点で、擬制信託の救済に対して制限的なアプローチをとったように思われる。しかし、擬制信託の認定を信認義務などのエクイティ上の義務違反に限定することに対しては批判的な見解も散見される(71)。グッドは、擬制信託という物権的救済を認める根拠を、自らの利益のためではなく他人の利益のためにのみ行動するという忠実義務に限定したのであるが、これは信認義務にのみ認められる義務であって、他のエクイティ上の義務は必ずしもこのような忠実義務を包含するものではない。しかし、例えば信頼関係にもとづいて課される機密情報保護義務は信認義務ではないが、このようなエクイティ上の義務が擬制信託の根拠となり得ることは、既に先例において示されている(72)。そうだとすれば、他のコモン・ロー上の義務違反、例えば不法行為法上の注意義務違反などに対して、なぜ擬制信託の救済が否定されるのか、その理由は明らかに示されていない(73)。

またグッドは、被告が原告に対するエクイティ上の義務に違反して不正に利得したが、それは原告のために獲得すべきものではなかった場合、原告に与えられる救済はアカウンティングか、または被告が原告の財産を不正に使用したことを理由とする利用価値の支払命令という人的命令であって擬制信託ではないとする。[74] 最高裁がグッドのこの見解をも支持するのであれば、被告が原告に対するエクイティ上の義務に違反して不正に利益を得たが、それは原告のために獲得すべき種類のものではなかった場合、例えば被告が第三者から賄賂を得たような場合、擬制信託による救済は認められないことになるであろう。[75]

本判決では、原告が財産の返還を求める個人的動機あるいは受認者の義務違反を抑止するという理由が擬制信託を正当化すると判示されている。これは、原告に対する救済が金銭賠償で十分であるか否か、また受認者の義務違反を防止することに資するか否かという点が擬制信託救済の判断要素になることを示している。このような要素を考慮する際には、原告に与えられるべき他の救済の可能性、たとえばアカウンティングや懲罰的損害賠償を含む人的救済と擬制信託との相互関係について、より深化した考察が必要になるであろう。

4　良心にもとづく擬制信託概念――ニュー・モデル

Soulos 判決においてマクロクリン判事は、被告に財産の保持を許すと原告の損失によって被告に不当な利得が生じる場合と、被告が信認義務または忠実義務に違反して財産を獲得した場合の両者を統合するものとして、「良心」(good conscience) という概念が擬制信託の基礎に存するとした。これはイギリスのデニング (Denning) 卿などによって提唱された、いわゆる擬制信託のニュー・モデルと軌を一にするものと思われる。同卿は、Hussey v. Palmer 事件[76]において次のように述べている。「どのような名称によって表現されようとも、これは、正義と良心が求める場合に常に、法によって課される信託である。エクイティの広範な原則にもとづいて、コモン・ロー上の所有者が良心によると自身のみで財産を保持することができず、他者がその財産またはその利益またはその持分を有するべきである場合に適用される、先例にとらわれないプロセスである」と。[77]良心にもとづくニュー・モデルは、擬制信託の分類や根拠の問題を解決する論理的なスキームは存在しないとするものであって、限定されたカテゴリーに含まれない場合にも擬制信託の救済が拡張的に認められる可能性を示したものである。[78]

信託はエクイティによって発展してきた法であって、エクイティが本来有する柔軟性と可塑性を等閑視してはならず、良心とエクイティ上の原則にもとづいて個々の事案に応じた解決をすべきことが望ましいとして、この見解を支持する論者も見られる。[79]しかしこれに対しては当然のことながら、このような広範な原則ではいかなる場合に擬制信託が課されるかの基準が何ら示されておらず、法的安定性が害されるとの批判が寄せられている。[80]

思うに、不当利得是正の手段として、または被告の違反行為による利得を返還させる手段として、様々な事例に適用される擬制信託を統一的理論のもとで説明しようとするのであれば、正義または良心といった概念に依拠せざるをえないのかもしれない。救済的擬制信託を統合する象徴的概念として「良心」をいうのであれば、異議を唱えるものではない。しかしニュー・モデルが、不当利得是正のための救済的擬制信託よりもさらに広い適用を可能にすることを示唆しているのであれば、これはもはや一般的指針すらも示されない、あまりにも漠然とした概念と言わざるをえない。

(61) Pettkus v. Becker (1980), 117 D.L.R. (3d) 257 at 273 (S.C.C.)「不当利得の原則は、擬制信託の真髄である」; Brissette Estate v. Westbury Life Insurance Co. (1993), 96 D.L.R. (4th) 609 at 614 (S.C.C.)「不当利

得は、擬制信託の利用にとって基本的な要件である」.

（62） P. Birks, An Introduction to the Law of Restitution (1985) at 133-34.

（63） (1989), 61 D.L.R. (4th) 14 (S.C.C.).本判決に関しては、拙稿「カナダにおける銀行の信認義務」六甲台論集法学政治学篇四二巻一号（一九九五年）七八頁以下参照。

（64） Ibid. at 45.

（65） R.Chambers, "Constructive Trusts in Canada" (1999), 37 Alta. L. Rev. 173 at 180; L. Smith, "The Province of the Law of Restitution" (1992), 71 Can. Bar Rev. 672 at 695「違反行為に対する原状回復においては、不当利得の訴訟原因の要素を求める必要はなく、逆に不当利得の訴訟原因にもとづく原状回復においては、違反行為が存在する必要はない」.

（66） (1997), 146 D.L.R. (4th) 214 (S.C.C.).

（67） Ibid. at 230.

（68） 237-244.

（69） Goode, supra note 8 at 219-220.

（70） Ibid. at 238-244.

（71） Chambers, supra note 65 at 182; L. Smith, "Constructive Trusts-Unjust Enrichment-Breach of Fiduciary Obligation: Soulos v. Korkontzilas" (1997), 76 Can. Bar Rev. 539 at 545.

（72） LAC Minerals Ltd. v. International Corona Resources Ltd. (1989), 61 D.L.R. (4th) 14 (S.C.C.).

（73） この点、反対意見を述べたソピンカ（Sopinka）判事の意見に説得力があるように思われる。同判事は、「信認義務以外の法的義務のなかにも、救済に関して例外的取扱いを正当化しているものがあるが、これらの義務が担っている重要な社会的役割と、信認義務の役割との間に差異があるのか、私には理解できない」と述べている。Soulos v. Korkontzilas (1997), 146 D.L.R. (4th) 214 at 240 (S.C.C.).

（74） Goode, supra note 8 at 246.

(75) カナダの論者にはしかし、この場合に擬制信託を肯定すべきとする者が多い。See Maddaugh & McCamus, supra note 6 at 93-94; L. Rotman, "Deconstructing the Constructive Trust" (1999), Alta. L. Rev. 133 at 169. イギリスでは、受認者が信認義務に違反して賄賂を受領した Attorney General for Hong Kong v. Reid [1994] 1 All E.R. 1 (P.C.) において、賄賂として受領した財産の価値が増加している場合、受認者がその増加分を保持することは許されないとして、その財産は擬制信託によって受益者のために保持されると判示されている。

(76) [1972] 1 W.L.R. 1286 (C.A.). 原告が娘夫婦と同居するよう誘われ、義理の息子である被告が所有している家屋を増改築する費用を支出した。同居後一年余りで、原告がこの家を出ていくこととなったので、支出した費用の取り戻しを請求した事例。デニング卿は、原告は当該不動産において自らが支出した費用に相当する持分権を有しているとして、擬制信託による救済を認めた。

(77) Ibid. at 1289-90. See also Hanbury & Martin, supra note 1 at 323; J. McGhee, supra note 5 at 227.

(78) Elias, supra note 32 at 150.

(79) Rotman, supra note 75 at 156-64. See also, McClean, supra note 38 at 169-170.

(80) E.g., Pettit, Equity and the Law of Trusts, 7th ed. (1993) at 182; Hanbury & Martin, supra note 1 at 329.

四　被告の一般債権者との利益調整

擬制信託の最も大きな特徴は、原告が当該財産に関して第三者に対しても優先弁済権を主張しうることである。しかし、Soulos判決でも示されたように、救済的擬制信託は第三者の利益が不当に侵害されない場合に課されるべきである。救済的擬制信託の効力発生時期が擬制信託を肯認する判決時ではなく、不当利得発生時に遡及するとの見解をとるカナダでは、(81) なおさら被告の一般債権者の利益が害されるおそれが強い。では、被告が破産した場合にも、優先弁済権が擬制信託の受益者に与えられるのは、いかなる根拠にもとづくからなのであろうか。

1 擬制信託の正当化理由

まず、原告の既存の財産権に優先権の正当化理由を求める見解がある。すなわち、擬制信託の対象となっている財産の受益的所有権は被告が財産を取得した後も原告にあり被告にはなかったのであるから、被告の債権者はこれに対して権利を主張することはできないという(82)。しかし、救済的擬制信託において原告に物権的救済が与えられるのは、裁判所の裁量によりその結果が妥当であるとされるからであって、既存の財産権にもとづいて認められるからではない。また原告が何ら既存の財産権を喪失しておらずとも、被告の違反行為を理由に擬制信託が課される場合がある。従って、救済的擬制信託の第三者効を既存の財産権が存することのみをもって正当化することは困難であろうと思われる。

次に、被告の一般債権者は被告の無資力のリスクを引き受けているのに対して、信託の受益者は通常そのリスクを引き受けていないことを理由に、原告に対する優先権の付与を正当化する説がある(83)。Pacioccoは、この見解にもとづいて、原告に物権的救済が与えられないのは①原告と被告との間に契約が存在し、被告の利得はこの契約にもとづいて得られたものであって、原告が一般債権者の地位を引き受けたと解される場合、②原告の請求が提供役務相当額の請求（quantum meruit）または物品相当額の請求（quantum valebant）にもとづいており、原告に物的権利を獲得する合理的期待が存在しない場合であると述べる(84)。しかしながら、Paciocco自身も認めているように、すべての一般債権者が被告の無資力リスクを引き受けているわけではなく、特に少額債権者が調査費用などを回収できないことは、酷な結果となることが考えられよう(85)。

2　不当利得にもとづく擬制信託

擬制信託は、二と三で検討したように二つの類型に大別でき、それぞれが独自の基礎にもとづいて課されていることが看取された。第三者との関係においても、この類型に応じて優先権の正当化理由が異なってくるものと思われる。

まず、不当利得を理由に擬制信託による救済が求められる場合である。原告による不当利得返還請求に対して、被告が破産したときに擬制信託による救済を認め、原告に優先弁済権を確保させる判例が散見されるが[(86)]、被告の一般債権者との利益調整について十分な検討を行なっているとはいえない。不当利得の類型に応じた考察が必要だと思われるが、一般的には原告の損失と被告の利得に関して明確かつ直接的な関連性を求め、かつ他に有効な救済手段がないことを条件にすることによって[(87)]、被告の一般債権者の利益と調整されうるのではなかろうか。

3　被告の違反行為にもとづく擬制信託

被告のエクイティ上の義務違反行為によって生じた利得は、原告の損失によってもたらされるとは限らない。このような場合、原告の既存の財産権が奪取されたとはいえず、また「エクイティはなされるべきことを既になされたものと見なす」という原則も、第三者に対する優先権を説明するには不十分である。Soulos 判決では、原告が物権的救済を求める正当な理由、すなわち原告の個人的な事情またはエクイティ上の義務を負っている者の義務違反を防止するために必要であること、を証明しなければならないと判示された。この判示に従うと、エクイティの原則にもとづき、原告に対する救済が金銭賠償で十分であるか否かとの考慮が必要となる。すなわち、対象財産が代替不可能な特別なものである場合、または対象財産の価値算定が困難である場合などには、擬制信託を正当化する理由となるであろう。ただし、被告が無資力となったことを擬制信託正当化の理由から除外すべきだとすれば[88]、原告に対する救済の十分性と被告の一般債権者との利益が比較衡量されることになるであろう[89]。カナダの判例がこの点をいかに調整していくのか、その帰趨は未だ明らかでない。

これに対して、原告に対する他の有効な救済方法が存在しないという理由ではなく、受認者の義務違反防止が目的となる場合には、アカウンティングやリーエンあるいは懲罰的損害賠償などの措置によって不当利得を吐き出させることで、受認者の義務違反抑止が可能となる場合も考えられる。特に対象財産の価値が原告の損失を超える場合には、原告はリーエンなどによって自らの損失の範囲内でのみ救済を受けるべきであって、超過分については被告の一般債権者の利益を考慮すべきとの見解が見られる[90]。被告はいずれにせよ利得を吐き出すことになるので、超過分を被告の一般債権者の弁済に充てたとしても、受認者の義務違反抑止には何ら影響がないと主張するのである。これに対して、超過分を一般債権者が取得できるとすると被告の債務額がその分減少し、被告が利益を受けることになってしまうとの反論がなされている[91]。被告の義務違反抑止の必要性と、その効果的な抑止方法が重要な判断要素となるであろう。しかしSoulos判決の趣旨に従うと、このような場合、超過分については一般債権者の利益とすべきことを示唆しているように思われる。

最後にクリーン・ハンズ（Clean hands）の適用について付言しておく。すなわち、被告の一般債権者の利益と原告に対する擬制信託救済の必要性との比較衡量において、原告の過失の程度を斟酌すべきかという問題である。これを考慮すべきと唱える論者も存在し[92]、一考に価しよう。

(81) Rawluk v. Rawluk (1990), 65 D.L.R. (4th) 161 at 176 (S.C.C.).

(82) See Goff & Jones, supra note 7 at 89-91; Millet, "Restitution and Constructive Trusts" (1998), 114 L.Q.R. 399; Goode, supra note 8 at 223-224.

(83) See Hanbury & Martin, supra 1 at 642.

(84) Paciocco, "The Remedial Constructive Trust: A Principled Basis for Priorities over Creditors" (1989), 68 Can. Bar. Rev. 315 at 340-47.

(85) Ibid. at 325.

(86) Phoenix Assurance Co. v. City of Toronto (1981), 129 D.L.R. (3d) 351 (Ont.H.C.)（X社がA社との契約にもとづいて、A社の税金をA社に代わってY市に納めたのであるが、後に過払いがあったことが判明した。A社が破産したが、オンタリオ州高等法院は、X社は過払い金銭に対して追及しうるので、X社がA社の債権者に対する優先権を取得することが妥当であるとし、Y市は過払い分をX社のために擬制信託によって保持すべきであると判示した事例）; Zaidan Group Ltd. v. City of London (1987), 36 D.L.R. (4th) 443 (Ont. H.C.); Waselenko v. Touche Ross Ltd. [1983] 2 W.W.R. 352 (Sask. Q.B.).

(87) See Rawluk v. Rawluk (1990), 65 D.L.R. (4th) 161 at 185-88 (S.C.C.); Zaidan Group Ltd v. City of London (1987), 36 D.L.R. (4th) 443 at 447 (Ont. H.C.).

(88) Goode, supra note 8 at 244; Soulos v. Korkontzilas (1997), 146 D.L.R. (4th) 214 at 230.

(89) 松岡・前掲注(3)は、アメリカ法の議論を基礎に、金銭騙取事例における原告と被告の一般債権者との利益対立において、被告が受領財産を浪費した場合には原告の優先権が認められるべきではないが、奪取金銭によって被告の債務が弁済された場合には、一般債権者より原告の利益を保護すべきであると述べる。

(90) Paciocco, supra note 84 at 349-350; Palmer, The Law of Restitution Vol. I (1978) at 183-184.

(91) Rotman, supra note 75 at 169.

(92) Paciocco, supra note 84 at 349.

むすびにかえて

カナダにおける救済的擬制信託は、夫婦関係または内縁関係が破綻した場合の財産分与をめぐる事例から発展してきた。労務提供などの間接的な貢献が一方から他方に対して継続し、それが他方の財産獲得または維持、保存に関連している場合には、不当利得の存在を認定し、擬制信託による救済を認めている。家族財産をめぐる紛争においては、不当利得の要件がかなり緩やかに解されていることが看取された。しかし一般的には、不当利得を理由に擬制信託が課されるためには、金銭賠償による救済の不十分性、そして原告の損失と被告の利得との間の明確かつ直接的な関連性との要件が求められている。

Soulos 判決では、被告の違反行為を理由として擬制信託が与えられるためには、不当利得の存在は不要であることが明確にされた。すべて擬制信託を不当利得防止のための救済として統一するアメリカとは異なった立場を採用したものと思われる。その一方で、被告の違反行為にもとづく擬制信託救済が認められるのは、被告が原告のために利益を獲得すべきエクイティ上の義務に違反した場合に限定した。被告がエクイティ上の義務に違反して利益を得たが、それは原告のために獲得すべきものではなかった場合に、最高裁がいかなる解釈をするのか、興味深いところである。

また、物権的な救済である擬制信託が認められる基礎が、不当利得以外の理由すなわちエクイティ上の義務違反の抑止、または原告に対する救済の十分性といった考慮に存することが示された。擬制信託を正当化する理由と、被告の一般債権者との利益をカナダの判例がいかに調節するのか、今後の展開が注目されるところである。

不当利得または被告の違反行為が証明されたとして、物権的救済とりわけ擬制信託が、他の救済方法では原告に対する救済が十分でない場合における最後の手段としての地位しか有していないのであれば、[93] 懲罰的損害賠償、アカウンティング、リーエンなどの他の救済方法との相互関係を明確にしていく必要がある。残された課題である。

また、不当利得に対する原状回復的救済を実行するためには、擬制信託ではなく復帰信託を適用する方が法的安定性が増すとの指摘がある。[94] 不当利得是正の手段として復帰信託の適用が広く認められるのであれば、擬制信託の果たす役割は相対的に小さくなるものと思われる。復帰信託の機能、擬制信託との関係に関しては、今後の研究課題としていきたい。

(93) Rawluk v. Rawluk (1990), 65 D.L.R. (4th) 161 at 185-88 (S.C.C.); Zaidan Group Ltd v. City of London (1987), 36 D.L.R. (4th) 443 at 447 (Ont.H.C.).

(94) Chambers, supra note 65 at 218; Millet, supra note 82 at 415.

6　サブリース契約について

石尾賢二

はじめに

不動産事業の一環としてサブリース契約が用いられてきた。例えば、土地所有者が事業者の計画に基づいてビルを建築し、事業者（賃借人）はビルを一括して借り上げ、転貸し、転貸料から収益を上げる。土地所有者（賃貸人）は、賃借人から十数年間保証された賃料を得る。このように事業のために賃貸借契約を用いるサブリース契約について借地借家法の適用が問題となる。特に、バブル経済以降、転貸料収益のあがらない賃借人が、自ら賃貸人に保証していた賃料の減額請求が認められるのかが問題となり、多くの裁判例、学説がある。このような賃貸借形式の不動産事業に対する借地借家法の適用問題について、不動産証券化、流動化問題も関連する。本稿ではこの問題を、賃貸借契約における合意の拘束力と借地借家法の強行法規性という従来から考察してきた立場に基づき考察する。(1)

一 サブリース契約

サブリース契約には多様なものがあるといわれる。(2)

東京高判平成一二年一月二五日判タ一〇二〇号一五七頁は、サブリース契約の発展の経緯を要約すると以下のように述べている。まず、建物所有者が賃料回収、管理などの事務を不動産業者に委託し、賃料の一定の比率の手数料を支払う管理委託契約が行われ、次に、事務全てを不動産業者に任せ、支払賃料額を転貸料を基準として一定の比率をもって定めるガラス張り方式のサブリース契約が行われ、さらに、空室による賃料の収入減回避のために空室に応じて一定額あるいは一定割合の支払いを行う賃料保証が含まれる形態も行われ、ガラス張り方式のサブリースでも空室の際に直前転貸料の一定割合を支払う空室保証を付加した形態のものも生まれた。そしてさらに、支払賃料を転貸料の一定割合とし、空室が発生して一定額以下となった場合には予め定めた定額の賃料を支払う形態も現れた。一方で、支払い賃料が毎月変動するデメリットを回避し、空室の場合も一定額の支払いを約束する毎月一定額の賃料を支払う「仕切方式」の契約も現れた。(3) そしてサブリース契約は不動産業者の関与の仕方に応じて、ビル用地の確保、建物建築、建物賃貸借の管理まで一貫してデベロッパー等に委託される総合事業受託方式、ビル用地確保、建物建築は貸主側で行い、完成したビルを一括して借り上げ、ノウハウを提供し、最低賃料を保証する賃貸事業受託方式、不動産業者がビルを一括して借り上げ、自ら使用するが、他に転貸することもできる転貸方式があるとする。(4) そして、サブリース契約をビル所有者の建物出資と不動産業者の経営、収益を目的とする共同事業とし、共同事業性の程度に応じて、転貸借契約、ビル管理契約など各種の契約が事業目的のために統一的に組織されて締結される複合契約であるとする。(5)

二 判例

当初から、借地借家法の適用を肯定する判例が多くある。

東京地判平成四年五月二五日判時一四五三号一三九頁は、共同事業としてのサブリースについて、本件賃貸借契約の実質目的が賃料収入又は賃料収入の差額の確保であるが、法形式として賃貸借を用いているために、当然に借地借家法が適用され、転借人保護の点からもそうなるとする。東京地判平成七年一月二三日判時一五五七号一一三頁は、二年毎に賃料を転貸料の七割に自動的に改定するという条項が値下がりの場合にも適用されるのかについて、本条項が賃料増減請求権を排除するときは借地借家法三二条に反し、無効であり、従って、当事者から増減請求が出されればそれに基づき改定され、そうでないときは本条項により自動的に改定され、減額されるとする（本件においては共有の管理行為としての増減請求がなされていないとされた）。

借地借家法の適用を認めながらも特殊事情を考慮するものもある。

東京地判平成八年一〇月二八日判時一五九五号八七頁は、原告が被告の建てた建物を転貸目的で一括賃借した事例について、本件サブリース契約は期間一〇年一括賃借、賃料を二年毎に六％増額することが約されている（最低賃料保証）が、本質は賃貸借契約であり、借地借家法三二条が適用され、サブリースの特殊事情は適正賃料算定の際に考慮されるとする。東京地判平成一〇年二月二六日判時一六六一号一〇二頁は、被告所有賃貸ビルを原告が転貸目的で一括賃借し、その際、三年毎に一〇％の値上げを保証していた（経済情勢の激変により改定率は変更することができる）事例について、本件契約が賃貸事業受託方式のサブリースであるが、賃貸借契約であり、転貸を前提として一括して賃借することや賃料保証、増額特約によって賃貸借契約の本質が失われるものでないとして、借地借家法三二条の適用を認める（算定において特殊事情が考慮されている）。この事例の高裁判決においても同様に減額請求を認める（東京高判平成一一年二月二三日金商一〇七一号三九頁）。東京地判平成一一年七月二六日判タ一〇一八号二六七頁は、被告が原告への賃料保証を伴う一括賃貸に基づいてビルを建築し、その後再三減額の交渉がもたれたが、最終的な調整ができず、原告が賃料減額を請求した事件で、本件サブリース契約が転貸借の包括的承諾、賃料保証特約を含むものであるが、賃借人の使用収益と賃料支払いの合意という民法の賃貸借契約の要素を含む建物賃貸借であり、事業として行われるものであっても、借地借家法の適用は否定されないとして、信義則に反する事情もなく、賃料減額請求を認める。但し、適正賃料の算定に当たっては、合意を重視して算定すべきとする。(6)

また、特約の効力を事情変更の原則に基づいて判断するものもある。

東京地判平成八年六月一三日判時一五九五号八七頁は、原告所有ビルを改装後、被告が転貸目的で一括賃借し、転貸条件、空室のリスクは被告が負担し、賃料については二年毎に五％増額する旨定められていた事例について、この自動増額特約が事情変更の原則によって適用されないとし、賃料減額請求権も失わないとする。この控訴審である東京高判平成一〇年一二月二五日金商一〇七一号三六頁も同様に自動増額特約の事情変更の原則による失効と減額請求を認める。(7)東京地判平成九年六月一〇日判タ九七九号二三〇頁は、原告と地主が建築費を負担し、賃貸用共有オフィスビルを建築し、被告が転貸目的で一括賃借する計画に基づき締結された賃貸借契約において、賃料増額特約のある場合に、事情変更の原則により特約を無効とし、賃料の減額を相当とするときは借地借家法三二条による減額請求権が認められるとする。そして、平成元年一一月になされた自動増額特約について、平成五年四月一日、平成七年四月一日の各時点において増額することは著しい経済変動などに照らして著しく不合理な結果になるとして、各時点での特約の効力を認めず、平成五年四月二二日頃の減額の意思表示については平成五年一〇月一日以降、平成七年四月一日以降、減額が相当であるとする。この控訴審である東京高判平成一〇年一二月三日金法一五三七号五五頁も、三二条を強行規定としつつ、自動増額特約を有効とするが、事情変更の原則により失効したとし、減額請求を認める。

このように借地借家法の適用を認める判決も、特約を有効とした上で事情変更による失効認める、減額の主張が信義則に反しないかどうか判断する、あるいは適正賃料算定の際に合意内容を考慮した上で算定する。ただし、適用されるとしながら、適用については否定的な判決もある。

東京地判平成七年一月二四日判タ八九〇号二五〇頁は、原告と被告が収益保証を伴う一括賃貸を前提とした建物の建築請負契約を締結した事例において、自動定率増額特約を有効とし、借賃減額請求も当然認められるとする。ただし、本件契約を請負契約と一二年間の収益保証を前提とする増額特約付き賃貸借契約とし、それぞれ牽連性を有し、経済事情の変動を考慮しても諸般の事情を考慮すると減額請求は認められないとする。東京地判平成八年三月二六日判タ九二三号二五五頁は、被告らが共同で建築したマンションを、借入金の安定的返済のために原告と賃料改定条項を含む一括賃貸借契約を締結した事例において、本件賃貸借契約を賃貸人が安定した収益を確保し、賃借人が値上がり益等を取得し、値下がり等の危険を負担する契約であるとし、契約期間の四年は比較的短期間であり、期間内の事情変更による条項の変更は認められないと解することができ、契約締結時に賃料相場の下落が予測可能であり、従って、よほどの特段の事情のない限り賃料減額請求は認められないとする。また二年ごとに四％の上昇を認める賃料改定条項については前提を欠くとして適用が認められないとする。東京地判平成一〇年三月二三日判時一六七〇号三七頁は、原告と被告が事業受託方式の基本協定に基づき、賃料保証を伴う一括賃貸借契約と業務請負契約を締結した事例において、本件サブリース契約には借地借家法三二条が適用されないとする方が事柄の実質に即するとしながら、同条には除外規定がなく、適用されるとした上で、事業計画が持ち込まれた平成三年三月は不動産価格の下落が始まっていて、最低保証賃料二二、〇〇〇円と合意した平成五年四月にはさらに下落が鮮明となっていたこと、契約期間が一〇年、被告は最大手の不動産業者であることから、締結から二年あまりで事業収支が成り立たなくなるような減額請求を信義則違反であるとする。

近時、新たに詳細な理由を付して適用を否定する判決がある。

東京地判平成一〇年八月二八日判時一六五四号二三頁は、原告がビルを建設し、被告が一括賃借し、原告に安定収入を保証する事業受託方式の土地有効利用計画に基づくサブリース契約を賃借人には土地に自ら直接資本を投下することなく、賃貸ビルを供給できるというメリットがあり、賃貸人には賃料保証による長期安定収入が得られるというメリットがある社会的に認められた契約であり、事後的な司法審査の場で安易に私的自治に介入して当初予定された効力を否定すべきではないとする。賃料相場の変動が予想に反したために被告が損害を被ったとしても、その不利益は賃料保証と全リスクの負担を標榜した被告において甘受すべきとする。借地借家法の適用についても契約がその予定する建物賃貸借としての実態を備えているかどうかから判断すべきとし、本件契約が合理的に利益調整をし、社会的弱者としての賃借人保護の要請の必要がないことから適用されないとする。また、事情変更の原則の適用の余地もないとする。

東京地判平成一〇年一〇月三〇日判時一六六〇号六五頁は、被告がビルを建築し、原告が賃料保証を伴って一括賃借する事業受託方式に基づくサブリース契約における賃料保証規定に対する借地借家法三二条の適用について、以下の理由で否定する。本件約定を賃借人が転貸料の値上がり益を取得できる代わりに値下がりの損失を負担し、賃貸人が安定した収入を確保する合理的なものとし、契約時の当事者の意思として借地借家法三二条を排除していた。また、賃料減額請求が認められると、事業リスクを賃借人がほとんど負わないことになる。借地借家法三二条は背景として社会的弱者である賃借人の保護を有するのであるが、本件賃借人には居住権の保護という視点は重要ではない。本件契約は賃貸借の体裁をとるが、実質は賃貸人、賃借人の事業経営である。

このように近時の判例において、賃貸借契約締結に至る過程がより詳細に述べられている。そして、これらの判決の控訴審において、判断が分かれた。

東京高判平成一一年一〇月二七日判タ一〇一七号二七八頁は、本件契約において、一六回もの交渉により自動増額条項を定め、詳細かつ明確な賃料見直し条項に合意し、賃料相場の上昇を前提として二年毎に八％の値上げを確約し、二〇年の賃貸借期間全体にわたって最低賃料額の取得を保証し、契約締結時の経済事情が著しく変更するなどの特段の事情のない限り、その枠内での利益調整、損益配分を行うことを原則とし、賃料増減請求によっては利益調整を図らない合意をしたものと認めるが、このような事業受託方式の契約であっても、建物の使用収益、賃料が認められ、法的性格は賃貸借契約であり、借地借家法が適用され、締結時の基礎となっていた経済事情が著しく変更し、建物部分の賃料が不相当に高額になるなど特段の事情がある場合には賃料増減請求ができるとする。

東京高判平成一二年一月二五日判タ一〇二〇号一五七頁は、本件契約を、効率的に収益を獲得するために共同事業に必要とされる組合的（組織的）関係を形成する一環として、共同収益事業目的達成のために一方の経営能力等を他方が利用する方法として成立させた契約であり、建物賃貸借の法形式をとっているが、実質的機能、契約内容に鑑みると、事業委託的無名契約であるとし、当然に借地借家法の全面的適用があると解するのは相当でなく、契約目的、機能、性質に反しない限りでのみ適用があるとして、賃料増減請求も本件調整条項によって修正され、手続、効果など限定された範囲でのみ適用されるとし、賃借人に一方的な不利益を課す賃料減額の制限は原則として無効であるが、本件契約においてそのことは貫徹されないとする。そして、調整条項の趣旨は収益分配に不合理が生じたときに調整を図るものであり、値上げ率を引き下げることが可能であるが、賃料保証は含まれるとした。

このように一方においては借地借家法が適用され、契約締結時の事情から特段の事情のある場合には合意の範囲外として賃料増減請求が認められ、また締結時の事情は相当賃料額の判断の際にも考慮されるとするのに対して、他方においては事業委託的無名契約であり、当然には借地借家法が適用されるものではなく、契約目的などに反しない限りで適用され、賃料増減請求も同様であり、利害調整については基本的には調整条項によって定められ、できる限り当事者意思を推認して解釈すべきとする(8)。

三　学　説

サブリース契約と借地借家法の適用について当初、原則不適用説、制限適用説、適用説があるとされる(9)。原則不適用説は、サブリースを①総合事業受託方式、②賃貸事業受託方式、③転貸方式に区別し、①②において借地借家法が適用されず、③において借地借家法が制限的に適用されるべきとする。建物を転貸して収益をあげることを事業とする契約は借地借家法の予定する建物の賃貸借に含まれないとするのである。賃料保証、増減請求に関しては事情変更の原則が適用されない限り、もっぱら契約の定めたところによる、即ち、事業計画者は損失のリスクを自ら負担すべきとするのである。[10] 制限適用説は、サブリースを事業受託についての基本契約と建物建築請負契約と建物賃貸借契約の複合契約とし、請負、賃貸借、準委任などの民法規定、借地借家法の適用がなされうるとする。そして、最低賃料保証条項、協議条項と借地借家法三二条の関係については、事業用賃貸借の特別の立法が見送られた経緯から、借賃減額請求が可能であると解されるが、それによって害された土地所有者の期待を保護するために極端な経済事情の変動があったときに三二条の適用が可能となるとする（バブル経済の崩壊程度では事情変更の原則は適用すべきではない）。[11] 適用説は、複合契約、あるいは経済力の差異の不存在から借地借家法の適用を否定すること、また、脱法行為を容易に認めることは妥当でなく、借地借家法の適用の有無を「一方が他方へ『建物』の使用・収益を許し、他方が一方にその対価を支払うことになっているか否かのみで決定される」と考えるべきとする。そして、借賃が不相当になったときについても、不減額特約の賃料保証的性質を考慮することなく、通常の判断基準によるとする。[12]

その後、借地借家法の適用を肯定する学説において、さらに柔軟に限定的な適用について主張される。借地借家法の適用を肯定した上で、契約の特殊事情を相当性判断において考慮すべきとする見解、[13] 契約継続中の経済状況の変化に契約内容を柔軟に対応させる観点から借地借家法三二条の適用を認め、具体的事情に応じて当事者の公平な損失分担が必要であるとする見解、[14] サブリース契約の本質部分を「転貸形態での建物の使用収益と賃料保証」として賃貸借契約に当たるとした上で実質的に賃料減額を認めるべきではないとする見解、[15] 借地借家法三二条の適用否定説の根拠が不十分であるとして適用を肯定した上で、サブリース契約における賃料増減紛争の本質を事業全体の損益の配分の調整とし、個別事情等を考慮し、信義則により増減請求権を制限すべきであるとする見解、[16] 借地借家法の適用について現行法上、否定することは困難であるとし、個々の賃借人保護規定の適用の是否を問題とすべきとし、特約について不動産投資事業としての性質から減額請求という場面での賃借人保護の要請は大幅に譲歩すべきとし、原則として自動改定特約を有効と解し、三二条の適用については立法論としての問題はあるが、原則として適用を否定できず、信義則や減額請求の要件、算定において特殊事情が考慮されるとする見解（そして不動産投資商品の需要の高まりから実態を無視する借地借家法の硬直的な判断を批判する）[17] がある。

また、学説はより詳しく実態に踏み込むと共に、借地借家法の適用を否定的に解し、対等当事者間の損失分担の問題として主導的立場に立つ者の責任を強調する。

継続的契約を「市場型」契約と「組織型」契約に分け、「市場原理」、「組織原理」という異なる原理に基づいて解釈され、サブリースが「賃貸借契約」と定められていても借地借家法の適用には慎重であるべきとし、「組織型」契約のうちの「共同事業型」契約の特色を中途解約禁止、損失分担、自動改定、再協議であるとし、損益分担条項が根幹をなすものであり、利益保証は原則として認めるべきではなく、改定も安易に認めるべきではないとする見解が存する。[18] また、「双方とも不動産開発事業の共同事業者としてサブリース関係に入ってきたのであり、経済的な利益、負担、危険を経営的に判断して契約関係に入ってきたのであり、一方の優越的な意思が強制されたという事情はない」とし、基本的に当事者の契約自由に委ねられるべきであり、共同事業として借地借家法の適用は否定されるべきであるとし、そして、共同事業者間の損失の公平な分担から問題を考察すべきであるとする見解、[19] サブリース契約の特色として、賃貸借と転貸借の重層的契約関係の存在、土地信託、新借地方式と同様の経済的目的の存在、共同事業としての組織型契約であること（取引社会の原則としてみだりに干渉できない）が挙げられるとし、典型契約としての賃貸借であるから借地借家法が適用されるとすることに対しては、現実の契約には多様な要素が含まれ、いかなる合意が存在し、いかなる法的効果が賦与されるべきかの判定が重要であり、サブリースについても制度、取引慣行を直視して、妥当、衡平な法的処理をなすべきであり、実際にサブリース契約における賃借人は借地借家法の保護に値する者ではなく、経済的利益の問題であるとする見解[20]、サブリース契約を建物所有者が一定期間の「建物賃貸権」を対価と交換にサブリース業者に委譲することを約する契約であり、建物の全部又は一部の管理・保全委託契約、不動産管理のノウハウ契約を伴う複合契約とし、賃貸借契約とは本質を異にするとし、その特質は「共同事業型」継続契約性であるとし、損益分担条項、賃料保証特約の有無、内容が最重要の要素であり、従って、これらを無視して一方的な減額を認めることは、複合的、多面的契約関係の基礎を崩すものであり、借地借家法三二条の適用については否定的に解釈すべきとし、そして、賃料相場下落のリスクはあえて賃料保証して事業機会を取得した者が負担すべきであるとする見解[21]、サブリース契約では契約期間総体としての収益性が重視され、それが確保されるようにリスク負担が定められているとし(賃料保証条項、中途解約禁止条項、高額の敷金、建設請負契約との関連性)、事業的性格が強く、借地借家法の想定する建物賃貸借としての実質がなく、原則として適用されないとし、三二条の類推適用についても、サブリースにおいて賃料は契約期間を通しての総額を考慮して決めたものであり、賃借人が損失を負担する趣旨であり、増減請求により一方のみ経済変動の不利益を受けるのを妥当でないとし、事情変更の原則の適用、再交渉義務についても否定的に考察する見解[22]、我が国の借地借家法が居住用建物と事業用建物を区別しないことに批判的であり、サブリースにおいてスライド条項の拘束力を認めるべきとする見解[23]がある。[24]

四　考　察

サブリース契約について、升田教授は借地借家契約の適用を前提とした上で六つの問題点を指摘する。[25]①借地借家法が適用されるのか、②賃料自動改定特約は有効であるのか、③賃料自動改定特約は事情変更の原則により効力を失うのか、④賃料自動改定特約に借地借家法三二条が適用され、減額が認められるのか、⑤賃料減額請求は信義則違反あるいは権利濫用であるのか、⑥適正賃料の算定に当たって賃料自動改定特約を考慮することができるのか。澤野弁護士は、判例上の問題点を「①当該サブリース契約の法的性質、②当該サブリース契約に借地借家法三二条の適用はあるか、③最低賃料保証は認められるか、④最低賃料保証特約が存する場合の当該特約の効力、⑤賃料増額特約の存否及びその効力、⑥賃料増減額請求権が存する場合に当該請求権を行使することが信義則に反しないか、⑦事情変更の原則の適用による賃料減額請求は可能か、⑧事情変更の原則の適用により賃料増額特約を無効とすることが可能か」などとする。[26]

判例、学説においては、借地借家法が適用され、通常の賃料増減が行われると解するもの、借地借家法が適用されるが、賃料増減請求の要件、算定において特殊性が考慮される、あるいは賃料増減請求は極端な経済変動の場合にのみ可能である、信義則により制限されると解するものがある。それに対して、適用を否定する判例、学説もある。適用を否定した場合には、三二条の類推適用も否定的となり、賃料保証条項は原則的に有効となり、事情変更の原則、当事者の公平な損失分担の問題が生じる。その際には主導的立場の者がリスク負担すべきとされる。

先に述べたようにどちらの考え方も具体的な妥当性に配慮するものの、借地借家法の適用を認めるか否かによって基本的な立場が相違する。

1　借地借家法が適用されるのかどうか

サブリース契約の問題において、最も重要な論点は借地借家法が適用されるのかどうかという点である。肯定的な学説は、サブリースが賃貸借契約を用いることから、また、実質的にも賃貸借契約にあたるとして借地借家法の適用を認める。否定的な学説はサブリースが実質的に共同事業であり、借地借家法の予定する賃貸借ではなく、問題は損失負担の問題であるとして適用を否定する。借地借家法の適用を認める学説も最近においては限定的に解釈するために、具体的な差異は少なくなっているが、原則として適用を認めて限定していくことと原則として合意の効力を認めることとは基本的な相違が存する。

例えば、不動産業者が土地所有者と土地委託契約を締結し、融資した上で一定の利益を保証し、自ら運用するという契約を締結した場合には借地借家法は適用されない。澤野弁護士は、転貸事業を行う目的での信託契約、一方が建物を建築し、他方が転貸事業を行い、利益を配分する組合類似の契約、委託者が土地を提供し、受託者が建物を建築し、転貸事業を行い、利益を配分する請負類似の事業契約に借地借家法の適用を肯定するのであろうかと述べる(27)。このように実質も形式も賃貸借契約ではない場合には借地借家法は適用されない。

しかし、建物賃貸借契約に借地借家法が適用され、当事者意思によって適用を排除することはできない。また、賃貸借契約以外の名称が付けられていた場合であっても実質が賃貸借契約であるときには適用を排除することはできない。東京高判昭和五四年三月二六日判時九三三号六一頁は、ビル内の店舗の営業委託契約について、実質的な契約内容から建物賃貸借に営業権の賃貸借が付随したものとする。ただし、このような場合には営業実態が借地借家法の適用に影響することになる。星野教授は他の契約が主であり、建物賃貸借が従である場合には借地借家法の適用を否定する（但し類推適用の可能性が存するとされる[28]）。

このことから逆に名称が賃貸借契約であっても実質が賃貸借契約ではない場合には適用されないと解される。そして、この場合に当該契約が賃貸借契約であるのかどうかは当事者の意思とともに客観的事実（実態）から判断される。当事者が建物の賃貸借契約を締結する意図を有していたとしても実態として他の契約であると認定されるときは借地借家法の適用は否定される（この場合には実態が重視され、実態のない意思は認められず、実態が不明確な場合に意思が尊重されうる）。さらに、複合契約の可能性も存する。

サブリースについて当事者意思には、賃貸借契約の名称を使用していることから、形式として賃貸借を用いることについての合意が存する。ただし、真に賃貸借を意図していたのかどうかは疑問であり、当事者の実質的な意思の問題としては形式上利用したにすぎず、基本的にはその意図がないとされる場合が通常であると考えられる。

客観的事実については、サブリースの類型として、総合事業受託方式、賃貸事業受託方式、転貸方式があげられている。いずれも主たる目的は賃料収入であるが、そのために事業者が賃借人となる必要は必ずしもなく、実質的にも事業者が現に居住する賃借人である場合は少ないと考えられる。実質について最も重視すべき事情は自ら建物の一部を現実に使用しているのかどうか、将来、現実に使用するのかどうかであると考えられる。即ち、事業者側で現に建物の一部を賃貸借契約によって使用するのかどうかである（形だけの利用、あるいは収益のためだけの利用でなく）。岡山地判昭和三五年三月三一日下民集一一巻三号七二四頁は、賃貸借の形式を借りる貸金の返済について借家法の適用を否定する（賃料の取立等を含む建物管理権の授与契約とする）。建物の賃借人が何らかの理由で転貸することは多くあり、そのために借地借家法の適用が否定されることはないが、そのような賃借人も転貸終了後は自ら使用するのであり、転貸料収益だけを目的とする賃貸借の場合は個人であっても適用されないと考えられる。

以上のように、サブリースにおいては実質においても賃貸借契約とはいえない場合が通常であると考えられる。但し、このように考えられるとしても、脱法行為の可能性を排除することはできない。即ち、サブリースとして真に賃貸借契約が意図されている場合（現に賃借人が一部を使用している場合）にサブリース契約の一般論から適用を否定するとすることは認められない。

2　借地借家法が適用されない場合

借地借家法が適用されないサブリース契約については、合意がそのまま効力を有すると考えられるのであるが、一定の場合には合意を制限する法理の適用が認められ得る。この点、学説においては、合意を尊重すべきとする立場が強く、それによるとサブリースにおける賃借人の契約に当たっての主導的立場が問題とされ、当事者自治から安易に改定は認めるべきでないとされるが、(29)合意内容の柔軟な改定を認めるべきと考える立場もあり得る（借地借家法の適用を認める立場においては合意内容の改定を問題とする者もある）。

合意内容の改定については、継続的契約関係に事情変更の原則をより柔軟に適用し、契約の改定を求める、あるいは再交渉義務を課すという議論が存する。(30)再交渉義務はドイツの議論に基づくのであるが、それに対する批判も存する。(31)基本的には継続的契約関係論において解決されるべき問題であると考える。

継続的契約として、長期間継続する契約については事情の変化に伴う改定が可能であるが、その際には当初の当事者の意思、現在の当事者の意思、その他の客観的事情が考慮される(継続的契約関係論)。当初、当事者の予定しなかった事情が生じた場合、現在の当事者意思から改定すべき場合等に改定が認められる。その際、約定に当たって主導的立場の者が事情の変化においても不利益を被るべきとされるが、予定しない事情については衡平な負担がなされるべきである。(32) この点について、内田教授は信義則にもとづく改定のための協議が必要なほどの状況の変更の判断において裁判所の関与が必要であるとし、(33) 鈴木教授は建物の価値と建築補助金額とのバランスが図られるべきとする。(34)

また、信義則、権利濫用、事情変更の原則の一般条項の適用も認めら、権利主張が制限されうるが、一般条項論より例外的に認められるにすぎない。

以上のように、長期間継続する契約については柔軟な契約内容の改定、変更が認められうる(背信的な事情のない限り)。この場合に借地借家法の賃料増減請求は参考となる(基本的には転貸料からの利益配分を考察することになる)。

また、転貸借契約については借地借家法が適用されるのであるが、サブリース契約が実質的に賃貸借とは認められず、借地借家法が適用されないときに転貸借契約がその影響を受け、実質的に不利な扱いを受けることも考えられる。転貸借契約に定期借家契約が用いられ、賃料増減請求権が排除されている場合に特に懸念される(定期借家契約の成立自体、限定的に解すべきである)。定期借家契約について期間満了による明け渡しが正当事由なしに認められ得るので、サブリース契約に合わせた転貸料を強制しやすくなる点である(転貸料の増額が重要な問題点である)。但し、定期借家契約であっても存続の期待が保護される場合が多く生じ、賃料増減請求権の排除にもかかわらず、妥当な調整が必要となる場合に継続的契約関係論からの改定が可能であると考えられる(さらに、サブリース契約においては転貸に当たって定期借家を認めないことが望ましいであろう)。転貸借の保護は、サブリース契約に借地借家法が適用される場合でも問題となる。藤井教授は主たる賃貸借契約(営業的中間賃貸)が解除された場合の転貸借の保護の問題を論ずる(ドイツ法においては中間賃貸借関係の終了によってエンドユーザーの居住が脅かされないように配慮しているとされる)。[35] 最判平成九年二月二五日民集五一巻二号三九八頁は、賃借人の債務不履行によって賃貸借契約が解除された場合に転貸借は転借人に明渡請求したときに履行不能により終了するとするが、転借人からの賃料支払いの機会を与えるべきである。

サブリース契約自体に定期借家契約が用いられる場合には、賃料増減請求権を排除することができる。この場合、定期借家契約ということから借地借家法の適用がさらに問題となるのであるが(ただし、定期借家契約自体が増減請求についての借地借家法の適用の排除を可能とするものであるので、適用の有無はそれほど問題とはならない)、実質的に転貸収益のみを目的とする定期借家契約に対しても賃貸借契約とは認められず、借地借家法の適用は否定されると考えられる。[36]

3 借地借家法が適用される場合

サブリース契約が実質的に賃貸借であり、借地借家法が適用される場合、賃料保証条項、自動増額条項、自動改定条項は不利益特約に当たるのか、賃料増減請求の内容についてサブリースの特殊性が加味されるのかが問題となる(不利益特約禁止規定を当事者意思で排除することはできない)。この問題については事業用借家に対する借地借家法の適用が解釈論によってどの程度の柔軟性を有しうるのかという問題とも関連する。

借地借家契約において特約が不利益特約に当たるのかどうかも当事者意思と客観的妥当性から判断される。[37] 最判昭和四四年五月二〇日民集二三巻六号九七四頁は、期限付き合意解約特約について、合意に際して賃借人が真に賃貸借を解約する意思を有すると認めるに足る合理的客観的理由があり、他に合意を不当とする事情の認められない場合に有効とする。このように不利益特約については特約自体が不利益をもたらすものであるのかどうかだけではなく、当事者意思も考慮される。

賃料改定条項一般については不増額特約の有効性は明文で認められているが、不減額特約は無効とされ、自動改定特約は内容の合理的なものは有効とされうる（東京地判平成元年九月五日判時一三五二号九〇頁は、増額特約について、内容が不合理であり、賃借人に著しく不利益なものと認められる特段の事情のある場合に特約を無効とし、また約定賃料が不相当となった場合には賃料増減請求がなされうるとする）。(38) また、賃料保証条項は不減額特約と考えられ、無効と解されうる。

特約の有効性も当事者意思と客観的合理性から判断されるのであるが、サブリースの場合、当事者意思の問題としては、むしろ、賃借人側から積極的に合意している点から有効と解すべきであると考えられる。内容の客観的妥当性については、それぞれの特約内容によって異なるが、金額自体が合理的なものである限りは有効であり、長期間最低賃料を保証する、長期間、一定の増額を認めることについて、長期間であることからの変更の必要が存するものと考えられる。

この場合に当事者の真摯な合意のために多少客観的な合理性のない条項も有効と解するのか、合意があるとしても合理的でないものはできる限り無効と解するのかについて差異が存する。(39) そして、不利益特約の認定に当たっては客観的な合理性が重視されうるが、サブリースにおいてはその性質上、特に当事者意思に重点が置かれる（事業用賃貸借については特約を有効とした上で継続的契約関係論からの柔軟な改定を認める解釈も考えられうる）。

ただし、サブリースや事業用賃貸借においてこのような特約を有効とすることによって、通常の賃貸借契約においても一定の増額を強制するなどの脱法行為の問題には配慮しなければならない。また、定期借家において賃料改定特約の有効性が明文で認められたが、内容の客観的合理性の認められないもの、長期間の経過のうちに客観的な合理性が欠如したものについては増減請求が可能であると考えられる（借地借家以外の継続的契約においても継続的な損失負担について改定を認める必要が生じる）。

特約が不利益特約に当たらないときでも賃料増減請求は可能であるのかについても、賃料増減請求規定が強行規定であることから可能であると考える者もあるが、この場合も特約の内容が賃料増減請求を排除するものであるのかについての客観的合理性と当事者の真摯な合意の問題となりうる（賃料増減請求に優先して自動改定条項が適用される場合も生じうる）。特約が賃料増減請求を一定期間排除しうるとしても、長期間である場合の予測し得ない事情に基づく内容の改定として賃料増減請求が認められることが多いと考えられる。このように特約が有効とされる場合、特約通りの賃料が実施されるが、通常は賃料増減請求は排除されないと考えられる。(40)

増減請求を可能とした場合に特約の存在によって内容は限定的に解されうるのかも問題となる。賃料の鑑定については、「一般の継続賃料の鑑定評価手法を用いて試算した賃料について、サブリース契約の特殊性を考慮して客観的な適正賃料を評価すればよい」という立場と、「新規の転貸賃料から受託者側の利益及び諸経費を控除した額を限度とする」という立場があるとされる。(41)事例によっては通常の鑑定が用いるべきではない場合もあると考えられる。

その他、信義則、事情変更の原則、権利濫用などの一般条項が適用されることには異論がないが、例外的な措置である。

また、このような増減請求の成立、範囲に関する解釈問題は、借地借家法が適用されない事業的契約についても参照されうる。

（1） 拙稿「借地借家法の基礎理論と定期借家権」『民法学の課題と展望（石田喜久夫先生古稀記念）』（二〇〇〇年）六四七頁。

（2） サブリースの性質について、参照、野村豊弘「サブリース契約」『新借地借家法講座三』（一九九九年）、三七一頁以下。

（3） サブリースの経緯について、参照、澤野順彦・堂園昇平・升田純・山野目章夫「〈座談会〉サブリースをめぐる法的諸問題」金法一五三二号三六頁。

（4） 澤野順彦「判例批評」私法判例リマークス二一、四六頁はサブリースを三つに区分する。「①総合事業受託方式は、受託者側がビルの転貸事業を行う目的で、委託者側のサブリース事業による事業収支の採算性（期間中の採算保証が前提）、ビル建築資金の借入れ、ローンの返済方法等を提案するとともに、用地の確保（委託者所有地上の借家人の明渡し交渉等）、建物の設計、建築工事の請負、建築資金の融資の紹介などを行い、完成した建物について転貸事業を行う目的で、受託者が一括して借り上げるもの」であり、「②賃貸事業受託方式は、受託者側の事業収支の採算性（期間中の賃料保証が前提）等の提案を受け、委託者側が建築した、もしくは所有する一棟もしくは複数の建物について受託者が一括して借り上げるもの」であり、「③転貸方式は、委託者が所有する建物を受託者が転貸事業を行う目的で一括して借り上げるもので、事業収支の採算性の判断は委託者側において行われるのが一般である」とする。

（5） 複合契約について、参照、加藤雅信「不動産の事業受託（サブリース）と借賃減額請求権㊤」ＮＢＬ五六八号二一頁以下。平井宜雄「いわゆる継続的契約に関する一考察」『星野英一先生古稀祝賀・日本民法学の形成と課題㊦』（平成八年）六九七頁は、サブリース契約を組織型契約とする。金山直樹「サブリース契約の法的性質⑷」みんけん五一二号五二頁以下は契約をどのような単位で把握すべきであるのかを問題としている。

（6）東京地判平成七年九月二〇日判タ九〇二号一一四頁は、賃料保証条項が認定されず、賃料相場の下落、賃料減額の拒否が解約の際の正当事由に当たるとする。

（7）百貨小売業の拡張のためのビル賃貸借契約の自動改定特約の問題について東京地判平成一〇年八月二七日判時一六五五号一三八頁は、自動改定特約について、失効を認めるほどの事情の変更がないとする。

（8）判例のまとめ方について、中野哲弘判事はａ「借地借家法三二条の適用がないことを理由に賃料減額請求は許されないとするもの」、ｂ「借地借家法三二条の適用はあるが信義則からして賃料減額請求は許されないとするもの」、ｃ「借地借家法三二条の適用はあるが契約の特殊性からして減額請求は認められないとしたもの」、ｄ「借地借家法三二条の適用により減額請求を認めたが、減額幅の算定に際し契約の特殊性を考慮したもの」があるとされる。中野哲弘「サブリース紛争における賃料増減請求に関する裁判例の動向」金融法務事情一五三二号一七頁、同「サブリース契約をめぐる裁判例の動向」法律のひろば五二巻九号四頁。

（9）澤野・前掲判例解説四八頁。

（10）澤野順彦「サブリースと賃料増減請求」ＮＢＬ五五四号三六頁、同「サブリースにおける賃料減額請求」『裁判実務大系二三巻借地借家訴訟法』（一九九五年）四七二頁、同「サブリースにおける賃料減額請求と鑑定評価」判タ九四六号一一頁、同「サブリース賃料の減額請求事件における適正賃料算定上の諸問題」ジュリスト一一五〇号六二頁、前掲判例解説。

（11）加藤・前掲論文㊤㊦ＮＢＬ五六八号一九頁、ＮＢＬ五六九号二六頁。石黒弁護士も同様の見解である（石黒清子「判例批評」判例評論四八四号一八九頁）。

（12）道垣内弘人「不動産の一括賃貸と借賃の減額請求」ＮＢＬ五八〇号二七頁。

（13）中村肇「サブリース契約における賃料減額の問題―契約改定論の一例として―」一橋研究二二巻一二五頁。

（14）北山修悟「サブリース契約における賃料の減額―判決例の概観と小考―」法政理論二〇巻二号一二五頁。

（15）金山・前掲論文⑴⑵⑶⑷みんけん五〇八号二五頁、五一〇号一四頁、五一一号一二頁、五一二号四〇頁。

(16) 清水俊彦「サブリースにおける賃料増減額(上)(中)(下)」判タ九九九号七六頁、一〇〇一号五五頁、一〇〇三号四九頁、同「続・サブリースにおける賃料増減額(上)(下)」判タ一〇三八号五六頁、一〇三九号三〇頁。
(17) 升田純「賃料の自動改定特約の有効性をめぐる問題」金融法務事情一五三二号二二頁。
(18) 平井・前掲論文。
(19) 内田勝一「サブリース契約における賃料保証・賃料自動改定特約の効力」ジュリスト一一五〇号五二頁。
(20) 鈴木禄弥「いわゆるサブリース契約の法的性質と賃料増減請求の可否」ジュリスト一一五一号九〇頁。
(21) 下森定「いわゆるサブリース契約における賃料減額請求の可否」法律のひろば五二巻九号一六頁、同「サブリース契約の法的性質と借地借家法三二条適用の可否(1)(2)(3)」金融法務事情一五六三号六頁、一五六四号四六頁、一五六五号五七頁。
(22) 野村・前掲論文。
(23) 藤井俊二「地価の下落と賃貸借契約のスライド条項の法的拘束力」判タ一〇五〇号四九頁。
(24) 学説について金山教授は形式説と実質説に区別し、実質説を強行法規解釈説と全体的把握説に区別する。北山氏は、実態重視説と法形式基準説に区別する。
(25) 升田・前掲論文二五頁。
(26) 澤野・前掲判例解説四七頁。
(27) 澤野・前掲判例解説四八頁。
(28) 星野英一『借地・借家法』(一九六九年) 四六六頁。この問題について、拙稿「判例批評」判例評論四七五号二二七頁。
(29) 内田・前掲論文六〇頁、下森・前掲論文(2)五〇頁など。
(30) 契約改訂について、中村・前掲論文、北山・前掲論文。事情変更と契約改定、再協議論に関して久保宏之『経済変動と契約理論』(一九九二年) 二四二頁、和田安夫「長期契約と事情変更の原則」ジュリスト一一二六号二四〇頁など。また包括的に扱うものとして、内田貴『契約の時代』(二〇〇〇年) 八九頁以下、石川博康「『再交渉義務』

論の構造とその理論的基礎(1)」法学協会雑誌一一八巻二号四八頁。
(31)　石田喜久夫「再交渉義務論についての覚書―マルティネックの所説に即して―」京都学園法学一九九九年二・三号七四頁。
(32)　継続的契約関係と借地借家法について、拙稿・前掲論文。
(33)　内田・前掲論文六一頁。
(34)　鈴木・前掲論文九七頁。
(35)　藤井・前掲論文五二頁。鈴木教授、下森教授も同様の危惧を述べられる。
(36)　定期借家など新しい問題点について、参照、澤野・堂園・升田・山野目・前掲座談会五三頁以下。
(37)　拙稿・前掲論文六五一頁。
(38)　自動改定条項一般については、升田純「賃料自動改定特約の利用価値(上)(下)」判例時報一四七五号三頁、一四七七号三頁が詳しい。
(39)　拙稿・前掲論文六六二頁以下。
(40)　借地借家法の適用を認めるサブリースに関する判例においては自動改定条項の有効性から賃料減額請求を否定するもの、有効とするが賃料減額を肯定する事例があるとされる（内田・前掲論文五三頁以下）。
(41)　澤野・前掲「サブリース賃料の減額請求事件における適正賃料算定上の諸問題」六六頁。

7　将来給付判決の修正による既判力の相対化

——定期金賠償判決を中心に——

越　山　和　広

はじめに

一九九六年に制定された新民事訴訟法一一七条一項本文は「口頭弁論終結前に生じた損害につき定期金による賠償を命じた確定判決について、口頭弁論終結後に、後遺障害の程度、賃金水準その他の損害額の算定の基礎となった事情に著しい変更が生じた場合には、その判決の変更を求める訴えを提起することができる。」と規定している（以下、この制度を変更訴訟と呼ぶ）。この確定判決の変更訴訟は、新しい制度だけに議論の蓄積があまり多くはなく、解釈論の展開も今後の実務動向に委ねられているように見える。(1) しかし、定期金方式損害賠償の算定基礎の変動による判決内容の修正という、従来からその導入を必要とする声が強かった制度が法律上正面から承認された今日、定期金賠償制度の発展を促す意味でも、学説には議論を詰めておく責任があるものと思われる。本稿は、訴訟法学の立場から、定期金賠償判決の既判力の本質を解明することを主な目的とし、そこで得られた分析視座を利用して、変更訴訟の要件に関して若干の解釈論的な提言を試みるものである。

（1）　民訴法一一七条全般については、雛形要松＝増森珠美「定期金による賠償を命じた確定判決の変更を求める訴え」『新民事訴訟法大系2』（一九九七年）三頁、高田裕成「定期金賠償判決と変更の訴え」『講座新民事訴訟法Ｉ』（一九九八年）一六九頁、納谷廣美「定期金賠償を命じた確定判決の変更」『白川古稀記念　民事紛争をめぐる諸問題』（一九九九年）二七二頁、『ジュリスト増刊　研究会新民事訴訟法』（一九九九年）一一四頁以下（以下、『研究会』と略す）、三宅省三ほか編『注解民事訴訟法』（二〇〇〇年）五一三頁以下［雛形要松＝増森珠美執筆］とそこで掲げられている文献を参照（なお紙幅の都合上文献引用は網羅的でない）。

一　前提問題

1　変更訴訟の対象と意義

変更訴訟がその対象として直接想定するのは、定期金方式による損害賠償判決に限られている。すなわち日本法は、立法過程で参照されたドイツ民訴法（ＺＰＯ）三二三条[(2)]のように扶養料をも含む将来の回帰的給付を命ずる判決一般を対象とするものではない。

次に、定期金賠償の対象であるが、立法担当者の説明によれば、一一七条は人身損害賠償を前提として制定されたものといわれている。[(3)]ここで人身損害は、後遺障害による逸失利益と、不法行為により傷害を受けた被害者の介護費用や医療機器費、入院経費、治療費などの積極損害に大きく区別できるが、実際上は積極損害が定期金賠償の中心となろう。(4) 定期金方式とは、このような損害の賠償を確定ないし不確定な期間中の回帰的な金銭給付として義務付けるものであり、口頭弁論終結後に履行期限が到来する部分に関しては将来給付の訴え(民訴法一三五条)によって主張されることになる。もっともこの点に関連して、一一七条が「口頭弁論終結前に生じた損害」という文言を採用しているために、この規定は定期金賠償を現在給付判決として把握しているとの誤解が散見される。しかし、右の文言は、交通事故や医療過誤のような一回的不法行為を原因とした定期金賠償判決だけが変更訴訟に服することを意味するにすぎない。したがって、変更訴訟は、将来給付判決である定期金方式判決を対象にした制度であると位置付けるべきである。(5) 以下、そのような前提で論じることにする。

2　定期金賠償の性質決定

ところで、民法学上は定期金方式採用の可否のレベルに議論が集中しており、(6) 定期金方式損害賠償債権の論理構造については必ずしも理解が一致していないように思われる。本稿の直接の論点からは外れるが、定期金賠償判決の既判力の性格を左右する可能性がある議論なので、定期金賠償の性質についても前提問題のひとつとしてここで簡単に触れておく。

現在の通説的見解によれば、事故により成立した確定額損害賠償請求権を複数に分割し、各支分権に期限の利益を付与したものが定期金賠償請求権であるとされ、これが民訴法一一七条の条文から読み取れる起草者意思にも合致する(履行期限(現在債権)説と呼ぶ)。(7) 他方、従来は、事故により抽象的な損害賠償請求権が成立し、これを基本権として現実に損害が具体化するごとに支分権としての損害賠償請求権が派生的に発生するものとする見解(将来債権説と呼ぶ)が有力に主張されていた。(8)

どう考えるべきか。履行期限説は、損害賠償はもともと一時金として請求しうるものであるから事故時に一体的に成立しており、それを複数の弁済期を設定することで分割払いの形に変換するにすぎないと考えるものであろう。定期金賠償を明文で認めるドイツ民法（BGB）八四三条の理解もほぼこれと同じようである。(9) しかし、わが国における戦後の定期金賠償論は、①将来の逸失利益算定過程の不確実性、擬制的性格に対する批判の克服(10)と、②損害既発生のドグマへの挑戦(11)という基本的発想に支えられており、定期金を元本の分割払いと同一視するよりは、むしろ具体的な損害は将来の各期末に発生すると考えたほうが、このような学説史的展開とより整合性を持つのではないかと思われる。また、履行期限説では将来債権説に比べて各期末に具体化するべき債権に内在する将来的性格を明確に説明しにくい側面が残されよう。そこで本稿では、具体的な損害は将来の各期末に発生するという意味での将来債権説を前提にする。

3　変更訴訟と定期金賠償判決の関係

さて、このような定期金賠償判決の確定後に変更訴訟を経由して当初認容額の再調整を行うことは、前訴給付判決の内容を修正することを意味する。訴訟法の立場からは、判決内容の修正を求めることが、前訴判決の既判力とどのような関係に立つのかが問題となる。

債権者が、将来持続的に発生ないし具体化する損害の賠償について、将来給付訴訟の形で将来履行期限が到来する部分も含めて一体的に債務名義の形成を求めた場合、その口頭弁論終結時を基準にして、すでに履行期が到来している過去の損害と一体的に、将来現実化する損害がどのような中身をもつことになるのかという問題についても主張立証の対象の中に取り込まれている。そして、将来の給付義務を基礎づける将来的事実の発生ないし不発生の予測も前訴標準時点での資料に基づく判断としてなされており、標準時において作用する既判力が直接働くと考えることができる。(12) したがって、その判決後に、損害の具体的な展開に合わせる形で債務者が減額を要求し、あるいは債権者が増額を要求すると、将来これだけの損害が生じるであろうという前訴での予測判断に正面から反する主張をすることになる。これは実体判断そのものの誤りを主張することになるから、既判力との抵触は避けがたい。そこで、定期金賠償を命ずる判決の内容を修正するためには、将来予測判断について生じる既判力との正面衝突を回避しなければならない。変更訴訟はそのための道具であると位置付けることができる。

もっとも、ドイツでは、将来の事実にも及ぶ既判力が衡平(Billigkeit)の観点から変更訴訟によって破られるという今述べた考え方と共通する見解（いわゆる衡平説あるいは既判力拡張説）が通説的である一方で、標準時後の新たな事情の主張には既判力が作用しないから変更訴訟は前の給付判決の既判力を破るものではなく、既判力の標準時に関する原則論を再確認したものにすぎないとの理解（いわゆる追認説あるいは既判力非拡張説）も有力である。(13) この議論の対立が具体的な解釈論に直結するものなのかどうかは慎重な考察を必要とするが、(14) 定期金賠償では将来持続的に発生ないし具体化する損害を現時点で予見して請求しているという側面があり、また標準時以降に何らかの事情変更があり得ることはすでに予測ないし予見の範囲内であったともいえるので、損害の新たな展開を既判力の拘束が及ばない標準時後の新しい事情であるとすることには問題があると思われる。したがって、変更訴訟は将来事実の発生ないし不発生の予測判断について生じる既判力を解除する役割をもつものと理解すべきである。その結果として、変更訴訟とリンクした定期金賠償判決には将来予測判断に対する既判力が認められる一方で、その既判力には判決当初から判決内容の事後修正によってその作用が相対化する可能性が内在していることになる。(15)

（2） ドイツ民訴法三二三条一項から三項（一八九八年五月一七日施行）は、次のような規定である。小山昇「西ドイツ民訴三二三条の訴えについて」『小山昇著作集第五巻　追加請求の研究』（一九九四年、初出一九七三年）二三頁の邦訳を参考にして、一九九八年七月一日改正後の規定を訳出する。

「将来履行期が到来するべき回帰的（反復的）給付が命じられた場合において、定期金給付を命ずるという判断、給付額の決定または給付期間の決定の基準となった事情に本質的な（wesentlich）変更があるときは、いずれの当事者も、訴えを提起することで、その変動に応じた判決の変更を求めることができる。

② この訴えは、その理由となったものが、請求の拡張または抗弁の提出を遅くとも行わなければならなかった口頭弁論の終結後に初めて生じ、かつ故障の申立てによってはもはや主張できなかった場合に限り、提起することができる。

③ 判決は、訴え提起後の期間についてのみ変更することができる。民法（ＢＧＢ）一三六〇条ａ三項、一三六一条四項四文、一五八五条ｂ二項、一六一三条一項によりそれ以前の時点についての変更が求められた場合には、これを適用しない。」

なお本稿では、紙幅の都合上ドイツ法に対する言及は必要最小限度とし、本格的な検討は別稿に譲る。

（3） 法務省民事局参事官室編『一問一答新民事訴訟法』（一九九六年）一三一頁参照。なお本稿では被害者死亡のケースは度外視する。

（4） ドイツでは実務上古くから重度身体障害を負った場合や、その後の損害の展開の見通しがつかない場合に、慰謝料を定額一時金で支払うと同時に月額を定めた定期金払いを合わせて認めることが行われているようであるが (Deutsch, Unerlaubte Handlung, Schadensersatz und Schmerzensgeld, 3. Aufl., 1995, Rdnr. 494; Wussow, Unfallhaftpflichtrecht, 14. Aufl., 1996, Rdnr. 1867) ここでは財産的損害に限定する。

（5） この議論に関しては、拙稿「定期金賠償と新民事訴訟法一一七条の変更の訴えについて」近法四五巻二号（一九九八年）七九頁、八三頁、高田・前掲注(1)一七一頁参照。

（6） 近時のテキストでは、潮見佳男『不法行為法』（一九九九年）二七五頁、四宮和夫『不法行為』（一九八三・八五年）四六九頁が比較的詳細に取り上げている。
（7）かつては末弘厳太郎「損害賠償の賦割払」『民法雑記帳下巻』（一九五三年）一八六頁。最近の文献も損害の既発生を前提に論ずる。高田前掲注(1)一七五頁注(2)、佐賀義史「定期金賠償を命じた確定判決の変更を求める訴えと他の訴えとの関係」判タ九八五号（一九九八年）三一頁、四一頁以下、『研究会』一一四頁、山本弘「確定判決の変更の訴えの訴訟物と判決効」『民事訴訟法の争点〔第三版〕』（一九九八年）一五〇頁、佐久間健吉「医療過誤訴訟における定期金賠償」太田幸夫編『新・裁判実務大系1　医療過誤訴訟法』（二〇〇〇年）三二〇頁、三二七頁、雛形＝増森・前掲注(1)一一頁など。
（8）倉田卓次「定期金賠償試論」『民事交通訴訟の課題』（一九七〇年、初出一九六五年）一〇一頁以下、楠本安雄『人身損害賠償論』（一九八四年）一九三頁、二三三頁以下、羽成守「定期金賠償の支払い」塩崎勤編『交通損害賠償の諸問題』（一九九九年）五二六頁、五二七頁、新堂幸司＝福永有利編『注釈民事訴訟法(5)』（一九九八年）一三六頁［上原敏夫執筆］など。また、我妻栄ほか『新版コンメンタール民法Ⅳ　事務管理・不当利得・不法行為』（一九九八年）一七六頁は、定期金が把握する損害は将来の損害であるとする（この点につき四宮・前掲注(6)四六九頁から四七〇頁参照）。
（9）Staudinger/ Schäfer, BGB, 12. Aufl., 1986, §843 Rdnr. 36; MünchKomm-BGB, 3. Aufl., 1997, §843 Rdnr. 43 (Stein). ただし、そこで引用されているライヒ大審院の判例は被害者が破産宣告を受けた場合を扱っており、定期金債権全体を破産財団に取り込むために債権全体が既に発生しているとの論理が採用されたものと見受けられる。ＢＧＢ八四三条につきさしあたり、椿寿夫＝右近健男編『注釈ドイツ不当利得・不法行為法』（一九九〇年）一七九頁以下〔潮海一雄執筆〕参照。
（10）倉田・前掲注(8)一〇七頁以下、楠本・前掲注(8)二二二頁、二三四頁。
（11）倉田・前掲注(8)一〇四頁、楠本・前掲注(8)二三三頁から二三四頁。この見解を取り入れたものとして、札幌地判昭和四八年一月二三日下民集二四巻一～四号二四頁、山田卓生「定期金」交通法研究五号（一九七六年）三八頁、三九頁、四四頁。

(12) 次に本文で紹介するドイツの通説は、既判力の標準時を越えた時間的限界の拡張を肯定するが (MünchKomm-ZPO, 1992, §258 Rdnr. 2 (Lüke); Petzoldt, Die Rechtskraft der Rentenurteile des §258 ZPO und ihre Abänderung nach §323 ZPO, 1992, S. 186)、その場合に基準時点はどこに設定されるのかは説明されておらず（あるいはできず）、むしろその点の説明は意識的に放棄しているように見受けられる。そのようなあいまいさが反対説からの批判対象となっている (MünchKomm-ZPO, §323 Rdnr. 7 (Gottwald))。しかし、将来事実そのものが現在確定するということは論理的にありえず、あくまでその発生ないし不発生の予測が標準時の既判力により確定するだけのことではなかろうか。つまり、判決にとって決定的な基礎付けとなる将来予測判断そのものは、標準時点での資料に基づく予測であって将来の事実関係とはいえず、標準時において作用する既判力が直接働くと考えることができるのではないだろうか。その意味では既判力の将来事実への拡張を肯定する必要はないと思われる。なお、将来債権の算定時期が直近の口頭弁論終結時になることについては、山本弘「将来の損害の拡大・縮小または損害額の算定基準の変動と損害賠償請求訴訟」民訴四二号（一九九六年）二五頁、二七頁以下参照。

(13) この議論については、角森正雄「将来の給付判決と事情の変更」富大経済論集三四巻三号（一九八九年）四一頁以下、河野正憲「確定判決と事情の変更」『木川古稀祝賀　民事裁判の充実と促進(上)』（一九九四年）七七〇頁、七八五頁以下などを参照。

(14) 最近のドイツ文献の一部には、変更訴訟の本質論を給付金額についても全面的な見直しができるのかという問題と結びつけて論じる傾向がある。衡平説では、変更の訴えと前訴である給付の訴えの訴訟物は同一であるとの前提に立つために、事後的変動とかかわりのない前訴判決中の判断を変更訴訟の提起をきっかけに再審理することは前訴給付判決の既判力により許されないとされる。しかし追認説では、新事実の主張によって変更訴訟の訴訟物と前訴給付訴訟の訴訟物が異なる結果既判力の拘束が切断されて、裁判所の判断の誤りや当事者の主張ミスを広く改める機会が後訴裁判所に与えられると論じる (MünchKomm-ZPO, §323 Rdnr. 74 (Gottwald); Gottwald, Probleme der Abänderungsklage in Unterhaltssachen, FamRZ 1992, 1374, 1379f.; ders., Abänderungsklage, Unterhaltsanspruch und materielle Rechtskraft, in: Festschrift für Schwab, 1990, S. 151, 162f.)。例えば、扶養金請求で金額算定の基礎となる扶養債務者の所得から控除すべき社会保障費を控除し忘れた場合（Gottwald, FamRZ 1992, 1380）のほか、積極損害の定期金賠償であれば、公的負担にかかる介護給付で損失塡補性あるものが控除されていなかったことが後に判明した場合に改めて控除するとか、後遺障害の程度の悪化を理由とした変更訴訟が起こされた場合に、原判決が一日六〇〇〇円程度の近親者付添費をベースに介護費用を計算したのは当時の水準としても低すぎたとして、職業付添人の標準給与を基準とするようなことも考えられよう。

以上の議論をまとめるならば、変更訴訟の構造について衡平説は再審類似のものと把握する一方で、追認説は標準時後の新事実に基づく追加請求ないし請求異議訴訟類似のものとして理解しているということができる。本稿は変更訴訟の目的を将来予測判断の是正に求める立場を採用するので、給付額について既判力が解除されたことをきっかけにして、それ以外の既判力解除の原因とはなっていない算定基礎事情も新たに考慮して、改めて適正な給付水準を決定することはできないと考えておく。つまり、第一訴訟における将来予測判断とは直接関係がない判断ミスの是正を、しかも標準時前から存する事情を考慮し直して行うことはできないと考える。ちなみに筆者は、この問題を民訴法学会で報告した際に全面的見直しの余地があるとの考え方を提示したが（拙稿「将来給付判決の既判力とその修正」民訴四七号（二〇〇一年）一八九頁、一九三頁）、ここで考え方を改める。

(15) 筆者は本稿のテーマについて報告した際に、「既判力の修正」という表現を用いた（拙稿・前掲注(14)参照）。しかし、既判力そのものは修正できるわけではなく、「既判力の相対化」ないし「確定判決内容の修正」という表現に改めることにしたい。

二 定期金賠償判決の既判力相対化の根拠について

では、なぜ変更訴訟を経由することによる既判力の解除ないしは既判力の相対化が許されるのだろうか。先程述べたドイツでの議論の枠組みを借用して言い換えるならば、なぜ定期金賠償では損害の将来的展開に合わせた再調整を行わないと衡平さを欠くことになるのかということである。変更訴訟の制度意義を説明するに当たっては、この実質論が重要な意味をもつ。

説明の方向性としては、定期金制度の目的と関連づけることのほかに、将来給付判決の既判力が通常の現在給付判決の既判力よりも弱い遮断作用をもつ点に注目することも考えられる。以下この二つの方向から議論を進める。

1　定期金賠償の目的と給付義務の修正

わが国の民法には定期金賠償についての規定はなく、また前述の通りその法的構造についても共通した理解がなされているとはいえない。しかし、定期金賠償では、将来の経済変動や後遺障害の変化などの具体的変動に対応した損害額の再調整がなされるべきだという点では争いはない。(16) つまり、実体法が可変的な請求権の存在を容認しているわけだが、(17) その理由はどこに求めることができるのだろうか。

定期金賠償の目的については多様な理解が可能であるが、(18) 変更訴訟との関係では、将来持続的に発生する損害を被った被害者の生活保障の確実化という目的が重要である。(19) もちろんこれは加害者側の資力が十分でなければ意味はないが、最近の裁判例によれば、重度の後遺障害により終生介護が必要となった被害者の積極損害を被害者側が定期金賠償の形で請求し、それが認められるという傾向があり、(20) 定期金賠償の生活保障機能が重視されているように見える。

将来の経済変動や後遺障害の程度の変化は損害額を直接左右する要素だから、今の段階で給付内容を決めるにはそのような要素の将来的な展開を予測しておかなければならない。しかし、このような損害額算定基礎の変化は、それが起こりうることは予測可能だが事前に定型化ないし抽象化して考慮しておくことは困難であり、あえて将来予測を立ててもそこには予測の誤りや見込み違いが生じる可能性がつきまとう。給付義務が比較的長期間にわたり継続する定期金において、生活保障機能を最大限発揮させるには、後に生じた変動を具体的に考慮しなおして、損害額の再調整を行う余地を認めておくことが合理的であるということができよう。このことは、公害や薬害といった被害が深刻かつ複雑なものをも定期金賠償の対象へと取り込むならば、いっそう問題となってくると思われる。(21)

なお、債務者からの減額要求をこうした実体法的な論拠だけから導き出すことはやや難しいかもしれない。後遺障害逸失利益の賠償が被害者のみならず家族の生活保障的な意味を強くもつとすれば、減額の余地を広げることは好ましくないし、また被害者本人のリハビリ努力などで身体機能が回復したからといって減額を認めるのも適当ではないからである。そう考えると、後述する著しい変動要件との関連で、後遺障害の変動を理由とした減額修正と増額修正とで別個の基準を設定できる可能性がありそうだが、ここでは問題提起にとどめる。

2　既判力の脆弱性と給付義務の修正

以上のように、判決内容の修正が必要かつ合理的であることを実体法が容認しているといっても、いったん既判力によって確定した給付内容を修正することは、既判力の制度目的である法的安定性の確保という観点と矛盾する可能性がある。この点はどのように説明すべきであろうか。

ある判決について既判力による拘束を強制できない場合、既判力を解除する定型的な救済としては再審(民訴法三三八条)が考えられるが、定期金賠償変更訴訟の場合に再審事由に匹敵するような重大な手続上の欠陥が顕在化したわけではない。そこで、変更訴訟を経由してなぜ既判力が解除できるのかを考えるには、変更訴訟の対象が将来の回帰的給付としての定期金賠償に限定されていることに注目し、その中に法的安定性を後退させてまで既判力を相対化するべききっかけを見出さなければならない。そこで、将来の回帰的給付義務を対象とする将来給付訴訟の特性に注目してみたい。

将来給付という方式では、各期末の給付義務が現実化する時点よりも先に金額算定基準時を設定して給付額の予測をせざるを得ない。また将来の回帰的給付請求権は、相当長期にわたり存続するものとして確定するために、将来予測と現実との間に次第にずれが生じる可能性がある。すなわち、将来給付の訴えという制度においては、債権が現実化する時点と金額算定の基準時(これは既判力の標準時と一致する)との間にずれがあるために、実体と一致しない判決がなされうる可能性が制度必然的に内在しているのである。(22)

問題は、実体と判決内容に齟齬を来した場合に事後的な修正を認めることまで、将来給付訴訟という制度の中に含意されているのかということである。これについては、将来予測に基づくことが通常の現在給付判決と比べて既判力の強弱を左右するものではないという考え方もあり得るであろう。(23) しかし、定期金賠償の対象となる人身損害賠償額の算定は、将来変動する可能性があり、しかもその変動が確実に起こる保証はないという不確定的な要素に依存している。過去の事実のように確実に認識でき、その認識の正しさを現時点で検証できるものとは異なり、こうした不確実性の強い将来の事実関係はあくまでも予測や予期の範囲内にあるにすぎず、その予測が正しかったかどうかは将来になってみないと判明しない。このように過去の事実関係とはレベルの異なる証明度でさしあたり満足すべき事実関係について、(24) 不十分な予見や見込み違いがあったからといってこれを非難すべきではないと思われる。

これを別な角度から言い換えるならば、将来現実化する給付義務を予見的に認定することを目的とした訴訟では、実際に変動が生じたときに提出できる事実関係は不確実さを伴う予測的な形でしか提出できず、その意味では、当事者の訴訟資料提出権が制約を受けているといえよう。(25) このように当事者の手続保障が制度的に制約に服している下でなされた判決が発揮できる既判力は、給付義務が現実化し、また実際に変動が生じた後でなされた給付判決と同じ程度の強さではありえないのではなかろうか。(26) 不確実な予想に反して結果的に内容の変動があった場合は、その限りでこのような既判力の弱さがあらわになり、修正に服することが求められるのではないかと思われる。

3　まとめ

以上の議論によれば、定期金賠償判決を修正できるということは、第一にこの種の請求権は将来の変動を考慮できる可変的な請求権であることと対応している。しかし、いったん生じた既判力を解除できるとするための根拠として請求権の実体的特性を指摘するだけでは十分ではない。そこで、定期金方式によって損害賠償を求めるという将来給付訴訟の特性に注目するべきである。すなわち、この種の訴訟では、将来現実化する給付義務を将来予測に基づいて現在主張するという形をとる必要がある。しかし、判決の基礎となる将来の事実関係については不確実さの伴う予見的な提出方法しか考えられず、判決の標準時における予測が正しかったかどうかは、後に事実関係の変動が生じてはじめて明らかになる。このような制度的な制約のもとになされた将来の定期金賠償判決に対して、実際に変動が生じてからなされた判決と同レベルの既判力の遮断効を認めることは正当ではない。(27)

このような分析視座を前提にして、変更訴訟の性格付けを試みるならば、第一に変更訴訟とは、不確実性を伴う将来予測判断の誤りを主張し、その是正を行うことで給付内容の再調整を行うものであるということになる。

また第二に、将来予測判断に対する既判力の作用は決して磐石ではなく、予測の誤りを主張する変更訴訟は既判力を緩めるものではないことも指摘しておかなければならない。変更訴訟の可能性は、給付内容を現実に合わせる手段として定期金賠償判決の中に当初からプログラミングされているというべきであろう。

(16) 学説の展開のまとめとして、佐久間・前掲注(7)論文と高橋眞「定期金賠償」ジュリ一一二六号（一九九八年）二四六頁以下を参照。

(17) 高田・前掲注(1)一八〇頁、一八五頁注(27)が指摘する既判力脆弱化の二つの根拠の内、定期金賠償という実体法上の規制目的に着目した論拠に対応する。

(18) 初期の議論では、損害額認定の厳格性回復が定期金賠償の目的とされ、主として植物人間事例において平均余命に頼らないためのテクニックとして定期金賠償は実務上一定の意味を獲得した（名古屋地判昭和四七年一一月二九日判時六九六号二〇五頁、前掲札幌地判昭和四八年一月二三日参照）。しかし、これは定期金賠償では被害者の死亡を終期とでき、不確かな平均余命に頼らなくていいという意味であり、訴えないし債務名義の特定性の問題はあるが、既判力相対化とは必ずしも関連しない。

(19) 楠本・前掲注(8)一九七頁以下、二二三頁、藤村和夫『交通事故賠償理論の新展開』（一九九八年）一二五頁、一三四頁以下参照。

(20) 判例の状況は、藤村・前掲注(19)一一〇頁以下、一四六頁以下、吉澤卓哉「無能力者の扶養確保のための定期金賠償」損害保険研究五七巻一号（一九九五年）五五頁、五九頁以下、佐久間・前掲注(7)三二五頁以下参照。新しいものとして大阪地判平成一〇年六月二六日判タ一〇〇一号一九六頁（介護費用賠償）がある。

(21) 損害の複雑な公害や薬害を念頭に置いて、被害者や家族の生活に対する被害を具体的包括的に把握し、完全賠償を得させる一つの手段として定期金に注目する見解として、吉村良一『人身損害賠償の研究』（一九九〇年）一八六頁、高橋・前掲注(16)二四八頁。

(22)　山本・前掲注(12)二七頁以下参照。
(23)　後述するように、伝統的見解では確定した判決内容修正の限界は極めて厳格に設定されていたと思われる。
(24)　人身損害賠償請求権を基礎づける事実関係についても通常の証明度を要求する立場が有力であるが（鈴木正裕＝青山善充編『注釈民事訴訟法(4)』五六頁〔加藤新太郎執筆〕。反対、伊藤滋夫『事実認定の基礎』（一九九六年）二一二頁）、それが将来予測判断そのものであることに注目するならば、より低い証明度で足りると解される。この点は民訴法二四八条（同条についての学説の詳細は、高橋宏志「証拠調べ(二)」法教二三五号（二〇〇〇年）九六頁、一〇三頁以下参照）とも関連するようにも思えるので、別に検討することにしたい。なお、Petzoldt, a.a.O., S. 189は、将来予測を基礎づける要素の真実性は前訴段階では鑑定だけでしか明らかにできないという証拠方法の制約が判決の事後修正を正当化すると論じる。
(25)　高田・前掲注(1)一八〇頁、一八五頁注(27)が指摘する既判力脆弱化の二つの根拠の内、将来給付判決の既判力の正当性に着目した論拠である。将来予測の脆弱性に注目する議論もその趣旨は同様である。山本・前掲注(12)三二頁、高橋宏志「確定判決後の追加請求」『中野古稀祝賀　判例民事訴訟法の理論(下)』（一九九五年）二四九頁、二六三頁、同『重点講義民事訴訟法（新版）』（二〇〇〇年）六一八頁、林屋礼二ほか『民事訴訟法入門』（一九九九年）一八九頁〔吉村徳重＝松尾卓憲執筆〕。
(26)　このような帰結を、いわゆる期待可能性による既判力縮小論から導くことはできるのだろうか。例えば河野・前掲注(13)論文は、前訴における当事者の行為を規範的に評価して、前訴の時点で提出し判断を受けることが期待できたものだけが判決内容を形成でき、将来の事象についての主張を期待することができない場合にはその不利益を当事者に転嫁することはできないと論じる。河野説は、判決は当事者双方が自主的な判断に基づいて提出した資料を基礎になされることに注目し、当事者の自主的な判断の前提になり得なかった事情の変動が生じた場合には判決の拘束力の基礎が存在しないと考え、契約法の事情変更原則を応用しようとするが、議論の実体は期待可能性による既判力縮小論であろう。その結果、およそ前訴段階で主張を期待できなかった事情を主張させるものが変更訴訟であるということになりそうである（吉村徳重ほか編『講義民事訴訟法』（二〇〇一年）三五四頁〔井上治典執筆〕

も同旨か。）。しかし、例えば症状固定後一定程度の損害が持続するとして定期金賠償が求められた場合では、第一訴訟の争点形成過程で後遺障害の程度という争点をまったく提示できなかったのではなく、予測的数値という不十分な形でしか提示できなかったにすぎない。そして、このような不確実な判決基礎に基づく柔らかい判断が当初から修正の余地を残した弱い既判力で保護されているのである。期待可能性説（代表例として高橋『重点講義』（前掲注(25)）五一五頁）が、前訴で主張されなかった事実に対する遮断の範囲を前訴の争点形成過程に照らして事後的に緩めるのに対して、ここでは主張立証されたものについて判決当初から柔らかい既判力を発生させることが意図されているという相違がある。したがって、期待可能性論が問題とする類型とはぴったりと重なるわけではない。なお高橋・前掲注(25)論文二六五頁注(19)。

(27) このような角度から議論をするならば、一時金方式による損害賠償判決でも損害の将来性と将来予測の脆弱性は払拭できないことを直視して一一七条の類推可能性を認めるか、あるいは同条が著しい変動を要求するのが不当だというのであれば、山本・前掲注(12)四一頁、六三頁から六四頁のように端的に既判力の相対化を図りうるのではないかとの疑問が提起されよう。

一時金の修正は不可能だとする根拠はおそらく以下のように二つ考えられる。第一に、実体法ないしその基礎となる当事者意思が二つの賠償方式で変動リスク配分の方法を異ならせているのだから、一時金賠償の事後修正はできないのだという説明である（高田・前掲注(1)一七七頁注(15)はこれを示唆する。）。しかし、債権者の選択権を明確に認めていない日本法の下では、債権者の選択に債務者が拘束される根拠を一方当事者の意思だけで説明することは困難なのではなかろうか（河野・前掲注(13)七九〇頁参照）。

第二に、一時金賠償請求権は口頭弁論終結時に金額が確定した債権として現に存在するものであるから、その後の事情の変動によってもその請求権は実体的に影響を受けるはずがなく、そもそも実体変動を理由とした修正を論じる余地はないという説明も考えられる。つまり、後遺障害が見込みに反して変動したがゆえに別の請求権が判決確定後に新たに発生・消滅したということにはならないということである。この点に関連して、口頭弁論終結前に被害者が別原因で死亡しても就労可能年限までの逸失利益賠償を認める最判平成八年四月二五日民集五〇巻五号一二二一頁と最判平成八年五月三一日民集五〇巻六号一三二三頁の趣旨は、口頭弁論終結後の被害者死亡の場合にも当てはまると思われる（三村量一・曹時五〇巻一一号（一九九八年）一一二頁、一四〇頁以下参照。ただし将来の介護費用は被害者死亡までとする最判平成一一年一二月二〇日民集五三巻九号二〇三八頁の井嶋一友裁判官補足意見は、介護費用については別の考え方が妥当しうることを示唆する。）。この判例のように一時金債権が確定額債権であることを強調するならば、その事後修正を認めることは従来の既判力論から見ればその異質さは際立っているといえよう。また後掲の注(47)で検討する一部請求の応用による追加賠償や権利濫用に基づく請求異議といった裁判例は救済判決の色彩が濃く、これらをそのまま一般化することも困難である。

たしかに一時金は元本（Kapital）で一挙に清算して（abfinden）後に関係を残さないという点にその本質を見いだすべきであろう。しかし、一時金賠償請求権が主張される場合であっても、いわゆる労働能力喪失説に立ったとしても事故時には抽象的な意味での損害が生じているにすぎないと解することは不可能とは思われない。また、損害額を現価に引き直すために行われる中間利息の控除は抽象的にすべての事件につき定率で行われているにすぎず、それによって債権が現在化するというのは擬制にすぎないのではなかろうか。山本・前掲注(12)四一頁参照。このように見るならば、一時金賠償でも本質的には損害の将来性を前提としていると理解することができ、また、将来予測の不確実性によって当事者の攻撃防御方法提出権が制約されているという状況は一時金方式の場合でも異ならないとすれば、一一七条の類推可能性を完全に排除する必要はないのではなかろうか。

三　変更訴訟の要件について

一一七条一項は、損害額算定基礎が口頭弁論終結後に変動し、かつその変動が著しいものであることを変更訴訟の要件としている。ここでは本稿三で得られた視点に基づいてこれらの要件の分析を行う。

1　原判決既判力標準時後の損害額算定基礎の変動

変更訴訟が想定する典型例は、原判決で症状固定時の後遺障害が将来も同じレベルで持続すると予測して給付額を決定したが、見込みに反して症状が悪化ないし軽快化したという場合であろう。(28)

ではこの例とは異なり、後遺障害の程度が将来変動すると予測して給付判決をしたが、実際は予測したような結果が生じなかった場合は変更訴訟の要件を満たしているのだろうか。例えば、現在は症状が安定しているが数年後には悪化が見込まれると判断したがそうはならなかった、あるいは、むち打ち等による神経障害について三年後の症状改善を予測したが改善しないといったように、(29)実際は予測事実不発生に終わった場合に給付義務の修正を求めることができるのだろうか。

これは、当初の見込みとは異なって、口頭弁論終結時の事実関係がそのまま持続したために金額が現時点では不相当になってしまったというものである。客観的に観察すれば算定基礎事情は前訴段階から変動していないから、事後修正を求める余地はないという考え方も成り立ちうる。(30)しかし、症状が悪化していないのに予定通り損害金の割り増しを認め、あるいは、症状が改善しなかったのに改善したという前提で損害金が縮小するという結論は、どう考えてもおかしいのではなかろうか。(31)ここでは、原判決の基準時に客観的に存在した事実関係が変化して初めて算定基礎となる事実関係が変化したといえるのだと解釈したために、このような結果が生じているわけである。しかし、変更訴訟の目的は、判決の標準時における予測判断と現実との間に生じた食い違いを再調整するということであり、原判決での予測判断の結果命じられた給付義務の中身と、現時点で基礎にされるべき数値を利用して算定した給付義務の中身に食い違いがあれば、将来予測（見込み）の誤りが顕在化したといってよく、算定基礎の変動があったと認定してかまわないと考えるべきではないだろうか。(32)条文の文言解釈上は、予想した変動の不発生も変動に含めれば足りよう。

2 将来の変動とその予見的提出責任――いわゆる予見可能性について

はじめに二つの例を挙げる(33)。

〔設例1〕 原判決は、症状固定時の労働能力喪失率二〇％の状態が継続するものとして定期金賠償を認めたが、後に当該後遺障害が悪化したために賠償額が不相当になった。この変動は予見可能であったのに当事者から主張がなかった場合でも、増額修正は要求できるか。

〔設例2〕 原告は、現時点では労働能力喪失率二〇％の状態だが、のちの一定期間経過後五〇％の労働能力喪失に至るとの前提で定期金賠償を求めたが、裁判所はこの見解を採用しなかった。後に予想通り当該後遺障害が悪化したために賠償額が不相当になったとして、増額修正は要求できるか。

学説の中には、事後的な変動を前訴時点で通常予測（予見）できた場合には変更訴訟を起こせないとするものが有力である(34)。この見解の実践的意図は、当事者が合理的に予見できた事情変更を全く主張していなかった場合や、主張したが立証に失敗した場合には、このような事情変動の有無については判決の中に織り込み済みと見なして後に主張できないものとする点に求められよう。以上のような意味での予見可能性を要求する見解は、次のような考え方に立っているものと思われる。通常の現在給付判決では、例えば標準時前の弁済や契約の無効原因といった事情は第一訴訟で規範的に主張しておくことが期待でき、その主張がなかった場合でも、また主張したが裁判所が受け入れなかった場合でも、裁判上はそのような事実はなかったものとして前訴判決の中に織り込み済みであると評価する。そして、主張することが期待できない標準時後の事情だけが既判力に妨げられずに主張できるしくみである。ところが、将来給付判決では、将来いかなる損害が発生するのかを基礎づける事情も、標準時前に予測判断の形で判決内容に取り込まれている。そこで、標準時後に現実化する将来的事実であっても、標準時前に生じた事実関係と同じレベルに位置づけて両者に平等に遮断効を及ぼすことができるとするのであろう。

ではどのように考えるべきだろうか。将来の給付義務を定めるためには、将来の事実関係を現時点で認定しておく必要があるから、予見可能な事実関係について提出責任を認めることには合理性があると思われる。ただ、問題は予見的な形でしか提出できない事実関係に対する遮断効を過去の事実関係に対するそれと全く同じレベルで理解してかまわないのかということであり、今までの考察によって得られた視座によれば、単純に同レベルに置くべきではないということになる。(35) その際、将来予測の不確実さに変更訴訟の根拠の一端を求めるのであれば、判決が基礎とした事実関係の不確実さの度合いに注目して議論を展開する必要があるのではなかろうか。(36) 例えば、標準時直後に生じることが確実視されるような事情は不確実性の程度が低く、現在の事実と同一視しても不合理とはいえないので、口頭弁論終結時までに生じた事実関係と同レベルの提出責任及びそれに基づく遮断効を肯定してよいと考える。ドイツの判例で問題となった例であるが、扶養権利者がまもなく誕生日を迎え扶養金標準額表では一ランク上になるとか、口頭弁論終結直後の新年度から俸給表の等級が一ランク上になることをこのような例としてあげることができる。(37)

他方で、将来変動するであろうという予想はできるが、変動の具体的な中身まで確実に予見するのは容易ではない事実関係について、当事者や裁判所が予見するに至らなかったことはどう評価されるべきか。例えば、薬害被害者が段階的に悪化すると予想できる後遺障害を負っているが、その増悪化の程度を具体的に数値化して予測することは困難であるという場合や、職業付添人の標準賃金が毎年上昇していることは過去の実績から明らかであるが、年何パーセントの割合で上昇するとは断言できない場合が考えられよう。前に述べたように、定期金賠償は定型化して予測を立てておくことが困難な変動に対応する請求権として構成されていることを重視するのであれば、事後的修正がありうることを留保して相対的に確実に予測できる事情を中心にした争点形成の下に判決をすればさしあたり十分であるといえる。将来予測の誤りが生じた原因が、予見可能な事情の主張がないためにそれを判決基礎に置かなかったことにあるからといって、そのことから直ちに一一七条の適用を拒否するべきではないように思われる。また、客観的には予見可能であったということは、しょせん後になってみないとわからないことであり、実際の事件の当事者や裁判所の能力上予見できなかったことを一律に非難するべきではない。

最後に、設例2のように具体的に予見して提出した事実関係の証明に失敗したが、後にその通りの変動が生じた場合はどうなるのだろうか。このような場合に変更訴訟によって遮断効を緩めることは、当事者に甘すぎるという見方もあると思われる(38)。しかし、後遺障害の変動を具体的に予見してあらかじめ判決の中に盛り込むこと自体困難であるし、証明に失敗したとおりの変動が生じたとしてもそれは偶然の事柄と見るべき場合が少なくないのではなかろうか。したがって、判決が基礎とした事実関係と現在のそれとが食い違うものとして変更訴訟を認めてよいのではないだろうか。ただ以上のような場合には、現時点で提出できる証拠資料が前訴段階では利用できなかったこと、もしそれが前の訴訟で提出されていれば異なる結論に至ったことが確実だという条件による絞り込みは必要であろう。

3　著しい変動

一一七条一項は事後的な変動の中でも著しい変動のみを考慮すると定めている。新法制定後の通説は、この要件を日本語の字義通りに変動が甚だしいこと、つまり請求権の額が甚だしく増減することと理解している[39]。その結果として、実体権の変動を訴訟上主張する可能性は強く制約されることになる。では、なぜこのような条件が立証できなければ変更訴訟は許されないことになるのだろうか[40]。筆者は、わが国で変更訴訟制度が作られる以前に将来給付判決修正のハードルを比較的高く設定する立場がすでに判例・多数説を形成していたことに注目すべきであり、「著しい変動」要件はこのような伝統的見解の延長線上に位置付けられるのではないかと考えている。以下、このような仮説に立って「著しい変動」要件の意義を批判的に分析する。

わが国で将来給付判決確定後の事情変動に対する対応が問題となった例は、継続的不法行為である不動産の不法占拠者に対する賃料相当額損害賠償の回帰的給付の事例であり[41]、将来給付判決の既判力相対化の議論もこれを中心になされてきた。ところで、この問題について早い時期に判例総合研究をされた星野雅紀判事は[42]、「口頭弁論終結後に社会通念上予測し難い事実が発生し、損害が増大した場合に限って」修正ができるとされ、これを受けた小島武司教授も[43]、追加請求の可能性の限界は前訴判決と現状を比較して最も顕著な不当性が現れた場合に置かれるべきだとされていた。その後の学説でも[44]、確定判決内容の修正の限界はかなり厳格に考えられてきたということができる。この過去の議論では、標準時に現存する法律関係が将来も持続するものと単純に推定することが必ずしも適切ではない継続的不法行為(ただし形態は不動産の不法占有)の場合ですら修正の限界を厳しく設定するのであるから、本稿が問題とする一回的不法行為による人身損害定期金賠償でも、同様に厳しい限界設定が想定されていたのではないかと考えられる[45]。

さて、一一七条一項があえて「著しい変動」を既判力相対化の条件としたのは、些細な変動を理由とした安易な変更要求の可能性を排除することで、裁判官や当事者の負担を軽減するという実際的な理由に基づくとも思えるが、[46]私見によればこれは非本質的な理由にすぎず、今紹介したような将来給付判決内容修正の限界を比較的厳しく考える議論を前提として初めて理解できるように思われる。このような伝統的な見解を支える根拠は明確ではないが、将来給付制度はもっぱら原告の便宜のための制度であることが前提となっているからではなかろうか。つまり、そもそも債権者には、将来給付訴訟による債務名義の事前形成のほかにも、各期末に現実化した回帰的給付義務の履行を求めるという選択肢が存在する。ここで、オプションとしての将来給付訴訟は債権者の一方的な便宜を図るための手段にすぎないと理解すると、履行期限以前に防御を強制される債務者はともかく、債権者は将来の変動を覚悟して請求した以上は予測と現実とのずれは引き受けたものと見なすというリスク配分も不可能とはいえない。それがいやならば、各期末に給付義務が具体化するごとに請求をするべきだともいえるからである。このように考えるならば、債権者による将来の給付義務修正はごく例外として認めるべきだということになりそうである。[47]

ではどのように考えるべきであろうか。筆者は、いったん将来給付の訴えの請求適格を肯定しておきながら、[48]給付内容の再調整の余地を狭くすることは将来給付訴訟の存在意義を否定することにつながりかねないのではないかという疑問をもつ。なぜ、訴訟法が債務者側の意思とは無関係に将来の回帰的給付義務について一括した債務名義を形成する利益を債権者に与えたのかを問うならば、それは、この形態の訴訟がないと回帰的給付債権の基本的法律関係が確実に成立している場合であるにもかかわらず、相手が争うならばいちいち基本的法律関係の立証を強いられることになり公平でないし、支分権が発生するたびに訴えを起こさざるを得ないのでは当事者に無駄を強いるからにすぎないと思われる。債権者が判決修正要求をする機会を強く制約するのは、訴訟の無駄な繰り返し防止という制度目的[49]を越えていると思われるし、また、変更訴訟の根拠を将来予測判断の脆弱さに求めるのであれば、双方当事者に対して原則として平等に予測判断の事後修正権を留保しておくべきであろう。

残された問題は、「著しい変動」の意味をどのように考えるべきかである。筆者の能力に限界があるので、ここでは、著しい変動要件の具体的認定基準の数量化を試みる見解についてさしあたり若干のコメントを行うだけにとどめざるを得ない。

数値的な基準を提案するものとしては、事情の変更が請求権の一〇%を超えることというドイツ実務の基準が著名である。(50) わが国では、定期金給付額の三〇%を超える増減か五〇%を超える増減のどちらかという基準を提唱する見解、(51) 四〇%程度を目安とする見解、(52) 二〇%を一応の目安としつつ、これと別個に変動した状態が一定期間持続することの予測がされることを要するとする見解(53)などが既に主張されている。また、不動産不法占拠者に対する賃料相当損害金の金額修正を扱ったわが国の判例は二倍以上の変動の場合を扱っているとされており、(54) これを目安にするならば学説が提案している基準をはるかに上回る。いずれにしても相当重大な変動を必要とするわけだが、これらの数字はしょせん感覚的・恣意的であるとの批判は免れがたい。また、これら要件の数値化を試みる見解は、認容されるべき金額がどれだけ増減するかを基準としている点で、一一七条が算定基礎となる要素(数値)が変動したことを変更訴訟の要件としていることと明らかに矛盾するのではなかろうか。たしかに、それだけの金額の変動が生じた以上はそれに見合うだけの算定基礎の変動があったと見るべきなのかもしれないが、最終的な給付金額の変動の程度と算定基礎となる数値の変動の程度とが常に比例するものではあるまい。

いずれにしても、「著しい変動」の必要性とは、実体権の内容に変更を生じさせたとはいいがたい程度の事情の変動は、前訴判決の時点で規範的にも計算済みであることを意味するにすぎず、この条件を厳しく解釈することは、判決内容修正の可能性を必要以上に制約するおそれがあり疑問である。そこで、当事者間での公平上相当程度の変動があれば足りるものと考えておきたい。[55]

(28)　ただし、これは症状固定の判断や労働能力喪失率の判断を誤ったことに起因するものであり、事後的変動を主張する場合ではないのかもしれない。後遺障害の客観的内容が変動していない場合は、一般に変更訴訟を提起できないとされるが（雛形＝増森・前掲注(1)二〇頁）、事後的変動があったと判断される場合との区別は、実務上相当微妙な問題になるように思える。なお、注(32)も参照。

(29)　民訴法の条文はZPO三二三条とは異なり、給付期間の変更をもたらす要素を考慮する可能性を認めないが、本稿はこれを可能と解する。死亡を終期とした介護費用賠償や就労可能年限を六七歳とした逸失利益賠償では期間の伸縮はほとんど問題とならないが、期間を短く区切った場合は症状の変動によって給付期間の伸縮の問題が生じうるからである。

(30)　ドイツの判例には損害賠償定期金の事例で変更を肯定したものがあるとされる。Braun, Grundfragen der Abänderungsklage, 1994, S. 189, 207f. 山本・前掲注(12)六二頁。

(31)　高田・前掲注(1)一九〇頁注(41)。

(32)　この考え方を詰めて行くならば、算定基礎事情の客観的な変動がなくても変更訴訟を起こすことができるということになるのかもしれない。Braun, a.a.O., S. 176ff., 224ff. はこの方向を追求しているが、本稿はそこまで徹底するには至っていない。客観的（現実の）事情変動がなければ既判力を覆すことはできないという考え方（ドイツの判例はこのようである。山本・前掲注(12)六一頁以下参照。）は、変更訴訟を既判力の時間的限界と結びつけて考えることと整合性を有する。しかし、現実に事情変更がなくても判決内容の修正を要求できると理解するならば、変更訴訟はもはや既判力の時間的限界の問題ではないということになろう。将来予測判断を基礎づける事実関係（症状固定時や労働能力喪失率）の認定ミスも修正できるとすれば（本稿注(14)参照）、同様である。

(33)　いずれの設例とも雛形＝増森・前掲注(1)二〇頁の叙述を参考にした。

(34) 河野・前掲注(13)七八六頁、雛形＝増森・前掲注(1)二〇頁から二一頁、納屋・前掲注(1)一四頁、石川明＝小島武司編『新民事訴訟法（補訂版）』（一九九七年）二六二頁［猪股孝史執筆］など。
(35) 高田・前掲注(1)一八六頁参照。
(36) 雛形＝増森・前掲注(1)二一頁は、「口頭弁論終結時に誰しも容易にその変更の発生を予測できる基礎事情」を主張しなかった場合と限定的に理解している。
(37) 前者の例につき、Braun, a.a.O., S. 182f.; Musielak, ZPO, 1999, §323 Rdnr. 33を、後者の例については、Braun, a.a.O., S. 180をそれぞれ参照。
(38) 雛形＝増森・前掲注(1)二一頁はこのような立場である。
(39) 雛形＝増森・前掲注(1)二二頁、高田・前掲注(1)一八九頁から一九〇頁、『研究会』一二二頁から一二三頁、納屋・前掲注(1)一四頁など参照。
(40) 変更訴訟の原告が著しい変更にあたる事実関係を主張することは訴えの適法要件であり、その事実関係が現に存在するか、またそれが本当に著しい変更といえるかは、本案要件であるとドイツではいわれている(Stein/Jonas/Leipold, ZPO, 21. Aufl., 1998, §323 Rdnr. 19)。
(41) 最判昭和六一年七月一七日民集四〇巻五号九四一頁。判例の状況は、高橋・前掲注(25)論文、星野雅紀「将来の給付の訴えの要件と既判力」判タ五二四号（一九八四年）五三頁など参照。
(42) 星野・前掲注(41)六一頁。
(43) 小島武司「既判力の縮小・増幅」新堂幸司ほか『演習民事訴訟法2』（一九八五年）二七六頁。
(44) 高橋『重点講義』二二一頁、五一九頁、高橋・前掲注(25)二六三頁。
(45) 定期金賠償の変更が問題となった例は見あたらないが、一時金賠償判決の実質的な修正（前掲注(27)参照）を行った例は存在する。このような場合にも著しい変動が修正のための条件となっているのかどうかはひとつの問題である。一時金賠償の事後修正では著しい変動は要求されてこなかったといわれることが多いが、疑問がないわけではない。

最判昭和三七年五月二四日民集一六巻五号一一五七頁は、前訴判決が稼働能力の一〇〇％喪失を確定したのに、予想に反して被害者の負傷が回復し、従前の営業を再開したという場合について権利濫用を理由に請求異議の可能性を肯定したものである。山木戸克己教授は本判決の批評で（民商四八巻二号（一九六三年）一一四頁、一二一頁）、将来の労働能力の程度を予測することは正確を期しがたいことを理由に、著しく前訴判決の認定との相違を来したときは既判力を制限できるとの可能性を示唆されている。そうなると、この判決が被害者の強制執行を信義則違反ないし権利濫用と評価できる可能性ありとした決定的な理由は、前訴判決の判断に反して被害者の負傷が快癒し営業を再開したという事情、つまり後遺症の程度が著しく軽減化したことに求めるべきであり、仮に被害者の後遺症が軽減し例えば日々数時間の単純なデスクワークをするに至ったという事情だけでは信義則違反ないし権利濫用との評価は難しかったと思われる。

他方、前訴判決確定後に増大化した治療費の追加請求を許容した最判昭和四二年七月一八日民集二一巻六号一五五九頁でも、後遺症の程度が深刻化したことや前訴請求額ないし認容額と後訴請求額との差額が著しいことが追加請求を認めるための条件とされたのかという問題がある。たしかに、この判決の事例では後遺症深刻化の程度が考慮された結果として後訴が容認されたように見える。だが、この判決は、前訴請求で認められた数額の根拠となる基準とは異なった事実関係に基づいて別種の損害が発生したと評価できる場合を扱ったものと解される。つまり、被害の深刻化というよりも別種の損害の発生が新たな賠償請求権の発生をもたらし、それが別訴で主張されたにすぎないのである。そうであれば、前訴認容額と後訴請求額との差額が著しいことは、この事件では追加請求を許すための決定的な条件にならなかったと考えるべきであろう。もっとも、別種損害ではなく当の後遺症の程度が悪化したことを理由とした追加賠償の場合は、予測判断自体の修正であり、変動の著しさがおそらくは要求されるのではなかろうか。

なお、以上の判例の理解については、山本・前掲注(12)三八頁以下が詳細である。

(46)　村上康二郎「確定判決の変更を求める訴えと著しい変更の要件」法学政治学論究四六号（二〇〇〇年）一八三頁、一九四頁と二一二頁注(50)参照。

(47) 従来あまり議論されてこなかったが、この論理によれば債務者による減額要求は緩やかに認めるべきだということになりそうである。なおブラウンは、変更訴訟を被告の審問請求権の事後的保障手段と理解し(村上・前掲注(46)一八七頁から一八八頁参照)バランス論的に原告の増額要求も認めるという議論を展開するが、本稿は将来予測判断の脆弱さという観点から増額・減額要求を統一的に把握する。

(48) 将来的損害賠償の請求適格は、大阪空港大法廷判決(最判昭和五六年一二月一六日民集三五巻一〇号一三六九頁)で論じられたものである。たしかに継続的不法行為における将来損害では、その成否、給付義務の中身、給付期間などがかなり不明確であるために、口頭弁論終結時の法律関係の継続を漠然と推定して、安易に起訴責任を債務者に転換することには問題が多い。これに対して損害賠償定期金では、少なくとも症状固定時に認められるレベルの損害が持続するものと推定し、その見込みがはずれた場合に事後的な修正の余地を残しても、被告の防御の負担が著しく重くなるとはいえない。

(49) Hahn/ Mugdan, Die gesamten Materialien zu den Reichsjustizgesetzen, Bd. 8, 1898 (Nachdruck 1983), S. 100によれば、将来の回帰的給付を求める訴えの規定(ZPO二五八条)は「同一の対象に関する訴訟を継続的に繰り返すことを防止するという目的をとりわけ有するものである。」という。

(50) これを詳しく紹介するのが、村上・前掲注(46)一八九頁以下。右論文はドイツ法の基準を積極的に参考にできるとの立場であるが、ドイツの実務で一〇%の基準が採用されているのは主に扶養料の増減を念頭に置いていること、後遺障害の程度とは異質な経済事情の変動を主に問題としていることに注意すべきだろう。つまり、扶養が月々の生活費を保障する主要な手段であることを考えると、年々確実に物価の上昇している現代社会では、一割程度の増減でも当事者にとってはかなり切実な問題になりうるのである。また、ドイツでは、デュッセルドルフ高裁方式の扶養料算定基準表の全国的な浸透に象徴されるように、扶養料の定額化と機械的な算定による裁判所の負担軽減が目指されており、一〇%基準もこうした機械的な算定を容易にするための一つの定型的な判断基準として、実務上採用されているのではなかろうか。その意味では、ドイツ実務における一割の変動という基準は、扶養という限定された領域での基準であり、このようなドイツでの議論から数値的な基準だけを取り出してその適否を論じ、あるいはわが国における逸失利益の定期金賠償に応用することにはいま少し慎重であるべきだろう。

(51)　民事訴訟法改正研究会「民訴改正「要綱試案」の検討」判タ八七〇号（一九九五年）五三頁［加藤新太郎］。
(52)　『研究会』一二二頁［青山善充発言］。
(53)　村上・前掲注(46)一九四頁以下と二〇二頁以下。
(54)　高橋・前掲注(25)二六三頁の分析を参照。
(55)　『研究会』一二二頁［伊藤眞発言］、伊藤眞『民事訴訟法（補訂版）』（二〇〇〇年）四四七頁の理解に基本的に賛成したい。

おわりに

本稿は、変更訴訟という新しい制度がわが国の民事訴訟法典に導入されたことをひとつのきっかけとして、将来給付判決、とりわけ定期金賠償判決の既判力をどのように理解すればいいのかという問題を扱ったものである。実体と判決との不一致を理由とした既判力の相対化を肯定することは、伝統的既判力観から甚だしく乖離しているように見える。しかし、将来現実化する権利について今の段階でその内容を予測判断することの中にある種の脆弱さが内在していることを直視するならば、将来予測判断の事後的な修正を目的とする変更訴訟は既判力を必ずしも弛緩させているわけではないと理解することができよう。

以上、人身損害賠償論には何ら寄与するところのない不十分なものではあるが、本稿を捧げることによって西原道雄先生の古稀をお祝い申し上げる次第である。

8　損害額算定における中間利息控除の意義に関する一考察

岡本智子

一　はじめに

現在の裁判実務によれば、人身侵害による損害賠償の中心は逸失利益であり、加害行為がなかったならば被害者が将来得るであろう収入額を推計し計算してきた。具体的には、被害者の事故当時の年収を基礎に、生活費を控除して年間の純所得を確定し、これに統計による稼働可能年数を乗じて得べかりし利益の総額を算出する。将来の得べかりし利益を現時点で取得するため、さらに中間利息を控除するという方法がとられた。(1)

この中間利息の控除方法については、従来、ホフマン方式かライプニッツ方式かという争いはあった(2)ものの、中間利息の控除割合年五パーセントという数値自体はほとんど所与のものとして取り扱ってきた。

ところが、最近の低金利状態を反映して、損害賠償請求訴訟において中間利息の控除割合を法定利率年五パーセントとするのが相当であるか否かを争う事件が増えてきた。この問題は、交通事故だけでなく労災・医療過誤など広く他の事故類型においても、死亡や後遺障害による逸失利益や介護費用など口頭弁論終結時以降の将来給付が問題となる場合、とりわけ稼働可能期間が何十年もの長期にわたる子供や青年の事例で重要な論点となった。

本稿では、経済成長期におけるベースアップ・インフレ算入に関する従来の議論を踏まえ、主として最近の不況下における逸失利益の算定に当たり中間利息の控除割合を低減する原告側の主張と裁判例の動向を概観し、これを通じて従来ほとんど議論されることのなかった中間利息控除の意義や、法定利率を中間利息の割引率（利子率）とすることの根拠・妥当性について改めて考察することにしたい。

二　従来の議論状況――昭和四〇年代半ばから六〇年代初め――

昭和四〇年代半ばから六〇年代初め、高度経済成長期において、特に未成年子が交通事故により死亡した事件で、逸失利益の算定に当たり将来の賃金上昇及び物価上昇といった成長要因を考慮すべきであるというベースアップ算入論・インフレ算入論が、原告側から強く主張されるに至った。その際、所得の成長率と五パーセントの割引率（利子率）との関係が問題となり、中間利息の割引率の認定やそもそも中間利息控除の意義自体が争点となった。成年に達した有職者と比べて、未だ就労をしていない未成年子の場合、就労開始から稼働可能期間の終了まで五〇年近くあるため、とりわけこの問題の影響が大きいからである(3)。

そこで、まず最初に、逸失利益の算定に当たり一般に将来のインフレやベースアップといった成長要因を考慮に入れるべきか否かにつき、特に中間利息の控除との関係を中心として整理することにしたい。

1　下級審裁判例の状況

(1)　原告・控訴人の主張

逸失利益の算定に当たりベースアップやインフレの算入を主張する原告の論理は、要約すると、次の通りである。

現在の経済体制の下では、長期にわたる過去の経済動向から求めた物価ないし賃金の上昇率程度、あるいはそれより控え目な上昇率が将来も継続することは、少なくとも受領した金銭に利息をつけて増やしていくことに比して劣らない程度の蓋然性をもっていいうる。あるいは、従来の物価上昇率や政府発表の経済見通し等に照らしてみても合理的に推測される。

以上から、第一に、賃金上昇率（＝物価上昇率＋労働生産性上昇率）を年五パーセントと推認し、これと法定利率年五パーセントによる中間利息とが相殺されるから、将来の物価ないし賃金の上昇を考慮すると逸失利益の算定に当たり、中間利息は控除すべきでないという主張(4)がある。

第二に、過去二〇年間の経済動向から物価上昇率を年四パーセントと推測し、名目利子率＝実質利子率＋物価上昇率という関係から、かつ中間利息控除の意味（将来得べかりし利益を現時点で与えたならば、受領した者はそれを年五パーセント程度の割合で増やしていく蓋然性が高いこと）から、預貯金金利（名目利子率）が年九パーセント程度期待されなければ、中間利息年五パーセントを控除した場合と同価値にはならないところ、過去二〇年間の預貯金金利をみると年八パーセント程度であるから、中間利息の利率を年四パーセントにすべきであるという主張(5)がある。

第三に、中間利息の控除に当たり、常に法定利率年五パーセントを採用することは、将来にわたってインフレや労働生産性の上昇がなく、実質金利が年五パーセントであることを意味するが、最近一〇年間の経済動向をみた場合、いかなる計算法をとっても実質利子率は年一・三パーセントを超えることはないから、中間利息の控除は右実質利子率の限度で行うべきであるという主張がある。(6)

(2) 裁判所の判断

1 否定例(7)

ベースアップやインフレの算入に関し、裁判所は、一般にこのような主張を認めないものの、口頭弁論終結時までに生じた賃金上昇については斟酌する傾向にある。その方法として、(1)口頭弁論終結時までに存在する最新の賃金センサスを用いるか、(8)(2)不法行為時の賃金センサスに口頭弁論終結時までの賃金上昇分を加算するか、(9)あるいは(3)中間利息の控除方式を選択する次元の問題として単にライプニッツ方式を採用する理由付けに用いるか、(10)(4)慰謝料算定の斟酌要素とするかにとどまっている。(11)

最高裁も、最判昭和五八年二月一八日判時一〇七三号六五頁、交通民集一六巻一号一四頁において、昭和五二年七月に交通事故により死亡した二歳の男児の逸失利益の算定に当たり、昭和五四年賃金センサスを基準として収入額を算定し、その後の物価上昇ないし賃金上昇を斟酌しなかったとしても不合理ではない旨判示した。同判決は、特に理由を述べていないため、以下では、原告・控訴人の主張を否定する論理を下級審判決から分析してみよう。

まず、「現下のインフレーションが将来も継続するであろうことはある程度予想することができるとしても」(④東京高判昭和五八年一月三一日判時一〇七三号八三頁)、「物価の変動は世界的な政治、経済情勢や国内における政治的、経済的、社会的な諸要因によって直接、間接の影響を受けるものであり、一定の経済法則によって上下するという性質のものではない」（⑤東京高判昭和五九年一月二三日判時一一〇二号六二頁）から、「将来も継続するであろうインフレーションがどの程度の物価上昇を伴うものであるかを長期的に予測することは極めて困難であ」り、ましてや「年率四パーセント以上の物価上昇を伴うインフレーションが継続することや将来長期にわたり預貯金の金利が年八パーセントを超えない水準にとどまることが高度の蓋然性の下に予測されるものということはできない」（前掲④東京高判昭和五八年一月三一日）、「将来の長期にわたり物価ひいては賃金の上昇率を的確に予測することは、いかに進んだ今日の経済学の手法をもってしても容易になし得ることではない」（前掲⑤東京高判昭和五九年一月二三日）、と判断した。

また、被害者が現実に被った損害を塡補するという損害賠償制度の目的から、「将来の賃金上昇率という高度の蓋然性をもって予見することの極めて困難な事柄を逸失利益算定の基礎資料に加えることは相当でない」（前掲⑤東京高判昭和五九年一月二三日）とした。

さらに、中間利息の控除について、一般にその利率を法定利率年五パーセントとする理由を「ほかにこの点につきより的確な指標がない」とし、「将来にわたって、インフレがなく、年五パーセントの割合による実質金利が維持されことを前提としているものではない」（前掲⑤東京高判昭和五九年一月二三日）と論じた。

そして、インフレが昂進していけば、それに応じ預貯金も目減りしていくことを認めつつ、損害賠償金の運用の方法は、預貯金することだけでなく、「これを資産の購入に充て、あるいはより有利な方法での利殖、運用を図る」ことにより、「法定利率を超える割合の資本収入を得ることも十分考えられる」（前掲⑤東京高判昭和五九年一月二三日、前掲④東京高判昭和五八年一月三一日）と判示した。

したがって、「現在までの経済動向をもって将来を予測することは極めて困難であるばかりでなく、原告らが受取るのは現在の貨幣価値によるものであるから、右証拠はいずれも採用できない」（②横浜地判昭和五六年九月二四日交通民集一四巻一号二三八頁）として、原告・控訴人の主張を斥けたのである。

要するに、否定する理由として、第一に、将来のインフレ率・ベースアップ率の予測困難性、第二に、資産の購入・運用及び利殖によるインフレヘッジの可能性を挙げている。

2 肯定例[12]

これに対して、⑥東京高判昭和五七年五月一一日判時一〇四一号四〇頁、交通民集一五巻三号五七八頁（②の控訴審）は、唯一インフレの算入を肯定した判決である。同判決は、「わが国において戦後かなり大幅な物価及び一般労働者の賃金上昇をみたことは公知の事実であり」、「現経済体制の下では、今後も長期的にインフレーション（物価上昇）傾向が継続することが明らかであって、その年率は予測し難い点もあるが、過去二〇年を超える経済動向に照らし、当面毎年の年率に上下はあっても、平均年率四分を下らない」と推認した。その理由付けとして、以下のように論じた。

「将来の得べかりし金員につき現在一時に支払を受けるべき額を算定する場合、特段の事情のない限り、民事法定利率五分の中間利息を控除した金員を先払させれば、前後等価値とみることができる」が、「年率四分の物価上昇がある場合は年九分程度の利回運用が期待されない限り、現在の金員がこれに対する年五分の利息を付加した将来の金員と等価値といえない」とした。

それに対し、「過去二〇年の預貯金金利の実態をみるに、郵便貯金（定額貯金）の最高金利は、昭和五三年四月以降の約一年間を除き年五分をかなり上回り、年八分となった時期もすくなくないことが郵便貯金法、同施行令などの法規上明らかであり、銀行預金（定期預金）の最高金利も概ね同率であり、政府保証債の金利がこれを稍上回ること、これら金利は概して物価上昇率に対応して変動していることは、公知の事実である。」「一審原告らの受けるべき損害賠償金がその生活維持の必要に直結すると認められない本件にあっては、一審原告らは支払を受けた金員をある程度有利な方法を選択して運用し、その名目価額を増加させることも不可能といえないから、一審原告らに年八分あるいは将来の物価上昇率を年四分上回る年率による運用を期待して差支えない。」とした。

こうして、本件事故のあった昭和五四年から一〇年間について、物価上昇率を平均年率四分としたが、それ以降の物価上昇については認めなかった。結論として、認定された年八パーセントの運用期待利回りから、過去二〇年を超える経済動向から予測した将来のインフレ率四パーセントを差し引いて得た実質利子率四パーセントをもって中間利息を控除し（但し八年間）、得られた逸失利益と年五分で控除した逸失利益との差額（一四四万円）を慰謝料により考慮したのである。

2　学説の状況

学説においても、逸失利益の算定に当たり、否定裁判例と同様の論理によりベースアップ・インフレ算入を否定する見解もあるが、大方は肯定する。そうすると、次の問題は、インフレをどのように算入するかである。これについては、以下の五つの見解に大別される。第一に、慰謝料補完説。[13] インフレ率を予測することは困難であるという前提の下で、インフレによる財産的損害の目減り分を慰謝料により斟酌するものである。第二に、インフレ率乗法説。[14] 将来のインフレ率を過去の経済動向から予測し、これを損害額に乗じ、その後に中間利息を控除するものである。第三に、インフレ率減法説。[15] 将来のインフレ率を過去の経済的動向や予想しうる経済構造から予測し、中間利息の利率年五パーセントからそのインフレ率を減じて得られた利率でもって中間利息を控除するものである。ベースアップ・インフレ算入を主張するほとんどの原告がこの説を採用している。この説の中には、インフレ率を控え目に年五パーセントと見積もって中間利息の利率と相殺することにより、結果的に中間利息を控除すべきでないと主張する者もいる。[16] 唯一ベースアップ・インフレ算入を肯定した前掲⑥東京高判昭和五七年五月一一日も、このインフレ率減法説に拠っていた。第四に、実質利率で中間利息を控除すべきであるという実質利率説。[17] 名目利子率＝実質利子率＋物価上昇率という関係において、一般に名目利子率は物価上昇率に依存し、時々の経済政策、特に金融政策のあり方にかなり強く影響を受けている。これに対し、実質利子率は、比較的予測が可能で、長期的視野でみるとそれほど大きく変動せず、過去の趨勢から大幅に逸脱することはないから、一定の経済予測モデルから求められる。それは、たかだか一、二パーセントといった数値である。したがって、右実質利率の限度で中間利息を控除すべきであるとするものである。

第五に、新美説[18]がある。民法修正案理由書第四〇三条（現行法第四〇四条）より、その当時における普通の利率が予定されており、経済上の実況と整理公債（現在の国債）等の利率をもって法定利率とされていたことを根拠に、法定利率は市場利率を擬制したものとみ、したがって民法典が法定利率の決定に際し、インフレ率と実質利子率の和を五パーセントであるという政策的価値判断をしていた。これを前提として、通常内部比率が不明確な場合には均分とする民法の原則により、法定利率五パーセント中、インフレ率二・五パーセント、実質利子率二・五パーセントと単純に割り切り、あるいはそのように推定し、後はインフレ率で処理するか、実質利率説に従って処理すればよい。現在の損害賠償法の論理構造からいけば、インフレ率乗法説で処理するのが一番無難であるとするものである。

3　小　括

この問題は、将来のインフレの推測性とインフレ算入による公平性の要求とをどのように調和させるかの問題であり、したがって「訴訟経済、訴訟遅延の防止の考慮をも含め、インフレの推測性に伴う欠陥を最小限にし、公平に反しない適切な補償を最大限に達成できる方法を選択しなければならない。(19)」と通常いわれている。しかし、現実の実務では、効率性や裁判予測を重視するあまり、損害賠償額の目減りに対し冷淡であり、公平を欠いていると思われる。

まず、インフレ率・ベースアップ率を否定する判決の第一の理由（将来のインフレ率・ベースアップ率の予測困難性）を分析してみよう。これは、将来インフレが継続するか否かの問題と具体的にどの程度の上昇率になるかという問題とを区別せずに論じ、原告・控訴人が提出する証拠によっては将来のインフレ率を予測し得ないとして、インフレ算入を否定する点で問題である。インフレ算入の問題は、基本的には稼働可能期間、収入額、生活費と同様、損害立証の問題に位置づけられ、その性質上合理的な蓋然性が認められれば足り、ことに右蓋然性が疑わしい場合は「控え目」に推認すればよいはずである（最判昭和三九年六月二四日民集一八巻五号八七四頁参照）。(20)インフレのみが不確実性を理由に考慮されないとするのは不当である。したがって、原告・控訴人が提出する、たとえば過去の長期にわたる経済動向、政府や諸機関の見通し、あるいは経済学者の鑑定(21)や証言により、長期的な平均的上昇傾向が把握されれば十分であるように思われる。そして、具体的なインフレ率については、裁判所が原告・控訴人の提出するあらゆる証拠資料に基づき、経験則と良識を十分に活用して、できうる限り蓋然性のある数値を予測するように努めるべきであろう。(22)この意味で、前掲⑥東京高判昭和五七年五月一一日が過去二〇年を超える経済動向から将来のインフレ率を推認したことは評価できる。

第二の理由（資産の購入・運用及び利殖によるインフレヘッジの可能性）については、確かに被害者が未成年子の場合、賠償額の生活保障的機能は薄められ生活費として消費し尽されることもないだろうが、これを利殖して運用するとなると、インフレヘッジを有するものはそれだけ危険性が高く、ある程度の知識や経験が必要である。「それは損害賠償事件の被害者にいわば通常人を超えた投機の才能を要求しているに等しく公正な要求とは思われない。[23]」

また、中間利息を法定利率年五分で控除する点について、単に他に「より的確な指標がない」という理由だけで、常に法定利率を採用することは疑問である。「中間利息控除の利率は、現時点から将来のある時点までの間に原告に発生すると考えられる期待利回り予測であり、将来の予測であるのに、年五分とアプリオリに決めてしまい、いかなる場合にも、何らの疑いをさしはさむこともなく控除している以上は、同じ将来の予測である労働生産性の上昇やインフレーションの算入も当然に認めるべき[24]」ではないのか。あるいは逆に、実務のように逸失利益算定の基礎となる収入額について賃金上昇や物価上昇という成長要因を考慮しないのであれば、これとパラレルに、被害者が賠償金を受領してから当該収入を得る予定であった時点までの期間の運用利回り率である中間利息の利率についても成長要因を考慮すべきではなく、それゆえ実質利子率を用いるべきことになろう。

さらに、経済学者・経済学博士である二木雄策教授は、次のように厳しい批判をなされており、傾聴に値する。「将来の成長率の大きさが争点である場合には、五%の証拠がないからといって〇%だと判断するのは合理的ではない。将来の成長率の可能性は論理的にはプラスからマイナスまで無数に存在しうるから、五%と〇%とは択一的な関係にないからである。したがって問題は五%の可能性を証明する証拠が存在するか否かではなく、五%という可能性と〇%という可能性のどちらが所得の成長率として高い蓋然性を持つか、より一般的に言えば将来の所得成長率を何％とするのが最も合理的か、ということである。[25]」「それが難問だからという理由で成長率を〇％だとするのは、論理の否定であり裁判所の役割放棄である。[26]」

三　最近の議論状況――平成一一・一二年――

最近の経済不況を反映し、郵便や銀行の預貯金金利が年一パーセントを切る低金利であるのに、逸失利益の算定において中間利息の控除をアプリオリに法定利率年五パーセントで割り引くのは、中間利息を控除する意味を考えると釣り合ってないという主張が、特にこの影響を一番受ける未成年子の事例で多くみられた。

そこで、次に、中間利息の割引率（利子率）の認定に関する最近の議論を紹介し、分析検討することにしたい。

1　下級審裁判例の状況

(1)　原告・控訴人の主張

まず、原告・控訴人は、逸失利益の算定に当たり中間利息の控除割合について、年一パーセント[27]、年一・五パーセント[28]、年二パーセント[29]、年三パーセント[30]、年四パーセント[31]にすべきである、あるいは年五パーセントは相当ではない旨主張した[32]。

次に、右のように主張する原告・控訴人の論理を分析しよう。たとえば、「現在の経済状況（とりわけ金利水準）を考慮することなく、法定利率により中間利息を控除することは、加害者である被告らを不当に利することになり、原告らに極めて不利である。」(16a)横浜地判平成一二年六月二七日交通民集三三巻三号一〇四三頁）。「中間利息の控除割合を年五パーセントとするのは単なる慣習にすぎず、本来、理論的かつ実証的な考察に基づいて控除利率を決すべきである。」として、「本件の逸失利益を算定する際に基礎収入として用いる賃金センサスの数値は経済成長に伴い一定の名目成長率で上昇していくと考えるべきであるから、死亡当時の賃金センサスに基づく名目所得を基礎として名目利子率により中間利息を控除して逸失利益を算出する場合には、名目利子率から名目成長率を差し引いた利率によって中間利息を控除するのが相当である。そして、将来所得の割引きは現有資金を適当な利率で運用することができることを前提とするものであるから、平均的な被害者又はその家族が通常の方法で運用できるとの意味で、名目利子率としては定期預金の金利を用いるのが適当である。」(⑭東京地判平成一二年四月二〇日判時一七〇八号五六頁、交通民集三三巻二号七一七頁)。あるいは「法律に規定がない以上、裁判所は、日本経済の置かれている状況などの現実をしっかりと踏まえ、何パーセントの利子率を用いて将来の所得を現在の価値に換算するのが妥当かという点について判断することが求められている。」(⑮横浜地判平成一二年五月一一日交通民集三三巻三号七九九頁)。

以上を前提に、中間利息の控除割合を法定利率年五パーセントより低くする理由として、(1)「一年物の定期預金の金利、消費者物価指数騰貴率、賃金上昇率についての平均値、公定歩合の金利、現在の市場金利の実態(極めて低金利)、大口定期預金の金利の平均値、家計資産運用に関する行政府の見解、家計資産の収益率、その他の事情を総合して実証的に考察」したこと(前掲⑭東京地判平成一二年四月二〇日)、(2)「公定歩合が、平成三年一二月三〇日に年五%を切って以来年々低下し、平成七年九月以降現在まで四年以上にわたって年〇・五%を続け、それを受けて銀行金利も低下し、近年の銀行金利が一%未満で推移しており、このような状況は今後相当年数続くことが見込まれる」こと(⑯名古屋高判平成一二年六月二一日自保ジャーナル一三七四号三頁(⑪の控訴審))、あるいは(3)「近時のゼロ金利政策の下では、預金の金利が五%の金融機関は存在しておらず、最も有利な元金一〇〇〇万円以上に適用される一〇年の大口定期預金でさえも金利は年二%を切り、最新の金利情報によれば、平成一二年五月一五日現在、大口定期預金の金利は更に低額化し、全国最高でも〇・八%で、全国平均は〇・六六%である。また、利付き国債一〇年（第二二二回）五月発行は、利回りが一・六八%と二%以下の利回りしか期待できない。そして、日本銀行のゼロ金利政策が今後も長期的に続くことはある程度の確実性をもって予測することが可能である」こと（㉖津地熊野支判平成一二年一二月二六日自保ジャーナル一三八〇号五頁）、(4)「現在のような超低利水準は、既に成熟した日本経済の状態からして、将来にわたって相当期間継続することが極めて高い蓋然性をもって予測できる」こと（㉔東京高判平成一二年三月二二日判時一七一二号一四二頁、交通民集三三巻二号四四五頁）、(5)「現在の金利水準からすると、損害賠償金を年五パーセントで運用することは不可能であり、金利水準が年利五パーセントに上昇し、それが継続する可能性もほとんどない」こと（前掲⑯a横浜地判平成一二年六月二七日）、を挙げている。したがって、「このような合理性ある予測は逸失利益の算定において斟酌されなければならない」のである（前掲⑮横浜地判平成一二年五月一一日）。具体的には、たとえば九歳の女児が死亡した事案で、「現在のような低金利が七年間続き、その間の平均金利がこの三年間の中間値である〇・二五パーセントであったとすれば、それ以降三五年間にわたって、金利が五パーセントに上昇したとしても、全就労期間平均金利は三・九四パーセントとなるのであるから、年利四パーセントの割合で控除すべきであるとの原告らの主張は事実に即した部分を持つ極めて控え目なものである」（前掲⑮横浜地判平成一二年五月一一日）と主張する。ちなみに、証拠として、本稿でも既に紹介した二木教授作成の意見書を提出した事例もあった（前掲⑯a横浜地判平成一二年六月二七日、⑳東京高判平成一二年一一月八日自保ジャーナル一三七四号一頁）。

また、中間利息と遅延利息との関係については、「逸失利益を算定するための中間利息の控除率は、現在受け取った金額を就労終期までにどれだけの利回りで運用することができるかという将来の経済事象に関するものであるのに対し、遅延損害金は、不法行為が発生した時点において支払われるべき賠償金を加害者が支払わなかったことに対するペナルティーであり、両者はその性質を全く異にするから、中間利息の控除を遅延損害金と同じ割合で行う論理的必然性はな」い（前掲㉔東京高判平成一二年三月二二日）と論じている。

さらに、中間利息とインフレ算入の関係についても、「逸失利益の算定の実務においては、戦後日本において一貫して物価が上昇して来たにもかかわらず、将来にわたる物価上昇の蓋然性が全く考慮されていない不合理さにも注意しなければならない」（前掲⑮横浜地判平成一二年五月一一日）として、「経済統計年報」によれば、全国勤労者所帯の可処分所得や消費者物価指数は戦後日本において一貫して上昇してきたが、「逸失利益の算定にあたり、インフレ加算しない一方で中間利息を年五パーセントで控除することは逸失利益の額を極端な低額に押し止めるものであり、その不合理性は顕著である」（前掲⑮横浜地判平成一二年五月一一日、前掲16a横浜地判）と主張する。

要約すると、中間利息の控除割合を年五パーセントよりも低くすべき理由付けとして、第一に、わが国の現在の経済状態(33)、第二に、当事者の公平や損害の公平な分担という理念(34)、第三に、中間利息と遅延利息との性格の違い(35)を挙げたのである。すなわち、現在のわが国の預金金利の実情などに鑑み、現在の低金利の現状からすれば、年五分の法定金利は高く、国民生活から乖離し実態に即しておらず、長期的に年五パーセントを大幅に下回る実質金利しか期待できない。当事者の公平という観点から、利率は年一〜三パーセントを超えないものと考えるべきである。遅延損害金と中間利息控除とは性格が異なるので、前者が法定利率によっても後者は法定利率による必要はないことになる。

(2) 裁判所の判断

1　否定例[36]

多くの裁判所は、ベースアップ・インフレ算入を否定する論理と同様、原告・控訴人の主張を形式論理的に否定した。特に、最判平成一二年七月一七日自保ジャーナル一三八〇号一頁（⑦、⑩の上告審）は、中間利息の控除割合を法定利率年五パーセントよりも低くすることを斥けた原審を支持し、被害者側からの上告受理の申立てを受理せず、上告棄却とした。かくして、最高裁を始め多くの下級審裁判所は、中間利息の控除割合を依然として法定利率年五パーセントに維持するのである。以下では、このような下級審判決の論理を分析することにしたい。

「逸失利益の算定における中間利息の控除は、被害者が将来の一定の時点で受けるべき利益（金員）を被害者の死亡時点等における現価として算定するために、当該将来の時点までの一般的な運用利益に相当する金員を控除する趣旨のものであるから、その場合の控除割合を、利息を生ずべき金銭債権につき別段の意思表示がない場合に元本に附帯する旨法定されている利率（民法四〇四条）や、金銭債務の不履行に伴う損害賠償として元本に附帯する旨法定されている遅延損害金の利率（同法四一九条、四〇四条）と同一のものとしなければならない必然性があるものということはできない。[37]」（前掲⑭東京地判平成一二年四月二〇日）としつつ、公平の観念から一緒の扱いをすべき旨述べた。「民法の制定当時、右の各利率が年五分と定められたのは当時の我が国及び諸外国の一般的な貸付金利や法定利率などを参考にした結果であって、その割合を定めるに当たり一般的な運用利益が考慮されている点においては、中間利息の控除の問題と共通する背景があ」り、「民法の右各規定は、その制定当時から現在に至るまで改正されていない[38]」（前掲⑭東京地判平成一二年四月二〇日）。「利率が年五％と定められたのは、民法制定当時のヨーロッパ各国及び我が国の一般的な貸付金利が五％であったことを踏まえて、金員の一般的な運用利率を長期的に展望したことによるものであり（穂積陳重政府委員の答弁を参照）、金利動向の短期的な変動によって頻繁に利率を変更することが予定されているものではないが、法定利率と実際の金利情勢との著しい乖離が長期間継続することが見込まれる場合には、法定利率を変更することも考慮されるべきである。しかし、そのためには民法四〇四条の改正という立法上の手当がされる必要がある。」(22c)東京高判平成一三年六月一三日判時一七五二号四四頁（㉕の控訴審））。

また、「将来の請求権の現価評価に関する現行法の規定について見ると、例えば、破産法四六条五号は、破産宣告後に弁済期が到来する無利息債権につき『破産宣告の時より期限に至る迄の法定利率による元利の合計額が債権額となるべき計算により算出せらるる利息の額に相当する部分』をもって劣後的破産債権とし、会社更生法一一四条、和議法四四条の二及び民事再生法八七条は、これらの法律に基づく各手続の開始後に期限が到来すべき期限附債権で無利息のものの債権額の評価につき、いずれも、各手続開始の時から期限に至るまでの債権額から控除するものとしていることに照らすと、将来の請求権の現価評価に当たっては、法定利率による中間利息の控除をすることをもって公平に適うものとするのが、現行法の一般的な考え方である」[39]（前掲⑱東京高判平成一二年九月一三日）と論じた。

次に、裁判所は、「わが国の金利動向については、昭和六一年頃までは長期間にわたり定期預金の年利率が五パーセント前後の水準で推移してきたところ、最近の約一〇年間は顕著な低金利の状態が続いていることが公知のところである。」[40]（⑱東京高判平成一二年九月一三日金判一一〇一号五四頁（⑭の控訴審））、「近時の公定歩合や市場金利は、非常に低い水準で推移しており、平成九年ごろからは郵便局の定額貯金や銀行の定期預金の利率は年一％を下回る状況が続いている。このような状況は当分解消される見込みが乏しいことは原告らの主張どおりである」[41]（㉑大阪地判平成一二年一一月二一日自保ジャーナル一三八九号六頁）、「バブル崩壊により、平成七年以降は、全国銀行の貸出約定金利は二％台で終始し、長期の定期預金金利も一％を下回るなど低金利の状況となっており、かつての高度成長の時期あるいはバブル景気の時期とバブル崩壊後とではその金利情勢が著しく異なる様相を呈している」、「そうすると、現状では被害者が受け取った賠償金を現実に運用しても、その運用利率が年五％に達することは困難であるから、このような状況の下においては、この控除すべき中間利息の割合を民事法定利率である五％より引き下げるべきではないかとの疑問を生じ」、「そのような主張も十分理解し得る」（前掲㉒c東京高判平成一三年六月一三日）と認める。それとともに、「逸失利益の算定における中間利息の控除と遅延損害金の利率は直接の関連性がないことを考えると、現在の金利の実情も考慮して控除すべき利率を認定する必要がある」（⑰大阪地判平成一二年八月二五日自保ジャーナル一三八〇号七頁）と論じている。

ところが、続けて現在の低金利が長期にわたり継続するか予測が困難であるという論理を展開する。「いわゆる戦後である昭和二〇年一〇月以降をとってみても、公定歩合が年五％を上回っていた時期の方が年五％を下回っていた時期より長く、この三〇年間をみても、昭和五〇年前後や昭和五五年前後の数年間は公定歩合が年六％を超え、一時的には年九％に達する時期があったことが認められるのであるから、公定歩合及び銀行金利等が今後も長期間低水準で推移するかどうかについてはなお予見し難い面があるというほかない。[42]」（前掲⑯名古屋高判平成一二年六月二一日）。あるいは「最近の約一〇年間は低金利の状況が続いているものの、それ以前の昭和四七年から同六一年までの一五年間の定期預金の金利の平均は年五パーセントに近い水準で推移しており、この間を一年毎にみる限り、定期預金の金利が年五パーセントを下回っていたのはわずかに四年しかない。[43]」（前掲⑭東京地判平成一二年四月二〇日）。「かかる状態は、いわゆるバブル経済の崩壊に伴いわが国に現在生じている特異な現象と見ることのできるものであるから、将来にわたりかかる状態が永続することものと判断することはできない。[44]」（前掲⑱

東京高判平成一二年九月一三日)。「むしろ過去の金利の動向に照らせば、最近の低金利こそ異常事態であって年五%程度の利率が通常であるということもでき」、「このような市場金利の長期的な動向に鑑みると、短期的にはともかく、本件のように逸失利益の算出時期がほぼ半世紀にわたるような場合には、現在の低金利を前提に中間利息控除の利率を定めることはむしろ適切とはいえない。」(前掲㉑大阪地判平成一二年一一月二一日)。

さらに、「物価の変動は種々の政治的、経済的、社会的要因によって影響を受けるものであるから、将来の物価の変動を予測するには困難を伴う」[45](⑫東京地判平成一二年二月二八日交通民集三三巻一号三一八頁)上、「本件のように、約四〇年という長期間にわたる逸失利益を算定するに際し、その間の貸付金利や定期預金の金利の推移を、客観的かつ高度の蓋然性をもって予測することは困難である。[46]」(前掲⑭東京地判平成一二年四月二〇日)、「長期間にわたる経済成長率を予測することは困難であるし、その間において従来の平均的な経済成長が期待しうることを認めるに足りる証拠もないから、逸失利益を算定するに際して、中間利息の控除割合を、定期預金の金利などから名目経済成長率を控除した割合とすることは、相当ではない」(前掲⑭東京地判平成一二年四月二〇日)とする。

また、将来にわたる逸失利益の算定においては、得べかりし収入の額、生活費の額、稼働可能期間等の諸要素のいずれをとってみても、その数額や期間を具体的に予測することは困難であるところから、一般的、抽象的な蓋然性に依拠してその数額や期間を措定し、これにより算定することをもって満足するほかないのであって、中間利息の控除においても、同様に、一般的、抽象的な蓋然性によらざるを得ない」(前掲⑱東京高判平成一二年九月一三日)、「中間利息の控除割合を何%とするかは、単に金利のみの問題ではなく、損害賠償算定の際に前提とする各種の数値(賃金センサス、稼働可能年齢、生活費控除率、民事法定利率等)との関係で考えなければならない問題である」(㉒a大阪地判平成一三年一月二五日自保ジャーナル一四〇九号三頁)とする。「逸失利益の算定における中間利息の控除割合については、永年にわたり、右のような基本的考えに基づき、その時々の金利動向の高下にかかわらず、前記民法上の法定利率による方法が定着して用いられてきたことをも考慮する必要がある。[47]」（前掲⑱東京高判平成一二年九月一三日）。「中間利息の控除率と遅延損害金の利率は、性質が違うものではあるが、被害者は、事故が発生した日から現実に損害の賠償を受ける日まで、損害について民法所定の利率である年五％の利回りによる運用をしたのと同様な経済的利益を実質的に取得することと、公平を考える必要がある。[48]」（⑮横浜地判平成一二年五月一一日交通民集三三巻一二号七九九頁）。あるいは、より端的に「民法四〇四条は、利息を生ずべき金銭債権について、別段の意思表示のない限り利率を一律に年五％とする旨定めており、また、遅延損害金についても、同法四一九条により、年五％とされていることからすると、これと表裏の関係にある中間利息の控除についても、特段の事情がない限り、年五％の割合をもって算定するのが相当である」（㉒d神戸地判平成一三年六月二九日自保ジャーナル一四一二号三頁）。「中間利息を控除する場合に、一般にその利率を年五％としているのは、将来得べかりし収入が現在価格で一時に支払われる場合には様々な有利と思われる利殖、運用をすることができること、他方では支払う側の負担等を考慮し、民事法定利率を参酌したものであ」る（⑩東京高判平成一一年七月一九日自保ジャーナル一三八〇号一頁（⑦の控訴審））とする。

さらに、「今なお大量に発生している交通事故による損害賠償事件の適正迅速な処理のための損害の定額化の要請、さらには裁判所の同種事案に対する判断の予測可能性などの諸事情も総合的に勘案すると、……いわゆる中間利息を年五分の複利計算で算出することが、不当であるということはできない。」（前掲⑯名古屋高判平成一二年六月二一日）、「これまで交通事故損害賠償訴訟における逸失利益の算定に当たっては、ほとんどすべてのケースにおいて年五％の割合で中間利息が控除されており、交通事故当事者の公平性の観点からしても、本件において中間利息の控除割合を他の事件の場合と区別すべき理由はない。」（前掲㉒a大阪地判平成一三年一月二五日）、「交通事故被害者の逸失利益の算定における中間利息の控除割合については、従前の訴訟実務の大勢に従って、民事法定利率を採用することが、交通事故訴訟の統一的処理という見地からも相当」（前掲㉒c東京高判平成一三年六月一三日）とされた。

したがって、「逸失利益の算定における中間利息の控除についても、それを不合理、不公平であるとすべき顕著な事由が存しない限り、前記の民法において定める年五分の法定利率によってするのが相当」[49]となる（前掲⑭東京地判平成一二年四月二〇日）。

要するに、中間利息の控除割合を法定利率年五パーセントとする理由として、第一に、従来法定利率を採用してきた慣行の尊重、第二に、法定利率を採用しない場合新たに割引率を決定しなければならないが、現在の低金利の将来にわたる継続性に対する疑念、そもそも第三に、将来の割引率の予測困難性、を挙げている。

2　肯定例[50]

これに対して、原告・控訴人の主張を容れて、中間利息を実質金利により控除する判決は散見されるにすぎず、管見の限りでは六つしか見いだせなかった。

まず最初に、年四分の割合で中間利息を控除したのは、㉓福岡地判八年二月一三日判タ九〇〇号二五一頁である。この判決は、「本件事故当時［筆者注・平成五年一一月三〇日］の公定歩合が一・七五パーセントであること及び本件弁論終結時（平成七年一二月一九日）当時の公定歩合が一パーセントであることは公知の事実であるから、従前のように年五分の割合でもって中間利息を控除することは、中間利息控除の趣旨からして現在では不相当であるといわざるをえず、結局、被害者の損害の公平な分担の観点から年四分の割合でもって控除するのが相当」と判示した。

それ以降は最近の判決であり、㉔東京高判平成一二年三月二二日判時一七一二号一四二頁、交通民集三三巻二号四四五頁は、「控除すべき中間利息の利率としては、近時我が国では極めて低金利の状況が続いており、現在預金の利率は一パーセントを下回っている」こと、「我が国は高度成長期を経て成熟した社会になっており、今後過去のような経済成長は見込めないから、少なくとも近い将来において預金金利が五パーセントに達するとの予測は立てにく」いから、「年五パーセントの割合による複利の利回りでの運用利益を上げるのは困難である」こと（以上の事実は公知である。）を考慮し、本件においては、中間利息の利率は、極めて長期にわたる運用利益の見込みに基づいて決められなければならず、浮動的であることは否定できないが、少なくとも「運用利益の見込みは年四パーセントを上回らない」と判断した。なお、「遅延損害金を付するのと中間利息を控除することとは全く性質が異なるのであるから、遅延損害金の利率が年五パーセントであるからといって、中間利息の利率もこれに合わせなければならないものではない。」と述べている。

また、後掲の東京・大阪・名古屋の三地裁による「共同提言」以後のものとしては、㉕長野地諏訪支判平成一二年一一月一四日自保ジャーナル一三八〇号八頁は、「中間利息の控除は、将来受け取るべき金員を現在受け取ることによって、その受領した金員に将来の当該時点までの利息が生ずることにより、支払者に比較して受領者に有利になるという不公平を解消するためである。」他方、「民法で規定されている法定利率は、金銭債務の不履行という面から定められているものであり、したがって法定利率をもって中間利息を控除する際の割合とすることには、格別合理的な根拠はない」とした。そして、「現在の公定歩合は平成七年九月以来年〇・五％で推移していること、銀行の期間一〇年ものの大口定期預金の利息でも年一％以下であることは公知の事実であるから、これに中間利息を控除する右趣旨を併せ考えると、年三分の割合をもって相当」とした。

㉖津地熊野支判平成一二年一二月二六日自保ジャーナル一三八〇号五頁は、六二歳の有職主婦の事案である。まず、「わが国の公定歩合は、平成三年末には四・五〇%であったものが、平成四年末には三・二五%、平成五年末に一・七五%となり、平成七年末には〇・五〇%となって、以後維持されていること、市中銀行の市場金利も低下し、長期一〇年ものの一〇〇〇万円以上の大口定期預金の利率でさえ、平成一一年一月時点で、F銀行、G銀行が各一・一五%、H銀行が一・〇〇%であること、平成一二年二月一一日付け新聞による新発一〇年国債の利回りは一・八五%である」と認めた。そして、「右低金利の状況はいわゆるバブル経済の崩壊後、継続しており、少なくとも近い将来、預金金利が年五%に達するとの予測を立てるのは困難であることは公知の事実であ」り、「亡Aの就労可能年数は一二年であるから、この間の中間利息の利率は年二%として控除をするのが相当」と判断した。但し、就労可能年数経過後、平均余命に至るまでの一二年間については、「公定歩合、預金金利等の金利の動向を予測することは極めて困難であるから、この間の中間利息の利率は、民法所定の年五%によるのが相当」とし、折衷的な解決を行った。

また、㉖a長野地諏訪支判平成一三年七月三日自保ジャーナル一四一二号一頁は、六二歳有職男子の事案で、前掲㉖津地熊野支判平成一二年一二月二六日同様、金銭債務の不履行があったときにそのペナルティー的要素として定められた法定利率と、将来における損害額を現時点に換算するための中間利息の控除とは全く趣旨を異にするから、この法定利率でもって中間利息の控除割合として使用することには、格別合理的な根拠はないと判示した。そして、法定利率はその当時の金利等と深い関係があったところ、市中金利の大きな指標となっている公定歩合の推移をみると、「民法が制定された当時の公定歩合は、五%を超えていたところ、その後昭和二二年ころまでは三ないし四％代で推移してきた以外は、昭和六〇年までは五％以上であった。しかし、昭和六一年以降は平成二年の六％を除き、五％を下回るような状況で、平成七年九月以降は〇・五〇％以下が続いている。」と論じた。したがって、「こうした公定歩合の推移、中間利息の控除の趣旨並びに被害者と加害者との公平な負担という損害賠償の趣旨をも併せ考えると、現在においては、中間利息を控除する割合は年三％をもってするのが相当」と判断した。

最後に、㉖b津地四日市支判平成一三年九月四日自保ジャーナル一四一二号一頁は、五九歳主婦の事案で、「原告主張のように、近年わが国において極めて低金利の状態が続いており、今後このような低金利状態が近い将来変化することが予想されるものではないことは、公知の事実である。」として、「そもそも中間利息を控除する趣旨（公平の原則）に照らすと、中間利息を二％として計算することは相当」と判示した。

2　学説の状況

一九九九年一一月一六日、東京・大阪・名古屋の三地裁民事交通事故専門部が「交通事故による逸失利益の算定方式についての共同提言」を公表し、中間利息の控除方法につきライプニッツ方式に統一したが、(1)損害賠償金元本に附帯する遅延損害金については民事法定利率が年五分とされていること、(2)過去の経験に基づいて長期的に見れば年五分の利率は必ずしも不相当とはいえないこと、(3)個々の事案ごとに利率の認定作業をすることは、非常に困難で、大量の交通事故による損害賠償請求事件の適正かつ迅速な処理の要請による損害の定額化及び定型化の方針に反することなどの事情を考慮して、中間利息の控除割合は「特段の事情がない限り、年五分の割合による」とした。(51) また、河邉和義裁判官は、東京地裁民事二七部の実情として、「年五パーセントから離れると大変な混乱に陥るのではないか」との懸念から、「今のところ消極的な意味で『年五パーセント』を維持している」[52]と発言されている。学説でも、否定する裁判所の立場を支持し、年五パーセントとせざるを得ないと論じる者も少なくない[53]。

かくして、東京・大阪・名古屋の三地裁による「共同提言」以後は、中間利息の控除割合は「年五分」で統一されるかに思われたが、既に見てきたとおり、「年三分」とした前掲㉕長野地諏訪支判平成一二年一一月一四日、前掲(26a)長野地諏訪支判平成一三年七月三日や、「年二%」とする前掲㉖津地熊野支判平成一二年一二月二六日、前掲(26b)津地四日市支判平成一三年九月四日が現れるに至り、今後とも論争の余地が残された。

学説においても、法定利率年五パーセントの中間利息控除に対して、今日の定期預金金利の低さに鑑みると、一時金を運用したならば被害者が得るであろう利息額は、中間利息額を大幅に下回り、また現在価額に評価替えをするためになされる中間利息の控除は利息債権に関する民法四〇四条が直接適用される場合ではないから、「必ずしも不合理な方法とは言えない」と評価されている算定方式にも「本当に改善の余地はないのか」と問題提起をする者もいる[54]。

さらに、前掲㉖津地熊野支判平成一二年一二月二六日同様、折衷的な解決を示唆する者もいる。たとえば、野村好弘教授は、ケースバイケースによる控除率調整方式を主張されている[55]。淡路剛久教授は、中間利息控除の問題は基本的には事実認定の問題としても、現状と五パーセントとの乖離は大きすぎる、裁判でやる場合には少なくとも当面、ここ一〇年ぐらいはかなりの低金利状態が続くから、三パーセントぐらいにし、それ以降は従来の五パーセントにしておくといった工夫が必要ではないかと述べられている[56]。

3　小　括

中間利息の控除という問題は、事実認定の問題なのか。事実認定の問題としても、どのような資料により認定していくか、どの程度の証拠を要求していくか、問題となる。裁判所により、また事案により中間利息の控除割合に幅がでることも予想されるが、このような幅は認めてよいか。

これらの点につき、二木教授は、次のように論じている。「逸失利益は将来の所得を五％の利子率で割り引いて求められる。これは現時点で受け取った賠償金が毎年年五％の率で増加＝成長すると想定していることにほかならない。しかし被害者に支払われた賠償金が、これを先、毎年五％で増加していくという『証拠』はない。早い話、現在（一九九七年四月）の大口定期預金金利は一年もので〇・三五％にすぎない。ましてこれから先、金利がどのような値を取るかを正確に予測することは誰にもできないし、それが平均して五％になるという保証はどこにもない。裁判所は所得の成長率については『証拠』を要求しながら、割引率については『証拠』なしに五％という率を適用している。これは論理的には矛盾である。[57]」

「法律家の立場からすれば、五％という割引率は民法四〇四条に規定されているものであって、その適用に『証拠』など必要ではないということなのかもしれない。しかしここで問題にしているのは、利率五％という民法の規定そのものが拠って立つ基盤は、賃金の上昇率が五％であるという原告の主張の持つ基盤と、本質的には同じものでしかないということである。所得が五％で成長していくという主張が不確かなものであるのと同じ程度に、将来所得を五％で割り引くという方法もまた不確かなものにすぎないのである。[58]」「民法で規定されているからという理由で五％の割引率を認めるのならば、この割引率に量的に対応するような所得成長率を用いる」必要がある。[59]「五％という法定利率を適用するとしても、所得の成長を考慮に入れるかぎり、将来所得の割引きはこの成長分を差し引いて行われなければならないし、もし最近のわが国がそうであるように、所得成長率がきわめて低くそれを考慮する必要がないというのであれば、前払いされた賠償金を運用する利子率もそれに応じて低いわけだから、五％という法定利率をそのまま割引きに用いるのは理論的にはおかしいということになる。市場の利子率が低ければそれに応じて割引率も低くすべきである。いずれにせよ、五％という法定利率で将来所得を機械的に割引くというのは、経済理論からすれば明らかに誤っている。(60)」

したがって、逸失利益の算定はフィクションにすぎず、平均余命、稼働可能期間、生活費、収入等のどれをとっても仮定にすぎないにせよ、経済学的に誤っているのであれば、「資金の期待運用利回り」である中間利息の利率を実質的に認定する必要がある。たとえ将来の中間利息の利率を予測することが困難であっても、今日の高度に進歩した経済学の手法をもってすれば、合理的かつ十分根拠のある数値を算出しうると解され、予測困難を理由に否定するのは公平でない。積極的に鑑定を活用したり経済学者を証人にたてたりして、経済学の成果を取り入れることにより解決すればよい。たとえ数値に幅があっても、それが経済的に合理的であれば、その幅は承認されてよい。裁判所としても、経済学的に合理性のある数値を見いだすように努めるべきであろう。(61) 裁判所は、これまでも蓋然性に疑がある場合は「控え目」に推認してきたはずであり、損害額の立証が困難な場合、弁論の全趣旨及び証拠調べの結果に基づいて相当な損害を認定できるとする新民事訴訟法二四八条の活用も考えてよい。既に述べたように、単に他に「より的確な指標がない」という理由だけで、中間利息控除の利率として常に法定利率年五パーセントを採用することは疑問である。所得の成長を考慮しないでおきながら五パーセントの割引率を適用するのは、被害者を不利に扱い加害者を有利に扱うことになり、公平ではない。(61a)

少なくとも短期の場合は、長期の場合よりも予測が立てやすいのであるから、実質利子率により控除すべきである。実務や否定説の中には、年五パーセントという枠をはずすと、事案によりばらつきが生じ望ましくないから、予測の立てやすい短期の場合にも、年五パーセントを維持していかざるを得ないとの主張[62]もあるが、本末転倒であろう。初めはケースバイケースにより、次第に判例が固まってくるのを待って、定率にもっていき、裁判所間の統一をはかればよいとも考えられる。[63]

四　おわりに

アメリカ法においては、インフレが定着し経済学者により現代経済の通性とみなされてくるに従い、裁判所も現在の貨幣価値で将来の賠償額を算定することから生じる不公平を無視できなくなり、一九七〇年代からインフレ算入論について新たに議論された。第一に、将来のインフレ率を予測し、これを将来の損失に対する損害賠償額に乗じ、これに比較的安全な投資に基づく伝統的な控除率を適用する方法がある。第二に、ほとんどの裁判所は、中間利息の利率を事件ごとに決定するケースバイケースによる控除率調整方式（控除率は一・五％—五・五％）を採用する。たとえば、将来の利子率やインフレ率を過去の経済的動向や予想しうる経済構造から慎重に予測し、利子率からインフレ率を減じて、インフレ調整が行われた実質的な控除率でもって中間利息を控除する。長期にわたりインフレ率と名目的利子率は比較的一定の関係にあり、この関係は蓋然性のある将来のインフレについての市場の評価、すなわちインフレ率と名目的利子率との差を常に反映する。これは、たとえば平均約二パーセントという数値として現れ、二パーセントは当事者が合意するのに通常公正であると考えられるとして、他に詳細な経済的証拠がなくても二パーセントの控除率を認める裁判所がある。陪審には、適切にインフレヘッジがなされていると考えるような控除率を選択することもときおり認められている。ちなみに、イギリスでは四¾パーセント、カナダでは七パーセント、オーストラリアでは二パーセントをそれぞれ採用した判決がある。第三に、一部の裁判所は、将来のインフレ率と将来の利子率とを法的に同等と見て中間利息の控除を全く行わない全部相殺方式を採用する。(64) この全部相殺方式は、ときおり「アラスカ」または「ペンシルヴェニア」方式と呼ばれている。

ところで、現在のわが国の実務において、一括賠償方式を採用する以上、本稿が論じてきた中間利息の割合の問題だけでなく、同様に後遺障害がいつまで継続するのか、あるいは植物状態の被害者はいつまで生存するのか問題である。この点、最高裁は、交通事故により後遺障害を負った被害者が別原因により死亡した場合、後遺障害による逸失利益は当該死亡により切断されず就労可能期間にわたり算定されるが、死亡後の介護費用は請求できないと判断しており、一貫していない。(65) この加害行為とは相当因果関係のない別の原因により死亡した場合、損害賠償額の公平性を担保するのであれば、定期金賠償方式によるほかない。

注目すべきは、医療ミスにより植物状態になった一歳一〇ケ月の女児の事案で、新民事訴訟法が施行される前に口頭弁論が終結し、原告側の定期金賠償の申立もなかったが、東京地判平成八年一二月一〇日判時一五八九号八一頁は、自宅介護の開始を確認する医師の証明書が発行された場合、自宅介護が始まった日から終了するまでの間、付添介護費やおむつ代として月額四〇万円を支給する「条件付定期金給付判決」を下した。(66) 「紛争の実態に即した社会的に実効性ある判断を提供している」(67) と高い評価を受けている。

こうしてみると、インフレ下におけるベースアップ・インフレ算入の問題であれ、デフレ下における中間利息の利率の引き下げの問題であれ、後遺障害の継続期間の問題であれ、あるいは植物状態患者の生存期間の問題であれ、今後定期金賠償方式について真剣に検討すべき時期に来ているのかもしれない。(68) ちなみに、前掲(22c)東京高判平成一三年六月一三日も、「逸失利益の損害賠償を請求する被害者は、これを不満とするのであれば、一時金による賠償ではなく、中間利息の控除という問題を生じない定期金による賠償（民事訴訟法一一七条参照）を請求するという方法も採り得る」と付言している。今後の課題としたい。

（1）　従来、逸失利益の算定方法について、主に（1）東京地裁方式（賃金センサスの男女別全年齢平均賃金を基礎に中間利息をライプニッツ方式により控除する方式）、（2）大阪地裁方式（同じく男女別一八歳—一九歳の初任給を基礎に中間利息をホフマン方式により控除する方式）があった。最高裁は、（1）、（2）のいずれの算定方式も、特に理由を示すことなく不合理なものとはいえないとして、逸失利益の算定方法は原審の裁量に委ねていた[1]（最判昭和五三年一〇月二〇日民集三二巻七号一五〇〇頁、最判昭和五四年六月二六日交通民集一二巻三号六〇七頁、最判平成二年三月二三日判時一三五四号八五頁、最判平成八年一月一八日自動車保険ジャーナル一一四一号二頁）。その後、東京・大阪・名古屋の三地裁民事交通事故専門部が、逸失利益の算定方式を二〇〇〇年一月一日から東京地裁方式に統一する旨公表し、算定方式の違いによる逸失利益の格差を是正した（井上繁規・中路義彦・北澤章功「交通事故による逸失利益の算定方式についての共同提言」判時一六九二号一六二頁以下（二〇〇〇年）、倉田卓次・佐々木一彦・松居英二「交通事故の逸失利益に係る算定方式の統一について」ひろば二〇〇〇年一月号五八頁以下）。なお、拙稿「第四章　人身侵害・特許権侵害をめぐる損害賠償額の算定」『二一世紀の民事法学』（成文堂、二〇〇一年）七三頁以下、特に七六—七九頁参照。

　ちなみに、現在の実務で行われている未成年者の死亡による逸失利益の算定方法に対する根本的批判として、拙稿「未成年女子の生命侵害に基づく損害賠償論—史的展開と近時の理論動向—」石田喜久夫先生古稀記念『民法学の課題と展望』（成文堂、二〇〇〇年）七〇七頁以下参照。

（2）　加賀山茂・竹内尚寿「逸失利益の算定における中間利息控除方式の問題点について」判タ七一四号一七頁以下（一九九〇年）参照。

（3）　二木雄策『交通死—命はあがなえるか—』（岩波書店、一九九七年）一五七頁・「表7-1　割引率と割引係数」

によると、割引方法・被害者の年齢によって結果は異なるが、割引率が二%であればライプニッツ係数（したがって逸失利益）は五%の場合の一・七倍から二・五倍になり、成長率が金利よりも一%だけ高い（すなわち割引率は一%）とすればこの格差は大きくなり、ライプニッツ係数では最大七・五倍にもなっている。「この数値は所得の成長を度外視し、五%という法定割引率を機械的に適用するという方法が被害者にとっていかに不利なものであるかを示している。」（一五七頁） *See also*, R. Posner, Economic Analysis of Law, §6.11 (3ded. 1986); S. Speiser, Recovery for Wrongful Death and Injury: Economic Handbook, ch 3 (3ded. 1988).

また、井上繁規「逸失利益の算定における中間利息の控除割合」金商一一〇四号二頁（二〇〇〇年）によると、一八歳の男子が平成一〇年に死亡した場合の逸失利益につき、一八歳から六七歳までの四九年間、男子全年齢平均賃金年額五六九万六八〇〇万円を基礎に、生活費を五〇%控除し、ライプニッツ方式により中間利息を控除して算定した場合、中間利息の利率を年五%とすると約五一七五万円、年四%とすると約六〇七八万円と約九〇三万円増加し、年三%とすると約七二六三万円となり約二〇八八万円増加する。こうして、中間利息の利率を何%にするかにより、逸失利益額に大きな差が生じることになる。

（4） たとえば、①東京地判昭和五六年二月一九日交通民集一四巻一号二三八頁の原告の主張（但し稼働開始年齢に至るまでの分につき中間利息は控除すべきでない）、②横浜地判昭和五六年九月二四日交通民集一五巻三号五八二頁の原告の主張。

（5） たとえば、③東京高判昭和五八年一月三一日判時一〇七三号八三頁の控訴人の主張。

（6） たとえば、④東京高判昭和五九年一月二三日判時一一〇二号六一頁の控訴人の主張。

（7） たとえば、①東京地判昭和五六年二月一九日交通民集一四巻一号二三八頁、③東京高判昭和五八年一月三一日判時一〇七三号八三頁、④東京高判昭和五九年一月二三日判時一一〇二号六一頁、⑤東京高判昭和五九年一月二三日判時一一〇二号六一頁、最判昭和五八年二月一八日判時一〇七三号六五頁、交通民集一六巻一号一四頁。

（8） たとえば、福岡地久留米支判昭和五三年五月二三日交通民集一一巻三号七三四頁、岡山地判昭和五八年八月三〇日交通民集一六巻四号一二〇〇頁、④東京高判昭和五九年一月二三日判時一一〇二号六一頁。

(9)　たとえば、青森地判昭和五三年六月二日交通民集一一巻三号八三七頁、東京地判昭和五四年三月二二日交通民集一二巻五号一三〇三頁、東京地判昭和五六年二月二六日交通民集一四巻一号二六八頁。
(10)　たとえば、横浜地判昭和五二年二月一五日判時八六一号九七頁、静岡地浜松支判昭和五二年八月八日交通民集一〇巻四号一〇七五頁。
(11)　たとえば、東京地判昭和四八年八月二一日交通民集六巻四号一三一〇頁、東京地判昭和四八年一二月二六日判時七三七号六二頁、交通民集六巻六号一九四四頁、東京高判昭和五五年一一月二五日判時九九〇号一九一頁、交通民集一三巻六号一四二六頁。
(12)　⑥東京高判昭和五七年五月一一日判時一〇四一号四〇頁、交通民集一五巻三号五七八頁（②の控訴審）。
(13)　田中康久「慰謝料額の算定」『現代損害賠償法講座7』（日本評論社、一九七四年）二六一頁、太田知行「判決における損害賠償額の決定要因・補論」法時五二巻九号五五頁（一九八〇年）（但し、後遺障害の場合や一家の柱が死亡する場合に限定）、吉岡進「交通事故訴訟における損害論の動向」『昭和五十八年度特別研修叢書（上巻）』二五二頁。
(14)　新美育文「損害賠償とインフレ加算」交通法研究一三号一一九頁（一九八五年）参照。
(15)　倉田卓次発言「座談会　倉田コート判決をめぐって」交通民集一五巻索引・解説号三三二、三三四頁、楠本安雄「人身損害の持続性を考える」『人身損害賠償論』（日本評論社、一九八四年）一八頁。
(16)　後藤孝典『現代損害賠償論』（日本評論社、一九八二年）三二五―三二七頁参照。
(17)　浜田宏一「インフレ算入論の経済的根拠」ジュリ七六四号三〇頁以下（一九八二年）、生田典久「一括賠償主義の下でのインフレの算入―アメリカの判例を中心に―」ジュリ七九四号八三頁（一九八三年）。
(18)　新美・前掲交通法研究一三号一二一―一二三頁。
(19)　生田・前掲ジュリ七九四号八三頁。
(20)　最高裁は、次のように判示し、不法行為により死亡した年少者が将来得べかりし利益を喪失したことによる損害の額を算定することはきわめて困難であるが、算定困難の故をもつて、たやすくその賠償請求を否定し去ることは妥当なことではないと論じた。「年少者死亡の場合における右消極的損害の賠償請求については、一般の場合に比し不正確さが伴うにしても、裁判所は被害者側が提出するあらゆる証拠資料に基づき、経験則とその良識を十分に活用して、できうるかぎり蓋然性のある額を算出するように努め、ことに右蓋然性に疑がもたれるときは、被害者側にとつて控え目な算定方法……を採用することにすれば、慰藉料制度に依存する場合に比較してより客観性のある額を算出することができ、被害者側の救済に資する反面、不法行為者に過当な責任を負わせることともならず、損失の公平な分担を窮極の目的とする損害賠償請求の理念にも副うのではないかと考えられる。」

(21) 川口弘「鑑定：日本経済のインフレ体質」経セミ三一七号一〇六頁以下（一九八一年）参照。

(22) 後藤孝典「損害賠償額の算定と『インフレ算入論』・山田対京浜急行事件判決を契機として」ＮＢＬ二六一号四五頁（一九八二年）、淡路剛久『不法行為法における権利保障と損害の評価』（有斐閣、一九八四年）一四六頁。

(23) 浜田・前掲ジュリ七六四号三四頁注（4）。

(24) 後藤・前掲書三二二頁。

(25) 二木・前掲書一五二頁。

(26) 同一五三頁。

(27) たとえば、㉑大阪地判平成一二年一一月二一日自保ジャーナル一三八九号六頁の原告の主張。

(28) たとえば、⑰大阪地判平成一二年八月二五日自保ジャーナル一三八〇号七頁の原告の主張。

(29) たとえば、⑪津地伊勢支判平成一二年一月一四日自保ジャーナル一三七四号四頁、⑲大阪地判平成一二年九月一四日自保ジャーナル一三八〇号六頁、(22a)大阪地判平成一三年一月二五日自保ジャーナル一四〇九号三頁、(22d)神戸地判平成一三年六月二九日自保ジャーナル一四一二号三頁、㉖津地熊野支判平成一二年一二月二六日自保ジャーナル一三八〇号五頁、(26b)津地四日市支判平成一三年九月四日自保ジャーナル一四一二号一頁の原告の主張。

(30) たとえば、⑦千葉地判平成一〇年一二月二五日判時一七二六号一四二頁、交通民集三一巻六号一九八一頁、⑧東京地判平成一一年五月一九日交通民集三二巻三号七八五頁、⑭東京地判平成一二年四月二〇日判時一七〇八号五六頁、交通民集三三巻二号七一七頁、(22c)東京高判平成一三年六月一三日判時一七五二号四四頁（㉕の控訴審）、(22b)

東京地判平成一三年四月一一日自保ジャーナル一四一二号二頁、㉖a長野地諏訪支判平成一三年七月三日自保ジャーナル一四一二号一頁の原告の主張。

(31) たとえば、⑮横浜地判平成一二年五月一一日交通民集三三巻三号七九九頁、⑳東京高判平成一二年一一月八日自保ジャーナル一三七四号一頁、㉔東京高判平成一二年三月二二日判時一七一二号一四二頁、交通民集三三巻二号四四五頁の原告・控訴人の主張。

(32) たとえば、⑫東京地判平成一二年二月二八日交通民集三三巻一号三一八頁、⑬京都地判平成一二年三月二三日交通民集三三巻二号五七六頁、⑯名古屋高判平成一二年六月二一日自保ジャーナル一三七四号三頁（⑪の控訴審）の原告・控訴人の主張。

(33) ⑧、⑪、⑫、⑬、⑭、⑯、⑰、㉒c、㉔、㉖の各判決。

(34) ⑦千葉地判平成一〇年一二月二五日判時一七二六号一四二頁、交通民集三一巻六号一九八一頁、㉒大阪地判平成一二年一一月二一日自保ジャーナル一三八九号六頁、㉒c東京高判平成一三年六月一三日判時一七五二号四四頁（㉕の控訴審）の原告・控訴人の主張。

(35) ㉒c東京高判平成一三年六月一三日判時一七五二号四四頁(㉕の控訴審)、㉔東京高判平成一二年三月二二日判時一七一二号一四二頁、交通民集三三巻二号四四五頁。

(36) たとえば、⑦千葉地判平成一〇年一二月二五日判時一七二六号一四二頁、交通民集三一巻六号一九八一頁、⑧東京地判平成一一年五月一九日交通民集三二巻三号七八五頁、⑨前橋地太田支判平成一一年六月一六日判時一七一二号一四七頁、交通民集三三巻二号四五三頁、⑩東京高判平成一一年七月一九日自保ジャーナル一三八〇号一頁(⑦の控訴審)、⑪津地伊勢支判平成一二年一月一四日自保ジャーナル一三七四号四頁、⑫東京地判平成一二年二月二八日交通民集三三巻一号三一八頁、⑬京都地判平成一二年三月二三日交通民集三三巻二号五七六頁、⑭東京地判平成一二年四月二〇日判時一七〇八号五六頁、交通民集三三巻二号七一七頁、⑮横浜地判平成一二年五月一一日交通民集三三巻三号七九九頁、⑯名古屋高判平成一二年六月二一日自保ジャーナル一三七四号三頁(⑪の控訴審)、最判平成平成一二年七月一七日自保ジャーナル一三八〇号一頁(⑦の上告審)、⑰大阪地判平成一二年八月二五日自保ジャ

ーナル一三八〇号七頁、⑱東京高判平成一二年九月一三日金判一一〇一号五四頁(⑭の控訴審)、⑲大阪地判平成一二年九月一四日自保ジャーナル一三八〇号六頁、⑳東京高判平成一二年一一月八日自保ジャーナル一三七四号一頁、㉑大阪地判平成一二年一一月二一日自保ジャーナル一三八九号六頁、㉒東京高判平成一三年一月三一日自保ジャーナル一三八九号三頁(⑮の控訴審)、(22a)大阪地判平成一三年一月二五日自保ジャーナル一四〇九号三頁、(22b)東京地判平成一三年四月一一日自保ジャーナル一四一二号二頁、(22c)東京高判平成一三年六月一三日判時一七五二号四四頁(㉕の控訴審)、(22d)神戸地判平成一三年六月二九日自保ジャーナル一四一二号三頁。

(37) 同旨、⑱東京高判平成一二年九月一三日金判一一〇一号五四頁(⑭の控訴審)、⑳東京高判平成一二年一一月八日自保ジャーナル一三七四号一頁、(22b)東京地判平成一三年四月一一日自保ジャーナル一四一二号二頁。

(38) 同旨、⑱東京高判平成一二年九月一三日金判一一〇一号五四頁(⑭の控訴審)、⑳東京高判平成一二年一一月八日自保ジャーナル一三七四号一頁、(22c)東京高判平成一三年六月一三日判時一七五二号四四頁(㉕の控訴審)。

(39) 同旨、⑳東京高判平成一二年一一月八日自保ジャーナル一三七四号一頁、(22a)大阪地判平成一三年一月二五日自保ジャーナル一四〇九号三頁。

(40) 同旨、⑳東京高判平成一二年一一月八日自保ジャーナル一三七四号一頁、⑰大阪地判平成一二年八月二五日自保ジャーナル一三八〇号七頁、㉒東京高判平成一三年一月三一日自保ジャーナル一三八九号三頁(⑮の控訴審)、⑮横浜地判平成一二年五月一一日交通民集三三巻三号七九九頁。

(41) 同旨、⑯名古屋高判平成一二年六月二一日自保ジャーナル一三七四号三頁(⑪の控訴審)、⑰大阪地判平成一二年八月二五日自保ジャーナル一三八〇号七頁。

(42) 同旨、㉑大阪地判平成一二年一一月二一日自保ジャーナル一三八九号六頁。

(43) 同旨、⑰大阪地判平成一二年八月二五日自保ジャーナル一三八〇号七頁。

(44) 同旨、⑳東京高判平成一二年一一月八日自保ジャーナル一三七四号一頁、(22c)東京高判平成一三年六月一三日判時一七五二号四四頁(㉕の控訴審)。

(45) 同旨、⑦千葉地判平成一〇年一二月二五日判時一七二六号一四二頁、交通民集三一巻六号一九八一頁、⑧東京地判平成一一年五月一九日交通民集三二巻三号七八五頁。

(46)　同旨、⑱東京高判平成一二年九月一三日金判一一〇一号五四頁(⑭の控訴審)、⑳東京高判平成一二年一一月八日自保ジャーナル一三七四号一頁。

(47)　同旨、⑳東京高判平成一二年一一月八日自保ジャーナル一三七四号一頁、⑮横浜地判平成一二年五月一一日交通民集三三巻三号七九九頁、⑲大阪地判平成一二年九月一四日自保ジャーナル一三八〇号六頁。

(48)　同旨、⑧東京地判平成一一年五月一九日交通民集三二巻三号七八五頁、⑨前橋地太田支判平成一一年六月一六日判時一七一二号一四七頁、交通民集三三巻二号四五三頁、⑪津地伊勢支判平成一二年一月一四日自保ジャーナル一三七四号四頁、⑫東京地判平成一二年二月二八日交通民集三三巻一号三一八頁、⑬京都地判平成一二年三月二三日交通民集三三巻二号五七六頁。

(49)　同旨、⑱東京高判平成一二年九月一三日金判一一〇一号五四頁(⑭の控訴審)。

(50)　たとえば、㉓福岡地判八年二月一三日判タ九〇〇号二五一頁、㉔東京高判平成一二年三月二二日判時一七一二号一四二頁、交通民集三三巻二号四四五頁(⑨の控訴審)、㉕長野地諏訪支判平成一二年一一月一四日自保ジャーナル一三八〇号八頁、㉖津地熊野支判平成一二年一二月二六日自保ジャーナル一三八〇号五頁、㉖ａ長野地諏訪支判平成一三年七月三日自保ジャーナル一四一二号一頁、㉖ｂ津地四日市支判平成一三年九月四日自保ジャーナル一四一二号一頁。

(51)　井上・中路・北澤・前掲判時一六九二号一五九頁。

(52)　河邉発言・同四二四頁。

(53)　藤村和夫「判批」判評五〇二号四五頁(判時一七二五号二二三頁)(二〇〇〇年)、井上繁規「逸失利益の算定における中間利息の控除割合」金商一一〇四号二頁(二〇〇〇年)、山田卓生発言「座談会　最近の交通事件をめぐる諸問題」交通民集三一巻索引・解説号四二二頁(二〇〇一年)、藤村発言・同四二三頁、並木茂「判批」リマークスNo.23四一頁(二〇〇一年)。

(54)　潮見佳男『不法行為法』(信山社、一九九九年)二七八頁。

(55) 野村好弘発言・前掲交通民集三一巻索引・解説号四二三頁。

(56) 淡路発言・同四二三頁。この点につき、河邉和義裁判官は、他の裁判所の交通部との協議会で、「特に労働能力の喪失期間が三年、四年という短期間の場合に、なお年五パーセントで資金運用し得ることを前提として、年五パーセントの割合で中間利息を控除したとすると、果たして『現実離れしている』という批判に耐えられるのだろうか」という懸念が表明されたという（同四二四頁）。

(57) 二木・前掲書一五三頁。

(58) 同・一五三―四頁。

(59) 同・一五四頁。「実際、GNP成長率と定期預金（一年物）の金利とを一九七九年以降について示すと（図7―1）、一見して両者の間に正の相関関係のあることがわかる。そうだとすれば将来所得を五％で割引く以上、所得もそれに対応する率で成長すると考えるべきではないかということになる。」（一五五頁）。

(60) 同・一五五―一五六頁。

(61) 淡路・前掲書一四六頁。

(61a) 二木雄策「逸失利益算定の割引率―低金利をどう捉えるか」判タ一〇六三号六四頁以下、特に六八、六九頁及び注(3)（二〇〇一年）参照。

(62) 藤村発言・同四二三―四頁。

(63) 生田・前掲ジュリ七九四号八三頁。

(64) *See*, J. Stein, Damages and Recovery: Personal Injury and Death Actions, ch 11 (1975); 4 F. Harper, F. James, & O. Gray, the Law of Torts §25.11 (2d ed. 1986); 2 S. Speiser, C. Krause, & A. Gans, the American Law of Torts, §8:12-§8:13 (1985 & 1999Supp); 1-2 S. Speiser, C. Krause & J. Madole, Recovery for Wrongful Death and Injury, §3:24, §8:1-§8:5, §8:8-§8:11 (3d ed 1992); 1-2 D. Dobbs, Law of Remedies: Damages -Equity -Restitution, §3.7, §8.5 (2d ed. 1993); 4M. Minzer, Damages in Tort Actions ch 38 (rev. 1997). 生田・前掲ジュリ七九四号七八頁以下も参照。

(65)　最判平成八年四月二五日民集五〇巻五号一二二一頁、最判平成八年五月三一日民集五〇巻六号一三二三頁は、労働能力の一部喪失による逸失利益の算定に当たっては、交通事故の時点で死亡原因となる具体的事由が存在し、近い将来における死亡が客観的に予測されていたなどの特段の事情がない限り、右死亡の事実は就労可能期間の認定上考慮すべきでなく、右法理は、被害者の死亡が病気、事故、自殺、天災等のいかなる事由に基づくものか、死亡につき不法行為等に基づく責任を負担すべき第三者が存在するかどうか、交通事故と死亡との間に相当因果関係ないし条件関係が存在するかどうかといった事情によって異なるものではないと判示した。

これに対し、最判平成一一年一二月二〇日判時一七〇〇号二八頁・民集五三巻九号二〇三八頁は、交通事故により要介護状態となった被害者が事実審口頭弁論終結前に別の原因により死亡した場合、死亡後の介護費用を右交通事故による損害として請求することはできないとした。以上を検討するものとして、拙稿「判批」法教二三八号一二〇頁以下（二〇〇〇年）参照。

(66)　東京地判平成八年一二月一〇日判時一五八九号八一頁は、条件付定期金給付判決につき以下のように判示した。条件付定期金給付判決は、「損害が将来にわたって発生するものと認められる事案について、原告らの請求があり、かつ、賠償を命ずべき損害が将来請求として認容しうる程度に確定している場合に、することができる」。「本件においては、当該損害は将来にわたって発生するものであり、原告らは、仮に損害賠償の一時払い請求が棄却とならざるをえない場合には、予備的かつ黙示的にこのような条件付定期金給付判決を求めているものと考えられるのであり、また、認定の対象となる損害は、自宅介護が開始される場合という条件付ではあるが、将来請求として認容しうる程度に確定しているものと考えられるので、このような判決をすることも許される」。新民事訴訟法一一七条の施行日を間近に控えた時期に終結した本件については、右規定を類推適用することが望まれるとし、「自宅介護は将来において現実に可能となった場合において、現時点で認定した一か月につき四〇万円という金額が、介護料の著しい値上がりその他の著しい事情の変更により、現実の介護に要する金額に比べて著しく不相当となったときは、右新民事訴訟法一一七条の規定により、金額の変更の検討がなされることが期待される。」とした。

口頭弁論終結後に、後遺障害の程度、賃金水準その他の基礎となった事情に著しい変更が生じた場合、定期金による賠償を命じた確定判決の変更を求める訴えについて規定する新民事訴訟法一一七条は、定期金賠償方式を認め、賠償額が現実の変動に対応できることを認めたものである。この一一七条の活用が望ましい。

(67) 和田仁孝「判批」法教二〇〇号八六頁(一九九七年)。

(68) 淡路・前掲書一五九頁、楠本・前掲書一五六頁、吉村良一「判批」民商八九巻一号一三七頁(一九八三年)、倉田卓次「年金賠償再論」判タ八五四号八頁以下(一九九四年)、同「定期金賠償」浅井登美彦・園尾隆司編『現代裁判法体系7』(新日本法規、一九九八年)一九一頁以下参照。

9　フィクションによるプライバシーの侵害

五十嵐　清

一　はじめに

本稿は、フィクションによるプライバシーの侵害を問題とした有名な事件である、「宴のあと」、「名もなき道を」、「石に泳ぐ魚」三事件判決を素材として、フィクションによるプライバシーの侵害は原則としてありえないことを主張しようとするものである。この観点から、「宴のあと」判決がプライバシーの侵害を認めたことに反対し(ただし、名誉感情の侵害として、同様な結論に到達)、フィクションによるプライバシーの侵害を認めなかった「名もなき道を」判決に、基本的に賛成し、ぎゃくにプライバシーの侵害を認めた「石に泳ぐ魚」事件の一・二審判決には、一般論としては疑問を呈し、結論の点だけ賛成したい。

個々の事件の検討に入る前に、ここで若干の予備的考察をしたい。まずプライバシーということばは、ここでは、「宴のあと」判決で提唱された「私生活をみだりに公開されないという法的保障ないし権利」という意味で用いることにする。文芸作品によるプライバシーの侵害を問題とする本稿では、これで足りるからである。

つぎに本稿は、フィクションによるプライバシーの侵害を問題とする。[1] 本来プライバシーは、被害者の私生活上の事実を暴露することによって侵害される。したがって、プライバシーは主としてノンフィクションによって侵害されることになる（たとえば、「逆転」事件）。しかし、フィクションとノンフィクションをどこで区別するかは、難問である。[2] フィクションにも二種類あり、作者の想像力によりすべてが書かれた作品も存在する（推理小説の多くがそうであろう）。この場合には、およそプライバシーの侵害が問題になる余地はない。[3] これに対し、古来名作の多くが、何らかの人物や事件をヒントにして構想されており、ここではフィクションによるプライバシーの侵害が問題となりうる。本稿で扱う三事件もその例であり、モデル小説や私小説がこれに含まれる。この場合、作者による芸術的昇華の度合いが進み、生の人物や事件とほとんど無関係になる場合（私見によれば、「宴のあと」はこれに該当する）もあれば、全体としてはフィクションだが、いたるところに事実に即した叙述が見られる場合もあり、ここではプライバシーの侵害が考えられる余地がある（「名もなき道を」と「石に泳ぐ魚」はその例）。本稿は、このような場合にも、いっさいプライバシーの侵害を否定しようとするものではない。

（1） 文学作品におけるフィクションの意義については、来栖三郎「文学における虚構と真実」同『法とフィクション』（東京大学出版会、一九九九年）所収参照。

（2） ここでも、来栖・前掲一八二頁以下参照。ちなみに、文学界では、フィクションとノンフィクションの中間をゆくノンフィクションノベルなるジャンルがあるとのことで、具体的には、富山・長野連続誘拐殺人事件をモデルとした推理作家佐木隆三の「女高生・ＯＬ連続誘拐殺人事件」がその例とされる。モデルとされた女性死刑囚より、作者と出版社に対してなされた名誉毀損、プライバシー侵害、名誉感情の侵害を理由とする損害賠償事件で、一審は、本書をモデル小説に近いものとしてあつかい、名誉感情の侵害だけを認めたが（名古屋地判二〇〇〇年一月二六日判例集未搭載）、控訴審は、ノンフィクションに近いものとしてあつかい、いずれの請求も部分的に認めた（名古屋高判二〇〇〇年一〇月二五日判時一七三五号七〇頁）。ただし、控訴審は、プライバシーの違法性阻却について名誉毀損の場合と同様にあつかい、真実性・相当性を問題としているが、納得できない。本稿の立場からは、問題箇所がおおむね真実である場合にのみ、プライバシーの侵害が認められることになる（本件につき、鈴木秀美の解説・法時七三巻一号一〇五頁（二〇〇一年）参照）。

（3） ただし、偶然の一致はありうる。名誉毀損事件であるが、舟橋聖一の「白い魔魚」事件（岐阜地判一九五九年三月二八日判時一八二号一七頁）参照。ここではモデル性が認められなかった。

二 「宴のあと」判決の再検討

1 事案の概要

本件は、モデル小説によってモデルのプライバシーが侵害されたと判断された事件である。作家は三島由起夫、モデルは元外務大臣有田八郎とその妻で料亭の経営者。有田は東京都知事選挙に立候補し、妻も尽力したが、惜敗した。両者はその後離婚した。かねて政治と恋愛の関係について関心のあった三島は、この事件からヒントをえて、創作意欲にかられ、「中央公論」誌に「宴のあと」を執筆した。三島はあらかじめ女主人公の同意をえたが、有田の明白な同意はえなかった。両者は、「宴のあと」では、仮名で登場しているが、有田と妻をモデルにしたことは、明白である。作中で、ふたりは接吻したり、同衾したり、夫が妻を足蹴にしたむねの描写がある。有田はこれに不快感をおぼえ、三島と中央公論社に対し単行本としての出版の中止を申し入れた。

中央公論社はこれを了承したが、かわりに新潮社が出版を引受け、モデル小説とうたって出版した。そこで有田は、本書の出版によりプライバシーを侵害されたとして、三島と新潮社を相手に謝罪広告と慰謝料を求めて、訴えを提起した。東京地裁の石田コート（裁判長の名前、以下同じ）は、一九六四年九月二八日の判決で、わが国でも一般にプライバシー権が認められることを宣言したのみならず、本件でもプライバシーが侵害されたとして、原告の慰謝料請求を認めた（下級民集一五巻九号二三一七頁）。

2　判決の論理　本件はわが国ではじめてプライバシー権を認めた判決としてあまりにも有名であるが[4]、ここでは本稿に関係のあるフィクションによるプライバシーの侵害に焦点をしぼって、その論理を追い、疑問を提起したい。「宴のあと」が、有田とその妻をモデルとした小説であることには、当事者間に争いはない。しかし、三島の意図は、現実の真実を素材として、政治と恋愛の衝突から生ずる人間的悲劇を描こうとしたのであり、原告が主張する、接吻など前記三箇所を含むプライバシー侵害箇所の描写は、「いずれも原告の現実の私生活を写したものではなく、被告平岡（三島）のフィクションになるものと認められ」る（二三五六頁）。では、なぜフィクションによりプライバシーの侵害が生ずるのか。判決理由によれば、一般にモデル小説の読者にとっては、フィクションと事実の区別が困難であり、フィクションの部分も実際にあった事実と受け取られやすい。しかも「宴のあと」では、三島は、作品に現実感を与えるため、小説の舞台を現実らしいものにしたので、読者に事実とフィクションの境を分かりにくくした。さらに、モデル小説の読者は、モデル的興味（実話的・裏話的興味）で読むのが普通なのに、新潮社はそれを助長する広告をした。「このようにモデル小説におけるプライバシーは小説の主人公の私生活の描写がモデルの私生活を敷き写しにした場合に問題となるものはもちろんであるが、そればかりではなく、たとえ小説の叙述が作家のフィクションであったとしてもそれが事実すなわちモデルの私生活を写したものではないかと多くの読者をして想像をめぐらさせるところに純粋な小説としての興味以外のモデル的興味というものが発生し、モデル小説のプライバシーという問題を生むものであるといえよう」(二三五八頁)。それゆえ「宴のあと」の読者にとっては、「本来なら主人公の私生活の叙述であるにすぎないものがモデルである原告(とその妻)の私生活を写しまたはそれに着想した描写ではないかと連想させる結果を招いていたことは否定できない……。いわばこれがモデル小説の今日おかれている社会的な環境ということができ」る(二三五九頁)。「これによって、原告が心の平穏を乱され、精神的な苦痛を感じたとしてもまことに無理からぬものがある」(二三六〇頁)。

石田コートはこのように論じたあと、プライバシー権の根拠や要件についてふれている。そのうち、本稿で重要なのは、本件判決理由が、プライバシー侵害の三要件の最初に、公開された内容が、「私生活上の事実」のほか、「事実らしく受け取られるおそれのあることがらであること」をあげ、フィクションによるプライバシーの侵害の余地を最初から認めていることである。その他、違法性阻却事由のなかで、本稿にとり重要なのは、芸術的価値による適法性阻却である。この点でも、石田コートは、プライバシーの価値と芸術的価値の基準は全く異質なものであり、芸術的価値がいかにあっても、プライバシーの侵害はありうるとする。ただし、芸術的昇華が十分な場合には、プライバシーの侵害がないことがありうることを認めているのは、注目に値する(二三六四頁)。

3　疑問の提起　以上の点に関する「宴のあと」事件の石田コートの見解は、多くの学説によって支持され、実務上も、「名もなき道を」判決を除けば、踏襲されている。これに対し、文学者の間では、これではモデル小説は書けないとして、きびしく批判されている。法学者のなかでは、伊藤正己がすでに本件判決公表当時に疑問を提起していた。かれは、「作品が芸術的価値をもつことは、権利侵害の成否に影響を及ぼすことも否定できない」とし、「芸術的な昇華が十分であるときには、権利侵害の態様を弱め、さらにすすんでは侵害を成立しなくなること」を認める。そして、モデル小説については、読者がフィクションの部分を事実と誤認するおそれがあり、アメリカ法でも、一般にフィクションを事実と誤認させた場合にプライバシー権の侵害を認める例が多いが、この論理をモデル小説にそのまま適用することは危険であり、作品の芸術的価値を考え、「宴のあと」のような高度の文学作品については、正しい文学の読み方をする層は誤認を生じなかったとの認定も可能であるとする。(5)

私は基本的に伊藤説を支持するが、(6)もっと単純に、プライバシーは本来、事実によってのみ侵害されるのであり、モデル小説のうちのフィクション（虚構）の部分については、原則としてプライバシーの侵害はありえないという立場から、石田コートの判決理由に反対したい。「宴のあと」で、原告側がプライバシー侵害箇所として指摘する部分は、いずれもフィクションの部分である。とくに問題となった接吻と同衾の場面の原文は、「そのあとで二人は最初の接吻をした」（新潮文庫版五三頁）とか、「その夜明け、六十をすぎた男と五十の女は一つの寝床にやすんだ」（六四頁）とあるだけで、細部の描写がまったくなく、だれにでもありうることが描かれているにすぎない。これに対し、主人公が妻を足蹴にした箇所はリアリティをもって描かれているが（一三〇頁）、この箇所も、事実でなければ、プライバシーの侵害の問題ではなく、名誉毀損と名誉感情の侵害がありうるだけである。したがって、「宴のあと」はなんら有田のプライバシーを侵害していないことになる。

ただし、このことは原告の受けた精神的苦痛が救済に値しないことを意味するわけではない。「宴のあと」で原告・有田が侵害されたのは名誉感情である。「宴のあと」で有田をモデルとした野口雄賢は、古武士的人物として描かれている。そのような有田が、上記箇所により名誉感情を著しく侵害させられたことは、十分にありうる。こんにちでは、名誉感情の侵害により慰謝料が認められることについては、多くの裁判例がある。(7)現に、後出の「石に泳ぐ魚」判決では、名誉感情の侵害も認められている。名誉感情の侵害が侮辱を前提とするならば（「宴のあと」ではそのような箇所はないので）、本件では、平穏に生活をする利益が侵害されたという理由で、慰謝料を請求することも可能であろう。

(4) 本件の判例評釈・解説として、判決当時のものでは、伊藤正己・ジュリ三〇九号四七頁、戒能通孝・法時三六巻一三号八二頁、奥平康弘・判評七五号一三頁（いずれも一九六四年）などがあるほか、最近のものでは、五十嵐清『人格権論』（一粒社、一九八九年）二二一頁以下、『憲法判例百選Ⅰ（第4版）』（二〇〇〇年、一三八頁、松本昌悦執筆）などがある。

(5) 伊藤・前掲（注4）四九・五一頁。

(6) 五十嵐・前掲（注4）二二四頁以下参照。

(7) 五十嵐・前掲（注4）一四頁。その後の判例としては、学者の名誉感情の侵害を問題とした東京地判一九九七年一二月二四日判タ九五五号一九五頁が注目される。もっとも、本件判旨は、名誉感情の侵害が認められるのは強度の違法性がある場合に限られるとし、結果的に否定した。「宴のあと」では、三島と新潮社は、有田の意思を無視して出版を強行したので、かなりの程度の違法性を認めることができよう。

三 「名もなき道を」判決をめぐって

1 事案の概要

芥川賞作家高橋治は、伊豆地方の名士（医師）の長男で、旧制四高の同級生でもあり、司法試験に二十回挑戦して失敗したあと変死したAをモデルとして、小説「名もなき道を」を構想し、一九八四年一一月より高知新聞等に連載を開始し、完結後、八八年五月、講談社より単行本として刊行した。この小説は、Aの生まれ育った地名とすべての人名を仮名にしているが、A以外の多くの登場人物についても実在の人物（たとえば中川善之助）を下敷きとするものであった（もっとも、Ａの心の支えとなったＢ女など創作上の人物も登場する）。これに対し、Ａの妹とその夫は、自分たちをモデルとした登場人物の描写により名誉およびプライバシーを侵害されたとして、出版の中止、謝罪広告の掲載および慰謝料の支払いを求めて、訴えを提起した。原告側がプライバシーの侵害としてとくに強調したのは、Ａが色弱のため医者になることを諦めたとされる箇所と、泥酔して温泉旅館の浴場で心臓麻痺により急死したとされる箇所である。

これに対し、被告側は、「名もなき道を」は実在の人物にヒントをえているが、全体としては完全なフィクションであり、フィクションによる名誉毀損やプライバシーの侵害はありえないと反論した。

東京地裁の魚住コートは一九九五年五月一九日の判決（判タ一〇一四号二八〇頁、判時一六九一号九一頁、以下、引用は前者）で、原告の請求を棄却した。

2　判決の論理　魚住コートは、「名もなき道を」は全体としてフィクションであり、フィクションによるプライバシーの侵害（と名誉毀損）はありえないという立場をとった。すなわち、「本件小説は、実在の人物を素材としており、登場人物が誰を素材として描かれたものであるかが一応特定し得るような小説ではあるが、実在人物の行動や性格が作者の内面における芸術的創造過程においてデフォルム（変形）され、それが芸術的に表現された結果、一般読者をして作中人物が実在人物とは全く異なる人格であると認識されるに至っており、また、実在人物の行動や性格が小説の主題に沿って取捨選択ないしは変容されて、事実とは意味や価値を異にするものとして作品中に表現され、あるいは実在しない想像上の人物が設定されてその人物との絡みの中で主題が展開されているため、一般読者をして小説全体が作者の芸術的想像力の生み出した創作であって虚構（フィクション）であると受け取らせるに至っており、かかる小説を読む一般読者は、作中人物と実在人物との同一性についてさほどの注意を払わずに読み進むのが通常であり、実在人物の行動ないし性格がそのまま叙述されていて、それが真実であると受け取るような読み方をすることはないと考えられるから、本件小説については、実在人物に対する……プライバシー侵害の問題は生じないものと解するのが相当である。」（一一六―七頁）

一般読者との関係では、以上の理由でプライバシー侵害はないが、Aの近辺に居住している限られた読者との関係では、プライバシー侵害の可能性がある。とくにAの色弱と変死の点は、他人に知られたくない事柄である。しかし、「小説中に実在人物のプライバシーに属する事実が記述されている場合であっても、その事実が当該小説の主題及びこれを支える構造上不可欠であると認められ、かつ、表現の方法・内容において秘事のあからさまな暴露とならないような慎重な配慮がなされており、小説全体としても作者の芸術的想像力の生み出した創作であって虚構（フィクション）であると認められるときには、プライバシー侵害としての違法性を欠くものと解するのが相当である。」（一一八頁）

3　判決の問題点　本件判決は、広義のモデル小説によるプライバシー侵害を否定し、作家の芸術活動の自由を広げた点で画期的な意味を有するが、それだけに評価の分かれる判決である。[8] 本件魚住コートの見解は、前掲の伊藤正己説を承継発展させたものであり、私としては基本的に賛成したい。そうすると、本件判旨と「宴のあと」の石田コートの判旨との関係が問題となる。本件の被告側代理人によれば、「宴のあと」は、作者による虚構性の積極的放棄の例に属し、典型的なモデル小説であると位置づけられ、フィクションである「名もなき道を」との違いが強調されている。[9] 魚住コートは、この主張に影響されたように推測されるが、定かではない。しかし、「宴のあと」は三島の傑作のひとつで、多くの外国語に翻訳されており、そのような区別は困難である。では、両者の違いはどこからきたか。モデルの著名度、公的存在性、時間の経過のいずれから見ても、結果はむしろ反対でなければならない。時代の変遷により、一般読者の文学鑑識力が向上したというのが、ひとつの見方と思われるが、それを証明することは困難である。結局、作品の芸術性とプライバシーの保護との関係についての、裁判官の価値判断の相違に求められるであろう。私自身は、前述のように、魚住コートを支持したいが、[10] 本件判旨は、判例の流れのなかではやや突出したものと位置づけることが可能である。[11] 現に、本件は控訴審で和解により解決したが、その内容は、控訴人の精神的苦痛に対し被控訴人が和解金を払い、一定の条件のもとでの増刷、映画化を認められるというものであり、原判決は事実上修正された。[12]

さて、「名もなき道を」には、「宴のあと」と違い、細部についても事実に即した描写が多く見られ、本稿の観点から、その部分についてのプライバシー侵害の可能性はある。この点につき、本件判旨は、一定の地域に居住する読者との関係で、とくにAの色弱と変死について、プライバシー侵害の可能性を認めたが、違法性を欠くものとして、請求を棄却した。この点も、評価の分かれるところである。私としては、色弱の点は、本書の構成上不可欠な部分であり、しかも、Aの親族に対し配慮もなされているので、判旨に賛成したい。[13] これに対し、変死の場面は、著者によりそれなりの配慮はなされているが、本書のプロットのうえでの必然性が少ないので、プライバシーの侵害を認めてもよいのではないか。

（8） 本件判例評釈・解説として、棟居快行・法教一八一号一一六頁（一九九五年）、玉樹智文・名大情報文化研究三号一二三頁〔批判的〕、松井茂記・法時六九巻六号一〇三頁、加藤新太郎・判タ九〇一号七二頁〔好意的〕（以上、一九九六年）。

（9） 判タ一〇七頁下段ハ参照。なお詳しくは、被告側の最終準備書面一九頁および四四頁以下参照。

(10) 前掲の加藤評釈のほか、奥平康弘『ジャーナリズムと法』(新世社、一九九七年)二二五頁以下、田島泰彦「『石に泳ぐ魚』東京地裁判決を考える」法セ一九九九年一二号六六頁が、本件判旨に好意的。

(11) 「名もなき道を」判決と同年に一審判決の出た、「甲山事件」をモデルとした清水一行の「捜査一課長」事件判決(大阪地判一九九五年一二月一九日判時一五八三号九八頁)も、基本的に「宴のあと」事件の判旨を踏襲している。本件では、原告の主張したプライバシーの侵害が認められず、名誉毀損による損害賠償が認められただけなので、本文では言及しなかった。

(12) 一九九九年三月九日付け朝刊各紙参照。

(13) 松井茂記は、家族の遺伝的障害の事実の公表に対し、疑問の余地があるとする(松井・前掲(注8)一〇七頁)。

四 「石に泳ぐ魚」判決をめぐって

1 事実の概要　芥川賞作家である柳美里は、受賞以前の一九九四年、月刊誌『新潮』九月号に「石に泳ぐ魚」と題する自伝的処女小説を発表したが、そのなかで、在日韓国人三世Kについて、朴里花という仮名で、顔の腫瘍や父の犯罪歴などを詳細に叙述した。柳の意図としては、本件小説の主題である「困難に満ちた〈生〉をいかに生き抜くか」という普遍的なテーマのもとで、顔の腫瘍にもかかわらず、懸命に陶芸の道を歩みつつあるKの生き方に感銘を受けたので、詳細な叙述をしたのだが、Kは、これにより大きな精神的な苦痛を受けたとして、柳や新潮社などを相手に、プライバシーの侵害、名誉毀損および名誉感情の侵害を理由に、慰謝料の支払いと出版の差止を求めて訴えを提起した。これに対し、被告側は、本件小説の朴里花はKをモデルにしたものであることは認めたが、本件小説はフィクションであり、プライバシーの侵害などは生じないし、また本件小説は前述の普遍的テーマを追求したので違法性を欠くなどを主張した。

東京地裁は、一九九九年六月二二日の判決（判時一六九一号九一頁）で、プライバシーの侵害、名誉毀損および名誉感情の侵害のいずれも認め、計一三〇万円の慰謝料を認めただけでなく、当事者間の合意を理由に出版の差止も認めた。

控訴審である東京高裁も、原審とほぼ同様な理由で（原審にくらべると、障害者の人権をより重視したといえる）、プライバシーの侵害、名誉毀損および名誉感情の侵害による慰謝料の支払いを認めた（ただし、原審の認めた金額は「少額にすぎ相当でない」とする）。差止については、原審に対する批判学説を考慮し、比較衡量によりこれを認めた点が原審と異なる（東京高判二〇〇一年二月一五日判時一七四一号六八頁）。なお本件については、憲法二一条違反を理由とする新潮社側の上告が受理され、もっか最高裁で審理中である。

2　判決の論理　本件小池コートの判決理由は、原告側の主張に対応して、プライバシー侵害のほか、名誉毀損や名誉感情の侵害についても、詳細に判断しているが、本稿では、フィクションによるプライバシーの侵害に問題をしぼって、判決の論理を追うことにする。なお、私見は、フィクションによるプライバシーの侵害は原則としてありえないと主張するのであり、フィクションにより、モデルの名誉や名誉感情の侵害がありうることを否定するわけではない（むしろおおいにあり得ると思っている）[14]。

まず本件判旨は、フィクションによるプライバシー（および名誉と名誉感情）の侵害の可能性について、「小説中の登場人物が虚構の人物であるとしても、その人物にモデルとなった実在の人物の属性が与えられることにより、不特定多数の読者が小説中の登場人物とモデルとを同定することができ、小説中の登場人物についての記述において、モデルが現実に体験したと同じ事実が摘示されており、かつ、読者にとって、右の記述が、モデルに関わる現実の事実であるか、作者が創作した虚構の事実であるかを截然と区別することができない場合においては、小説中の登場人物についての記述が……モデルのプライバシー……を侵害する場合がある」という一般論を述べ（一〇七頁）、「宴のあと」事件の判旨を踏襲する道を選んだ。そして、本件小説によるプライバシーの侵害については、「本件小説中に、「朴里花」について、原告がみだりに公開されることを欲せず、それが公開された場合に原告が精神的苦痛を受ける性質の未だ広く公開されていない私生活上の事実が記述されている場合には、本件小説の公表は原告のプライバシーを侵害するものと解すべきである」とする（一〇八頁）。この観点から、小池コートは、具体的に、Kの父の逮捕歴、および顔面の大きな腫瘍に関する記述はKのプライバシーを侵害するものであると結論付けた。

なお本件で被告出版社側のした、本件の表現行為は社会の正当な関心事に関するから違法性を阻却するという主張に対しても、小池コートは、違法性を阻却されるのは、「社会にとって正当な関心事について表現する上で、当該者のプライバシーを開示することが必要不可欠であるときに限定されるべきもの」だが、本件はそれに当たらないとして、退けた（一一二頁）。

3　判決の問題点　本件については、一・二審判決とも、主として憲法学者により、数多くの評釈・解説が公表されている。(15) しかし、ここでも本稿のテーマにしぼって、問題点を指摘したい。本件一審の小池コートは、フィクションによるプライバシー侵害の可能性について、一応「宴のあと」事件の判旨にそった理論を展開している。しかし、本件でプライバシーの侵害として具体的に問題となったのは、Kの父がスパイ容疑で逮捕されたという事実の記述とKの顔に大きな腫瘍があること、およびそれに関連する一連の事実についての記述が中心である。これらが、現実の事実そのもの、またはそれに近い事実であることは当事者間に異論がないので、全体がフィクションであっても、事実の部分についてはプライバシーの侵害がありうるという本稿の立場からいっても、本件はプライバシーの侵害が認められうる事件である。ここが、虚構の部分についてプライバシーの侵害を認めた「宴のあと」事件判決とはおおいに異なる点である。したがって、本件については、プライバシー侵害に関するかぎり、フィクションによる人格権侵害についての一般論を展開する必要はなかったのではないか。

なお、本件でプライバシーの侵害が問題となった記述のうち、Kの父の逮捕歴については、名誉毀損の対象にならないだけでなく、プライバシーの侵害についても、再考の余地がある。犯罪歴のプライバシー性については、これまでも種々の見解があるが、判例としては、「逆転」事件を中心として、そのプライバシー性を認める傾向がつよい。しかし、この問題は一律に決すべきではなく(たとえば政治家の汚職については、プライバシー性を認めないのが通説と思われる)、種々の要素を比較考量して判断すべき問題である。私見によれば、韓国の軍事政権下のスパイ容疑による逮捕は、こんにちではその多くが名誉回復されるべき性質のものなので、それに関する記述はかならずしも家族のプライバシーを侵害しないのではないか。[16]

これに対し、顔の腫瘍については、人間の外貌はプライバシーの対象にならないという説もあるが、他人に知られたくない情報である点で、プライバシーに含めるべきであり、とくに「石に泳ぐ魚」には、その点で極端な記述が見られるので、裁判所（とくに二審の淺生コート）がきびしい態度をとったのは当然といえる。

(14)　モデル小説による名誉毀損を認めた最近の例として、前掲大阪地判一九九五年一二月一九日がある。なお、「石に泳ぐ魚」事件の原告側代理人には、人格権訴訟のベテランが揃っているため、プライバシーの侵害のほか、万全を期して、名誉毀損と名誉感情の侵害も訴え、その多くを判決は認めている。しかし、「石に泳ぐ魚」により、Kの社会的評価の低下はなく、名誉毀損は成立しないと思われる。Kの父の前科についても、本文で後述するように、軍事政権下の韓国では、多くの知識人がスパイ容疑で逮捕されており、スパイ容疑での逮捕は、家族の不名誉ではない。ただし、この点については、たとえば、政権交代後、名誉回復したむねの記述を加えるなど、作者による配慮が望まれる。名誉感情の侵害については、本件では、プライバシーの侵害による損害に吸収されると考えられ、独立に請求する必要はないのではないか。

(15) 主なものとして、一審判決については、紙谷雅子・法教二三〇号四五頁、田島・前掲(注10)、鈴木秀美・新聞研究五七九号八八頁、村上孝止・久留米三六号一一一頁、(以上、一九九九年)、棟居快行・ジュリスト増刊『重要判例解説平成一一年度』一四頁、松井茂記・法時七二巻四号一〇二頁(以上、二〇〇〇年)、中村英樹・法政六七巻三号七八五頁(二〇〇一年)など。二審判決については、さしあたり紙谷雅子・法時七三巻四号七八頁、同・新聞研究五九八号六六頁、鈴木秀美・法教二五二号八五頁(以上、二〇〇一年)などがある。

(16) もっとも、このような覚めた見方は、第三者としてのものであり、当事者の立場を考慮したものではないことをお断りしたい。なお、逮捕歴の公表は私事に当たらないとするものとして、田島・前掲(注10)六四頁があり、また松井・前掲(注15)一〇五頁は、逮捕歴の公表はプライバシーの侵害となるが、それが事実であれば名誉毀損とはいえないとする。これに対する原告側代理人の反論として、木村晋介・法時七二巻七号四六頁がある。

五 おわりに

本稿の結論をくりかえすと、フィクション(小説)によるプライバシーの侵害は原則としてありえない。しかし、モデル小説や私小説においては、事実に即した叙述が多く見られ、この部分についてはプライバシーの侵害がありうる。この点で、フィクション(虚構)部分についてプライバシーの侵害を認めた「宴のあと」事件の判旨には反対する。これに対し、「名もなき道を」と「石に泳ぐ魚」では、事実に即した叙述が多いので、その部分についてのプライバシーの侵害はありうる。(17)

もっとも、以上のことは、プライバシー法の内部で妥当することであり、人格権法全体としては、フィクションによる名誉や名誉感情の侵害はありうるので、芸術活動が制約されるおそれは残る。いずれにせよ、人格権法の分野では、違法性阻却事由として、やはり作品の芸術性を問題とせざるをえない。この場合、人格権の保護と作品の芸術性とは無関係であるとか、作品の芸術性について裁判官が判断できるかという問題があり、反対論も強い[18]。しかし、すでに文芸作品のわいせつ性について、判例は作品の芸術性を考慮しているので[19]、人格権法の領域でも、この問題は避けて通れないのではないか。その意味で、「名もなき道を」事件の判旨は注目に値する[20]。

本稿は比較法に踏み込む余裕がなかったが、気になるのはアメリカのプライバシー法における、有名なプロッサーの四類型の三番目の「公衆に誤った印象を与えたことを理由とするプライバシー訴訟」類型である。アメリカの判例によれば、ここでは事実の描写よりも、フィクションによる場合のほうが、容易にプライバシーの侵害が認められている。しかし、近時、アメリカでもこの類型は名誉毀損によるべきであるという主張が見られるようであり、日本に輸入すべきではないと思われる[21]。

(17)　紙谷雅子は、「石に泳ぐ魚」事件二審判決の評釈のなかで、虚構の部分についてもプライバシーの侵害を認めたことは、本来のプライバシーとはべつな性質の利益に関する法理が日本では展開されたと解している。そして、独自の見解として、名誉毀損とプライバシーとは、記述の真実性を基準に分類すべきであり、記述が真実であるという立証がなされた場合には、プライバシーの侵害が問題となり、真実でないとの立証がなされた場合には、名誉毀損が問題となる、と提案している（紙谷・前掲（注15）法時八二頁以下）。私見もこれに近い。

(18)　たとえば、棟居・前掲（注15）一五頁、中村・前掲（注15）七九七頁。なお、「石に泳ぐ魚」二審判決も、基本的には人格権の価値と芸術価値を区別し、「小説を創作する際、他人の人格的価値、特に障害を有する者をモデルとする場合にはその者の心の痛みにも思いを致し、その名誉やプライバシーを損なわないよう、モデルとの同定の可能性を排除することができないはずはないのである。このような創作上の配慮をすることなく、小説の公表によって他者の尊厳を傷つけることがあれば、その侵害に対して法的に責任を負うのは当然のことである。ことは人間の尊厳にかかわるのであって、芸術の名によってもその侵害を容認することはできない。」と説示しているが（八〇頁）、ここでは、「創作上の配慮」をすれば、プライバシーの侵害はなくなる可能性を認めている。これに対し、新潮社側は、この箇所を司法権による文芸作品の表現の自由に対する介入と解し、最高裁で争う構えを示しており、帰趨が注目される（「新潮」編集部「石に泳ぐ魚」裁判経過報告」新潮二〇〇一年八月号二二五頁）。

(19)　「四畳半襖の下張」事件についての最判一八八〇年一一月二八日刑集三四巻六号四三三頁参照。

(20)　人格権法の領域においても、作品の芸術性を考慮すべきとする学説として、伊藤・前掲(注4)四九頁、奥平・前掲(注10)二二八頁以下、田島・前掲(注10)六六頁参照。田島説のほうが、奥平説より積極的である。なお、作家側の発言のうち、とくに大江健三郎「陳述書と二つの付記」（世界一九九九年九月号二一七頁以下）に感銘を覚えた。

(21)　伊藤正己『プライバシーの権利』（岩波書店、一九六三年）一一三頁以下、二〇三頁以下、松井茂記『「マス・メディアと法」入門』（弘文堂、一九八八年）一七七頁以下、なお五十嵐・前掲(注4)八一頁参照。

10　損害への被害者の関与
——特に治療態度について——

山田卓生

一　はじめに

不法行為により被害を受けた者が、損害の発生または拡大に関与していた場合については、民法七二二条二項の規定により損害額を定めるにあたって被害者の過失を斟酌することができるとする、いわゆる過失相殺という制度がある。[2] これは、損害の公平な分担の観点[1]から被害者の過失を考慮するものであるとされている。

こうした被害者の過失[3]以外に、過失とはいえないような被害者の属性(虚弱体質、持病、心因性の素因、高齢による衰え等)についても、公平の観点から、七二二条二項を類推適用して、損害を減額することが、とりわけ下級審判決において、きわめて広くおこなわれている。こうしたいわゆる素因減額[4]については、最高裁判決によっていわば確立されているともいえるが、過失といえないような、しかも被害者自らコントロールできない状況を、被害者の不利に用いてよいかが問われ、学説上は強い批判がある。

被害者がたまたま、通常人よりからだが弱いため、損害が重大化したとしても、加害者は「あるがまま」に、被害の賠償をすべきではないか。このことは、被害者が高収入者であるか、失業中の者であるかにより、賠償額に差異が生ずることを考えれば理解できる。

被害者の過失、あるいは素因と称される被害者の属性ともいうべきものを、損害額算定にあたって斟酌するほかに、被害者の行為とはいえないような、事故後の判断により被害が拡大した場合、右の過失または素因と同じように斟酌することができるかという問題がある。たとえば、事故後、治療すべきか否かに迷って放置しておいたところ悪化したとか、さらには輸血が危険であるとして拒否したため状態が悪化した場合である。

本稿では右のような被害者の行為または判断が関与して、防止可能であった損害が発生し、または損害が拡大した場合に、損害を減額すべきかの問題を考えたい。とりわけ、重大な外傷を受けた被害者が、輸血を拒否するなどして治療を拒否した場合の問題を考えたい。

被害者がコントロールできない属性について、斟酌すべきでないとすれば、被害者が事故・受傷後に、重症化を防止しえた場合にどう考えるべきか。被害者として、重大化を防止しうるのであれば、当然そうすべきであり、防止しなかったのであれば、防止しなかったことにより拡大した損害については、請求できないとする、損害抑止義務という考え方もある。しかし、防止できたというのは事後的判断であり、結果的に悪化したから、悪化による増加分は損害ではないといえるかである。

右の問題を論ずる前提として、まず衡平とは何か、および、交通事故の特質にふれたあと、より広く被害者の行為、属性等が損害とどのようにかかわるか、とくに各種の減額事由について概観し、治療拒否をどのように考えるかに及びたい。最後に、素因減額と比較しながら、治療拒否の問題を考えたい。
結論としては、治療拒否といった損害拡大の原因と考えられることについても、衡平の名による減額には慎重であるべきではないか、というものである。

1　衡平と公平

損害賠償の目的は、抑止、制裁のほか被害者に発生した損害をフルにカバーし、事故にあわなければあったであろう状態にできるだけ近づけることにある。その際、損害の公平な分担ということにもとづいて、加害者に不当な負担を課することなく、また被害者に不当な利益を得させることがないように、過失相殺や損益相殺(5)といった調整制度がある。

衡平とはいっても、総合的かつ直観的判断で、必ずしも数量的に明確なものではない。過失相殺すら、被害者の寄与があるから、相殺するというのは、因果関係的に考えているのか、自分の非による分までを、損害として請求できないとする考え方によるものか明確ではない。

損害賠償にあっては、同じような被害者には、同じような内容の賠償をという、いわゆる公平と、具体的な加害者と被害者との間で、どのように損害を分担するのが好ましいのかをめぐる、〝衡平〟という視点がある。

前者の公平を達成するためには、損害の算定にあたって、被害者の属性に応じた資料を利用する一方、賃金センサスとか、平均余命による稼動年令の推定といった客観的な資料が利用されている。

後者の衡平の達成のためには加害者と被害者の、事故と損害への寄与を考慮して、負担割合を定めることが行なわれる。過失相殺、過失相殺の類推適用による減額などは、当事者の衡平をめざすものといえる。

公平といい衡平といっても、無関係のものではなく、一方は他方の考慮にあたっても、多かれ少かれ斟酌されている。

このうち被害者間の公平の問題は、西原教授が、もっとも強く主張され、その実現のために議論を展開されてきた[6]。とりわけ慰謝料における平等の考え方は、強い影響力があった。しかしながら、逸失利益算定においては、一部で、平等化がはかられてはいるものの、必ずしも公平が実現されているわけではない。慰謝料、特に死亡慰謝料については、裁判、保険の実務においては、画一化の方向に向っているとはいうものの、平等化は達成されていない。

2 交通事故と損害法

本稿では、ほとんどが交通事故に関する問題を前提としている。そこで交通事故の特質について確認しておきたい。

被害者の寄与により、損害額の軽減を認めるべきかについては、とりわけ交通事故損害賠償をめぐって論じられるようになってきた[7]。同じ不法行為のなかでも、自動車事故による人身損害の問題は、責任論よりもむしろ損害論をめぐって、数量的のみならず、質的にも、複雑な問題を提起した。そして、自動車事故をめぐって展開された法理ないし実務が、他の類型の不法行為にも、影響を与えている。

本稿のテーマである損害の軽減(縮減)の問題も、自動車事故ゆえに出てきた問題といってもよい。そこで、不法行為法において自動車事故法の占める位置を確認するため、その特質について簡単に概観しておきたい。

(1) 身体的損害(外傷)

交通事故は、ほとんどが衝突（車と車、車と人、車と物）を伴うものであるため、人身への損害が発生することが多い。重大な場合には、死亡にいたることもあるが、一生回復の望めない状態に陥ること、さらには外見上は何でもなくても、神経性、ときには精神的な後遺症を残すことも珍しくない。

こうした身体の完全性への侵害による損害をどのように考えるかは、損害論の中心問題として、厖大な裁判例が、それの何十倍にも及ぶ実務例とともに、蓄積されている。

(2)　事故件数の厖大

何といっても、自動車事故件数の多さは、他のいかなる事故をも上まわる。一年に一万人近い死者(二四時間以内)ということは、死者が毎日平均して三〇人弱である。また傷害件数は、その数十倍はある。ＰＬ事故、医療事故、労災事故が、いくら多いとはいっても、数的には、二ケタぐらい違う。各種の方策による、交通事故防止は実をあげてはいるが、それでも、コンスタントに発生してくるのである。

(3)　加害者＝責任者の特定――責任構造

交通事故にあっては、一般に加害者の特定事故と被害者の損害との因果関係が、比較的容易なことが特色としてあげられる。もっとも、ひき逃げ事故とか、被害者の症状と事故との関係が明確でないものもあるが、それはきわめて例外的である。もっとも例外的とはいっても、件数にすれば、全体が大きいため、ネグリジブルというわけではない。

(4)　保険によるカバー

こうした責任構造と結びつくのが、保険制度である。自動車保有者に義務づけられた賠償責任保険が、人身損害の基本部分をカバーしている。こうした責任の集中が、ある意味では、事件処理を定型化するとともに、加害者（とくに保険会社）のペースで進められる可能性が高い。

（1） 我妻栄博士は、一九二二年の「損害賠償理論における「具体的衡平主義」」（法学志林二四巻三～五号『民法研究VI』所収）において、ヘーデマンの「十九世紀における私法の発達」（一九一〇）を紹介し、損害賠償理論における、責任の加重、責任の醇化と並んで、具体的衡平の原則をあげておられる（民法研究VI一九九頁）。一九三九年の「事務管理・不当利得・不法行為」（新法学全集）では「損害の公平妥当なる分配という最高の理想に向って各種の場合における具体的判断を試むべきであろう」（九八頁）とされる。

（2） 過失相殺については、厖大な研究があるが、やや前のものも含めて、本論文で扱う問題――「過失」とは何か――にふれたものとして、とりあえず、以下のものをあげておく。

川井　健「過失相殺の本質」判タ二四〇号一一頁（一九七〇）

篠田省二「過失相殺の本質」判タ二六八号一六八頁（一九七一）

平井宜雄「過失相殺――その機能と理論的位置」ジュリスト五〇〇号（一九七二）

西垣道夫「過失相殺の「本質」論について」交通事故賠償の現状と課題（一九七九・ぎょうせい）二六〇頁以下

同「『鞭打症における損害算定上の諸問題」現代損害賠償法講座7交通事故（一九七四）三一七頁

右の二つの論文は、早逝した友人によるすぐれた論文で、今日でも読んで十分に示唆を得られる内容のものである。

新しい研究として、参照

橋本佳幸「過失相殺の法理と射程㈠～㈤――責任無能力者の「過失」と素因の斟酌をめぐって」法叢一三七巻二号一六頁、四号一頁、五号一頁、六号一頁、一三九巻三号一頁（一九九二～三）

戦前のものではあるが、今日的に見ても、きわめて示唆多きものとして、勝本正晃「過失相殺に関する民法の規定の適用に就いて㈠㈡㈢」法学一巻二号一六二頁、三号三一六頁、四号四九二頁がある。

日本民法の過失相殺を、ローマ法以来BGB成立をふまえて丹念にフォローしたものとして、参照。長谷川貞之「法典編纂から見た「被害者の過失」㈠」駿河台法学二号（一九八八）九三頁以下。

（3）　勝本博士は、被害者と債権者を含めて「賠償権者」ということばを使われる。不法行為においては、ふさわしいことばであるが、他ではあまり使われていないので、本稿では賠償請求権のある被害者ということばを使う。

（4）　素因減額については、おびただしい論稿が発表されている。代表的なものとして次掲。まとまったものとしては、窪田充見・「過失相殺の法理」（有斐閣一九九四）同「被害者側の事由に基づく損害賠償額の縮減」私法五五号（一九九三）

前田陽一「不法行為法における損害の公平な分担の理論と素因減額論に関する一考察」星野英一先生古稀記念論集下巻（有斐閣一九九六）

藤井勲「交通事故と素因、持病――因果関係・過失相殺の関係」新現代損害賠償法講座5交通事故第4章（一九九七）

北村隆之「素因減額論の新展開」判タ臨増九四三号「交通事故損害賠償の現状と課題」（一九九七）

斎藤修「過失相殺法理の現代的課題」谷口知平博士追悼記念論集　下巻（信山社一九九三）

外国における素因の考え方、とくに素因を何故考慮しないかについては、水野謙・因果関係概念の意義と限界（二〇〇〇・有斐閣）一三八頁注⒁が、三頁にわたって、説明している。

（5）　損益相殺は講学上の概念で、実定法上の明確な根拠があるわけではない。あえて求めれば、不当な利得の防止にあるといえよう（四宮和夫『事務管理・不当利得・不法行為』下（青林書院一九八五）六〇頁）。不当利得は、まさに公平を基礎とする考え方である。アメリカ法では、損益相殺は、重複塡補（collateral sources rule）の問題として扱われているが、これも一種の不当利得の考え方といえよう。

（6）　本稿に関連する西原教授の論考としては、「生命侵害・傷害における損害賠償額」（一九六四年私法学会報告）私法二七号一〇七頁（一九六五）が代表的で、今日も参照の価値がある。

（7）　一九九二年の私法学会シンポジウム「損害賠償法の理論と現実」において、報告者の西原教授に対し、交通事故の損害法が、どこまでモデルたりうるのかという質問をしたことがある（私法五五号（一九九三）五六頁）。

二　損害と被害者のかかわり方

まず、一般的に、被害者の行動が、損害賠償請求権に、どのように影響するかの問題[8]を概観して、本稿で扱う問題の位置づけをしておきたい。交通事故に限らず、一般に事故は、単一の原因により発生するというよりも、多少とも複合的な原因により発生することは、一般的にも指摘され、また日常的にも観察される。

(1)　加害者の競合

このうち、加害者が複数の場合に関しては、共同不法行為の問題として、加功した加害者間の責任と関連した七一九条の規定があり、成立範囲、求償が問題になる。

(2)　事故後の第三者の関与

被害者の行為ではなく、事故後の医療事故のように第三者の行為による場合には、加害者と第三者の行為が共同不法行為になるかという問題として、論じられている。問題は、こうした異時的な関与についても共同不法行為と考えられるかである。原因が事故と医療過誤というのであれば、それぞれと因果関係にある損害が賠償範囲と考えられるが、両者の関与割合が明らかでないため、共同不法行為として処理する判例があり、学説も一般に肯定的である[9]。

(3)　被害者の関与

被害を受けた者が事故発生に関与していた場合には、いわゆる過失相殺の問題となり、道路横断中の事故とか、信号無視運転の被害者について問題になる。

ただ「過失」については、被害者に責任能力を要するか、事理弁識能力で足りるかが問題[10]になり、さらに、過失というのは、被害者の過失だけをいうのか、それとも被害者と同視しうる者の過失をも考慮できるかが争われている。[11]

過失を、幼児についても考えられるとし、さらに、被害者以外の者の過失をも斟酌すると、「過失」が、責任要件としての過失とは、相当違ったものになる。しかし、ここでも、「損害の公平な分担」という考え方にもとづいて、過失相殺がなされるのが一般化している。

七二二条二項は、過失相殺ということばは使っていない。相殺を民法五〇五条の文字通りの意味にとれば、加害者の債務と、被害者の過失によって生ずる債務を、対当額において消滅させることになる。しかし、ふつう過失相殺という場合、被害者の過失といういわば寄与分を、損害額から差し引くことと理解され、寄与分が割合で示されて、その分を控除するかたちがとられている。

過失の寄与分という場合、文字通り被害者の「過失」による寄与分をいうのか、過失の有無を問わず、被害者の寄与分をいうのかである。過失といっている以上、やはり被害者に何らかの責めに帰すべき事由による寄与に限定すべきで、被害者の生まれながらの体質、持病、さらには高齢による年相応の体の衰えは、被害者の寄与と考えてよいかである。

被害者の事由により、損害額を減ずることとは、減額であるが、減責ということばも使われる。たとえば、被害者の素因による減額は、寄与度減責といわれる。減責といっても、効果としては、減額ということになるとすれば、両者を区別する必要はない。

一般に過失相殺について――過失をやや広義に被害者の関与とした場合、いくつかの関与のあり方がある。

第一は、被害者の関与、損害の発生についてか、損害発生後の損害の拡大についてかである。これは、時期的にいえば、事故発生までか、発生後かという分け方もできる。[12] もっとも、事故前は発生の問題、事故後は拡大の問題というわけではなく、事故前の関与が損害の拡大に結びつくこともありうる。たとえば、ヘルメット不着用、シートベルト不着装については、事故前のものであるが、損害発生の原因か、損害拡大の原因かが問題になる。少なくも、衝突そのものの原因ではないから、事故発生への寄与ではないにしても、着用ないし着装していたら、損害が発生しなかった可能性もあるから、不着用、不着装は損害発生の原因であると見ることもできる。[13]

第二に、関与という場合にも、作為と不作為がある。たとえば、横断歩道外を通行したという場合、信号を見落して運転したというような、作為が典型的である。[14] これに対して、適切な治療をしなかった、損害の重大性を認識しなかったというように、作為とはいえない場合もある。前者については、過失という評価に結びつきやすいが、後者については、過失に結びつきにくい。

もっとも、作為、不作為は、相対的である。たとえば、ブレーキを踏んで止まらなかったのも、止めるという作為をしなかった不作為なのか、ブレーキを踏まないで進行して衝突した作為とみるかである。

そのほかに、過失とはいえないまでも、被害者に、損害の拡大に寄与する行為または事情があった場合、近時の判例は、過失相殺の規定を類推適用して、減額するようになっている。[15] 被害者の過失とはいえない行為、事情としては、事故後の治療態度のほか、被害者のいわゆる素因（身体的、心因的）、さらには加齢状況といったことも、考慮されるべしといえるかの問題である。

このうち、被害者の素因をめぐる問題については、近時四つの最高裁判決が出され――ただしその意味の理解に争いはあるが――判決以後、しばしば論じられてきた。

これに対し、被害者の過失とはいえないまでも、損害発生後に適切な処置をしていれば、損害の拡大が防止できたであろう場合の問題については、ごく最近損害軽減義務の問題として論じられている（後述）。

とりわけ困難なのは、被害者が、事故による受傷後に、事故と関係のない原因（病気）により死亡した場合の問題である。勿論、死亡が損害算定＝損害賠償金の支払前の場合であり、支払後の死亡については、別の問題（不当利得）になる。事故がひきがねになって、病気（たとえば心臓マヒ、脳出血）になったのか、事故と関係がないのかである。[16] 結局は医学的判断ということになるが、被害者の素因の問題とはいいにくい。

損害額を減ずるにあたり、被害者の寄与の程度を考慮する場合、加害者の責任根拠とかかわるかという問題がある。[17] これは、被害者の減額が問題にならない場合についても、加害者の責任または非難可能性が、損害額に反映するかという問題である。損害が客観的に定まるものであれば、加害者の非難可能性の大小は関係がないともいえる。しかし、同じ損害といっても、故意による場合と、無過失責任の場合と同じでよいのか。加害の態様により、損害額を加重する懲罰的損害の賠償を認めるアメリカのような制度があれば別であるが、一般には、加害者の非難可能性は関係がないとされている。

損害が小さければ、いくら故意による場合でも、損害額以上を請求できないし、たとえささいな過失しかなくてもさらには無過失責任の場合のように過失が認められなくても、大きな損害を生じさせれば、全額の賠償が認められることになる。

もっとも、右のような事情は慰謝料の算定にあたっては、斟酌されるべき事由になる。

それでは、被害者の過失の場合はどうか。過失相殺は、一般に加害者と被害者の過失を比較してなされる。そうなると、被害者に過失があると無過失責任の加害者の過失はどう比較されるか。この場合には、被害者にのみ過失があるとされるわけではなく、事故発生についての両者の寄与というかたちになる。むしろ、過失割合というより、被害者の寄与割合分が減額される。

さらに、被害者の過失とはいえない体質、素因を斟酌するとすれば、もはや加害者の過失との比較ではなく、被害者のファクター（寄与）割合を直截に減額することになる。

(4) 割合的因果関係

この際、被害者の属性を理由に減額するというのではなく、被害者の属性の損害発生への寄与というかたちで、因果関係の問題として、考えることができないか。

たしかに、事故による被害は、当該被害者という状況のもとに生ずるものであり、被害者の寄与があれば、その分まで加害者の負担にしないで、寄与分については因果関係がないとするかたちで、部分的な賠償（より正確には部分的に賠償からの除外）をすることも考えられる。

これは、いわゆる割合的因果関係論ともいわれるもので、学説と一部の判決がとる考え方である。[18] たしかに、被害者の寄与分について相殺するのではなく、そもそも因果関係はないというのはすっきりしている。

しかし、被害者に生じた損害のうち、どれだけが被害者の特質によって生じたものであるのかは必ずしも明確とはいえない。結果としては、被害者の属性により過失相殺的に考えるのと大差はない。単に、「過失」を拡張して相殺することを避けるという目的だけのために、部分的な因果関係を考えるのは、それほど意義があるとはいえない。[19]

(5) 損害回避義務

最後に、英米でとられている損害回避義務（duty of mitigation）または避けうべき結果（avoidable consequence）

という考え方がある。[20]これは、被害者が損害を避けえた場合には、自ら発生させたもので、その分まで請求できないという考え方である。[21]事故後の過失相殺と近いが、過失相殺よりも因果関係的に考える点で異なる。

損害避止義務は、英米契約法で古くから論じられ、[22]今日ではＣＩＳＧ（国際動産売買条約）にも、とり入れられたため一やく注目を浴びるにいたっている。ただ、契約において、債権者が債務者への負担を不当に重くしないようにする義務として論じられる問題と、不法行為による被害者が、受けた損害の拡大を抑止する義務というのは、やはり区別すべきであろう。

損害軽減義務は、特別の規定がない限り一般的に肯定することは難しいであろう。[23]

(6)　危険の引受け

過失相殺に近いものとして、危険の引受けという考え方がある。[24]これは、危険状況に身をおいた者は、たとえ損害を受けても、自ら招いたもので、損害は自らが負担すべきであるとする考え方である。以前、好意同乗者については、危険承知での同乗であるから、損害賠償請求はできないとする考え方がとられたことがあった。現在では、同乗そのものを危険の引き受けとせず、酒酔い、無免許などきわめて危険な運転の場合に、過失相殺の問題とするにとどまる。

しかし、後に論じる、治療の不継続や治療拒否は、危険の引き受けに近いものともみうる。しかし、事故により受傷してからのものであれば、危険の引き受けを考えることはできないであろう。

（8）　Gregory-Kalven-Epstein: Torts 3ed. 1977では、過失相殺の問題はPlaintiff's Conductという項目（Chap. 7）のもとに扱われている。その中心は、損害発生への被害者の寄与という寄与過失の問題であるが、そのなかで、シートベルト不着用のような、過失といってよいか否かが問題になるものを論じている。
(9) 交通事故と医療事故の競合について、最判平成一三・三・一三民集五五巻二号三二八頁は、順次競合した場合にも共同不法行為等になるとしたうえ、過失相殺について判示している。なお宮川博史「医療事故との競合」現代裁判法大系(6)参照。
(10) 窪田充見・過失相殺の法理(一九九四・有斐閣)。
(11) 橋本・前掲。
(12) 長谷川義仁「被害者側の事情と損害の評価」広島大・社会文化論集六号(一九九九)が、この問題を扱う。
(13) シートベルト不着用についての過失相殺については、以前に書いたことがあるが(「シートベルトと過失相殺」交通法研究一六号一九八七)本稿では、過失の考え方が少し違っている。
(14) これについては、水野・前掲一六〇頁がよく論じている。
(15) 注(4)の文献参照。

こうした過失のみならず被害者側の事情を損害額算定にあたって斟均すべきであるとする考え方が、とられるようになったのは、比較的、新しいことである。交通民集の索引においても、当初は過失相殺の中に入り込んでいた問題が、その数の増加から、「素因による減額」という項目をおこしたのは、平成七年の索引解説号からで、身体的素因と心的素因に区分して肯定例、否定例をかかげている。

なお神戸地判平一二・一〇・三一交民集三三巻五号五三頁は腎不全で人工透析を受けていた被害者が交通事故の四二日後に死亡した場合に、実に七〇パーセントの減額をしている。
(16) いわゆる貝取り事件(最判平成八年四月二五日民集五〇巻五号一二二三)は、逸失利益がいつまでかで争われていて、因果関係の問題ではない。
(17) 田中成志「過失相殺の適用における『公平』――特に加害者の責任が加重されている場合の過失相殺」加藤一郎先生古稀記念論文集『現代社会と民法学の動向(上)』(一九九二年、有斐閣)。
(18) 主唱者として、野村好弘「因果関係の本質――寄与度に基づく割合的因果関係論」交通事故処理センター創立一〇周年記念論文集「交通事故損害賠償の処理と実務」（ぎょうせい一九八四）、なお参照小賀野晶一・寄与度論────事故法の課題と「公正」議論のゆくえ──鈴木辰紀先生古稀記念「現代保険論集」（成文堂二〇〇一）。

なお、水野・前掲三〇七頁。

(19)　能見善久「寄与度減責」四宮和夫先生古稀記念論文集『民法・信託法理論の展開』（一九八六）二一五頁以下。同『「痛み分け」社会の民法』落合誠一編者『論文から見る現代社会と法』（有斐閣・一九九五）一〇四頁以下は、右論文をもとに、これを展開したものである。

同「過失相殺の現代的機能」森島昭夫教授還暦記念論文集『不法行為法の現代的課題と展開』（一九九五）。

同「裁量減額」日本リスティトメント　ジュリ九〇五号（一九八八）。

能見教授の「痛み分け」という考え方は、損害分担の考え方を説明するものとして、示唆的であるが、交通事故にあっては、被害者の痛みこそが問題であって、加害者には痛みがあるとしても、やはり質的にことなる以上、適切な表現とはいえないであろう。

(20)　はじめて紹介したのは、注(22)の谷口論文である。この論点からの新しい研究として、長谷川義仁「人身傷害事例における損害軽減義務の射程イギリス法の分析を中心として(一)(二)」広島法学二四巻一号一一三頁、二号一三九頁（二〇〇〇）が、有益で、本稿でも参考になった。

B Dobbs: Law A Torts. West 2000.

(21)　被害者の「愚かな判断の結果についてまで、損害賠償請求はできない」（J. Fleming: Law of Torts 5ed. 1977）とのべられることがある。しかし、はたして「愚かな判断」といえるか否かが問題であり、他人からは愚かに見える判断の相当性が問われる。

(22)　債務不履行責任、契約責任における損害軽減義務については、谷口知平「損害賠償額算定における損害避抑義務──Avoidable Consequencesの理論の示唆」我妻還暦記念(上)『損害賠償法の研究』（一九五七）がパイオニア的研究であったが、近時きわめて活発に研究されている。

吉田和夫「債権者の損害避抑義務及び損害拡大防止義務について」ジュリスト八六六号七八頁（一九八六）、齋藤彰「契約不履行における損害軽減義務――損害賠償額算定の基準時との関連において」石田・西原・高木教授還暦記念論文集(中)『損害賠償法の課題と展望』(一九九〇)、同「損害軽減義務と損害賠償額算定の基準時〈研究報告〉」私法五五号二〇四頁(一九九三)、森田修「「損害軽減義務」について」法学志林九一巻一号一一九頁(一九九三)。

(23) ミシガン州の標準陪審説示要領は、「何人も損害を受けたあと、損害を軽減するため通常の注意力を行使する義務がある。したがって、陪審員は、原告がそうした通常の注意を行使しなかったかどうか、もし行使していなかったとしたら、それにより何らかの損害が生じたかどうかを決定すべきである」となっている。

(24) F. James, Jr: Assumption of Risk, 61 Yale L.J. 141 (1952). ibid: Assumption of Risk: Unhappy Reincarnation, 78 Yale L.J. 185 (1968).

三 被害者の治療への態度

事故後に適切な治療を受けなかったこととか治療に専念しなかったことにより、損害が拡大した場合に、損害を回避できたとして、減額ができるか。

この問題は、アメリカでは、損害軽減の法理あるいは、回避可能な結果の問題として論じられてきた。日本では、以下に見るように、公平の視点から減額すべきか否かが問題になっている。(25)

以下では、まず治療を受けなかった場合を考え、次いで輸血拒否の問題を考えたい。

これについては、治療を受けるか否かにかかわる問題が関連する。つまり、よくなるのであれば治療を受けることは義務と考えられるかである。義務であるとすれば、義務違反として、治療を受けなかったことにより重大化した部分については、賠償請求を認めないというのは妥当であろう。

まず、被害者である患者の義務という観点から考えたい。一般に患者の権利が論じられるが、反面として患者の義務が考えられるかである。

バイオエシックス百科辞典の「患者の責任」という項目では[26]、患者の義務を四つ、(1)ヘルス職にある人々への義務、(2)ある人々への義務、(3)他の患者への義務、(4)社会への義務に分けている。このうち、(4)で、患者の、自分自身に対し、重大な健康上の危険を避ける義務にふれている。ただ自分自身への義務というのは、分析哲学では、成り立ちえないという主張もある。しかし、親しい家族メンバーに対しては、不必要で重大な健康上のリスクをおかすことにより、サポートする能力を放棄したり、減じたりはできない義務が考えられる。さらに、危険をおかすことにより、社会が負担する医療費を増やすことも、正義の観点からできないとする。ただ、そこまでいくと、麻薬使用、喫煙といった行為も、健康リスクを避ける義務の議論になってしまう、とする。

このように、一義的にはいえないにしても、患者には自らを危険におとしいれない義務ないし責任があるといえよう。

問題は、被害者は、治療を受ける義務があるかである。医療処置の最善のものを享受して健康になる義務があるともいえる。しかし、今日高度化した医療にあっては、高度であれば、反面としての危険やマイナスを伴う。そうだとすれば、いかなる医療を受けるかは、本人が決定すべきであり、「拒否」を当然なすべきことをかたくなに拒むという意味にとるべきではない。多少とも生命の危険を伴なう手術ともなれば、いくらよくなる可能性があるものであっても、これを受ける義務があるとはない。

こうした、治療拒否については、いくつかのタイプがある。

第一は、端的にいやだというものである。たとえば、一九五一年の南オーストラリアのマッターズ対ベイカー事件[27]では、被害者は医師がいやで、手術がこわいからとして眼の手術を拒否しているが、裁判所はこの拒否は合理的でないとしている。

第二は、リスクとメリットを勘案したうえで、拒絶するものである（informed refusal）。近時の医療の発達は、おどろくべきものであり、また日進月歩である。しかし、それだからといって、すべてがうまくいくわけではない。あらゆる治療は、成功率何パーセントという確率をともなっている。そうなると、いわゆるインフォームド・コンセントの考え方が普及したため、従来のように、医師が患者のためを考慮して、パターナリスティックに治療方針を決定するのでなく、いくつかの選択肢を、そのメリットとデメリットとともに説明したうえで提示し、患者の選択にまかせるかたちが多くなってきている。

こうした、患者の自己決定を尊重する考え方は、必ずしも広く普及しているわけではないが、患者にまかされることは少なくない。そうした選択は、結果的にうまくいくとは限らないが、結果如何と選択の合理性とは別に考えるべきであろう。

第三は、医療上の理由ではなく、宗教上の理由による拒否である。これは、後述の輸血拒否において問題になっているが、輸血に限らず、中絶、帝王切開等について、宗教上の理由による拒否がある。生命や健康こそ、第一義であると考える者からは、宗教を理由として、生命、健康に危険をもたらすことをするというのは理解できないかも知れない。しかし、宗教的信念は、そうした理解可能性をこえたものである以上、拒否を不合理とすることはできないであろう。

治療拒否だけではなく、治療あるいは回復への努力を怠ることも、損害の拡大を招く。たとえば、医師の指示を守らない場合である。禁止された喫煙や飲酒を続けるとか治療薬を指示通り服用しないとかである。暴飲暴食、自暴自棄、不養生といった生活の乱れもある。こうしたことが、損害を拡大したとして、損害の減額ができるであろうか。
この延長線上の出てくるのが、被害者の自殺である。[28] 自殺は、多少なりとも意思によるもので、避けられうるものと考えられている。そうだとすれば、自殺についてまで責任はないという議論に結びつく。しかし、自殺については、論点がより拡がるので、ここでは論じないことにする。

1　いくつかの事例からみた問題点

医療処置を受ければ、重大化が防ぎうるのに、それを怠れば、一種の過失と同視することも可能である。とりわけ、生命の危機に瀕していれば、最善の処置をとって、救うべきだということになろう。

以下では、イギリス法、ヴィクトリア州法(オーストラリア)、アメリカにおける若干の例を紹介して論点を展開したい。[29]

治療拒否の問題は、日本では、後にみる輸血拒否事件で問題になっているぐらいであるが、イギリスではつとに、拒否の合理性をめぐる争いがあるので、それを紹介しておきたい。これは、治療拒否についての争点を明らかにするためのものであり、これについてのイギリス法を紹介するものではない。

治療拒否はイギリスで戦前から不法行為における損害軽減義務の問題として論じられてきた。

労災事故に関して、一九四二年の事件[30]において、労働者が、治療を非合理的に拒否したことにより生じた廃疾(incapacity) については、「主張されている事故により相当に (proximately) 生じたものではなく、補償への資格はない」としていた。

一九四四年には、貴族院が[31]、労働者は医師の助言に従うべきであるが、主たる問題は、その労働者にとって合理的といえたかどうかであり、彼に対する手術に反対する医師の意見が、手術すべきという意見より、健全な理由によるか否かの問題ではないとした。さらに、医師の意見が分かれる場合には、手術はよくないという意見であっても、労働者は医師の意見にしたがうことが正当化されるとした。

被害者の医師の意見にしたがうことが認められるとする考え方は、コモンローにおける地位をかちえたといってよい。

これについて、もっともよく知られているのは一九五七年の事件(32)で、ジェンキンズ裁判官は、九〇パーセントの成功のチャンスのある手術を拒否するのは、たとえ被害者の医師のすすめによるとしても、非合理的であるとのべている。

アメリカにおいては、ムールトン事件(33)で避けうべき損害であったか否かが争いになっている。

原告ムールトンは、自動販売機の会社に勤務し、その仕事のためには、膝をついて、販売機の手入れをしなければならなかった。ところが、原告は、脚と膝の状態が悪化して膝を使う仕事が出来なくなったため職を失った。原告の医師ベリーは、膝の状態の悪化を防ぐためには、「熱、休養、脚をあげること」が必要であり、膝を休めそのケアをすることを忠告していた。さらに、医師は、原告が自分の忠告を守ってれば、短期間で、膝の傷害は治療していたであろうと証言した。

訴訟において、被告会社は、原告が損害を軽減せず、そのため自分の傷害をより深刻なものにするのに寄与したと主張し、「原告は、傷害の重大化を防止するため、相当な医療的忠告に従うにあたって、普通に注意深い人間としての注意を行使しなかった」とのべた。

テクサス最高裁判所・カルバート首席裁判官は、次のように判示した。

まず、損害を軽減しなかったことが、抗弁になるか、および軽減しなかったことが、原告の損害に相当な因果関係のあるものであったかを問題にし、そうした懈怠から生じた損害は、不法行為者によるものとはいえない。さらに、軽減努力について陪審に対して説示したか否かを問題にして、説示しなかったことにより、説示がなされていた場合より多額の損害を陪審が認めたものであるとした。

このようにして、軽減義務を懈怠すればそれにより生じた損害は、賠償額から控除されるべきであるとした。

2　日本の事例

日本では、この問題は、あまり正面から論じられていないが、近時若干の事例で論じられているので、いくつかを紹介する。

まず、明治三四年に、大審院判決でこれが論じられている。

明治三三年、以前から争いのあった数人がけんかの最中に、被害者が切りつけられ、医師の治療を受けたが尚二〇日以上の疾病休業を要し、終に廃疾にいたったことにつき、「医師治療宜キヲ得」なかったためで加害者の直接の悪結果ではないとした原審に対し、被害者が「創傷につき医師の治療を受くると否とは固より被害者の権利に属し、加害者は之を強いるの権利を有せざるなり故に医師の選択及医師の巧拙に付責任を被害者に帰する」ことはできないと上告した。これに対し、大審院は「凡ソ何人ト雖モ創傷ヲ受ケ疾病ニ罹リタルトキハ自己ノ身体生命ヲ衛ルタメ相当ノ治療ヲ加フヘキハ当然ノ事ナレハ治療宜シキヲ得サリシ為メ重患ニ陥リタレハトテ其責ヲ加害者ニ帰スルヲ得」ずとした（大判明治三四・四・五民録七輯一四号一一頁）。

百年以上前に、治療を受けるか否かが争われているのは、きわめて興味深い。

東京地判昭和六一年五月二九日交民集一九巻三号七三一頁は、むち打ち症の被害者の治療が半年近くおくれたことについて、三〇パーセントの減額をした。

「一般に、Aのようないわゆるむち打ち症の場合は、早期に適切な治療を受けることが肝要であるところ、前記認定事実によれば、Aは、本件事故後、頸部痛等の症状が発現していたにもかかわらず、医師の治療を受けないままグアム島へ行って稼働するなどし、医師の治療を受けたのは、事故から約六か月後であって、このことがAの症状がより悪化したことの一因となっていることは推認するに難くないから、既にグアム島へ行くことが決定していたAの立場としては医師の治療を受けるのが遅れたことについて理解できないことはないものの、これによる損害の拡大をすべて加害者に負担させることは、損害の公平な分担という損害賠償法の根本理念からみて、相当でないものというべきであり、Aが早期に治療に専念しなかった点については過失相殺の法理によって損害額の減額をするのが相当である。そこで、前記認定の諸事情を総合勘案すると、上記認定にかかるAの損害については三割を減額するのが相当と認められる。」

横浜地判平成一〇・二・一七交民集三一巻一号一〇九頁は、被害者Aが医師の安静指示を守らなかったから悪化したという主張を認め、次のようにのべて二〇パーセントを減額している。

「前認定のとおり手術後には病院の安静指示を守るべきところ、Aは、ギプスシーネと包帯を外して創を手でかきむしる、点滴を自ら抜く、ギプスのまま歩き回るなどの不穏行動をした結果、Aの創感染ないし挫滅の程度を悪化させたことは否定できない。

Aの右不穏行動が本件事故による損害の発生、拡大に寄与したものと認められることから、当裁判所は、損害の公平な分担の見地から、Aの損害額から二割を減額することが相当であると判断する。」

拒否ではなく治療に専念しなかったことが、批難されることがある。たしかに治療が必要なのに、真面目にこれに専念しないのは、責められる面がある。しかし、何が何でも治療すべきというわけではなく、自分がなすべきこと（仕事の完成、復職）といったことは、ときには医師の指示にそむく場合でも、本人が決定すべきことである。

大阪地判平成一〇・六・五交民集三一巻三号七九九頁は腰部の治療のため休業していたが、早期に職場に復帰したことにより、完治がおくれたという主張に対し、次のようにのべて、完治を待たず復職したことにつき減額の必要はないとした。

「原告が作業中に腰部に負担をかけ就労ができなくなり、治療を継続したとしても、原告は、本件交通事故により傷害を負い、長期間会社を休業していたのであるから、今後の生活のため、多少無理をして、早期に職場に復職をすることは、やむを得ないことというべきであり、原告を責めるべきではない。したがって、賠償額を減額をすべきではない。」

傷害そのものが、加害者によってもたらされたものである以上、被害者に対して、かくかくの医療処置をうけるべきであったという主張を認めるのは、妥当とはいえないであろう。

こうした主張は、加害者から、被害者に対し、「責任を分担せよ」というものではない。むしろ、加害者の保険者が、賠償額を減額しようとして、応分の負担をせよというかたちで主張されることが多い。

加害者自身が被害者に向って事故は、そちらの不注意によるとはいえても、身体的な弱点や、加齢による虚弱性をとらえて、自分には、部分的な責任しかないということは主張しにくい。これに対して、保険会社としては、被害者保護もさること乍ら、とくに任意保険にあっては、支払保険金額を削ろうとする志向が強いため、加害者自らはいいにくいようなことをも、被害者に対して主張する。

たとえ、被害者が治療を受けていれば、より少ない損害ですんだとはいえるとしても、その差額を現実にはじくのは難しい。差額として考えられるのは、治療を受けなかったことにより増加した医療費と、治療を受けていればかかっていたであろう医療費との差額、逸失利益としては、治療を受けなかったため拡大したことにより喪失した金額と、治療を受けていれば喪失していたであろう金額との差額といったことになろうが、これらを明確にするのは、推定を伴うだけに難しい。

3　被害者には、損害軽減義務があるか

被害者は、自ら被害をことさら大きくするような行動はしない。何とかして、被害から立ち直ろうとして、できるうる限りの医療処置を求めるであろう。したがって、有効な医療処置をかたくなに拒否し、自分の回復をおくらせることをしないであろう。しかし、どうしたらよいかに迷うことが多いとすれば、後から考えれば受けておけばよかったと思うような治療を受けないこともおこりうる。

ただ被害者のなかには、治療関係費が加害者（の保険会社）により負担されることに乗じて、ことさら必要とされないような治療を試みることもあるという。とくに治療が難しい頚椎捻挫については、さまざまな治療を試みることがある。

こうした場合、損害を拡大させないようにすべき義務があるとすれば、この義務に違背することになる。現実に、過剰な治療、入院費（とくに差額ベッド料）が、必要性の観点から、損害と認められるか否かが争いになっている。これらを削る根拠は、損害軽減義務に近いが、（相当）因果関係の問題と考えるのがより直截であろう。

4　宗教的理由による拒否

宗教的理由にもとづく拒否の事例としては一九六〇年のオーストラリア、ニューサウス・ウェルズ（NSW）州の事件[34]がある。

自動車事故のため重傷を負った結果、出産にあたっては、生命と健康に重大な危険を伴う帝王切開によることが必要とされることになった既婚女性に対し、その危険は避妊手段により回避できるとの示唆に対し、宗教的信条から、避妊することはできないとした。

NSWの最高裁判所は、拒否の理由の相当性は、陪審により判断されるべきものであり、損害算定にあたって考慮されるべきであるとした。

アメリカの判決としては、六〇年前のものであるが、興味深い事件[35]がある。

自動車事故の被害者が、クリスチャン・サイエンティストであるため、信仰による治療を信じて、他の治療をしなかったことが、被害者として合理的なふるまいであったか否かが、キャリフォルニア州で争いなっている。

一九三八年二月にサンフランシスコ市において、被害者が被告に衝突され、高血圧と心臓の異常があるとされ、六日間強心剤を服用したが、六日後に、クリスチャン・サイエンスの医師のもとにいくからといって医師を訪ねず、その五日後の二月一九日に死亡した。別の医師の意見によると、急性虫垂炎に伴う腹膜炎が原因であるとされた。被告は、被害者には、確かな医療の助けを求める相当な注意義務があると主張した。キャリフォルニア州の控訴裁判所のピータース裁判官は、被告の主張をしりぞけて、次のようにのべた。

「被害者は、特定の医療ケアを求めなければならないという確固としたルールはない。自分でのケア(self-care)も、状況によっては合理的であり、そのことが陪審に説示されるべきである。また被害者がクリスチャン・サイエンスの信者であるならば、被害者が傷害へのケアにあたり合理的な注意を用いたかいなかの決定にあたり、そのことは他の証拠とともに考慮されるべき要素である。相当な注意がなされた否かの確定にあたって、陪審は信仰を考慮すべきである。また被害者のとった治療方法の有効性については、合理的で知的な大多数の人々の持っている信仰は無視されてはならない。」

このように、信仰による治療であるからといってただちに非合理的であるとするのではなく、被害者の信仰との関係で、合理的なケアがなされたかを決定すべきであるとされた。

5 輸血拒否

輸血拒否の問題は不法行為の被害者が、事故により受けた損害の拡大に関与していた場合、加害者は、被害者の寄与を主張して、損害賠償額の減額を主張できるかという問題と関連する。

輸血拒否は、宗教上の理由によることが多いか、必ずしも宗教上の理由ではなく、リスクが多いことを理由とするものもある。ここでは、宗教上の拒否について見ていきたい(36)。

重大な外傷の少なくない交通事故については、輸血の必要性と有用性は、あらためて力説するまでもない。出血多量の外傷の被害者に対して、輸血を拒否するという意思が表示された場合、医師はいかにすべきか、をめぐって、当初は医療現場における対応に混乱があった。

宗教上の理由による輸血拒否をする患者の意思を尊重すべきかについては、とくにエホバの証人の信者に関してこの二〇年間、争われてきた。最判平一二・二・二九民集五四巻二号五八二頁は、輸血拒否の意思は、正当なものであり、これに反して輸血を強行すれば、不法行為責任が生ずることを判示し、輸血拒否の問題は、一応落着したといってよい[37]。輸血という、現代医学の、確立された医療措置を拒否することが、患者自ら決定すべきことであることを正面から認めた意味は大きい。とりわけ、外傷の多い交通事故被害については輸血のもつ意味は不可欠といえるほど大きい。

エホバの証人の交通事故被害者が輸血を拒否した場合に、輸血を受けていればより快復したであろうとして、加害者は過失相殺を主張できるであろうか。

この問題は、訴訟上は問題になっていないようである[38]。しかし、交通事故でエホバの証人の信者が死亡した事例としては、一九八五年に、交通事故にあった一〇歳の子への輸血拒否を両親が拒否した事例があり[39]、最近も死亡事例がある。

輸血拒否が、損害を重大化（死亡または重症化）させたか否かが、問題になる。つまり輸血を受けていたならば、被害者はより順調に快復していたといえるかである。これは、事後的で、医学的な判断であり、明確に輸血によって助かっていたであろうといえる場合でないと、輸血拒否により、悪化したとはいえない。傷害そのものが重大であれば、輸血の有無に拘らず、不首尾な結果におわっていたことになる。逆に、輸血拒否をした被害者が死亡したことから、ただちに、輸血拒否が原因であったとはいえない。

ただ、エホバの証人の場合には、輸血拒否にあたって、輸血をしないことによりおきた結果について責任を問わない旨のいわゆる免責証書を提出することが多い。この証書の効力については、いまだ判例はないが、輸血を拒否しながら、責任を問うということがないようにするものである。

輸血拒否を理由に、減額してよいか否かは、子どもへの輸血を親が拒否した場合に、より難しい問題になる[40]。つまり、本人による拒否ではないのに、本人の責任を左右できるかである。これは、交通事故における、親の不注意を理由に子の損害を減額できるかとパラレルに考えられるかである。

輸血拒否は、交通事故の刑事責任にも関連する。被害者が輸血を拒否したために死亡した場合、加害者は、過失致死についての責任か、過失傷害にとどまるのかである。過失傷害にとどまるというためには、加害者は、輸血を受けていれば死亡することはなかったという証明をしなければならないことになろう。

(25) 長谷川・前掲注(20)で論じられている。

(26) H. Brody: Patient's Responsibilities: Ency of Bioethics, 2 ed., vol. 4, p. 1921.

いわゆる患者の権利宣言といった章典が、つくられているが、ほとんどのものは患者の権利だけでなく、患者の義務、責任、責務といったものが入っている。わたくしのかかわったものとして、二〇〇一年七月に公けにされた「東京都立病院の患者権利宣言」(東京都衛生局病院事業部)がある。全部で一〇か条のうち、最後の三か条は患者の責務である。

治療義務は、医師の説明とも関連する。医師Bがガンを告知しなかった責任が問われた事件において、最判平成7年4月25日(三小)民集四九巻五号一一六三頁には、患者Aが入院を中止して、来なかった点について、次のようにのべて、治療を怠ったことを不利益に扱っている。

「もっとも、AがBの入院の指示になかなか応じなかったのは胆石症という病名を聞かされて安心したためであるとみられないものではない。したがって、このような場合においては、医師としては真実と異なる病名を告げた結果患者が自己の病状を重大視せず治療に協力しなくなることのないように相応の配慮をする必要がある。しかし、Bは、入院による精密な検査を受けさせるため、Aに対して手術の必要な重度の胆石症であると説明して入院を指示し、二回の診察のいずれの場合においてもAから入院の同意を得ていたが、Aはその後にBに相談をせずに入院を中止して来院しなくなったというのであって、Bに右の配慮が欠けていたということはできない。」

(27) Matters v. Baker (1951 SASR 91 (Hudson 注(29) p. 55による)

(28)　自殺については、周知のように争いがある。最判平成五年九月九日判決民集二六巻五号一一二九頁以来、因果関係は認めるようになってきているが、種々の名目でかなり大幅な減額がなされている。

(29)　以下の事例はA.H. Hudson: Refusal of Medical Treatment, 1983 Legal Studies 50による。なお参照、ibid: Mitigation and Refusal of Medical Treatment Again 49 Mod. L. Rev. 381 (1986).

(30)　Steele v. George [1942] AC 497.

(31)　Richardson v. Redpath, Brown [1944] AC 62.

(32)　McAuley v. LTE. [1957] 2 Lloyds Rep 500.

(33)　Moulton v. Alamo Ambulance Service Inc. 414 SW 2d 444 (Sup Ct. Tex. 1967).

(34)　Walker-Flynn v. Princeton Motors [1960] 60 SR (NSW) 488. (Hudson, p. 55による).

(35)　Christiansen v. Hollings 112 P 2d. 723 (D.C. f App. Calif. 1941).

(36)　輸血拒否については、わたくし自身、ほぼ二〇年間種々のかたちでかかわってきた。「信仰上の輸血（拒否）と医療」ジュリスト八四三号（一九八五）「輸血拒否者への無断輸血と不法行為」（東京地判平成九・三・一二）法学教室二〇二号（一九九七）「宗教上の理由による輸血拒否患者への無断輸血と医師の責任」（最判平成一二・二・二九）年報医事法学16（二〇〇一）。

(37)　前掲・拙稿・医事法学16。

(38)　長谷川・前掲(20)の一五二頁注(77)がこの問題にふれていて、輸血拒否は、合理的理由になるとする。

(39)　拙稿、ジュリスト八四三号注(36)。

(40)　子どもへの輸血を、親が自分の信仰を理由に拒否できるかは、日本でも一九八五年の川崎事件(注(36)の拙稿)で争われたが、イギリスでは、子どもの利益が至高であるとして、親は拒否できないことになっている。したがって、親の拒否により子どもの状態が悪化することにはならないが、拒否をしたとすれば、減額されるであろう。オーストラリア・クィーンズランド州の判決（Boyd v. State Insuranee [1978] Qd R 195）がある（Hudson p 55による）なお参照、J.G Dwyer: Parent's Religion and Children's Welfare 82 Cal. L. Rev. 1371 (1994) 1399.（親の反対があっても輸血してよいとする)。

四　むすびに代えて

最後に、被害者の関与についてやや一般化して、まとまりのない論稿をしめくくりたい。

過失相殺は、たしかに衡平の見地から正当化できるものであるが、とくに身体的な障害が残るような被害の場合には、やはり控え目にすべきである。自賠責保険における過失相殺が、きわめて限定的に行なわれていることは、やはり妥当なものといってよいであろう。

現在、判例上きわめて一般化している、身体的心的素因による減額は、その素因とされるものについて、被害者自身何とも仕様がない場合には、それを理由に減額をすべきではない。たとえ減額する場合にも、多くても二〇パーセント程度にとどめるべきであろう。

つまり、被害者の「あるがまま」の状態を基礎とすべきであり、被害者が虚弱であったから賠償額が増えたという主張を認めるべきではない。このことは、被害者が高額所得者であった場合に、より低い所得者であったならばと不平をいうことと同じく、あくまで自分が損害を与えた被害者を基準に考えるべきである。

第三に、被害者が事故後の回復努力を怠ったとか、より有効な医療を受けなかったことについても、減額は控えるべきである。被害者は自ら、悪化を望むわけではなく、身体的不自由さのなかで、ベストを求めての選択の結果であるとすれば、結果的に選択が賢明でなかったとしても、被害者を責めることはできない。

輸血を拒否するといったドラスティックな選択についても、やはり本人の選択を重視すべきである。医学的理由による場合はもちろん信仰上の理由による場合も、輸血をしていたら助かっていたはずだ、よくなっていたはずだという加害者側（保険会社）の主張を認めるべきではない。
治療拒否が、損害軽減を怠ったことになるかを論じたハドスン教授は、結びのなかで、次のようにのべている。[41]
「……医療は、外科的治療は、しばしばリスクの要素を含んでいる、したがって過失のある被告と過失の無い原告の間で、被告の財布の利益のために四肢への相当のリスクのあることを、原告に要求するのは、損害に対する侮辱を加えることになろう。」

（41） Hudson, op. cit., p. 59.

11　医療過誤判例研究の方法

稲垣　喬

一　はじめに――判例研究における問題の指摘

近時において、医療過誤事件の増加に伴ないこれをめぐる裁判例の集積はめざましいものがあり、とくに、最高裁判決には、意識的に医療過誤訴訟のあり方を方向づけようとする姿勢が顕著であって、その事案に関する場合により詳細な判示をとおして、下級審裁判例を誘導しようとする意図すら窺われる。このような意味で、医療過誤事案についてなされた最判の示す解決の基準が、その事件を超えて裁判の将来にも影響を及ぼすことが確実に予想され、従ってまた、医療過誤＝訴訟の研究に関して、最判を頂点とする裁判例の検討が重要性を増しているといえる。

しかしながら、これまでの医療過誤判例の研究、批評が、医療過誤事件に関する裁判例の動向及びその方向性等をも十分認識したうえで展開されて来たかについては、なお大きな疑問があり、単に、裁判例の認定・判断にかかる事実を判決理由中から読みとり、これに基づき判決の結論について論評し、あるいは、判決の認定事実から導かれる結論に至る理由展開を所与とし、実体法的観点から、僅かに自説を付加して終わるという論調が、判例の研究、批評の一般的傾向でなかったかと考える。このような状況では、裁判例が、医療過誤事案の解決に向け苦心し、証拠の評価による事実の認定と、事件の落ちつきを考慮してなす結論の採択が、どのような思考過程を辿ったか、またいかなる目的意識をもってなされているかという視点は見失われ、医療過誤裁判例を素材としてこれを概観し、結論を是認する解説に終始するというような、いわば判例追随への姿勢が見られるだけであり、それでは、医療過誤事件の処理方法に関する判例と学説の共働、及び、事件の解決のための共通の判断枠組みの形成ということもありえない。

判決裁判所は、その事案を最もよく把握していることから、判決を対象としてこれを研究する場合、当然、そこには、事実把握と認識の上での格差が存在するけれども、可能な限り、判決の認定した事実を追跡し、証拠との対応関係で示される評価についても検討を加える考究態度が要請されている。しかも、医療過誤訴訟において、判決は、診療等をめぐる事実・証拠に基づき、この評価による事実の確定作業を経たうえ、請求を認容することができるか否かという厳しい岐路に立って、峻別を含む態度決定をしていることから、このような決断の状況に対する理解のうえに、その批評・分析を加えるものでなければならず、そのためには、事実の認定・判断の段階構造に関する訴訟法による理論武装がとくに必要であると考える。

「医療過誤事件訴訟にあっては、診療に関し、医療そのものがもつ不確定要因の存在、診療が患者と共同して展望的に行われる状況、医的侵襲に対する生体の反応の多様性などから帰納される医療特有の問題があるほか、その過程でみられる診療に関する帰責の判断には、そのための準則の確定、それへの当てはめ、結果への影響と頻度の検討などが随伴し、裁判例も、これらの相関において、平衡感覚による利益較量をも介在させながら、具体的事件における解決としての結論を選択している。このようなことから、判例の研究、批評にあっては、これらの裁判状況に対する理解とそれへの近接が、不可欠の課題であると考える。」

以上のような意味で、判例の研究、批評は、それが判例の分析から紹介というように、その取り組み方の程度に差異があるとはいえ、判決の事実・論理に対する単なる追認であってはならず、判決が到達している事実認定を道標としながらも、そのあり方の全てに対する厳しい批判を予定するものでもあるべきである。とすると、そのためには、医療過誤裁判例の動向の認識と医療過誤に関する理論体系の設定を背景として、これらとの関係における裁判例の位置づけを試み、その理由とする事実評価と判断過程を検討して、医療過誤訴訟のあるべき姿を検出し、今後の同訴訟における事実認定等に貢献するための方向性を与えるものでなければならず、更には、裁判例の流れを逆に誘導する気構えすら必要ではないかと考える。

「従前の医療過誤に関する判例の解説、批評等は、実体法の側面だけを主題とし訴訟法的視座が脱落しているように見受けられるが、このような考察にあっては、証拠に裏づけられ裁判所が確信を抱いた事実だけが、法的事実として意味をもつことについての認識が欠如しており、また、事件解決のため、実体法と訴訟法の融合において判決がなされている実態に対する評価も十分とはいえない。今後においては、とくに、それら判決の前提する事実と、それを導く認定手続の双方から、裁判例の意義と論理を検討するという、すぐれて訴訟動態的な判例の研究、批評の類型が確立される必要があると考える。」

二　裁判例における事実認定等の特殊性の考慮

医療過誤訴訟は、診療に関する過誤の存在を主張し、医師・医療機関に対する賠償責任を追及する訴訟であり、判決は、これらの事実主張と証拠に基づいて、医療側の責任の存否を判断するものであるが、裁判例においては、その蓄積のうえに、医療過誤訴訟に特有な事案処理の型式及び理論を構築する努力を続けて来ている。

そして、そのような思考方法との対応関係において、心証形成要因等を分析し評価するためには、損害賠償請求の中でも、医療過誤事件がもつ個性を重視し、診療に関する過誤一般の問題としてではなく、具体的な診療過誤の所在及び態様による要件事実の認定、ひいては、医師責任の在否の判断過程とその結論への起動因の追求を媒介として、他の不法行為訴訟との比較において、どのような修正原理が機能しているかを検討・指摘し、それについて適切な論評を加えるべきである。とすると、このためには、なお次のような問題があり、改めて、それらの検討の必要性が強調される。

（一）　判例の研究、批評における従前の一般的傾向＝大勢は、裁判例において認定の対象とされた診療に関する過失、結果との間の因果関係、説明義務違反と効果などをめぐり、これらを学説の動向と対応させて論ずるなど、実体的要件の考察を中心として、判例への賛否を表明し、その論評で終わっている例が多く、このため、最判を先例として引用し、また、類似下級審裁判例や医療過誤に関する文献を並列し、若干の説明を追加することにより、事案に関する理論的な問題状況を提示できたとしている点は、その作業自体が研究への緒を与える意味のあることを否定しないまでも、判例を材料としてその解説をするにとどまるだけで、判決の説示の核心に迫り、これを裁判例ひいては訴訟実務へと反映させる機制を喪失しているというべきである。

そもそも、医療過誤事件判決は、双方当事者間で厳しく対立する攻防、とくに診療上の過誤の存否に関する濃厚かつ対極的な主張と立証を前提とし、双方の主張・証明責任の帰属をも意識しながら、その訴訟における間接事実の集積と反対間接事実の存在等の相関的評価のうえに、経験則を基礎とした事実認定（推定・推認）を試み、ここから結論を導出している。

とすると、裁判例が、過失の問題についても、医療水準なる指標を設定し、それによる義務違背の評価に関し、経験則による推定の問題を視野に入れ、これらに指導されて事実認定を行っているという困難な状況を十分認識し、その論理と思考の流れを際立たせる批評を展開することが、医療過誤判例の研究等にとって絶対に必要な条件であると思われる。にも拘らず、この点は、従前のような実体法的考察に傾斜した作業の中で無意識的にか脱落させられ、医療過誤事件に対する訴訟法的視点が考慮の外に置かれて来たことが指摘されるが、現代の事実認定に重きをおいた医療過誤訴訟判決の動向からすれば、この状況については、路線変更を要するものであると考える。

「医療過誤による損害賠償の請求及びその審理は、訴訟手続とその法理論に従って行われるものであるから、それに対する判決の評価においては、その裁判例が、診療過誤そのものと代替的請求、更には説明義務との関連において、どのような訴訟物理論に立脚しているか、これらに関し請求併合の意義と態様はどうか、また、医療水準等をめぐる事実の証明責任とその分配などについて、いかなる理解に立っているかを、実体法と関連づけながら全体的に検討する必要がある。そしてこれらに伴い、訴えの変更の許否、攻撃防御方法の意義と提出時期、一審及び控訴審の審理の範囲と限度、事実認定における推定と反証、弁論主義と釈明の問題、更には破棄判決の拘束の限度なども、必要に応じ、判決の結論を導くための訴訟法理論として、同時に考察の対象とされるべきである。」

(二)　次いで、裁判例は、医療過誤訴訟がすぐれて医療過誤＝訴訟であるという特殊性に基づき、このような訴訟法に従った主張・立証の整序とその審理のうえに、診療に関する過誤の存否を認定し、損害賠償請求権の成否を判断するという一連の流れの中で、その一切か無かという判定を含む結論の選択をしているのであるから、判評等においても、事実認定をめぐる本証と反証、間接事実の評価等についての個別的検討を経由するほか、裁判における心証形成の内実と過程についての分析とその総合への構想の検討が必要とされる。

つまり、判決がその結論に到達するについては、診療録等の証拠、診療状況等の間接事実を積みあげ、あるいは、反対間接事実を排斥しつつ、医療水準という場における裁量違反の存否の判断等を経由するものであって、これらの認定・評価に際して、どのような事項が決定的に重要性を帯び、心証形成の起動因、指針となっているかという点の検索が不可欠であり、また、そのような事実存在の可能性と結論の確実性との関連で、裁判例が、どのような結論を得ているか等についても検討する必要が指摘される。そこには、裁判における自己組織化・体系化として、一つの整合性をもった事案における結論の採択という操作がみられる筈であり、それはまた、判決における結論の相当性ないしすわりというべきであり、それが裁判の説得性につながる要因でもあるといえる。

このような裁判例における選択・操作は、医療過誤訴訟における間接事実の集積等の状況、過失と因果関係の牽連的認定、重大な過誤の訴訟的評価等において、一般的にみられる現象であり、また、判決の事実判断と帰結との関係、診療上の過誤、因果関係存否の程度との相関において、説明義務違背ないし診療機会喪失等による請求を肯定する裁判例の手法とも無関係ではない。このようにして、判決の心証形成における理念と現実との相克、あるいはその過程における事実認定上の割り切りへの作動因、及びそれに対応する補完作用を看取すべきであるが、従前の判例批評等では、このような心証の動機づけ等への模索が欠落していると思われる。

「判決が、原告患者側から主張された問診、検査、処置、観察、説明、転送等の診療に関する義務違反の中から、敢えてその一部の違反事実について責任を肯定して他を排斥したり、その認定に至らない程度の過誤の集積を考慮して帰責を肯定するのに傾いたり、過失を肯定しても結果に対する因果関係の希薄さから責任を否定したり、あるいはこれらを考慮して代替的請求を認めたり、また、診療上の過誤の可能性を前提としながらもその場面でなく、説明義務違反での賠償を肯定するなど、各責任要件事実に関する心証の程度、割合により、請求そのものを認容するか否かその場合に患者の素因、医療の限界などを責任の成否と量に接続しているか、更には、その賠償範囲を慰謝料に限定するかなどの関連考察を行っている状況に注目すべきである。判決理由中で、右のような思考の流れにより代替的ないし捕捉的結論を選択したことまで明言することは稀有であるから、このような心証形成過程は、批評者において発掘、代弁すべきである。」

このほか、医療過誤訴訟の判決における事実の認定等には、とくに、裁判官による価値判断の要素が強く反映し、更に、診療をめぐる医師・患者間の利益較量の中での価値体系の選択が、その裁判の帰趨を分けることがあり、証拠により制約されるという意味で、事実確定の客観性が企図され、担保されているとしても、なお、判決には、裁判官＝人間としての思考方法が、事実・証拠の評価という形をとって滲出する筈であり、判決の文脈からこのような状況を推測することも、判決の心証形成過程の分析として、重要な意味をもつ筈である。

「裁判官が、医療過誤事件についていかなる造詣があり、どれだけの経験を有するかも大切であるが、医療そのものの実態、現状に対する認識による全人格的判断の過程において、診療上の過失を訴訟動態的に考察し、診療過程に潜む過誤の重大性などの態様、医師による診療録の改ざんの事実、ないしその診療態度等を評価して、裁判の結論を分けている場合のあることが指摘され、このような傾向、それに関する表現を、判示の事実から掬いあげる努力もまた必要であると考える。」

残されている。

(三)　判例の研究、批評のための知見とその獲得すべき資料に関しても、従前の方法については、なお疑問が

判評は、判例における医療過誤等の問題を論ずるのであるから、医学用語、医療処置の意味づけ、医学的知見

等についての認識が必要であることはいうまでもない。もっとも、この点に関しては、法律的側面から批評をすることに限界があることを認めざるを得ないが、その間隙を埋めるためにも、医学的知見等に関しては、必要最小限、判示されているところを理解し援用しなければならない。

そしてまた、その研究、批評の対象である判決が、控訴審である高裁、あるいは上告審である最高裁の場合には、その各原審等の判決を参照することは絶対に必要であり、少なくとも、引用判決においては、それらの事実を対照してこの間の整合性を改めて確認し、また、最判にあっては、その摘示する原審の認定事実の要約部分を参考にするだけでなく、控訴審判決の事実摘示と理由、及び、それを踏まえた上告理由にも目をとおすべきである。もっとも、この関係で、下級審が事実認定の資料とする（これは単なる比較引用とは区別すべきである）医学文献、医師証言、鑑定意見等を参酌することは、時間的にも機会的にも限界があるが、とくに鑑定などが判決の唯一の根拠、最重要証拠とされているような場合には、それを入手したうえで、判決による採否の状況とその理由を検討することが、本来的に望ましい。

これらの点に関し、判決の事実・理由の記載だけに依拠して、判評等を試みている例がみられるが、そのような場合には、判決を絶対として、その理由中の事実と論理から、検討結果を導くことの相当性については疑問があり、少なくとも事実認識に限界を伴っていることへの謙抑を必要とするのではないか。このためには、当該又は原審判決が摘示する争いのない事実もしくは事実関係の概要、及び、主たる争点についての要約記載等を十分検索するほか、その判決の基礎とされた証拠の検討＝確率的な計測と、認定した間接事実の評価＝重要度の判定について再考して、この間の理解に遺漏がないかについての確認作業を経由すべきである。また、判決によっては、要件的事実を認定したうえで、相手方において、反対の事実を主張し、証拠を挙示するところであるがと前置きして、その排斥する理由を説示している筈であり、あるいはまた、状況により一定の事実を仮りに想定し、これらについて関連考察をしている場合があるから、このような説示とその根拠に対する配慮をすることが、判決における事実把握、及び、判断過程を認知するためにも重要である。

「医療過誤訴訟における鑑定結果は、文献の記述以上に、裁判の結論に大きく影響するところであり、この評価は、裁判例の研究、批評にとって重要な意味を帯びている。裁判例が、鑑定結果の慎重な検討のうえにこれに依拠して判決に至る例が多いが、安易にその結果に依存して結論を導いていることも少なくないから、判例批評等を試みるに際しては、鑑定結果等についての判決による評価の仕方が適正かどうかを、改めて検討する用意が必要である。その評価に関しては、判決の理由中で、診療経過事実及び証拠との論理的整合性、その事案における診療録等の精査の程度、その他、鑑定意見の根拠とされる文献等資料の状況、更にその立脚する医学的知見が当時を基準としているか否か等について述べている点を考慮し、それらが、判決の結論との関係でどのような取扱い――全部又は一部の採用、もしくは排斥など――を経由しているかについて、十分な検証を加えることが望まれる。」

三　各審級の裁判例とその特性等の解析

医療過誤訴訟は、訴えの提起から判決に至るまで長時間を要し、事実についての争いが確定するためには、上告審である最高裁の経験則の適用等による最終的判断にかかわり、更に、最高裁により破棄判決がなされるときは、差戻審の判決まで接続することがある。この場合、各審級の裁判所が、それぞれの立場において果たす役割は、必ずしも一様ではない。従って、これらについて判評等を試みるときも、右のような審級との関係、及び、機能上の制約を考慮し、一連の判決の蓄積と、その全体としての流れ、とくに、各判決が何を決定的に重要な争点として判断したかを念頭にして、検討を加える必要がある。

「一般的にみて、裁判例が、当事者双方の事実主張について、平板的な理由説示の累積に終始せず、重要な争点とされるところを把握し、その点に事実資料による重厚な認定及び判断を集中している状況は、医療過誤訴訟において顕著であり、これが、裁判の適正とその説得性にも繋がっていることを理解すべきである。」

（二）　地裁、高裁の一、二審は、基本的には事実審であり、その責務の重要部分は事実の認定であり、その究極の目的は判決による事件の解決にある。つまり、裁判所は、医療過誤訴訟における請求原因ないし抗弁事実等の主張を整序し、これに証拠の検討、法的評価を加えて結論を採択することを主眼とするものであるから、このような下級審判決を批評等するときには、判決理由中における争点とされる重要な事実の整理と帰責要件判断の態様の理解と分析が、とくに重要である。「判旨」としてする判例の重要な説示事項の要約は、判決の結論との関係で、どのような事項について何が問題とされたかを明らかにし、「事案の概要」の中には単なる事実経過だけでなく、判決が問題とした重要な間接・反対間接事実が盛り込まれるべきであるし、「判決理由」は、判旨の部分の引用を含め、その事実認定と論理過程を浮き上らせ、判決の全体像を概観できるようにすべきであり、これに続く「分析」等にあっては、以上のような論点に対する重点的な批判の実施でなければならないが、更に、判決の解決の手法が、従前の最判によって示される判断枠組みとしての型を踏襲するものであるか否かなどについても、評者の見解の付加が必要とされよう。

「医療過誤事件は、診療に関する医学的知見及び技術の進展と、同事件に対する責任追及の激化という状況を反映して、複雑多岐のものとなり、その過誤の態様も、あらゆる場面を含み、医療水準の確立の程度についても動揺する状況があるが、裁判所は、このような中から、双方当事者の党派性を前提としながら、事実・証拠を整理し、これらに関する判断、時により、新しい分野での決断を強いられている。とすると、このような経過が判決に集約されていることを判例分析の前提として論評するべきであり、他方、下級審裁判例が、一般的に、最判をどの程度見定めて結論に至っているかに関する考慮も見落とせない。」

ところで、下級審判決は、事実審として、その事実の認定・判断に重点があるため、また、事案によっては先端的判示でもあることから、次のような事実認定における困難が指摘できる。

医師の義務違背による過失については、最判の集積により、医療水準がその注意義務の基準とされ、右水準が医師の行動ないし、過失評価の準則としての意味を具有しているため、判決裁判所に対して、当該事案における診療行為が、医療の発展段階、療法の開発等の状況との関係において相当と認められるか否かの判断が求められ、従って、当該の措置に関し、どのような医療水準を認めるか、その水準に従った処置が実施されたか、更にはそれが裁量の範囲内での診療であるかというように、証拠判断、事実の認定・評価における決断をしている状況がみられる。しかしながら、医療水準については、それがどのような是認の状況を予定するか、当該医療機関にとって水準とされる条件は何かという問題があるほか、このようにして認定された医療水準が、過失判断を導く重要な前提とされ、この水準からの逸脱それ自体が裁量違反として評価され、過失責任の肯定につなげる裁判傾向がみられ、この点は、診療そのものの過誤にとどまらず、説明義務違反の認定にも波及する状況が窺われる。このため、判評等においても、裁判例の採択する医療水準による義務違背としての過失判断の動向を厳密に追跡するべきである。

「なお、判決が以上のような医療水準をその理由中で摘示せず、端的に義務違反による過失の有無を判断しているとき、その前提となる過誤の態様、類型等が手技的ないし初歩的なものか、高度の医学的判断を要するものであるかという識別に根拠を与え、この類型により、因果関係の判断に連動する判示を生んでいる場合のあることに注目する必要がある。」

次いで、因果関係について、裁判例は、診療の事実経過から、処置と一応の中間的病態との因果関係を認め、その過程における過失を肯定のうえ、これとその後の死亡を含む重篤な病変との間の相当因果関係を肯定したりしているが、このような経過から、過失と因果関係の評価のうえでの関連、これらの融合的認定の傾向を看取することができる。そして、このような処理の中に、医療過誤事件において、過失＝行為と結果との間の因果関係の認定が、事実から評価へと変貌を遂げている状況と、このような評価を媒介として、帰責相当性判断への重点移動が認められ、ここから、医療過誤訴訟における従前の過失と因果関係峻別の論理の修正への契機を探ることができよう。

「下級審の判断は、過失と因果関係、ひいては帰責要件の認定につき、作為では事実経過との関連考察が、不作為では作為義務の定立が問題とされるため、その認定の順序と比重のかけ方を変更しているが、この事実認定と判断の過程においては、過失と因果関係の相関、あるいは、その認定の強度との関数関係において、帰責を肯定するべきか否かという判断に凝集した解決がみられ、これらも判例理論の進展とその趨勢を示しているということができる。」

いずれにせよ、下級審判決は、診療録の記載、医師の証言鑑定結果等の検討とその採否の判定のうえに、医療過誤に特有かつ困難な事実認定の問題と取りくみ、例えば、医学的な水準的知見の存在と地域性、患者の素因ないし身体条件との関係による適応、医療水準を場とする裁量そのものの適否、措置又は過失と結果との頻度からみた因果性などを勘案して、その最終的結論を選択し、一切か無かという判断を前提としながらも、それから漏れる部分を考慮してこの補正を試みたりしており、従って、このような状況に対する理解を抜きにして、第一、二審判決の正当な批評はありえないと考える。

「事実審に限らず、判決は、事案についての諸多の証拠・事実の総合とそれによる結論の採択の中で、均衡的考慮を払っていることが指摘される。判決が、処置の医療性の程度を検討して責任の成立・加重を試みたり、また、疾患の種別と進行の態様などを分別し、その特性を考慮して責任を軽減・否定したり、患者側の対応を斟酌して責任の否定、損害の減額等をしているのはこの流れであり、このほか、過誤の程度、因果関係の強弱により、診療上の義務違背としての過失について、捕捉的又は代替的な帰責を肯定したうえ、その賠償の根拠、範囲を変動・画定しているのも、この一環ということができよう。」

(二)　最高裁判例は、法律審における判断であり、その事件に対する最終的・有権的結論を判示することにより、事案を決着、確定させるものであるが、その法律的及び事実的判断は、当該事案を超えて先例としての意味をもち、その一般的な拘束力は、下級審判例に対する指導性を発揮するものであり、とくに、破棄差戻判決においては、その破棄の理由とするところが、差戻審の判断を拘束し、それと異なる結論の採択を制約する。このため、判評等における最判の「要旨」、「事案の概要」、「判決理由」の各摘示は、右双方の拘束の意義を網羅するような要約であるべきであり、また、その「批評」等の要点も、最判の結論とする上告棄却ないし原判決破棄の理由とするところに絞られてくるのは当然である。

ところで、医療過誤事件において、最高裁は、未熟児網膜症を原型として、医療過誤訴訟における注意義務の基準とは何かとの問題を追跡し、最判昭和三六・二・一六の医師の最善の義務を敷衍し、学問の水準から医療水準へとその内実を拡充させたが、このような基準の進展の成果として、それは、医療過誤の解明とその判定への理論的尺度となり、医療過誤事件の解決に際して、診療上の過失を判断する基準として定着し、これに基づく裁量的判断により、医師の過失の成否が論じられる場が作出されている。ここでは、判例研究等との競合による理論の進展を、最判がむしろ学説に魁けて加速している状況すら窺われ、最判平成七・六・九において、医療水準の意義とその証明問題等が裁判実務のうえで指針として確定し、この帰結が先例としての確立をみているという経緯がある。

また、因果関係の証明問題に関しても、最判昭和五〇・一〇・二四により、その原則的宣言として、高度の蓋然性という因果関係の証明の程度とその判定における通常人を基礎に置いた結論が示され、その後の最判においてこれが踏襲され（最判平成九・二・二五）、不作為の因果関係についても同一の原則が説かれ（最判平成一一・二・二五）、因果関係の存否が、その相当性判断に遷移するなどの経過がみられる。

これらの点で、最判は、理論的にも学界に先行し、同訴訟の理解に関しても学説を凌駕している場合のあることが損摘でき、しかも、事案の判断が裁判所の専権とされる状況との兼ね合いで、いずれにせよ医療過誤訴訟の実務に重大な影響を及ぼしているが、このような状況とその妥当性は、最判の研究、批評等に際して、十分な評価・批判の対象とされるべきである。

「最高裁が、控訴審で敗訴した上告人の主張が独自なものであるとして、簡単な理由を付してその上告を棄却し、原審の判断を相当としてこれを維持する場合には、原審である控訴審の認定・判断が肯定されたということを考慮し、最判における事実の要約のほか、その依拠する原審判決の摘示事実及び理由を改めて追跡し、最判が企図する根拠を適切に把握して表現すべきであり、また、それが、簡潔ながら重要な判示を含む場合には、その文脈を手懸りとして、医事訴訟理論との関連において、その理由づけの意味と事案解決への論理等を掘り下げる必要がある。

なお、最高裁判決には、少数意見が表示される関係で、その中に、最判の医療ないし医療過誤訴訟に対する新しい観点、最判の流れの変革への胎動等を認め得る場合のあることに留意すべきである。最判昭和六三・一・一九の医療水準の相対性に関する伊藤裁判官の補足意見、同平成八・一・二三の医療水準の判断基準（規範性）に関する可部裁判官の同意見などは、このような関係での新たな解釈への萌芽あるいは確認として評価されるものである。」

以上のような最判の位置づけを勘案すると、判例の研究、批評は、最判に重点が置かれ、その検討に意義を見出すのは当然であるが、その前提として、最判の展開する論理及び傾向を十分解明し、近時における被害者救済への大きなうねりの中で、最判、更にはその差戻審判決を批判的に性格づける必要がある。判例の研究等が、最判への追従――批判の立場の放棄――に終わらないためにも、最判の動向を見極めるとともに、その具体的事案の個性又は特殊性を同種訴訟の流れの中で析出させ、その個別的解決の理由から導かれる理論構造と実践的帰結に対し、適切な批評と法的な基礎づけを付加するものでなければならない。

このようにみてくると、最判については、その動向からみて、とくにその証明（推定）問題等とも関連づけて分析・総合する必要性は高まっており、当該事案における経験則の定立と、その適用の根拠と論理、及び、事実認定の指導要因等を全体的な診療経過から探索し、その援用する法理論等との関連においてその判断枠組みを抽出することが、医療過誤訴訟判決を批評等する場合の最重要課題でなければならない。そして、最終的にこれに焦点が合わされていない限り、最判が、経験則違背があるとして原審の事実認定に介入したりする意義と目的等に対する十分な評価はできないし、また、同種事案への指導性を超え、裁判における事実認定と法解釈等のあり方について、下級審判決に軌道修正を迫る最判の厳しい姿勢の考究もできない筈である。

そして、このようにして得られる帰結を前提として、医療過誤に関する最判の一般的拘束力を考える場合においても、当然のことながら、その判例の射程を検討すべきであるが、既述のように、医療過誤事件では、当時の医療の状況を背景とした経験則による事実認定の合理性と、医療水準等による帰責判断の相当性等に全てが集約されているため、その事実認定、及び、帰責判断の類型と論理等を慎重に考慮すべきであり、従って、その医療過誤判決における射程については、当該判例のもつ同種過誤事件への適用可能性としての広がり＝面を考えるだけでなく、医療と判例の進展の状況＝時間の要素も加味して、判例の集積、あるいは、その重合において考察すべきこととなろう。

「最判の研究、批評において、その先例性を前提として留意すべき問題点を指摘すると、以下のとおりである。

1　最判も、事案に関する時代的限定を伴った判断であることから、最判が従前の最判を引用している場合でも、その用いる概念の意味内容、法理論等の変遷に留意すべきであろう。最判のいう最善の注意義務から医学ひいては医療水準へというように、注意義務の基準の進展があり（最判平成七・六・九）、この流れにおける新しい最判を評価するときは、前判例との連続性、その思考過程の差異や証明問題との関連などを考慮して解釈するのが妥当であり、また、因果関係において最判の立論する蓋然性証明の問題に関し、作為の因果関係から不作為の因果関係へと議論の深化している経過も、注意深く追跡する必要があり（最判平成一一・二・二五）、その中に、因果関係の認定・判断における相当性への変移と、そのための認定資料における文献等への依存状況を認識すべきである。最判平成一二・九・二二は、医師の過失の存在を前提として、医療行為と患者の死亡との間の因果関係の証明がない場合でも、その死亡した時点で患者が生存していた相当程度の可能性の存在が証明されるとき、生存可能性という法益の侵害について、不法行為による賠償責任が認められるとしているが、これは、証明の程度及び被侵害法益の点で斬新であるけれども、従前の最判の動向との関係で検討すべき多くの問題を残している。

2　次いで、最判については、とくにその判決のなされた時代的背景と医療の趨勢との関連において、診療に関する医師責任追及の可能な事項、場面、ないし条件を拡大させている傾向を指摘することができる。前掲最判平成一二・九・二二は、その態度が表出しているとみられるものであり、このほか、最判平成一一・二・二五は、癌診療につき医師の過失が認められる場合の損害の評定において、従前の下級審の処理傾向に棹さし、結果との因果関係の存在を予定して、逸失利益の肯定に連なる解決を示唆しているが、この傾向に合流させることができる。そして、更に、最判平成一二・二・二九は、説明義務に関する最判昭和五六・六・一九の論法をはるかに超え、生活の質を考慮すべきだとする前提で立論しており、それを宗教上の信念の容認にまで及ぼした点はさて措くとしても、このような時代的背景の中で初めて想定できる決着というべきであろう。

3　推定と反証に関しても、最判で多用される「特段の事情」については、事案の状況との関係で、単なる修飾に等しいか、反対（間接）事実を予定するかなど、その具体的な意味内容を検討すべきである。とくに、最判昭和五一・九・三〇は、予見可能性の推定から過失を連繫判断し、その特段の事情＝反証として医師の比較考量等を論じているが、その推定と反証の問題に関しては、医療水準を基準とした解釈の補充とそれへの転換が必要であり、また、推定事実との関係で、その先例性は、判旨の状況上、最判平成三・四・一九との時間的順序によるべきものでないことを検討するほか、両判例の禁忌者概念が、その内包において異別であることなどにも留意されるべきである。もっとも、これらについては、医療過誤訴訟における推定は、本来過失等の要件事実について考えられるべきこととの関係で（最判平成八・一・二三）、変容を求められていることも、看過できないであろう。

4　また、最判において、事実認定＝証明の限界についての理解にも変遷がみられ、最判の中には、診療に関する過失と因果関係を峻別するという法理に必ずしも準拠しない裁判例も見られる。とくに、最判平成一一・二・二五では、最判昭和三二・五・一〇、同三九・七・二八のいう過失の選択的認定というような問題の解決に代え、過誤の所在・態様との関係で、事実認定における死角部分の証明を擬制しようとする状況がみられ、過失と因果関係の融合的認定という手法に従い、過誤の重大性による責任要件認定の緩和が企図されているが、これもまた、最判において証明問題に関する患者側の劣位を救済するための新たな処理傾向といえる。

以上のような最判の近時における動きは、診療の主体としての患者の立場を考慮したものであり、また、証明責任の帰属を前提とし、患者側の証明上の不利な状況に対する均衡的な配慮に根ざすものであって、このような医療側に厳しい最判の傾向は、今後においても継続することが予想され、従って、事案によっては、このような状況に関する評価を含む展望を試みることも、判例の研究、批評にとって必要な課題であると考える。」

次いで、破棄判決の拘束力は、三審制を採用していることと関係し、最判が破棄理由とした事実上、法律上の問題点について当該事件限りにおいて差戻審を拘束するものであって、破棄後の差戻審が、その拘束力により、これを考慮して審理・判決すべきことから、最判による説示を具体化してその理由を展開し、その結果、破棄された原控訴審の結論と異なった判断に到達している状況を追跡することは、判例の進展と議論の熟成のためにも必要であり、このような事例については、可能な限り、差戻審の判決も含めて批評することの重要性が指摘される。

「差戻審での最終的結論がほぼ例外なく、最判の結論とするところに従っている状況が窺われるが、最判のこの拘束力は、差戻審での事実審理を前提として認定事実が動揺する場合には原則として働かず、また、他の最判の一般的拘束力との関係でその影響を受けることも、考慮に入れられてよいと思われる。」

四　むすび——判例研究の将来展望と提言

以上、最判に重点をおいて、判例研究、批評のあり方を検討してきたが、判決は、本来その事件を離れて独立した意味をもたないものであり、基本的には当該事案の解決のため、訴訟上認定される事実に法的評価を加えて最終結論に到達しているものであって、複雑な医療過程に潜む過誤をとりあげ、それによる帰責が相当であるか否かを認定、判断することを窮極の目的としている。とすると、判例の研究、批評も、当該医療過誤事件における個性の探究、すなわち、その事案に即した事実の認定の当否に重点が置かれる筈であり、一般の不法行為事案と異なり、判例のかかえる法律解釈よりも、その事件における資料・情報の収集と処理による間接・反対間接事実の認定と集積、それらの量と質の比較・対照とそれによる帰責要件の判断の当否、及び、判決の結論に至る全体としての思考過程の合理性の追跡が、検討の対象として意味をもち、従って、判例の研究、批評もこのような目的と方法に収斂してくるのは当然というべきである。

もっとも、医療過誤事件においては、既述のとおり診療過誤を主たる責任要件とし、説明義務違背を補捉的要件とみる状況があり、また、結果との因果関係が否定される場合の代替的（調整的）損償を肯定する解決もみられ、これらの関係をめぐって、訴訟物をどう理解するか、証明責任の意義と帰属をどうみるかというような、医療過誤に特有な問題があり、更に医療水準の確定、要件事実の推定等をめぐり、訴訟法の分野からの理論的解明がまたれている側面はあるけれども、これらを、適正な事実の認定と事件の落ちつきは何かという裁判例が模索する問題の一環として取り上げ考究することの必要性は、どれだけ強調してもし過ぎることはない。

このようにして、医療過誤判例の研究、批評は、最判とそれ以外では若干視点を異にするとはいえ、判決が対象とした事案の特殊性を前提として、裁判例が確定し、判断した問題点を探り出して、これを理論的に定礎し、新しい視座からこれに方向性を与え、判決の結論、その理由中の見解を実務のうえで、より普遍的な判断を導く指標＝枠組みとして位置づけるべき点では共通であり、とくに最判の場合は、その指導性、先例性による裁判実務への投影の問題を検討することが重要とされる。そして、このための実体法、訴訟法による解析の中に、判例の研究、批評の本来の意義が見出され、このような努力により初めて、裁判例の帰責判断とその理論体系を重層化させ、将来へと進展させることができるものと考える。

「以上のような提言の前提として、拙稿「診療過誤」前田達明ら執筆代表『医事法』（有斐閣、二〇〇〇）二四〇頁以下の全部（三二〇頁）を参照されたい。なお、拙稿・判例紹介（最判平成一一・三・二三）、民商一二一巻六号八七一頁において、医療過誤訴訟に関する体系とこれらを背景とする判例分析の手法を示して、同訴訟と事実認定の立体的構造等を摘示し、また、同・判例批評（最判平成一二・九・二二）民商一二三巻六号九〇八頁において、同最判のかかえる問題についての分析と考察を重ね、代替的請求を肯定することの妥当性と論理性について、厳しい判例批評を試みてそのあり方を提示しているので、それぞれ参照されたい。」

12　死因不明と医師の説明義務

金川琢雄

〔キーワード〕
死因不明、医師の説明義務、解剖（病理、法医、系統）、急死（突然死）、死因解明義務

はじめに

現代の医療は、いわゆる「おまかせ医療」から患者が医療過程に「参加する医療」に変わりつつあるところであり、とくに診療上の事項に関し、インフォームドコンセントの実施などにより医師が患者や家族に対して、説明する度合いも高まり、いわゆる密室的医療から若干オープンな医療への変化がみられ、患者や家族が医師に対

しカルテの開示や説明を求める度合いもまた一段と高まってきているものと思われる。

現代の発達した医学―なかでも画像診断や各種検査技術の発展―では、死因不明といった事態はほとんどないかのごとく考えられがちである。しかし、診療中の患者が死亡した場合、その死因が必ずしも明確でない場合や医療側が特定した死因と抵触する症状や検査結果があったなどその死因を疑うべき相当の事由があるといった広い意味での死因不明という事例も時には生ずるのである。

このような場合、患者家族は、死因やその処置、経過などの説明を求めるのは至極当然のことと思われるし、また、死因の説明に対し、患者遺族が納得することができなければ、患者遺族は医療過程に何らかの過誤があったのではないかと疑うのも無理からぬことと思われる。

ところが、死因不明の事例に関する医師の説明義務についての学説の対応は十分でなく、また死因不明を契機とする医療事故訴訟例も極めて少ないのが現状で、したがって、判例においてもこの点の論議が極めて少ないのである。

本稿は、死因不明等を契機とする裁判例の検討を通じ、担当医の死因についての説明義務及び死因が必ずしも明らかでない場合は、担当医師が死因解明のための必要な措置を提案すべき義務の存否についてもあわせて考察を行う事を目的とする。(1)

一　顛末報告義務等に対する学説の対応

患者が死因不明の場合に医師が説明義務を負うかどうか。いわゆる顛末報告義務（民法六四五条）のなかに患者死亡後の死因の説明が含まれるかどうか、学説の議論は必ずしも十分なものとはいえなかったと思われる。診療契約は、準委任契約と解され一方の当事者が死亡した場合には、顚末報告義務は原則として消滅すると解されるのであるが、この点は、しばらく措く、として議論を進めることとしたい。

いわゆる顚末報告義務に関し、野田寛教授(2)は診療契約が原則として準委任契約であるとの性格を有する事から、診療結果のみならず、診療経過中は勿論の事、診療終了後においても必要事項について随時患者に対して説明すべきことを認められる（但し、患者死亡後に、その遺族に対する説明義務を認める趣旨かどうか必ずしも明かでない。)。

また、患者の知る権利など権利擁護の立場から、あるいは事後の説明義務としてこれを除外する合理的理由はなく、当然法的義務として認められる(3)、などの学説が主張されているものの、それ以上に詳細な議論を展開する学説は見当たらない。こうしたなかにあって、新堂教授の医師のいわゆる「弁明義務」説(4)は、極めて示唆的である。

これによると、①診療債務は最善を尽くすという行為債務が基本であるが、「意外な結果に至らせないという結果債務」も同時に含まれており、意外な結果が生じたときは、医師の注意義務違反有無の問題以前に、診療債務の不履行がある。②診療契約（準委任契約）に基づいて医師は説明義務を負うが、その一環として事故発生に至る経過とその原因を患者に納得のいくような形で説明する義務＝弁明義務を負い、この弁明義務の発展として、自らの帰責事由の不存在を証明する責任を負う、とする。

確かに、不首尾な結果に終わった場合に、その顚末について納得のゆく説明義務を医師に課すことは、理解しうるところである。しかし、中野教授(5)が指摘されるように「意外な結果に至らせない債務」の内容が必ずしも明確でなく、これを基礎として証明責任の転換をはかることには無理があるように思われる。また、弁明義務は、本来の債務とは別の付随的な義務とされ、本来の診療終了後であっても説明義務を負い、その履行方法の一つとして、診療録の閲覧請求権を認められる。カルテの閲覧請求権をこのような形で認める事には、理論上問題があるように思われる。[6]

手嶋教授は、[7]「特に医療行為が患者等が欲しない不良な転帰に終わった場合に、被害者が発生した結果を運命として甘受するか、あるいは何らかの法的手段を採用するかを決するについて極めて重要な意味を持つ。」としたうえで、「真実を明らかにし、紛争を事前に予防するための一手段という観点から、報告が正確になされるための法的な担保方法が真剣に考慮されても良いのではなかろうか。」とされて必ずしも明確に結論を出していない。

私はかねて、[8]患者が診療契約の当事者である場合であるが、医師の説明義務を三つの型に分けて論ずる事が適当であると主張してきた。それは診療関係における医師の患者に対するものであるが、①有効な同意を得るための説明、②療養方法等の指導（診療行為の内容）としての説明、③転医勧告としての説明、で①②③はそれぞれ、趣旨、目的が異なるのは勿論のこと、説明基準もその違反の効果も異なるものと考えている。①の説明基準は、患者の自己決定権を保障するためのものであり、具体的患者標準修正説（二重基準説）が妥当であり、②の説明基準は、臨床医学の実践における医療水準を基準とするも、なお、いわゆる専門医としてのそれが基準になり、③の説明においては、自らの専門とは異なる患者の治療に関するものであったり、自らの所属する医療機関では、その患者の疾患を治療することが不適当と考えられる場合の説明であるから、その場合の説明基準は、臨床医学の実践における医療水準が一応の基準となるものの、厳密な意味でこれが要求されるわけでなく、また、厳密な意味での専門医としての注意義務が要求されるわけではない、とした。そして、いわゆる顚末報告義務は、前記①②③のいずれかに属し、独立の意義を持たないのではないか、と考えている。例えば、大阪高判昭五二・六・

二五判時一〇六四号九二頁は、大腿骨開放性複雑骨折の処置に対して、医師が治療効果について病状を正確に説明せず、逆の病状説明を行って患者に過大な期待を抱かせたまま長期間を経て、結局期待と逆の結果に終わったという事例で、判決は医師の説明義務違反を理由に慰謝料五十万円を認容した。また、福岡地小倉支判昭五八・三・二九判時一〇九一号二六頁は、虫垂炎について完全に切除しなかったにもかかわらず、これを患者に説明していなかったため、患者が以後も同疾患に悩まされたことにつき、再手術の必要性を説明し指導すべき義務違反があるとして、三三〇万円の賠償を命じた、などが顚末報告義務の例としてあげられている。しかし、これらは治療後もなお、新たな治療を受ける必要の説明であったり（そうであれば、①の説明になる）、治療終了後も、なお一定の療養を継続しなければならないとする説明（そうであれば②の説明になる）であって、とくに顚末報告義務を持ち出すまでもないと考える。診療経過中の医師の報告義務を問擬する場合でも、問題は変わらないのであって、医師は必要に応じて、①や②、さらに③の説明を行う義務があるのである。

そして、患者が死亡した場合、遺族は診療契約の当事者でなく、したがって顚末報告を求める固有の権利はないのではないか、と考えていた。医師法十九条二項「診療若しくは検案をした……医師は、診断書若しくは検案書の交付の求めがあった場合には、正当の事由がなければ、これを拒んではならない。」という規定により、死亡診断書の交付について、いわゆる応招の義務が課せられており、遺族は死因についてはこれにより死因等を知ることができ、また、医師は死因不明を理由に死亡診断書の交付を拒むことができないと解せられているから、遺族に固有の権利として結果報告を求める権利がない、と解釈しても遺族の不利益はないのではないか、とも考えていた。しかし、私は後に述べるように、遺族には、死亡診断書により死因を知るだけでは不十分で、やはり固有の権利として信義則上、死因の説明を求める権利がある、と考えるようになった。

二　死因不明裁判例の状況

死因が必ずしも明らかでない裁判例には、いわゆる急死（突然死）となった事例[(9)]、医療事故を疑わせる事例などのケースが見られる。こうした裁判例には、死因に関する説明義務に触れていないものもあるが、ここで、あわせて掲げ検討の素材とする。

〔1〕東京地判昭三九・六・二九医療関係判例集（旧版）三巻一一八三頁は、妊婦が鉗子分娩後に死亡した事案で、出産後の出血量がやや多いものの弛緩後出血と断定しえず、死因の究明に疑問があり、遺体の解剖がなされていない本件では、死因が何であるか不明であり、いかなる点に過失があったかを審究することも困難であるとして、請求を棄却した。

〔2〕宮崎地判昭四七・一二・一八判時七〇二号九二頁は、陰嚢水腫の根治手術を受けていた男児（当時一歳）が皮膚の縫合中に突然死亡したという事例で、裁判所は麻酔薬の副作用による気道閉塞、低酸素症等を死因と推認し、蘇生処置等にも債務不履行があったとして医師の責任を認めた。しかし、本判決は慰籍料の算定にあたり、両親がその死体の解剖を拒んだ事が死因の解明を遷延させる結果となり、それが本件紛争・提訴の一因となったとし、これを慰籍料減額の事由として考慮することが公平の原理に適うとした。

〔3〕福岡地判昭五二・三・二九判時八六七号九〇頁は、二〇歳の非経産婦が人工妊娠中絶を受けたところ、胎児の排出までは比較的順調に終わったが、約十二時間後に容態が急変し、更に五時間後に死亡したというものである。

裁判所は、術前の全身状態の検査の懈怠、術後の患者監視体制の懈怠の過失を認めたが、これが患者死亡との因果関係があるかどうかについては、その両親の解剖の拒否によって明らかにならなかったとして因果関係を否定した。しかし、十分な患者管理のもとに診察治療を受ける事ができたはずだった、という期待が裏切られたなどとして、期待権侵害を理由に慰謝料（一〇〇万円）を認めた。

〔4〕大阪地判平二・三・二〇判タ七五八号二六七頁は、生後九ヶ月の男児が感冒気味で入院し、夜間当直の医師により投薬、点滴を受けたが、翌朝、呼吸困難を呈し、昼頃にはチアノーゼ状態、午後には意識不明となり夜に死亡した。原告側は、医師の種々の処置についての過失を主張し、医療側は逐一反論した。判決では、事実の経過を認定した後、その死因を検討したが、ぜんそく、細気管支炎感染症、急性脳症のいずれも否定できないとしたが、結局これを確定できないとした。そして医療側の経時的な処置については、いずれも過失がないとして請求を棄却した。

〔5〕広島地判平四・一二・二一判タ八一四号二〇二頁は、三九歳の女性が脳出血のため開頭血腫除去手術を受けた後、急性腎不全を併発し病状が好転しないまま意識喪失、対光反射も消失し死亡するに至った。その死因として医師は吐しゃ物の誤飲による窒息死と説明したが、後の裁判上の鑑定により重い脳障害と腎機能障害など全身状態の悪化による急性心不全である事が判明したというものである。裁判所は死亡の経過および原因の説明を求めることは、診療行為そのものには属しないが、法的保護に価するものであり、遺族に対して適切な説明を行うことも法的な付随義務である。

しかし、その説明内容の正確性等について過度の正確性を要求することは相当ではないが、基礎的な医学上の知識の欠如等の重大な落ち度によって患者の死亡の原因・経緯について誤った説明が行われた場合には、遺族に対する不法行為が成立するとして、慰謝料として総額五〇万円の賠償を命じた。

〔6〕　東京地判平五・一〇・二一判時一五一一号九九頁は、当時一歳六ヵ月の女児が麻疹と診断され入院し、入院中に肺炎を併発し呼吸困難を起こして四日後に死亡した。判決は本件入院までの経緯、病院の治療体制、入院後の治療経過を認定し、直接の死因は心不全であるとしたが、容態急変の原因は不明であるとした。そして、患者の入院時点では、麻疹から咽喉炎および軽い気管支炎起こしており、肺炎に進行し、原因不明の容態急変により心不全で死亡したが、本件病院の治療体制及びこの間に行った各々の治療行為について審理し、患者の死亡の原因となる不適切な点があったとは認められないとして、原告の請求を棄却した。

〔7〕　大阪高判平八・九・二六判タ九四〇号二三七頁は、当時二三歳の会社員が交通事故で重傷を負い入院したが、一時その身体状態は安定したようだが、数時間後、容態が急変し死亡した。死因は内臓破裂、肺損傷ともとれるが、低心拍出量症候群の可能性もあって、結局不明のままである。一審は、医師側の過失を否定し請求を棄却した。本件はその控訴審判決であるが、本判決でも、本件の直接的な死因は特定できないが、患者の容態が一旦安定したときに、担当医はバイタルサインのチェックやレントゲン撮影をしておくことができたのにこれを怠った過失があり、これを実施していれば、患者の胸部、腹部等の損傷・出血の有無、程度を確認でき、これによって救命の可能性があったものと推認することができるから、担当医の過失と患者死亡との間に因果関係が認められるとした。本件では、患者の死因が特定されないまま、医師の過失と死亡との間の因果関係を認め、逸失利益、慰謝料等の損害賠償を認めたものである。

〔8〕　東京地判平九・七・二九判タ九六一号二三一頁は、左眼桐沢型ブドウ膜炎（急性網膜壊死）の治療のため、その炎症部分および硝子体の混濁を取り除いた上網膜剝離の眼科手術を行ったところ、手術中に患者の容態が急変し死亡した。患者死亡直後、司法解剖が行われ、死体検案書が作成された。これによると死因は空気栓塞

であるとされていた。しかし、裁判所は眼内の血管の太さ、空気注入に用いられた潅流針の大きさ、形態等からすると空気潅流針が血管に留置される可能性はないなどを認定したうえで、本件死亡の原因は空気栓塞症によるものと断定できないとして、死体検案書等はこれを採用することができないとした。結局、本件全拠証によるも本件死亡の原因を確定的に判断することができず、また、被告の過失も認められないとして請求を棄却した。

〔**9**〕東京地判平九・二・二五判時一六二七号一一八頁は、六七歳の男性が下腹部・腰部の不快感と下痢及び嘔吐を訴えて受診したところ、急性腸炎と診断されて入院し、点滴による栄養補給、抗生物質の投与等の治療を受けていたが、三日後、急に意識不明となって心・呼吸が停止し、入院四日後に死亡した。本判決は、その死因について①急性心筋虚血（急性心筋梗塞を含む）による心不全、②失血（腹部大動脈瘤の破裂を含む）による心不全、③失血を原因とする心筋虚血による心不全、④①及び②の双方が偶然同時に発症したことによる心不全のいずれかであるかと推定または断定することは困難であるとし、患者の入院から死亡に至る経緯、医療側の処置等について診療義務違反の過失があったということはできないとした。これに加えて、本判決は「入院中の患者が死亡した場合において、死因が不明であり……かつ、遺族が死因の解明を望んでいるときは、病院としては遺族に対し、病理解剖の提案またはその他の死因解明に必要な措置についての提案をして、それらの措置の実施を求めるかどうかを検討する機会を与える信義則上の義務を負っているものというべきである。」とした。そして病院には、死因説明義務違反・死因解明提案義務違反による慰謝料として総額四〇〇万円の支払い義務があるとした。

〔**10**〕東京高判平一〇・二・二五判時一六四六号六四頁は、前記〔**9**〕事件の控訴審判決である。

本判決は、診療上の義務違反はないとしたうえで、①一審判決が死因解明説明義務の根拠としてかかげる死体解剖保存法は、行政上の規制法規であるから、この規定からそのような私法上の義務は導き出すことはできない。

②診療契約は、患者に対し医療水準に適合した真摯かつ誠実な医療を尽くすべき義務であるから、右契約の内容として死亡した患者の遺族に対する死因解明・説明義務を医療機関が負担していると解することはできない。③患者の死亡後にその遺族に対し、死因解明・説明義務をインフォームドコンセントにおける説明義務から直接導き出すことはできない。しかし、④具体的事情の如何によっては、社会通念に照らし、医療機関において病理解剖の提案をし、その実施を求めるかどうかを検討する機会を与え、その求めがあった場合には適宜の方法で病理解剖を実施し、その結果に基づいて患者の死因を遺族に説明すべき信義則上の義務を負うべき場合のあることを完全に否定することはできない、と判示した。

三　死因不明裁判例の検討

1

死因を特定しえなかったり、必ずしも死因が明らかでない家族の死に対し、その遺族は通常診療過程に何らかの手落ちがあったのではないか、医師は然るべき医療処置を滞りなく行ったのだろうかなどの疑念をいだき、医療過誤の主張を行うのが遺族一般的な態度ではなかろうかと思われる。

このような状況の中で、訴訟が提起された場合、裁判所はその診療過程における医療処置又はその不実施について過失の有無を審理し、判断を示すこととなる。

死因が必ずしも明確ではないが、診療過程を逐一審理し、過失が認められないとした事例が〔1〕〔4〕〔6〕〔8〕である。

診療中の過失が疑われるケースにおいて、医師の過失と同時にその死因の説明を求めたケースも見られる。

青森地判昭六三・四・二六判時一二八〇号一一三頁は、分娩時の子宮不完全破裂を看過ごしたため、産婦が出血多量で死亡した事例につき、原告患者側は医師の診療上の過失と患者の死亡の症状経過及び死亡原因の説明を求めたが、裁判所は死亡原因等にふれずに、医師の医療上の過失及び因果関係を認めて、三、二〇〇万円の損害賠償を認めた。

2　問題なのは、死因が必ずしも明確でないため、医療側が死因を明らかにするため死体の解剖を要請したのに対し、遺族らがこれを拒否した場合である。

〔2〕は、突然死した乳児につき、両親が死体の解剖を拒否したことを理由に、医療処置について債務不履行を認めながらも、これを慰謝料減額の事由として考慮する事が公平に適うとした。その根拠として、判旨は解剖所見による資料蒐集の手段を失わせ、死因解明を今日に遅延せしめたこと、医療過誤訴訟を債務不履行構成による責任追求とした場合、診療担当者側に立証上の負担があること、立証困難を生ぜしめたのは原告側であること、をあげている。

〔3〕も両親の死体解剖の拒否があった事例であるが、判決は「原告ら（両親）がA子の遺体解剖を拒否したのは、A子の遺体を切り刻むことの痛ましさを理由にした(のであり)……右心情には無理からぬ面も否定できない」として一定の理解を示すものの「死因を明確にしえない不利益は原告らが負担するのはやむを得ない」として、医療上の過失を肯定したが、死亡との因果関係が明らかでないとしてこれを否定した。しかし、本判決は前述のように、患者が十分な医療・管理体制の下で診療・診察を受けることを期待する権利があったのにこれが侵害されたとして、期待権侵害を理由に慰謝料（一〇〇万円）を認容した。

周知のごとく、死体解剖保存法第七条は、死体を解剖する場合、原則として遺族の承諾を得なければならないことを規定し、このことは逆に、遺族の拒否権のあることを明確にしているわけである。しかし、医療事故訴訟の場において、裁判所は遺族に対し、死因解明のために協力することを暗に示している。すなわち、特別の事情のないかぎり、死体解剖の拒否は原告患者に不利益に作用する結果となることを認めているわけである。死体解剖の拒否は、死因解明の手段、過失及び因果関係の認定上の有力な証拠を永久に喪失させるものであるから、〔**2**〕〔**3**〕の判旨は妥当であると考えられる。つまり損害賠償を求める者が、その有力な証拠を毀滅させておいて賠償を求めるのは信義則の原理に反することになると思われるからである。

〔**7**〕は、交通事故で重傷を負った患者につき、救急病院において患者の身体状況が一旦安定した時点でレントゲン撮影等を実施して患者の身体状況を把握すべきであったのに、これを怠り、患者の身体状況を把握しておれば救命の可能性があったとして、死因不明のままレントゲン撮影等の懈怠の過失を認定し、患者の死亡との間の因果関係を認めたものである。死因不明の場合、過失と死亡との因果関係を認めたのは、〔**3**〕と対照的である。診療上の重大な義務違反がある場合、死亡などの結果との因果関係を容易に認定しうるとした従来の判例や学説に伴うもので妥当と思われる。(10)(11)

3　〔**4**〕〔**9**〕〔**10**〕は死因の説明義務、更に死因解明義務について直接的示唆している判決で本稿のテーマにとって重要である。

〔**4**〕は、診療上の過失は否定したものの死因について誤った説明をした事例(12)であるが、死因説明義務の根拠として、次のものをあげる。①死という重大な事態に直面した遺族が、その経緯や原因を知り少しでも心を落ち着けたいとする心情は、人の本性として当然のことである（それは、法的な保護に値するものである）こと、②死亡の経緯及び原因は、診療にあたった医師しか容易に説明できないこと、③診療契約関係においては、診療内容について報告義務がある（民法六四五条参照）こと、などをあげて、それは本来の債務に対し付随的な義務であるが「患

者が死亡するに至った場合、遺族に対し適切な説明を行うことも医師の遺族に対する法的な義務である」とした。〔9〕は、死因を特定しえないケースであったが、判決は死因の説明義務があることを当然の前提として、更に進んで一定の場合死因解明のための提案をすべき義務のあることを認めた事例である。

〔10〕は〔9〕判決の控訴審判決で、死因の説明義務に関し、次のように判示した。①医療行為が高度の専門技術的性質を有しこれを提供する医療機関に寄せる患者およびその配偶者ら近親者の期待や信頼が厚いこと、②患者死亡の時点でその患者に施行した医療行為の内容や患者が死の転帰をたどった経過については、当該医療機関のみがもっともよく知りうる立場にあること、③死亡した患者の配偶者及び子ら遺族から求めがある場合は、信義則上、これらの者に対し患者の死因について適切に説明を行うべき義務を負う、とした。

以上〔4〕〔9〕〔10〕においては、遺族等は診療契約の当事者でないため顛末報告義務（民法六四五条）の内容として死因の説明義務を認めるのではなく、信義則上の義務として死因の説明義務のあることを認めているといってもよいであろう。

そして、その説明の程度として、〔10〕は死亡に至った原因とみられる各々の症状等をあげて、相応の客観的根拠に基づいて死因を判断して説明しているのであるから、死因に関する説明義務を怠ったものでないとしている。死因が必ずしも明確でない場合でも、その説明の程度は臨床医学の実践における専門医としての基準に則したものでなければならないと思われる。死因に関する説明義務は、信義則上のものであり、かつ、医師の付随的義務であるとしても、医師の診療に関する注意義務の基準を変える理由がないからである。

次に、死因不明の場合、それをそのまま死因不明と言う事で済ますことなく、死因解明義務や死因解明のための提案をすべき義務の存否について検討を行うことにしたい。この場合、その最も有力な手段は、病理解剖を行う事であるが、病理解剖のほか、死体解剖の法規やその実際について次に考察を進める。

四　死体解剖の法規と実際

診療中の患者が死亡した場合、その死因が必ずしも明確でない場合や診療中の各種データや処置と死亡という結果につき、医学上矛盾が生ずる場合などをひろく死因不明として取扱う。

1　死因不明を明らかにする最も有力な手段は、解剖（これを「剖検」という）である。もっとも解剖によって常に死因が確実に明らかになるわけではないが、死因に関する有力な資料が得られること、後日、紛争になった場合の証拠資料にもなりうるものであるから貴重なものといえる。

周知のごとく、死体の解剖は、その目的により系統（正常）解剖、法医解剖、病理解剖の三種に分類される。系統解剖は、死体解剖保存法第一〇条「身体の正常な構造を明らかにするための解剖は、医学に関する大学において行うものとする」と規定されているように、医科大学、医学部、歯学部において学生の解剖実習として行われているものである。

法医解剖には、司法解剖と行政解剖の二種がある。司法解剖は、犯罪に関係があると疑われる死者について、刑事訴訟法の規定に基づいて行う解剖である。捜査段階でも公判になってからでも、裁判所の許可により検察官、司法警察員から嘱託された医師により行われるが（刑訴二二五・二二三条）、医科系大学法医学の教授によって行われる事が多い。

行政解剖は、犯罪と関係のない死因不明の死亡者（犯罪に関係があると疑われる場合は同法八条二項により司法解剖が優先される）に対して行われる。死体解剖保存法八条一項は、「政令で定める地域を管轄する都道府県知事は、その地域内における伝染病、中毒、または災害により死亡した疑いのある死体、その他死因の明らかでない死体について、その死因を明らかにするため監察官をおき、これに検案させ、また検案によって死因の判明しない場合には解剖させることができる……」としている。

法医解剖では、遺族の同意は不要と解されているようであるが、実際には、遺族の同意の下に解剖が行われている。

病理解剖は、病院等で治療を受けていた者が病気で死亡した場合、その病変の状態や進展状況、死亡前の治療による病状の変化などを明らかにすることを目的に行われるが、なお、これを箇条書きにすると次のようにまとめられる。(13) ①病気の性質や発生進展過程を明らかにする。②新しい疾患や既知の疾患の変移を発見したり明確にする。③臨床診断の正確さを判断する。④患者のケアに対する質を評価する。⑤なされた治療法の効果を判定する。⑥臨床あるいは基礎研究を促進させる。⑦公衆衛生、人口動態統計への正確な情報を得る。⑧医療訴訟法に対し、事実に基づいた証拠を得ておく。

しかし、最近では、種々の画像診断や生検の病理診断などにより、臨床診断が非常に正確になってきたので、死後の病理解剖を重視しない臨床医が多くなり、剖検率が低下しつづけていると言われている。とくに、わが国は先進諸国中最低で、一九九八年、総死亡数の二・八八％であるといわれている。(14)

2 さて、実際に死体の解剖をしようとする場合、その目的、種類の如何を問わず死体解剖保存法が適用される。

死体の解剖には（1）原則として解剖しようとする地の保健所長の許可が必要であるが、①死体解剖資格認定者（同法二条一項一号、医道審議会令六条三項）が解剖する場合　②医学に関する大学の解剖学、病理学または法医学の教授または助教授が解剖する場合（同法二条一項二号）　③その他法に規定のある場合（同法二条一項三号～六号）には、保健所長の許可は不要である。

（2）また、死体を解剖する場合は、特に規定のある場合（同法七条各号）を除いて、遺族の承諾が必要である。

（3）死体の解剖は、特に設けられた解剖室において行わなければならない（同法九条）とされており、特定機能病院や地域医療支援病院では、病理解剖室を設けなければならない（医療二二条、二二三条）とされている。

ところで、死因不明の事例が発生した場合、わが国の病院、診療所ではこれを解剖して死因を明らかにするための人的配慮、物的設備等が具備されているであろうか。

平成一〇年の厚生省医療施設調査によると、病院は九、三三三、診療所九〇、五五六であるが[15]、病理医が一人以上勤務している病院は一般病院四六三ケ所、大学病院一一六ケ所[16]（一九九六年調査）であると報告されている。また、厚生省の臨床研修指定病院では、年間の剖検数が二〇体以上でかつ、剖検率が三〇％以上であること、または年間の剖検例が病床数の一〇％以上であることが求められている[17]。

3　このように、わが国では病理解剖を実施しうる人的、物的設備が必ずしも十分といえない状況にある。しかし、病理解剖の実施の実際は、診療担当医が患者が死因不明や臨床症状と異なった経過で死亡した場合など、死因に疑義のある場合、自ら遺族に依頼して病理解剖の実施の承諾を得、病理解剖しうる病院や病理担当医に解剖実施の依頼をするのが一般的な臨床担当医の取るべき態度であり、また、このような病理解剖実施、死因を明らかにするための努力は、臨床担当医にもとめられる態度であるといわれている[18]。そして、無病院地区など医療過疎地域でないかぎり、現実的には、病理解剖が著しく困難、あるいは不可能と言う事はない、といわれている[19]。また、臨床担当医が遺族に病理解剖を申し入れ（普通、病理解剖をさせてほしいと申し入れを行うと言われている）に対し、遺族側がしばしばこれを拒否することがあるが、遺族の諾否の回答も担当医師との信頼関係や誠意にかかっているとも言われている[20]。

しかし、それにしても遺族がこれを拒否することがあることは、前掲〔**2**〕〔**3**〕に見たとおりである。

次に逆に、遺族側が死因に疑義をもって病院側に病理解剖の実施を希望した場合の状況を見よう。

病理解剖の申し出を受けた病院は、自らの病院で病理担当医による解剖を実施しうる場合には、これによって行うことになるが、人的、物的設備の関係上、自らの病院で実施が困難なときは、これ備えた病院に依頼することになる。

遺族からの病理解剖の申し入れに対し、病院がこれを拒否した場合はどうすべきであろうか[21]。医療事故として警察等に告訴して業務上過失致死罪と主張する事もできないわけではないが、業務上過失致死罪として明らかな事態が生じていない限りかなり困難であろう。また、監察医制度の設けられている地域では、行政解剖を促すことも考えられる。

東京監察医務院「事業報告[22]」によれば、行政解剖の対象となる死体として、①病死又は自然死であっても医師の診療を受けることなく死亡したもの　②医師の診療を受けた場合でも死因の判然としないもの　③診療中の疾患と異なる原因で死亡したもの、④発病時または死亡の状況が異状であるもの又はその疑いのあるもの、があげられているからである。この行政解剖の結果を証拠資料とした裁判は、現時点では皆無のため、この点からする死因解明の努力も困難であると思われる。

五　死因解明・死因解明提案義務について

〔9〕判決は「病院に入院中の患者が死亡した場合において、死因が不明であり、又は病院側が特定した死因と抵触する症状や検査結果があるなど当該死因を疑うべき相当な事情があり、かつ、遺族が死因の解明を望んでいるときは、病院としては、遺族に対し、病理解剖の提案又はその他の死因解明に必要な措置についての提案をして、それらの実施を求めるかどうかを検討する機会を与える信義則上の義務を負っているものというべきである。」とした。この〔9〕判決の控訴審判決〔10〕は、死因解明義務及び死因解明提案義務を否定したが、「具体的事情のいかんによっては、社会通念に照らして……（このような）信義則上の義務を負うべき場合のあることを完全否定しさることはできないものと思われる。」としている。

稲垣弁護士は、〔9〕判決の評釈[23]で、診療関係終了後の死因不明のまま放置するという医師の著しい不誠実な対応を新たな責任原因として、死因解明義務又は死因解明提案義務を定立し、これが不履行による損害賠償を認めたものと評価し〔9〕判決の結論を肯定される。

中村判事[24]は、①死因が不明であること又は病院側が特定した死因と抵触する症状や検査結果があるなど当該死因を疑うべき相当な事情があること、②遺族が死因の解明を望んでいること、をあげ、①については当該患者と診察する領域を一般的な分野として臨床実践している医師（合理的医師）を基準として死因不明や死因を疑うべき事情を判断すべきであるとされ、また、遺族が死因の解明を望んでいることが第一の要件であるとされる。

死因が必ずしも明確でなく、また病院の特定した死因と相反する検査結果があるなどその死因を疑うべき相当な事情のある場合、遺族が死因解明を希望してきたとき、病院は法的義務として、死因解明義務又は死因解明のための提案義務なるものが考えられるだろうか。

死因が必ずしも明確でない場合、担当医としては、死因解明のため、病理解剖をさせてほしいと遺族側に申し出る事が臨床医として望まれる態度であり、それは倫理的な義務と言いうるであろう。

これに対して、遺族側は、医療事故訴訟を前提とする限り拒否することができないではなかろうか。先に述べたように、死体解剖を拒否することは、医師の過失やその因果関係の認定のための有力な証拠を滅失させる行為であり、一方において、医師の過失等を主張して損害賠償を請求しながら、そのための有力な証拠資料を永久的滅失させることと認めるのは、信義則に反する行為といえると思われるからである。

遺族が死因に疑念を持ったり、納得できず死因の解明を望むときは、病院側の病理解剖の提案を待つまでもなく当該病院に対し、病理解剖の実施を依頼すべきである。

病理解剖の実施の依頼を受けた病院は、これに応ずる法的義務はない。しかし、自らの病院で、人的・物的設備の関係から実施できないときは、これを実施しうる病院に依頼するなどの手続きをとるのが一般的である。これも実施できない場合は、遺族側が自ら他の病院を探すなり、紹介してもらって病理解剖を実施する方法もある。

死因が必ずしも明らかでなく、しかも遺族側が死因の解明を希望している場合は、病院としては死因の解明のための病理解剖等を提案する倫理的義務は認めることができるように思われるが、これを法的義務とまでは言えないのではなかろうか。遺族側が死因に疑念があれば、自ら積極的行動によりこれを明らかにするための病理解剖実施の手続きをとるべきではなかろうか。

病院側に死因解明又は死因解明提案義務まで認めるのは、迂遠な方法による患者側救済ではなかろうか。

ま と め

（1） 死因に関し、これが必ずしも明らかでない場合においても、担当医師は信義則又は条理に基づき、原則として診療契約の当事者でない遺族に対し、これを説明する義務がある。これは、診療中にあらわれた症状や検査データ等を総合的に判断して説明する事になると思われるが、この場合、臨床医学の実践における専門医としての注意義務が基準となる。

（2） 医療側に対して損害賠償請求を行う遺族は、病院側の提案する死体解剖を拒否した場合には、裁判上、不利な判断を受けることはやむを得ないことと思われる。死体解剖を拒否する遺族の気持ちは理解し得ないわけではないが、一方において、損害賠償の請求をしながら、医師の診療中の過失の有無や因果関係の判断資料を永久的に毀滅させる行為はこのように評価されてもやむを得ないであろう。

（3） 死因が必ずしも明らかでないなどの場合、遺族が死因の解明を望んでいることを条件に病院側に死因解明義務又は死因解明のための処置の提案義務を認めるべきかどうかは、やはり疑問が残る。死因解明に積極的でなく、遺族に対し、不誠実な対応をする病院に対し一定の義務すなわち、死因解明、死因解明提案義務を課し、これが不履行であるとして損害賠償による患者側不利益を救済しようとする実務上の考え方を理解しえぬわけではない。しかしながら、かような迂遠な方法ではなく、遺族が直接的に病理解剖の手続きを採るべきである、とするのが妥当なのではあるまいか。病院は主たる債務として患者の診療に全力を尽すべき義務があるが、死因解明または死因解明提案義務まで負わない、と考える。

(1) 私は、拙稿「入院中の患者が死亡した場合、その遺族が病院側の死因に関する判断、説明に疑問を呈していても、病院側としてはその遺族に対し、病理解剖等死因解明に必要な措置を提案すべき義務はないとされた事例」判時一六六一号一八三頁、判例評論四八一号二一頁（平一一）を執筆した。本稿は、これを基礎にして問題を一般化した形で考察したものである。なお、前稿で、私は病院側の病理解剖の申し出に対し、遺族は協力義務がないとした。しかし、本文に述べたように、遺族が病院側に対し、医療事故訴訟等により損害賠償請求する場合にかぎって訴訟上の証拠資料となる剖検資料を永久的に毀滅させておいて損害賠償の請求をするのは、信義則に反するのではないかと考えるに至った。この点に関する私の考えを改めたい。また、これに関連したご批判をいただいた中村哲判事に感謝したい。中村哲「医師の説明義務とその範囲」新・裁判実務大系Ⅰ・医療過誤訴訟法六十九頁以下（一〇〇頁）（平一二、青林書院）参照。

(2) 野田寛「医師の説明義務と患者の承諾」大阪医師会編医事裁判と医療の実際一頁・一七頁（一九八五、成文堂）。

(3) 西野喜一「説明義務、転医勧奨、患者の承諾、自己決定」判タ六八六号七九頁（八七頁）（平元）。

(4) 新堂幸司「診療債務の再検討―医師の弁明義務を手がかりとして―」昭和五〇年慶弁護士制度一〇〇年東京弁護士会秋期講習会講義録九〇頁以下。

(5) 中野貞一郎「医療過誤訴訟の手続的課題」同著「過失の推認」一〇三頁以下（一〇一〇頁）（昭五三、弘文堂）。

(6) なお、森島昭夫他「(座談会)『カルテ等の診療情報の活用に関する検討会報告書』をめぐって」ジュリスト一一四二号四頁以下、また、同誌六四頁以下（平一一）。

(7) 手嶋豊「医師の顚末報告義務に関する学説・裁判例の最近の動向」民事情報八五巻四一頁以下（一九九三）。

(8) 拙著診療における説明と承諾の法理と実情四頁（一九八八、多賀出版）。
日本医事法学会編年報医事法学Ⅲ二二五頁以下（二四五頁）（一九八六、日本評論社）。

拙著現代医事法学〈改訂二版〉一一二頁（一九九五年、金原出版）。

(9) 死因不明の突然死の例として、乳幼児突然死症候群（ＳＩＤＳ）の事例があるが、本症による死亡は医学的死因は明らかではないが、WHOでも国際疾病分類に死因として登録され、わが国もSIDSは一つの真正疾患と広く認められている。最近の例としては、東京高判平七・二・三判時一五九一・三七、神戸地判平七・六・九判時一五六四・八四などがあり、否定例としては、静岡地沼津支判平八・七・三一判時一六一一号一〇六頁などがある。これらの事例では、SIDSによる死亡か、うつぶせ寝による窒息死かが争われているにすぎず、死因に関する説明義務は争点になっていない。なお、SIDSに関しては、松倉豊治医学と法律の間三三五頁以下参照（昭五二、判例タイムズ社）。

(10) 稲垣喬「患者の死因不明の場合における医師の義務違反と因果的帰責」私法判例リマークス一九九八（下）六七頁以下

(11) 橋本英夫「医療過誤訴訟における因果関係の問題」新・裁判実務大系Ｉ医療過誤訴訟法一八〇頁以下（二〇四～二〇五頁）（二〇〇〇、青林書院）および、この論文に引用されている判例および文献。

(12) なお、拙稿「死因事後説明過誤事件」医療過誤判例百選（二版）二四頁（一九九六、有斐閣）参照。

(13) 山内春夫「死体解剖保存法と解剖の実際について」賠償科学二五巻六八頁以下（六九頁）（二〇〇〇、賠償科学会）。

(14) 注(13)七二頁。

(15) 厚生省医療施設調査（平一〇）厚生統計協会編国民衛生の動向二〇〇〇年度版一八九頁。

(16) 野村好弘ら座談会「損害賠償の死因の決定における解剖の役割と重要性」のなか、岡 悦夫発言、賠償科学二五巻五一頁以下（五九頁）。

(17) 厚生省健政発一一三二号（平成一〇年一〇月三〇日）臨床研修病院の指定基準の一部改正について。

(18)(19)(20) これらの点については、金沢医科大学第二病理学講座勝田省吾教授のご教示いただいた。紙上を借りて厚く御礼申し上げたい。

(21) なお、佐々木幸孝「遺族からの解剖要請」石原寛編 医者と患者の法律相談一三六頁以下（一三九頁）（一九九五、青林書院）。

(22) 東京都監察医務院事業概要（平成一〇年版）三頁以下。
(23) 稲垣・前掲(10)七〇頁。
(24) 中村・前掲(1)九八〜九九頁。

13　生命維持治療の打切りをめぐる家族と司法
――フィオリ事件判決（アメリカ）の研究ノートから――

唄　孝一

一　はしがき

後天的に判断能力を失いＰＶＳ状態にある患者本人が、その能力ある頃に生命維持治療についての決定を表明していなかった場合、生命維持装置を外しうる可能性があるのか、誰がそれを決定しうるのか。それをあらためてどのようにして表明しうるのか。――そこに、本人をめぐる家族＝医療＝司法の相関関係の中で、それぞれはどのような役割を果たし得るのか。それはまたどのような比重で関係しあうべきか。

この問題に先駆的にとりくみ圧倒的なインパクトを世界的に与えたのが、クィンラン事件であったことは周知の通りである。それ以来十数年を経て生れた一つの判決を本稿は取り上げる。In re Fiori 事件判決である。同種の問題が法的係争となったものは三桁を超えるとの風評もあるくらいであるが、その中から敢えて同判決を取り上げた。この事件には、患者のＰＶＳ状態が二〇年もつづいたこと、州の法務長官の積極的介入などいくつか特色があるものの、クルーザン判決以後のアメリカ判例法の本流に接近するための重要事例としてそれほど役違いでないと思われるからである。幸い、同判決は三審級の判決文すべてが公表されており、またとくに第二審においては、長い少数意見が二つあり、講学上、研究上、有益と思われる。(1) ちなみに、同判決とほぼ同じ頃、同種の問題が英米法系の三、四の国・法域で相次いで判決となったことも、(2) アメリカの判例法の流れをあらためて問い直すことを促す。それもこの判決をてがかりとしようとしたことの一因である。

二　解題・フィオリ事件判決

(一)　事実の概要

ダニエル・ヨセフ・フィオリ（四三歳、Ｆと略称）は、二〇歳のとき（一九七二年）、モーターサイクルの事故で脳に損傷を受け車椅子生活となった。二四歳のとき（一九七六年）脚の骨折でベテラン・ホスピタルに入院中、第二の頭部傷害を受け、認識神経は完全に破壊、思考過程は作用せず、痛みも感ぜず、喜びもなく、生きていることをも知らないだろう。その後意識を回復することはなく、持続的植物状態と診断されている。現在は、Mayo Nursing & Convalescent Center（Ｍセンターと略称）にいる。自発的筋肉運動（嚥下をふくむ）はなく、胃腸を通しての管（Ｇ管）で薬や栄養・液体が供給されている。それをつけていることの苦痛もないが、それを取り外すことの苦痛も無さそうである。

母ローズマリー・シャーマンは、一九八〇年、正規の手続により身上後見人になった（Ｆは無能力の宣告を受けた）。母はＦの看病に献身し、毎日数回彼を訪ねて、最良のケアを確保するためケアを監督し、必要なものを供給している。一九九二年二月、G管の撤去を決心しMセンターに申し入れたが、Mセンター側では、裁判所の命令なしにその要請に応ずることはできないといって拒否した。そこで彼女が申立人となり、G管の除去とその他一切の生命維持措置（以下LSPまたはLSTと略称）の打切りをMセンターに許可することを求めて、この裁判手続となったのである。（以下、私見を〔 〕つきで挿入することがある。）

(二) 第一審 In re Fiori, 17 Pa. D. & C. 4th 558 (1993)

その申立の根拠としては、Fは意義のある生存を保っていないこと、生命維持の継続が何の目的にも役立たないこと、これらの打切りがFの希望に合致すること、を主張している。こうして事実審となり、一九九二年一〇月二三日、それらの打切りをMセンターに許可する決定がなされた。その後、attorney general（法務長官）が州当局の代表として異議を述べたので、先の決定は仮命令として修正された（一九九二年一一月六日）。

法務長官の異議は二つの手続問題に関する。一は、申立人が地方検事に通知しなかったこと、二は、裁判所が訴訟のための後見人 guardian ad litem を任命しなかったことである。

どちらの問題も審理のときに提起されなかったので、裁判所としては、既に権利放棄されたと思っていた。一番大事なことだが、無能力者の利益も、州の利益も、法務長官により十分に代表されていると思う。それ故に申立人の立場に対抗する利益の代表に欠けるところはないことは明らかである。

実質的な争点は、深刻で影響の大きい考慮事項に関わっており、その重要性は、このケースだけの問題にとどまらない。このケースの特記点について、わが州にはこれまで先例も指導原理もない。Fが二一歳で事故に遭う前にLSTについて何の意図も表さず指示も発していなかったことも驚くべきことでない。一九七一年以来そんな指示を与えるべき状況になかったのである。したがって当面の問題は、これらの措置の打切りを許可することが、本人の望みと最善の利益に合致するとして、母＝後見人の要請を信頼し受容するかどうかということである。

能力があったときに何の希望も表明しなかった無能力者の生命維持を中止する上訴審判決はこれまでわが州にはなかった。申立人は、われわれに他州の判決――州利益の存在の基礎を侵害しない限りＬＳＴの中止を許す――に従わせたいのであろう。その州利益との対抗については下級審判決（Ragona v. Attorney General Preate, 6 D. & C. 4th 202 (1990)を引用しつつ説明している。四つの問題のうち、(2)、(3)、(4)は本件に関係ない(二五頁参照)。本人に自殺の意図はないし、妻子はなく、また医プロフェッション代表により支持されているからである。だから(1)の"The state's interest in the preservation of life"（だけ）が最も有意義な争点である。能力者の憲法上の治療拒否権でさえ、あまりに自由に解釈されるべきでない。憲法上の治療拒否権は絶対的でなく、競合する政府の諸利益との対抗において測られねばならない。そして、予後が暗くなりその療法の侵襲性が増加するにつれて、州の利益は弱くなり個人の権利が増大するということに同感である。〔ここではRagona判決から引用されている。しかしその大もとはＱ判決の中の有名なくだりであることは、多くの人の知るところであろう。〕

しかし、生命保持という州の命令が、保持されるべき生命の質 the quality of life の分析を要請する。他の生命が何かかかわるか。他の何かの結果がその生命維持過程にふくまれているか。調査から分ることは、他州の判決はその問題の解明をめざすこと、そして生死の決定が、終末期の患者に代って彼の最善の利益のために行動する surrogate（代行者）によりなされることを許してきたということである。

代行者の判断は、裁判所により監督されるべきであり、かつ各個別的ケースにおいて、その決定が州の保護された利益と衝突するかどうかという客観的基準にてらして測定されるべきである。この後者の提案は、カリフォルニアで許される代行者（conservator 後見人）の自由裁量と、今、目前の事件で法務長官により提案された絶対的な否定との中間にある。カリフォルニアの上訴裁判所（Conservatorship of Drabick, 245 Cal. Reptr. 840 (Cal. App. 6 Dist. 1988）は、回復の希望のない植物状態の無能力者の場合には裁判所の承認は要せず、と判示した。それは、医的助言と誠実とに基づいて行動したという決定に服するほかは、完全な裁量を代行者に許している。

ここで、Foody 判決（Foody v. Manchester Memorial Hosp., 482 A. 2d 713〔Conn. Super. 1984〕）を援用し、それを通じてQ判決・S判決からの引用に及ぶ。それは、治療拒否権の根拠、その行使の基準について論ずる。裁判所は、能力喪失中の人々を保護するためのパレンス・パトリエ責任を行使する上で、ときに医療的決定を用意し、Sj.原理〔後述〕のもとにそれらの実施を認可してきたと、Q判決は記した。そしてどうしたらLST拒否権の最良の行使ができるかということを問題にし、Q判決から「社会の圧倒的多数が、同様の状況においては、自分自身のために、あるいは、自分の最近親のために、同じようにそのように選択するであろう」を引用している。判旨はさらにS事件を「同様の基準を採用した」とし「substituted judgment〔以下Sj.という特殊な略字を用いた〕の最優先のテストは主観的であり、必ずしも大多数が賢明とみなすところに従うのでなく、無能力者個人の欲求と必要とにできるだけ正確に即して決定する」を引用している。〔QとSとを「同様の基準を採用した」とするのは理解できない。〕そして「家族関係から集められた個人の知識にもとづいてもよい」（Spring）とも述べる。その他本人の意思を知る証拠がない場合のことに言及しつつ、またNY州のSj.の採用（Eichner, 426 N. Y.S 2d 517）について述べる。〔判旨の意のあるところをつかみ切れなかった。〕最後は、大統領委員会報告書をかなり大幅に引用している。「患者の意思表示がないのにその権利行使をせざるを得ない場合、その者の最善の利益であることを、社会的に共有された家族的なクライテリアと関連づけて実施しようとする分析の文脈の中で行われねばならない。ある治療の手技やコースが最善の利益にかなうかどうかを評価するに際しては、決定者は、苦痛からの救済、機能の維持または回復、及び維持される生命の質と限度のようなファクターを考慮しなければならない。」

なお、今一つRagonaの基準を援用し、医学的証拠の語るものとして、Fの生命は「質はおろか、中身がなくなっている」"without content, let alone quality"と述べて、判決を結んでいる。

〔「家族か司法判断か」という問題はまだここでは鮮明には出ていなかったようである。〕

〔終局判決〕　一九九三年二月三日、第一審の仮判決に対する法務長官の異議は否定され却下される。母の申立は認容される。Mセンターは、FへのG管の使用を終止し、Fのためのすべての薬剤とその他のLSTはすべて継続しないことが許可される。

(三)　第二審　In re Fiori, 652 A. 2d 1350 (Pa. Super. 1995)

1　法廷意見〔Beck裁判官による〕

(1)　初めにBeck裁判官の法廷意見について述べる。先ず事実審の結論に賛成であり、それを肯定すると述べる。認識的能力なく回復のチャンスもなく二〇年間PVS状態にあった患者からG管給養の形のLSTを取り外すか否かについては、裁判所の関与なくても、親密な家族構成員close family memberの同意と二人の医師の承認とがあれば十分であることを述べる。ただし、この決定は、PVSで認識機能がなく回復のチャンスもない患者で、以前にLSTの撤去について考えを表明していなかったという範疇のケースに限られる、ということを強調している〔この限定は当判決の支柱の一つである。随所でくり返されるが、拙稿では、一々この限定を明示しない」。患者からのコメントはないが、母が患者の希望を証言している。しかしそれは患者の意思表明としては不十分な証拠だから、そこで客観的基準 an "objective standard" を適用したという（第一審参照）。

(2) 法務長官が控訴するに際し、二つの点で一審に問題ありと指摘している〔一審のときと中身は少し異なる〕。一つは、事実審が昏睡患者の利益を代表すべき「訴訟のための後見人」を任命しなかったことに誤りはなかったか、二つは、FがLSTの取外しを希望しているという明白で説得力のある clear and convincing 証拠を要求することなく、患者の死に結果するプロセスを認許したが、その点、事実審は誤ったのでないか、ということ。

法務長官は、これらのテストに適合しているか否かの判定は裁判所によりなされるように、このようなケースのすべてにおいて裁判手続がなされることを要求するのであろう。しかし、判決は、この争点は二つとも問題にならないという。一番目の争点については特にそれとして論ずる必要はない。このようなケースの大部分において法的手続は結局必要でない、そして、本ケースにおいて実際に必要でないと最後に我々は判示するから、訴訟のための後見人を任命する必要のないことも明らかである。

法務長官の基本的な法的立場は、その者が能力ありせば選ぶであろう選択がLSTの打切りであることに、明白で説得力のある証拠がない限り、打ち切るべきでないということである。

我々は、法務長官のアプローチを採用しない。彼は争点をあまりに広く枠づけ過ぎる。このケースの議論はこのケースの事実に限られるべきである。他のタイプのケースについては、その日まで待つべきである。今決定すべく求められているのは、①かつては能力あったが今無能力になった人、②LSTを続けたいか否かについて明白には表示しなかったPVSの人、③治療の打切りを今も欲していると近親が信じていること、という要件をみたす場合のことである。

(3)　ここで、保護を求められる権利、根底にある権利、すなわち、LSTの受容か拒絶かにかかわる自己決定権の分析を始めたい。州最高裁は最近プライバシー権につきコメントしたが、それには重要な個人的決定をする権利がふくまれている。その根拠はいろいろ言われるが、かような権利が存在することは疑いない。このときに判決が、連邦のデュー・プロセス、リバティ・インタレスト〔修正一四条〕をもってきたが、それは、クルーザン判決の影響であろう。同様にペンシルバニア州憲法のプライバシーということもいっており、両者が併記されている。

連邦憲法がプライバシー権を保護していることはもはや疑いない。そこでは少なくとも二つの異ったタイプのプライバシィ・インタレストが承認されてきた。一つは、個人的なことの漏洩を避けることについての個人としてのインタレスト、もう一つは、ある種の重要決定をするときの独立性へのインタレスト。そして、わが州裁判所は、州憲法において同じインタレスト（独りにされる権利）を承認してきた。しかし、それは絶対的でない。Pa（ペンシルバニア州）は、州憲法のプライバシー権分析において柔軟なアプローチを採用しなかった。わが州法のもとでは、唯一やむにやまれぬ州利益のみがプライバシー権を圧倒するであろう。

治療をコントロールし拒否する権利の基礎はコモン・ローにもある。ただし、医療に対する自己決定権は絶対的でない。かくして、例の四つの州利益との対抗関係が問題になるのだが、ここで我々の調査に関連する唯一の州利益は、生命維持に関する一般的利益である。この利益の有効性については疑いないが、真の問題は、自己決定権に比較して何がこの利益の力であり趣旨であるかということである。

決定者以外の誰かの現実の生命又は潜在的な生命の保護がふくまれていないときは、生命維持に対する間接的で抽象的な州利益は、自己の生命のコースを方向づけることに対する患者のいっそう強い個人的利益に道をゆずる。一つ注意すべきは、サブスティテュート・デシジョンメーカー〔この用語は珍しいのでないか。サロゲイトとの区別はあるのだろうか〕は、患者の自己決定権の両面を同時に尊重しなければならないといっていることである。――生きる権利と、医療的介入なくして自然のコースを死んでいく権利と。〔この文脈の中で、とくに生きる権利に言及していることが注目される。〕

「無能力になっても自己決定権は失われないと一貫して判示されてきた、そして患者自身の望みを確認し得るならば、自己決定権は、いかなる州利益――生命維持をふくむ――より重い。」

しかし、能力ある間に、その点につき明瞭かつ特定的な選好をまったく表明していなかった場合には、困難な問題が起る。LSTをある状況のもとでは打ち切るか否かの決定を家族または後見人による「代行判断」の行使を通じてなされることを許すと裁判所は述べてきた。〔この判決においては、substituted judgment という概念がここにはじめて登場する。〕

それから、「明白で説得力のある」ということについては、それをいっていると、目的達成にならず、むしろ自己決定権は保護されないで否定されることになってしまうだろう。結果としてはプライバシー権へ侵害的な影響を及ぼしてしまう。

しかし、「とにかく無能力になってもその権利が失われるわけではないのだから、唯一の理論構成としてはSj.を許すことである」。そのときに「患者の考えが明らかに表明されていないときは、患者の個人的な価値体系をガイダンスとして考慮するのだが、決定代行者としては、患者の選ぶ治療コースを推定するために、医療問題についての患者のかつての言明や反応、代行者にはおなじみの患者のパースナリティの全側面――もちろん、彼に関係深い哲学的・神学的・倫理的価値と特有の関連をさせて――を考慮するのである」。

加えるに、医療従事者として同定される利害関係人と、家族または後見人との間に不一致がない限り、裁判所がこの決定過程に介入する必要はないと、この問題について考察してきた多くの裁判所は、認めている。

(4) 対照的に、法務長官は、全ケースに司法介入が必要だとし、患者の打切り希望の証拠として明白かつ説得力のある証拠を要するという決定基準を課そうとする。それは、自己決定権に最大の保護を供しようとするつもりだろうが、実際のところこのような基準を採用したら、その目的は達せられないこと前述したとおりである。

かてて加えて、打切り決断の時は、患者を愛する人々にとって苦痛と苦悩にみちたものである。裁判手続により苦悩を深めるのはセンスのないことで、不必要でもあろう。これらの苦痛にみちた内密の状況に対し裁判所はどんな特別の知識や洞察力をもっているのだろうか。裁判所を通しての州の介入は、個人のプライバシー権に対し過度に侵入的で暴力的になる。

ここで、本件における代行者は母であることを評価する。母は二〇年間献身的にケアをし、すべきことは何か、誰が相談相手になるかを考えてきた。宗教上の助言者の意見を聞き、また自分の心に問うてきた。治療を打ち切るべきなのは、裁判所がそう考えるからでなく、母がFの思いを表現するからである。

(5) ここでさらにSj.をする最適任者としての家族員について若干論じる〔家族か裁判か――という問題がようやく顔を出す〕。それは、通常は配偶者、親、成人の子、兄弟だが、それには限らない。なぜ家族がいいかというと、患者の医療についての態度や一般的世界観について親密な理解をもっていることと、患者の医療上の決定をコントロールする動機や考慮事項を知る最善の位置にいることである。生命に対するアプローチを特定的に把握しており、のみならず、彼および彼らと特別の絆がある。医的な決定をする際の家族の重要性は自明 axiomatic である。法は、伝統的に家族生活の私的空間を尊重してきた。そこには州は入れないのである。家族に対する尊重と信頼というこの伝統が、病人の治療に対する我々のアプローチを基礎づけるべきである、と我々は信ずるのである。

患者に代って判断を下す緊密な家族がいないとき、家族が、患者自身の選択を、現実に実効化しようとしないと主治医が思うとき、家族の間に争いがあるとき、事前指示 advance directive（ADと省略）の中で誰も指名されていないとき、そういう状況においては、後見人の任命及び裁判所の援助なくして治療は打ち切るべきではない。そういうときには裁判所にもってゆくけれども、原則的にはいらない〔司法介入のない事例として、たくさんの他州判決を引用している〕。

司法介入に好意的な意見の人々は裁判所が患者を保護すべき必要を援用するが、その際背後にある哲学は、「裁判所のみが生命の保護を確保するのに必要な安全装置を供し得る」というもので、これは狭い不健康な見解である。それは家族に対する本質的で伝統的な尊重を侵害する。

我々の社会で裁判所は知恵の貯蔵所であり、人間の生命と尊厳とを保護するために用いうる唯一の制度である。裁判所や訴訟のための後見人の介入がないと、親やその他の親類は個人的利益のために生命を終了させる行動をとるかもしれないという、十分論理構成されていない、底にひそむ恐怖がある。それも、まれには根拠のあることもあるかもしれないが、二人の医師の同意がLST終了前に必要な要件である場合は、そんな恐怖は力を失ってしまう。さらにこの恐怖があるからといって、家族の私的領域への州の侵入を正当化するものでない。わが州法は家族の神聖性 the sanctity of the family を長年にわたり尊重し、そのプライバシーを保護し、できる限りそれを支配する権利を自らに保持しようと努めてきた。たしかにこの家族への長年の尊重が、悲劇的にPVSになった家族員がその状態で生きつづけることを欲しているか否かについての高度に私的な決定にまで及ぶべきである。

(6) ここで、結論に行く前に、法務長官と訴訟上の後見人により提起されたもう一つの点に言及する。それは州の新「保健医療のための事前指示法」the Advance Directive for Health Care Act および州の「後見法」the Guardianship Statute が改正されたことが、かれらの立場の支持——明示的にしろ黙示的にしろ——に役立つという示唆である。これは後見人を決める手続や後見人の権限・義務を定めている法律として本判決のテーマと全く無関係ではない。しかし当判決の問題点にとっては、実質的に無縁である。

第一に、事前指示法で重要なのは、患者にリビング・ウイルあるいは事前指示で道を開いていることである、しかし、ADを書いていない人の意図に推定的効果をもたらすものでない。「本章の諸規定は、本章において言及されない現存の権利や責任に影響を与えず、または、とって代ることのないものとする」(§5412)。

第二に、後見人を定める前提となる無能力の認定のときに、「明白で説得力のある証拠」がいるということをいっている（後見法）が、そのことは、当面の問題である治療打切りの基準に「明白で説得力のある証拠」がいるかどうかということに全く無関係であり、いわんや、司法介入の要否を示唆するような規定は何もない。

(7) 「かくして、Fに現在つけられているLSTはすべて停止されるべきである」とする事実審の決定は正しい。事実審の命令は肯認される。

2 Wieand 裁判官の補足意見

(1) 多数意見に賛成である。このような状況の中では、親しい家族員と二人の医師が決定したことについては裁判所の命令は不要と思う。けれども、多くのケースでは諸事情が裁判所の介入を要することになってくる。本件もそのようなケースである。そこで、事実審の決定と二審で行われるべき再審理に影響したはずの考慮事項を解明して〔法廷意見とは〕別個に書く。

一審は客観的基準を適用した。多数意見が認めるように裁判所の介入なしで緊密な家族構成員が医師とともに決め得る場合は沢山あるが、実際問題としてこのような家族内の親密な事項を決定するために裁判所が必要とされる機会がしばしばある。だから、本件のようなケースが裁判所にもち出されて然るべしである。またケースによっては、司法介入を必須とするものも頭に浮ぶ。

そこで興味あることとして、医学の進歩にともないLSTの拒否問題がもえさかっていることにふれ、その状況を分析している。〔ここでわざわざライフ論に及ぶことが、注目される。〕すなわち、「死には近いけれどまだそれを越えてはいない」状況である。「昔ならとっくに終っていたのに、今や医療技術が呼吸停止のたそがれ時をつくり出し、そこでは死がはじまっているのに生はつづいている。しかし、患者によっては医療技術によりわずかに維持されている生命の部分を生きていたくない者がいる。かれらは、その代りに、自然がそのコースを歩むことを許し、尊厳をもって死んでゆくことを許す医療計画を選ぶ。医療拒否権を行使する個人が増せば増すほど、医療、法、哲学、技術、宗教の各ディシプリンがそれだけ頻繁に衝突する。さまざまの学際的な相互作用が、一人の人や一つのプロフェッションがすべての答を示せるはずのない多くの問題を提起する。」(Rasmussen by Mitchell v. Fleming, 741 P.2d 674, at 678, Ariz. 1987)

そこで個人はLST拒否の権利をもち、その基礎として、連邦憲法のプライバシー権、州憲法にふくまれる諸権利、欲しない肉体的侵襲から自由たるべきコモン・ロー上の権利、さらには各種各様の制定法が見出されてきたことが、クルーザン判決ほか沢山の裁判所によって述べられている。

無能力者になったというだけで自己決定権が失われるわけでない。打ち立てられて久しいパーソナルな権利の存在と実現可能性とは、その前もっての行使にかかるわけでもなく、また無能力と判断されたときに消滅してしまうわけでもない。意図を表明しないことが、どんな通常外の生命延長治療でも受容するという決定を表示しているわけではない。

(2) 患者の意図が知られていないときに、LSTの中止が適当かどうかは、客観的基準の適用によって判断されるべきである〔このことを明確に主張するが、注目すべきは次の点である〕。すなわち、「無能力者は州の被後見人であるから、州のパレンス・パトリエの力が及んで、裁判所は被後見人の最善の利益の保護の確保を要求される。」つまり、最善の利益の保護は、その個人の権利からよりも、むしろ州のパレンス・パトリエからの要請であることを敢て先例から引用している〔注目すべき挿入節であるが、当然か〕。

そして、治療の打切りの決定を求められた裁判所は、家族または後見人の勧告が患者の最善の利益にかなっているかどうかを考慮すべきである、とするが、その最善の利益とは、「社会的に共有された客観的なクライテリアと関連づけて」と述べられることにより、その客観性が強調されている。

それをさらに具体的にいうと「苦痛からの救済、機能の維持または回復、及び維持される生命の質と限度」などが判断の際のファクターとなるという。「正確に評価するためには、現在の希望の満足、将来の満足のための機会、自己決定能力の発達または再獲得の可能性——それらの考慮を含むであろう。」として〔第一審と同様に〕大統領委員会報告書を援用している。

(3) さらに注目すべきは、その次のところに、「生命は、一般的には、保持に値する」Life is generally worth

preservingといい放って、ＬＳＴの打切りに際して、通常外の生命維持装置の継続が患者の最善の利益に資さないことを示すその立証責任は、打切りを申し立てる側にある、という議論につらねていることである。被後見人の最善の利益の保護の確保を要するときに考慮すべきファクター三つ〔これは、既に述べた〕。客観的基準を適用する場合には、裁判所が、患者に能力があったときになされた関連する表示意思、現に用いうる治療方法の選択肢、各選択肢の利害得失、治癒の可能性、各コースに伴う苦痛・不快の程度、治療への依存度、その手技の侵襲性、進行する肉体的摩損度、そして倫理委員会の意見も考慮事項に入れることは妥当である。

ＬＳＴの継続が患者の最善の利益に役立たないことは、打切りを求める者が立証する必要があるし、そしてそれにこたえてこのようなケースでは、尊厳を保っている自然の死が、医学的に可能である限り生理的生命を維持することとのインタレストより重いと見なすことができるべきである。回復の希望もないままその状態にひとをしておくことは、最善の利益に反するのみでなく、非人間的である。治療継続の利益が限られていて、患者の負担の方が重いときは、それを打ち切ることが患者の最善の利益にかないうると主張している。

Ｆの家族も医師も、ＬＳＴの継続使用が彼にとって利益とはならないことを認めていた。彼の生命を不自然に延ばそうというこころみは止めて自然のコースを歩ませるときがきた。そしてＦに休息を許すときが来たのである。The time has come to allow F to rest.

(4) 最後に、法務長官が異議を述べた手続上の問題に一言して、この補足意見は終る。すなわち患者は既に後見人により代表されているから、この申立に対する注意深くて微妙な裁判所の配慮に対して訴訟のための後見人として加えるべきものはないから、それの任命のため差し戻すべし、という法務長官の主張は拒絶する。

二審にはさらに、重要な少数意見がある。

3 Popovich 裁判官の補足意見と少数意見

(1) 私は究極的には多数意見の結論に賛成だけれども、途中の論理に不賛成である。多数意見の提示は次のとおり、つまり「裁判所は、『生死』の決定を解決するためのフォーラムたることを自制するべきである。親密な家族と二人の医師が、このような評価をするのに最良の位置にいる」と。

州民の生命が危険にさらされているときは、州は、州民のパレンス・パトリエとして、侵害的な、招かれざる参加者として斥けられてはならない。ちょうどそのような場合、生命がバランスにかけられるときには、裁判所は（州政府の延長として）知恵の貯蔵庫であり熟考を助言してきたのである。

そのような聡明さが、F家族が直面しているような「生と死」状況への不当な侵入として、斥けられるべきでない。昏睡患者の通常外の医療サービスを終止させるために、確保すべき時間や労力は、裁判所の認許することと、家族と二名の医師との間の合意を得ることと、その面倒さは同じくらいであろう。人間の生命の神聖さに関するこのような裁判所の監督下での決定過程には、略式の審訊を用いうるし、それがプライバシーへの侵害行為にはなるまい。むしろ、そのようなプロセスは、当事者がすべて患者の最善の利益を念頭にして忠実に行動し、患者の福利に対するかくされた関心によって、精査の光からおおわれたひそかな動機にうごかされないことを確保するであろう。〔以上のように、法廷意見と異なり、裁判所の介入に好意的である。〕

(2) ここでFの状況を中心とする事実が述べられるが、その中で、Fの母が後見人に任ぜられた後、Fのフル・タイムのナーシング・ケアのため、トラストが設定されたことがちょっと関心をひく〔重視すべしというのではない〕。そのトラストによると、Ｆが長生きすればするほど、受取人として母の得る年金は大きくなるとのことである。したがって利害の衝突が起り、後見人としての任務に支障を来さないかと、法務長官は論じている。しかも、彼女のインタレストは、Ｆの生命の延長に向いこそすれ、短縮の方向には行くまい〔とＰ裁判官はみている〕。

ここで、二人の主治医及び裁判所の任命した独立の医療専門家の証言なども紹介しながら、Ｆの症状その他の現状を説明している。それの延長線上で、母が、Ｆは「平和に、かつ神とともに休息すべき機会を与えられるべきだと信じていたこと」、Ｆが「人生を愛した」ことを述べ、フットボール・プレーヤー、サーファー、ドラマーとしてのＦの過去を回顧し、今のような生き方はＦの希望と一致しないとみている。「私は、彼のことを他の誰よりもよく知っている」「彼は生きることが好きだった」——この事実こそ、その結論の基礎であった。

いかなる証拠基準を採用すべきかについての分析に入る前に、これはある人を消してしまうことを裁判所が求められているケースではないことを指摘したい。患者は医学的には死んでいないし、ターミナルでもない。むしろこの裁判所は飢えと渇きとで死ぬことを許す一連のイベントを後見人に許すことを求められているのである。このタイプが位置づけようとしているのは、生と死とのあいだのことではなく、生命の質と死との間に焦点を置く論議である。

(3)　この州の上訴審としては初めてのケースだから他州から学ぶ（下級審としては、Ragona v. Preate, 前述四頁）があった）。制定法がないから、依拠すべき法的観念は、“best interest” analysis か、“substituted judgment” criteria か、“clear and convincing” evidence standard of proof かであり、それらは、連邦憲法、州憲法のプライバシー権からその力をひき出している。同様にそこには肉体のインテグリティに対する欲せざる妨害からの自由に対するコモン・ロー上の権利（自己決定）も適用されうる。この代行による決定 surrogate decision-making は substituted judgment の法理の中に具現されている。The surrogate decision-making is embodied in this doctrine of substituted judgmemt. 代行決定者が無能力患者の選好を合理的確かさで表明するときにのみ、裁判所は substituted judgment の法理に頼る。そして患者が能力喪失前に選好を表明しているときは、裁判所は、サロゲイトは単に無能力者の選択を実行するための能力を補充するものとみるだけである。the court views the surrogate as merely supplying the capacity to enforce the incompetetent's choice. かくして死にゆく患者の自己決定権は、家族や医師やケア供給者が治療の決定をかれらの個人的利益や倫理的命令により基礎づけする権利より重いのである。患者の自己決定権はまた州の四つの利益よりも重い。

代行判断権の行使を決定的に作用させるものは、無能力者が、能力ありせば何を選択するかを決定することである。患者の選好がはっきりしている——相対的に少数のケースで——ときは、Sj.は適切な代行方法である。裁判所が患者の選好を決定できないときは、Sj.の厳密な適用は不可能になる。そのようなケースでサロゲイトに患者の代行を許すことは、選択を単に実現させるというよりはむしろ、無能力者の選択の内容 content をサロゲイトが補給するという結果を生ずる。これは、患者の自己決定権を実効あらしめるためにSj.を使用することの前提をなす諸原理を明白に侵害することになる。かくして、裁判所は、以前に明白な選好を表示していなかった患者に治療上の決定を補給するためにサロゲートに頼ることは原則としてしない〔surrogate decision making と substituted judgment と——この二つの概念の異同と関係に関する興味ある指摘といってよいだろうか〕。本人の選好がわかっていてするサロゲイトというのは、能力 capacity を付与しているだけである。ところがこの本人の選好が決定できず、分らないままに代行しているときには、サロゲイトはコンテンツ（内容）を付与している。〔ひとしくサロゲイトといっても全然違うではないか。substituted judgment というのは本来前者だった筈である。後者はそれと全く異るどころか、それを侵害するものとさえいいうる。しかし現実にはほとんど後者がその名において横行しているということか。〕

(4)　患者の意見に関連してもう一つおもしろい議論として特定性 specificity の程度が問題とされている。証拠論に関連して、「明白で説得力のある」とか「合理的疑いの余地なく」とか、そういう議論の仕方のほかに、各々につきスペシフィシティの程度によって、という観点がある。つまり、「明白で説得力のある」を要件とする限り、カジュアル・リマークスでは十分でない。カジュアル・リマークスはいくら繰り返してもだめで、患者の現状と提案された療法とに直接に関連して言明されていなければならない。(O'Conner)

しかし、これと対照的な考え方として、たとえばコンロイ (In re Conroy, 486 A. 2d 1209 (N.J. 1985)) では、直接に立証されていないが、「若干信頼性がある証拠」でも――概していうと、漠然としており vague、たまたまであり casual、本人とはかけ離れている remote――ふくまれるということになる。ことにクルーザン判決において、州判決が明白で説得力ある証拠を要件としたことが連邦憲法に反するものでないこと、ゆるやかな証拠の要請もまた自由であるとされたと解説されている。また列記の他州判決につきそれぞれの州制定法とともに註記している。〔そしてその流れに即して自州の制定法に話をもちこんでゆく。制定法との関係については、私の研究がまるで不十分である。〕

私は、無能力者のベスト・インタレストに役立つという高水準の「明白で説得力ある証拠」によって、生命の神聖を打ち切るのに必要な証拠の量を斟酌したい。生命を延長したいという社会の望み、医学界の倫理的基準の維持が、均衡をはかられるべき要素であるか、それぞれは無能力者の最善の利益以上に比重を与えられるべきではないし、その治療が死ぬプロセスをただ延ばして患者を永久に意識のない状態で維持してゆくだけであるかどうかを考慮にいれることを要するのである。不可逆的な昏睡患者の、実質と意味を失った生命が、現代医学が自然の限界を超えて延命できるからといって、無視されたり、最小視されたりしてはならない。

結局、代行者のため進化してきた基礎的基準、つまりサブスティテューテッド・ジャッジメントとベストインタレスト・スタンダードのうち、「ベスト・インタレスト」と「クリア・アンド・コンビンシング」との混血型を私は選びたい。かつて能力あった患者の場合Sj.は適当だが、全く能力あることがなかった患者に適用するには、Sj.は不適当である。その場合、及び、能力があったときにその打切りの希望を表明していない場合は、後見人を導くのは、ベスト・インタレスト基準である。制限的客観テストのもとでは、患者がその治療を拒否したであろうということにつき多少とも信頼しうる証拠があるときは（Conroy）、そしてその生命の負担が利益より重いことが明かであるとその決定者が納得しているときは、そのLSTは、コンロイ状態の患者には控えられてもよいし、取外されてもよい。そのテストのもとでは、患者が一義的に願望を表明していなくても、その治療が苦悩を延長するだけだということが明らかなときは、その打切りを許すのである。だから、ベスト・インタレスト・スタンダードを「明白で説得力がある」という証拠基準によって補うのがよい。多数意見は、それと反対の判示をしているので、私はそのようなアプローチを支持できない。

患者がどんな選択をするかたしかめ得ない多くの状況がある。そのような場合、LSTの打切りが患者の最善の利益に役立つか否かの善意の決定を後見人はしなければならない。次のものは、この決定に際し考慮されるべき要因の非排他的リストである。患者の現在の肉体的、感覚的、情緒的、認識的機能のレベル、医的状況、その治療、その打切りのそれぞれから結果する肉体的苦痛の程度、屈辱・依存及び尊厳喪失の程度、治療をする・しないに伴う生命期待値や回復の見込み、さまざまの選択肢と、その危険、副作用、利益などである。不安定で負担になる延命でなく尊厳ある存在に対する個人の権利を、人命維持と医界の倫理的基準維持に対する州利益とバランスにかけて、患者の最善の利益アプローチと融合すること――明白で説得力ある証拠基準のもとで精査して――が、生命と人間存在の尊厳とを大事にする社会を象徴する有益な特色を達成する。

われわれは、生命、自由、幸福追求に対する個人の権利を評価する国民である。州は、「死ぬ権利」判決、つまりは、憲法修正一四条のリバティ・インタレストにルーツをもつ権利に明白で説得力ある基準を打ちたてる権威をもっている。この目的達成のため、生対死というセンシティブな問題についての論争を解決する源として裁判所に介入してもらうのが賢明である、と私は思う。

個人の自律に基礎づけられているコモンロー上の治療拒否権は、形式を欠く第三者により行使されうるとは私は思わない。第三者選択を行使しうる後見人の権能は、州の権限からくるのであって、被後見人の憲法上の権利からくるのでない。後見人は州のもつパレンス・パトリエ権を託されたものなのである。

「何よりも、私の行動は生命を維持したいという私の望みにより動機づけられている。」ＬＳＴの打切りという決定は、それらが無能力者の最善の利益にかなうということの「明白で説得力のある」証拠が得られる審理の後に裁判所によりなされるべきである。多数意見は潜在的には同一の結果に到達するのだが、コースは異なる選択肢を選んだのである。多数意見は、このもっとも微妙な争点（right to life）――ことに、無能力者が自分で行動することも語ることもできない場合――に裁判所の関与を許さないという。そこで、私は多数意見とたもとを分ち、このケースの特有の事実のもとでは、裁判所の参加が、患者のプライバシー権を不当に侵すことなくその最善の利益のために行動することと一致する、と判示する。

裁判所の指導つきで、正当化についての適切な調査なくしてはカットされるべきでない貴重で高価な生命がバランスにかけられているのだから、後見人の動機の真正さを見出すことができるし、それは秘密にされてはならないのである。その目的のため、多数説とは別のアプローチを支持することが、殊にFのような患者や公衆一般のインタレストにも役立つと私は信じている。

〔ということで、この少数意見は、ライフということを一つのキーとして主張することによって、それが裁判官の介入を必要とすることを基礎づける。家族内の親密な事項がすべてだという議論に彼は逆らっているわけである。〕

多数意見は、Fのような患者の運命の解決を家族メンバーと二人の医師にまかせること許すようだが、その多数意見でさえ、何が患者の最善の利益になるかということは魂を探り心をかきまわすような内省を要する問題であることを認めている。明らかに、この方程式に代入されるのは、患者の医療状況や回復の見込であるが、これらのすべては医療プロフェッションの人々との協議によりなされるものである。私の提案したクライテリアにしたがって、精神的・事実的なチェックリストを突破する必要があるだろう。当意見が提案する唯一の追加としては、討議が起るのは裁判所セッティングにおいてであり、病院の廊下やドクターのオフィスにおいてではないということである。そして、これだけのことをしなかったならば、今まさに生命がはかりにかけられている人に対する不親切になるだろう。

この不親切は、多数意見が「親密な家族メンバーと二人の医師」アプローチを昏睡患者の継続的生存の援助者として採用することにより明らかになる。「家族と二人の医師」というこの句は、その範囲と意味とにつき洞察しないと、そのことが欠陥となる。しっかりとひきしまった家族単位から、予知できない離婚率に悩まされてふやけてしまった家族の一へと変質してゆく社会において、不確実性が胚胎されてゆく。

さらに、家族単位の崩壊が、単親家庭、再婚・三婚のパッチワークをつくり出し、継親環境、再婚によりもたらされ離婚によって遠ざけられる非血縁親族の間の一種の家族紐帯の緊張をつくり出す。このように変化するシナリオは、Fタイプの状況では、誰が優先されるのかというスペクトルを提起する。兄弟や配偶者の生死に関する継親の決定が離婚した実親または配偶者の希望に優先するか。実親が二人とも死んだ場合、兄弟、伯母、伯父、いとこや祖父母の希望が優先するか。この変転する家族の中で血縁は唯一の要素たるべきか、それとも意思決定のヒエラルキーを決する上で再婚または他の系統による紐帯との組み合せで注目されるべきか。医師は生死過程でパートナーを決めるのに発言権をもつべきか。

多数意見のバラバラのやり方で答の出ないまま浮遊している多様なシナリオにかんがみ、その解決には裁判所の関与は不可欠であり、多数意見の裁判所不関与という立場と相争うことになるから、よくみても不誠実であり安定よりも不確実を生み出す方式を生死の状況に適用することに従うことはできない。

このもっとも微妙な問題がもたらす関心の大混乱により、患者とその個々の病状とに益することを目的とするインタレスト――患者のインタレストからはるかにはなれた御都合主義の処置ではなく――によって家族員も医師も動機づけられることを、裁判所の公正な手が確保することが保証される。前記のチェックリストがその目的を達するのである。

〔こうして、この少数意見は、前にも述べたように、ライフへの一定の視点を底にもち、最善利益基準と司法の介入とを対応させた三幅対のしっかりとした意見で存在価値を示している。〕

4 その他の意見

なお、以上のほかに、補足意見が二つ、少数意見が一つある。

その中で、Cavanaugh 裁判官の少数意見は、訴訟のための後見人を任命しなかったことの誤を指摘するとともに、F本人のLST打ち切り意見を示す明白で説得力のある証拠がないままに、それを打ち切るべきでないことを簡潔に述べ、原審判決の破棄差戻を主張している。

(四) 最高裁 In re Fiori, 673 A. 2d 905 (Pa. 1996)

(1) 控訴審判決に対し州の法務長官から上訴。審理の結果、控訴審の判旨が肯認された。

1 法廷意見（Cappy 裁判官による）

その間に患者Fは肺炎で死んだので、この上訴はムートになったが、公共の利益にかかわる問題だし、今後とも起り得べきことであるが〔この種の事件は〕審理を免れがちなので、最高裁は上訴審理を決定した。当裁判所としては、本件のような場合についての手続とガイドラインを決めねばならない。とくにだれがどんな基準で決定すべきか、その決定を裁判所は承認せねばならないかどうかを判定せねばならない。

(2) 分析の出発点は、LSTの拒否・受容についての自己決定権の吟味である。憲法的基礎を記した判決も〔他州には若干〕あるが、われわれは、自己決定権のコモンロー上の基礎のみに依拠し、憲法的原理による分析を回避した。当面の争点が他の根拠で決し得るときには憲法的論点を避けるべし、という一般法学の教理にしたがうという先例どおりである。

医的治療を拒否する権利は、我々のコモン・ローに深い根を持っている。肉体的侵襲から自由であるべき権利からインフォームド・コンセントの原理を発達させた。この原理に論理的に附帯するのが、治療を拒否する患者の権利と、一度はじめられた治療への承諾を撤回する患者の権利である。

(3) そしてその自己決定権は、本人が無能力になることによってなくなるわけではないということが各裁判所の一致した結論である。しかし、この権利は絶対的でない。この権利は州の利益とバランスがとられなければならない。〔ここで四つのインタレストが、決り文句のように出てくる。これは判決では何度も繰り返されており、当事件においても一審でも二審でも言及されている。〕州利益の一番目は、第三者の保護。二つ目は、自殺の防止。三番目には、「医療集団の倫理的統合性の保護」。四番目は生命の維持。

しかしこの四つのうちで、本件では子どもも被扶養者もいないから、一番目は問題にならない。二番目の自殺の防止はここでは考慮しなくてよい。自然死過程が継続を許されるだけで自損の傷害の結果でない。

三番目の医師仲間の倫理的統合性については、それを傷つけるものでないことは、訴訟上の友であるペンシルバニア医師会が、ＬＳＴの打切りを支持していることでも明らかである。

結局、四番目の生命維持の利益が焦点になるが、これが一番大事である（特定の人の生命の維持と、すべての生命の神聖の維持と、両方含む）。これは、ＰＶＳ患者の自己決定へのインタレストよりは重くない〔と断言している。〕やや敷衍すると、生と死との間の無限の薄明の中でＰＶＳの個人を維持することへ州が有する利益は、あまりに弱いので、その人の自己決定権にうちかつことはできない。

(4) この権利がどのように行使されるか。事前指示を書いたひとの場合については、「保健医療のための事前指示法」という制定法がある。ADが書かれていない場合のことについては、その法律は何もふれていない。本件Fの場合は、〔ADが〕書かれていないから、制定法が関連することはない。

制定法はないが、LSTの打ち切りの認許を基礎づける法理論はいろいろある。多くの他州における先例にもあるし、控訴審でもとられたアプローチは、患者のために、親密な家族員によるSj.の行使を許すということである〔Sj.がはっきり姿を見せた〕。Sj.の行使については、「代行決定者は患者の価値体系をガイダンスとして考慮する。そして患者の選ぶ治療コースを推定するために、医療問題についての患者のかつての言明や反応、代行者にはおなじみの患者のパーソナリティの全側面——もちろん、とくに患者に関係深い哲学的・神学的、倫理的価値と特有の関連をさせ——」を考慮する。LSTに関する考え方を表明しなかったときでさえ、彼のパーソナリティの全側面にリファーすることによってなお患者の選好はたしかめることができる。

少数の州は、患者の意図について「明白で説得力のある」証拠を要求する。

法務長官の主張は、本人の意思の証拠として、「明白で説得力のある」基準が用いられるべきだという論議を支持するために、この証拠基準を用いている後見法をむりやりに適用しようとしている。我々は賛成しない。それは今の状況には関係ない。これについてこの法廷意見では、その基準はあまりにも制限的で、これでは患者が医療を受けることを決定する権利を妨害することになるだろう。要するに「明白で説得力のある」ことを要求すると、これは個人的信条にもとづいての推定でなくなる〔いつも結果としてはゼロになってしまって、本人の意向にまるでくみしない結果になる、ということを言いたいのだろう〕。むしろ「選択」は医学のフロンティアがどこまで進んだかということだけに左右されることになる。LSTを用いうるかぎり、それは自動的にとり運ばれてしまうだろう。これを許すことはできない。

(5) 「かくして、Sj.が適当なアプローチだという控訴審判決にわれわれは賛成である。結局、患者がLSTの維持に関して指示をのこさなかった場合、患者の拒否権がつぶれるのを防ぐ唯一の実際的方法は、予後に照らして、PVS患者の望みを代行決定者が決定することを許すことである」。代行決定の役割には親密な家族員が好位置にある、と判示する。かれらは通常、患者の選好、目標、価値について最もよく知っている。かれらは、個人として我々を区別しているパーソナリティーのニュアンスを理解している。加えるに、かれらはPVS患者と特別の紐帯をもっている。我々の経験の教えるところによると、一般論としては、家族員は患者の福利にもっとも関心がある(Jobes 後述三三頁)。

そして、代行者は、患者の状態を評価する資格のある医師二人による患者の状況についての書面陳述をもらっておかねばならない〔二人の神経患者はともにFのPVSが不可逆であるとする〕。

そして、もし〔この二人のほかに〕主治医がいるならば、主治医も陳述を準備しておくべきである。

そして母は、能力あった間の息子についての知識にもとづき、Fのラブ・オブ・ライフと個人的倫理にもとづいて、Fは現在の状況でこのまま生かしてほしいとは望まないだろうと証言した(第一審)。原審は医的証拠と母の証言とでLST打ち切りに十分だと判示した。下級審の判示に誤りないと我々〔最高裁の裁判官〕も認める。

そこで、Fのような問題がおこったとき、司法部の役割は何かということが我々の審理すべき最後の問題である。医師たちと緊密な家族員とが一致しているとき、そして「関心のある人々」のあいだに論争がないときは、裁判所の介入の必要はない。「医療に関する実質的決定に裁判所が介入するのは、論争の解決に限られるべきである」(Rasmussen)。

「法務長官は、LST打ち切りの決定は独特の司法機能である、と主張し、我々は裁判所としての役割を放棄するものだ、と論難する。この意見にわれわれは賛成しない。」

「ベック裁判官が法廷意見で述べたように、愛する家族がおり、患者が自らの治療について決定したことを評価する意欲をもちかつそれが可能であり、必要な医療上の確認はすべて手もとにあり、患者の治療に正当に利害関心を有する者は誰もその家族決定を論難しない場合は、司法部は演ずべき役割をもたない。この意見に賛成せず、どのケースにも裁判所が介入することをよしとする人々は、裁判所が患者を保護すべき必要を、しばしば引用する。この理由づけの背景に裁判所だけが生命の保護の確保に必要な安全装置を供し得るという哲学がある。これは狭い不健康な見解である。それは家族への本質的で伝統的な尊重を侵害する。それはまたわれわれの社会では、裁判所は知恵の貯蔵庫であって、人間の生命と尊厳との保護に役立つ唯一の機関だ、という理念のもう一つの拡大でもある。」

今、目前にない別のシナリオのことをわれわれが話すのは、賢明でなかろう。今日われわれの判決は、かつて能力ある成人であったのに、今はＰＶＳにあり、しかも、ＬＳＴに関するＡＤを残さなかったという状況にのみ適用される。かような重要な問題を決定するのに、一般的言明により主題のあらゆる場合をカバーしようとしないことはちえの一部である。

如上の理由により、われわれは第二審の決定を肯認する。

2　補足意見（Zappala 裁判官による）

利害関係者間に論争がなければ、書面陳述を求める医師は一、人でも、、、、、足りると述べている。

三　問題の回顧と展望

——未熟なコメント——

(1)　司法介入の要否

この判決の第一の焦点は、司法の介入を不可欠とみるか否かである。そして、これは、「家族による決定」の比重如何という問題と表裏の関係にある。そのことの問題性は判決文の中にも時にくっきり表れている。「裁判所だけが生命の保護の確保に必要な安全装置を供し得る」のか。それは、「家族への本質的で伝統的な尊重を侵害する」とみるのか、というが如きやりとりとしてもあらわれている。そこでこの表裏をなす二つの言い分の間の綱引きを、クィンラン・サイケヴィッチ両判決（それぞれQ判決、S判決と省略）にさかのぼって簡単に眺めてみる。(3)

(2)　S判決と substituted judgment

裁判所が自ら患者の生否を決めた先駆的判決としてS判決をみてみよう。(4) 治療拒否の決断に裁判所自ら手を下した点で、同判決は世界のさきがけをなした。生まれながらの重度の精神障害者の白血病に対し、マサチューセッツのプロベイト・コートは自らの判断として化学療法を与えないよう命じたのである。のみならず、この裁判所の権限行使を是とするか否とするか上級審の判断を問うたところ、最高裁判所は、肯認する旨の回答を与える命令を下している（もっとも、このように司法関与の不可欠性を示したS判決の判旨は、その後のディナーステイン判決（In re Dinnerstein, 380 N.E. 134, Appeals Ct. of Mass., 1978.）やスプリング判決（In re Spring, 405 N.E. 2d 115, Supreme J. Ct. of Mass, 1980.）により修正されたり、また、射程を限定されたりしてはいるが）。

S判決においてこのことを可能にした論理はSj.の法理であった。S判決に先立って生命維持治療の打ち切り問題に画期的な道を開いたQ事件[5]においても、原告がSj.の法理を援用しようとしたことは明らかだが、判決そのものにおいて、それが用いられたか否かはっきりしない。それに反して、S判決において、このSj.法理の果たした役割は明確すぎる。それは、「後見に関する衡平法上の権限を有する検認裁判所が、患者がもし能力者であればなしたであろう決定を彼に代って行うことができる」という明快な決定を自らの権限として具現したのである。

(3) substituted judgment の由来 ――生命維持治療問題への転進

元来、その法理は無能力者の財産から困窮の親族や扶養義務のない元雇人などに対する扶養料を認めるための法理としてイギリスで先例となっていたもの（Ex Parte Whitbread, 35 Eng. Rep. 878〔1816〕, Eldon卿の意見として有名）といわれる。それがアメリカに入り In re Willoughby, 11 Paige 257（N.Y. 1844）、無能力者のために行う権利は、この原理によるものとして認識されてきた。その著しい飛火として、60年代から70年代にかけてアメリカにおいて、腎臓を提供（生体腎移植）するための法理として機能するにいたった[6]。Strunk v. Strunk, 445 S.W. 2d 145（Ky. 1969）は、精神能力の十分でないものからその兄への生体腎提供に関し、さらに Hart v. Brown, 289 A 2d, 386（Conn. Super Ct., 1972）も、姉妹間の生体腎提供について、それに続いた。

こうしてこの法理は先ず、無能力者の腎臓提供を認める法理へと転進したのだが、それは財産のみでなく無能力者の身上にもかかわるにいたったことを示すものであった。それどころか、この法理が、やがて、生命維持治療の放棄という場面にも登場してきた。すなわち、「臓器移植」からいわゆる「死ぬ権利」へ、より重大な結果を招く問題までその機能範囲を拡大することになったのである。といっても、同じくSj.のレッテルをはりながら、その内実が変質している可能性も小さくない。（このことにつき、後述(5)(6)。S判決は、前述のごとく、その点決を点検してみよう。

において歴然とした道標的判例といえる。Q判決もこの法理に拠った、とすること（このように説く文献は少なくない）には先述のごとく疑問があるので、その点は留保して、家族の代行との関係へと少し切口をかえてQ判決を点検してみよう。

(4)　ナマ家族の権利　以下ナマ家族とは「親権者とか後見人とか特別の法的地位や法的職能とは無関係の（それを考慮しない）家族」を指すための造語である。

Q判決の第一審では「親が無能力の成人の子に代って主張しうる死ぬ権利というものは憲法上存在しない」というところが、かねて私の気をもんでいるポイントである。それは「死ぬ権利」そのものを否定したのか、親の代行を否定したのか。前者の答は一義的には出てこない。しかし、後者に対してはイエスと答えられている（つまり、否定した）ことは明らかである。すなわち、この否定形の命題を、「こういう状況にある子に対し、親が親の意志において、このような方法で死を致すことができるか」という問いとして当判決が自ら設定し、それに対し自ら否定の答をしたもの、と私は解釈した。[7] この一審（父は自らを後見人とすることを申立の一内容とし、それが認められた）の判旨だけをみた段階で、「親が親の立場で子を死なせることを封殺した」つまり「この問題にナマの家族の介入する余地は消えた」と私がみたことに誤があったわけではなかろう。ところが、最高裁にいたるや“upon the concurrence of guardian and family”というコトバがクローズアップされている。「カレンの後見人や家族が彼らの最良の判断を下すのを許すこと」という表現もある。申立人を資格づけるのにguardianだけで足れりとせずに、わざわざfamilyと「合わせて一本の」ような形（かどうかが問題だが）になっていることに注目せざるを得ない。ここでこの資格は、guardianだからか、ナマの家族員だからか、それとも両者が加重されてはじめて資格をもつのか、――三つの選択肢のどれとも決し得ない微妙さを保っている。

後見人になるのは家族であることが多いことは、NJ州でも他とそうかわりないと思われるので、三つの選択肢のどれを選んでも実質的にはほとんど同じであるとするよみ方もあるだろう。しかし私はそのよみ方に直ちにしたがえない。それら選択肢相互の間の相違の意味を過小視しえないからである。つまり、後見人は、単に家族サイドに立つ人とみるべきでなく、むしろ司法手続の一翼を担う面をもつ、とまでいうことが妥当か否かはともかく、「ナマ家族」そのものがそのものとしてもつ資格とは意味を同じくしないと私はみてしまう。もっとも全米にひろがる後見法改正の風潮の中で、(8)私のそのような見方は次第に影がうすくなりつつあるのかもしれない。この点の研究にまったく通じないまま私が憶測を述べるべきではないが、それら選択肢間の相違が無限に零に近づいていることはあるまい。以上、ナマかナマでないか、これがここで考えるべき家族問題の第一である。もっとも、実際問題としては、別掲の諸判決をみても分かるように、家族がナマのまま法的請求の当事者になっているのは、一つしかない。したがって、そもそも今のところこれは実益のない議論であるのみならず、私が見当ちがいの問題提起におちいっているのかもしれない。

ところで、今一つの家族問題は、個人メンバーとしての家族員をマークするか、単なる個人を超えて、多かれ少なかれそこに家族共同体を想定するか否かという点である。ここはそれらに結着をつける場ではないが、これらをふくむ微妙な家族の役割問題に対し一押しして大きい風穴をあけたのが、ジョーブズ判決 In re Jobes, 529 A. 2d 434 (N.J. Sup. Ct., 1987) であった（その点だけに注目すれば、ジョーブズ判決と同日に出されたファレル判決 In re Farrell, 529 A. 2d 404 (N.J. Sup. Ct., 1987) もまさるとも劣らぬ大きい役割を果たしているが、それは、事案がPVS患者でなく、ALS患者である故に、ここで同一傾向の事例として安易に引用することはさしひかえる)。ジョーブズ判決は、(9)PVS状態にある三一歳のナーシング・ホーム入所者の女性からのG管撤去を夫が申し立てた事例である。このケース自体の解決として夫の権限を承認したのみでなく、随所に家族尊重の思想を声高に語っている。「もし親密に世話をしている家族が自らこの決定を行うのであれば、後見人を選任する必要がない」というのは、その極致の一つといってよいであろうか。

それ以後の各州判決でこの「ナマ家族」主役論がどの範囲にわたりどの程度強く支配してゆくかを断ずるには、私の勉強が十分でない。しかし、一つどうしても無視できないのは、クルーザン判決[10] Cruzan v. Director, Missouri Dept. of Health, 110 S. Ct. 2841 (1990) をどう受けとめるかにより、いろいろの解釈が生れることである。それは唯一の連邦判決として重要であるばかりでない。その判旨自体、自己決定権を推進したとみるか、それを抑制したとみるか、微妙な判決である。[11] そしてその他にも論点を多く含んでいる。その中で当面の論点にもっとも関係深い点として「家族に委譲すべき理由はない」と言い切ったことを見のがすわけにゆかない。すなわちそれは、「〔家族による〕代行判断に任せることを許さなかった。」けだし、「親密な家族の見解は、本人が能力ある状態の見込に直面したら持ったであろう見解と同一のものだという自動的な保証がないからである。」もっとも、このことの趣旨なり射程距離なりをどう読むかという大きな課題が意外に十分追究されていない。ただ私の感触として、この連邦判決以後も、州判決におけるナマの家族のこの問題についての役割の増大の流れは必ずしも減速していない。[12] このことを気にしながら再び転じてSj.のその後の動きに拙い鶏刀をあててみる。

(5)　再び substituted judgment にもどって——主観性と客観性との混在

家族や後見人の役割を考える上で、Sj.についての一そうの深い研究が裏打ちとして必要である。ところがそれは必ずしも容易でない。たとえば、Q判決がSj.に拠ったか否かの判定を難しくするのは、Q判決の判旨の晦渋さからくるよりはむしろ、Sj.原理そのものの可変性・浮動性からくるようにも思われる。

Sj.は本来主観性を一つの重要な要素とする。この法理は当初、裁判所に「無能力者の精神的マントを身につける（don the mental mantle of the incompetnt）」ことを求めたものだったことを思えば、当然の性格づけである。

「そのためには本人の意向表明が現実にあってこそSj.が可能であるはずである。」これが「狭義のSj.」といわれるものである。しかし、実際の例では、現実に本人の意思表明がなされていない場合にこそ、この法理の適用が求められる（本人の意向を推論するてだてとなる）という説をなす者もある。前者と対照させて「広義のSj.」といわれるものがそれである。(Some meaning a decision grounded on actual choice and some meaning a decision in the absence of actual choice)

ただ広狭いずれにしろ、「無能力者に代わってなされるSj.は、無能力者本人の欲求・必要などを重視した主観的なものでなければならない」といわれるのは、この原理の原点を考えれば当然のことであろう。しかしこのことは、Sj.において客観的要素が全く否定されるべきであることを意味するのでない。次の諸理由により、主観的要素を純粋には貫き得ない。

① それは、本来、客観的観点を頭から排するのでなく、自らの中に論理必然的に客観的要素をも潜在せしめている。

② 本人の明示的表示がない場合、本人の価値体系や人間観や生死観を検討して、それから本人の選好を推定せざるを得ない。としたら、その操作を通して客観性がまじりこむ。本人の quality of life を知るためには、(イ) 苦悩からの救済 (ロ) 機能の保持と回復 (ハ) 保持される生命の質と程度などを探索することになるが、それは「社会的に共有されている客観的なクライテリアと関連づけて決定されねばならない」からである。

③ 当該無能力者の性格、および、(現在および将来にわたる) 欲求を持つ合理人が自らの利益を最大にするためにいかなる選択をするであろうかという客観的要素——その双方をかかげる説が示すように、合理人の基準がそこに時を選び所をにらんで入りこもうとすることを防ぎきれないからである。

④ 「後見人及び家族に、最良の判断を許す」(Q判決) ためには—社会の大多数のものが同様の状況に置かれたならばどうしたであろうか、を考慮せねばならない。つまり、そのような客観的基準をもち出すことを不可避とするからである。

⑤ いや、こうして考えてくると、そもそもルーツを考えてもみよ。Sj.といえども、元の元では、それは元来、国王のもつパレンス・パトリエから由来している。そこに客観性がちらつくのは、むしろ本来の姿かもしれない。しかし、このように主観性の中での客観性へのかたむき、ないし客観性への移行は必ずしも正道を歩まず、本人でなくsurrogateその人の主観性が基準となることさえ生じたり、ついには患者本人の決心とa family decisionmaking standardとの間に真の区別はない、という乱暴な評価をうけるものさえあらわれる。こうなっては、「広いSj.」どころか、「ルースなSj.」というラベルがより適切にさえなるのである。まさにSj.の「複数version化」といわれるのは、このような状況を指すのものであろう。

(6) substituted judgment v. best interest standard——両者の接近と混合化

以上、Sj.の拡散ないし多様化として述べたことは、実は、Sj.とbest interest standardという二つの基準の関係としてみることもできる。すなわち「どうすることが無能力者の最善の利益か」という基準best interest standardが論理的には時としてSj.に先行し、時としてSj.に後続して大きくクローズアップされる。こうして「両基準は原理的には一見対立しつつ内容的に次第に類似のものとなり、本来の対立的相異を潜在化せしめて、互いに格納庫を貸しあう」といわれるような関係となっている。すなわち両者は、はじめはお互いにそれぞれ断絶して両端に居をかまえながら、現実の機能においては次第に接近し相互に侵食して連続性 contimimum をなしてきたのである。そしてついには融合さえしてゆく。こうなるとむしろ内容的には一体となるが、その外観においてはSj.の優先という状況にかわりはないのかもしれない。けだし、Sj.は、連続体上の一点から移動して、連続体のセンターの多くの部分を占領するにいたった。Sj.基準を広くすることにたずさわった裁判所は、それを最善利益基準の方へ動かすことにより、そしてまた最善利益基準から区別できなくすることにより、そのような傾向をますます強くしてゆく。

もちろん、そのような傾向には、絶えず疑惑ないし批判も絶えない。これは authoritarianism への第一歩であるとの批判とか、本人でない代行者自身の選択や価値観の越権ではないかとの批判である。

ここに「患者の個人的な価値体系が代行者を導く」のであって、その反対ではない、という一喝が聞こえてくるし、「後見人が患者本人に代わって後見人独自の判断をもってすることは許さない」との警告もある。

(7)「家族か司法か」に立ち返って

二つの基準のことについ深入りしたが、この判決にとり、当面の問題は、家族か司法か、が一つの焦点であった筈である。ここで、この焦点と、前述の二つの基準の交錯という問題とがいかにかかわるかを解明することが、本稿の一つの到達点になりうるのかもしれない。今、私はその到達点への路を課題として残したまま、二つのリマークスをここに書きのこしたい。

一つは、「家族か司法か」それぞれの長所・短所を平板に対照的に羅列してみることである。理くつや価値観に、暫時、目をおおって、機能的・実際的に長短の比較対照をこころみるわけである。

二は、この選択の奥にひそむ人間観ないし価値観を多少とも明るみに出して、比較対照することである。観念的・非実際的に、この選択に一つの答えを出すためである。

どちらのこころみも、材料負け・熟慮不足のため十分な答にはならないけども、別記の文献の中からの手さぐりによるものである。〔この項目の論点については、もっと判決に即し判決文に密着して、多数・少数両意見を比較すべきであった。と悔いている。その悔いを償おうとするのが、本項(C)（四〇頁―四二頁）である。〕

(A)　家族か司法か――実務的な長短

①　司法関与のメリット　ⓐ生死の決定にかかわることの重要性の故に、結果に対して自分の利害や偏見を託しがちの当事者の裁量にまかせっぱなしにできない。ⓑ他方、司法過程は患者の利益を守るべき実際的で適切なフォーラムたらしめるいくつかの特色を具えている。――司法手続の公共的性質、司法的決定の原理をなす諸要件、司法的決定は上級審・立法府・判例評釈者によって再検討される可能性があること、決定者としての裁判所の公平無私性、司法手続の対審的性格、将来のケースにおける決定を助けるために社会的価値にもとづく一群のコモンローの発展、患者の権利と利益とを代表するための「訴訟のための後見人」の任命の可能性。

②　司法関与のデメリット。ⓐその判断自体が、医療の世界に対する不当な侵害であること　ⓑそれをわざわざ司法手続にのせることの面倒さ。

③　決定者としての家族――ひそむ問題点

家族が適切とされる理由はいくつかある。第一に、家族員は、患者の生命、目標、選好、価値にもっとも通じている。もし家族たることが、患者の明示的な治療希望についての知識をふくまないとしても、密接な家族員は、患者の望むところを本能的に知っている。第二に、家族は、患者の福利及び患者の快適さとケアを調えることについて、一般的にはずっと関心があるし、他のいかなる第三者よりも患者の最善の利益をより多くさがし求めがちだからである。第三に、重要な社会的単位として、家族は、誰しもそのメンバーに影響する事柄についての責任ある決定者としてあつかわれるべきである。家族への参加は、他の伝統的共同体形式が色あせてしまった社会において、しばしば、人格的達成の重要な淵源である。この個人と個人との結合・制度の繁栄のために、プライバシーと自律との被保護領域が必要とされるが故に、国家はその侵入を最小限度にすべきである――とくに、人格的な事柄において、また、社会において意見が分かれることについて。

しかし、家族員に生死・決定についての究極の決定者たることを許すにはいくつかの問題がある。家族に単一の決定権能を与えることができないいくつかの状況が、あるコメンテイターにより示唆されている、すなわち、①家族員がその症例の重要な医的事実を理解できないとき　②家族員が情緒的に不安定なとき　③家族員が患者の利益よりも自分自身の利益を優先させるように思われるとき。

加うるに、家族員間の宗教上・倫理的な諸見解および相反目する諸関係が、患者の希望に直接に矛盾する治療決定に導くことがある。代行決定者としての家族の正統性を支えるために用いられた関係における同じ親密さが、患者の欲したであろうことの評価において、注意深さや「公平」であることを妨げることがある。患者の家族は愛する人の退行や苦悩を証言することを避けたいという自分自身の情緒的希望によって動揺することがあるかもしれない。回復の際に重いハンディキャップが残りそうなことが、そのハンディキャップに対処するよりもむしろ治療を打ち切る決定を不釣合に激励するかもしれないという関心を高めながら、障害ある人々についての否定的な態度が家族の判断をゆがめることがあるかもしれない。

かれらの生存中、多くの人は、重いハンディキャップや障害と共存することを欲しないという感情を表す。しかし実際にハンディキャップや障害に直面したとき、多くの人々は達成と幸福な生活を導くことができる。この現象にてらして、親密な家族員が患者のそれと同じになることはたしかでないし、また、家族が患者が何を欲するかを知ることが出来たとしても、かれらが患者の望みに固執するかどうかたしかでない。また相続のような財政的考慮事項や病気のケアという財政的しがらみが、治療の打切りを選ぶプレッシャーを生み出すこともあろう。したがって、多くの人は、家族員は代行決定者として機能すべきだと信ずるけれども、〝受け入れ難い〟クライテリアが決定過程に入りこんでくることの可能性があるに、家族の決定は批判を超えるべきでないし、またチェックなしで進むべきではないことが示唆される。

(B)　家族か司法か――その奥に秘める価値観・生命観

「Sj.は、患者のありそうな選択を複製することに焦点をあわせ、アメリカの文化と法律学に抱かれてきた自己決定というインタレストを推進する自然の車（a natural vehicle）として役立っている。」大向うをねらったようなこの言葉には一応目をおおうとしても、これをまったくの虚飾として片づけることはできない。しかし、それが本来のすぢであったのか、話が錯綜してきたのは後代のゆがみなのか、今のところ私はわからない。

第一に、それは本来患者の権利からの派遣物ではなくパレンス・パトリエの贈り物であることを直視しないでいいのだろうか。そうとしたら、それは本来、そう勢いのよいものでない筈である。一歩を譲ったとしても、それは患者の well being ないし welfare をお恵みとしようとする state's power からの派遣物の系列につらなるものではないか。そういうものとして、それなりに大事に抱くべきものではあろうが。

第二に、そうとしたら、「死ぬ権利」の側のみではなく、「生きる権利」の側との論理的脈絡も見きわめて、上っ調子の自己決定論などを抑止したり監視したりする役割をになうべしとの論も成り立つのかもしれない。

第三に、いずれにしても容易に他を征圧せず拮抗し相まざりあう二つの基準の中の一基準として位置づけられるのが自然ともいえようか。かくして、Sj.自体の是非に価値のすべてがかかるのでない。Sj.と呼ばれているものの下位つまり、より具体的な次元にも、価値の選択の余地があることも忘れられるべきでない。

(C) 家族か司法か——出直しを期して——

以上「家族か司法か」という問題に誘われるままに、教科書的な叙述に流され過ぎていることに、今、私は気がついた。教科書的叙述に流されることは、「本人意志の代行判断」が本来秘めているフィクション性をますます強めることになる。

ここではその枠から一歩外に出て、一般論でなく、この事件の具体相における申立人・母の評判（とそれに対する裁判所の評価）に集中して、考察してみよう。能力あった頃の息子Fについての知識にもとづき、Fのラブ・オブ・ライフと個人的倫理にもとづいて、「Fは現在の状況でこのまま生かしてほしいとは望まないだろう」という母の言明が評価されている（最高裁）。それは「医療問題についての患者のかつての言明や反応、代行者にはおなじみの患者のパーソナリティの全側面——もちろん彼に関連深い哲学的・神学的・倫理的価値と特有の関連をさせて——を考慮」（第二審　法廷意見）した結果であり、より具体的には、「人生を愛した」Fの生き方（フットボール・プレーヤー、サーファー・ドラマーなど）の過去を回想し、「今のような生き方はFの希望と一致しない」と母が認めたものである。

こうして、この事件の事案をみるとき、先述の教条的・教科書的「家族」論でなく、またナマ家族論の秘めている「家族共同体」（ジョーブス）論に溺れこむのでなく、本人Fと母Sとの《精神的つながり》《二人の世界観や価値観から出発する精神的共同関係》からことを考えようとする母の思いと努力とが裁判セッティングでも評価されたのであろう。ここに、代行判断のはらむ筈のフィクション性を最小にしようとする判決の立場が印象に残る。それは、ナマ家族を概念としてとらえたり共同体として一括してしまうことをせずに、ナマ家族員個々の適否の問題として考えることによってである。前述の「代行判断基準と最善利益判断基準との混合」も、ここを落し所とするからこそ、意味があるのかもしれない。《後見人の資格つきの家族》または《共同体をひきずったナマ家族論》でなく、個々のナマ家族員と本人との関係の問題ととらえることにより、フィクションから少しでも離脱する救いに達する可能性が生れるのかもしれない。

もっとも、このようなとらえ方がフィクション問題をすべて解消させうるわけではない。依然としてフィクションの効用との重ね焼きであるところに、Sj.の面目なお躍如の感尽きないものがあるのであるが。

そして、このように患者本人と代行者（個々の家族員）との関係性ばかりを過当に強調することには、それはそれで次のような落し穴がある。注意すべきである。

一は、この問題の背後にある「司法介入の積極的意義」の検討さえ忘れてその軽視に堕することの危険である。ここにおいては、「家族か裁判官か」という既述の教科書的叙述の再評価に思いをいたすことである。

二は、本人と代行者とのパーソナルな関係の評価を重視することはよしとするとして、その評価の適否（評価の評価）を、事前に（臨床セッティングの段階で）誰がどのようにして判定するか、という疑問に答えうるかということである。担当医にそれを託することが一見、実行性があり実効もあがるように思われる。しかし、その実効は、医療者と患者との関係における「承諾制度」の存在理由の否定につらなる危険がある。そこに、機関や地域の倫理委員会、その他の第三者の参与を補うことで、果してその危険を防ぎ得るだろうか。

(8)　もう一言〔ここは大胆に私のいささか強引な仮設的意見を述べてみる。〕　「後見に関する衡平法上の権限を有する検認裁判所は、患者がもし能力者であればなしたであろう決定を彼に代わって行うことができる」という説明で分かるように、subsutituted judgment の採否の問題は、裁判所〔とくに衡平法裁判所〕の権限問題が中核なのではないか。そしてそれを前提しそれを骨太の外枠として、その内部に或いはその一段下の次元に、surrogacy desision の担い手が誰か、家族か医師か裁判官か、という問題が登場するのでないか。したがって、surrogacy は裁判官か家族かという問題は、「Sj.か最善の利益か」という基準問題とは本来異次元の問題でないか。〈裁判官か家族か医師か〉という形で出されるこの問題は、surrogate 選択の問題として出されているとみるべきであって、subsutitute の問題と別次元ではないのか。“Initially, courts adopted the substituted judgment standard for surrogate decisionmaking” という一文に、この両者（subsutitute と surrogate）の論理的関係が示唆されていると思うが、私の強引な読み過ぎか、どうであろうか。

そして問題は、fiction に帰する恐れがどのコースにより多いかということである。その懸念を防ぐために、“constructive preference” standard（An alternative term might be quasi-autonomy）が唱えられるが、それがまた、もう一つのフィクションを生み出すのではないか。

そこでは現実の選択でなくてむしろ忖度による（imputed）選択が常態化することになる。それを best interest standard のせいとみるか、substituted judgment のせいとみるか、それとも surrogacy の選択の問題とみるか。fiction は有用性を発揮するが、それとともにそれのもたらす危険性もますます案ぜられるのである。

四　ひとまずのあとがき

(1)　ＰＶＳは、今日の文明社会が、自らつくりだし、自らの課題として解決しあぐねている最大の悲劇の一つである。この大問題を、われわれは、医療や福祉の現場の問題としてでなく、判決の問題として論じてきた。このようなセッティングを可能とするところに、アメリカの「法・社会」の大きい特色——特に日本のそれと異なる——がある。アメリカでは、この問題につき、各州判決が続々生れてくるのに対して、日本では、今のところ、裁判の問題にはなっていない。日米間のこの相違の原因として、或いは法意識の面（つまり、法や裁判に対する国民の法意識の相異）から、或いは制度の面（宣言的判決制度の有無など）から説明されるが、そのことがやや安易に自明視されてきた感がなくはない。ともあれここでは、その一般的分析をパスさせていただく。

(2)　そして、当面の問題に関して、substituted judgment法理によりprobate courtないしequity courtの権限が法認されたこと——これが裁判セッティングに一役買っている〔とみてよいか〕。

この裁判セッティングを前提とし、その中でsubstituted judgment standard とbest interest standard とが時に角逐し時に融合してきた。そこでは、一方に、Sj.にもとづく精査のプロセスの中で、「最善の利益」基準が登場することもあった。逆に、頭から「最善の利益」基準が機能し、その客観的側面の一要素として、本人の意思（推定を主とする）が登場することもあった。

(3)　本稿が直接対象とした判決は、どちらかといえば、前者に属する。もっとも、後者のように見える要素もある。とくに第一審では判別が難しい。そしてこれはそもそも前者・後者の区別自体のあいまいさ（三五頁(6)）から由来するのだろうか。ともあれ、少なくとも本判決では、Sj.が前提となり外枠となり、その表皮の下の中身において、surrogate decision-makingの問題として、もう一次元下の選択肢を問題提起していると解してよいだろうか。

かつて、Q判決の評釈で、私はその内部構造を「①本人、②親、③医師、④社会〔①自己②家族③医療者④

社会といったほうが適当であったかもしれない」――これらの相互のダイナミックスが法廷で展開され」たと概観した。それは、「死ぬ権利」判決とか「尊厳死」とかという超現代的なテーマで論ぜられるものの底に、実は伝来の社会関係のかかえてきた問題がひそんでいることに留意したいというねらいであった。その社会関係とは、一は、「自己」の機能範囲、自己と非自己との対峙（対立と連係）二は、自己と家族　三は、家族と家族外社会四は、医療と非医療。

本判決ではこれらを包みこんで、裁判の果すべき役割が二重に問われたとみてよいか。一つには、これらの上にある、場としての裁判であり（もっとも、この面は潜在化して自明の前提となっている）、二つには、内部要素としての裁判官の関与の適否・程度である。本判決の先例価値たるべき「家族か裁判官か――裁判は不要」は、後者の問題の中心的な要素であり、「裁判の場で結着をつけられた裁判不要論へ」という判例の流れ〔？〕に、当判決はさらに一棹さすものであった。

こうして、裁判セッティングという限界づけの中であるにしろ、ＰＶＳにかかわるＬＳＴ取外しの問題は、ひとびとの身心を焦がす難しい問題である。

裁判セッティングの中でやりとりされる法概念は、解釈学的な法的構成をめざし、包摂技術を予定する「正当化の論理」や擬制概念であったり、手続的適合のための手段であったりする。それはそれで、貴重な価値表現であることも少なくない。しかし、そうではなくて、たとえば「死ぬ権利」とか「生きる権利」とかという生死につらなる概念でさえ、必ずしもそのまま実質的価値を意味するものでないことが少なくない。それらの法概念・擬制概念を外装として、より中身には、「生命」や「いのち」に対する裸の価値観が包蔵され潜在化されていることが多いことに留意すべきである。「法を通して、社会は、その価値を政策に翻釈し、また、それを人間の行動に適用する。法はそのための基本的な手段の一である。」ここで、この言を思いおこしその裏をも考えたい。そうなると、法概念の解釈学的分析は不可欠の一てだてではあるが、それだけでは十分でない。ときに法概念＝司法のおおいをとりはらって、内実に包蔵されている「いのち」「ライフ」をめぐる多様な価値観・倫理観等の相剋や相互浸透を見つめたい。現に、当判決においても、司法介入の肯否を論ずる根底に、生命観その他の価値観が時々火花を放ち互いに切り合っていることにはっとしたことがあった。

こうして、その間のトートロジーにおちいらないためには、本稿でいう「臨床セッティング」と「裁判セッティング」とを複眼的に直視すること、「法律概念と実質概念」いいかえれば「正当化論理と実質論理」との分別と架橋とに労を惜しまず体当たりすることである。[13]

(4)　ことに、裁判セッティングを成り立たしめている法の概念製置の擬制的性格を十分に心して、実質概念としての「ライフ」「いのち」にどのように対処しているのか——両者を橋渡しするためのキーを探し求めてゆこう。constructive preference standardは、その一つの対応であろうが、筆者としては今はむしろ留保したい。フィクションの有用性を期待してそれを活用しつつも、フィクションのはらむ危険性を警戒してその氾濫を抑制せねばならない。その両面を遠望しつつも、今はその課題は彼岸遠くにおいたまま、当分、裁判セッティングの此岸において、ひとつひとつ判決の分解と再構成、複数判決相互の関係などを勉強してゆくしかあるまい。その苦吟を経ることが当問題の社会的解決に微力を捧げるために歩むべき法学者の王道であろうか。

（1）同判決については、川田ひろ氏の評釈がある（アメリカ法一九九九—二　三二四—三二八頁）。

（2）本稿の研究は、この点についての三木妙子さん（早稲田大学法学部教授）の示唆から始まった。そして、研究自体、同教授及び横野恵さん（同・助手）からいろいろの協力を得た。とくに三木教授は私の草稿に対し、多岐にわたり貴重なご教示を数々たまわった。それがなければ本稿はもっともっとひどいものになっていたろう。厚く感謝したい。

もっとも、きわめて不充分な私の研究をそう簡単に修正できるものでなく、多くの不備を残し未成熟のまま敢えて今日にいたった。それがもっぱら私の責任であることはいうまでもない。

（3）唄孝一「アメリカにおけるいわゆる「死ぬ権利」（？）判決の動向―医療と裁判との間で」唄編『医療と法と倫理』（岩波書店、一九八三）四六二―五一〇頁、唄「生命維持治療の法理と倫理」（有斐閣、一九九〇）に所収。

（4）丸山英二「サイケヴィッチ事件―無能力者の延命治療拒否権をめぐって―」ジュリスト六七三号（一九七八・九・一五）同「臓器移植および死を選ぶ権利における Substituted Judgment の法理」アメリカ法一九七九―I

（5）唄孝一「解題カレン事件」ジュリスト六一六号（一九七六年七月一日）「続解題カレン事件」、ジュリスト六二二号（一九七六年一〇月一日）、後に唄『生命維持治療の法理と倫理』（唄『法理と倫理』と略称）に所収。

当時簇出したアメリカの判決については、丸山英二「アメリカにおける生命維持治療」『自由と正義』四〇巻二号五六―六三頁　広瀬美佳「アメリカ判例にみる医療における代諾の理論とその限界」高野竹三郎先生古希記念『現代家族法の諸相』（成文堂、一九九三）。その他、「アメリカ法」（現代の判例）重要判決の評釈として、次の数件がある。Bouvia（甲斐克則一九八九―一）、Storar（唄　一九八九―二）、Conroy（唄　一九八九―二）Farrell; Jobes（高井裕之　一九九〇―I）ほかに、唄「F修道士の『死』」法律時報五二巻七―八号（一九八〇）は、Eichner の二審までを紹介。

（6）唄『法理と倫理』二六〇頁、同編注一一、一二（二七九頁）。

（7）唄『法理と倫理』二八四―二八五頁。

（8）小林秀文「アメリカにおける成年後見制度とその代替的システム」（一―二）、中京法学三〇巻三号、三一巻三号。

（9）石川稔「医療における代行判断の法理と家族―誰が代行判断者か」唄＝石川稔編『家族と医療―その法学的考

察』（弘文堂、一九七五）。

（10）丸山英二・アメリカ法（一九九一―一）一二一頁―一二九頁、樋口範雄「植物状態患者と『死ぬ権利』」ジュリスト九七五号（一九九一年三月一五日）、早川武夫「植物人間と『死ぬ権利』」（一）法学セミナー四二三（一九九〇年三月）が、Cruzan 判決を評釈している。

（11）唄孝一「生命維持治療の放棄をめぐる自己決定と代行」星野一正編『患者中心の医療をめぐる学際的研究』（平成三・四・五年度科学研究補助金（総合A）研究成果報告書（一九九四）。

（12）既に二度引用した大統領委員会報告書にここでとくに留意しておく必要がある。President's Commission for the Study of Ethical Problems in Medicine and Biomedical and Behavioral Reserch, "Deciding to Forego Life-Sustaining Treatment" 数多くの州判決がこれを援用していることでも示されているように、このリポートが家族の役割についての積極説で論壇をリードしたといわれる。

またこの点は、Family Consent Act など制定法の流れと対応して考察することが必要である。石川稔・前掲書（注9）五五頁以下、および、丸山英二「意思決定能力を欠く患者に対する医療とアメリカ法」法律時報六七巻一〇号一〇―一六頁（一九九五）。この制定法とのからみにほとんど及ばなかったことも、本稿の弱点の一つである。

（13）この部分、いかにも明快を欠く。そこで、以下に二五年前の私見（唄『法理と倫理』三二五頁）を援用して、その補填とする。果して効あるや否や。

「しかし問題は、本人の意思の推定と、代行という論理構成が単なる擬制や辻つまあわせに堕する恐れがあることである。もしそうなれば、いかに巧妙に擬制や辻つまあわせが行われても、それが巧妙であるだけに、つまり法的構成＝外装が美しくなればなるだけ、実はその装いの下で深刻な実質論理＝《家族が家族を死なせる（ことを要求する）》可能性が無限定に野放しにいとなまれる恐れがある。その意味では、プライバシー権の推定と代行という法論理の確立と否とにかかわらず、否、それだからこそますます、『新しい生命状況における家族員間の権利義務の分配』という実質規範の正しいあり方を解明する必要性は、その重要性を増大しこそすれ滅殺されることはあるまい。」

この文章では、「推定意思」や「代行」のみの擬制的性格を頓着している。しかし、本稿の本文では、もう少し広く（それだけに鋭くなく）「法的概念」一般の擬制性（「死ぬ権利」などをふくめて）を問題にしている。その点、二五年前と今との間の微妙なずれについてはここではふれない。

参考文献

参考とすべき判決も研究論文も少なくないことは、筆者にとり大へん幸であったが、他面、筆者の咀嚼能力の限界を露呈せしめた。文献については、そのいずれについても私の消化は十分でなく、定点を指示しまた文献を特定しての引用にまで達していない。しかし、それらの総合的な流れが私に与えた刺激や示唆は小さくないというのが私の実感である。そこで本稿の未成熟・独断をおことわりするとともに、にもかかわらず本稿がそれら先行業績へ依存すること小さくないことを示すのに必要な文献を最小限度かかげておく。もとより、この選択も恣意性を見れない。

① Nancy J. Moore, "Two Steps Forward, One Step Back.": An Analysis of New Jersey's Latest "Right-to-Die" Decisions, 19 Rutgers Law Journal 4, Summer 1988, pp.955-998

② Alan Meisel, The Right to Die, vol 1-2 (1989,1995)

③ Louis Harmon, Falling off the Vine: Legal Fictions and the Doctrine of Substituted Judgment, 100 Yale Law Journal 1, pp.1-71 (1990)

④ Michele Yuen, Letting Daddy Die: Adapting New Standards for Surrogate Decisionmaking, 39 UCLA Law Rev.3, pp.581-632 (1992)

⑤ Dale L. Moore, Afterward: The Case of Daniel Joseph Fiori, 57 Albany Law Review 811-818 (1994)

⑥ Specefic Intent, Substituted Judgment and Best Interests; A Nationwide Analysis of an Individual's Right to Die, 11 Pace Law Review, pp.565-641 (Jeffrey J. Delaney)

⑦ Case Notes, In Re Fiori, 673 A.2d 905 (Pa. 1996),35 Duquesne Law Review 917 (1997)

⑧ Norman L. Cantor, Discarding Substituted Judgment and Best Interests: Toward a Constructive Preference Standard for Dying, Previously Competent Patients without Advance Instructions, 48 Rutgers Law Review 1193-1272 (1996)

なお、③論文に関連して、熊倉伸宏「『主体』と代理判断のフィクション――インフォームドコンセントは健常者の論理か」からだの科学一八一、四九―五六頁（一九九五）がある。教授は本論文に関連して興味ある主張を展開された上で「日本の専門家によって紹介されていないことが私には不可解であった」と結ばれ、暗に法学者に問題を投げかけている、いや、つきつけておられる。私も法学者の一人として、この批判に答えるべく、ハーマン論文の読解を何回かこころみた。しかし、なお、読破したというにはあまりにも遠く、多くの疑問を残したままであり、今のところ、同論文は本稿ともほとんど無縁である。捲土重来を期する。

14　訴え提起の違法性

徳本伸一

はじめに

今日、違法性と過失の両概念の関係については、議論のあるところである(1)。ただ、両者は、ともに抽象度の高い概念であるために、意見の分れ目となっている実体関係の具体的な局面が、なかなかとらえにくくなっていることもまた事実である。そこで本稿では、この点をいくらかでも具体的な問題として提示することを目的として、考察の対象を、ある人が訴えを提起した行為が、相手方に対する不法行為となることがあるのか、あるとすれば、それはどのような要件の下においてであるか、という局面に絞って、判例に現われた問題の状況を理論的な側面から探ってみることにしたいと思う(2)。

一　不当な民事訴訟の提起

一　私法上の権利関係をめぐって相手方との間に見解の対立が生じ、紛争にまで至った場合に、その解決の手段として、当該権利の存否の確定を求めるべく民事訴訟を起すことは、本来、裁判制度そのものがこれを予定しているところであるから、右の行為を当然に違法な行為とすることはできないであろう。しかしながら、ある人（Y）が、自己に正当な権利のないことを知りながら、もっぱら相手方（X）を困惑させることを目的として訴えを提起したり、あるいは少し注意しさえすれば自己に権利のないことに思い至るべき場合であったのに、そのような注意を払わずに訴えを起したような場合であったとしたらどうであろうか。このような場合には、被告としてこれに応訴することを余儀なくされたXの立場をも考慮することが必要とされよう。かかる場合には、このような訴えを提起したこと自体が、相手方Xに対する不法行為を構成するというべきではないかが問題となりうるのである。

この点について、リーディング・ケースとされる最高裁の判例があるので、まずそれをみてみることにしたい。

【1】　最判昭六三・一・二六民集四二巻一号一頁（破棄自判）

Yは、破産したA会社の所有する土地を、同会社の破産管財人からその処分方を委ねられていたBを通して一億五〇〇万円で買い受けた（昭和四八年八月）が、本件土地にはこれよりも先に、Bを権利者とする所有権移転の仮登記がなされていた。そこでYは、右買い受け後に同土地をCに転売するにあたって、Bの名で売り渡すことにした（同年九月。この契約は、Bが主導した。）。この時の約定では、代金を一億五〇〇万円とするが、坪当りの価格を五、七一三円とし、後日、実測のうえ精算するものとされていて、Yは、Bを通して代金の内金九〇〇万円を小切手で受領した。その後Yは、BがC会社に働きかけて、本件土地の実測面積を実際よりも少くし、その分の代金相当額を両者で折半しようとしている、との情報に接したので、同年一〇月二六日にC会社に対して、本件土地の前所有者（売主）はYであるので、残代金は、直接Yに支払われたい旨を通知した。一方、C会社は、売買の際にBから測量士を知らないので知っていたらC会社の方で頼んでほしい旨の申出を受けたので、Bの承諾のもとにC会社の名義で、Xに対して本件土地の測量を依頼した。現地での測量は、同年一〇月中旬に行われたが、現地に行ったのは、BおよびC会社の代表者であるDだけであったので、Xは、隣接地所有者の立会いを求めて境界を確認してからでなければ測量できない、として、いったんは測量を断ったが、Bから、「測量図は取引の資料にするにすぎないので、取りあえず指示する測点に従って測量してほしい。隣接地との境界は、後日確定する」旨いわれたので、Bの指示どおりに測量して、本件土地の面積を一万五、一九一坪と算出した。Yは、C会社を通じてこの時の測量図を入手したが、いくつかの疑問点があったので、改めて独自に専門業者に依頼して測量してもらったところ、Xの測量結果よりも約七二〇坪多かったため、この測量結果に基づいて、C会社に対し、残代金の精算を求めたが、C会社は、Xによる測量結果を盾にこれに応じなかった。そこでYは、Xに対して、同人が過少に測量したために損害を蒙った、として、五四四万円余の損害賠償を求める訴えを起したが、Y敗訴の第一審判決が下されたあと、Yの控訴取下げによって、同判決は、確定した。そこで今度は、XがYを相手どって、前訴に要した弁護士費用八〇万円ならびに慰謝料一二〇万円、合計二〇〇万円の損害賠償の支払いを求めた。本件訴えがこれであり、前訴の提起は、Xに対する不法行為となるかが争点となった。原審判決は、これを肯定した（弁護士費用のみ認容）ので、Yから上告して争った。

「法的紛争の当事者が当該紛争の終局的解決を裁判所に求めうることは、法治国家の根幹にかかわる重要な事柄であるから、裁判を受ける権利は最大限尊重されなければならず、不法行為の成否を判断するにあたっては、いやしくも裁判制度の利用を不当に制限する結果とならないよう慎重な配慮が必要とされることは当然のことである。したがって、法的紛争の解決を求めて訴えを提起することは、原則として正当な行為であり、提訴者が敗訴の確定判決を受けたことのみによって、直ちに当該訴えの提起をもって違法ということはできないというべきである。一方、訴えを提起された者にとっては、応訴を強いられ、そのために、弁護士に訴訟追行を委任しその費用を支払うなど、経済的、精神的負担を余儀なくされるのであるから、応訴者に不当な負担を強いる結果を招くような訴えの提起は、違法とされることのあるのもやむを得ないところである。

以上の観点からすると、民事訴訟を提起した者が敗訴の確定判決を受けた場合において、右訴えの提起が相手方に対する違法な行為といえるのは、当該訴訟において提訴者の主張した権利又は法律関係（以下『権利等』という）が事実的、法律的根拠を欠くものであるうえ、提訴者が、そのことを知りながら又は通常人であれば容易にそのことを知りえたといえるのにあえて訴えを提起したなど、訴えの提起が裁判制度の趣旨目的に照らして著しく相当性を欠くと認められるときに限られるものと解するのが相当である。けだし、訴えを提起する際に、提訴者において、自己の主張しようとする権利等の事実的、法律的根拠につき、高度の調査、検討が要請されるものと解するならば、裁判制度の自由な利用が著しく阻害される結果となり妥当でないからである。」（本件におけるYのした前訴の提起は、著しく相当性を欠ものとはいえず、不法行為になるものとはいえない）。

右判決【1】は、具体的な結論としては、不法行為の成立を否定したものではあったが、一般論として民事訴訟を提起する行為が、相手方に対する不法行為となる場合があることを認め、その行為が、「違法な行為」とされるときの基準を示した点で注目を集めることになった(3)。判旨が基準とするところは、(i)「当該訴訟において提訴者の主張した権利又は法律関係……が事実的、法律的根拠を欠くものであること」、(ii)「提訴者が、そのことを知りながら又は通常人であれば容易にそのことを知りえたといえるのにあえて訴えを提起したなど、訴えの提起が裁判制度の趣旨目的に照らして著しく相当性を欠くと認められるとき」にあたること、以上の場合に限っては、民事訴訟の提起という裁判制度を利用する行為であっても、「相手方に対する違法な行為」となる、とするものである。

そして、右の見解は、その後、【2】最判平一一・四・二二判時一六八一号一〇二頁（判タ一〇〇六号一四一頁）においても、そのまま踏襲・維持されているので(4)、現在の判例理論の立場を示すものといえる。

二　所で、右に引用した(i)の部分は、提訴者の主張を基礎づける「事実的、法律的根拠」が欠けていることをいうものであるから、当該ケースにおける客観的な事情を指すものとみることができる。これに対して、(ii)の部分は、提訴者において自分に権利のないことを知りながら訴えの提起に及んだか、または通常人ならば容易にそのことを知りえたはずであるのにあえて提訴に及んだことをいうものである。したがって、右については、行為者の主観的事情を抜きにしては、判断のしようがないものということができる。(ii)の前段は、おそらくは故意に相当するものであり、(ii)の後段は、従来理解されてきた視点からいえば過失のフォーミラ（かなり重過失に傾いた形ではあるが）とほぼ重なり合う説示の仕方となっているものといえよう。【1】の判旨によれば、右の(i)および(ii)の総合されたものが、「違法」性判断を支える要件とされるのである。

ここに、近時の学説が主張するように、違法性と過失の交錯（ないし接近）現象をみてとることができるように思われるのであるが、以上の最高裁判決に先立つケースをみることによって、さらにこのことを確めることができるように思われるので、次に判決【1】よりも前の二、三のケースをみてみることにしよう。

【3】　大判昭一六・九・三〇民集二〇巻一二四三頁[5]（棄却）

Yは、A（未成年者）の母Xに親権濫用の行いがあるとして、Xに対し、親権喪失の訴え（民法旧規定八九六条）を起すとともに（前訴）、親権停止ならびに仮の地位を定める仮処分命令の申請をなしたが、これらは、Yが、訴外Bほか数名と共謀して、Aに対するXの親権を停止せしめ、その機に乗じてAの財産を奪取する企図のもとになされたものであった。このため、これらは、いずれも裁判所によって理由なし、として、排斥された。そこで、Xは、Yに対して、前訴に対する応訴等のために要した弁護士費用の賠償を求める訴えを起した。これが、本訴である。

「YカXニ対シ為シタル親権喪失ノ訴及親権停止ノ仮処分申請ハYカXノ子Aノ親族トシテ訴外B外数名ト共謀シ右Aニ対スルXノ親権ヲ停止セシメ其ノ機ニ乗シテAノ財産ヲ奪取スル企図ノ下ニ為サレタルモノナリト云フニ在リ従テ

仮令Yニ於テXノ親権行使ニ付所論ノ如キ不当ノ点アリト思料シタル事実アリトスルモAノ財産ヲ奪取スル手段トシテXニ対シ前記ノ如キ訴及仮処分申請ヲ為スヘキ権利ハ断シテ之ヲ有スルコトナキモノト云ハサルヘカラス蓋シ斯ノ如キハ単ニ民法第八百九十六条(旧規定)所定ノ権利ノ行使タルカ如キ外観ヲ有スルニ止マリ実質上公ノ秩序善良ノ風俗ニ反スル行為ニシテ権利ノ濫用タルコト一目瞭然タルヲ以テナリ従テ之ト同一趣旨ノ下ニYニ不法行為ノ責任アリト判示シタル原判決ハ洵ニ正当ニシテ論旨ハ其ノ理由ナキモノトス」(6)。

右判決【3】の事案は、前出判決【1】にいうところの、自己の主張するところが根拠を欠くものであることを「知りながら」(しかも財産の奪取という不正な意図の下に)訴えを起した場合に相当する典型例ともいえるので、判決【3】の判示する結論には、おそらく異論のないところであろう。ただ同判決は、当時の理論的状況の下で、これを「権利ノ濫用」とし、判決【1】のように「違法な行為」としているわけではないが、その行為が、「正当な行為」の範疇を逸脱したものであることを実質的に認定している点では、おそらく同一趣旨に帰するものとみて差支えないであろう。

それでは、判決【1】にいうところの、前記(ii)の点が問題となるようなケースについては、どうであろうか。次のような判決がみられる。

【4】 大判昭一六・三・二六新聞四六九八号二六頁(棄却)

Y(産業組合)は、Aから、同人のXに対する債権を譲受けたところ、Xの父で戸主であったBは、法定推定家督相続人であるXを除籍し、自己の所有する三十数筆の不動産を、売買名義のもとに、Xの子(Bの孫)であるCに所有権移転登記をなしたうえ隠否し、Cが、家督相続した。一方、Xは、一家創立の手続をした後、これを廃家してC方に親族入籍し、その家族となった。Yは、右一連の身分上の行為は、Yの債権回収を妨害し、強制執行を回避するためのものである、として、債権者としての資格において、XおよびCを共同被告とし、家督相続無効確認等を求める訴え(前訴)を起したが、その主張は、認められてなかった。そこでXは、本件訴えにおいて、Yに対し、前訴の応訴に要した弁護士費用の賠償を求めた。原審判決は、Xの請求を認めなかったので、同人から上告した。

「然レトモ或ハ違法ナル行為ヲ適法ナリト誤信シテ為シタル者カ之ヲ誤信スルニ付過失ナキトキハ行為者ハ其ノ違法ノ結果ニ付故意又ハ過失ナキカ故ニ不法行為ノ責ニ任スルモノニ非ス而シテ其ノ過失ノ有無ハ通常行為者ノ地位ニ在ル者カ有スヘキ法律知識ヲ標準トシ其ノ種ノ行為ヲ為スニ付取引上必要トスヘキ注意ヲ缺キタルヤ否ヤニ依リテ決スヘキモノトス本件ニ於テYカXニ対スル債権回収ノ方法トシテX等ニ対シ家督相続無効確認等ノ訴ヲ弁護士Dニ委任シテ提起セシメタルコトハ原判決ノ確定スル所ニシテ其訴カYノ主張自体ニ於テ理由ナキモノトシテ請求棄却ノ判決確定シタルコトハXノ主張スル所ナリト雖モ右ノ訴カYノ主張自体ニ依ルモ理由ナキモノナルコトハYノ理事ノ地位ニ在ル者ノ通常有スルヘキ法律知識ヲ以テ直ニ之ヲ判断シ得ルモノト為ス能ハサルノミナラスYノ理事カ右ノ訴ヲ提起スルニ付其ノ主張事実ヲ調査シテ弁護士Dニ研究ヲ依頼シ其ノ意見ニ基キ該事実ヲ原因トシテ右ノ訴ヲ為シ得ルモノト信シ同弁護士ニ委任シテ訴ヲ提起セシメタルモノナルコト亦原判決ノ確定スル所ナレハ右ノ理由ナキ訴ノ提起ニ付Yノ理事ニ故意又ハ過失ノ責アルモノト為スヲ得ス」。

右判決【4】は、その判旨にみられるように、ここでの問題を、故意・過失の問題として扱い、具体的判断としては、過失の成立を否定したものであるが、論点は、判決【1】の提示したところと、ほぼ同じである。

三　このようにみてくると、伝統的な学説が、別個・独立の概念として峻別してきたところの違法性と過失の両概念は、今日、いかなる関係に立つものと解すべきであるか、という点について、疑問が生じてくるのである。すなわち、民事訴訟を起すという行為が、社会的相当性を欠くゆえに、許されないものであるかどうかの判定にあたっては、その者(Y)が、自己に権利等のないことを知ってなしたか、あるいは、そのことを容易に知り得たのに格別の配慮をせずになしたのか、さらには紛争解決以外の目的のために、あえてなしたのか等々、Yの主観的態様を考慮に入れたうえで、これを判定することが要請されているものといえる。この問題に関しては、従前から多数の裁判例がみられたところ、(7)判決【1】は、これらを集大成して、最高裁としての見解を示したものということができよう。同判決は、理論的には、これを行為の違法性の問題として位置づけたわけであるが、これまでの学説をみてみると、違法性の問題として扱うもの(8)と、故意・過失の問題として扱うもの(9)とに分れていて、必ずしも一定していない。

判決【1】の評釈として述べられた学説には、不当訴訟が不法行為となる具体的要件は、「むしろ端的に言って、通常の過失不法行為とは異なり、故意またはそれに準ずる場合（重過失）にのみ不法行為が認められる類型」とみるべきではないか、とする見解がみられる。(10)この説は、わが国の判例上では、「ドイツ的な二元論の建前は崩れている」という認識に立ちつつ、「『違法性』要件を媒介させる意味はさほどないように思われる」という立場から説かれたものである。(11)

判決【1】が、「通常人であれば容易に……を知りえた」とする表現は、確かに重過失のフォーミュラを想起させるものではあるが、いまの類型に限定せずに、右学説の提起したところを一般論としてつきつめてゆくと、違法性という概念は、もはやこれを不要、とするところまで行きつくことになろう。(12)後述のように、私見としても一元説（一段階評価説）でよいように思うが、過失に統一するか、違法性に統一して考えるかは、なお検討を要する問題であるように思われる。ともあれ、少くともここで確認しうることは、いまの類型では、違法性の問題としてではなく、過失（重過失）の問題としてとらえる立場も成り立ちうることを、右の学説は示しているものといえよう。(13)

判決【1】の出現をみた今日では、以後の下級審裁判例は、おおむね同判決の立場に沿った判断を示してきている。(14)

二　検察官による不当な公訴の提起

一　国家賠償法の適用領域の問題であるが、検察官による公訴の提起（ないしその追行）が違法なものであるかどうかが問題とされることがある。右にみた民事訴訟の提起が理由のないものとされるケースとの関連で、次にこの場合を考察してみることにしたい。

問題は、こうである。すなわち、犯罪を犯した嫌疑によって被疑者（X）が刑事事件で起訴されたところ、裁判所における審理の結果、同人については無罪の判決が下され、これが確定したものとする。Xは、検察官による起訴は違法なものであった、として、国（Y）に対して国家賠償法一条一項に基づいて損害賠償を請求した、として、右公訴提起の違法性如何。

各事件における個別的な事情によって多少の違いはあるにせよ、大筋において右のような類型に関する訴訟事件は、かなりみられるところである。以下では、各事件の個別的な事実関係については、これを割愛して、各裁判例における違法性の判断基準の部分に注目してみてみることにしよう。

【5】　最判昭五三・一〇・二〇民集三二巻七号一三六七頁[15]（棄却）

「刑事事件において無罪の判決が確定したというだけで直ちに起訴前の逮捕・勾留、公訴の提起・追行、起訴後の勾留が違法となるということはない。けだし、逮捕・勾留はその時点において犯罪の嫌疑について相当な理由があり、かつ、必要性が認められるかぎり適法であり、公訴の提起は、検察官が裁判所に対して犯罪の成否、刑罰権の存否につき審判を求める意思表示にほかならないのであるから、起訴時あるいは公訴追行時における検察官の心証は、その性質上、判決時における裁判官の心証と異なり、起訴時あるいは公訴追行時における各種の証拠資料を総合勘案して合理的な判断過程により有罪と認められる嫌疑があれば足りるものと解するのが相当であるからである。」（具体的な結論としては、違法性なしとした原審判決の判断を維持)。

【6】 最判平元・六・二九民集四三巻六号六六四頁(16)(破棄差戻)

(1)「刑事事件において無罪の判決が確定したというだけで直ちに公訴の提起が違法となるということはなく、公訴提起時の検察官の心証は、その性質上、判決時における裁判官の心証と異なり、右提起時における各種の証拠資料を総合勘案して合理的な判断過程により有罪と認められる嫌疑があれば足りるものと解するのが当裁判所の判例(最高裁昭和四九年(オ)第四一九号同五三年一〇月二〇日第二小法廷判決・民集三二巻七号一三六七頁)であるところ、公訴の提起時において、検察官が現に収集した証拠資料及び通常要求される捜査を遂行すれば収集し得た証拠資料を総合勘案して合理的な判断過程により有罪と認められる嫌疑があれば、右公訴の提起は違法性を欠くものと解するのが相当である。したがって、公訴の提起後その追行時に公判廷に初めて現れた証拠資料であって、通常の捜査を遂行しても公訴の提起前に収集することができなかったと認められる証拠資料をもって公訴提起の違法性の有無を判断する資料とすることは許されないものというべきである。」

(2)「公訴追行時の検察官の心証は、その性質上、判決時における裁判官の心証と異なり、公訴追行時における各種の証拠資料を総合勘案して合理的な判断過程により有罪と認められる嫌疑があれば足りるものと解するのが当裁判所の判例(前記第二小法廷判決)であり、公訴の提起が違法でないならば、原則としてその追行も違法でないと解すべき〔である〕」。

【7】 最判平二・七・二〇民集四四巻五号九三八頁(17)(棄却)

「刑事事件において、無罪の判決が確定したというだけで直ちに検察官の公訴の提起及び追行が国家賠償法一条一項の規定にいう違法な行為となるものではなく、公訴の提起及び追行時の検察官の心証は、その性質上、判決時における裁判官の心証と異なり、右提起及び追行時における各種の証拠資料を総合勘案して合理的な判断過程により有罪と認められる嫌疑があれば足りるものと解するのが当裁判所の判例(最高裁昭和四九年(オ)第四一九号同五三年一〇月二〇日第二小法廷判決・民集三二巻七号一三六七頁)であるところ、この理は、上告審で確定した有罪判決が再審で取り消され、無罪判決が確定した場合においても異ならないと解するのが相当である。／これを本件についてみるに、原審の適法に確定した事実関係の下においては、検察官がXに対する殺人の公訴事実につき有罪の嫌疑があるとして本件公訴の提起をし、その追行をしたことについて、国家賠償法一条一項の規定にいう違法な行為があったものと認めることができない。」

右判決【5】ないし【7】において示された見解は、一般に職務行為基準説の名で呼ばれている。

この説と対極にある見解は、無罪判決が確定した場合には、公訴の提起・追行は当然に違法なものであったとみなされるべきである、とする立場で、この見解は、結果違法説と呼ばれている。[18] 職務行為基準説[19]は、右の説とは見解を異にし、これと対比される立場にあるわけである。職務行為基準説は、また、注意義務違背説と呼ばれることもある。[20] この呼び方は、あまり一般的ではないようであるが、むしろ、こちらの方がその内容にふさわしい呼び方ではないかと思われる。

二　以上にみたように、最高裁の見解は、ここでの問題を、行為の違法性という観点から論じているものといえる。民法とは違って、国家賠償法一条一項においては、「違法に他人に損害を加えたこと」が、明文上の要件とされていることもあり、この問題を行為の違法性に関するものとして把握する点については、学説上でも、格別の異論はみられない。

ところで、前出の判決が、違法性の判断基準として判示しているところは、こうである。すなわち、検査官が、公訴提起時ないしその追行時において、「各種の証拠資料を総合勘案して合理的な判断過程により有罪と認められる嫌疑があれば」、右行為は、違法とされることはない、と。

本稿の問題関心からすると、右は、帰するところ過失の判断基準と同一であるか、あるいはこれときわめて近似したものといえるのではあるまいか。ひと（ここでは検察官）の判断と、それに基づく行為の合理性を問題とする限りにおいては、少くともそこには行為者の主観的態様(通常人を基準とするものではあるが)が混在している(それぬきにしては判断しえない、という意味において)ものといわざるをえないのではないかと思われる。

三　このような問題関心の下に、これまでの下級審裁判例をみてみると、右の意味において公訴提起が合理性を欠き違法なものと認められるときには、同時に過失もあったことになるとするもの(21)や、違法性が肯定されるときには、過失は推定されるとするもの(22)などがかなり目につく。また、そこまでの判示をしていない裁判にあっても、違法性の認定をしたあとでは、過失の判定部分では、比較的あっさりとこれを認める形となっているもの(23)もみられるところである。

これは、何を示すものであろうか。端的にいうと、こうではあるまいか。すなわち、これまでのところ、伝統的な不法行為理論（違法性と故意・過失を峻別する立場）が維持されてきており、この立場を基に立法された国家賠償法一条一項の要件の下で、各裁判例は、建前としては二段階評価（違法性と故意・過失）を施しているのであるが、実質的にみると、前段の違法性の評価が、すでに後段の故意・過失の評価をも包含した形の評価となっているので、後段の評価は、同じ作業の繰り返しと感じられるようになっているのではあるまいか。これを素直にみれば、ひとの行為に対する評価が、全一体として一段階の評価ですでに尽されている、ともいえる状況が出現しているのではないかと思われる。

裁判例の中には、違法性と故意・過失とを区別して、(1)「公訴提起が合理性に欠けると認められること」が違法性の内容となり、(2)「検察官がそのことを知り又は知りうべきであった」のにあえて「公訴提起を行ったと認められること」が、故意・過失の内容となる旨を述べたものがあるが(24)、前段(1)の合理性に欠けるかどうかの判断が、行為者（ここでは検察官）の主観的態様を全く捨象して、これとは別個・独立に判断しうるものであるかどうか、この点が、まさに問題点をなすものということができよう。

また、別の裁判例には、率直に、次のように述べたものもある。

【8】　札幌高判昭四八・八・一〇判時七一四号一七頁(25)（判決【5】の原審判決）

「国家賠償請求訴訟の審理をする裁判所の判断の対象は、……検察官の証拠の評価についての判断が、経験則、論理則に照らして合理性を有しているか否かであり、このことは国家賠償法における違法性の有無の判断であり、同時に故意、過失の判断ともなるわけである」と。

こうした裁判例は、いまの場面では、違法性と過失の判断が、ほぼ一体化していること（違法判断イコール過失判断）を示すものではないであろうか。

四　ちなみに、裁判の誤りを理由として、当該裁判を担当した裁判官の職務行為の違法性を問う国家賠償事件において、最高裁が示した違法性の判断基準は、次のとおりである。

【9】　最判昭和五七・三・一二民集三六巻三号三二九頁(26)（棄却）

「裁判官がした争訟の裁判に上訴等の訴訟法上の救済方法によって是正されるべき瑕疵が存在したとしても、これによって当然に国家賠償法一条一項の規定にいう違法な行為があったものとして国の損害賠償責任の問題が生ずるわけものではなく、右責任が肯定されるためには、当該裁判官が違法又は不当な目的をもって裁判をしたなど、裁判官がその付与された権限の趣旨に明らかに背いてこれを行使したものと認めうるような特別の事情があることを必要とすると解するのが相当である。」（具体的結論は、消極）。

【10】　最判平二・七・二〇民集四四巻五号九三八頁(27)（棄却）

「裁判官がした争訟の裁判に上訴等の訴法上の救済方法によって是正されるべき瑕疵が存在したとしても、これによって当然に国家賠償法一条一項の規定にいう違法な行為があったものとして国の損害賠償責任の問題が生ずるものではなく、当該裁判官が違法又は不当な目的をもって裁判をしたなど、裁判官がその付与された権限の趣旨に明らかに背いてこれを行使したものと認め得るような特別の事情がある場合にはじめて右責任が肯定されると解するのが当裁判所の判例(最高裁昭和五三年(オ)第六九号同五七年三月一二日第二小法廷判決・民集三六巻三号三二九頁、昭和五五年(オ)第七九二号同五七年三月一八日第一小廷判決・裁判集民事一三五号四〇五頁)であるところ、この理は、刑事事件において、上告審で確定した有罪判決が再審で取り消され、無罪判決が確定した場合においても異ならないと解するのが相当である。／これを本件についてみるに、原審の適法に確定した事実関係の下においては、刑事第二審判決がXに対する殺人の公訴事実につき有罪の判決をし、同事件の上告審裁判所がこれを維持した点について国家賠償法一条一項の規定にいう違法な行為があったものと認めることができない。」

判決【9】についての村上調査官の解説では、裁判の違法とは、「裁判の職務権限を与えられた裁判官に対し職務の遂行、権限の行使について遵守すべきことを要求している規範に違反して裁判行為がなされたという意味での違法性でなければならない」[28]と説かれ、「それでは、裁判官がその職務を遂行し権限を行使するに当ってどのような行為規範に違反したとき、当該裁判ないし裁判官の措置は国家賠償法違法ということができるであろうか」[29]と問い、この点に答えたのが、判決【9】の判旨にほかならない、と説明されている。

五　以上の点に関して、本稿の関心事から、問題点を挙げるとすると、こうである。

(1)　判決【9】ならびに【10】の判旨は、ここで国家賠償法一条一項の適用要件としての違法性が肯定されるためには、「適法又は不当な目的をもって裁判したなど、裁判官がその付与された権限の趣旨に明らかに背いてこれを行使したものと認められるような特別の事情があること」を要するものとするが[30]、右のうちの、ある裁判官が「違法又は不当な目的をもって裁判した」という部分は、当該裁判官の主観的な態様(それも、故意またはそれに近いもの)を問うているものということができよう。判旨の右部分は、行為の違法性を説くものであるが、これと、従来からの有責要件としての故意・過失との関係はどうなるのであろうか。違法性判断の一部として、すでにその中にとりこまれているのであろうか。もしそうだとすると、改めて(これに重ねて)行為者(ここでは裁判官)の故意・過失を問うことは無用に帰するのではないか。

(2) 前出村上調査官解説において説かれているように、ここでの違法性の問題を、行為規範の問題としてとらえることについては、筆者として同感であり、民法上の問題として考えてゆくときにも、同様に考えることができるものと思うが、過失の前提としての注意義務もまた、行為規範の問題とみることができるので、両者の関係が、問題とならざるを得ないであろう。最高裁の見解は、いまの問題に関しても、あくまで二段階の評価を要求するものであろうか。

私見とまとめ

このようにみてくると、少くとも本稿で考察の対象とした類型に関する限りは、「違法性」の実体は、ひとの行為の合理性の欠如、というところに求められている、と理解することができるであろう。

他方で、確立した考え方として、過失は、抽象的軽過失と解されているので、ここにおいてもまた、行為の水準としては、社会の他の構成員が期待する通常人としての行為の水準が問題とされ、当該の行為が、その水準に達していなかったことが、帰責の根拠とされている。

従来は、不法行為が成立するためには、違法性に加えて、過失が成立すること、この両方の要件を満たすことが必要であり(二段階評価)、違法性と過失とは、概念としても、互いに別個・独立の概念である、とする考え方が、確固として判例・学説上を支配してきたところであるが、ひとの行為のあり方という観点から事態をながめた場合には、両者は、しかく截然と峻別可能なものであろうか、という疑問に逢着するのである。

すでに河上元康氏によって次のような指摘がなされている。すなわち、同氏は、「もし、法が公務員に要求する注意義務というものが、通常の公務員というものを標準にして客観化され、定型化されているとしたならば、その注意義務に違反することが、違法でありかつ過失ありとされることになるのではなかろうか(31)」(傍点は原文)とされ、さらに、「違法性と過失とは不可分の関係にある(32)」ものとされる。

私見も、基本的にはこれと同じ方向で考えるものである。すなわち、違法性のフォーミュラが、過失のそれとオーバーラップするかぎりにおいては、重ねて過失の成否を問題とする必要性は存しないものと思う。なぜならば、違法性の要件そのものが、すでに過失の要件を統合した形で組み立てられているとみられるからである(公訴提起の違法性の例)。ただ、類型によって違法性の要件の立て方(いいかえれば違法性の限定の仕方)には、ある程度の差異が生じることはありうることかと思う。その場合には、それぞれの違法性要件によって決ってくるところのものをもって、一元的に(重ねて過失を問うまでもなく)、不法行為の成否を考えてゆけばよいのではあるまいか(民事訴訟提起の違法性、裁判官の職務行為の違法性の各例)。民事訴訟提起の違法性の例でいえば、訴えの提起者(Y)が、(i)自己に権利等のないことを「知りながら又は通常人であれば容易にそのことを知りえた」ことを違法要件としつつ、(ii)他方で、重ねて通常の過失の成否を問うことは、つじつまが合わないように思われるからである。すなわち、この場合には、(i)のみが、不法行為の成立要件となるものと解すれば足りるであろう。

本稿での考察の対象は、既述のように、局面を限定したものであるので、性急な一般的立言は差し控えなければならないが、近時の学説の指摘にみられるのと同様に(33)、判例の実際においても、違法性と過失とは、互いに接近・交錯し合ったものとなっているものといえ、その現状の一端を、ここに確認することができたのではないかと思う。

かかる判例の傾向は、将来の方向性としては、あるいは一元論（一段階評価、すなわち違法性と過失の統合）を示唆するものであろうか。

（1）　平井宜雄・債権各論II不法行為（平四、弘文堂）二三―二四頁、同・損害賠償法の理論（昭四六、東大出版会。以下、「理論」として引用）、星野英一「故意・過失、権利侵害、違法性」民法論集第六巻（昭六一、有斐閣。初出は、私法四一号〔昭五五〕）三一八頁、三二〇頁、前田達明・民法VI_2（不法行為法）（昭五五、青林書院新社）一二二―一二三頁、同・不法行為帰責論（昭五三、創文社）、同「過失概念と違法性概念の接近」民法学6（昭五〇、有斐閣）六二頁、森島昭夫・不法行為法講義（昭六二、有斐閣）二四六頁以下など。なお、公害に関して表明された新受忍限度論と呼ばれる立場、すなわち、野村好弘「故意・過失および違法性」公害法の生成と展開（昭四三、岩波書店）三九九頁、淡路剛久「公害における故意・過失と違法性」ジュリ四五八号三七五―三七六頁、同「最近の公害訴訟と私法理論㈢」判タ二七六号一三頁も参照。

（2）　以下の叙述は、主として、判例が、被告の行為を「違法」とする場面からのアプローチになっていることをおことわりしておきたい。

（3）　本判決については、最判解説（民）昭六三年度一事件（瀬戸正義）、ジュリ九一八号七六頁（同）、判タ六七二号四七頁（吉村徳重・松尾卓憲）、判評三六二号（判時一三〇〇号）二〇一頁（吉田邦彦）、判例セレクト'88（法学教室一〇一号別冊）二二頁（同）、法セ四〇七号一一二頁（小林秀之）、ジュリ九〇八号五三頁（林屋礼二）、法学教室九六号九〇頁（中島弘雅）、昭六三年度重要判解（ジュリ九三五号）一一九頁（栂善夫）、昭六三年度主要民事判解（判タ七〇六号）九四頁（島田清次郎）、法学研究六二巻四号一四七頁（伊藤敏孝）。

（4）　判決【2】の事案は、次のようである。AとYとは友人の間柄にあり、ある日、自動二輪車に相乗りして走行していたところ、Zの運転する普通乗用車と衝突して、Aが死亡、Yは負傷した。警察の事故調査では、自動二輪車は、Aが運転し、Yは同乗していたものとされた（検察庁もこの見解に立ってYを不起訴処分としている）が、Aの両親であるX_1・X_2は、これを納得せず、独自に調査するなどして、Yが運転していたものと主張して、YとZとに対して自賠法に基づいて損害賠償を求める訴えを起した。これに対して、Yは、反訴によって、右は不当訴訟にあたる、として、慰謝料ならびに弁護士費用（合計一三五万円）の損害賠償を請求した。原審判決は、Yの反訴を認容したが、判決【2】は、これを誤りとして、判決【1】で示されたフォーミラの下では、X_1らの行為は、いまだ「違法な行為とはいえない」と判示した。本判決については、判評四九四号（判時一七〇〇号）一九四頁（手塚宣夫）。

（5）　本判決については、判民昭一六年度七九事件（川島武宜）、民商一五巻四号四一七頁（末川博）。

（6）　理由のない訴えを起されて、これに応訴するために弁護士費用を要した場合に、その費用の賠償を相手方に対して請求することができる、という点については、大連判昭一八・一一・二民集二二巻一一七九頁（川島武宜・判民一八年度六六事件、同・判例百選〔第二版〕七六頁、末川博・民商二〇巻二号九七頁）。なお、自己に資力のあることを示す方便として為替手形二通の貸与を受けた者が、他の者と共謀して手形の善意取得者を仕立て、手形金支払訴訟を起して勝訴判決を得、強制執行に及んだ行為を不法行為（共同不法行為）としたケースとして、大阪地判大一四・三・二六新聞二四三七号五頁。

（7）　下級審裁判例の数は多いが、例えば、東京地判昭55・2・28判時九七七号八八頁、東京地判昭55・9・3判時九八一号八九頁、大阪地判昭55・9・22判時一〇〇六号七五頁、東京地判昭55・10・30判時九九五号六三頁、東京地判昭56・8・31判時一〇三八号三〇八頁、東京地判昭56・10・22判時一〇三六号九一頁、東京地判昭57・2・9判タ四七四号一六三頁、東京高判昭58・5・18判時一〇八四号七九頁、東京地判昭59・3・29判時一一三九号五五頁、宮崎地判昭59・5・11判タ五四二号二四六頁、東京地判昭60・3・20判タ五五六号一四六頁、大分地判昭61・12・24判タ六四八号一八八頁など。

（8）　末川博・民商四巻一号（昭一一）一八六頁、我妻栄編著・判例コンメンタールⅣ（昭四一、日本評論社）一九七頁（四宮和夫）、我妻栄・有泉亨著・清水誠補訂・コンメンタール事務管理・不当利得・不法行為（平一〇、日本評論社）一六四頁、加藤一郎・不法行為〔増補版〕（昭四九、有斐閣）二二三頁、前田・前掲注(1)民法VI_2一〇八頁、幾代通・徳本伸一補訂・不法行為法（平五、有斐閣）八一頁、澤井裕・テキストブック事務管理・不当利得・不法行為〔第2版〕（平八、有斐閣）一五二頁、中村隆次「訴えの提起と不法行為の成否」判タ七一八号（平二）二二頁、加藤新太郎・弁護士役割論〔新版〕（平一二、弘文堂）一八七―一八八頁など。澤井教授は、前掲引用箇所において、判決【1】のフォーミュラを引用しつつ、「この場合、有責性の故意・過失は同時に認められることになる」と説き、また、瀬戸調査官解説・前掲注(3)一三頁も、「違法性が認められる場合には、故意・過失は当然肯定されることになろう」と述べる（加藤新・前掲一八八―一八九頁も同旨）が、本稿は、まさにこの点を問題としているのである。なお、末川・前掲一九三頁も参照。

(9)　旧注民(19)不法行為（昭四〇、有斐閣）一五八頁（篠原弘志）、山木戸克己「不当訴訟と訴提起者の過失の認定」法時三八巻五号（昭四一）八八頁（もっとも、同教授の別の論稿では、違法性の問題として論じられている、同「執行文付与申請行為の違法性」民商五〇巻六号〔昭三九〕九四〇頁）。前出注(7)の裁判例の中では、東京地判昭56・8・31、東京高判昭58・5・18、大分地判昭61・12・24。

(10)　吉田邦彦・判評三六二号（判時一三〇〇号）二〇四頁。ここでの要件として、重過失を掲げる裁判例として、東京高判昭43・3・30高民集二一巻二号一九一頁（具体的結論は、消極）、東京地判昭45・5・30判時六一一号四五頁（同）、鳥取地判昭49・5・29判時七五九号九一頁（積極）、大阪地判昭61・12・26判タ六五四号一六二頁（消極）など。重過失を要件とする趣旨であるかは、はっきりしないが、事案において重過失を認定したものとして、東京高判昭40・3・9判タ一七五号一六〇頁。

(11)　吉田・前掲（前注）二〇四頁。一般論として同旨を説くものに、星野・前掲注(1)三一八頁、平井・前掲注(1)債権各論二二一―二二四頁、同・理論三八二―三八三頁。

(12)　平井・前掲注(1)債権各論二三頁は、このことを明言する。

(13)　最高裁も、仮処分命令が、後に異議手続等において取消された場合に、同処分を申請してその執行行為に及んだ者が、不法行為責任を負うか、という場面では、過失の成否の問題として扱ったうえで、過失が推認される、という立場に立っている（最判昭43・12・24民集二二巻一三号三四二八頁。同判決では、「違法仮処分による不法行為の過失」という表現がみられる）。

（14） 東京地判昭63・4・12判時一三二三号八八頁（具体的結論は、消極）、仙台高判平元・2・27判時一三一七号八五頁（積極）、東京高判平元・3・22判タ七一八号一三二頁（消極）、東京地判平2・5・25判時一三八三号一三九頁（消極）、東京高判平2・7・18判時一三五九号六一頁（積極）、広島地判平2・10・8判時一三六九号一四一頁（同）、東京地判平2・10・30判時一三八五号八七頁（過失を認定）、東京地判平2・12・25判時一三七九号一〇二頁（積極）、京都地判平3・4・23判タ七六〇号二八四頁（消極）、浦和地川越支判平5・7・21判時一四七九号五七頁（同）、名古屋地判平7・11・21判時一五六三号一二六頁（積極）、東京地判平8・2・23判時一五七八号九〇頁（消極）、大阪地判平10・3・26判時一六八〇号九七頁（積極）、東京地判平10・5・25判時一六六〇号八〇頁（消極）、宮崎地判平12・5・29判時一七三三号九四頁（積極）など。なお、文献としては、前出のもののほかに、島田礼介「不法提訴」判例不法行為法（昭四一、有信堂）一二九頁、後藤勇「訴え提起による不法行為成立の具体的要件」判タ八七五号（平七）九頁、内田竜「訴訟活動と不法行為責任」裁判実務大系16（昭六二、青林書院）三四四頁。

（15） 本判決については、最判解説（民）昭五三年度三六事件（篠田省二）、判評二五九号（判時九六九号）一五一頁（藤谷正博）、ひろば三二巻二号四四頁（和田衛）、時の法令一〇三四号五二頁（林修三）、国家補償法大系3（昭六三、日本評論社）一五七頁（篠田省二）など。控訴審判決については、ひろば二六巻一一号三四頁（岩佐善巳）。なお、これよりも先、公訴提起についての検察官の過失の有無を問題としたケースとして、最判昭40・1・22判時三九九号四九頁（結論消極。第一審判決は、千葉地八日市場支判昭37・6・29判タ一三五号八頁、控訴審判決は、東京高判昭38・2・22訟月九巻五号五八二頁）。

（16） 第一審判決は、東京地判昭54・6・25判時九三〇号四六頁、控訴審判決は、東京高判昭58・10・20判時一〇九四号三頁。判決【6】については、最判解説（民）平元年度一三事件（河野信夫）、判評三七三号（判時一三三三号）一九三頁（宇賀克也）、平元年度重要判解（ジュリ九五七号）一八一頁（寺崎嘉博）、警察学論集四三巻三号五〇頁（中尾巧）、法学教室一一二号九八頁（川崎英明）、訟月三六巻一号一一一頁（佐伯健一）。原審判決について、判評三二四号（判時一一七三号）一八九頁（棟居快行）。

(17)　本判決については、最判解説（民）平二年度一九事件（河野信夫）、平二年度重要判解（ジュリ九八〇号）一七七頁（新谷一幸）、訟月三七巻一号七頁（篠原辰夫）、原審判決（仙台高判昭61・11・28高民集三九巻四号八三頁、判時一二二七号三二頁〔第二事件〕）について、法時五九巻五号七八頁（大出良知）、研修四七三号三九頁（石川達紘）、第一審判決（青森地弘前支判昭56・4・27判時一〇〇二号二五頁）について、判評二七六号（判時一〇二三号）一四八頁（田上富信）。

(18)　原田尚彦・昭四五年度重要判解（ジュリ四八二号）二七頁、藤谷・前掲注(15)一五四頁、村重慶一「検察官の起訴と国家賠償」司法研修所創立二〇周年記念論文集第1巻（民事編1）（昭四二）二〇三頁、同「国家賠償訴訟」実務民訴講座10（昭四五、日本評論社）三一七頁（ただし、村重氏は、違法性阻却の余地を認める立場）。

(19)　篠田・前掲最判解説注(15)四七四頁、同・前掲国家補償法大系3一五九頁以下、はやし・前掲注(15)時の法令一〇三四号六〇頁、宇賀・前掲注(16)判評三七三号一九四頁、棟居・前掲注(16)判評三二四号一九〇頁、平井重信「不当公訴と被告人の救済1」法時四七巻九号（昭五〇）一五七頁、西埜章・国家賠償責任と違法性（昭六二、一粒社）七三頁、中尾・前掲注(16)警察学論集四三巻三号五六頁、寳金敏明「逮捕・勾留・起訴・有罪判決」裁判実務大系18（平四、青林書院）三四〇頁など。また、後出の裁判官の職務行為の違法性に関連して表明されたものとして、古崎慶長「裁判官の職務活動と国家賠償責任・再論」季刊実務民事法七号（昭五九）二七頁、（同・国家賠償法研究〔昭六〇、日本評論社〕所収）、西野喜一「裁判に関する国家賠償——事実認定の誤り」現代民事裁判の課題⑩（平三、新日本法規出版）二四六頁、有吉一郎「裁判の過誤と国家賠償責任」判タ五一九号（昭五九）五三頁。学説の多数説である。

(20)　篠田・前掲注(15)最判解説四七四頁。

(21)　佐賀地判昭52・2・25判時八七四号七一頁、和歌山地判昭53・3・27判時九一六号六七頁、鳥取地判昭57・2・18判時一〇五八号一〇一頁。以下の裁判例においても、違法性と過失とは、ほぼ一体的に判断されている。東京地判昭54・6・25判時九三〇号四六頁、横浜地川崎支判昭56・5・28訟月二七巻九号一六四四頁、東京地判昭57・6・

28判時一〇四九号八頁、津地判昭58・4・28判タ四九六号二〇九頁、東京高判昭58・10・20判時一〇九四号三頁、東京地判昭59・6・25判時一一二二号三四頁（第一事件）、大阪高判昭59・8・21判タ五四四号一五八頁、神戸地判昭60・2・6判時一一六一号一六六頁、福島地いわき支判昭63・12・14判時一三〇二号二一頁、東京地判平2・6・12判時一三六二号八〇頁など。

(22) 東京高判昭45・8・1下民集二一巻七＝八号一〇九九頁（本判決については、原田尚彦・昭四五年度重要判解〔ジュリ四八二号〕二七頁、伊藤幸吉・民研一六四号四三頁、原審判決については、乾昭三・ジュリ四二八号九六頁）、東京地判昭53・12・25判タ三八一号八一頁、青森地弘前支判昭56・4・27判時一〇〇二号二五頁、大阪地判昭58・6・2判タ四九七号二一四頁、佐賀地判昭58・12・16判時一一〇〇号二〇頁。札幌高判昭48・8・10判時七一四号一七頁（後掲判決【8】）にも、同旨を説く部分がみられる。学説としては、西野・前掲注(19)二五二頁、古崎慶長「無罪と国家賠償」判タ三七三号（昭五四）一一頁（同・国家賠償法の理論〔昭五五、有斐閣〕所収）。

(23) 鳥取地米子支判昭42・6・13訟月一三巻八号九三三頁、水戸地判昭51・5・27判時八三九号一〇五頁、青森地弘前支判平5・5・11判時一四七九号一一一頁など。反対に、違法性を問題とすることなく、ただちに過失の有無の判断によって処理しているケースとして、東京高判昭43・9・2訟月一四巻一〇号一一一〇頁。

(24) 熊本地判昭53・2・20判時八九五号一〇二頁。

(25) 第一審判決は、札幌地判昭46・12・24判時六五三号二三頁。

(26) 事案は、次のようである。Xは、Aから営業用ミシン機の改造・修理を依頼されたが、Aに対して売買契約上の損害賠償請求権を有することを理由として、これを一〇か月余の間、自己の手元に留置し、結局、未修理のままAに返還した。Aは、右のXの行為は、請負契約の債務不履行にあたる、として、Xに対して損害賠償の支払いを求める訴えを起した（前訴）。この裁判では、ミシンとXの債権との間に牽連関係は存しない（民法二九五条一項）との理由からXが敗訴した（第一審限りで確定）。その後、Xは、前訴の担当裁判官は、商事留置権の規定（商法五二一条）を適用すべきであったのに、これを適用せずにXを敗訴させたことは、国家賠償法一条一項にいう違法な行為にあたる、として、本訴により国（Y）に対して損害賠償を請求した、というものである。本判決については、

最判解説（民）昭五七年度一三事件（村上敬一）、民商八七巻五号七二八頁（芝池義一）、判評二九一号（判時一〇七〇号）一八九頁（宇賀克也）、昭五七年度民事主要判解（判タ五〇五号）二〇八頁（古嵜慶長）、昭五十七年度重要判解（ジュリ七九二号）四三頁（藤谷政博）、行政判例百選Ⅱ（第二版）三〇四頁（綿貫芳源）、法学研究五六巻六号一二一頁（山田恒久）、昭五七年行政関係判例解説五三二頁（石井宏治）。

(27)　前出判決【7】と同一事件。事案は、次のとおりである。Xは、刑事事件（殺人容疑）で起訴され、上告審で有罪判決が確定したが、再審において無罪判決が下されて、同判決が確定した。そこでXは、裁判官が有罪判決を下したのは違法な行為にあたるとして、国（Y）に対して損害賠償を請求したもの。裁判例としては、ほかに、判決【10】が引用する最判昭和57・3・18裁判集（民）一三五号四〇五頁がある。下級審の裁判例としては、大阪高判昭50・11・26判時八〇四号一五頁（具体的結論は、消極）、東京地判昭54・2・21判時九二六号八二頁（仮差押執行の取消決定、消極）、広島地判昭55・7・15判時九七一号一九頁（消極）、東京高判昭56・12・22判時一〇三二号六五頁（同）、東京地判昭57・6・28判タ四七三号一六二頁（勾留期間の更新決定。積極）、大阪地判昭59・4・27判時一一三六号九八頁（消極）、東京地判昭59・6・25判時一一二三号三四頁（第一事件。同）、大津地判判昭60・8・26判タ五六九号六〇頁（同）、神戸地判昭61・3・3判時一二一二号一三二頁（仮処分決定。消極）、広島高判昭61・10・16判時一二一七号三二頁（第一事件。同）、大阪高判昭62・2・24判タ六三二号九二頁（同）、仙台地判平3・7・31判時一三九三号一九頁（同）、水戸地判平10・6・23判時一六九〇号一〇五頁（同）など。

(28)　村上・前掲注(26)二一四頁。同「裁判官の職務行為と国家賠償責任」新・実務民訴講座6（昭五八、日本評論社）八七—八八頁、宇賀克也・国家補償法（平九、有斐閣）五三頁も同旨。遠藤博也・国家補償法上巻（昭五六、青林書院新社）一六六頁は、一般論として、「国家賠償法における違法性は、……行為規範性を内容とするものである」旨を説く。この問題については、高木光「国家賠償における『行為規範』と『行為不法論』」損害賠償法の課題と展望・石田＝西原＝高木還暦記念中（平二、日本評論社）一三七頁参照。

(29)　村上調査官解説・前掲注(26)二一五頁。

(30)　判決【9】、【10】が説くような「違法又は不当な目的をもって」行為をしたような特別の事情のある場合にのみ違法な行為となるとする立場は、一般に、職務行為基準説中の細分類として違法性限定説の名で呼ばれている（河野・前掲注(16)二三一頁、宇賀・前掲注(16)一九五頁、新谷・前掲注(17)一七八頁、寳金・前掲注(19)三四一頁など参照）。判旨が、かく限定的な判断基準を採用したことの妥当性如何の問題は、なお残りそうに思われるが（裁判官が、違法又は不当な目的をもって裁判をする、というようなことがそもそもありうるのであろうか。この点につき、西野・前掲注(19)二四九頁、古崎・前掲注(19)二八頁、同・国家賠償法の諸問題〔平3、有斐閣〕一五八頁、阿部泰隆「裁判と国家賠償」ジュリ九九三号〔平四〕七三頁参照）、ここでは立ち入らない。なお、検察官の職務行為についても、右と同一の要件の下でのみ違法性を肯定できる、とした裁判例として、仙台高判昭61・11・28判時一二一七号三二頁（判決【7】の原審判決）。ほぼ同旨、東京高判昭62・12・24判時一二七〇号五七頁。大沼洋一・民研三四二号（昭六〇）三四頁も、同旨。これに対して、右の立場に同調することはできない旨を明言したものに、大阪高判昭63・5・31判タ六六八号一八三頁。

(31) 河上之康「国家賠償法における公務員の故意過失——検察権、裁判権の行使との関連において——」司法研修所二〇周年記念論文集第1巻（民事編1）（昭四二）二二六頁。

(32) 河上・同右二二八頁。大藤敏「裁判官の職務行為と国家賠償責任に関する裁判例の考察」判タ三五二号（昭五二）一一三頁も、この点、同旨。

(33) 前田・前掲注(1)民法学6六二頁、森島・前掲注(1)不法行為法講義二四六頁など。

15　使用者責任における「外形理論」の二重性

道垣内弘人

一　問題の所在
――判例における外形理論と使用者責任の要件構造

1　使用者の事業範囲と被用者の職務範囲

使用者責任の成立要件に関して、周知のように、判例法理はいわゆる「外形理論」を採用している。しかし、この「理論」が、使用者責任の成立要件のうち、どの要件に関するものなのかは、必ずしも厳密には理解されていないように思われる。

ここにおいて、まず注意すべきなのは次の点である。すなわち、民法七一五条一項にいう「事業ノ執行ニ付キ」の要件の判断にあたっては、「被用者の職務範囲」だけを問題にすればよいわけではない。この要件は、

ａ―使用者の全体としての事業の範囲に含まれるかという問題、

b—被用者の職務の範囲に含まれるかという問題、の二つに分けられる、というのが通説であり、異論のないところなのである。[(1)]

そこで、判例法理を使用者責任の成立要件との関係で正確に理解しようとするときには、「外形理論」が、a、bのいずれの問題にかかわるものなのか、が検討されるべきである。

2　判例における「外形理論」の一般論

最高裁判決において、「外形理論」の一般論を最も詳細に展開しているのは、最高裁昭和四〇年一一月三〇日判決（民集一九巻八号二〇四九頁）である。次のようにいう。

「民法七一五条にいわゆる『事業ノ執行ニ付キ』とは、被用者の職務執行行為そのものには属しないが、その行為の外形から観察して、あたかも被用者の職務の範囲内の行為に属するものとみられる場合をも包含するものと解すべきであり、このことは、すでに当裁判所の判例とするところである（昭和三二年七月一六日第三小法廷判決、民集一一巻七号一二五四頁、昭和三六年六月九日第二小法廷判決、民集一五巻六号一五四六頁）。これを被用者が取引行為のかたちでする加害行為についていえば、使用者の事業の施設、機構および事業運営の実情と被用者の当該行為の内容、手段等とを相関的に斟酌し、当該行為が、（い）被用者の分掌する職務と相当の関連性を有し、かつ、（ろ）被用者が使用者の名で権限外にこれを行うことが客観的に容易である状態に置かれているとみられる場合のごときも、被害者の保護を目的とする民法七一五条の法意ならびに前示判例の趣旨にかんがみ、外形上の職務行為に該当するものと解するのが相当である。」（傍線は引用者による。）

ここで注意すべきなのは、傍線部分である。ここからは、「外形理論」とは、「被用者の職務の範囲内の行為に属する」か否かを、外形から見て判断しようというものであることになる。すなわち、bの問題についての判断法理なのである。

最高裁判所の判決において、被用者の取引行為について使用者の使用者責任の成否を問題としたものは全部で一二件あるが、そのうち八件は、「外形理論」をもって『被用者の職務の範囲内の行為に属するか否か』を外形から見て判断しようとするもの」と位置づけている。

3　異なるタイプの判示

(1)　もっとも、これに対して、右にいう一二件の最高裁判決のうちには、若干異なる言辞を呈するものも存在する。

最高裁昭和三二年七月一六日判決（民集一一巻七号一二五四頁）、
最高裁昭和四二年一一月二日判決（民集二一巻九号二二七八頁）、
最高裁昭和四二年一二月二一日判決（判時五一三号三五頁）、
最高裁平成六年一一月二二日判決（判時一五四〇号四二頁）、

が、それである。

最も近時の平成六年判決から引用しておくと、次のとおりである。すなわち、

「被用者の取引行為がその外形から見て使用者の事業の範囲内に属すると認められる場合であっても、それが被用者の職務権限内において適法に行われたものではなく、かつ、その相手方が右の事情を知り又は重大な過失によってこれを知らなかったときは……」

これは、「外形理論」を、「使用者の全体としての事業の範囲に含まれるかという問題」、すなわちａの問題の判断法理として位置づけているとも読めるものである。

(2)　ところが、右に挙げた四つの判決を事案との関係において検討すると、事案の詳細が不明な最高裁昭和四二年一二月二一日判決（判時五一三号三五頁）を除く三つの判決の事案においては、「外形理論」が、ａの問題の判断法理としては働いていないことがわかる。

より具体的にいえば、次のとおりである。

まず、最高裁昭和三二年七月一六日判決（民集一一巻七号一二五四頁）は、会社の経理課長による手形偽造行為が問題となったものであり、手形振出行為自体は「外形理論」によるまでもなく会社の事業範囲に含まれるものであった。

次に、最高裁昭和四二年一一月二日判決（民集二一巻九号二二七八頁）は、銀行の支店長が、第三者による手形割引の斡旋を取り持つ旨持ちかけて、手形を詐取したものである。手形割引の斡旋は、使用者たる銀行の事業範囲内に属するか否かが微妙であり、かつ、当該判決においても、「出資の受入、預り金及び金利等の取締等に関する法律三条、九条にも違反する疑いのある行為であるといわなければならない」とされている。しかし、右判決は、結論として、事業範囲に含まれるか否かを判断せず、ｂの問題につき、「右取引におけるＡの行為がＹ銀行の南田辺支店長としての職務権限を逸脱して行なわれたものであることを知つていたか、または、重大な過失によりこれを知らなかつたものと認めるべきではないか、との疑問が生ずるのを禁じえない」として、破棄差戻しをしたものなのである。

また、最高裁平成六年一一月二二日判決（判時一五四〇号四二頁）は、信用金庫職員が、預金の名目で小切手を詐取したものであり、これも、「外形理論」によるまでもなく会社の事業範囲に含まれるものであった。

（3）　このように見てくると、aの問題について「外形理論」が適用されるかのような言辞を呈する最高裁判決はあるものの、実際に適用した事例はないことになる。そして、最高裁判例の大勢は、抽象論のレベルでも、bの問題との関連で「外形理論」を説いているのであるし、学説には、最高裁判例法理の理解として、「外形理論」はbの問題についての判断法理であることを明言するものも多い(2)。

4　問題の析出

（1）　もっとも、いくつかの最高裁判決が、抽象論として、「外形理論」を、a、b双方の判断法理とするかのような判示をしているのはたしかである。

この背後には次のような事情があると思われる。すなわち、「実際上は、加害行為の事業執行関連性が争われる場合の多くは、右のbの点についてであって、純粋にaの点が問題とされることはまれである。なんとなれば、使用者の『事業』という概念は、あたかも法人についての法律行為の効果帰属の場合において定款や寄附行為に掲げられた法人の目的（四三条参照）の意味するところにおけると同じく、かなり緩やかなものと理解されるからである(3)」。つまり、事態の不明確性は、aを問題とすべき事件が少ないことによって露呈を免れてきたのである。

（2）　ところが、つねにbのみを判断すれば足りるというものでもない。たしかに、法人の目的の範囲はきわめて緩やかに解されてはいる。しかしながら、事業範囲が法定されている場合や一定の取引が法律によって禁じられている場合には、それが法人の目的の範囲内とはいいにくい。さらに、そのようなときには、後に詳しく述べるように、「法の不知は恕せず」という原則との関係も生じる。aの問題について、bの問題と分けて考察する必要性は、少なくとも一定の場合には失われないのである。

そうであるならば、判例法理がａについてどのような判断基準・方法をとっているか、また、どのような判断基準・方法をとるべきなのか、より自覚的な検討が必要だというべきであろう。

（３）本稿は、以上のような問題意識のもと、被用者の行為が実際には使用者の事業に属していない場合について使用者責任の成否を判断している判決例をなるべく網羅的にとりあげ、下級審判決例を含めた判例法理の現状を探ってみようとするものである。

なお、検討は、いわゆる取引的不法行為の例に限られる。事実的不法行為に関しては、それが本来の事業範囲に含まれないことは当然であり、別個の考慮が必要だからである。

（１）加藤一郎『不法行為〔増補版〕』一七八頁（一九七四年）、我妻栄＝有泉亨＝四宮和夫『事務管理・不当利得・不法行為（判例コンメンタールⅣ）』二六九頁以下（一九六三年）、森島昭夫『注釈民法（一九）』二八四〜二八五頁（一九六五年）、四宮和夫『事務管理・不当利得・不法行為』六八八頁（一九八五年）、幾代通（徳本伸一補訂）『不法行為』二〇二頁（一九九三年）。

（２）加藤・前掲書一八一頁、我妻＝有泉＝四宮・前掲書二六九〜二七二頁、四宮・前掲書六八八頁。

（３）幾代（徳本補訂）・前掲書二〇二頁。引用にあたって、符号をａ、ｂに変更した。

二　使用者の事業範囲に含まれない取引行為による不法行為に基づく使用者責任の成否

1　裁判例の限定

取引行為による不法行為による使用者責任の成否が問題となった判決例は、公表されているものだけでも数百件に及ぶ。しかし、それらのほとんどは、被用者の行為が使用者の事業範囲に含まれうることは明らかな事案に関するものである。これに対して、少数ながら、使用者の事業範囲に含まれない行為が被用者によってなされた場合について使用者責任の成否を論じる裁判例がある。そこで、まず、それらの裁判例をできるかぎり網羅的にとりあげることにする。

2　裁判例の紹介

時系列に沿って列挙する。

① 津地裁昭和二九年二月一〇日判決（下民集五巻二号一五二頁）

第三者が銀行から借り入れをするための担保として利用し、手数料を支払う、とだまし、Y_1銀行の銀行員Y_2が顧客Xから定期預金証書・金銭を預かり、当該顧客名義で借り入れをしたうえ、その金員を自己のために費消。「浮貸そのものが性質上銀行の業務に関するものと云われないから右Y_2の不法行為によるXの損害はY_2がY_1銀行の職務の執行に付き加えたる損害とは認め難い」として、使用者責任の成立を否定。

② 東京地裁昭和三二年四月三日判決（法曹新聞一一九号一七頁）

Y相互銀行員Aが、顧客Xから金銭の借り入れ。

「相互銀行法に依れば相互銀行は（1）無尽株金の受入、（2）預金又は定期預金の受入、（3）資金の貸付又は手形の割引、（4）有価証券、貴金属其他の物品の保護預り、（5）有価証券の払込金の受入又は其元利金若しくは配当金の支払の取扱、（6）之等に付随する業務を営む事が出来るが之等以外の業務を営む事が出来ない。相互銀行が其資金を導入する場合には、無尽掛金か預金又は定期預金の受入という形態によるものであつて個人よりの借入は原則として許されず只例外としてコールマネーを所定の機関から短期間借り入れられるのに過ぎないと解される。従つてXの主張する様に、Y銀行がXから必ずしも短くない期間、然も高利で金を借り入れる事はもともと許されて居ない事である。X本人はかような事は全然知らなかつた旨供述して居るけれども、……民法第七一五条にいわゆる『事業の執行につき』とは其行為の外形上の使用者の事業に属する場合であるか、又は行為の外形上使用者の事業と認められなくとも、其事業の執行を助長する為之と適当な関連があり、使用者の行動範囲内の行為と認められる場合を指すものと通常解釈されているが、相互銀行の支店長が個人から高利で金を借りるという行為が仮に有つたとしても、それが前者に該当しない事は云う迄もないし、後者に該当すると解する事も無理であると考えられる」として、使用者責任の成立を否定した。

③　青森地裁八戸支部昭和三二年六月一七日判決（下民集八巻六号一一二五頁）

特定郵便局長Aが、東北地方特定郵便局長会で定額郵便貯金より利息の高い貯金を扱うことになったと虚偽の事実を告げ、Xから、定額貯金の払い戻し、利息の高い貯金への預け入れを受任し、金員を詐取。

「同条の『事業の執行につき』とは、同条が特に被用者の行為について使用者に損害賠償の責任を負わしめた公平と言う観点から考察して、事業の執行自体に限らず、その事業の執行を助長するため適当な牽連関係に立つ行為の外、被用者の意思にかかわることなく、行為の外形上使用者の事業の執行と認められる行為を含む」としたうえ、「本件不法行為の手段、方法より見て、同人の右行為は、社会観念上同人が掌っていた郵便貯金の事務と外形上同一視され、使用者たる国の事業の執行と認められる」として、使用者責任の成立を肯定。

④　仙台高裁昭和三三年一〇月二九日判決（下民集九巻一〇号二一六八頁）

前掲③の控訴審。

「特定郵便局の職員が国の行う郵便貯金業務に関しその貯金者から郵便貯金の払戻の委任をうけ、これに代ってその払戻手続をなすことは、右郵便貯金業務の範囲内の行為に属するものと認めるのが相当であるのみならず、郵便貯金業務にたずさわる職員が一般利用者へのサービスとして貯金者から郵便貯金通帳、証書の保管もしくは郵便貯金の払戻の依頼をうけていた習慣の存することも前記各証拠により明らかであるから、訴外AがXから前記定額郵便貯金払戻の委任をうけXを代理してこれが払戻をうけた行為は、Y(国)の行う郵便貯金業務の範囲内に属し且つこれと牽連するものといわねばならない」として、使用者責任の成立を肯定。

⑤　最高裁昭和四二年一一月二日判決（民集二一巻九号二二七八頁）

銀行の支店長Aが、第三者による手形割引の斡旋を取り持つ旨持ちかけて、Xから手形を詐取。

「右Aは、Y銀行の内規、慣行に反して右取引をなし、これにつき支店長代理にも相談せず、本店にも報告しなかったというのであるから、右取引におけるAの行為は、Y銀行の南田辺支店長としての職務権限内において適法に行なわれたものとは到底いえないのみならず、出資の受入、預り金及び金利等の取締等に関する法律三条、九条にも違反する疑いのある行為であるといわなければならない。」としたうえ、「右取引におけるAの行為がY銀行の南田辺支店長としての職務権限を逸脱して行なわれたものであることを知っていたか、または、重大な過失によりこれを知らなかったものと認めるべきではないか、との疑問が生ずるのを禁じえない」として、破棄差戻。

⑥ 大阪地裁昭和四三年九月二六日判決（判タ二二八号一九二頁）

Y証券会社の雇用する外務員Aが、顧客Xから金銭を利息年八分の約束で借受。

「証券業者が顧客から利払の約束の下に金銭を借り受けることは存在しない事実が認められ、……そして証券取引法によると証券業者の営業の範囲は法定されており、兼業を禁止され、証券業者が自己の営業資金のため顧客から金銭を預け入れることは認められず、その営業の範囲に属する事業を遂行するに附随する行為とも解することもできない。」「しかし代理行為の効力がY会社に及ぶかを考える場合に、Y会社の営業に属するかの問題と使用者責任につき使用者たる会社の責任の根拠としての事業の執行に付きといえるかの問題は自ずから観点を異にし、使用者責任が被用者の行為によってそれだけ使用者の社会的活動が拡張されているところにその責任の根拠が求められる以上、客観的外観的に事業の範囲内と認められれば足るものと解すべきである。ところで前判示のとおりAは金一〇〇万円を利払の約束の下に預り、Y証券堺Aを受取人とする預り証（甲第一号証）を作成し、これをY証券堺営業所用の封筒（甲第三号証）に入れてXに交付したものである。そして、〈証拠〉によると、外務員はY会社の営業に属すること明らかな有価証券、投資信託等の取引に際し現金の受渡しをし、通常は乙第二号証の一乃至四の如き預り証を発行するが、メモ用紙などに預った意味を書いて渡して帰える場合もある事実が認められ、右認定を覆えすに足る証拠はない。してみると本件金一〇〇万円をAが預って甲第一号証の預り証を作成交付した行為はかかる場合と客観的には区別がつき難く、外形的には、Y会社の事業の執行に付なしたものと認められる」として、使用者責任の成立を肯定。

⑦　東京地裁昭和四四年五月一四日判決（金融商事判例一七〇号四頁）

Y信用組合の職員Aが、職員外の者Xに対し、職員定期預金を利用させ、高利を得させると持ちかけ、いったんは、自己名義の職員定期預金とした。後にその解約を依頼されたが、指定された日以前に解約したうえ、自己のために費消。

「本店預金課の職員としてその職務が預金の受入れ業務である以上、顧客であるXより依頼されて預金の解約手続をとるに当り、不正を働き、これを他に流用して焦付かせた結果Xにその損害を蒙らせたのであるから、これは職務の執行に関連してなされた不当な業務の執行というに外ならない。」として、使用者責任の成立を肯定。

⑧　大阪高裁昭和四六年五月二二日判決（判タ二七一号三三三頁）

前掲⑥の控訴審であり、ほぼ同様の判示。使用者責任の成立を肯定。

⑨　東京高裁昭和四七年一二月二五日判決（民集二九巻一号一一頁）

前掲⑦の控訴審。

「以上認定の事実によれば、AがXから金員を預った行為ないし預った金員を他に流用した行為は、その外形からみて、Yの事業の執行に関するもので、これによりXに対し損害を生ぜしめたかのように一見考えられるが、Xは、右のような特別扱いの預金は職員以外にはできないことを知って、利殖のためAに対し金員を預けていたのであるから、Aのした右行為は組合の業務の執行につきなされたものとはいえない。のみならず、Xから預った金員をAが自己の名義をもつてY組合に職員定期預金として預金することは被用者たる同人の職務権限内において適法に行なわれるものではないのであり、Xはこのことを知っていた(少なくとも重大な過失によりこれを知らなかった)のであるから、Xは右定期預金預入につきなされたAの行為に基づき民法七一五条によりAの使用者たるYに対して、損害の賠償を求めることはできないものといわなければならない」として、使用者責任の成立を否定。

⑩　名古屋地裁昭和四八年八月四日判決（判時七二七号七〇頁）

Y商品取引員の外務員Aが、取引差益が出ているが委託証拠金を入れていない第三者に代わって委託証拠金を支払えば、その利益の横流しが得られると顧客X_1らをだまし、金員を詐取。

「不当な勧誘行為であることは疑うべくもないが、客観的、外形的に見れば外務員の商品取引の委託の勧誘というY会社の業務の範囲内にあるものというべきであり前示認定の事実および前掲各証拠から認められるとおりX_1らは商品取引について全くの素人であり、門外漢であって商品取引の仕組についての適確な知識も乏しく、前示のとおりX_1らはいずれも勧誘をうけた際営業課長の肩書を付した名刺を示され、現実にAがその様な肩書を有するものであることを信じているのであり……通常その様なことが会社の方針として容認されているものとして理解するか、ないしは、……手続上の煩瑣な説明として看過するかのいずれかであると解される」として、使用者責任の成立を肯定。

⑪　最高裁昭和五〇年一月三〇日判決（民集二九巻一号一頁）

前掲⑦の上告審。

「しかしながら、職員外の者が職員を通じてその名義で職員定期預金をすることがY組合の禁止するところであり、これに反してされた預金契約が職員定期預金としては有効に成立しないとしても、右契約がY組合に対してなんらの効力を生じるものではないと解すべきではなく、むしろ、職員定期預金でなければ預金契約をしないことが明らかであつた等特段の事情のないかぎり、右契約が職員定期預金としては有効に成立しないとしても、預金契約は職員外の者とY組合との間において、特利に関する約定のない一般定期預金として有効に成立するものと解するのを相当とする。そうすると、右預金に関する前記Aの金員の受入れ、払戻等の行為は、右の限度においてY組合の業務の執行行為というべきであり、払戻しに関してAがXに加えた損害につき、Xは民法七一五条によりY組合に対して賠償を求めることができるものといわなければならない」として、使用者責任の成立を肯定。

⑫　広島地裁昭和五一年二月二七日判決（判タ三四〇号二六〇頁）

Y農業協同組合の代表権限のない理事Aが組合名義で訴外B会社の債務につき保証契約を締結。その無効により、Bに対する債権者X_1らが損害。

「定款の定める組合理事会の決議を経ず報告を代表する権限なくしてX_1らに対し訴外B会社の手形債務を保証する書面を交付したものと認めることができ、しかも右定款によりYはその性格上組合員でない訴外B会社の債務について保証しえないものと解すべきである」し、さらに「Yは農業協同組合であつて組合員の相互扶助、助成を図り組合員に最大の奉仕をすること（農業協同組合法第八条）目的として設立されたものでその行いうる事業の範囲は同法及びY組合の定款に明定されているところであるから非組合員である訴外B会社の取引先に対する多額の手形債務に保証しえない」が、「Y組合理事会の承認をえたからと虚偽の事実を申し向け本件保証書を交付したものであって右はYの被用者たるA専務理事が職務を執行するにつき不法に第三者たるX_1らに損害を加えたものというべきである」として、使用者責任の成立を肯定。

⑬　大阪地裁昭和六〇年二月二八日判決（判時一一七七号八五頁）

Y_1証券会社の歩合外務員Y_2が、顧客Xに対し、株券を証券金融会社へ預託して運用することを勧め、そのことを誤信させたうえ、株券を詐取し、自己の借入金の担保として流用。

「証券会社の外務員は、その所属する証券会社に代わってその有価証券の売買その他の取引に関し一切の裁判外の行為を行う権限を有するものとみなされる（証券取引法六四条一項）ので、外務員の職務権限は証券会社の営業範囲に限定されるものと解すべきところ、前記三で認定したとおり、証券会社は顧客から運用のため株券の預託を受けて運用利息を支払ったり、他の会社に顧客の株券を運用のため預託してその会社から支払われる運用利息を顧客に支払うような業務は全く行っていないこと、証券金融会社も同様に顧客から運用のため株券の預託を受けて運用利息を支払うような業務を全く行っていないことが認められる。したがって、Y_2が証券金融会社に株券を運用のため預託し右会社から運用利息の支払を受けるとの約束のもとにXからその買い付けた株式の株券を預かる行為は、証券会社の営業の範囲に属せず、外務員の職務権限におよそ含まれないものであって、外務員の職務権限を逸脱したものであるといわざるをえず、客観的、外形的にみて、証券会社であるY_1会社の事業の執行につきされたものということはできない」として、使用者責任の成立を否定。

⑭　東京高裁昭和六二年一月二八日判決（判タ六五三号一二〇頁）

前掲⑩と同様の事案。

「委託証拠金未納の取引について計算上の利益が生じている場合には、前記委託契約準則に従いこれを商品取引員において委託者の計算により処分することにより、委託者の利益を損なうことなく、商品取引員としても損害を被ることなく、取引を終了させることができるのであるから、このような場合に第三者に立替えを依頼することによつてまで委託証拠金の預託を受ける必要はないのであるし、あえて第三者に委託証拠金を立替えさせ利益をその第三者に回すというようなことをするとすれば、それは、委託者の損失において、商品取引によらずして第三者に一方的な利益を与える行為であって、商品取引の性質と仕組みに著しく背馳するから、商品取引の決済手段として許されないところというべきであ」り、「これを客観的にみた場合商品取引員の営業の目的たる行為に該当しないのみならず、営業のため必要な行為にも該当しない」としたうえで、しかし、「そのことから当然に右不法行為が民法七一五条の要件とするYの事業の執行についてなされたものに該当しないということになるものではなく、この点は、被用者の不法行為について使用者の責任を定める同条の法理に立脚して別途に考えるべきものである。そして、本件の場合には、……A支店長らの欺罔行為は、Yが正常な営業上他の顧客に対し未納委託証拠金請求債権を有しまたはそのような状態が将来生じうるものであることを装うことによつてはじめて可能となるものであること、A支店長らは、Xが横浜支店を通じYと正当な取引をしている顧客であることからXを知るようになつたものであり、テッポウ玉を利用した利益獲得の勧誘は、正規取引の受託と併行して行なわれたものであること、A支店長らは、Xに対し、正規の取引に用いられるのと同じYの委託証拠金預り証を交付し、右各預り証の形式からすると、A支店長には委託証拠金預り証作成、発行の権限があると認められること、A支店長は、単に登録外務員であるというにとどまらず、前記のような広範な権限を有するものとみなされる支店長であること、テッポウ玉といわれる取引がある場合に委託証拠金を肩代りすることは、建玉の特殊な清算方法の如き外観を呈し、正当な取引として行ないえないものであることが一般の顧客にとつて必ずしも明らかとはいえず、特に商品取引員の支店長の立場にあるものからそのような勧誘がなされた場合には、これが正当な取引であると誤信されやすいものといえること、……このような詐欺事例は不良被用者を使用する場合にはありがちなことと認められること等の事実を指摘することができるのであつて、これらのことからすれば、A支店長らの前記不法行為は、外形的にYの事業の執行について行なわれたものと認められる範囲内にあるものと解するのが相当

力者Bがそれを流用。

⑮　大阪地裁昭和六三年三月一六日判決（判時一二九四号八六頁）

Y信用組合の元職員で、現在は嘱託として新規預金を正規職員に取り次ぐ業務を行っていたAが、マル優制度の不正利用のため顧客Xから現金を預かり、他人名義の定期預金を作成するつもりでいたところ、不正行為の協力者Bがそれを流用。

マル優制度の不正利用については評価しないまま、Xは、「Aには右預金受入手続の義務を負担させる趣旨で、本件金員を交付し、Aは、右趣旨を了承して本件金員を受領したが、結局、Aは、受領した本件金員をBに流用され、これを回収してYに入金して定期預金とすることができなかったものであるところ、前示のとおりAは本件金員の受領時にはすでにYのために顧客との間に定期預金契約を締結する権限を喪失していたものの、《証拠略》によれば、Aは被告の業務部付嘱託として新規の預金を開発してこれを正規の担当職員に取り次ぐ業務等に従事していたことが認められ、又前示のとおり嘱託となった後も従前と同様の方法でXから定期預金を受け入れていたものであることに照らせば、Aの本件金員の受領はYの事業の執行につき行われたものと解するのが相当である」として、Y信用組合の使用者責任の成立を肯定。

⑯　東京地裁平成三年五月二八日判決（判時一四〇九号八九頁）

証券投資顧問会社の従業員が、証券購入代金だとして顧客から金銭を詐取。

「本件当時のYの営業は、広告や電話で一般投資家客を勧誘し、会員となった客から会費の支払いを得たうえで、レポート送付や電話での銘柄指導によって会員に対する投資顧問を行う、というものが基本で」あり、「従業員が客を納得させえさせれば客からいくらでも金を取っても良いという仕組みで」はあったが、「現実にその事業として会員から投資資金を預かってそれを運用していたという事実を認めることはできない」。しかし、本件詐取は、「被告証券情報の会員であるXにAが担当従業員として接したことを契機としており、その後も同被告本来の業務である投資情報の提供と並行して行われていたこと、AはYの運用部長というあたかも資金の運用を行う役職であるかのような肩書を称していたこと、Aは本件以外でも同様な不法行為をしており、Yのような投資顧問業者が顧客から投資資金を預かり、これを運用するなどの違法行為が社会問題となり、昭和六一年五月末『有価証券に係る投資顧問業の規制等に関する法律』が制定されたこと（弁論の全趣旨）からみると、本件不法行為は、Aの職務の性質上、通常ひきおこされる危険のある行為であり、客観的、外形的にみて、同人の職務の範囲内に属するものと認められる」として、使用者責任の成立を肯定。

⑰　東京高裁平成四年六月一六日判決（判タ八一六号二一八頁）

郵便局保険外務員Aらが、郵便局の労働組合では高い利息でお金を預けっていると虚偽の口実を設け、簡易生命保険を解約させ、X_1らから解約金を詐取。

「Aらが国家機関である郵便局の職員であり、その勤務時間内に制服等を着用して本件犯行を行ったからAらを信用したといえるのであるが、X_1らの主張するところのいわゆる『制服の犯罪』であるからといって、そのことだけで当然に、組合への預け入れとしてなされた本件の金員の騙取行為が外形的にみて国の行う事業のための職務行為又はそれに密接に関連する行為であるといえないことはもとより、X_1らがそのような職務行為であると信頼すべき根拠になるものとはいえない」し、「Aらは、X_1らから依頼された解約等の手続を正規に行い、これによってX_1らに支払われることになった金員を騙取したものであり、右の手続を踏んでいることはX_1らにおいて十分了解していたのであるから、右解約等に関する行為は、その動機についてX_1らに錯誤があったにしてもあくまでもX_1らの意思の下に行われたものとみるべきであり、これをもって直ちに本件損害発生の原因となる不法行為ということはできない。Aらの不法行為の中心部分は、『組合に高利で預ける』と言ってX_1らを騙して右解約等による金員の交付を受けた点にあるというべきである」として、使用者責任の成立を否定。

⑱　東京地裁平成七年三月一三日判決（判時一五三三号七六頁）

Y銀行の支店長代理Aが顧客X_1らを同銀行の取引先であるB会社の行う絵画投資契約に勧誘したが、同契約が債務不履行に陥る。

「たしかに、①Y銀行銀座支店の支店長代理であるAがX_1ら投資家に対してBへの投資（絵画の購入）を勧めこれを承諾させることは、Yにとって新規取引先の獲得あるいは既取引先との取引拡大につながる可能性もあること、②Aの本件絵画投資勧誘行為の目的の一に、それが大きなものではなかったとしても、投資を承諾した投資家にYから投資金を貸し付けようとする意図があったことも否定できないこと、③一方、本件絵画投資勧誘行為によって投資家が投資を承諾し、実際にBに投資をすれば、Bに多額の貸付金を有するYとしてはその回収が一応容易となる理であり、本件絵画投資勧誘行為によってYが受ける利益もないわけではないこと」はたしかであるが、「①Aの支店長代理としての職務は、Y銀行のために新規取引先を開拓獲得しあるいは既取引先との取引を拡大継続させることにあったのであり、Aの本件絵画投資勧誘行為は、通常Aの右のような職務に付随随伴する行為とは認められないこと、②本件において、Aの絵画投資勧誘行為は、多分にその個人的な興味と思い入れに基づくものであると認められること、③そして、本件絵画投資勧誘行為を受けたX_1がその投資金をY銀行から借り入れたことはなく、また、AがX_1に対して特に強くY銀行からの借入を勧めた形跡もないこと、④Bは、本件絵画投資契約において、投資元金の返還と配当金の支払いとを約しているが、そのような契約の締結を勧めること自体がY銀行の事業に含まれないことは明らかであること、⑤X_1に対して最初に本件絵画投資勧誘行為がなされた昭和六三年一二月当時においてはAは被告銀行の行員であったものの、第二回目当時（平成元年五月当時）はC抵当証券株式会社に出向中であり、平成二年四月以降はY銀行を退社した後の勧誘行為であること、等の事実を総合考慮すると、Aの本件絵画投資勧誘行為は同人の職務行為に含まれないことはもとよりそれと密接な関連を有する行為であるとも未だいい難い」として、使用者責任の成立を否定。

⑲　前橋地裁平成七年五月九日判決（判タ八八七号二三〇頁）

特定郵便局長Aが、特定郵便局長会が行っている貯金が利率が高いとだまし、Xから金銭を詐取。

「特定郵便局長の職務は『郵便・郵便貯金・郵便為替・郵便振替・簡易生命保険・郵便年金および電気通信等の現業事務を経営的立場より管理監督することを主とする職務』であることが認められる」ところ、Xの受領した借用証書は、たしかに「伊勢崎東本町郵便局との印刷がなされている封筒に入っていた」が、「訴外Aが、自己の父親を連帯保証人として、各金員を借用した旨を記載した私文書としての借用証書であって、それには、特定郵便局長の職務として作成されたものと認めるべき外形は全く存在」せず、Xが、「訴外Aが伊勢崎東本町郵便局長であることから、同人を信用して、右金員を預けた」のではあっても、「それは、右職にあることから訴外A個人の信用を信頼したものと認めるべきであり、同人の職務の外形を信頼したものとは考えられない」。そして、「そもそも、Xの主張自体が、Xが訴外Aに預けた金員は、郵便局長しか加入できない局長会に投資するという趣旨のもので、訴外AがXに代わって投資して運用するというものであるから、元来正式な郵便局長の職務とは異なる性質の金員の預託であり、しかも、Xとの関係でその金員を受託する者は、直接には訴外A個人であることは、X自身承知していたものと言うべきであるから、訴外Aの職務執行行為ではないことを察知していたと考えられる」として、使用者責任の成立を否定。

⑳　東京地裁平成八年三月二五日判決（判タ九三八号二二六頁）

Y（NTT）職員（事業所の所長）Aが、NTTが子会社を用いて石垣島で大規模なリゾート開発事業を行うとだまし、その過程で手形裏書。

「事業の内容、範囲が法定されているYがリゾート開発に関する事業を行うことはできないこと、NDO、センチュリーワールド、センチュリーアールはYの子会社ではないし、外形上も子会社と見える事情はなかったこと、石垣島におけるリゾート開発を目的とする用地の取得が、東京地区における通信システムの営業に関する職務を担当する東京通信システム営業本部長の職務とはいえないことが明らかであり、Aの行為は、被告の事業の執行につきなされたものとは評価できない」し、また、「Aの行為がその職務権限の範囲外であることについて、原告には悪意又は重過失があった」として、使用者責任の成立を否定。

3　整理と若干の考察

（1）まず、被用者の行為が使用者の業務に含まれないことを直接の根拠として、使用者責任の成立を否定するものもいくつか見られる。具体的には、①、②、⑬、⑰、⑳がこれにあたる。なお、⑳は、相手方の悪意・重過失もあわせて認定しているが、判決文上、相手方の悪意・重過失に言及する前に、「被告の事業の執行につきなされたものとは評価できない」という結論に達しており、相手方の悪意・重過失は念押しの意味しか有していない。

これに類似するものとして、被用者の行為が使用者の業務に含まれないことを一つの根拠としつつ、被用者の行為が個人的な立場で行われたものと性質づけ、使用者責任の成立を否定するものもある。具体的には、⑱、⑲がそれである。

次に、被用者の行為が使用者の業務に含まれないことを直接の根拠とはしていないが、そのことを、相手方の悪意・重過失の判定における考慮要素に位置づけているものがある。具体的には、⑤、⑨がそれであり、いずれも使用者責任の成立は否定されている。

（2）　以上に対して、使用者責任の成立を肯定する判決例も多い。しかし、被用者の行為が使用者の業務に含まれないにもかかわらず使用者責任の成立を肯定するのには躊躇があると見られ、一工夫を施したものが多い。

まず、③には右のような工夫はない。すなわち、特定郵便局長が、東北地方特定郵便局長会で定額郵便貯金より利息の高い貯金を扱うようになったと虚偽の事実を告げ、定額預金の払い戻し、利息の高い貯金への預け入れを受任し、金銭を詐取した事件につき、「本件不法行為の手段、方法より見て、同人の右行為は、社会観念上同人が掌っていた郵便貯金の事務と外形上同一視され、使用者たる国の事業の執行と認められる」としている。ところが、その控訴審判決である④は、評価対象となる行為を変更し、「定額郵便貯金の払戻を受任すること」をもって、郵便貯金業務の範囲内に属するとした。つまり、使用者たる国の業務範囲ではあり得ない「東北地方特定郵便局長会で行う高利の預金への預け入れ」ではなく、その前段階をとらえることによって、「被用者の行為が使用者の業務に含まれない」という問題を消失させたのである。

また、⑦は、信用組合の職員が、職員外の者に対し、職員定期預金を利用させ、高利を得させると持ちかけ、いったんは自己名義の職員定期預金とし、さらにその解約を依頼された際、指定の時期より早く解約し、得られた金銭を費消した事案であるが、使用者責任を肯定するにあたり、「委任された預金の解約手続の履行における不正」にのみ着目し、その限りで職務執行性を認めている。不法行為と評価される行為を限定することによって、第三者を預金者として職員定期預金の預け入れを受けることが使用者たる信用組合のなしえない事業であることを問題にすることを避けているのである。しかし、この構成は控訴審である⑨の受け入れるところではなかったので、上告審である⑪は、また別の工夫によって、問題の消滅を図った。すなわち、職員定期預金として預け入れを受けた場合には、それが有効な範囲で契約が成立するから、一般定期預金とはなる。「そうすると、右預金に関する前記高橋の金員の受入れ、払戻等の行為は、右の限度において被上告人組合の業務執行行為というべきだ、というわけである。これは、使用者の業務に含まれない行為を、含まれない限度で一部無効とすることによって、使用者の業務に含まれる状態を作り上げるというテクニックを用いているのである。

⑮は微妙であるが、⑪を踏襲しているように思われる。すなわち、事案としては、被告信用組合従業員が、マル優制度の不正利用を前提として、顧客から金銭を預かったものであるが、判決は、「右預金受入手続の義務を負担させる趣旨で、本件金員を交付し、Aは、右趣旨を了承して本件金員を受領したが、結局、Aは、受領した本件金員をBに流用され、これを回収してYに入金して定期預金とすることができなかったものである」というのみで、マル優の不正利用については評価していないのである。

(3) これらに対し、⑥、⑧、⑩、⑫、⑭、⑯の各判決は、「被用者の行為が使用者の業務に含まれない」ことが、使用者責任の成立を肯定するための大きな支障になるとはとらえていないようにも見える。

しかし、このうち、まず、⑫は、使用者の業務に含まれない行為ではあるが、その行為が当該事情のもとにおいて、とくに許されたのだと相手方を信ぜしめた、という事実をあげ、その点を重視していることには注意を要する。すなわち、「Y組合理事会の承認をえたからと虚偽の事実を申し向け」としているのである。これは、単純に外形的に判断するのとは一線を画すものであるが，詳しくは後に述べる。

また，⑩および⑭は，取引利益が出ているが委託証拠金を入れていない第三者に代わって委託証拠金を支払えば，その利益の横流しが受けられる，という取引は，商品取引員の正当な業務としては行いえないが，そのことは素人にわかりにくい，という事実が指摘され，重視されている。

⑯のように，被用者の行為が使用者の業務に含まれている場合とまったく変化のない判断構造をとっているもの，さらには，⑥，⑧のように，「被用者の行為が使用者の業務に含まれない」ことと，使用者責任の成否を明示に切り離し，「Y会社の営業に属するかの問題と使用者責任につき使用者たる会社の責任の根拠としての事業の執行に付きといえるかの問題は自ずから観点を異にし，使用者責任が被用者の行為によってそれだけ使用者の社会的活動が拡張されているところにその責任の根拠が求められる以上，客観的外観的に事業の範囲内と認められれば足るものと解すべきである」と断じるものは，むしろ少数なのである。

4　判例法理の現状

（1）　以上からすると，これまでの多くの裁判例においては，被用者の行為が使用者の業務に含まれないことが，使用者責任の成否についての判断枠組みや判断結果に影響を及ぼしてきたというべきである。とりわけ，最高裁判決である⑪が，使用者の業務に含まれない行為を，そこに含まれない限度で一部無効とすることにより，「被用者の行為が使用者の業務に含まれる」状態を作り上げる，というテクニックをあえて用いていたことには注目すべきである。被用者の行為が使用者の業務に含まれない場合でも，含まれる場合と同じ判断枠組みを用いる，というのが，最高裁の判例法理だとするならば，このようなテクニックは不要である。⑪は，最高裁が，「使用者の全体としての事業の範囲に含まれるかという問題」と「被用者の職務の範囲に含まれるかという問題」とを分けて考える方向にあることを示すものであり、「外形理論」は後者について用いられるべきものなのである。

(2) さて、それでは、右の二つの問題を分けて考えることを前提としたとき、「使用者の全体としての事業の範囲に含まれるかという問題」はいかに判断されるべきなのだろうか。最高裁の判例法理全体との整合性を保つためには、いかなる判断方法がとられるべきなのだろうか。

次に、項を変え、この問題について論じることにしたい。

三 「使用者の全体としての事業の範囲に含まれるかという問題」の判断

1 表見代理の整理の判断との整合性

(1) 「使用者の全体としての事業の範囲に含まれるかという問題」はいかに判断されるべきなのだろうか。最高裁の判例法理全体との整合性を保つためには、いかなる判断方法がとられるべきなのだろうか。

まず、使用者責任の成否一般を判断するにあたって、表見代理の成否の判断との整合性が必要であると説かれている点を指摘することから始めよう。たとえば、次のようにいう。すなわち、「問題の実質は法律行為における代理権の不存在の場合における相手方の保護に関するのであり、表見代理もしくはその適用範囲の拡大の問題として実質的に考慮されることを要する(したがって、相手方保護の要件についても表見代理の要件と矛盾することは許されぬであろう)」[4]。

この問題意識は多くの論者によって共有されている。そして、被用者の権限逸脱・濫用について相手方が悪意または重過失であるときには、使用者責任の成立が否定される、という判例法理も、表見代理との要件上のバランスをとるための理論だと理解されている。たとえば、すでにあげた昭和四二年一一月二日の最高裁判決に対する調査官解説は、次のようにいう。すなわち、「外形理論は、民法一一〇条等に規定する表見代理制度と、実質的には、同一ないし類似の根拠ないし機能を有するということができるから、両者における相手方保護の要件も、なるべくこれを統一的、関連的に考察し、理解し、また構成するのが相当であり、したがって、被害者側の主観的事情、とくに被用者の権限逸脱ないし濫用についての被害者側の悪意、または少なくとも重過失による善意は、使用者責任の成立自体をも否定する一事由になりうるとの結論に導きやすいであろう(5)」。

(2)　もっとも、表見代理と使用者責任の要件を完全に同一化し、後者のみが成立する余地をまったく認めないのも妥当とはいえない。表見代理にも過失相殺法理を適用するという学説を採用しない限り、表見代理の成否は「全か無か」の問題となってしまい、過失相殺を利用した割合的解決が不可能になる。また、金銭賠償にとどめるべきだとの判断がなされたときにも、表見代理法理では達成できない。

しかし、要件の均衡は常に意識しなければならないし、とくに、「相手方の悪意・重過失」の要件については、右に述べた当該要件の趣旨に照らすと、表見代理との均衡をもたらすようにすべく解釈していくことが強く求められる。

このように考えてくると、まず、⑤および⑨が、「被用者の行為が使用者の業務に含まれない」という事情を、相手方の悪意・重過失の判定における考慮要素に位置づけ、かつ、重視しているのは評価に値するであろう。

2　事業範囲の原始的制限

(1)　しかし、実は、それ以上に重要な点がある。

すでに述べたように、私企業の目的範囲、すなわち事業範囲は、かなり緩やかに解されている。しかしながら、私企業であっても、一定の場合、法令の制限を受けることがある。大蔵大臣の認可を得なければ、銀行は信託業務ができないし(金融機関の信託業務の兼営等に関する法律一条一項)、日本たばこ産業株式会社以外は、製造たばこの製造はできない(たばこ事業法八条)。

さて、市町村長の権限も、同じく法令による制限を受けている。しかしながら、かねてから、市町村長が、法令に定められた権限の範囲を越えて、第三者と取引を行う事例があり、そのとき、当該市町村に表見代理責任が認められうるか、が問題とされる。

右の場合、法令による代表権の制限は、民法五四条にいわゆる「代理権ニ加ヘタル制限」にはあたらないと解されている。(6) 法令に対する不知を保護することは、法令の存在意義を没却することになるからである。しかしながら、相手方は一切保護されないわけではなく、民法一一〇条は類推適用されうる。ところが、このとき、同条にいわゆる「正当ノ理由」を通常どおり「権限の範囲内だと信じても無理からぬ事情」と解したのでは、法の不知を保護することになる。そこで、判例は、当該市町村長の当該行為が法令による制限の範囲内である、と相手方が考えても無理からぬ事情のある場合にだけ、同条にいわゆる「正当ノ理由」あり、とする(最高裁昭和三九年七月七日判決(民集一八巻六号一〇一六頁))。(7) 相手方が法令の制限は知っていることを前提とし、当該制限の範囲内であると考えても無理がないときのみ保護することによって、「法の不知は恕せず」という原則との整合性を保っているのである。

(2) 右のような表見代理における判例法理との均衡を保つためには、法令の規定によって使用者の業務範囲が制限されているときに、その範囲を越える行為を被用者が行った場合には、当該行為が法令による制限の範囲内である、と相手方が考えても無理からぬ事情のある場合にだけ使用者責任を肯定することが必要となる。そうしないと、やはり法の不知を理由として保護を与えてしまうことになるからである。

この観点から注目されるのは、⑫である。すでに述べたように、⑫は、使用者の業務に含まれない行為が、当該事情のもとにおいて、とくに許されたのだと相手方を信ぜしめた、という事実をあげ、その点を重視している。「Y組合理事会の承認をえたからと虚偽の事実を申し向け」としているのである。これは、まさに、「市町村長の権限濫用と表見代理」という紛争類型において、判例が要求している事情と同一のものである。たとえば、先に挙げた最高裁昭和三九年七月七日判決の事案においては、町有不動産を予定金額二〇万円以上で売却するときは町議会の議決が必要とする条例の規定に反して、町長が八〇〇万円相当の町有不動産を売却したのであるが、その背後には、法的な根拠のない特別委員会における決定を議会事務局も正式な議決として取り扱っていたという事実があり、法定の要件が具備されたと相手方が判断してもやむをえない、といえる事情があったのである。

さらに、⑩および⑭は、取引利益が出ているが委託証拠金を入れていない第三者に代わって委託証拠金を支払えば、その利益の横流しが受けられる、という取引が、商品取引員の正当な業務としては行いえないものであることが、素人にはわかりにくい、という事実が指摘され、重視されている。これは、法の不知を理由として保護することは原則としてできないことを意識しつつ、しかしながら、法の不知を咎めえない特殊事情があることを指摘するものであると解されよう。

（3）　もちろん、法令の規定によって使用者の業務範囲としてなしえない行為が被用者によってなされたときでも、使用者たる会社ぐるみで違法行為が行われているときにはこの限りではないのは当然である。

しかし、右は例外である。法令の規定によって使用者の業務範囲が制限され、それを越える行為が被用者によってなされたときには、原則として、相手方が法令による制限を知っていることを前提としつつ、にもかかわらず、保護されるべき特殊事情があるか否かが判断されなければならない。これは、表見代理法理との均衡からだけでなく、法令による制限を無意味なものにしないためにも必要とされるのである。

（4） 川島武宜『民法総則』一三〇頁（一九六五年）。
（5） 奥村長生『最高裁判所判例解説民事篇昭和四二年度』五九四頁（一九六九年）。
（6） たとえば、林良平＝前田達明『新版注釈民法(2)』三八二頁〔藤原弘道執筆〕（一九九一年）。異論はない。
（7） この判決については、道垣内弘人「判批」民法判例百選Ⅰ〔第四版〕七一頁（一九九六年）参照。

16　親子法学一〇〇年の誤解と躓きの石

伊藤昌司

一　はじめに

親子法の分野における近時の最も精力的な論客である水野紀子が、最近、また一つ新しい論考を発表したので、(1)本稿は、そこで提起された諸問題について述べたい。なぜなら、そこには多くの興味深い問題が提起されているというだけでなく、随所随所に、私がフランス親子法について述べたことへの批判が書かれており、その批判に答える義務があると思うからである。その義務を果たしつつ、この論考が提起する日本親子法および戸籍法の重要問題への私自身の認識や意見も、これを機会に少しでも前進させることができれば幸いである。

二　嫡出否認

後に述べる細部の問題や「生物学的親子関係と法律上の親子関係」という大問題について水野が主張する多くのことよりも前に、彼女の議論の中で私が最も不満かつ批判せざるを得ないと思う点は、人もあろうに彼女が、事もあろうに嫡出否認制度を擁護することである。(2) この制度が一九世紀の家父長的家族制度といかに強く結び付いていたかは、ここで述べる必要はない。(3) わざわざそれに言及しないでも、その不合理性を指摘することは、大して難しいことではないからである。具体例で述べよう。

日本でもフランスでもよいが、ある子どもがある夫婦の嫡出子であるという記載が戸籍や身分証書上にあるとしよう。この場合、妻Aと子Cの間に生物学的な親子関係が無いという事実さえあれば、Cが夫Bの子であろうとなかろうと、AC間の法的な親子関係の不存在を、ABCの誰であれ他の者であれ、何年後であっても裁判で争うことができる(後述するフランスの訴権時効の点は、暫く別に措く)。また、Cが夫Bと他女との婚姻外の関係から生まれた子であっても、Cが法的に嫡出子ではありえないという争いは、同じくABCの誰であれ他の者であれ、何年後にも提起できる。ところが、夫BとCとの間に生物学的な親子関係がなくとも、Cが妻Aの生んだ子であるということになれば、わが民法の規定上は、AもCも他の者も、すなわち夫B以外の誰も、BC間の親子関係の不存在やCが嫡出子ではないことを、金輪際争うことができないのである。なんという性差であろうか。わが最高裁がいうように、この嫡出否認制度が「身分関係の法的安定性を保持する上から十分な合理性を有する」というのなら、(4) 今後もこれを大切に守って、右の性差だけは無くしてみようではないか。それなら、こうするのがよい。ABの嫡出子として届出られたCが、真実にはBと他女Dとの子であったとしても、ABとCの間の嫡出親子関係を否認できるのは妻Aのみとするのである。夫BがAと離婚しようとしまいと、あるいは、Aとの離婚後にDと再婚しようとしまいと、かつまた、AがCを愛そうが憎もうが、虐待のかぎりを尽くそうが、A以外の誰も決してABとC間の嫡出親子関係を争えないようにすることである。妻と妻の子の運命が夫の一存にかかっていてもよいというのなら、妻にも、夫と夫の子の運命を支配できる権利を与えなければなるまい。そうなれば、この制度は、わが最高裁判事たちが、ますますもって「十分に合理性を有する」と二一世紀の世界に胸を張って宣言できるものになるに違いない。

たしかに、水野の真意は、嫡出否認の制度をそれ自体として擁護することにあるのではない。歯止めのない生物学的親子関係の探求から守られるべき法律上の親子関係があることを認めるべきであるということなのであろう。言葉の上のみでならば、私も右と同じ文句を一緒に何度唱えてもよい。しかし、この論旨を強調するの余りに、照明の暗い一九世紀の闇に跳梁したケチな小悪魔と取引して、これを二一世紀にも生き延びさせようというのなら、この合唱には加わらない。

三　法的親子関係

法律上の親子関係は生物学的親子関係と同じではないということ、これが水野論文の強調するところである。しかし、法律上の親子関係と生物学的親子関係を全く同一視する法律家が、日本であれフランスであれ、存在するであろうか。例えば、生物的な血縁の要素を親子関係の評価において最も重視する立場と目されている松倉耕作にしても、「家庭の平和」が害される場面があるとすれば生物学的親子関係のみによる否認や確認を排斥すると論じるに違いないのであるから、二つの親子関係を同一視しているわけではない。真の問題は、二つの親子関係が同じか違うかではなく、この二つを隔てる距離の取り方である。水野と同じく私も、松倉による距離の取り方は近すぎると思うのであるけれども、水野のように遠い距離を取るよりはましだと私は考えている。フランスの破毀院は、一九八五年二月二七日の第一民事部による二つの判決によって、民法典第三二二条の反対解釈による親子関係を争う訴えを子からも父からも可能にすることを認めて、嫡出否認の制度を事実上隠退に追い込んだけれども、(5)だからといって、フランスの裁判所が法律上の親子関係を生物的関係に還元したわけではないことには、水野も全面的に同意するに違いない。ただ、フランスの判例の現在の状況は、二つの関係の距離を、水野に較べてはもとより私よりも、ずっと近いところに取っている。(6)

しかし、水野は、この一般化は、私の逃げ口上だというかもしれない。伊藤は、フランスの親子法学には親子関係の「成立」という観念はなく、立証の問題しかないと言い切ったではないか……。まさにそのとおり。私は、水野論文によるフランス法の説明の中で親子関係の「成立」と書かれた箇所を読む度に疑問符を付した。次款で述べよう。

四　親子関係の「成立」

(1)　わが民法の婚姻の章には「婚姻の成立」の節があり、養子の節には「縁組の要件」の款が用意されているが、実子の節には実親子関係の成立(要件)に関する款は存在しない。それにもかかわらず、わが国の民法書に非嫡出父子関係が認知によって「成立」する旨の記述があるのは珍しいことではないし、(7)嫡出親子関係は、父子関係と母子関係が同時に、民法七七二条の推定の効果が確定することにより、出生によって「成立」すると解釈されているようである。(8)ところが、フランスの民法書による実親子法の説明は、嫡出親子関係か非嫡出親子関係かの別なく、父子関係か母子関係かの別もなく、つねに推定と証拠の議論、つまり、親子関係が存在するとすればそれをいかに立証するか、あるいは立証が許されるのか許されないのかを論じ、存在しないとすればそれをいかに争うか、あるいは争うことが許されるのか許されないのかを論じるだけである。認知や身分登録や身分占有といった法的装置のみによる実親子関係の「成立」について語ることはない[9]。この点は、一九七二年に改正された現行親子法を説明する書物だからなのではなく、一九世紀の民法書以来、二〇世紀前半の民法書も含めて全てに共通する特色である。実親子関係が認知や身分登録や身分占有などによって「成立」するなどとは考えないからこそ、フランスでは、嫡出性を争う訴えaction en contestation de légitimité、嫡出否認の訴えaction en désaveu de paternité、認知無効の訴えaction en nullité d'une reconnaissance d'enfant naturel、準正無効の訴えaction en nullité d'une légitimation、認知の真意性を争う訴えaction en contestation de la sincérité d'une reconnaissance d'enfant naturel、非嫡出の父を捜索する訴えaction en recherche de paternité naturelle、非嫡出の母を捜索する訴えaction en recherche de maternité naturelleといった訴えのいずれもが、確認訴訟actions déclaratives であると説明されるのである[10]。

だが、水野は、フランス親子法でも認知や身分占有により非嫡出親子関係が「成立」すると考えるので、フランスの諸文献ではすでに一九世紀から、認知の効果が確認的と解されていたのを示すために私が引用した諸記述[11]につき、「それらの記述が問題にしているのは、認知が遡及効を持つかどうか、という点である」と批判する。そして、「たしかに、『成立要件』と解することが、認知の時点から親子関係が成立し、遡及効をもたないことを意味するとすれば、これらの記述は、認知を『成立要件』とはしていない。しかし、同時に、これらの記述が『認知』を『証拠』として扱っていることは、『認知』がなければ親子関係は存在しないという扱いと矛盾しない。問題は、法律上の親子関係がどの場合に認められるか、ということであり、それを『成立要件』という言葉を用いて表現するかどうかである。非嫡出親子関係の存在が『認知』あるいは『強制認知判決』以外の『証拠』によって法律的に認められることはない（一九八二年以降は、これに『身分占有』が加わる）という観念であれば、それはまさしくフランス法の観念であり、現行法でもある」と続けている。(12)

しかし、認知が親子関係を「成立」させるものなのか、それとも出生時から存在する自然的血縁関係に即した親子関係を確認させるものなのかという違いを、「問題は、法律上の親子関係がどの場合に認められるか、ということ」に解消してしまうのは、不当な一般化である。とりわけ、わが国の親子法解釈学においては、ある者との間の親子関係が「成立」していれば、この関係を否定しないかぎり他の者との親子関係が「成立」することはありえないし、矛盾する親子関係の「立証」さえも問題にならないとされている状況下においては不当である。わが国での親子関係「成立」なる表現には形成効が含まれているのであり、認知の意思表示（ないし観念の通知）の成立・不成立の次元で用いられているわけではない。わが国での解釈論を意識しつつ外国法と付き合うのである以上、「成立」という訳語も、右の点を抜きにして用いるべきではない。ところが、フランス法の認知は、そのような意味で親子関係を「成立」させるものではないのである。その端的な例が、現行民法典第三三四条の九の反対解釈によって許される認知の場合である。すなわち、フランスでは、この解釈により、出生時に嫡出子として登録されていた子についても、子の父と記載されている者と子の間に嫡出子の身分占有がなければ、他の男が認知できるし、他の男に対する裁判認知（父の捜索）を求めることもできる。しかし、この認知や訴えが認められるからといって、嫡出親子関係存在の証拠である出生証書自体が当然に訂正されたり否定されたりするわけではない。認知がなされた事実は、検事による審査を受けた後に出生証書の欄外に付記されるが、こうして出生証書上に現出する親子関係の抵触を除却するためには、除却を欲する者が別訴を提起しなければならないし、子の氏を認知者の氏に変更するためにも別訴、認知者が親権を得るためにも別訴、相続権を主張するためにも別訴が必要なのである。[13] このような認知に、われわれの不用意な訳語により、わが国でいう親子関係「成立」の効果を重ねさせてよいものであろうか。また、母の婚姻から何日後に出生したという事実の効果にしてもそうである。どういう表現であれ、何かある法律効果の発生要件であることには違いがないから構わないというのが、上記引用部分での水野の言である。しかし、効果がこれほどに違えば、別の言葉を用いるのが当然であろう。かかる認知や出生の事実は、やはり親子関係の存在を推定させる一つの「証拠」に過ぎないと説明するほうがよい。同じことは、後述のように、身分占有についても妥当する。

とはいえ、認知による非嫡出親子関係の「成立」という誤解は、水野だけのものではない。他ならぬ私も、長年の間、同じ誤解の下に居た。われわれのみでなく、フランス親子法研究の大先達である谷口知平さえも、「仏民法では、英・米・独の如く自然の血縁に基き当然に親子関係を認めるのでなく、強制たると（認知判決は相対的効力しか有しないとされていたが、一九五五年の改正により、この判決の誤謬が判決を以て証明されない限り、これと矛盾する親子関係は認められないこととなった）任意たると（この場合は対世的効力があるとされる）を問わず、認知という形成行為を前提として法上の非嫡出親子関係が認められる点が異る[14]」と説く誤りを犯している。このような誤解に陥るのは、わが国の解釈学に染みついたドイツ・スイス的な観念に災いされているからである。単刀直入に言えば、かつての私と同様に、水野が、おそらくは谷口も、établirないしétablissementという言葉に、ドイツ・スイス的な「成立」の意味を与えながらフランスの文献を読んできたからである。[15] この点は、次に款を改めて述べよう。

五　親子関係の立証

親子法の教科書や解説本で「母の認知」という項目に接したことのある誰もが知っているように、わが国の大審院は、当時の民法第八二七条が「私生子ハ其父又ハ母ニ於テ之ヲ認知スルコトヲ得」と規定していたところから、①父子関係においても母子関係においても、「生理的」に親子であることによって直ちに「法律上」の親子関係があるということはできず、②父子関係においても母子関係においても、法律上の(非嫡出)親子関係は「認知」によってのみ「発生」するのであり、③認知のないかぎり父子関係が発生しないことには何ら疑いがない以上は、母子間系も認知がなければ発生しないと考えなければならないと判示した。(16) そして、これまた周知のごとく、この判決については、当時の東京帝大の民法判例研究会の討議を経た穂積重遠による批判、つまり、わが民法学の現時の通説でもある批判が示されている。すなわち、穂積は、今日の通説と同様、(非嫡出) 父子関係が「認知によって発生する」という大審院の立場を共有しながら、その上で、母子関係についてのみは「認知によって発生する」という考えを否定した。穂積がこの解釈の拠り所にしたのが、当時のスイス民法典第三〇二条の規定であった。(17)

この旧規定の第三〇二条は、一九七六年六月二五日の改正による現行規定第二五二条のなかに取り込まれているが、スイス民法典によれば、母子関係は出生によって mit der Geburt; de la naissance生じentstehen; resulter、他方、非嫡出の父子関係は認知又は裁判によって立証されるdurch Anerkennung oder durch den Richter festgestellt werden; être établit par reconnaissance ou par jugement。このように、スイス法では、母の認知という観念を排斥したうえで、ドイツ語法文の feststellen に相当する言葉としてフランス語法文で établir を用いている。この動詞は、母子関係について用いられている entstehen や resulter の語のように、「発生する」とか「成立させる」とは訳しにくいけれども、かくして feststellen ないし établir されることの効果は、フランス法とは違って形成的であると解されているので[18]、穂積重遠のように、この部分を「子ト父トノ間ニ於テハ認知又ハ判決ニ依リテ私生子關係ヲ生ズ」と訳しても間違いではなかろう。しかし、フランス民法典やわが民法におけるように、父のみならず母についても存する認知は、穂積のいうとおり、それが父子関係・母子関係を共に「生ジ」させるものであるはずはないのである。そこで穂積は、父子関係のみは認知によって「発生」するが、母子関係はそうではないというスイス法的解釈（実質は立法論）を主張したが、解釈論としては、フランス民法典や日本民法における認知は母子関係についてと同じく父子関係においても親子関係を「発生」させるものではないことを指摘して大審院を批判すべきが本筋であった。なぜなら、水野が引用するとおり、フランスの文献は認知が親子関係を établir することを述べるが、プチ・ロベール辞典を引けば分かるように、その語義の一つは「証明する」であって、démontrer, montrer, prouver などの語と同じ意味に用いられ得るからである[19]。そして、フランスの文献が親子法で用いる établir の語義は、まさにこれである。たとえば、「出産は、単純な事実であるから、可能な全ゆる方法で証明され得る pouvoir s'établir はずのものである[20]」とか、「彼（夫）は、懐胎可能であった時期に妻と同棲することが絶対に不可能な状況にあったことを証明しなければならない Il faut qu' il établisse que……」とか[21]、「非嫡出子の兄弟姉妹は、（彼らが）嫡出であれ非嫡出であれ、第七六六条が彼らに認める相続権を主張するために、この非嫡出子の母子関係を証明する訴えを受理される être recevoir à établir sa filiation maternelle[22]」とか、「よしんば専門家、生物学者が確実な方法で親子関係の存否を証明するに至り得るとしても pouvoir arriver à établir une filiation ou une non filiation、……」、これはきっと裁判官が妥当な解決を下すのを助けることができようし、わが国の現行制度を必ずしも何から何まで覆すことにはなるまい[23]」とかである。つまり、「成立」と訳することが到底できない文脈において、しょっちゅう使われているのである。民法典の条文の中でも、「父であると主張されている者が、血液検査または他の確実な全ゆる医学的方法によって、彼が子の父ではあり得ないことを証明する場合si le père prétendu établit par examen des sangs……」と書かれているし（第三四〇の一条第三号）、「母が不品行に耽っていたことを証明してen établissant que la mère se livrait à la débauche」とも書かれていた（一九九三年改正前の第三四二の四条）。そういう場合のみは「証明する」とか「立証」の意味を付して読み、わが国の解釈論に引き寄せ易い文脈では「成立する」の意味に読むならば、フランス親子法の一部分のつまみ食いにしかならない。NとMとの間に親子関係があるという身分登録があったり、NがMを認知する意思を含んだ証書があったり、親子関係存在の推定が働く状況があったりしても、それに基づく法律効果を争う相手の抵抗を封じるためには、証拠preuvesに基づいて証明するpreuverことによって登録情報や証書や推定の正しさを立証するétablir必要があるし、それらの登録情報や証書や推定に反する法律効果を主張する場合にも、その主張を裏付ける証拠preuvesで立証するétablir必要があるが、だからといって、この訴訟の勝訴でもって登録情報や証書どおりの身分が「成立」するわけでもなければ、それらが示す身分が形成的に消滅して新身分が形成されるわけでもない、と私は理解している。

六　身分占有

水野は、フランスでは身分占有の制度があるので、生物学的親子関係のない法律上の親子関係がこれによって守られていると主張する。他方、私は、フランスの親子法においては、わが国でいわゆる「藁の上からの養子」

が身分占有によって守られるかのように理解されがちであることに業を煮やして、「総じて、身分占有は、生物学的親子関係を法的親子関係として認めさせるために役割を演ずるよう期待されてはいても、生物学的親子関係の無いところでは、ほとんど無力」と繰り返してきた。[25] したがって、この伊藤の言に、彼女は大いに不服である。[26] 伊藤は、一九七二年一月三日の改正で民法典に挿入された第三二二の一条が身分占有の効果に関する基本規定（第三二二条第一項「何人モ、出生證書及之ト一致スル占有ニ因リ取得スル身分ニ反シタル身分ヲ請求スルコトヲ得ズ」、同第二項「逆ニ、何人モ、出生證書ニ一致セル占有ヲ有スル者ノ身分ヲ争フコトヲ得ズ」）に例外を設けたことを過大に評価する誤りを犯しており、この例外規定が定める「出産偽称」や「子の取替」の証明はとても困難で実際にはほとんど適用されないから、「実際には、圧倒的多数の人々が、三二二条の条文に守られて生活している」という。[27]

しかし、ここで注意を促したいのは、私が述べたことは、この第三二二条の一が立法される前の第三二二条独り天下時代においても、ある女性の嫡出子として出生登録されている子は、この子の出生時にその女性が婚姻していなかったとか、この女性が当時出産した事実はないとかを証明することを許すのが判例であったという事実である。第三二二条の一は、そのようにして立法前から判例が拡げていた第三二二条の例外の一つを条文化したものに過ぎない。しかも、現在では、生物学的親子関係に反する身分登録上の親子関係を争う訴訟は、他ならぬ第三二二条の反対解釈によって広く認められるようになっているのであるから、第三二二条の一が利用されるのは、まさに例外中の例外であっても驚くに当たらない。現時点の問題として、第三二二条を問題にする意味は全く無いのであり、水野が論ずべきは、何故かそれには一向に触れようとしない第三二二条反対解釈のほうであるはずである。

一九七二年一月三日の法律によって改正された現行親子法における身分占有と生物学的証拠との関係について

は、フランスの文献は、前者を「社会学的真実」、後者を「生物学的真実」として論じることが多い。この両者の関係については、前記の一九八五年二月二七日の破毀院第一民事部判決に対する一評釈が極めて明瞭に述べるところを紹介すれば十分である。すなわち、先ず法規の上では、現行民法典第三一一条の一二が、第一項で「裁判所は、法律が別段の原則を定めていない親子関係の抵触を、最も真実と思える親子関係を全ゆる証拠方法を用いつつ解決する」、第二項で「裁判所は、確信を得る十分な資料がない場合は、身分占有を考慮する」と規定しているので、身分占有が考慮されるのは生物学的真実が不明確な場合にのみである。[28] また、破毀院はどうかといえば、現行民法典の解釈・適用にあたり、「たとい子が、母とその前夫との関係で嫡出子の身分占有を有していたとしても争える」とか、「血液検査が母の後夫の父性を排斥する以上は、たとい身分占有が後夫と子を結びつけているかもしれないでも、それは取るに足りない」とか、生物学的真実のほうが社会学的真実（身分占有）に優先することを認めている。[29]

これらは、一九七二年一月三日の法律による民法典改正後の判決での説示であるが、元来から、身分占有は、親子法上の証明手段としては、他の証拠を補足するものとして位置づけられていた。[30] そして、多くの者は、（財産の占有者の多くが権原ある占有者であるように）生物学的真実に合致する社会的な親子関係の絆を築いて生活しているのであるから、水野が引くフランスの学者が「実際には、圧倒的多数の人々が、三二二条の条文に守られて生活している」というのは、そのとおりであろう。[31] まさか、フランス人の「圧倒的多数」が、生物学的には親子かどうか怪しいと思いつつ、身分占有を頼りに暮らしているわけではなかろう。身分占有には生物学的真実をねじ伏せて「法律上の親子関係」を尊重させる力があるというのなら、夫も同意したＡＩＤ人工授精子に対する父子関係を争う訴えが身分占有を理由に不受理とはされなかったは何故か、説明が付かない。私が、身分占有についてのわが国の議論が本当かどうか調べ直す気になったのは、この疑問からであった。結局、フランスでは、一九九四年七月二九日の法律によって民法典に挿入された第三一一の二〇条により、「医学的支援による生殖への同意は、親子関係を争う一切の訴または身分を求める一切の訴を差し止める、ただし……」（第二項）と規定して、夫との生物学的親子関係の無いことが余りにも明白なこの種の子の問題を解決する他はなかったのである。

わが国でのいわゆる「藁の上からの養子」あるいは夫の姦通から生まれた子を妻が生んだ子として届け出るような場合は、親子関係が無いとか母子関係が無いことが明らかであってもなお、この無効な出生届を有効な縁組届に転換して養親子関係の存在を認めることができないのかどうかという議論なのであるが、フランスでは、「生物学的真実」がかくも明白であれば身分占有という証拠は引き下がる他はないのである。もちろん、身分占有に即した「生物学的真実」の蓋然性が高いにもかかわらず、戦乱や災害で出生証書による親子関係の証明が困難なのを奇果として、薄弱な証言・証拠で親子関係を争おうとしても、そういう訴えは、裁判官によって受理されないであろう。これは、身分占有自体の効力によるのではなく、一般法上の裁判官の裁量権の問題に属するが(32)、かかる意味では、「圧倒的多数の人々が、三三二条の条文に守られて生活している」のは間違いない。したがって、水野論文が高く評価する大分地判平成九・一一・一二判タ九七〇号二二五頁がDNA鑑定の信用性を否定しつつ原告の訴を棄却したのは、フランスの親子法理論に照らして間違いではないが、鑑定の信用性を肯定して訴を認容した控訴審判決（福岡高判平成一〇・五・四判タ九七七号二二八頁）は、「およそ許されない」どころか、大いにあり得る。たしかに、裁判官が民法典第三二二条の不受理事由（妨訴抗弁）を使わずに血液鑑定を採用しすぎることを非難する学説はある。だが、そういう学説をいかに掻き集めても、破毀院が前記の一九八五年の判決による判例の立場を変更しないかぎり、フランスの実定親子法は水野の理解（ないし願望）とは異なる。このことは、水野論文が引用する最近の報告書の一節の中にも書かれているではないか。[33]

また、水野は、現行民法典第三一一条の七により、身分占有に関する訴訟について原則三〇年の時効が定められているのも、生物学的事実に反する法律上の親子関係保護の思想の表れであるという。三〇年とは、それだけでも遠いはなしではあるが、無期限に比べていえば、そうかもしれない。しかし、この三〇年の起算点はどこか。出生から三〇年という解釈が確定したわけではなく、占有開始から三〇年という解釈があるし、[34]時効の一般理論に従い、子が未成年の間は、この者のためには時効の進行が停止すると判決されてもいる。[35]要するに、「法律上の親子関係」を守るために生物学的真実の探索を早期に封じ込める方向で、フランスの学説・判例・立法が総力を挙げているかのような論を張るべきではないのである。[36]

七　おわりに

本稿の目的は、私自身がずっとそれに支配され、水野紀子をなお支配し続けている親子関係の「成立」というドイツ・スイス的法概念から自由になるならば、わが国の親子法解釈も、もっと自由になれるはずであることを以下に述べ、そこで述べることの説得力を強めようとすることにある。水野のような強力な異論をそのままにして、伊藤ごときが「フランス法系親子法」の解釈の本筋はかくかくであると書いても、人々は信用しないからである。

先ず、私は、水野が主張するように、父母のいずれの名も匿名にした子の出生届を受理すること、未婚の母が生んだ子についても「父」による出生届を受理すること、婚姻解消後三〇〇日以内に生まれた子についても夫以外の者が「父」としてする出生届を受理することなどは、実体親子法の法規の論理からは認めて差し支えないことであると考える。もちろん、添付される出生証明書には医師や助産婦が母の名を記載するに違いないが、その内容の一部を秘して届け出る権利を認めるのである。そうすれば、添付書類自体が偽造されることは少なくなるであろう。添付書類は、国籍の取得や変更、あるいは戸籍法第一一六条の裁判の基礎資料として、届出書と共に永久保存されなければならない。

これらの届出を、現在の戸籍理論が認めないのは何故かといえば、戸籍は法的に「成立」した親子関係を公示する公簿であると解釈されているからである。しかし、その反面では、水野論文が問題にする好意認知の場合がそうであるように、わが戸籍制度は、戸籍法第六二条を用いた嫡出子出生届形式のものも含めて、虚偽仮装の認知届や仮装あるいは当事者の一方に無断でする養子縁組届を、誰もが何のチェックも受けずにすることができる全くの尻抜け構造になっている。つまり、適法に「成立」した法律上の親子関係を戸籍が公示するというのは、虚構にすぎず、実態ではない。戸籍届は一つの証拠に過ぎないと割り切れば、当事者が届け出たそのままを受理し保存することに徹することができる。そのほうが、未婚の女性と同棲する男性の「父」としての出生届を突返してしまう現在の愚を改め、後年に子が父捜索の苦労をしないで済むようにすることに繋がる。この男性が子の出生前にも、すでに子の「父」でありうることは、民法第七八三条の文言からも、引き出そうと思えば簡単に引き出せることなのである。もちろん、届出の受理と戸籍の記載とは区別すべきであるから、民法第七七二条の期間内に生まれた子の出生届をした「父」が子の母の夫でなかったら、戸籍記載は保留しなければならない。こういう場合こそ、戸籍法第一一六条の裁判の出番が来る。「父」として出生届する男性が門前払を食う現在の実務の愚かしさは、その帰路に男性が死亡した場合を考えれば分かる。母の夫の態度次第では、この男性と子との「法律上の親子関係」は、一年とか三年とかを期限にして永久に闇に葬られるからである。フランス法におけるように、婚姻成立後何日・解消後何日という事実も認知したという事実も、全てが親子関係の蓋然性を示す証拠の一つにすぎないと見れば、われわれは、こういう戸籍実務の愚から自由になれるはずである。同じことを願いながら、「意思的行為」によって「法律上の親子関係」が「成立」ないし形成されると考える水野は、このような実体法解釈に基づき、一体どうやって戸籍の論理を自由化することができると考えるのであろうか。

次に、わが国の議論では、第七七二条の期間内に生まれた子についてのみ、親子関係不存在確認で争えるのか嫡出否認でなければダメなのかという議論をし、後者が問題にならない子の親子関係を争うことには、何の制限も考えない（水野論文は、認知無効についても制限を考えるべきことを提言しており、この点は評価に値する）。しかし、この問題でも「法律上の親子関係」を適切に限定しなければ、最も極端な戸籍フェティシスムに陥る危険がある。なぜなら、わが国の好意認知は、フランスよりももっと簡単であり、子の母との婚姻前はもちろん婚姻後であっても、何一つチェックされることなく認知届や嫡出子出生届を出すことができるからである。フランス民法典は、少なくとも婚姻後に準正する認知は裁判によらなければならないことを規定するので（現行第三三一の一条、改正前の第三三一条第二項第三号）、虚偽認知が多少は防止されているはずであるが、それでもなお防止は難しいようである。このような認知は、親子関係を形成する意思の裏付けがある（つまり養子の実質をもつ）場合もあろうが、単なる届出意思しかなく、母への好意に基づく偽装届である場合もあろう。真の愛情で結ばれた父子関係に対して他人が認知無効の訴えで介入することが不当であることは当然ながら、認知者と母との関係が断絶した後にまで認知者と子が虚偽仮装の戸籍に縛られ続けるのも不当である。認知の撤回が認められないのは、これ自体が一つの証拠だからであって、親子関係を形成させる意思表示の効果を動かさないためなのではない。フランスであれ日本であれ、これほど簡単に偽装できるのに、それによって法律関係が「成立」ないし「形成」されるなどと考えるのは、愚かである。生物学的真実に反すれば、そこには親子関係が存在しないと考えるべきであり、ただ、存在しないという主張を許さない場合を個別に限定的に設けていけばよいことである。認知無効や嫡出否認を一律に一般的に、しかもごく短期間に制限する提言は、折角の正当な意図を台無しにしている。

（1）「認知無効について（1）～（2）」法学六四巻一号二七頁以下、二号一三九頁以下。本稿で単に「水野論文」という場合は、これを指す。

（2）「人もあろうに……」というのは、水野紀子が親子法の領域に勇姿を現した最初は、戸籍批判の論文を引っ提げてであったからである。彼女もまた、私のいう「戸籍フェティシスム」批判の同志であると考えて、その登場を歓迎したのであるが、最近の論考では、生物学的親子関係捜索への歯止め論に傾くの余りに、「戸籍フェティシスム」派こそが歓迎する論調に転じた感があり、このことを残念に思うからである。念のためにいえば、「フェティシスム fetichisme」とは、プチ・ロベールの引用するルナンRenanの一節により、「人々がそれに超自然的な力を付与した物的対象物の崇拝である」と説明されているような行動を指す。わが国の法務省その他の戸籍実務家たちが、戸籍という紙切れを家族関係保護の物神に祭り上げる有様が、私には、下着泥棒が布切れを愛撫する図の可笑しさに映るので、それを揶揄したつもりの表現である。これ対して、水野は、私の言説をも含めて、「血縁によって客観的に親子関係が存在し、それがすなわち法律上の親子関係となるべきである、という『フェティシスム』が日本に存在し、それが議論を混迷に導いてきた」（水野論文一四八頁）という。しかし、「血縁」は、自然的であると同時に社会的な一つの「関係」であって、「物」ではないので、この揶揄返しには、語義の誤解があるような感じを受ける。

（3）フランス民法典の現行親子法規定中に嫡出否認の規定を残した立法の立案者は、この制度につき、「かくも私生活の内奥に属する領域にdans un domaine aussi intime他人が干渉するのは道徳的に忌まわしかろうと述べるのでは不十分どころではない。妻が生んだ全ての子に対する一種の家父長権un droit du *pater familias*が存続したということ、それが真実である。嫡出否認の作動に果たす夫の役割は、一般的には夫が手放してしまった家長の資質（の存続）を雄弁に証明し続けた」と書いている（Jean Carbonnier, Droit civil, 2 (1983), pp.355-356, n.109; 13e éd., 1989, p.410, n.285)。そして、「われわれは、一九七二年の法律の恵みでこれら一切の観念が消滅するとも考えていない。なぜなら、嫡出否認において夫はもはや専権的役割を有してはいないが、主役を保持しているからである」と続ける。

（4）最三小判平一二・三・一四判時一七〇八号一〇六頁。

（5）Civ. 1re, 27 fév. 1985, D. 1985. 265; J.C.P. 1985. II. 20460; G.P. 1985. I. 322.

（6）伊藤昌司「隠退の時を迎えた嫡出否認」関西フランス法研究会ＨＰ（http://home.law.kobegakuin.ac.jp./nishitsu/french law/index.htlml）参照。

（7）我妻栄『親族法』（一九六一）によれば、「認知は非嫡出子と父または母との間に法律的な親子関係を成立させる法律要件である」（二三四頁）。谷口知平も、第七七九条の註釈において、「本條は、非嫡出子の法律上の親子關係が父子關係、母子關係共に父母の認知によって發生することを定めるものと解せられる」と述べる（中川編『註釈親族法（上）』（一九五〇）三二八頁）。これに対して、於保不二雄『親子』（法律学体系理論編（一九五〇）三一頁）の見解を受け継ぐ北川善太郎『親族・相続』（一九九四）は、「認知は、確定的に父子関係を創設するものではなくて、血縁による父子関係を推定させるに過ぎない」と説く（八四頁）。また、注９に引く外岡の記述にも注目しなければならない。

（8）ただし、諸文献の中から、これを明言した箇所を探し出すのは意外に難しい。我妻・前掲書は、民法第七七二条の規定するところを、「嫡出子の二つの要件」（二一六頁）と述べているが、この推定によって親子関係が「成立」するとは述べない。しかし、民事訴訟法学者は、民法第七七二条第一項が「夫の子と推定する」場合の推定は「法律上の権利推定」であり、「同条の推定が働く場合には、嫡出父子関係が存在するのであり、母の夫によって嫡出否認訴訟が提起され、その否認判決の形成力によって、嫡出父子関係が子の出生時に遡って消滅させられるのである」と解している（福永有利「推定されない嫡出子」星野他編『民法講座７』（一九八四）一九二頁）。こういう解釈に対する民法学からの反論のない現状から、本文に書いたような解釈が民法学の大勢ではないかと思うが、どの文献の記述も正確さを欠いていて分かりにくい。

（9） 試みに水野論文が引用する著者の書物をめくってみると、Jean Carbonnier, Droit civil, 2 (1983)は、Première Partie, Titre I, Section 1re, sous-titre Iでは「婚姻の始まりl'entrée en mariage」を、sous-ttre II, Chap. unique, 1-1 & 2-1では「養子の（成立）要件conditions de l'adoption」を語るが、実親子関係の「成立（要件）」を論じてはいない（Titre II, Chap. II, 2には、condition juridique des enfants naturelsなる標題が付されているが、ここにいうconditionは、要件ではなく境遇を意味している）。

Philippe Malaurie et Laurent Aynès, Cours de droit civil, tom 3 (1993-94)も、Première Partie, Livre I, Titre II, Chap I, Section I & IIでは「婚姻の要件conditions du mariage」、Deuxième Partie, Titre IV, Section I, § 1では「（完全養子の）要件conditions」、普通養子の節のn.630の第三段落でconditionsの説明を行うが、実親子関係の「成立（要件）」には触れていない。

わが国の現行親子法の解釈文献においても、つとに外岡茂十郎が「實親子關係は、公生親子關係たると私生親子關係たると、また、父子關係たると母子關係たるとを問わず、子の出生によりて、出生の時において當然に～即ち出生もしくは認知の届出または戸籍の記載等を俟つことなくして～發生する」と書いている（中川編・上掲書・二九二頁）。

（10） G. Marty et P. Raynaud, Droit civil, les Personnes, I éd., 1956, p.1241; 3e éd., 1976, pp.887-888. これらに対して、養子縁組の許可を求める訴え、離婚の訴え、親権剝奪を求める訴えなどは形成訴訟actions constitutivesとされる。

（11） 一九世紀において、つまり、わが国でいう認知訴訟ないし強制認知（「非嫡出子の父を捜索する訴え」）をフランス民法典が禁じていた時期の文献においても、という点が重要である（山畠・五十嵐・藪・古稀記念『民法学と比較法学の諸相Ⅰ』（一九九六）一三三頁、とくに一四〇頁以下）。

（12） 水野論文一四八頁の註37。

（13） Michel Grimaldi, Note sous Civ. 1re, 27 fév. 1985, Defrénois. 1985.33621, n.13. 一九七二一月三日の改正

前の民法規定の下でも生じた嫡出親子関係の証拠と非嫡出親子関係の証拠の間の抵触については、Marty et Raynaud, op. cit., éd. Ire, 1956, p.675 et s., ns.496, 496bis et 497参照。

(14) 谷口知平「非嫡出子の地位について」『親子法の研究』(一九五六) 所収、六六頁。於保不二雄・前掲書 (註7) も、「ところが、佛法系立法では、……父母双方共に、認知制度を設け、認知によってはじめて、子の出生の時に遡って、親子関係を生ずるものとしている」と書いた (二九頁)。

(15) 「たとえばマゾーの教科書は、認知の性格を、『証拠手段 un mode de preuve』としての性格と『自然親子関係の成立手段 un mode d'établissement du lien de filiation』としての性格の混合したものと説明する」と書いた箇所 (水野論文一四九〜一五〇頁) が、彼女の読み方を示す。

(16) 大判大正一〇・一二・九民録二七輯二一〇〇頁。事案は、ある女性の婚外子が、この女性の遺産相続人外一名に対して共有権の確認等の訴えを提起したものらしい。この婚外子は、この女性の父母の実子として出生届されていたが、女性の死後、判決によって女性の「私生子男トシテ」戸籍訂正を受けた。原判決は、「私生子ノ母ハ分娩ナル事實ニ依リテ當然法律上ノ親子關係ヲ生スト為スヲ相當トスト解シ」、婚外子の相続資格を認めたが、大審院は、本文に要約した理由により、「原裁判所カ専ラ生理的ノ關係ニノミ着目シコレ有ルトキハ子ハ當然其母ノ私生子ナリト判定シタルハ法律ノ解釋ヲ誤レルモノ」と断じ、原判決を「破毀シ……差戻ス」と判示した。

(17) 判民大正一〇年度 [一八〇]。その要点は、次の箇所である。

「(五) 判旨は前掲の通り父と母とについて……其取扱を別にするのは『權衡ヲ失スルノ甚シキモノ』と云って居るが、……機微にして證明困難な父子關係と妊娠分娩と云ふ明白な事實を伴ふ母子關係とを同一に取扱ふことが却って權衡を失しはしまいか。民法八三一條は父に胎児の認知を許して居るが母がその胎児を認知すると云ふ問題は起り得ない。生理上の事實の相違が法律上取扱の相違を來たす。そこに何の不思議があらう。/(六) そこでスイス民法三〇二條は、『私生子關係ハ出生ニ依リテ子ト母トノ間ニ發生ス。子ト父トノ間ニ於テハ認知又ハ判決ニ依リテ私生子關係ヲ生ズ』と規定した。我民法の規定も結局斯うなるのではあるまいか。」同じ趣旨は、大判大正一一・三・九民集二巻一四三頁に対する批評 (判民大正一二年度 [二七]) でも、繰り返し主張された。

(18) George Holleaux, De la filiation en droit allemand, suisse et francais, 1966, p.46.

(19) そこに挙げられている用例は、「被告人の無実を証明するétablir」、「多くの事物のあいだの相違や類似を明らかにするétablir」である。

(20) Marcel Planiol, Traité élémentaire de droit civil, tom. 1, 9e éd., 1922, p.430, n.1385. より近年の学者も、「これ（出産）は、即物的所為であるから、理屈からいえば事後的に証言や推定によって証明されるêtre établiべきものであるかに思える」という使い方をしている（Carbonnier, op. cit., p.336, n.103）。

(21) Planiol, ibid., p.444, n.1430.

(22) Aubry et Rau, Cours de droit civil français, 4e éd. tom. 6, 1873, p.198, §570.

(23) Julliot de la Morandière, Droit civil, tom. 1, 1956, p.374, n.686.

(24) 最近出版された書物にも、「外国には『身分占有（possession d'état）』という制度を認めるところがあり（フランス民法三二〇条）、真実に反する届出であっても、長年親子として暮らしてきた場合には、嫡出子として扱われる。いわば身分関係の取得時効を認めるに等しい」と書かれている（四宮和夫・能見善久『民法総則』五版（一九九八）三三五頁）。この記述は、四版までには無かった。

(25) 伊藤昌司・比較法研究四六所収の報告・二〇七頁註(5)、谷口追悼論集所収論文・二〇五頁。

(26) 水野論文四六頁注(23)。

(27) 水野論文四二頁本文および四六頁注(23)。

(28) Grimaldi, op. cit. (13), n.17. この著者は、この他にも、第三四〇の一条第三号、第三四二の四条を援用する。なお、水野論文が指摘する一九九四年七月二九日の法律によって第一六の一〇条、第一六の一一条の規定が民法典に挿入されたことで、親子関係訴訟における医学的鑑定の問題に変化が生じたのかどうかという点では、その後の日付による判決で、破毀院が、親子関係の証明方法に関する民法典第三一一条の一二の解釈・適用に関し、子の父が母の前夫か愛人かという争いにおいて裁判所が命じた血液鑑定を前夫が拒否したことを同人に不利な証拠として扱った控訴院の判断は正当としているところからも（Civ. Ire, 6 mars 1996, D. 1996. Somm. comm. 381）、第一六の一一条の文言自体に照らしても、親子関係の争いにおいて裁判官が血液鑑定等を命じること自体に制約が加わったようには思えない。

(29) Civ. Ire, 16 févr. 1977, D. 1977. 328 et Civ. Ire, 6 déc. 1983, D. 1984. 337, citées par Grimaldi, ibid.

(30) 補足性については、Planiol, op. cit., p.432, n.1391に、簡にして要を得た記述がある。すなわち、「稀ではあろうが、子が、出生証書に示されていることに反する身分占有を有する場合が想定され得る。この場合は、身分占有は考慮されない(イタリックで強調)。子あるいは第三者が権原証書 le titre に反する証拠を提出しない限り、少なくとも一時的には、権原証書が信頼されるべきである。占有は、それが出生証書に合致する限りでのみ、有効性を発揮し、この場合には、出生証書を攻撃不可能にする。あるいは、出生証書がない限りでのみである。この場合は、身分占有は、子に一切の証拠提出義務を免ずる(イタリックで強調)。」

(31) 水野論文四二頁本文および四六頁注(23)。

(32) Note de G. Holleaux, sous Aix, 25 nov. 1940, D.C. 1942. 85, p.86 note (a).

(33) 水野論文一六四頁のドゥケヴェ・デフォッセ(彼女の姓の第一文字のみを大文字表記した著作があり、それによれば、後方の姓の第二文字にはアクサンがある)報告が、「虚偽の親子関係を減少させることが一九七二年法の主要な利点だった。……しかし生物学の優位性は、とくに身分を争う訴えを過度に広く認めたために、親子関係をあまりにも不安定にしてしまった。……」というくだりである。

(34) Grimaldi, op. cit., n.6.

(35) Civ. Ire, 10 janv. 1990, D. 1990. 193.(山田梨花「フランス法における身分訴権の時効」法学政治学論究二四号一九二頁以下が、二〇四頁に、この判決および他の一件を紹介しつつ、「従って、出生時から時効が進行したとしても、新生児は四八才にならないと時効が完成しないことになる。学説も大体この見解に従っている」と書いている~そこに引用されている学者の中には、水野が引用するコルニュやマロリーの名もある)。カルボニエが身分占有の「形成力」について語るのは、この時効完成の効果としてでしかない(Jean Carbonnier, op. cit., 13e éd., 1989, p.370, n.260.)。つまり、それ以前において法律上の親子関係が身分占有により形成されると考えられているわけではないのである。

(36)　前掲最判（注4）に対する伊藤昌司・判タ一〇三九号七二頁の批判ならびに「実親子法解釈学への疑問」法政研究六一巻三＝四号一〇四一頁以下の批判と提言（民法第七七六条解釈の見直し）を一読されたい。

17　認知請求権の放棄と真実志向

松倉耕作

一　序　論

(a)　考察の対象　扱う内容につき、論点を明確にするために、左記の二つのパターンは問題の対象から除外する。まず、類似の問題として認知権の放棄、すなわち非嫡出子の母から擬父に対して、父がする任意認知の放棄を迫る例もみられるようであるが、本稿で扱うのは、男性（子の父と思われる擬父）から、子の（裁判）認知を訴求する権利の放棄を迫る場合を扱う。諸外国では殆ど論じられていないようであるが、わが国では古くかつ新しい問題である。

他方、男性が積極的に放棄を迫るのではないパターン、たとえば三〇年余も実父の存在を知りつつ認知を求めなかったにもかかわらず、遺産分割をめぐる争いがきっかけで、死後認知請求した場合に、そのような態度を認知請求権の放棄とみることができるか、さらには放棄でないとしても請求は権利濫用か、というように、いわば消極的放棄を論ずる事件がみられる（たとえば、広島地呉支判昭三九・四・六判時三七二号三九頁）。対象とするのは積極的放棄であり、消極的放棄は問題の類型が異なるので、これも本稿の対象外とする。

(b)　出訴障害　特別養子制度が成立した結果、認知請求をすることができない場面、すなわち本稿でいう「出訴障害」という場面が生じえた（たとえ戸籍上実親子関係が明記される場合でも、特別養子の効果として、これが切断されるからである）。その結果、認知訴訟の方法による実親子関係発生の道が断たれることになる。したがって、金員の授与後、子が特別養子とされたような場合には、「出訴障害」が生ずるという意味で、結果的にではあるが、認知請求権放棄を認めるのに等しい効果が生ずることになるであろう。この場面では、特別養子に同意した父母を同意権者と扱ってよいか、という問題が残されているが、本稿ではこれには立ち入らない（最判平七・七・一四民集四九巻七号二六七を参照。原審は、特別養子縁組の審判の確定によって、血縁上の父が、戸籍上の父との親子関係不存在確認の確定につき訴える利益がなくなると解したが、最判は原判決を破棄・差し戻した。いわく、原則として右訴えの利益は消滅するが、特別養子とする審判の「準再審の事由（筆者注、同意権を有しない父母が特別養子の同意をしたことを指すものと思われる）があると認められるときは、将来、子を認知することが可能となるのであるから、右訴えの利益は失われないものと解するのが相当である」と明言する）。右の制度の新設により、新たな「出訴障害」が生じたことになる旨のみを指摘しておくに留める。

(c)　筆者の研究と結論　第一に、この問題につき、きわめて簡単にではあるが、かつて論じたことがある（拙稿「認知請求権の放棄」判タ七四七号二一二頁－二一三頁（一九九一年）、拙稿「認知請求権の放棄」『新家事調停読本』所収（一九八七年））。前稿においても、結論において判例のとる放棄無効説を支持した。再度論ずるのは、「第二」以下に述べる二つの理由による。

第二に、その後、筆者は、「血統訴訟の統一的扱い」を提唱している。本稿では、その成果を取り入れて、いま一度この問題を論じている（「統一的扱い」ついては、拙著『血統訴訟論』一粒社、一九九五年、拙著『血統訴訟と真実志向』成文堂、一九九七年）。結論のみ記せば、父子関係の切断（嫡出否認や認知無効訴訟がその典型）と接合（認知訴訟がその典型）において、切断や接合をするさいには、できるだけ統一的な基準により、真実関係の回復を図るべきではないかと考えるわけである。たとえば、切断の場面を例にとり、とくに期間に視点をおくと、民法の「構造」において嫡出否認は一年内に限られるのに対し、認知無効は期間の制約がない。加えて、世界の潮流は、真実の父子関係の回復へのルートを太くする、言い換えると真実の父子関係の回復を容易化する方向、すなわち筆者のいう「真実回復システム」を強化する方向に進んでいる。このような「構造」と「潮流」を踏まえた議論と研究が必要であると考えるに至ったからである。そのさい筆者が最も関心を抱いているのは、このような大きな扱いの違いを放置したままでよいのか、違いを放置するとすればその理由は何か、などを議論・検討することである。

第三に、区別して扱う合理的理由がないかぎり、統一的な基準で切断と結合とを構成し、真実の父子関係の回復のための基準を形成すべきであると考えるわけである。このような前提に立ったうえで「認知請求権の放棄」という問題を見直そうというのが、本稿の狙いである。結論において、判例の見解と同様に、放棄の意思表示には拘束力がないという結論、すなわち放棄無効説を支持する。理由付けにつき結論のみ記せば、戸籍の公証機能の確保、裁判例に登場する程度の「意思」では身分関係の放棄を認めるべきではない、子の権利を補償する立場から子自身による真実の父子関係の回復の余地を残すべし、などを主な理由とする。これら理由づけの点で、従来の放棄無効説の主張と異なっている。

二 本　論

従来の学説と判例の結論を素描しておく。とくに判例については、紙幅の都合もあり、上級審での扱いを取り上げるに留めざるを得ない。

1 裁判所の考え方

(1) 大審院時代の見解

結論からいえば、大審院・最高裁を通じて、一貫して認知請求（権）放棄に法的拘束力を認めていない。これを評価するさいには、立場により金額の多寡が重要であるが、これには立ち入らない。

まず、この問題のリーディングケースとされる大審院判決昭六・一一・一三（民集一〇巻一二号一〇二二頁）では、二度にわたる金銭の付与、すなわち初めは子の母に二五〇〇円、さらに、およそ十年後に非嫡出子Xが成人してから子自身に対しても四万円をそれぞれ付与し、そのさい認知請求権放棄の約束がなされているにもかかわらず、非嫡出子Xが父Y男を相手として認知訴訟を提起した。原審で敗訴したY男が上告。上告理由として二点を主張、いわく、①原判決は親族法上の身分権は放棄できないというが、「公益ニ反セザル場合〔であれば〕、一般ノ権利抛棄ト同一ニ其ノ効力ヲ認メザルヘラカズ」（すなわち放棄も有効）、②金銭を受け取ったうえ認知請求をしない旨の約束をしておきながら、この約束に違背して認知を求めるのは、一種の詐欺的行為であり、もし認知請求を許容するならば、このような「詐欺的行為ヲ〔裁判所が〕是認スルコトニ帰着」することになる、ゆえに、Xの請求は権利濫用である、と。

ところが、大審院は放棄契約を有効とは認めない。その積極的理由としていわく、①権利の性質の面から、身分上の権利は放棄が許されない、②子の保護の視点から、認知請求権は私生児が自己の利益保護を追求する権利であり、この権利を放棄することは許されない。さらに、消極的理由として、弊害防止効果をあげる。いわく、③放棄を認めると「不遇窮迫ノ地位ニ在ル私生児ガ僅少ナル金銭ノ為ニ容易ニ認知請求権ヲ拋棄」させられる危険がある（結論同旨、大判昭七・四・二二新聞三四〇七号一三頁、大判昭和一四・五・二九民集一八巻八号五四七頁）、と。

(2)　最高裁判所の見解

その後、最高裁判決昭三七・四・一〇（民集一六巻四号六九三頁）でも、父から養育料として五〇〇〇円相当の株券が授与されていたが、子Xが成年に達したのちに認知訴訟を提起した例につき、最高裁は、放棄有効とする上告理由に対しては「子の父に対する認知請求権は、その身分上の権利たる性質およびこれを認めた民法の法意に照らし、放棄することができない」と大審院の見解を踏襲し、権利失効との上告理由に対しては、「認知請求権はその性質上長年月行使しないからといって行使できなくなるものではない」と断ずる。最高裁判決として本件が最初で、かつ唯一の公表判決である。

(3)　判決の動向

第一に、これら判決をみれば、上級審での裁判所の考え方は、放棄無効説で確立していることが知れるであろう。最高裁判決以降も、下級審裁判例において、放棄無効、認知訴訟の提起は権利濫用を構成するものではない、と繰り返し判決されている（下級審裁判例については、田村五郎「認知請求権の放棄」白門四六巻一二号四九頁以下参照〔一九九四年〕）。つまり、放棄は許されない、ゆえに放棄契約は無効、との結論を維持している。米倉教授の評価によれば（米倉明・家族法判例百選第五版八五頁〔九五年〕）、特殊事例（前掲・大判昭和一四年）を例外とすれば、下級審裁判例を含めて、すべて放棄無効説で一貫している。

第二に、金銭授受主体と出訴者につき、母が子を代理して出訴する場合と、子（成年子）が出訴する場合とで、区別されていないことである。たとえば、大阪高判昭和四三・七・三〇（判時五三一号三五頁）では、母が全員を受領し母が（代理人として）認知請求・出訴したものであり、また、東京高判昭和四六・六・二九（東高時報二二巻六号一〇七頁）では子が金銭を授受、子が提訴した事例であり、東京高判昭和五五・六・二三（判タ四二三号一三〇頁）は金銭を受領していない子が提訴した事例である。結論において正当であろう。もっとも、最後の東京高判昭和五五年では、父と母との間での放棄契約は子には影響しない、とも読むことができるとの表現がみられる。「子自身が金銭授受なら別」との趣旨ではないであろうと思われる。

第三に、放棄契約が存在したか、疑わしい事例も散見される。たとえば、金銭授受にさいして、子の母には「将来の認知請求の妨げにはならないと説明」のうえで金銭を授受している例（名古屋高判昭和五二・一〇・三一判時八八一号一一八頁もっとも、判決は、放棄する旨の合意とみる余地のある旨を認定している。）や、子が相手の男性の子ではない旨の覚書を交付している例（東京高判昭和五五年前掲）もみられる。さらには、金銭の受取証に、「右正ニ受取マシタ今後〔相手方男性の〕橋本家ニ対シ一切関係アリマセヌ」と記されていた事案につき、男性関係を絶つことを約束する趣旨にすぎないと解した例もみられる（東京高判昭四三・一二・二五判タ二三五号二三〇頁）。筆者は放棄無効説に立つのでこのような例について深入りしないが、放棄有効説・権利濫用説をとるならば、放棄契約の存否についての認定が必要となるであろう。

第四に、裁判例のなかには、愛人や恋人ではなくホステスと客（男性）との間の紛争例もみられる（東京高判昭和五五年前掲）。表題テーマを論ずるさいに、別類型に論ずる必要があるわけではないこと、確認のために記しておこう。

第五に、代理人・母の提起する認知請求（訴訟）につき、男性が母の親権濫用を主張する例はしばしば見られるところである。例外的に、母が子を扶養監護したこともなく、かつ出訴が子（出訴当時一五歳）の意思（子が父を嫌い、父とする意思を有しない例）を無視して行われた、自己の利益目的のためにだけに行われたような場合はともかく（青森地弘前支判昭三八・六・二七判タ一六三号二〇八頁）、親権濫用の認容は、きわめて慎重になされるべきであろう。

2 学説

右の判例が採用している学説の論拠と、少数説の主な主張に触れるに留める（各主張を要約して表にまとめたのが、後掲〔表1〕である）。

(1) 放棄無効説（通説）

結論において、たとえ子側が認知請求権を放棄する意思表示をしていても、放棄は無効と導く見解である（通説といえる。我妻栄『親族法』二四二頁〔六一年〕、於保不二雄「認知請求権の濫用」『権利の濫用　下』七六頁〔六二年〕、中川淳『改訂親族法逐条解説』二三一頁〔九二年〕、田村・前掲五三頁〔九四年〕、清水節『判例先例親族法II　親子』一三六頁〔九五年〕、二宮周平『家族法』一三五頁〔九九年〕など）。もっとも、「身分権の放棄不可」との根拠付けについては、適した理由付けではないとの内在的批判がある（青山道夫「認知請求権の放棄」判例演習一二二頁）。

(a) 無効の論拠　子側が相応の金銭を受領した場合でも、やはり放棄は無効とされる。その論拠はつぎのごとくである。①認知により父子間には全効果が生ずるゆえ、扶養効果に近い経済的対価のみで放棄は認められない、②対価の相当性を判断する基準と機関を欠く現行法下では、放棄容認による弊害発生の危険が増す、③子にのみ認められる認知請求権を、母による代理・放棄を許すのは法の趣旨に合わない、④子の保護にはこのような主張が最も相応しい、など。

(b) 再認知請求のさいの扱い　認知請求自体は可能である。さらに出損された相応の金銭の請求の扱いにつき、結論はつぎの三説に分かれる。①父は放棄契約を一方的に解除でき、金員の返還請求も可能、②解除は不可能だが損害賠償を請求できる、③授受金銭は無効な契約を理由として不当利得となるが、授与は不法原因給付ゆえ返還請求は不可能、④子の養育費の算定にあたって斟酌する、など。

(2) 権利濫用説

(a) 放棄契約の有効性　放棄が原則無効とする結論の面では、通説の結論と同じである。しかし、権利濫用と認められるような場合には、その限度で放棄の約束は有効であり、当事者を拘束する（日野原昌「認知請求権の放棄」家族法の理論と実務二六〇頁〔八〇年〕、岩垂肇「認知請求権の濫用（再論）」『民法研究』所収〔再録年は八五年〕、四〇頁、久貴忠彦・床谷文雄『注解判例民法4　親族法・相続法』二三九頁〔九二年〕）。この点では、後述する放棄有効説と同じである。

(b)　再認知請求の可否　　権利濫用的な認知請求ならできないが、そうでない場合であれば、再認知請求も可能ということになる。ゆえに、実質審理の結果で、再認知請求の可否の結論が分かれることになる（この点では、後述(3)放棄有効説と同様である）。

(c)　授与金員の返還請求　　再認知請求が権利濫用とされたときには、授与金員は身分上の原因に基づく贈与と扱われ、濫用にあたらないとされ、訴えが容認されたときには、金員は養育費や生前贈与と扱われる。ゆえに、いずれの場合も授与金員の返還は認められないことになる。

(3)　条件付放棄有効説

相応の金銭的利益の授与がなされたうえでの放棄であれば、そのような放棄に拘束力を認めてもよいとする見解である（中川善之助『新訂親族法』三七八頁〔六七年〕、重倉民祐「認知請求権の放棄」富士大学紀要一八号二五頁〔八六年〕、米倉明・前掲八三頁など）。

(a)　要　件　　現実の紛争場面での子にとっては、当面の生活の保障が重要であるとの認識のもとに、相応の金銭的利益の授与（父の社会的地位に相当する扶養料と遺留分程度の財産授与を基準とする）を条件として、放棄契約の効力を肯定する。

(b)　論　拠　　①民法は、非嫡出親子関係の発生につき母や子の意思にかからしめうるものとしている、②扶養や相続しうる地位の放棄も認容されている、③放棄を認めるから子が緊急の金員授受を受けることができる、④認知訴訟で父子関係を立証できなければ子が負け、子が保護されないまま放置されることになる、など。

(c)　再認知請求の可否　　放棄が有効とされる場合は再認知請求はできないが、放棄が無効ならそれが可能となる、という結論になるであろう。

三　まとめ——今後の展望

(1)　血統訴訟のなかでの認知訴訟と真実志向度

第一に、偽りの父が戸籍に登録されている場合に、民法のシステムからすれば、正しい戸籍にすることができるのが原則のはずである。しかし現実には、制度上ないし解釈により、真実関係を戸籍のうえでも回復するには、いろいろの障害がある（以下、これを「出訴障害」と呼ぶ）。序論で述べた特別養子という場面はその一例である。筆者は、出訴障害というハードルが低いことを、「真実志向度が強い」と表現する。真実回復のアクセスが容易か、回復のパイプが太いか、という視点からの評価である。

第二に、このような視点から、血統訴訟のなかでの認知訴訟の真実志向度をみてみると、ことに嫡出否認の領域と比べて、生前の認知訴訟が最も真実志向度が強い。例外的に、認知訴訟の中でも、死後認知や多数（ないし複数）交渉があった場合には、制度上または解釈で、真実志向度が後退してやや低くなるが、被告男性が生存し、かつ被告男性が子の母の複数交渉を証明できないという場面では、真実へのアクセスが容易であるので、真実志向度が一番強い領域であることがわかる（後掲表1を参照）。

第三に、本稿で対象とする認知請求権の放棄という問題も、大枠でみれば、認知訴訟という枠内での問題の処理である。従来の学説のなかでの論争においては、認知訴訟のシステムにまで視野にいれた議論が不足している、というよりは全く議論されていないように思われる。従来の議論は、子の財産的利益を損なう危険のある状況を避けようとするあまり、または右の利益を過大に重視しすぎるあまり、「真実回復システム」の重要性を無視しているのではないだろうか。

第四に、権利濫用説や放棄有効説をとったとしても、出訴それ自体を防ぐことはできない。審理のなかで、または判決で、被告男性を父とすることが拒否されるにすぎない。とすれば、子の心理的な傷ないし心の傷は、すでにこの時点で回復不能といってよいであろう。残る子の保護は財産面での保護なのであろう。子の財産的利益（扶養請求権と相続権が中心）を確保するために、戸籍システムに例外（非真実の父子関係の訂正を認めないこと）を設けることが相当か、ということである。条文上の出訴障害（たとえば一年の嫡出否認期間）のある場合を別として、たとえば身分占有に基づく出訴制限を認めていないわが法の下では、「真実回復システム」への制限ないし遮断は、慎重に行うべきであるにもかかわらず、わが国では比較的簡単に「真実回復システム」を破壊しているように思われる。

(2)　真実主義の面からみて

第一に、真実主義の面からみれば、血縁関係あるところには親子関係発生の道が残されるという意味での客観主義＝真実主義と、いったん父子関係が発生すれば全親族効果が発生する全効果発生主義が、民法の原則である（わが法は、世界的にみて、この原則に例外が多い）。目を外国に転ずると、この領域での世界主要諸国の動向が注目される。すなわち、裁判認知の領域では、父子鑑定に際して、血液検査などに協力すべき義務が法定され、協力義務違反の際には、直接強制を認める法制（ドイツやオーストリア）も存在するほどである。世界の非嫡出子法の動向が真実主義強化へと動いている、すなわち真実志向を強めていることの一例証といえる（たとえば、松倉耕作『血統訴訟論』二九頁以下に所収の「血統訴訟における血液検査等の協力義務」論文を参照されたい）。

第二に、右に述べたような客観主義の重視、ないし真実志向強化の表れか、少なくともドイツをはじめ、スイス、オーストリアでは、「認知請求権の放棄に法的拘束力を認める」といった方向での議論は見当たらない。このことから、直ちにわが国でもそのような議論は不要であるとは言わないが、軽視すべきではない比較法的動向である。

詳細を論じる紙幅の余地がないので、スイス法での結論のみを示そう。たとえば婚外の真の父と子（母が代理するのが通例である）との間で扶養契約が締結されることがある（未認知の場合を想定している）。このような契約の有効性については、有効とすること異論がない。しかし、比較法上の興味を弾くのは、「かかる合意があっても、法定の期限内に、親子関係の確定を求める訴権には影響がないと明言されている」ことである。このような結論は、立法者の意思であり、かつ学説上も異論がないということである（拙稿「スイス法における親子関係の効力(2)」南山法学二三巻四号一一七頁参照（二〇〇〇年））。

最後に、かつてはいわゆる扶養義務の面でのみ父と扱う、いわゆる「扶養の父」という制度を認める技法により子の保護を図る法制が多くみられたが、今日ではこのような制度は廃止され、身分関係の発生と連動するという意味での身分訴訟によるのが通例である。これもまた、真実志向度を強めた例証といえよう。

(3) 意思表示による身分権の放棄

関係当事者の意思ないし意思表示により、親子という法的地位ないし身分を放棄することが許されるかという問題である。これを取り上げるのは、本稿で問題とする認知請求権の放棄の問題が、根底において、標記の問題を含んでいるからである。

(a)　意思と身分の変更　第一に、筆者は、原則において、「積極的な」意思表示によっても親子の身分を変更することはできないとの立場に立つ。端的な例として「嫡出子」という身分について例を挙げれば、夫婦A男・B女の子Cの三者の合意によりCの嫡出子という地位からの離脱が認められるか。これが認められないことには異論がないであろう。つまり、合意によりA・B夫婦の子でなくなることは許されておらず（家審二三条はある意味でやむなく「合意」を認めている。この場合でも、職権探知の働く余地を認めているから、「合意だけでの身分の形成」を許容しているのではない）、逆に、合意により第三者DがA・B夫婦の嫡出子となることも許されていない（「藁の上からの養子」という事実だけでは嫡出子となることはない、という問題を想起されたい）。

第二に、消極的放棄との違いに留意する必要がある。消極的放棄、たとえば男が子を認知しないという形での認知権（一種の身分権）の放棄を認めているから、身分権の放棄が認められないわけではない、と導く主張が少なくない。子であることの蓋然姓を認識したうえでの認知を懈怠したことを認知権の放棄と位置づけるのであれば、かかる意味での認知権すなわち身分権の（消極的）放棄は許されていること論をまたない。ただ、認知請求権の放棄で論じられる放棄は、いわば積極的放棄である。先の認知権に引き移して例を挙げれば、A男とB女（子Cの母）との間で、子Cを認知しないと合意した放棄契約を有効とみるか、ということである。ここでは、消極的放棄が許されているから、積極的放棄も許容されると導くには、かなり無理があることを指摘しておこう。

(b)　嫡出承認の射程　ここで、反論が予想される「嫡出承認」の問題をとりあげておこう。嫡出承認とはどのような行為をいうのかはっきりしない（最近の裁判例として、大阪地判平成一〇・一二・一八家月五一巻九号七一頁は、出生の届出や命名だけでは承認とはならないことを明言する。判批として、たとえば、石井美智子・判タ一〇三六号一六〇頁を参照〔二〇〇〇年〕）。その点はさておいても、これは、嫡出子という身分を母の夫が創設することを認めた制度ではない。嫡出承認した母の夫から嫡出否認の訴えをすることを禁じた制度であるにすぎない。したがって、夫以外の者が「推定の及ばない子」という状況で生まれた子であれば、夫以外の第三者からの親子関係不存在確認の訴えは許容されるはずである。つまり、この制度は、夫の否認権「行使」を押さえる制度であるに過ぎず、積極的に親子の身分の形成を認めるものではないということである。したがって、この制度の存在から積極的な身分の創設を許容していると導くには、無理があるといわざるを得ない。

(c)　人口受精の場合　人口受精、とくに母の夫が施術を承認したＡＩＤによる子（以下、これを「嫡出承認子」と呼ぶ）の場合、最近の判例でも夫からの否認が否定されている（裁判例、東京高判平成一〇・九・一六家月五一巻三号一六五頁。もっとも本件は妻からの否認（離婚後に自分が親権者となることを狙いとして、夫と子との父子関係を否認）を否定した例。逆に、施術につき夫の同意ないケースにおいては、夫の嫡出否認の訴えを許容する、前掲・大阪地判平成一〇・一二・一八も、同じ見解に立つことになる）。このような「嫡出承認子」の扱いをどうするかは難しい問題である。いったん身分関係の発生を欲したという事情を重視すれば、とくに父母からの、のちの身分関係の否定主張を認めるべきではないかも知れない。筆者も、現時点においては、結論においては通説・裁判例に従って、否認権行使を制限すべきものと考えているが、真実志向および子の意思を尊重する立場との関係からいえば、子（とくに成年子）からの親子関係不存在確認は許容すべきものと思われる（石井美智子「人口生殖と親子法」判タ九二五号六五頁（九七年）は、施術の許諾を事前承認と認め、事後の「否認」をすべて否定する趣旨と思われる）。現時点ではこのような結論を記したが、本来的には立法により、親子関係の発生（施術方法を含めて）と切断の法理を立法的に解決すべきであろう。詳細は、立法論を含めた提言について、今後の研究に留保したい。

(d)　非嫡出子の場合　非嫡出子の側面では、認知無効がその典型である。認知者からの認知を制限する見解もなくはないが（通説は認知者からの無効主張を許容する）、とくに認知者死亡後のケースにあっては、最高裁も認知無効の請求を許容する。もちろん被認知者である子からの認知無効も許されている（これにつき、拙稿・前掲「石田古稀記念」三二三頁以下を参照）。したがって、認知者の認知という意思表示により親子という確定的な身分の創設を許容する制度でないことが分かる。

同じく非嫡出子にあって、子の真の父であるA男が成年の子を認知しようとしても、子の承諾がないと認知できない（七八二条参照）。このような制度が比較法レベルで稀な制度であることはともかく、この制度は子に身分関係の創設・消滅を許容したものではなく、政策的に右父の身勝手を禁じた制度にすぎない。政策的に認めた制度であって、ここで問題とする意思による身分の創設を許容するものではないので、別の問題かと思われる。

(4)　死後認知

擬父の死亡後に、死後認知を求める事件がまま見られる。ここでは、死亡した擬父の嫡出子が、「放棄契約は有効」と争うのが通例のパターンである。死後認知の場面での出訴期間の制限につき、わが国の出訴制限は、諸外国の法制に比べてかなり厳しい。比較法に目を転じると、制限緩和の方向は、出訴期間を全廃する法制と生前認知の場合と同期間とする法制とがみられる（拙著・前掲『血統訴訟論』所収の「死後認知と出訴期間」論文を参照）。これも真実志向を強める一例証といえるであろう。とはいえ、今日の法制では、いまもって出訴期間の制限を設けるのが世界の趨勢であるから、その限度では生前認知に比べて真実志向度はさほど強くないといえる。しかし、ここ一〇年間での親子鑑定技術の進展を考慮にいれれば、今後制定される法律、また今後の解釈においては、これまでにも増して、一層、真実志向度を強める立法が採用されるべきであろう。

(5) 子の生活補償など

第一に、子が未成年の場合を念頭において、放棄有効説は子の生活保障と嫡出家族の保護をネライとしているが、経済的側面に目を奪われ過ぎるように思われる（同旨、田村・前掲五四頁）。父の心理面に視点を移せば、濫用を認めるから父が金銭を出すわけではないであろう。金銭を出す目的は人により異なるであろうが、通例は、たとえば愛人や子の存在が妻にばれる、子の出生が出世の妨げとなる、など、外部に秘密が漏れる危険があるゆえに、それを防ぐ意図で金員の提供を申し出、現実にも金員を提供するのである。したがって、放棄有効との構成を採用することが、即、子の経済的福祉につながるわけではないであろう。この事実を見逃してはならない。

さらにまた、子の経済的保護は民法のみで達成できる性質のものではない。子の生活保障は、生活保護請求、扶養立替え制度の新設など、扶養構成それ自体による解決の道を求め、法的な父子関係発生の道は残されてしかるべきではなかろうか（同旨、田村・前掲五四頁は、子の精神的利益〔戸籍にも真実の父が明記されることによるそれ〕や社会的利益〔父なし子という社会的差別が和らぐ〕などの具体的利益を重視する。米倉・前掲八五頁にいう「「社会的利益・精神的利益があると説くが、これらが何をさしているのかははっきりしない」との批判は、右の田村解説をさしているのであろうか。田村説との明示がないので米倉批判の対象と特定ができないが、筆者からみれば、田村・前掲解説はかなり具体的かと思われる）。

第二に、ことに米倉教授は「認知の効果のうち主たるものは扶養と相続なのではないだろうか」（米倉・前掲）との認識から、経済効果を最も重視する立場にたつ。過去の裁判例をみるかぎり、殆どの場合はそうであろう。とはいえ、主張の動機を問わないのが民法の原則かと思われる。かりに動機を重視するとすれば、「擬父を法律上の父としたい」と主張すれば、米倉批判の的がはずれることに通じる。いずれにしても、認知訴訟を提起する動機は問題とすべきではないであろう。

第三に、子の福祉という表現は、未成年の子を前提とするのが通例である。子が成年に達していれば(未成熟子である場合はさておき)、扶養請求の問題は除外して考える必要がある。つまり、成年子には扶養料の提供は不要であるから、金員の受領から出訴が濫用と導くべき要請は、後退ないし消滅させてよいのではないだろうか。

(6) 親子鑑定技術の発展

第一に、「真実回復システムの強化」への転換を可能にした最大の原動力は、法医学における父子鑑定技術の進歩にある。ことに、HLAによるそれやDNA指紋法によるそれは、法律家の想像以上に進歩している(後掲拙稿参照。最近では、STR法やSGM法といった、識別能力の高い鑑定法も実用化されてきている)。このような状況のもとで、今日なお放棄有効説を採り、偽りの親子関係の発生を容認するには、よほどの根拠を要するであろう。右の法医学の進展を取り込んだ、新たな論争が期待されるところである。

第二に、法医学界での親子鑑定の指針について補足すれば、一九九七年「日本DNA多型学会」の提案(拙稿「認知無効と真実志向」民商一一八巻三号三六〇頁参照(九八年)。ただし親子鑑定を行うさいの医師に対する指針といえる)につづいて九九年には「日本法医学学会」でも、学会メンバーに向けた指針が公表された(日本法医学雑誌五三巻二四七頁以下による、九九年)。周知のように体外受精という場面での指針は、拘束力の強さと拘束の及ぶ射程において強力であった。これに比べると、DNA鑑定を行うのは、実施数において二〇数社程度の民間業者が大半を占めており、それゆえ指針の拘束力の期待される機能において大きな違いがある。その点はともかく、学問的には重要な意義をもつ。

前記「指針」によれば、「1　倫理的配慮」、「2　検査の品質の補償」、「3　資料の採取や保管および記録の管理」、「4　古典的血液検査」、「5　DNA検査」、「鑑定書と確率計算」、などの柱について、かなり詳細なガイドラインが示されている。本稿のテーマに直結する問題ではないので、その内容には立ち入らないが、法律家にも是非とも一読されることを勧めたい内容である。たとえば、「鑑定書には、用いたローカス名、サイズに基づいてアリール名が記載され、市販のキットを用いない場合はプライマーの種類が明記されなければならない」と記し、検査方法を特定することが要請されており、鑑定書の書き方についても、「鑑定に責任を持つ者の署名」の明示、父権肯定確率の明記を要求する等の項目は、法律家にとっても重要な意味を持つであろう。

これら項目のすべてが間接的な真実確保の担保となるが、わけても鑑定書に係わる部分は法律家も注目すべき項目の一つである。

第三に、親子鑑定の切り札ともいうべきDNA鑑定の技術（とくに「フィンガープリント法」）が考案されたのは一九八五年である。つまり、まだ二〇年もたっていないということになる。また、とくに東京家裁がこの鑑定法をとり入れだしたのは、九〇年代に入ってからのことである。この間での親子鑑定技術の進展を考慮にいれれば、今後制定される法律や解釈においては、少くとも今よりは、真実志向度を強める立法を採用せざるを得ないであろう。

(7)　調停での扱い

(a)　放棄調停の存在　　立法論としては、たとえば家庭裁判所の許可審判などのフィルターを通じることを条件として、放棄を認める道を開くべしとの意見も少なくない。その影響か、①子の経済的利益の保障、②これにより紛争の終結が期待できる、③認知訴訟を提起しても父子関係の立証が困難と予想される、などの場面では、放棄する旨の調停を成立させる場合もある模様である（再認知請求に際する扱いにつき、後述(b)参照）。

(b)　再認知請求の扱い　それでは、認知請求を放棄する旨の調停が成立したのちに、認知を求める調停が申し立てられた場合はどう扱われるのであろうか。判例の採る放棄無効説によると、再認知請求が可能といわざるを得ないであろう。その意味でも、右に述べたような放棄調停を成立させることは、慎重さが要求されてしかるべきであろう。

他方、放棄有効説や権利濫用説では、濫用となるような再認知請求については、原則として再認知調停の申立は許されないことになるであろう。もっとも、濫用的な請求か否かは実質審査を経なければ明らかとはならないので、認知請求がいわゆる門前払いとなるわけではないであろうと思われる。

(8)　学説への批判

(a)　（条件付）放棄有効説　まず、論拠の一つとして、民法は、非嫡出親子関係の発生につき母や子の意思にかからしめうるものとしていると主張する。

この主張は、認知請求をしなければ父子関係の発生を積極的に放棄したものであり、すればそれを欲したものである、と主張する趣旨かと思われる。後者は一応その通りだと言えるとしても、前者の評価には飛躍がある（前述(3)をも参照）。認知につき当事者の発動を待つのは、事柄の性質上やむを得ない構造なのである。非嫡出子が出生すれば、その一人一人につき、国家が発生の要否を決定することはできない。ゆえに、子側の行動の開始を待つという構造を採るにすぎない。決して、父子関係の発生を子側に委ねる趣旨ではない。このような論法でいくと、男の任意認知という制度は、逆に、子との父子関係の発生は男の意思に委ねたものという評価になる。そうでないことは、裁判認知という制度が存在することからも明らかである。また、母と子との任意でないことは、男に任意認知が認められることでも明らかである。前記のような放棄有効説の主張は、生ずる効果の一面を指して、あたかも制度のすべてのシステムであるかの如く錯覚した主張と言わざるを得ない。

第二に、扶養や相続しうる地位の放棄も認容されている、と主張する。相続権の放棄だと認識し、かつそのよう手続（要式行為である）をとり、さらに放棄を許可する旨の審判という手続を経て、放棄の効果が生ずるのである。相続の開始後ですら、口頭の放棄では放棄としての効力がない。ゆえに、いまだ被相続人が生存する段階での放棄は、とうてい放棄としての効力を認めることができないであろう。

第三に、放棄を認めるから、子が緊急の金員授受を受けることができると主張する。「認めるから」、ではないであろう。一般男性にそのような法律知識はないであろう。女性側が「意思表示するから」であり、もっといえば放棄してくれるのではないかと淡い期待を込めて金銭を授与するのであろう。

第四に、米倉前掲は条件的放棄有効と導く論拠の一つとして、「事実上の父の婚姻家庭の保護。これが必要なことというまでもない」、という。紙幅の関係で結論が示されるに留まるから詳細は知れないが、筆者からみれば、子の利益との相対関係で男の家庭の保護を考える必要がある、男に不利益が及ぶのは男の身から出たさびなのであって、男の家族、とくに妻の立場を考慮して、男の戸籍への登録につき妻の立場を考慮するという問題ならともかく、男が認知を求められ、その後金銭の負担を強いられるのは、男の行為の結果である。したがって、男の正妻などの保護は、非嫡出子の保護に遅れてしかるべきであろう。

最後に、認知訴訟で父子関係を立証できなければ子が負け、子が保護されないまま放置されることになる、とも主張された。子が負けとなる危険があるくらいなら、放棄を認めても金員を獲得させる方が子の保護につながるという配慮であろう。ところが、ＤＮＡ親子鑑定の出現により、このような危惧は今日では殆どの場面で克服されている。ゆえに、今日では、このような理由を根拠とすることができないであろう。

以上で明らかなように、これまで主張される放棄有効説の理由づけは、今日では殆ど説得力を失っていると言わざるを得ないであろう。

(b)　権利濫用説への批判　　結論において、主張の根拠は、放棄有効説とほぼ同じである面が強い。第一に、これら少数の二つ説は、非嫡出子の当面の経済的保護、父の婚姻家族の保護を重視するものであり、とくに認知請求を種に繰り返し金銭を要求するような場合に意味がある見解と評される。それならば、母子の言動は一種ストーカー行為である。警察への告発という救済の道あるといえなくもないが、そのような批判では現実性がないとの反論がでるのであろうか。ちなみに、裁判例にあっても、婚外子の父に対する養育費等の請求方法が常軌を逸した執拗なもので、右父の名誉、平穏な生活を営む権利を不当に侵害したものと認定し、女性に対する慰謝料請求を認容した例すら存在する（東京地判平二・一一・二八判タ七六四号二一九頁）。

第二に、条件的有効説や権利濫用説の見解をとれば、訴権が認められない限度で、非真実の父子関係が固定化することになる。このような構成の下では、つぎのような長短が生ずる。

(a)　弊　害　　第一に、ズルイ男に対する制裁という意味での社会正義を実現することにもなるが、他面において、虚偽の身分関係の固定化という付随的な機能が生ずる（拙稿・前掲「石田古稀記念」九〇三頁参照）。非真実の戸籍が固定化させられることの結果、「戸籍の公証機能」を損なう道を認める、ないしは消極的に許容することに通じる。子の財産的要求を許容するため、またズルイ男性に対してサンクションを加えるべしとする意識が先行し、制裁を加える方向にズレが生じている。制裁という意味でのサンクションはズルイ男性にだけ加えればよいのであって、戸籍への信頼を破壊する方向でのサンクションは避けるべきであろう。この立場からは、①ズルイ男性に対する慰謝料等の請求を認めるにとどめ、②真実関係の回復の道は開いておくという扱いになる。

第二に、真実を明らかにすることにつき「出訴障害」を設けるのは、①子の福祉の面では、未成年の子の福祉のうえで重大な影響が及ぶゆえに、一定の期間、たとえば子が一八歳に達するまでは真実解明の出訴を制限する、②夫婦への影響の面では、真実を解明することが円満な夫婦関係（子の父母のそれ）を破壊（離婚の危険にさらすという意味でのそれ）する危険がある場合には、一年の出訴期間の経過後の出訴は許さない、というのがその典型例である。この立場からは、とくに「子の福祉が害される場面」というのは、どのような場面を意味するのかを具体的に論ずることが今後の課題である（認知請求〔の放棄〕の領域で夫婦の危機というのは後述「第三」で扱う）。

第三に、家庭の平和との調和についていえば、嫡出否認の領域では、夫婦（子の父母）AYの家庭の平和のため、とりわけ子C・Dからの出訴（通例は親子関係不存在確認訴訟）は制限される（想定する身分関係につき、後頁の図を参照）。これに対して、認知訴訟のレベルでは、他女との間に出生した子Xからの認知請求は出訴期間の面で制限を受けない。この結論は、世界中いずれの国でも異論のない結論といえる。このような違いの生じるのは、構造において、嫡出否認の領域で、出訴主体と出訴期間の両面で厳しい出訴制限があるが、認知訴訟の面ではそのような出訴障害がないに等しいという違いから生じる差異である。つまり、嫡出否認の領域の方が、より厳しく解されるべき構造になっているので、立法の当否はともかく、夫以外の出訴は厳しく制限されるのは止もう得ないといえるのである。

第四に、真実を担保するシステム（真実志向システム）の面でいえば、権利濫用が肯定されるような事例においては、その帰結として戸籍が固定してしまい、結果において虚偽の戸籍が確定してしまう。つまり、権利濫用説は、真実解明の道を放棄することにつながるわけであるが、そのことは意識されているのであろうか。

(b)　メリット　第一に、権利濫用説などは子の救済となることが、同説のメリットと位置づける。問題となる事案では、子側(母を含む)は何らかの金銭を受け取っている。その金額が相当である場合には、認知請求は権利濫用ないし不当請求だというのである。それでは、請求を蹴飛ばすことにどんな利点があるだろうか。

①　子にとってはなんのメリットもないのではないだろうか。多くの裁判例や現実の例のように、金銭を母が受け取っている場合にあっては、ズルイ?母への制裁となり、その限度で社会的正義が果たせたことになるといえなくもないが、そうとしてもかなり弱々しいメリットであろう。

②　父にとって　追加の金銭の支払いは免れるというメリットがある。ただし、筆者のような立場からは、別訴ででも、子から父に対する慰謝料請求を認める道は認められるから、認知訴訟の時点での追加支払いの拒絶は、後日の慰謝料請求を考慮すれば、父にとってあまりメリットとはならないことになる。

③　社会的には　筆者の見解では、戸籍の信頼を確保するという「公証機能」の確保することは重要な社会的要請である。それが確保されれば大きなメリットとなる。濫用説はこのメリットを放棄する。それでも、子の一時的利益の確保のためには、公証機能を犠牲にし、かつ子からの将来の真実関係の発生を放棄するのも止むなしと位置づけるのであろうか。

第二に、多額の金銭、相当な金銭の内容の不明確さに対する批判も強い(田村・前掲五五頁)。典型的には、前掲・大判昭和六年において非嫡出子が受け取った金銭は今日の価額に換算すると一億円を遥かに超えることを強調される(たとえば、岩垂・前掲四〇頁)。これは極めて例外的に高額な事案である。仮に例外でないとしても、これほ

〔表１：各説の結論の違い〕

	基本理念	再請求のさいの扱い	金銭返還請求の可否	真実志向度など
無効説（通説）	①認知で、全効果が生ずる。たんに経済的対価を得ただけでは、放棄は認められない。 ②対価の相当性を判別する基準も機関もない。この構造の下で、放棄を許容すれば、弊害発生の危険が大きい。 ③認知請求権は子の権利。母による代理放棄を許容するのは、法の趣旨に背く。	○再認知請求は可能。 ∵放棄契約は無効で拘束力を欠くから。	下記の３説に分かれる。 ①父は一方的に放棄契約を解除でき、金銭の返還請求も可能。 ②契約解除は不可だが、再認知請求に対しては、損害賠償を請求できる。 ③契約は無効ゆえ、金銭は不当利得となるが、授与は不法原因給付なので、返還請求はできない。	①放棄約束の拘束力がないので、真実関係を回復する道は、留保される。 ②子にとって、後日の扶養請求や、（死後認知を経由して）相続権の主張も可能。 ②再認知がなければ、非真実の戸籍のままとなる。これは、認知制度の構造からくる帰結であり、放棄の問題ではない。
（条件付）有効説	①相応の金銭的利益の授与であれば、放棄契約は有効。 〔注〕　相応か否かの基準は、父の社会的地位に相当する扶養料・遺留分有程度の財産の授与か、で判断。 ②非嫡出子の地位発生につき、民法は母や子の意思とのリンクを許容する。 ③民法は扶養・相続しうる地位の放棄も容認している。 ③放棄の意思表示をするから、やむなく男は金銭を出す。	△場合により可能。 ①原則―相応の金銭授与ゆえ、放棄有効とされる場合には、再認知請求はできない。 ②例外―例外的に、相応のレベルに達せず、放棄無効とされる場合には、再認知請求も可能。	×原則として不可。 ∵放棄契約には拘束力があるので、授与金銭の返還請求はできないから。	①有効とされる限度で、戸籍の真実性・真実関係回復の道は、遮断される。 ②子にとり、経済的利益は保証される長所がある反面、真の父を法律上の父とできない、という弊害を許容することに通じる。
権利濫用説	①原則として、放棄契約は無効。 ②例外的に、権利濫用と認める認知請求の場合には、放棄は有効と扱われる。	△場合により可能。 ①原則―権利濫用的な認知請求であれば、再認知請求はできない。 ②例外―上記①のような認知請求でなければ、再認知請求も可能。 〔注〕　上記①か②かは、実質審査の結果、判明する。	×結論において、不可。 ①原則―濫用・訴え不可、と判断されれば、授与金銭は贈与と扱う。ゆえに返還請求はできない。 ②例外―濫用にあたらず訴え可能、と判断されれば、授与金銭は、生前贈与・養育費と扱う。ゆえに、返還請求はできない。	同上（有効説での記述を参照）。

〔表２：血統訴訟における違い〕

	基本構造	機能	真実志向度
認知訴訟	①生前認知の領域では、子の出生後の出訴障害はないに等しい。最判の結論から、いわゆる「不貞の抗弁」もなきに等しい。 ②多数交渉の抗弁を認める解釈だと、子が敗訴する（有力説の帰結） ③死後認知の領域では、３年との出訴期間について、例外は殆ど認められない（最判の解釈）。 ④嫡出否認の領域で出訴障害が厳しい（通説・判例の結論）。その結果、不倫による出生子の認知が困難になる。	①生前認知はともかく、死後認知の領域での扱いが、真実回復への道を狭める可能性がある。諸外国のように、例外が広く許容されれば、真実回復の道が広がる機能が生ずる。 ②多数交渉の抗弁については上級審の判断がない。左記②での有力説が採用されると、生前認知の領域での真実回復の道も著しく狭くなってしまう。 ③「構造」の④は真実への道を狭くする。そのような間接影響が強い機能をもつ。	①生前認知の領域では、真実志向度が極めて強いと評価できる。 ②短期の出訴期間の制限を存置し、例外を認めないなら、真実志向度は著しく後退する。 ③機能③の限度で真実志向度が弱まる。 ④鑑定強制の導入が要望される。これを導入すれば、多数交渉の抗弁も、機能しなくなり、真実志向度が著しく強まる。
認知無効訴訟	①「反対事実の主張」とは、真実に反する認知につき無効の主張を許容するものである（通説）。ここで、認知者たる父の原告適格を許容するか否かが大きな争点。 ②虚偽認知にチェックなし。たとえば、子の母との結婚を期待して、養子を避けて認知（実子）する、私生児（旧法下）となるのを防ぐ、などの故意認知が圧倒的。錯誤認知は絶無。 ③認知者死後の認知無効の主張も許容される（最高裁で判例変更の結果） ④認知者の意思に基づかない認知、意思能力を欠く状態での認知は、除外している。	①左記①の構造（解釈）からは、真実に近づく道が広い機能が期待できる。 認知した父の原告適格の扱いにつき、原告適格を否定されれば（大審院以来の確立した判決）、真実から遠ざかる機能が生ずる。 ②裁判例では、非科学的な例が多い。たとえば、証明内容が不詳、状況証拠を不当に重視・依存し過ぎる例が大半。 結果、非真実の父子関係の発生を許容することに通じる。 ③故意認知が圧倒的という状況のもとで、認知者による認知を全面的に制限する主張も有力。真実を制限してしまう機能が生ずる。	①真実志向度は、嫡出否認よりも、認知訴訟に近い。死後認知を視野に入れると、出訴期間の制約がないので、認知無効の場合の方が、真実志向度が強い。 ②非科学的鑑定を続けると、それだけ一層、非真実の父子関係が増加する。 ③左記③の結果、虚偽の戸籍が確定し、戸籍の本則（真実を戸籍簿に反映させるという目的）に逆行する。 ④ドイツの例が参考となる。
嫡出否認訴訟	上記の２類型と比べると、真実志向に対する制約が強い。かつ、下記の①と②とで、落差が大きいことが特色。 ①同居中の懐胎なら、否認につき、出訴権者・出訴期間において、強い制約がある（判例の見解）。 ②別居中の懐胎なら、上記①での２つの制約が著しく緩む（通説・判例の結論による）。	①同居中懐胎の場面では、真実と異なる父子の発生を許容している。 この虚偽の父子関係を真実のそれに戻すルートを一切認めないか、が今後の論点。わけても、最も議論すべきは、子の訴権を認める要件。 ②左記「構造」の②の場面では、真実に至るパイプは認知訴訟に近いといえるほど太い。もっとも、出訴がなければ、非真実のまま固定する。	①構造①の限度で、真実志向が著しい制約をうける。 ②別居中懐胎子につき、真実志向度が強まるのは、世界の趨勢。事後回復として、出訴時点での崩壊との場合でも、真実志向を強める立法も少なくない。 ③出訴期間の起算点につき、非嫡出子との事実を認識した時点から起算すべきか。 ③鑑定強制制度の導入につき、「家庭の保護」、「子の福祉」など、どのような制約を認めるかが、今後の焦点。

どの高額な金銭の出費を申し出る男性であれば、その遺産も相当なものであると思われる。男性の資産状況と切り離して高額、相当な金銭という評価は、合理的とはいえないであろう。

第三に、放棄有効と認めてしまうと、放棄契約の無理強いが横行する危険がある（田村・前掲五五頁）という批判は傾聴に値する。この種の情報は一般人が知りうるものではないが、係わる弁護士が放棄強制の方向で動くことは考慮する必要がある。

第三に、結果的に、「身分関係の相対化」が生じる危険がある。機能の面において、ことに濫用説では、濫用理論の常として、誰が主張するかにより結論（誰の子かというそれ）が異なってくる。つまり、身分関係を相対的に確定・固定することに通じることを忘れてはならない。念のためにいえば、米倉「ケースバイケース論」（米倉・前掲）でいうケースバイケースは正当であろう。ことに権利濫用を肯定するならば、ケースごとの判断の必要とすることは当然の理である。筆者が問題にするのは、主張者ごとに身分関係が相対化する危険をいっている。

例示しよう。たとえば、

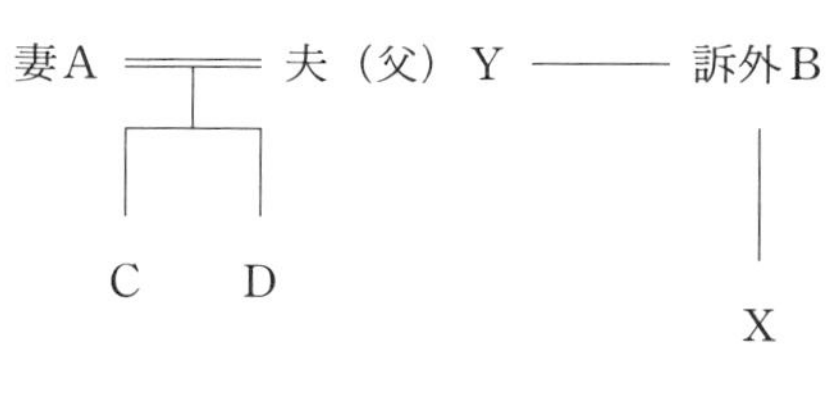

① X（場合により母B）が認知訴訟を起こせば、濫用である限り、認知は認められず、その結果、父子関係は発生することがない。この制約は死後認知の場合にも及ぶのか。公表された裁判例が少ないので明言はできないが、おそらく生前認知の場合と異ならないのであろう（東京高判昭和五五・六・一三前掲は死後認知請求の例であるが、放棄無効説に立つので、右の疑問に対する答えは不詳である）。

② 父Yが任意認知することは可能である。したがってこの場合には、Y男の一方的な意思

表示により父子関係は発生する。

③ 父Yの死後に、その嫡出子CやD（場合によりYの祖父母）が不存在確認（できるとすれば）を訴求したときは、結果として存在が認められることはないだろうか。

ここで、前記②のように任意認知がなされていれば、認知無効訴訟において、実質審査がなされる(門前払いはできない)。実質審査に入れば、認知無効は排斥されて、父子関係の存続が確定しないかという疑問もある。

18　西欧極小国の離婚法

塙　陽子

はしがき

世界にはふとした歴史の偶然より生まれた極小の国々が存在する。たとえば、フランス南岸に位置するモナコのような国である。そのような極小の国でも独立国であるかぎり、それぞれの独自の法を有し、それが運用されている。

本稿は、最近入手した資料により、西欧における極小国の離婚法の概要を概観したものである。対象とした国々は見出しのとおりであるが、とくになんらの共通項があるわけではなく、単に極小の国というだけの理由でとりあげたものにすぎない。紙数の制限を超過して申し訳ないのであるが、西欧において、唯一、離婚を認めない国あるいはフランス、ベルギー、イタリアなどの法の影響を受けていることは興味深い。

ということでマルタ共和国も含めた。地理的な事情から、あるいはスペイン、あるいはドイツ、オーストリア、

一　極小国の離婚法

1　アンドラ（Andorre）(1)

(1)　適用法は、一九九五年六月三〇日の婚姻法（Llei qualificada del matrimoni＝LQM）である。この婚姻法は、アンドラ公国に離婚を導入するに至った。

(2)　離婚原因として挙げられるのは、以下の三個である。

（1）過　失

夫婦の一方が、他方配偶者、尊属または卑属の生命侵害のために刑の宣告を受けたことは、婚姻法第四三条第一号および第四号に、離婚原因として規定されている。

夫婦の一方が、軽罪を犯した結果一年以上の自由剥奪刑の宣告を受けたときも同様である（同条五号）。

（2）共同生活の破綻

婚姻法第四三条第一号および第二号は、執行力のある裁判上の決定があると否とをとわず、別居の請求の提出後、中断のない二年以上の共同生活の現実の停止を離婚原因としている。また、三年以上の中断のない共同生活の現実の停止は、別居の請求の提出がなくても、離婚原因を構成する（四三条一号、三号）。

（3）相互の合意（協議離婚）

夫婦の協議による離婚は、別居の請求の提出後、または夫婦が別居の約束をした後一年を経過したときは、可能である（四三条一号）。

(3)　離婚の効果

（1）　夫婦間の財産上の利害関係の調整

婚姻法第五五条によれば、離婚の終局判決は、夫婦財産制の解消ならびに財産の分離を引き起こす。一九七五年九月一五日の妻に関する民事上の権利についての命令（LDC）第六条第一項によれば、夫婦の財産制度に関し夫婦財産契約がないときは、夫婦は、財産分離制のもとに服する。したがって、各配偶者は、ある財産が専ら自己に属することをあらゆる可能な方法によって、証明しようと務めることができる。確実な証拠のないときは、その財産は、夫婦の各々に二分の一ずつ配分される（LDC六条二項）。

LDC第一〇条第二項によれば、夫婦間の贈与は、裁判別居の場合には、無責の配偶者によって撤回されうる。一九七五年当時にはまだ離婚は認められていなかったけれども、この規定は、離婚の場合に適用されるべきだと思われる。

（2）　婚姻住居

合意のないときは、婚姻住居が夫婦の一方の個人的な所有物でないときは、子らの必要と利益において、子らとともに暮す配偶者に帰属させることが考慮される（LQM五六条）。

（3）　扶養定期金

離婚が夫婦間の財政的不均衡を引き起こすときは、婚姻中の状態よりもその財政事情が悪化したとみられる配偶者は、扶養定期金を受ける権利を有する。その金額を定めるにあたっては、以下の事情を考慮しなけ

ればならない（LQM五七条一号）。すなわち、

① 夫婦の合意、② 経済的不均衡を蒙る配偶者の年齢および健康状態、③ その職業上の資質と労働を見つけうる機会、④ 各配偶者の経済的資産と需要、⑤ 他の定期金債権を偶々喪失したこと、⑥ 婚姻期間、⑦ 過去または将来の家族に対する貢献、⑧ 夫婦の一方がなした他方の商業上、工業上または職業上の活動に対する協力である。

定期金は、夫婦の一方の経済的事情に実質的な変化が生じたときは、変更されうる（LQM五七条二号）。

この定期金は、夫婦間でなされた合意によって、定められた財産上の用益権の終身定期金の設定、または財産上もしくは金銭上の元本の設定により、代替されうる（同条三号）。

定期金は、債務者の死亡とともに消滅しない。しかし、その相続人は、債務を負担することができず、または定期金がかれらの遺留分に充当されるときは、裁判上定期金の削減または停止を請求することができる（同条四号）。

（4） 子らに対する効果

子らの監護権の付与ならびにこれらの権利を有しない配偶者の訪問権の行使の諸条件を決定する責任が帰せられるのは、民事裁判所にである（LQM五二条、五四条一号）。子らの利益が、裁判所の決定の中心となる（同五三条）。夫婦が別居している場合には、親権は子の監護権を取得した親に帰属する（LDC四条四項）。

(4) 手 続

アンドラ共和国の民事裁判所は、以下の婚姻事件について管轄権を有する（LQM四九条）。

① アンドラにおいて挙式された婚姻のLQMの制度のもとにおける離婚、

② 原告女子がアンドラに居住し、または居所を有しているときは、教会法上の婚姻により結合された夫婦の離婚、

③ アンドラ国民の夫婦、アンドラに居住する夫婦、またはLQMの公布前にアンドラにおいて婚姻した夫婦の離婚、

④ 双方がアンドラ国民の離婚、または、婚姻がアンドラの戸籍簿に登録されているときは、外国において民事的にまたは教会において婚姻した、アンドラ人と外国人との夫婦の離婚。

2　リヒテンシュタイン（Liechtenstein）[2]

(1) 適用法は、一九七三年一二月一三日のリヒテンシュタイン公国婚姻法(Ehegesetz des Fürstentums Liechtenstein＝EheG）であるが、一九七四年六月一日に施行された。この法律は、その後、一九九二年一〇月二二日の法律および一九九八年一二月一七日の法律により改正された。

(2) 離婚法の原則

リヒテンシュタインの離婚法は、一九九八年一二月一七日の法律によって根本的に修正され、一九九九年四月一日より施行された。以前においては、立法は、離婚を、婚姻非解消の原則に対する一つの例外と考えてきた(旧EheG七五条)。ヨーロッパ諸国の大多数の立法とは反対に、この問題においては、過失が常に大きな役割を演じてきた。さらに、裁判別居が、すべての離婚訴訟の前に必ず必要であった（同七五条)。

新たな法律とともに、いくつかの条文はまだ残されているけれども、過失の重要性は小さくなっている。以後、離婚は、裁判別居を前提とせず、また旧法のもとにおけるものよりもより制限のない条件のもとに可能となって

いる。したがって、配偶者の過失に基礎を置く旧法の離婚原因（姦通、生命の危険、虐待など、旧EheG五八条以下）は、より一般的であまり正確でない規定に席を譲ることになった（EheG五六条）。

(3) 離婚原因

婚姻法第五〇条以下は、夫婦双方の請求に基づく離婚と夫婦の一方の請求による離婚とを区別している。夫婦の一方が訴訟を提起するときは、三年以上の事実上の別居またはその配偶者と生活を継続することを一方に要求することができないというような、婚姻法第五五条以下に定められた原因の一つに基づかねばならない。

（1） 夫婦双方の請求に基づく離婚

夫婦双方の請求による離婚は、婚姻の締結後一年以上を経過しなければ請求されえない（五三条）。婚姻法第五〇条第一項によれば、夫婦は共同して離婚を請求することができ、その効果の全体について必要な証明書を伴った完全な合意を締結することができる。そのような場合においては、裁判所は、通常、一度は別々に、一度は一緒に夫婦を聴問する。離婚の請求ならびに合意は、自由に合意され、十分な熟慮の後になされたものであり、裁判所がこれを受諾したものであることが保証されなければならない。

婚姻法第五〇条第一項の諸条件が具備されるときは、裁判所は、判決の方法で離婚を宣告し、扶養、婚姻住居の付与、家庭用動産の分割、婚姻中取得した財産の余剰の分割、ならびに職業上の予測に基づく退職金の分割についての合意を承認する。裁判所はまた、一八一一年六月一日の民法典（ABGB）の諸規定による親子の関係に関するものと同様に、子の扶養、監護教育権についての合意を調査し、承認しなければならない（EheG五〇条二項）。

第二項による合意が完全なものではなく、または承認しえないものであるときは、裁判官は、不足している点または不十分な点について夫婦が協議するようにすることを試みる。いかなる合意も不可能なときは、手続の結果は婚姻法第五一条または第五四条の規定にしたがう（同条三項）。

夫婦が共同で離婚を請求するがその効果の全体について合意を見出せないとき、そして夫婦が自分らが合意できなかった効果について裁判所が解決できると申立てるときは、裁判所は疑問の点を解決しなければならない(同法五一条)。これをするためには、裁判所は、離婚の請求ならびに合意するに至らなかったその付随的効果について、夫婦を聴問する（同条二項）。

夫婦は、合意をしなかった付随的効果について、提案をする（同条三項）。

裁判所が、夫婦双方の請求による離婚のための要件が具備されていないことを決定するときは、夫婦に離婚訴訟を提起しうるための期間を与える(同条五四条一項)。請求が提出されることなくこの期間が経過したときは、裁判所は、共同の請求を棄却する(同条五四条二項)。新たな共同の離婚の請求を提起する夫婦のための権利は、婚姻法第五四条第二項による請求の棄却によって排除されるものではない（同条三項）。

（2）　事実上の別居の後の離婚

夫婦の一方は、離婚訴訟の提起の時または一方よりの請求による離婚に移行した時に、夫婦が三年間別居していたときは、離婚を請求することができる（同法五五条）。

（3）　共同生活の継続が不可能なことを理由とする離婚

三年の経過する以前に、夫婦の一方は、他方に優先的に帰せられる適切な理由のために婚姻の継続を他方に要求しえないときは、離婚を請求することができる（同法五六条）。

婚姻法第五六条に基づく離婚訴訟の開始後、裁判所は、和解の試みをしなければならない。和解が可能であると思われるときは、もう一度和解が試みられなければならない。夫婦は、代理人の立会いなしに、自ら裁判所に出頭しなければならない（同法五七条）。

裁判所が、和解の手続の終了後、離婚の手続の間に、夫婦が和解するという確信を抱いたときは、適当な期間は手続を中断する。一九一二年一二月一〇日の民事訴訟法典（ZPO）により定められた中断の理由は、適用されない（五八条）。

（4） 職権による調査

裁判所は、三年間の別居の要件または婚姻継続を夫婦の一方に要求することが不可能であるとの要件が充たされているか、また、離婚の請求が受入れうるものであるかを、職権により調査しなければならない（六一条）。

（5） 反訴請求

夫婦の一方が婚姻法第五五条または第五六条に基づいて離婚を請求するとき、そして他方配偶者が明確にそれに同意し、または自ら離婚の反訴請求を提出するときは、手続の遂行は、関連する条文が課した要件により、共同の請求による離婚についての規定にしたがって行われる。手続の変更が行われたときは、婚姻法第五四条に基づく紛争手続への回帰は認められない（五九条）。

(4) 離婚の効果

（1） 離婚判決の効果の発生は、婚姻関係の解消を引き起こす（五二条および六二条二項三号）。

（2） 夫婦間においてなしうる合意

リヒテンシュタイン法は、離婚の付随的効果について夫婦間での合意を推奨している。したがって、婚姻法第六七条第一項は、夫婦は、主張された離婚原因とは独立して、扶養定期金、婚姻住居の付与、婚姻中取得した財産の増加分の分割、ならびに職業上の問題について退職金の分割につき合意をなしうることを、定めている。子らの扶養と教育、親子間の関係についても同様である。このような合意は裁判所の保証を必要とする。

夫婦が付随的な効果について合意をすることができず、または裁判所がそれらに保証を与えないときは、婚姻法第六八条の諸規定が適用される（六七条二項）。婚姻法の特別規定、とくに共同請求に基づく離婚に関する規定と第八九条aが留保されている（六七条三項）。

（3）　夫婦間の身分上の効果

原則として、夫婦は、婚姻中有していた姓を名乗り続けることができる（六六条一項）。しかし、婚姻を理由として姓を変更した配偶者は、離婚を宣告する判決が効力を生じた日から一年以内に、民事身分局に対して、その生来の姓あるいは婚姻締結前に有した姓の回復を請求する権利を有する。理由のある例外的な状況においては、この期間の経過後においても請求をなすことができる（六六条二項）。

子らの姓は、婚姻法第六六条第二項を根拠として宣告された姓の変更によって影響を受けない（同条三項）。

（4）　夫婦間の財産的利益の調整

①　夫婦財産制の解消と清算

(a)　原則　夫婦は、夫婦財産契約によって他の財産制を採用しないかぎり、財産分離制のもとに置かれる（ABGB一二三七条）。夫婦は、この問題においては完全に自由である。すなわち、法律により定められた契約財産制を選択することもできるし、他の制度を予定することもできる。(ABGB一二一七条)。ABGB第一二三三条は、一般的または後得財産に限局された共通財産制を定めている。それは、生存中の共通制または夫婦の一方の死亡のときにかぎり効力を生ずる共通制である(ABGB一二三四条)。

法定財産制としての財産分離制は、婚姻中にのみ効力を有する。事実、婚姻中に取得した財産の増加分の分割は、婚姻の無効、離婚または別居の後の制度の解消の場合において、婚姻法第七三条以下の諸規定による(婚姻法七三条一項)。

婚姻住居の放棄の後に生じた財産の増加は、分割のために考慮されない(同条二項)。

分割すべき財産は、婚姻中婚姻住居の放棄の時までに取得した夫婦の財産の増加の全体を含む(七四条一項)。財産の増加分には、個人的な将来の社会保障制度または老齢、相続または廃疾の場合を予想した貯蓄または保険の制度については考慮されるが、この制度は夫婦間におけるこれらの給付の分割を予定していない。婚姻中夫婦共同体の終了までに取得する退職金に対する期待および婚姻の締結時にすでにそのような期待のある場合には、退職金の差額は、財産の増加分とみなされる(同条二項)。

分割は、以下のものの価額を考慮する。

ⓐ 配偶者が婚姻中死因または第三者よりの贈与により受領したもの、

ⓑ 夫婦の一方の個人的な必要または直接に職業の行使に専ら用いられるもの、

ⓒ 精神的損害に対する賠償またはその他の厳密に個人的な要求。

これらの価額は、各配偶者の固有財産として考慮される(七五条三項)。

しかし、婚姻住居、および夫婦の一方の生活に必要な家具はまた、一方が婚姻の時持参したもの、死因によりまたは第三者よりの贈与として受領したときは、分割すべきものとみなされる（七五条二項）。固有財産の収益は、権利者がそのように決定したとき、またはそれらが夫婦に役立つ財産の取得に用いられるときは、財産の増加分と考えられる（七六条）。固有財産に代わる財産は、権利者がそのように決定した場合または夫婦双方の使用に役立つときにかぎり、分割すべきものとみなされる（七七条）。

(b)　契約による分割　財産の増加分の分割権を予め放棄することはできない（八九条ａ一条）。しかし、この準則は、夫婦間の合意に優るものではない（同条二項）。とくに、

ⓐ　企業に属するまたは企業の分担金に代わる資本金を除外して、

ⓑ　分割すべき財産の一部をなす資本金の代替となる収益または購入物を除いてはそうである。

離婚の手続と関連して、合意は、財産の増加分の全体の分割について夫婦によって締結されうる（八九条ａ三条）。この合意は書面によってなされなければならず、裁判所により署名ならびに合意の認証を必要とする（同条四項）。

(c)　裁判分割　分割は公平に行われる。これをするためには、とくに、財産の創出に対する各配偶者の寄与の範囲と重要さが考慮されなければならない。扶養料の給付、所得に対する寄与、夫婦の一方が他の方法で補償しなかった場合においては、共通の家庭の維持、子らの監護養育、ならびに婚姻中にもたらした援助の全体もまた考慮されなければならない（七八条一項）。分割については、分割すべき財産の持分の創出に役立つすべての債務を公平に考慮する（七八条二項）。

公平な分割の決定はまた、子の財産および利益をも考慮しなければならない（同条三項）。分割は、離

婚した配偶者の将来における活動範囲にできるだけ関係しないようになされなければならない。それ故に、企業、会社その他の類似のものは、以前に所有、経営していた配偶者のものとしなければならない（七九条）。

婚姻財産の分割の時には、裁判所は、夫婦の一方の動産についてのいくつかの権利または所有権の他方配偶者への移転ならびに有体動産の所有権の移転と同時に一方配偶者のために他方の不動産についての債権より発生する権利義務の創出を命ずることができる（八〇条一項）。

分割すべき財産の一部が第三者のもとにある間は、裁判所は、所有権者の同意のあるかぎり、この財産にもたらされた諸権利または財産の移転を命ずることができる（八〇条二項）。

不動産の所有権の移転またはそれらについての物権の構成は、他の方法によっては公平な解決がなされえない場合にのみ命ぜられうる（八三条一項）。企業、会社その他の経営体についても、分担金の権利が容易に分割できないかぎり、同様である（八三条二項）。

(d)　婚姻住居　婚姻住居に関しては、それが、所有権またはその他の物権により夫婦の一方または双方によって使用されるときは、裁判所は、一方の所有権または物権を他方に移転し、または一方配偶者のために債権に基づく権利関係の創出を命ずることができる（八一条一項）。夫婦の一方の所有であり婚姻法第七五条により分割から排除された婚姻住居がその享有を継続するために他方に譲渡されるときは、債権に基づく権利と並行して、享有または居住権のみをこの権利から創出するために命令が出されることがある（同条二項）。さらに、裁判所は、契約による解決を考慮せずに、婚姻住居の利用より存在する法律関係において、一方が他方の地位に代わること、またはそれまでの共通の法律関係のみを追及することを命ずることができる（同条三項）。

住居が職業活動の行使に関連するとき、またはそのような活動を理由として用いられるとき、裁判所は、いくつかの事情において、この住居の使用に関する処分をするときは、雇用主または住居の貸与の責任者の同意を請求しなければならない（八二条一項）。この同意は、以下の場合に必要である。

ⓐ　住居の貸与は、それが本質的に労働義務を遂行するのに役立つが故に、雇用主の重大な利益を侵害しうるとき、

ⓑ　住居が無料で、またはその地方で普通に適用されているものより大幅に低く、純粋に象徴的な賃料で利用されているとき、

ⓒ　雇用主によって手筈を整えられた住居が、なされた労働に対する報酬の一部を構成するとき。

婚姻住居が、婚姻法第八二条第一項により、貸与された場合において、裁判所は、この使用のために適当な報酬を定めなければならない。この配偶者の利用権は、再婚がなされないかぎり、そのままである。さらに、この権利を第三者に移転することはできない（同条二項）。

(e)　補償　夫婦の一方が、その配偶者の明示または黙示の同意なくして、離婚請求の提起前二年以内に、夫婦共同生活の間に夫婦の生活条件の構成を侵害する方法で共通財産または共通の預金に損害を与えたときは、不足額は、分割において考慮されなければならない（八四条一項）。

婚姻生活中夫婦双方によって用いられた動産がある企業に属するとき、そしてこれが分割後には夫婦の一方のみの所有となるときは、裁判所は、婚姻財産の増加分の分割において、他方配偶者のためにそのことを考慮しなければならない（同条二項）。

(f)　債務の運命　第八五条によれば、裁判所は、分割に含まれた債務の運命を決定しなければならない。とくに、内部的な観点において、債務がいずれの配偶者に帰属するかを決定しなければならない。内部的な観点から債務またはクレジットの支払いが夫婦のいずれに帰せられるかを、裁判所が決定する場合、または夫婦間に合意がなされた場合には、裁判所は、第三者に対する効果とともに、内部面において債権者たる配偶者が主たる債務者であること、および他方配偶者は債務の従たる債務者であることを宣告しなければならない（八六条一項）。この後者は、ABGB第一三五六条にしたがい、主たる債権者が適当な期間内に償還されえないときにかぎり探し出されうる。債権者が執行名義を獲得した後に、動産に対する差押え、または給料に対する差押えおよび主たる債権者に知れたる不動産の一つに対する差押えの手続を、債務者に対してなしたときでも同様である（同条二項）。

執行名義が外国において得られねばならず、または執行の方法が外国において遂行されねばならないときは、婚姻法第八六条第二項により、主たる債務者に対してとられる方法は、それをとることが債権者に不可能な場合またはその遂行が合理的にこの者から請求されえないときは、要求されない（同条三項）。

また、主たる債務者に対する訴訟が有効期間内に通知された従たる債務者は、主たる債権者もまたそれをした場合には、それが自分に理由のないものであるとして債権者に異議申立てをすることができる（同条四項）。

(g)　分割の実行　分割に関する決定においては、裁判所はまた、その執行に必要な処分をなし、かつ、とくに一時的に、その実現の態様を予定しなければならない。出費が清算の実行に関するときは、裁判所は、夫婦のいずれがそれらを負担すべきかを決定しなければならない（八七条）。

財産の公平な分割がなされえない場合には、裁判所は、夫婦の一方に対し、他方に金銭的な対価の支払いを課さなければならない。この場合においては、裁判所はまた、公平に決定する（八八条一項）。裁判所は、それが債務者にとって重大であり、また、債権者からも給付を要求することができると思われるときは、補償給付の支払い、いくつかの前払金の支払いに猶予を、保証に対し優先権を命ずることができる（同条二項）。

婚姻財産の増加分の分割権は、相続により移転することができ、生存中または死因により譲渡することができ、契約または取引により認められるかぎり、あるいは婚姻の無効、離婚または別居の系属中の手続の対象であるかぎり、差押えの対象となる（八九条）。

(h)　職業上予定された給付金の分割　夫婦の一方または双方が職業上の共済制度に加入しているとき、そして保険のいかなる場合も夫婦間に生じなかったときは、夫婦は各々、婚姻中婚姻共同体の解消のときまでに取得した退職給付、職業上の共済金に関して適用される法律によって計算されるべき給付の二分の一について、権利を有する（八九条b一項）。夫婦が各々他方に対して主張しうる給付を有するときは、双方の給付の差額のみが分割されなければならない（同条二項）。

夫婦の一方は、離婚に関する合意の枠内で、老齢およびそれに関連する障害に対する保障が他の方法によって支払われるときは、その給付の全部または一部を放棄することができる（八九条c一項）。裁判所は、離婚後の財産的経済的諸条件からみれば、明らかに不公平と思われるときは、分割の全部または一部を拒否することができる（同条二項）。

これに反して、保険の事由がすでに夫婦の一方または双方に生じたとき、または他の理由により、婚姻中に取得された職業上の共済給付が分割されないときは、公平な補償が支払われるべきものとされる（八九条d一項）。裁判所は、事情がそれを正当とするときは、債務者が補償することを要求することができる（同条二項）。

夫婦が退職手当の分割ならびに分割の履行方法について合意するとき、および過去に支払った分に関する退職給付の制度および分割するべき退職給付の計算のために定められた額の証明書を提出するときは、裁判所の同意をえた合意はまた、職業上の共済制度に対抗しうるものとなる（八九条e一項）。裁判所は、職業上の共済制度に、取決められた額の移転のための必要な指示を含みながら、それらに関する点について効力を生じた判決を通告する（同条二項）。

この問題について、夫婦間でいかなる合意もなされないときは、裁判所は、いかなる方法で退職給付が分割されるべきかを事情を考慮して決定する。職業上の共済制度は、請求に基づいて、保険をかけられた夫婦の主張について裁判所に情報を提供しなければならない（八九条f一項）。分割条件に関する決定が効力を生じたときは、ただちに、裁判所は、職権により、権限ある職業上の共済制度にそれを通知する。同制度は、離婚判決および確認された分割条件に基づいて、分割が行われるために婚姻中に取得した退職給付の額を定める（同条二項）。

② 相続権

法律上の相続権は、夫婦の離婚の場合には消滅する（ABGB七五九条一項）。

③ 夫婦財産契約

離婚の場合には、締結された夫婦財産契約が効力を生じ続けるか、またはいかなる方法で夫婦がそれを変更することを欲するかを決定するのは夫婦の合意によってである（ABGB一二六三条一項）。合意のない場合には、裁判所は、司法上の協約を見出すように努める。そのような調整ができないときは、裁判所は、当事者を聴問した後夫婦財産契約の継続を決定する（ABGB一二六三条二項）。

（5）　夫婦間の定期金

①　原　則

婚姻法第六七条によれば、扶養定期金に関する夫婦間の合意は、この条文により定められた諸条件によって可能である。夫婦間の意見不一致の場合には、婚姻法第六八条以下の諸規定が適用される。これらの諸規定は、夫婦の過失にきわめて重要な役割を認めていた旧規定（旧婚姻法八〇条以下）とかなり明白に異なっている。

一方配偶者が、公平な老齢補助を含む正当な扶養料、その財産および効力を有する夫婦財産契約の条項によって生活を賄うことができないときは、他方配偶者はこの者に適当な金額を支払わねばならない（六八条一項）。寄与分が支払われるべきか、また、場合によっては、いかなる額で、いかなる期間かを決定するためには、以下の要素を考慮しなければならない（同条二項）。

ⓐ　婚姻中の仕事の分割、ⓑ　婚姻期間、ⓒ　婚姻中の夫婦の生活の状況、ⓓ　夫婦の年齢および健康、ⓔ　夫婦の収入および資産、ⓕ　夫婦がまだ子どものために費消すべき経済的範囲と世話の期間、ⓖ　夫婦の職業上の地位と予想、および給付の債権者たる配偶者の職業のために必要とされる推定的消費、ⓗ　老齢および生存保険の期待ならびに職業上の共済金またはその他の公的もしくは私的な共済金の期待。

給付の支払いが、債務者たる配偶者の債務のためにその者自身の扶養を危険に陥れるときは、離婚した夫婦の必要、収入ならびに財産状況を考慮して、公平な金額のみが支払われなければならない（六八条三項）。

寄与は、それが明らかに不公平であるときは、債権者が以下のような状態のときは、拒否されまたは期間的に制限されうる。

ⓐ 家族の扶養を分担する義務に著しく違反したが故に、

ⓑ 故意に貧困の状態を引き起こしたが故に、

ⓒ 債務者またはその近親者の一人に対して重大な犯罪を犯したが故に、である。

② 扶養債務の支払方法

通常、扶養定期金は、前払いによる月々の定期金の方式により支払われる（六九条一項）。それにもかかわらず、権利者は、重大な理由があり、かつ、この唯一回の支払いが債務者を不当に傷つけないときは、扶養定期金の元本での一括払いを請求することができる（同条二項）。

③ 事情の変更

収入および財産の状態に重大で恒久的な変化のある場合には、裁判所は、請求に基づき、定期金の権利を増大し、縮小し、廃止し、または停止することができる（七〇条一項）。債権者は、世話を必要とする未成年の子があるとき、離婚の際に、正当な扶養をするに足るいかなる定期金も定められなかったとき、そして、義務者の経済状況が後に改善したときは、その増額を請求することができる（同条二項）。

裁判所は、例外的で正当な場合において、第七〇条第二項とは別に、以下の場合には定期金の増額を命ずることができる。

ⓐ　債権者が、その過失なくして、特別の必要を生じたとき、例えば、重病のとき、重大な身体障害のとき、またはその非常な高齢を理由としてである。

ⓑ　婚姻中に前払いした給付金のあるとき、

ⓒ　婚姻後の連帯が婚姻中からみてそれを必要とすると思われるとき、すなわち、債務者の収入および財産状態が、この者が給付の増額を理由として不公平な制限に耐えることができないような場合である。

夫婦は、その契約において、予め定めた定期金のあらゆる変更を全面的にまたは一部において排除することができる（同条四項）。定期金は、合意または裁判所の決定により国の消費者物価指数または類似の指数にしたがう（同条五項）。

④　扶養請求権の喪失、終了および停止

配偶者は、離婚後、義務者に対して重大な過失を犯したときは、扶養請求権を喪失する（七一条）。扶養請求権は、債権者の死亡とともに消滅する。扶養義務は、専ら、それが過去に対する履行のないことを理由として損害賠償の支払いまたは債務の履行のために命ぜられたとき、あるいは権利者の死亡により義務を負うべき額については存続する（七二条一項）。

義務者の死亡とともに消滅するところの第六八条第四項の減額された扶養分担金を除いて、他の分担金は、相続債務として相続人に移行する（同条二項）。しかし、債権者は、相続人の条件と相続財産の収益性に対して定められた金額に扶養定期金を均衡させた減少分を受入れなければならない。

定期金の債権者は、誰かと生活を共同にするときは、この間には、定期金の支払いは停止される。この者が再婚したときは、定期金の権利は消滅する。
定期金の権利の喪失または停止の場合を除いて、この扶養義務は、他のすべての者のそれに優先する(同条四項)。

(6) 子らに対する効果

① 原則

婚姻法第六七条第一項によれば、子らの運命に関する父母間の合意は可能である。このような合意のないときは、適用されるのはABGBの諸規定である(八九条g)。いずれにしても、裁判官は、離婚の諸効果について決定をなすことにより、子の福祉を考慮しなければならない(八九条h)。

② 監護権

父母は、裁判所の支配に服しなければならない契約の方法によって未成年子の監護の問題を定めることができる。裁判所は、この契約が子の利益に反するか否かを確認しなければならない。子の利益に反する場合、または父母がなんらの契約もしなかったときは、父母の一方の請求により、子らの監護を付与することは裁判所の権限に属する(ABGB一六七条および一七七条)。

これをするためには、父母は、主として、子らの利益、すなわち、子らの人格、その資質、および成長の可能性ならびに父母の生活条件を考慮しなければならない(ABGB一七八条以下)。

ABGB第一七八条bによれば、裁判官は、子が年少で、その意思を知ることができないのでないかぎり、子らを聴問しなければならない。

一般に、低年齢の子は母に委ねられ、また、兄弟姉妹は分離されない。

別居の間における夫婦の一方の過失は、原則として、子らの帰属および扶養の問題になんらの役割も演じない。

ABGB第一七七条第三項によれば、夫婦が、子らの福祉に反しないで、子らの教育およびその養育料の分担についてそれぞれの持分に関して認められうる合意を締結するときは、夫婦共同の請求に基づいて、裁判所は共同監護権を認めることができる。

子らに関するすべての決定は決して終局的なものではなくて、子らの利益が要求するときは、何時でも変更されうる。

③　個人的な関係を保つ権利

ABGB第一七八条は、子の監護権を取得できなかった配偶者に、親子関係を維持するために、子らと個人的な関係を維持する権利を与えている。この訪問権は、子の利益において必要な場合に存在する。監護権を取得しなかった配偶者は、子の教育および健康について監督権を有する。

④　子らのための扶養定期金

ABGB第一四〇条第一項によれば、各親は、その能力により、また、生活事情を考慮して、子の必要費を支弁しなければならない。その必要費を決定するためには、子の素質、能力、希望ならびに成長の可能性を考慮しなければならない。しかし、監護権を有する親は、まずその扶養義務を履行する。そして、他方配偶者が子の必要費の全部を支払うことができず、また、その生活水準を超えて支払わねばならないときは、その子の扶養に関与しなければならない（ABGB一四〇条二項）。

子が自己の収入を受け取り、またはその生活水準に照らして、単独で自己の生活を維持することができるときは、扶養定期金を受け取る権利は減少する（ABGB一四〇条三項）。

父母がその義務の全体を履行することができないときは、この扶養義務を引受けねばならないのは、祖父母である（ABGB一四一条）。

(4) 手　続

離婚手続についてすでに引用した婚姻法の諸規定のほかに、ZPO第五一八条以下は、共同の請求ならびに夫婦の一方の請求に基づく離婚手続を扱っている。

（1） 仮の措置

夫婦は各々、訴訟の開始以来、訴訟期間中は共通の住居を離れることができる（六〇条一項）。訴訟期間中、それが夫婦の一方または子の福祉のために必要であるときは、裁判所は、仮の措置によって、夫婦の一方および子のために適当な扶養給付を認め、またはその他の一時的な措置をとることができる。婚姻共同体の保護の方法についての諸規定も同様に適用される（同条二項）。

（2） 共同の請求による離婚

共同による離婚請求は、地方裁判所に書面でもって提起されるが、その書面には、ZPO第五一八条に述べられた事項を含まなければならない。裁判所は、婚姻法第五〇条によって要求された聴問を行わねばならないし、また、聴問の意味と目的およびその重要性について夫婦に通知しなければならない（ZPO五一八条二項）。

裁判所は、各配偶者が自己の意思で、かつ、熟慮した上で離婚の合意をしたことおよび合意においてとられた措置が明らかに不公平だとは思われないときは、夫婦間の離婚の効果に関する合意を確認し、共同の請求による離婚を判決により宣告しなければならない（ZPO五一八条二項）。

子らに関する付随的効果に関しては、裁判所は、同一の条件でこの合意を確認しなければならない。ついで、離婚判決は、保護裁判所へ移送され、この機関において手続が開始される（ZPO五一九条二項）。

一部だけの合意の場合には、裁判所は、離婚を宣告し、夫婦が合意した付随的効果を追認し、それに関連する準則にしたがって離婚の付随的効果に関する系属中の問題を解決する（同条三項）。

共同の請求に基づく離婚の場合には、婚姻の解消に対する不服申立は、意思の瑕疵または無効についてのみ可能である。上級裁判所が終審として解決する(ZPO五一九条a一項)。離婚の効果について効力を生じた合意は、合意の締結のときの瑕疵に対してのみ攻撃されうる。この規定はまた、効果について一部の合意のあった離婚に対しても、また、効果が合意の対象となった夫婦の一方よりの請求による離婚に対しても適用される。夫婦の一方は、他方配偶者が離婚の効果を定める合意に対して救済を申立てたが故に、婚姻の解消に対しては、不服申立をすることができない。不服申立の提出は、それに関する点についてのみ判決の効力の発生を妨げる。しかし、不服が夫婦の一方の扶養料の額を争うものであるときは、子らのために定められた給付は改めて審理され、変更される（ZPO五一九条a四項）。

（3）　夫婦の一方のみの請求による離婚

夫婦の一方のみの請求による離婚は、判決によって解決される(婚六二条一項)。裁判所は、婚姻法第五五条以下または第五九条の諸要件が充たされていることを客観的に確認するときは、離婚を宣告しなければならない（同条二項）。

婚姻法第五七条に定められた和解の手続の範囲内において、裁判所は、当事者の合意でもって、婚姻および家族の問題について助言する専門家を選任することができる（ZPO五二一条一項）。

3　ルクセンブルグ（Luxembourg）(3)

(1)　適用法

一八〇七年九月三日の民法典（CC）であり、離婚は、この法典の第六部に規定されている。離婚は、一八〇三年に導入され、最近の法律で幾度か改正されている。すなわち、

①　一九七五年二月六日の協議離婚に関する法律。

②　一九七八年一二月五日の恒久的な失敗による離婚を導入する法律。

③　一九九三年三月一五日の個人的な扶養の不動性を廃止する法律。

④　一九九七年七月二七日の民法典、民事訴訟法典、刑事訴訟法典および裁判所構成法のいくつかの規定を改正する法律。

⑤　一九九八年八月三日の民法典第二三六条の変更に関する法律。

(2)　離婚法の原則

ルクセンブルグは、ベルギーと同様に、離婚につき三種の法的形式を認めている。

①　制裁離婚、もしくは有責離婚（二二九条）、②　失敗確認離婚、もしくは破綻離婚（二三〇条以下）、③　協議離婚（二七五条）である。

さらに、ルクセンブルグ法は別居をも認めている（三〇六条以下）。

(3)　離婚原因

（1）制裁離婚

民法第二二九条によれば、夫婦は各々、他方の暴行、虐待または重大な侮辱を理由として、これらの行為が婚姻より生ずる諸義務の重大な、もしくは反復的な違反を構成し、婚姻生活の維持を耐え難くするときは、離婚を請求することができる。

したがって、民法第二二九条の離婚は、婚姻義務の枠内で夫婦の一方によって犯された過失に対する制裁である。

① 民法第二二九条の適用の条件

(a) 婚姻義務の重大なもしくは反復的な違反

判例によれば、婚姻義務の違反の問題は事実問題である。

離婚を引き起こしうる行為は、民法第二二九条によれば、暴行、虐待または重大な侮辱である。法律は、これらの範疇に属する行為にいかなる例外も認めていない。裁判官は、虐待、暴行または重大な侮辱が存在するか否かを決定するために、各々の状況を具体的に評価しなければならない。実際に、ある夫婦の間で重大な侮辱を構成する行為が、必ずしも他の夫婦にそうであるとはかぎらない。事実、婚姻と夫婦の誠実の観念は様々でありうる。夫婦の一方の違反行為は、他方の過失を軽減し、免責さえするのである。

一九七八年法以前においては、離婚の決定的原因であった姦通は、それが他方に対して、婚姻関係の維持を耐え難くする違反行為を構成するときにかぎり、民法第二二九条に基づいて婚姻の解消を引き起こすことになる。

判例によれば、以下のようなものが重大な侮辱のいくつかの例である。

ⓐ 婚姻住居の放棄、ⓑ 協力扶助義務に対する違反、ⓒ 婚姻費用および子の養育料の分担義務に対する違反、ⓓ 暴力、殴打、傷害および虐待、ⓔ 配偶者の不品行、ⓕ 姦通のない場合でも、第三者との特に親密な関係。

(b) 共同生活の維持が耐え難くなること

離婚を得るために主張される事実は、婚姻生活の維持が耐え難くなったことでなければならない。

(c) 侮辱的な行為をなす意思

判例によれば、第二二九条の意味において、離婚原因として主張される行為は、故意に、または罪の意識をもってなされたものでなければならない。したがって、離婚は、明晰な意思を有する者によってなされた事実を理由としてのみ宣告されうる。

(2) 破綻離婚

民法第二三〇条によれば、夫婦は各々、三年以上引き続き実際に事実上の別居をしている場合、そして、そのことから夫婦の不和が回復し難いものであることが明らかであるときは、離婚を請求することができる。さらに、第三一〇条は、三年の別居の後に離婚を請求することができる。別居は、離婚原因と同一の原因について、夫婦の各々により要求されうる(三〇六条)。しかし、それは、夫婦の協議によってなすことはできない(三〇七条)。さらに、第二三一条は、夫婦の一方の治癒し難い精神障害を理由として、夫婦が五年以上別居し、その別離が回復しえないものであるときは、離婚を請求しうることを認めている。

① 民法第二三〇条の適用の要件

(a) 三年以上の事実上の別居

事実上の別居は、実質的または客観的要素としては共同生活の停止を、そして、主観的要素を構成するものとしては、別れて暮すという夫婦の一方の意思を含む。

したがって、三年以上継続した別居は夫婦の不和の重大な徴表である。それ故に、これは、ルクセンブルグの立法者によって離婚原因として認められている。

これに反して、職業的な理由による別居などは、夫婦の不和の結果ではない別居なので、第二三〇条の適用領域から除外される。また、第二三〇条の意味において事実上の別居を構成しない一方の禁錮なども、夫婦の一方に共同生活を継続しない意思のないかぎり、同様である。

短期間に共同生活を回復したり、単に出会ったりすることは、夫婦の事実上の別居を中断するものではない。

(b)　夫婦の回復し難い不和

事実上の別居が三年以上継続したときは、夫婦の回復し難い不和が推定される。これは、被告配偶者によって覆えされうる推定である。

②　民法第二三一条の適用の要件

五年以上の事実上の別居および夫婦の回復し難い不和の他に、民法第二三一条に基づいて離婚が請求されうるためには、一方が治癒し難いほどに精神的に障害があることが必要である。

この要件の存在は、専門の医師によって証明されなければならない。次いで、原告が、五年の事実上の別居は、その配偶者の不治と思われる精神状態によるものであったことを証明しなければならない。

③　苛酷条項

第二三〇条に基づく離婚の請求は、その適用の条件が充たされているけれども、離婚が、被告配偶者または共通の子らにとって精神的または物質的に特別に苛酷な結果を引き起こすときは、何時でも裁判官により棄却される（二三二条）。離婚の結果の特別な苛酷さを最終的に判断するのは、事実審裁判官である。第二三〇条の意味を空虚にしないために、苛酷条項は、制限的に解釈されなければならない。

したがって、苛酷条項は、夫婦の別居および回復し難い不和によりすでに悪化していた状況に対して、離婚が例外的に重大な結果を引き起こす場合においてのみ適用されなければならない。離婚は、常に、とくに物質的な面において、否定的な結果を含んでいる。それ故に、被告は、離婚の結果が、すべての離婚の「正常な」結果に対して例外的な苛酷さを構成するときにかぎり苛酷条項を主張することができる。

第二三二条が適用されうるか否かを決定するために、裁判官は、離婚に至るまでの前歴ではなく、離婚の結果を考慮しなければならない。したがって、夫婦の一方の偶然的な過失は主張されえない。

(3) 協議離婚

① 要件（民法二七五条）

協議によって離婚したいと望む夫婦は、以下の要件を具備しなければならない。

ⓐ いずれも二三歳以上であること、ⓑ 二年以上婚姻を継続していること。

これら二つの要件の目的は、夫婦が婚姻に適応する最小の努力をするまでに離婚が請求されるのを避けることである。

② 予備的措置

(a) 財産目録（民法二七六条）

協議によって離婚をすることを決定した夫婦は、公証人に依頼して、動産たると不動産たるとをとわず、すべての財産を評価し、財産目録を調製しなければならない。ついで、夫婦は、財産目録に記載された財産について、それぞれの権利を決定しなければならない。財産目録の必要性は批判されている。実際、これは、父母の財産の二分の一について子らの権利を保護する目的において導入されたものである。この権利が廃止されても、財産目録はやはり必要とされるであろう。

分割すべき財産が何もないときは、夫婦は第二七七条に定められた合意においてそのことを明示すれば十分である。この場合には、いかなる公正証書も必要ではない。

財産の評価は、合意のある場合には、評価の方法ではなくて、夫婦の申告によってなされる(二七六条二項)。

(b)　事前の合意（二七七条）

夫婦はまた、合意により、以下のいくつかの問題を解決しなければならない。

ⓐ　別居期間中の夫婦の各々の住居、ⓑ　共通の未成年の子の身体および財産の管理、ならびに別居期間たると離婚後たるとをとわず、これらの子に対する訪問権、ⓒ　共通の未成年の子らの扶養および教育についての夫婦の分担、ⓓ　別居期間中および離婚後夫婦の一方によって支払われるべき定期金の額。

(4)　離婚の効果

(1)　離婚の効果の発生する日

身分上の効果は、離婚を宣告する判決が確定した日から発生する。これに反して、夫婦の財産に関しては、効果は請求の日に遡る（二六六条）。

各配偶者は、判決の効果が夫婦の同居および協力が停止した日に繰上げられることを請求することができる（二六六条）。

離婚を宣告する判決は、身分登録簿に登録されたときからのみ、第三者に対して効力を生ずる（二六六条）。

（2）夫婦間の身分上の効果

① 婚姻より生ずる義務

婚姻は、離婚を宣告する判決が確定した日から解消される（二六六条）。この時から、夫婦は、婚姻より派生する義務、すなわち、とくに、貞節、同居、協力扶助義務より解放される。

② 姓

姓に関する民法典の条文は、出生証書または死亡証書に関するものである。したがって、いかなる明確な規定も、夫婦の姓について婚姻の効果を扱っていないし、このことから、姓に関する離婚の効果についても規定はない。

この問題は、共和二年実月六日（一七九四年八月二七日）の法律の一般規定により支配されるが、それによれば、いかなる市民も出生証書に表現されたもの以外の姓名を名乗ることはできないということである。それらを放棄した者はそれらを回復する義務がある。さらに、慣習法によれば、妻は、婚姻によって夫の姓を取得するのではなく、その婚姻前の姓を保有する。しかし、妻は、夫の姓を使用する権利を有することは認められる。

それ故に、いかなる法文も、婚姻が夫婦の一方、一般的には妻が姓を変更することを前提としていない。しかし、配偶者の姓の使用は、慣習によって認められる。婚姻に関連するこの使用は、離婚の効果によって消滅する。

③　待婚期間

民法第二九六条第一項によれば、再婚を望む離婚婦は、離婚判決が効力を生じてから三〇〇日が経過するのを待たなければならない。この期間は、召喚後生じた出産の場合には終了する（二九六条二項）。この待婚期間は、協議離婚の場合および事実上の別居を理由として宣告された離婚の場合には要求されない。それ故に、これらの場合においては、妻は、離婚の宣告の時から再婚することができる（二九七条）。

（3）　夫婦間の財産的効果

①　夫婦財産制の解消と清算

夫婦は、夫婦財産契約によって、その選択する財産制に従うことができる。夫婦は、民法により定められた制度を夫婦間で選ぶことができ、または自分らの都合でそれを変更することができる。

夫婦は、契約により、法定共通制を変更し、動産および後得財産共通制（一四九八条）または一般的共通制（一五二六条）を選択することができる。夫婦は、外国の夫婦財産制を選択することもできるし、あるいは民法第一三八七条ないし第一三八九条に含まれた唯一の制限のもとに、いかなる法にも存しない準則を定めることもできる。夫婦はまた、共通財産の分割に関する条項を予定することができる（一三九〇条、一五二一条および一五二七条二項）。

さらに、夫婦は、財産分離制（一五三六条）または一九七四年二月四日の法律により導入された後得財産参与制を選択することもできる。婚姻中、この制度は財産分離制として機能するが、婚姻の解消の際には、各配偶者は他方の後得財産の二分の一につき配分にあずかる。原則として、婚姻中の利益のみが二分の一ずつ分割されるが、全体の分割条項を定めることができる。

夫婦がなんらの夫婦財産契約を締結していないときは、民法第一四〇〇条ないし第一四九一条により定められた動産および後得財産共通制にしたがう。夫婦の財産は、三個の部分に分割される。すなわち、共通財産（後得財産）、妻の固有財産と夫の固有財産である。後得財産に関しては、各配偶者は、共通財産に含まれた財産の享有、管理および処分の権利を保有する。婚姻の解消時には、共通の取得財産および債務は二分の一ずつ分割される。

② 有責配偶者の責任による金銭的利益の喪失

民法第二九九条によれば、第二二九条に基づく離婚が宣告された配偶者は、夫婦財産契約により、または婚姻中受領したすべての利益を喪失する。

③ 扶養定期金

(a) 離婚後の扶養定期金

(i) 定期金の性質

一九七八年一二月五日の法律以来、離婚後の定期金は、純粋に扶養的性質を有し、さらにそれは、一九九三年三月一五日の法律によって強化された。この最近の改正以来、裁判官は、扶養定期金の確定にあたって、債権者たる配偶者の過失の重大性をもはや考慮する必要はない。定期金は、扶養の必要を満足させるために与えられるのであって、過失より生じた損害を補償するためではない。離婚後の扶養定期金がまだ過失とともに有する唯一の関係は、専ら有責な離婚配偶者は扶養定期金を受ける権利を有しないことにある。

(ii)　定期金付与の要件

扶養定期金が与えられるためには、以下の要件を必要とする。

ⓐ　原告配偶者が扶養必要状態にあること、

ⓑ　離婚が、原告配偶者の専らの過失によって宣告されたものでないこと、

ⓒ　原告配偶者が第三者と生活を共同にしている者でないこと（三〇〇条二項）。

(iii)　定期金を確定する基準

民法第三〇〇条によれば、扶養定期金は、義務を履行すべき当事者の能力に応じて、債権者の必要に答えなければならない。それ故に、裁判官は、原告配偶者の財産状態、ならびに人生をやり直す可能性、その年齢、健康状態およびその人となりを調査しなければならない。ルクセンブルグ法は、扶養定期金を確定するために婚姻中存在した暮し向きを考慮していない。

扶養料は、夫婦の一方がその固有の財産で自己の生活を維持できない状態にある場合に負わせられるものである。裁判官はまた、定期金の債務者の財産状態を考慮する。定期金は、その扶養債務がその能力に比例して要求されるものであるからである。債務者は、その元配偶者への扶養定期金の支払いによって、自己の生活が困難になってはならないからである。

(iv)　扶養定期金の修正

第三〇〇条によれば、扶養定期金は、常に修正し取消すことができる。債権者が自身でその生活を維持することができるようになったとき、ならびに債権者が第三者と共同生活をするに至ったときは、必要がなくなったものとして、請求により定期金は取消される。これに反して、債権者が再婚したときは、職権により、取消される。

裁判官はまた、債権者の必要と債務者の財産的状態にしたがって、扶養定期金の増額または減額をすることができる。取消しおよび修正に関するこの規定は、協議離婚について予めの合意で当事者が金額を定めた定期金には適用されない。

(v) 合意による扶養定期金

扶養債権は、夫婦間の取引または放棄の対象となる。

夫婦間においてなされた合意は、その基盤となる事情が変更したときは、当事者の一方または他方から破棄を求めることができる（三〇〇条五項）。

(vi) 協議離婚の場合における状態

協議離婚の際は、扶養定期金は、夫婦によって予め締結された合意によって支配される。

それ故に、扶養定期金の修正の請求は受理されない。実際、予めの合意は、夫婦の各々の権利に関しては不動であり決定的であるからである。それは、子らの養育料の分担を定める合意事項の場合とは異なる。

(b) 損害賠償

第三〇一条によれば、第二二九条に基づく離婚が夫婦の一方の専らの過失により宣告されたときは、他方配偶者は、婚姻の解消によって蒙った物質的精神的損害を補償するための損害賠償を請求することができる。婚姻の解消にその源泉を有する損害のみが第三〇一条によって考慮されるのであって、婚姻中生じた事実からの損害は除外される。

（4）　子らに対する効果

①　監　護　権

離婚裁判官は、子らの監護を父母の一方または第三者に委ねなければならない。これをするためには、裁判官は、主として、子らの利益を考慮しなければならない（三〇二条一項）。

原則として、それが健康的で安定したものであれば、子らを生来の環境から出さないこと、および兄弟姉妹を分けないことが重要である。

判例は、一般に、子らが低年齢のときは、母に子の監護を与えることを好むようである。監護権を請求する親は、自己に監護権が帰属することが子の利益のために正当であることを証明しなければならない。

離婚または別居の場合には、親権は、監護権を取得した親によって行使される（三七八条一項および三八九条三項）。監護が第三者に委ねられたときは、親権の他の付属物は、裁判官が後見人を選任しないかぎり、父と母とにより行使され続ける。

②　子の意見

一九九七年七月二七日の法律によって改正された民法第三八八条の一第一項は、判断力のある未成年者に、裁判官または裁判官がこのために任命した者により意見を聞かれる可能性を与えている（三〇二条四項）。この請求が未成年者から出されたときは、聴問の拒否はとくに理由を付した決定の方法でなされなければならない(三八八条の一、二項)。この聴問は、それに手続の一部の資格を与えない(同条五項)。その他については、未成年者の聴問に関する諸規定は、一八〇六年四月一四日の民事訴訟法典の第八八一条の一五以下に見られる。

それに関連する仮の措置をとることについて、裁判官は、民法第三八八条の一の要件につき子らにより表明された願望を考慮することができる(二六七条一項)。

③　訪問権および宿泊の権利

子らの監護権を取得しなかった親は、この子らに対して訪問したり宿泊させたりする権利を有する(三〇二条三項)。これは、厳密に個人的な権利であり、全く例外的な事情のあるときしか拒否することはできない。したがって、子の利益は、監護者でない親の訪問権に優先する。

④　子らの養育についての監督権

子の監護権者である親は、子の教育に関する重要な選択を他方の親に知らせる義務を有する。実際、監護権を取得しなかった親は、元配偶者が子を教育する方法を監視する権利を有する。選択された教育路線が子の利益に反すると思うときは、この者は青少年裁判所に訴えることができる(三〇三条)。

⑤　監護権の変更

第二二九条、第二三〇条、および第二三一条により宣告された離婚の場合ならびに協議離婚の場合において、離婚裁判所によってなされた子の監護権に関する決定は、子の利益が要求するときは、青少年裁判所によって変更され、または補充されうる(三〇二条二項)。

⑥　子らの扶養

子らに対する親の義務は、婚姻の解消によって影響を受けない。父および母は、いずれに子が委ねられているかに関係なく、その能力に応じて子の教育および扶養を分担しなければならない（三〇三条）。成年の子がともに生活を続ける親は、この子がまだ教育の途中であり、または障害もしくはその他の理由により親の負担のもとにあるときは、他方配偶者がその養育費の分担額を支払うよう請求することができる（三〇三条の一）。

仮の措置の問題において、子の利益においてなされた決定を留保して、子らの身体および財産の仮の管理は離婚訴訟中は父および母が行う（二六七条）。

⑦ 協議離婚の場合

協議離婚をすることを決心した夫婦は、予めの合意において、未成年の子らの財産の管理ならびに子らの養育についての各親の分担について、意見をまとめておく義務を有する。

前述のごとく、予めの合意は、子らの養育費の分担に関して、最終的な性格を有しない。

(5) 手 続

離婚の手続は、一九九七年七月二七日の法律およびとくに民法第二三六条を改正する一九九八年八月三日の法律によりなされた最近のいくつかの改正を受けた。離婚手続は、非訟的なものと争訟的なものの二段階がある。

（1） 当事者

離婚訴権の行使は夫婦にのみ属する。それは厳密に個人的な訴権である。

夫婦の一方が無能力であるときは、裁判所は、離婚請求を不受理と宣告するか、あるいは保護の制度が小審裁判所において定められうるために判決を延期しなければならない。したがって、民法第二三一条に基づく離婚の場合には、心神喪失の配偶者は、その後見人または特別管理人によって代理されることを条件として被告となりうる。

（2） 管　轄

離婚請求が認められるための管轄は、夫婦双方の最後の住所地の郡裁判所、またはそれがないときは、被告配偶者がその住所を有する地の郡裁判所である（二三四条）。

夫婦が常に外国に居住しているときは、原告がルクセンブルグの国籍を有するときは、その選択に従いルクセンブルグの裁判所に審理を委ねることができる。実際、ルクセンブルグの裁判所は、夫婦の一方がルクセンブルグ国民であるかぎり、管轄権を有する（一四条）。

離婚請求提出後の住所の変更は、裁判所の管轄になんらの影響も与えない。

（3） 手続の展開

手続は通常の方式で提起され、予審に委ねられる。検察官が尋問する。召喚状には、事実の詳細な記述と、場合によっては、未婚の親権未解放の未成年の子の身分の記載を含まなければならず、それらのないときは無効である（二三六条一項）。この召喚状には、夫婦または子らの身分、扶養料または財産に関する仮の措置の請求を含むことができる（同条三項）。

請求の基礎の評価をなすべき証拠は収集されるが、予審の処置は中間判決によって命じられる。ついで、裁判所は、命じられた予審の処置の結果に基づいて判決を宣告する。

離婚の反訴請求は、単なる意見書の形式で提出されうる（二四三条一項）。それは、新たな請求であるものとはみなされない（同条二項）。

(4)　訴訟中に命じられる仮の措置および保存措置

①　管　轄

裁判所長またはこれに代わる裁判官は、仮の、および保存措置の問題について唯一の排他的管轄権を有し、離婚請求が提出されると直ちにそれを命ずることができる。それは、急速審理で行われる(二三六条四項および二六七条)。

②　措　置

訴訟中は、夫婦についても子らについても、その身分、扶養および財産に関して、仮の措置がなされる。それは、以下の事項についてである。

ⓐ　夫婦の別々の住居の決定（二六八条）、ⓑ　共通の子らの監護権の仮の付与、ⓒ　共通の子の養育費について夫婦の各々の分担額の決定、ⓓ　訴訟中の夫婦の一方が他方に対して負担する扶養定期金の決定、ⓔ　夫婦がこの問題について合意できない場合に、子らの通う学校の選択、ⓕ　共通財産に封印またはその他のすべての保存措置をすること（二七〇条一項）。

(5)　不服申立の方法

①　異議申立（二六一条の一）

異議申立は、欠席判決を取消させうる通常の不服申立の方法である。それ故に、この方法は、改めて事実上法律上の審理をするために、異議申立の対象たる判決を宣告したのと同一の裁判所の前に、不出頭の被告に対してのみ開かれている。

離婚が、被告の出頭なくして欠席として宣告されたときは、異議申立の期間は、判決の送達から、または判決が送達されなくて公告が命ぜられたときは、最後の公告から一五日間である。

これに反して、代訴士を有する当事者の一方に対して欠席判決がなされたときは、適用されるのは、一八〇六年四月一四日の民事訴訟法典第一五七条の普通法上の異議申立期間である。この期間は、被告の代訴士に送達がなされてから一五日である。

② 控　訴（二六三条）

離婚請求を認容したり棄却したりする判決は、それが対審判決でなされたときは、その送達から四〇日以内に、あるいは、それが欠席でなされたときは、異議申立がもはや受理されなくなった日から控訴をすることができる。

郡裁判所によってなされた離婚判決の控訴は、緊急事件として、控訴院によって予審され、かつ、判断される（二六二条）。

③ 上　告

上告は、控訴審判決に対して、その送達から三か月以内にすることができる（二六三条）。上訴は停止される。

(6) 判決の登録

離婚を宣告する判決の主文は、夫婦の婚姻証書および出生証書の欄外に記載されなければならない。婚姻が外国で挙式されたときは、判決の主文は婚姻証書が登録されたコミューヌの民事身分登録簿に、そうでなければ、ルクセンブルグ市の民事身分登録簿に登録されなければならず、そして、夫婦の出生証書の欄外に記載される（二六四条）。

記載または登録は、その代訴士の請求に基づき、離婚を獲得した当事者の姓名によってなされなければならない。代訴士がそれをしなかったときは、三千フランないし一万フランの科料に処せられる（二六五条一項）。記載は、離婚判決が確定した日から一か月以内に権限ある民事身分吏に対して請求されなければならない。この期間が遵守されないときは、他方配偶者は、自ら判決を送達し、その登記と記載とを請求する権利を有する（同条五項）。

（7）　協議離婚の場合の手続

協議離婚の場合においては、手続は非訟的である。ベルギーにおけると同様に、必要な合意を締結した後に、夫婦は三度裁判所に出頭しなければならない。

最初には、夫婦は、自分らの意思を表示するために、郡の民事裁判所の所長の前に一緒に自ら出頭しなければならない（二七八条）。裁判官は、かれらのやり方の結果に注意を向けさせ、自己が有効と判断する勧告をなさねばならない（二七九条）。夫婦が離婚の意思に固執するときは、裁判所長はその旨の証書を与える（二八〇条）。この意思表示は、同一の方式を遵守して、続く六か月以内に更新されねばならない（二八二条）。

最初の意思表示のときから六か月を過ぎた月に、夫婦は、自ら、かつ、揃って裁判所長の前に出頭し、各々別々に、しかし他方の立会いのもとに、裁判官が離婚を宣告することを請求しなければならない（二八三条）。その場合、所長は、請求の証書を与える（二八四条）。第三回目の出頭の際に、訴訟書類が検事に送られる。検事はこれらの書類が法律によって定められた要件を充たし、かつ、方式にしたがっているかを確認し、ついでその意見を提出する（二八五条）。判決をするのは裁判所である。この目的のために、民法第二八六条により検事のなすべきもの以外の確認はなされえない（二八七条）。

離婚を宣告することを拒否する判決に対しては、当事者に通知がなされてから四〇日以内に控訴を提起することができる。控訴は、夫婦双方によって提起されなければならない（二八八条）。

4 マルタ（Malte）(4)

(1) 適用法は、一八七〇年二月一一日の民法である。

(2) 夫婦の別居

（1） 原　則

マルタ法は、離婚制度を知らない最後のヨーロッパ法である。それ故、夫婦にとって唯一の可能性は別居でいることである。別居は、裁判によることも合意によることもできる（民法三六条）。

別居は、権限のある民事裁判所によって宣告され、承認されなければならない。それがなければ、なんらの民事上の効果を生じない（三五条二項）。

過失は、別居の効果に関してまだきわめて重大な効果を演じている。有責の配偶者は、一般に、婚姻より生じた多くの利益を剝奪されているようである（四八条）。

（2） 別居の原因

① 限定的原因による別居

姦通を理由とする別居の請求は、夫婦の各々によって提出されうる（三八条）。同様に、各配偶者は、暴行、虐待、強迫または他方配偶者もしくは子の名誉に対する毀損を理由として別居を請求することができる。さらに、民法第四〇条第一項は、また、別居の一般条項を含んでおり、それによれば、夫婦の一方は、婚姻の破綻を理由として共同生活がもはや継続されえないときは、別居を請求することができる。しかし、この理由に基づく請求は、早くとも婚姻後四年を経てから提出されなければならない。

民法第四四条は、夫婦双方が主張することのできる別居原因が存在するときは、一方のみによる請求の提出は排除されないことを定めている。被告配偶者がまた、別居の訴訟を開始するために理由を準備するときは、裁判所もまた、第五二条を適用して、これらの原因を考慮することができる（四五条）。

② 遺棄を理由とする別居

別居はまた、夫婦の一方が正当な理由なしに婚姻住居を遺棄したときは、請求されうる。ただし、訴訟は、遺棄の後二年後でなければ開始することはできない（四〇条三項、四一条）。

③ 協議による別居

夫婦は、合意によって、協議による別居をすることができるが、それは裁判官によって承認されなければならない（五九条一項）。裁判官は、承認に先立ち、夫婦の和解の試みをし、夫婦に別居の効果を通告しなければならない（同条二項）。

(3) 別居の効果

（1） 効果の発生する日

夫婦の別居は、別居判決または夫婦により締結された別居の合意が公的登録簿に登録されたときから第三者に対抗することができる（六二条aおよび一三三二条九項）。

共同生活を回復することを決定した夫婦は、この方向において合意を締結しなければならない。それは裁判官により承認され、公的登録簿に登録されなければならない。共同生活の回復が第三者に対抗しうるのは、この時からのみである（六三条ないし六六条）。

（2） 夫婦間の身分上の効果

① 共同生活義務の終了

管轄権のある民事裁判所によって宣告された別居判決は、婚姻によって課せられた共同生活義務を終了させる（三五条一項）。

② 姓

別居後は、妻は、婚姻前の姓を回復する権利を有する（六二条一項）。協議別居の場合において、その姓を回復する妻の意思は、夫婦の合意において表示されなければならない。裁判別居の場合には、裁判官が別居判決を宣告する前に、裁判官にその選択を表示しなければならない（六二条一項）。別居判決の宣告前になされるべき夫の請求に基づいて、妻は、それが夫に重大な損害をもたらすときは、別居後にその配偶者の姓を名乗ることを禁止されることになる（同条二項）。

③ 婚姻住居

別居手続の期間中、夫婦の一方は、原告たると被告たるとをとわず、婚姻住居を去ることができ、自分の意思で婚姻住居を去ったか否かの事実に関係なく、裁判上の決定が婚姻住居に関する権利についてなされることを請求することができる（四六条）。

夫婦の一方の請求に基づいて、裁判官は、別居の判決において、婚姻住居において生活し続けうる配偶者を指定しなければならない（五五条ａ一項）。この決定は事情の重大な変更が生じたときは、何時でも、夫婦の一方の請求に基づいて変更されうる（同条二項）。

さらに、婚姻住居の全部または一部の譲渡に関する第三条A第二項の諸規定は、夫婦が合意をなし、または裁判所が別居手続の際に決定をなしたかぎりにおいては、夫婦の別居の問題に関しては適用されない。夫婦の合意も裁判所の決定も、それらが公的登録簿に登録されたときからのみ第三者に対して効力を生ずる（同条三項）。

④　相続人の資格

他の法規に違反して、各配偶者は、別居の公正証書によって、その相手方の相続を放棄することができる。

（3）　姦通または遺棄に基づく別居の問題における特別の効果

民法第三八条および第四一条により宣告された別居の有責配偶者は、以下のものを剝奪される。

ⓐ　民法第六三一条、第六三三条、第六三三条a、第八二五条、第八二六条、および第八二七条により認められた諸権利、

ⓑ　婚姻を理由とする贈与またはその他の方法で無償で他方配偶者から受領した財産、

ⓒ　裁判所が別居原因が生じたとみなす時から、主として他方配偶者の活動により取得された他方配偶者の財産の全体の二分の一に対するすべての権利、

ⓓ　婚姻により他方配偶者が支払うべき定期金の権利（四八条一項）。

有責でない配偶者に民法第四八条第一項第一号により取得された財産、および共有財産に属するものと第四八条第一項第一号の範疇に入るものは、全部が無責の配偶者に属するものとなる。ただし、別居の決定が公的登録簿に登録される以前に子らまたは第三者によって取得された権利を除く（同条二項）。

民法第四〇条により定められた一原因によって別居が宣告されたときは、裁判所は、この規定を全部または一部適用することが適当と考える場合には、状況からみて、第四八条の諸効果をその判決のなかに留めることができる（五一条）。

これに反して、別居の請求を提出した配偶者は、相互性の条件のもとに取得したものそしてその反対給付がなされなかったものを含めて、その配偶者により取得したすべての権利および特権を保有する（五三条）。

夫婦双方が別居に有責であるときは、裁判所は、事件の状況からみて、夫婦双方に第四八条を適用するか、夫婦の一方に対してのみか、あるいは双方ともにそれを適用しないかを決定することができる（五二条）。

（4） 夫婦財産制の問題についての効果

民法第一三一六条第一項によれば、婚姻は、夫婦が異なる合意をしていないかぎり、後得財産共通制の創設を引き起こす。夫婦は、とくに、第一三三八条以下に定められた別管理のもとに属する残存財産について共通制を認めることができる。夫婦が後得財産共通制を拒否する合意をしたときは、後に、この共通制を回復させる新たな契約をすることは常に可能である。また、法律もしくは契約によってこの共通制を終了させることもできる（一三一七条）。しかし、夫婦が法定共通制に従うときは、法文から離れることはできない（一三一八条）。

法律は、共通財産について否定しうる推定を設けている（一三二一条）。民法第一三二〇条は、共通制に含まれる財産の目録を含んでいる。とくに、労働もしくは活動よりの収入、夫婦の財産よりの果実、これらの財産が婚姻中または婚姻前に取得されたかあるいは有償で取得されたかに関係ない。また、共通財産に由来する財産またはその取得が夫婦の一方だけによりなされた場合も同様である。

しかし、婚姻前に、裁判上の名義を理由として夫婦の一方によって取得されたすべての財産は共通財産に含まれる（一三二一条二項）。

別居の時に、当事者が後得財産共通制または残存財産共通制のもとにあるときは、裁判所は、この決定の効力が生じたときから、この共通制の解消を命じる（五五条一項）。この決定は、裁判所の自由な裁量により、共通財産の全部もしくは一部が一定期間分離されないよう命ずることができる（同条二項）。重大な事由のあるときは、第二項によってなされた決定は、裁判所によって変更されまたは取消されうる（同条三項）。

共通財産制の解消のときには、夫婦間において、財産と債務の二分の一ずつの分割が行われる（一三三三条）。

（5）　扶養定期金

別居の手続の間、夫婦の一方は、その必要と債務者の能力を考慮して、算定された扶養定期金の支払いを請求することができる。この範囲内において、夫婦の各々の条件を調査しなければならない（四六条a）。

別居が宣告された配偶者は、他方配偶者に対して扶養義務から解放されない（五四条一項）。扶養定期金は、その債務者の収入と受益者の必要に基づいて算定される。夫婦に関するすべての状況は考慮されなければならない（同条二項）。

裁判官は、他方配偶者に対する受益配偶者の財政的従属性を減少させまたは停止させる目的において、扶養義務の全部または一部を一括払いの方法で、債務者たる配偶者を義務から解放することを命ずることができる（同条三項）。

事情によって、裁判所は、夫婦の一方が、他方配偶者に、一定期間、一括払いの代わりに、規則的もしくは不規則な支払いをすることを命ずることができる（同条五項）。また、裁判所は、その支払いまたは一部の支払いの代わりに、債務者が相手方に自己のいくつかの財産の所有、利用または占有を委ねることを命ずることができる（同条六項）。

債務者の収入または債権者の必要が後に変更を蒙ったときは、裁判所は、夫婦の一方の請求に基づいて、金額が変更され、または扶養義務が終了することを命ずることができる。ただし、扶養義務が一括払いまたは所有権の移転の方式のもとに履行されるときは、金額の支払いまたは所有権の移転のときからこの義務は消滅する。これに反して、この支払いまたは所有権の移転が扶養義務の一部のみしか履行されないときは、裁判所は、支払いの金額または所有権の移転の確定のときに、いかなる程度までこれらの給付が扶養義務を充たすかを決定する。後になっての事情のすべての変更は、他の方法による支払い部分の変更を引き起こす（同条七項）。

（6） 子らに対する効果

民法第四七条によれば、裁判所は、別居手続の間、親権に関して父母に課すべき決定をしなければならない。

別居判決は、共通の未成年の子らの監護が帰する親を指定しなければならない。この帰属は、主として、子らの利益を考慮してなされなければならない（五六条一項）。それが状況の全体からみて必要なことが明白であるときは、子らの監護は第三者に帰属させうる（同条二項）。

裁判官は、父母の一方の請求が必要とするかぎりにおいて、監護権を決定する（同条三項）。協議によって別居することを欲する夫婦により締結された合意がこの問題についてなんら定めていないときは、この問題は、合意の承認がなされたときから裁判官によって解決される（六〇条一項）。子らに関する裁判官の決定は、子らの利益が要求するときは、何時でも変更されうる（五六条四項、六〇条二項）。夫婦により締結された合意において定められた子らの監護の問題はまた、子らの利益がそれを必要とするときは、父母の一方の請求に基づき、何時でも裁判官によって変更されうる（六一条一項）。そのような場合において、裁判所は、子の監護権を取得する者に関し、また、子の扶養料の支払いおよび教育の方法について必要な決定をなす（同条二項）。

民法第五六条第五項によれば、裁判所は、事情が要求する場合には、夫婦の一方または双方が親権の行使の全部もしくは一部を剝奪されることを決定することができる。

監護権が付与された者とは独立して、父母は子らに与えられる扶養および教育を監視する権利を保有する。さらに、父母はそれに協力しなければならない（五七条一項）。

監護権を有しない親に認められた訪問権の行使の範囲および方法を決定することは裁判官の権限である（同条二項）。子らの利益がそれを要求するときは、裁判官はその配偶者から訪問権のすべてを剝奪することができる（同条三項）。

父母は、その子らの扶養料を支払う義務がある（七条一項）。養育料は、衣食住の費用ならびに身体維持の費用を含む（一九条一項）。それが子らに関するものであるかぎり、それはまた、子らの健康ならびに成長を保障するために必要な費用を含む（同条二項）。定期金は、債権者の必要と債務者の資産とに基づいて定められる(二〇条一項)。債務者の資産が減少し、または債権者の必要が低下したときは、定期金の変更が請求されうる(二一条)。

(4) 手　続

民法典は、別居の手続に関していくつかの条文を含んでいる。前述のごとく、別居は、民事上の効果を生じうるためには、管轄権のある民事裁判所によって宣告されなければならない(三五条)。

非訟事件裁判所の法的許可を得ずして、夫婦の一方による争訟方法による別居の請求は受理されない(三七条一項)。この許可は、非訟事件裁判所の夫婦を和解させるための努力が成功しなかったときから認められる(同条二項)。別居が法律により定められた理由に基づき非訟事件裁判所によって認められたときは、各配偶者は、争訟事件裁判所の前に別居手続の枠内で同様の理由を主張することも、または新たなものを主張することも自由である(同条三項)。

別居の手続は、夫婦の和解とともに終了する(四二条一項)。別居の新たな原因が生ずるときは、原告は、別居の請求を支持するために以前の事由を主張することができる(同条二項)。

夫婦の一方の死亡は、別居の手続を終了させ、別居の決定が第四八条ないし第五二条の適用を引き起こさないかぎり、請求の提出後においても同様である。

夫婦または子の利益が要求することを裁判所が認めるときは、一定期間別居の手続を終了させることができ、事情がそれを要求するときは、一定数の仮の措置をとることができる(五八条一項)。手続の停止または仮の措置に関する決定は、上訴の対象となる(同条二項)。

5　モナコ（Monaco）(5)

(1)　適用法は、一八一八年一月一二日の民法典である。この第一編は、一八八〇年一二月二一日のデクレによって完全に修正された。離婚は、この法典の第四部において、第一九七条以下によって規定されている。これらの諸規定は、一九八五年一月二一日の法律により修正され、一九八六年一月一日より施行されている。

(2)　離婚法の原則

モナコ法は、有責離婚のみを認めている。驚くべきことに、一九八五年の改正は、破綻離婚も協議離婚も導入しなかった。

(3)　離婚原因

民法第一九七条は、三個の離婚原因を定めている。

ⓐ　配偶者の姦通、ⓑ　暴行、虐待または重大な侮辱、ⓒ　原告が婚姻前にその犯罪を知らなかったかぎり、婚姻生活の維持を耐え難くする犯罪を犯した配偶者への刑の宣告である。

それ故に、これら三個の原因は、被告配偶者の過失に基づいている。

民法第一九八条は、第四の離婚原因を定めている。それは、夫婦の一方の過失に基づかない唯一の原因である。それは、夫婦の一方の病気の場合に関する。そして、その重さと長さが相手方または生まれた子もしくは生まれて来る子の健康または安全を脅かす性質のものであることである。

三年以上継続した裁判上の別居は、夫婦の一方の請求に基づいて、離婚に転換されうる。（二〇六条の三三）。

別居は、離婚と同一の原因について宣告されうる（二〇六条の二六）。

(4)　離婚の効果

（1）　離婚の効果の生ずる日

①　第三者に対する効果

民法第二〇六条の一九によれば、離婚は、民事身分登録簿に登録されたときから、第三者に対抗できる。

②　夫婦間の効果

夫婦の財産に関しては、効果の発生は請求の日、すなわち、民法第一九九条によって定められた請求の提出の日に遡及する（二〇六条の一九）。法律は、離婚の身分上の効果が生ずる日についてはなんら定めてはいない。この日は、離婚判決が既判力を生ずる日と関連している。

（2）　夫婦間の身分上の効果

①　婚姻より発生する義務

離婚は婚姻関係を解消する。それ故に婚姻より生ずる義務は停止する。

②　姓

婚姻の解消を理由として、かつ、反対の合意のないかぎり、各配偶者は、他方の姓を使用する権利を喪失する（二〇六条の二一）。したがって、夫は、離婚後その姓を名乗り続けることを妻に許可することができる。

（3）　離婚と夫婦財産制

モナコにおいては、夫婦は、善良の風俗または親権、法定管理権もしくは後見に関する諸規定に反しないかぎり、内容は自由であるところの夫婦財産契約を締結することができる。さらに、それは、相続の法定順位に関する規定に反することはできない（一二三六条）。それ故に、他の国において定められた制度に従うことは、夫婦にとってなんらの妨げとはならない。これらの契約は、必ず、婚姻の挙式前に締結されなければならない（一二四〇条）。また、それらは、第一二四三条のきわめて厳格な条件のもとにしか、婚姻中には変更することができない。

合意のないときは、適用されるのは、法定財産制である財産分離制である（一二三五条二項）。この制度は、第一二四四条以下に規定されている。財産分離制の場合には、各配偶者は、自己の財産の自由な管理、享有および処分をすることができ、自己の締結した債務についても単独で責を負う（一二四四条）。

各配偶者は、個人的な使用に供せられる衣服および装飾品の所有権者と推定される（一二四六条一項）。残りは、その他の財産の全体および有価証券は、夫婦の共通財産に属するものと推定される（同条二項）。それ故に、分割の場合には、各配偶者は、不分割の財産および証券の二分の一を取得する権利を有すると思われる。

モナコ法は、共通財産制の解消に関する特別の規定を含んでいない。しかし、法律は、離婚が制度の解消を引き起こす（とくに、二〇一条）が、財産の分割方法については何らの指示も与えていないということを指摘しているようである。実際、民法第一二五一条以下は、離婚および財産の分割に専ら関係するいくつかの指示を含んでいる。しかし、これらの準則は、公序と考えられ、それ故に夫婦財産契約によって尊重されなければならない。したがって、共通制を放棄した妻は、自己の職業上の収入によって取得した財産の全体を、その活動より生じた債務を控除した後、保有する（一二五一条）。共同生活または協力が夫婦の一方の過失によって共通制の解消前に夫婦間で廃止されたときは、他方配偶者は、解消の効果は、請求の提出の日ではなく、共同生活の廃止の日に立ち戻らせることを請求することができる（一二五四条）。なお、第一二五五条によれば、各配偶者は、その財産上の利益が危胎に陥り、かつ、他方配偶者の事務の乱脈が返済されるべき債権を危胎に陥らせるときは、裁判上財産分離を請求することができる。

（4） 夫婦間の財産的効果の準則

① 有責配偶者の責任による財産上の権利喪失

民法第二〇六条の二二によれば、離婚の宣告を受けた配偶者は、他方配偶者が夫婦財産契約またはその他の手段によってその者に同意したすべての利益を失う。

② 扶養定期金

ⓐ 離婚後の扶養定期金

自己の利益のために離婚の宣告を受けた配偶者は、単独で生活を維持することができないときは、他方から扶養定期金を受けることができる（二〇六条の二四）。

ⓑ 損害賠償

離婚を獲得した配偶者は、婚姻の解消が自己に引き起こした物質的精神的損害に対して損害賠償を付与されうる（二〇四条の二四）。

ⓒ 病身の配偶者に対する定期金

離婚が第一九八条を根拠にして宣告されたときは、裁判所は、裁判官が必要とするときは、原告配偶者の負担となる扶養定期金を病身の配偶者に付与することができる（二〇六条の二五）。

（5） 子らに対する効果

婚姻より生まれた未成年の子らの監護は離婚裁判所によって付与される。父母は、婚姻の解消にもかかわらず、その資力に応じて子の養育料を負担する（二〇六条の二〇）。

監護権についての決定がいずれに対してなされたかをとわず、父母はそれぞれ子らの扶養および教育を監督する権利を保有する。また、監護権を有しない配偶者は、訪問権を有する（同条一項）。

(5)　手　続

（1）　離婚請求の提出

請求は、そのなかに証拠となる事実を詳細に記述しなければならないが、原告配偶者みずから第一審裁判所長に手渡さなければならない。原告配偶者が病気を理由として移動することができないときは、裁判官がその住所に出向く（一九九条）。

（2）　和解の試み

離婚請求の提出後、裁判所長は、和解の試みのために、命令によって夫婦を召喚する（二〇〇条）。夫婦は、付添いなしに、みずから出頭しなければならない（二〇三条一項）。和解が成立するに至らず、または夫婦の一方が欠席したときは、裁判官は、和解不成立または欠席を確認する命令を出し、また、原告にその相手方配偶者を裁判所に出頭させることを許可する（二〇三条四項）。

（3）　召　喚

原告は、不成立の命令以後一か月以内にその配偶者を出頭させる義務を負う。それをしないときは、訴権を喪失し、とられた仮の措置のすべては完全に停止される（二〇五条）。

しかし、第二〇四条によれば、裁判所長は、召喚を許可する前に、六か月を超えない期間、当事者に延期を認めることを決定することができる。

（4）　仮のおよび保存措置

不成立の命令によって、所長はまた、仮のおよび保存措置について、とくに、一時的な子の監護、訪問権および教育条件について、扶養料の請求ならびに訴訟中の夫婦の住居について決定する(二〇三条五項)。この決定に対しては、異議の申立が認められない。しかし、それは、その送達から一週間以内に控訴の対象となりうる(同条六項)。

所長は、不成立の命令において仮の措置を定めないことにし、当事者を裁判所に送り返すことを決定することができる(同条五項)。

(5) 訴訟の段階

訴訟の段階は、被告配偶者に送られた出頭の召喚によって始まる。裁判所は、一度び本案審理を始めると、必要と判断するすべての仮の措置をとり、また、すでになされた措置を変更することができる(二〇六条の二)。

離婚の反訴は、単なる申立書によって提起されうる(二〇六条の五)。それらは、新たな請求とみなされなくても、控訴に持ち出すことができる(二〇三条の一三)。

裁判所は、何時でも、夫婦の和解が可能であると認めるときは、手続の進行を停止することができる。この停止は一年を超えることができない(二〇六条の九)。

(6) 上訴方法

① 異議申立

判決が欠席によってなされたときは、その通告から一か月以内に、または、判決の公示が命じられたときは、最後の公告から六か月以内に異議申立をすることができる(二〇六条の一一)。

② 控　訴

控訴は、判決の通告から三〇日以内に提起されうる（一八九六年九月五日の民事訴訟法四二二条以下）。

③ 再審のための上告

再審のための上告は、離婚判決の通告後三〇日以内に、離婚判決に対して請求されうる（民訴四三九条）。離婚を認める控訴審の判決に対してなされた再審のための上告およびこの上告の期間は、停止的効果を有する（二〇六条の一六）。

（7） 判決の登録

民法第二〇六条の一八によれば、効力を生じた判決の主文は、当事者の一方の請求により、民事身分登録簿に登録される。

6　サン・マリノ（Saint Marin）[6]

(1)　適用法は、一九八六年四月二六日公布、同年七月一日施行の家族法を改正する法律(Legge riforma del diritto di famiglia=RDF）である。

(2)　離婚法の原則

離婚は、一九八六年法によってサン・マリノ法に導入された。それまでは、婚姻は教会法によって支配され、離婚は認められていなかった。一九五三年九月二二日の法律は、かつてそれのみであった宗教婚と並んで民事婚を採用したのであるけれども。

イタリアにおけると同様に、いくつかの重大な犯罪を理由とする離婚の他に、離婚の問題において、過失はなんら役割を演じてはいない。したがって、RDFによって導入された離婚は、本質的には破綻離婚である。協議離婚は存在しない。

(3) 離婚原因

(1) 即時離婚

① 刑の宣告の存在

イタリア法と同様、サン・マリノ法は、他方配偶者が重大な刑を理由として刑罰の宣告を受けたときは、手続の期間以外の期間を必要としないで、夫婦の一方に離婚の請求権を認めている。課せられた刑が六年以上の入獄であるときは、犯された犯罪とは無関係に、離婚はいつでも可能である。これ以下の限界は、いくつかの判例によって配偶者に課せられた自由剥奪刑を付加することによって、達せられうる(一二六条一項a号)。

RDF第一二六条第一項b—d号は、宣告された罪に対して離婚を獲得しうる犯罪を列挙している。それは、とくに、近親婚、性的乱脈、強姦、売春斡旋、卑属もしくは尊属の故意殺、配偶者の殺人未遂または配偶者もしくは共通の子に対する身体傷害である。

結論としていえば、一度び自由剥奪刑を受けると共同生活を回復するすべての可能性もすべての意思も他方配偶者から失わせる罪である。

② 外国における離婚または新たな婚姻

RDF第一二六条第三項e号は、一九七〇年のイタリア法第八九八号の第三条第二項e号にほとんど類似している。したがって、夫婦の一方は、他方配偶者が外国において離婚し、または新たな婚姻を締結したときは、離婚を得ることができる。イタリア法に反して、サン・マリノ法は、この規定のために外国人の配偶者を排除していない。実際には、しばしば、RDF第一二六条第三項e号は、外国において再婚した外国人配偶者に対してサン・マリノ国籍の配偶者によって主張される。しかし、サン・マリノにおいて婚姻を締結した外国人が、その相手方が外国において再婚するのを目にするということはありうることである。したがって、それをRDF第一二六条第三項e号に従わせることは正しいことである。

（2）　別居後の離婚

夫婦は各々、二年以上の合意別居または裁判別居の後に離婚を請求することができる（一二六条三項b号）。この別居は、夫婦の一方または双方が婚姻生活を遂行する意思をもはや有しないことを含んでいなければならない。

サン・マリノ法によれば、夫婦の別居は合意によるかあるいは裁判上のものであるかである（一〇八条）。合意別居は、裁判官によって承認されなければならないが、RDF第一一一条もそれを要求している。裁判官は、未成年の子らの利益が、その監護養育権に関して保護されているかを確認し、かつ、合意の条件が夫婦の一方に損害を与えないよう保障しなければならない。

共同生活の遂行が耐え難く、または子らに対して重大な損害を生ずる性質の事実が、夫婦の一方の意思とは無関係にさえ発生したとき、たとえば、夫が妻または子らを殴打したり、あるいは夫婦の一方がアルコール中毒であるときには、夫婦の一方の請求に基づき別居が宣告される（一〇九条a号）。裁判上の別居はまた、婚姻から生ずる義務、とくに、同居、誠実および家族の費用の分担を履行する意思が欠けているときにも請求されうる（同条b号）。

十分な自己の収入を有しない別居配偶者は、その相手方から扶養に必要な手当を受け取る権利を有する（一一七条）。しかし、別居の責任が手当の受益者に帰せられるときは、この者は、通常の扶養を含む手当の代わりに扶養料に減額された定期金のみを受ける権利を有する（一一九条）。

別居の問題においては、受益者の過失は財産上の効果の確立に役割を演ずるのに反し、離婚の問題においては、過失は、離婚後の定期金の確定のときに全く考慮されないということに注目すべきである。

(4) 離婚の効果

(1) 夫婦間の身分上の効果

① 姓

婚姻中、妻はその姓を保有し、それに配偶者の姓を付加する。それにもかかわらず、法律は、妻が、離婚後その夫の姓を名乗り続ける権利を有するか否かを明確にしていない。

② 婚姻住居

別居に適用され、かつ、離婚に類推して適用されるべきRDF第一一五条によれば、婚姻住居の規定は、子らが委ねられた配偶者または経済的に最も弱い配偶者に優先的に付与される。

(2) 夫婦間の財産的効果の準則

① 夫婦財産制の解消と清算

法定夫婦財産制は、後得財産共通制である（八八条、九〇条）。婚姻の解消は、夫婦財産制の解消と清算を引き起こす（一〇四条）。後得財産は平等に分割される（一〇六条一項）。共通の債務についても同様である。それにもかかわらず、裁判官は、子らの必要が要求するときは、他方配偶者に帰せられた財産の一部についての用益権を夫婦の一方に与えることができる（一〇六条）。

② 相続権

離婚した生存配偶者は、前配偶者を相続する権利を有しない（一四〇条）。

（3） 離婚後の定期金

RDF第一二八条第一文によれば、法務委員は、離婚判決のなかで、夫婦の一方が他方に支払うべき離婚後の定期金を決定する。定期金の決定の要件は、別居の場合に第一一七条に定められたものに反して、定められていない。RDF第一二八条第三文が、定期金の権利は、受益者が再婚し、内縁関係に入りまたは自身でその生活を維持しうる能力を取得したときは、停止することのみを定めている。

これらの条件において、イタリアの解決に倣って、サン・マリノの行政当局は、定期金の権利を決定するために二つの段階の調査をするか否かが問題となる。すなわち、まず第一に、債権者たる配偶者が固有の収入を有するかまたはそれを取得することができるかということであり、つぎに、それが否定的であるときは、定期金の決定の他の基準に頼るべきかということである。

離婚後定期金を支払うべき義務は、RDF第一二六条に定められた犯罪を証明する判決が受益者となる配偶者に対して宣告されたときは、存在しない（一二八条四文）。

定期金の債務者たる配偶者の死亡の場合には、法務委員は、当事者を聴問した後、定期金の全部または一部の支払いを相続人の負担とすることを命ずることができる（同条五文）。

定期金の債務者は、前配偶者がそれを決定し、または共同の合意のあるときは、一括払いによってその義務から解放されうる（同条二文）。

（4） 子らに対する効果

① 父母の義務

子らに対する父母の義務は、婚姻の解消によって変更されない。父および母は、子らの教育および指導を監視する権利義務を保有する（一二九条二文）。

裁判官は、各配偶者が子らの養育および指導に協力すべき方法を確定する（同条四文）。

② 子らの帰属（一二九条一項）

離婚裁判官は、判決のなかで、いずれの親に監護権が帰属するかを決定しなければならない。例外的な場合には、子らは第三者に帰属させられうる。帰属は、専ら、子らの精神的物質的利益を考慮して、なされなければならない。

③ 親権（一一四条）

子らが委ねられた親は、親権の排他的行使をする。親権は、離婚した親に共同で与えられることはない。しかし、子らのために重大な利害関係の決定は双方の親によってなされなければならない。父母が合意するに至らないときは、やはり優先するのは、監護をする親の意思である。それにもかかわらず、他方の親は、元配偶者によってなされた決定が子らに損害を及ぼすと考えるときは、裁判官に申立てることができる。

(5) 手　続

離婚は、裁判所に提出される召喚状の方法によって請求される。それには、離婚請求の基礎となる事実の表示が含まれねばならない。その場合、裁判官は、命令の方法によって、夫婦の出頭の日を定める。夫婦は、自身で出頭しなければならない。サン・マリノ法によれば、夫婦の出頭のみが要求されるようである。なされた判決は控訴の対象となる。

この手続はきわめて簡単であるので、学者たちは、婚姻するよりも離婚する方が容易であると嘆いている。

結びに代えて

以上において述べた極小国の離婚法においては、とくにすべての国に共通する特色は存在しないが、強いてとりあげるならば、以下の点が注目されるであろう。

もともと、西欧においては、カトリック教の影響から離婚に対しては未だ厳格な態度が垣間見られるのであるが、現実の離婚数の増加に伴い、一九六〇年代後半から一九八〇年代にかけて離婚法が改正され、有責主義に代わって破綻主義が採り入れられ、さらには、相互の合意による離婚（協議離婚）すら認められるようになったことは、周知のとおりである。

以上において挙げた国々の離婚法を概観しても、相互の合意による離婚は、アンドラ、リヒテンシュタイン、ルクセンブルグにおいて認められ、マルタ（離婚を認めない）、モナコ、サン・マリノでは、認めていない。また、その要件として、アンドラでは、一年の事前の別居を必要としている。さらに、リヒテンシュタインは一年、ルクセンブルグでは二年の婚姻期間を必要とするものとされる。その他、ルクセンブルグでは、協議離婚をなしうる年齢を二三歳以上としている。さらに、婚姻の破綻のみを離婚原因とするのはリヒテンシュタインであるが、その他の国々、すなわち、ルクセンブルグ、アンドラ、サン・マリノは、他の諸原因とともに婚姻の破綻を採り入れている。なお、婚姻破綻の徴表として最も一般的に考えられるものは別居であるが、これについてアンドラは三年、リヒテンシュタインも三年、ルクセンブルグも三年、サン・マリノは二年と定めている。

その他、離婚の効果につき、扶養定期金の他に子の監護の問題が重要であるが、リヒテンシュタインは共同監護を認めている。また、離婚の手続は、一般に簡素化される傾向にある。

本稿は、Bernard DUTOIT, Raphaël ARN, Beatrice SFONDYLIA, Camilla TAMINELLI, "Le divorce en droit comparé, vol. I, Europe," Droz, 2000. を紹介したものである。事情により、本格的な論文を書く余裕がなく、このような拙いものを、お世話になった西原道雄先生に捧げることをお許し戴きたい。

（1） フランスとスペインとの国境でピレネー山脈東部に位置する共和国。面積四六五平方粁、人口七万四千人（一九九七年―世界国勢図絵一九九九／二〇〇〇―以下同様）。起源は、シャルマーニュ大帝が南から侵入するイスラム勢力を防御する緩衝地帯として形成したといわれている。一三世紀より、フランスのフォワ伯とスペインの小都市セオ・デ・ウルヘルの司教との共同統治であったが、一五九三年に独立し公国となり、現在は共和国。

（2） スイスとオーストリアに挾まれた面積一六〇平方粁、人口三万二千人（一九九七年）の公国である。一八世紀初頭神聖ローマ皇帝より自治権を付与されて公国となり、一八六六年独立したが、第一次大戦まではオーストリアに依存し、その後は事実上スイスの保護国となっている。

（3） ベネルックスといわれるごとくEU構成国であり、EU裁判所の所在国。一四世紀に大公国となり、西、仏、墺、独、蘭などの支配を受けたが、一八六七年に永世中立国となった。しかし、二度の大戦でドイツの占領下におかれ、戦後中立を放棄、NATOに加盟。国土の面積二五八六平方粁、人口四一万七千人。採り上げた国のなかでは最も大きい。

（4） 地中海のシチリアとチュニジアとの間に位置する面積三一六平方粁、人口三七万五千人の島。古来、フェニキア人、カルタゴ人、ギリシャ人の他、ビザンツおよびイスラムの支配を受け、一六世紀にはヨハネ騎士団に領有された。一八〇〇年、イギリスが占領、一九六四年に独立した共和国。
(5)　フランスの南岸地中海沿いに位置し、面積わずか一・四九平方粁、人口三万二千人の公国。フェニキア人の開いた港町であり、中世にはジェノヴァの支配下におかれたが、フランス革命後フランスに併合された。現在でも、行政官、司法官はフランスより派遣されている。
(6)　イタリアの中部、アペニン山地のカリペーニャ山を占め、一二六三年に創設された西欧で最古かつ最小の共和国である。面積六〇・五七平方粁、人口二万六千人。伝説としては、四世紀中頃、ダルマチアからきた石切工で熱心なキリスト教徒マリヌスが、ローマ皇帝の迫害を逃れて仲間とともにティタノ山にこもったのが始まりといわれる。一一世紀頃までノルマン、サラセンの侵入に備えて難攻不落の砦をつくりあげた。一二六三年には、独自の憲章を定めた独立国となった。一八一五年のウィーン会議でも独立が確認されたが、第二次大戦中一時イタリア領となった。一九四三年に独立を回復（朝日新聞社刊「世界の地理」等参照）。

19　遺産分割協議と法定解除

高橋　眞

はじめに

遺産分割協議において、ある相続人に対して有利な分割をすると同時に、その者に一定の負担が課されることがある。右の相続人がその負担を履行しなかった場合、遺産分割の効力を解消させることはできないか。これについて最判平元・二・九（民集四三巻二号一頁）は、ひとつには遺産分割の性質論、ひとつには法的安定性の維持を理由に、負担の不履行を理由とする遺産分割協議の解除を否定した。もっとも法的安定性のうち、対外的な面については、解除の効果に関する民法五四五条一項但書が「第三者ノ権利ヲ害スルコトヲ得ス」と規定し、また最判平二・九・二七（民集四四巻六号九九五頁）が、共同相続人全員による合意解除・再分割協議は法律上当然には妨げられるものではないと判示していることからすれば、一切の解除を否定する理由とはならない。また対内的な面、すなわち負担の不履行につき直接利害関係を有する当事者に止まらず、全関係者に影響が及ぶ点についても、負担の不履行が分割の基礎を揺るがすほどに重要であるならば、他の関係者も解除を甘受すべきであるという考え方も成り立ちうる。したがって、法的安定性は、一般的な論拠として扱う限り、それだけで解除を一律に否定する決定的な理由とはならないであろう。学説においても、当初は解除を否定する見解が多数であったが、最近では肯定説も増えてきている。

しかし、肯定するにせよ否定するにせよ、平成元年判決が挙げていたもうひとつの論点、すなわち遺産分割協議を、その構造上解除しえないものと考えるべきか否かについては、なお十分な解明がなされていないように思われる。一で見るように、かつての下級審判決（一で示す〔1〕判決）では遺産分割の合意は「処分契約」であるとされ、また平成元年判決（同じく〔6〕判決）では「遺産分割はその性質上協議の成立とともに終了」するとされている。しかし財産権の帰属と負担とが不可分の関係に立つ場合として、負担付の遺産分割協議と負担付贈与とは同じような目的のために用いられうる。そうであれば、民法五三三条は負担付贈与については双務契約に関する規定を適用するとしているところ、ある相続人に負担を課する遺産分割協議を、負担付贈与と同じように考え、負担の不履行を理由とする法定解除を認める余地はないか。

この問題を考えるためには、第一に遺産分割の性質を検討する必要がある。遺産分割の合意が「処分契約」であるとか、「その性質上協議の成立とともに終了」するということは何を意味するか。遺産分割の合意において、ある負担が重要な意味を有しており、その負担の不履行が当該遺産分割の結果を左右するほどのものと評価すべき場合、これを法定解除を根拠づける債務不履行と評価することはできないのかどうか。

第二に、負担の不履行が当該遺産分割の結果にとって重要な意味を持つ場合においても、負担の内容如何によって考慮すべき内容に違いが生ずるかどうかが問題となりうる。たとえば、①何らかの財産的給付が問題となる場合、②家業の維持継続が問題となる場合、③老親の扶養や世話が問題となる場合等による違いである。

右の問題を考えるために、まず平成元年判決までの裁判例とそれに対する学説の評価を見る。その際、遺産分割においてある相続人が負った負担を債務と捉えることができるか、また債務と捉えることができるとしても、その不履行による解除が認められないならば、それは何故かという点を中心に検討することとする。

一　裁判例の検討

1　裁判例

〔1〕 函館地判昭二七・一〇・一五（下民三巻一〇号一四六七頁）

X、Yはいずれも相続人である。Yの名義になっている土地・建物は、遺産分割の調停により、Xに帰属することとなったが、右調停において、XがYに昭和二五年六月三〇日までに一〇万円を支払うのと引換えに所有権移転登記手続を行う旨を合意した。ところが右期日までにXが一〇万円の提供をしなかったため、Yは昭和二六年二月一九日、右調停による合意を解除する旨の意思を表明した（なおXは、右金額をYに提供した後供託し、所有権移転登記を経由している）。裁判所は次のように述べて、Yによる右解除の効力を否定した。

「遺産分割の合意は、共同遺産相続人が、共同相続関係を終了し、個別的相続関係を生ぜしめ、その共有に属した遺産を相続開始の時に遡って分割された各権利について、単独の権利者だったことにする効力を直接に発生せしめるものであって、通常の債権のように債権債務を発生せしめ、その義務の履行によって債務を消滅せしめるものではないから、該合意は、遺産分割そのものを目的としたいわゆる処分契約に属し、その性質上すくなくとも合意解除を除くその余の理由による解除はできないものと解する外なく、……したがって、債権契約に関する民法第五百四十条以下の適用はないものといわなければならない。もし右の適用があるものとすれば、遺産の再分割の請求を果しなく許さなければならないことになり取引の安全を害するにいたる。」

〔2〕 東京高決昭五二・八・一七（判タ三六四号二五一頁）

農業の後継者である長男に全遺産を相続させ、他の相続人たちは相続分なしとする旨の遺産分割協議が成立し、その際、他の相続人の求めに応じ、長男は老母の面倒をよく見ることを約束した。ところが、長男は老母をよく見なかったとして、他の相続人は、債務不履行を理由に民法五四一条により右遺産分割協議を解除し、遺産の再分割の申立てをしたが却下されたので、即時抗告を申立てた。裁判所は以下の理由により、抗告を棄却した。

① 老母の面倒を見るという約束をした事実は認められるが、世話の仕方が悪かったら「被相続人の遺産が再び共同相続人の合有になり再分割の協議をするというような解除条件が本件遺産分割協議に付されていたことを認めるに足る証拠はない。」

② 「遺産分割協議において負担させられた債務を履行しなかったとき、民法五四一条による解除が許されるかについては消極に解するのが相当である。その理由の一つは遺産分割結果の安定性保持という点からで、もしこれを許すとすれば、民法九〇九条本文により遡及効のある分割について再分割がくり返され法的安定性が著しくそこなわれるおそれがあるから長期間不確定な状態においておくことは許されないことと、遺産分割の協議の際に分割の方法として共同相続人の一人又は数人に他の共同相続人に対し債務を負担させて現物をもってする分割に代えるのは、分割を容易にするために採られる便宜的方法であって、この債務自体が遺産に属しないのである

から、遺産分割そのものは協議の成立とともに終了し、その後は負担させられた債務者と債権者間の債権関係の問題として考えるべきであろうということである。」

〔3〕　東京地判昭五六・三・二五（判時一〇一四号八五頁）

被相続人亡Aは広大な土地を所有する地主であり、親戚筋にあたるBに自己の財産管理を委ねていたが、右財産を散逸させないために、自己の死後も継続してBに財産管理人の職務を遂行させることを期待していた。このようなAの遺志を尊重するため、相続人らは、Bに財産管理を委ねることを条件として長男YにAの遺産の大部分を相続させる旨の遺産分割協議を成立させた。ところがYがBを疎んじ、浪費行為をするとして、他の相続人Xらは、YがBの管理行為を妨げたことを理由に本件遺産分割協議を解除する旨の意思表示を行った。裁判所は次のように述べて、右解除の効力を認めなかった。

「契約解除の制度は、等価交換関係にある当事者間の法律関係を規律する取引法の分野において、相手方が債務不履行の場合、自己が相手方に対し拘束されている反対給付の債務から解放され、他に新たに取引先を求めることを可能ならしめることにあり、遺産分割の場合は、これらの要請を考慮する必要はなく、相手方に債務不履行があったとしても専ら分割の内容を実現することのみを図れば足りるといえ、また、解除を認めた場合の効果は問題とされた分割協議の効力を否定して改めて再分割を行わせることにあるが、一部の共同相続人の債務不履行を理由にたやすくいったん成立した分割の効力を否定するのは分割の安定性を害し、第三者に不測の損害をかけるおそれがあること等を勘案すれば、結局、遺産分割につき法定解除することは許されないと解するのが相当である。」

〔4〕　東京地判昭五七・二・二五（判時一〇五一号一一八頁）

被相続人亡Aの先妻の子Y、B、C及びAの後妻Xとの間で、母屋及びその敷地の所有権をYが取得し、賃貸中の共同住宅のうち二室の区分所有権と敷地共有持分（一二分の四）をXが、その余をYが取得し、Xが引き続き母屋でYと同居することとするが、Yが同居を希望しない場合にはXは右取得の共同住宅の一室に転居する旨の合意を含んだ遺産分割協議が成立した。その後、XYらの仲が険悪となり、Xは母屋から退去して、実子方に寄遇するに至ったため、Xは、遺産分割協議につき、詐欺取消、錯誤無効、債務不履行による解除を主張して法定相続分通りの更正登記手続等を求めた。裁判所は次のように述べて、Xの請求を斥けた。

①「Xの婚姻期間、Aへの寄与度、同人の遺志、Xの職業などからすれば、前記のような内容による遺産分割も決してことさらXに酷な取得分となっているとは考えられないこと、……などの事実関係に照せば、前記の遺産分割に当たってYらに詐欺行為があったと見ることも、またXに要素の錯誤があったと見ることも、ともに困難である」。

②「遺産分割の協議は、通常の契約と異なり、多数の共同相続人が加わってなされるもので法的安定性が強く求められるものであるから、その協議で他の相続人らに対し債務を負担した相続人がこれを履行しなかったとしても、債務不履行を理由に右分割協議を解除することはできない……（ちなみに、前記認定の事実関係に照せば、Yらに債務不履行があったと断定するにはかなりの無理があるというべきである）。」

〔5〕　東京地判昭五九・三・一（判時一一五五号二七七頁）

被相続人亡Aの相続人は、妻X1、長女X2、次女X3、長男Yであるが、遺産である本件土地・建物の全部をYに取得させる旨の遺産分割協議がなされた。Xらがこの分割に同意した事情のひとつに、X1が引き続きY夫妻と同居し、老後の扶養・監護を受けることを、特にYの妻Bに期待したことがあった。しかしその後、BとX1の仲が険悪となり、X1が家を出るに至った。Xらは、①「本件分割の実質をなす贈与には、X1とY及びBとの間の情誼関係が受贈者側の背信行為により破綻した場合には、これが解除される旨の条件が黙示に定められていたものであり、右条件が成就し、贈与は失効した」、また②「右贈与には、（イ）Y及びBがX1と同居し孝養を尽くすこと、（ロ）Y名義に移転したアパートの家賃収入は、X1の生存中は同人に収受させることとの負担が付されていたが、Y及びBは右負担を履行しないので、Xらは……贈与を解除する」と主張した。これに対して裁判所は、以下のように述べてXらの主張を斥けた。

本件協議は、相続分贈与の実質を持つとはいえ遺産分割たる性質を失わないが、「情誼関係の破綻をもって遺産分割の解除条件とする如きは、相続の法律関係を徒らに不安定、不明確ならしめるものであって、……仮にその合意があったとしても、条件部分の合意は無効というべきである。」「遺産分割に負担が付され、かつ、その不履行により、分割の協議を解除しうるものとすることは、……相続による法律関係を不安定にするものであって、是認することができ」ない。

〔6〕　最判平元・二・九（民集四三巻二号一頁）

被相続人亡Aの妻B（原告の一人であったが死亡）、長男Y、長女X1、次女X2、次男X3、三男X4の間で遺産分割がなされ、遺産総額約一億円のうち、Yは土地・工場等の大半約四三〇〇万円分を取得した。その際、六名の間で、YはX3・X4と兄弟として仲良く交際する、YはBと同居する、YはBの満足を得るような方法でその身の回りの世話をする、Yは先祖の祭祀を承継し、各祭事を誠実に実行することが合意されていた。しかしその後、YとB、X3・X4との間に対立が生じ、XらはYが前記四項目を遵守しなかったとし、これを債務不履行であるとして遺産分割協議を解除する旨主張した。原判決は、〔2〕②と同様の説示をし、最高裁も次のように述べてXらの主張を斥けた。

「共同相続人間において遺産分割協議が成立した場合に、相続人の一人が他の相続人に対して右協議において負担した債務を履行しないときであっても、他の相続人は民法五四一条によって右遺産分割協議を解除することができないと解するのが相当である。けだし、遺産分割はその性質上協議の成立とともに終了し、その後は右協議において右債務を負担した相続人とその債権を取得した相続人間の債権債務関係が残るだけと解すべきであり、しかも、このように解さなければ民法九〇九条本文により遡及効を有する遺産の再分割を余儀なくされ、法的安定性が著しく害されることになるからである。」

〔7〕 最判平二・九・二七（民集四四巻六号九九五頁）

相続人五名の間で分割協議がなされた後、Yが遺産分割協議の修正協議の結果、本件土地の二分の一を取得した等と主張し、争いになった事件である。一審・原審は、民法九〇九条本文により遡及効のある分割について再分割を認めると法的安定性が著しく損なわれる等と述べて、Yの主張を斥けた。最高裁は、Yの主張を裏付ける事実はないとしてYの上告を棄却したが、次のように述べて遺産分割協議の合意解除は否定されないとした。

「共同相続人の全員が、既に成立している遺産分割協議の全部又は一部を合意により解除した上、改めて遺産分割協議をすることは、法律上、当然には妨げられるものではなく、Yが主張する遺産分割協議の修正も、右のような共同相続人全員による遺産分割協議の合意解除と再分割協議を指すものと解されるから、原判決がこれを許されないものとして右主張自体を失当とした点は、法令の解釈を誤ったものといわざるを得ない。」

2　検　討

(a) まず、各裁判例の事案と論理の特徴につき、若干の検討を試みる。

〔1〕判決は、分割に際して、相続人間の調整のために、不動産を取得する者が金銭を給付する債務を負担するという事例である。また論理としては、遺産分割の合意が「処分契約」として直接に結果を発生せしめるものであって、債務の発生とその履行を媒介として結果を実現せしめるものではないことを、法定解除の規定の適用なきことの理由としている。すなわち、「遺産分割そのものは協議の成立とともに終了し、その後は負担させられた債務者と債権者間の債権関係の問題として考えるべき」であるとする〔2〕決定の説示と併せ考えると、合意した結果を生じさせる手段としての債務と、合意の結果として生じた債務とが区別され、合意の解除をもたらしうる債務不履行は前者に関する場合のみであるが、遺産分割は債務の履行を媒介することなく結果を実現させるものであるから、前者の債務は問題になりえず、したがって債務不履行を理由とする解除は観念しえないという論理となる。事案としても、一〇万円の支払いという、合意の結果として生じた債務が問題となっているのであるから、その履行を強制すれば足るということができる。

〔2〕決定は、これに対して、老母の面倒を見るという扶養・世話の約束の類型である。まず、その約束の不履行が直ちに解除条件とはいえないとしていることが特徴である。この点については、老親の扶養・世話に関する協議の問題として、扶養法の側から考察することが必要である。また、遺産分割に伴う債務の負担を「分割を容易にするために採られる便宜的方法」としている点は、右債務の内容として、むしろ〔1〕判決のような財産給付の類型を前提としているかの如くである。

〔3〕判決は、契約解除の制度を等価交換関係にある取引法分野に妥当するものとして、遺産分割の領域には適用がないものとしている。ここで論ぜられていることは、解除の本質というよりはその一機能であり、直接に適用範囲の限定理由となるものではないように思われるが、いずれにせよこのような一般論によって解除の余地

を否定したため、本件において何が債務であったかは問題とされていない。あえて言えば、自ら財産の管理権を行使せず、Bの管理を妨害しないという不作為債務ということになろうか。

すなわちこの事案においては、Xらが予備的に、本件合意はBが管理することを条件とする相続分の信託譲渡契約であると主張したように、当事者の意図としては家産の維持・発展が目的とされており、右意図に従う限りでは、遺産の帰属を決めるという遺産分割によって結果が実現したとはいえない。したがってXらの立場からすれば、Yに右の不作為義務違反があったときには、合意の目的を実現するために解除が必要であるということになろう。そうであれば、判決のいうような「相手方に債務不履行があったとしても専ら分割の内容を実現することのみを図れば足りる」という処理（これも〔1〕判決のような財産給付の類型を前提した説示のようである）は、右目的に適合するとは言いにくい。

しかし〔3〕判決は、本件合意は遺産分割協議そのものであって信託譲渡契約とは認められないと判示している。これと遺産分割の安定性の要請を併せて考えるならば、明示の合意なくして旧家督相続的な処理をすることはできず、遺産分割はあくまでも遺産共有状態を解消し、制約されない単独所有の法律関係を最終的に確定するものであるとする判断がなされているものと考えられる。すなわち分割の安定性として論じられる内容は、分割の結果が覆されないということだけではなく、遺産分割の結果各相続人に単独のものとして帰属する権利の絶対性をも含むもののように思われる。

〔4〕判決は、AとXとの婚姻期間（約四年半）やXの職業（文部省に勤務）等を勘案して、必ずしも法定相続分を絶対の前提としなかったこと、また協議完了後のXY間の感情悪化に起因する事態をもって債務不履行ありとするには無理があるとしたことに、まず特徴がある。すなわち、遺産分割協議につき、法定相続分を出発点とす

るという考え方と、民法九〇六条所定の「一切の事情を考慮」して決するという点を重視する考え方との対立が表れているということができる。論理としては、遺産分割協議の安定性確保の要請に関連して「多数の共同相続人が加わってなされるもの」であることに着目した点が特徴である。この点は〔7〕判決とともに、裁判例において重視されていた「法的安定性」が、直接には対内的な面、すなわち共同相続人相互間に関するものではないかという推測を可能とする。

〔5〕判決は、扶養・世話の約束の類型である。この判決は、解除条件としてであれ、債務不履行解除としてであれ、「情誼関係の破綻」を遺産分割の効力を失わせる理由とすることに否定的な評価を行っている。すなわち、分割の効力が否定されること自体による不安定というよりは、その理由の不安定さを問題としているかの如くである。このことは、遺産分割協議の性質論のみならず、負担の内容の問題が検討の対象とされる必要があること、特に扶養・世話の約束の類型において、独自の要素が検討されなければならないことを示す。

〔6〕判決、すなわち最高裁平成元年判決も、扶養・世話の約束を中心とする類型である。ここでは、Bの扶養・世話等の条件を遵守しなかったことを「債務不履行」として解除が主張されているのであるが、原判決はその主張を斥けたこともあり、何が債務であったかを明記してはいない。そして最高裁判決も「遺産分割はその性質上協議の成立とともに終了し、その後は右協議において右債務を負担した相続人とその債権を取得した相続人間の債権債務関係が残るだけ」と述べているところから見ると、〔1〕判決と同様、遺産分割において履行・不履行が問題となりうるのは協議の結果生じた債務のみであると考えているようである。なお〔7〕判決については、〔4〕判決のコメントで触れた。

二　遺産分割協議の性質と法定解除の適否

1　負担付贈与と負担付遺産分割協議――法定解除の適否

一で見たところによると、負担付遺産分割協議について法定解除を否定する裁判例は、遺産分割の合意によって財産の帰属が確定すれば、それによって合意の結果が実現されること、したがって債務とその履行が合意の結果の実現を媒介するものではなく、債務不履行による結果実現の中途挫折は観念しえないから、これを理由とする法定解除をなす余地はないこと、さらに合意の結果生じた債務は合意の結果の実現を媒介する債務とは別のものであり、その不履行が合意の効力を左右するものではないことを、共通の理解としているということができる。そして負担の内容が財産的給付である場合には、このような理解に基づき、負担内容の履行強制を図れば足るであろう。

これに対し、負担内容が情誼関係に関するものである場合はどうか。〔5〕判決のように、情誼関係の破綻を遺産分割の効力を左右する事情とすることに対する否定的評価もある。しかし情誼関係の破綻を理由に負担付贈与の効力を否定する裁判例の存することからすれば、それが負担の不履行による法定解除という構成に適するか否かは検討の余地があるにせよ、情誼関係を問題とすること自体を否定する必要はないであろう[1]。そうであれば、情誼関係の要素を含む負担を履行強制することは困難であり、したがってまず、より一般的に、遺産分割の合意の結果生じた負担の不履行によって、合意自体が覆される可能性について検討する必要がある。そのために、以下では(a)「遺産分割協議の」(b)「債務不履行による」(c)「解除」という三つの要素を吟味する。初めに、法定解除という方法の適否について検討する。

負担付贈与の場合は、右に見たように、合意によって生じた負担の不履行により贈与の効果を消滅させることが認められているが、遺産分割協議についても同様に考えることはできないか。学説においては「遺産分割協議には、共同相続人間で財産を移転するという贈与や交換などの契約的要素が含まれている[2]」、あるいは〔6〕判決について「本件当事者X3X4、特にX3もまた遺産分割の過程において、Yが老親の世話を引き受けることを確約したからこそ、遺産分割の基準となる自己の相続分をYに譲渡（その性質は負担付または条件付贈与と考えられる）したのである（……）。この点は、当事者にとってのみならず、均分相続という民法の掲げる原則からも重要な視点である。ここには通常の契約と同じ性質が認められる[3]」という指摘がある。もし負担付遺産分割協議を負担付贈与の集合体と捉えることができるならば、負担の不履行を理由とする遺産分割協議の解除の余地もありそうである。

しかし第一の問題は、遺産分割協議の過程において贈与・交換が行われていると見ることができるかである。右に引用した指摘のように、遺産分割協議の性質論として、均分相続の原則を出発点として贈与・交換がなされていると捉え、それらの契約の規律を適用する可能性を認める考え方が示される一方、「現行民法にしたがう分割協議は、九〇六条に示しているところにより、『一切の事情を考慮して』なすべき」ものであって、分割協議に贈与や交換が含まれているとしても、現行法下の分割協議においてそのことに実益は認められないとする見解[4]も主張される。後者の見解は、相続分の贈与・交換的な要素があるとしても、それは単一の遺産分割協議の部分にすぎず、遺産分割協議全体の性質を決するものではないという趣旨であろうか。

第二に、遺産分割協議の中に贈与・交換を見て契約の諸規定を適用するにせよ、もう少し一般的に「解除制度も、双務有償契約というより、一旦確定的に成立した契約関係が、後発的事情によりその存立の基礎がくずれた場合における当該契約関係の解消という抽象化された内容において機能している」(5)と考えるにせよ、民法五四〇条以下の解除の諸規定を遺産分割協議に適用することが適切かという問題がある。すなわち負担付贈与の場合には、解除権者は贈与者であるが、遺産分割協議の場合にはどうなるか。たとえばYが老母の扶養・監護を引き受けたが故に、他の共同相続人が法定相続分以下の遺産の帰属に甘んじ、あるいは遺産の取得を断念した場合、Yが右負担を履行しないときは他の共同相続人に法定解除権が生ずるとする。民法五四四条は「契約ノ解除ハ其全員ヨリ又ハ其全員ニ対シテノミ之ヲ為スコトヲ得」と定めており、これによればYが老母の扶養・監護を十分に行わないために他の共同相続人が解除権を行使するにあたり、その全員の意見が一致しない場合——たとえば一人がYと通じた場合——には、解除はなしえないことになる。しかし、負担の不履行が分割の基礎を揺るがすほどに重大なものであれば、一人の反対で再分割が不可能になるというのは適切ではなく、少なくとも五四四条の適用を含む法定解除は十分に有効な方法ではない。

2　負担を負う相続人と他の共同相続人との関係

1で見たのは遺産分割協議に法定解除の諸規定が適合しているか否かという問題であったが、もうひとつの疑問は、負担を負う相続人Yは他の共同相続人に対して、いかなる債務を負っているのかということである。他の共同相続人が解除権を行使しうるとするならば、その前提として、Yの他の共同相続人に対する債務不履行があるのでなければならない。

石田教授は、「遺産分割の協議を契約とみるにしても、それは多面契約であるから、二当事者間の契約を念頭に置いている解除規定を、そのまま適用することに、問題性を感じる」とした上で「端的にいうなら、遺産分割の協議は、それまで存在していた共同相続人相互の組合（民六六七条以下）的な関係を解散する決議の性質をもつように思われる（……）。解散のための条件が実現されないときは、解散（協議）は生じなかったことになる、と云いうるのではなかろうか(6)」と説く。このように考えるとしても、ここにいう「解散のための条件が実現されないとき」というのがYの債務不履行であるとするならば、右の組合的な関係が解散された後においてもYと他の共同相続人との間に債務関係が存在し、したがって右の関係は形を変えただけで真に解散されてはいなかったということになる。

このことをもう少し具体的に見る。たとえば家業を継ぎ、繁栄させるという約束を重要な要素として遺産分割協議を行い、共同相続人の一人であるYが遺産の全部を取得した場合において、①Yが死亡し、その子に家業を営む能力がない場合、②Yが努力したにもかかわらず、大手の業者との競争に耐えることができず、家業の継続が困難となった場合、③Yの冒険的な取引の結果、損失が生じた場合、他の共同相続人は、Yの約束の履行が不能になった、または適切に履行されなかったことを理由として、遺産分割協議を解除することができるか。Yの営業が、Y自身のためであるとともに、他の共同相続人のためにも行われているのであれば、これを肯定する余地があるかもしれない。しかしそのような場合とは、単に遺産分割がなされただけではなく、遺産についての各自の持分を前提とし、それを出資してYに運用を委託する等の新たな債務関係が形成された場合というべきであろう。すなわち、遺産の共同所有関係を解消し、相続人各自の単独所有を実現する遺産分割は、その性質上結果の安定性を要求し、したがって遺産分割と、その不履行によって遺産分割の効果を覆すような債務をYが他の共同相続人に対して負うということとは、互いに調和しないのではないかという疑問がある。

これに対して**1**の末尾で示した例、すなわちYが老母の扶養・監護を引き受けたが故に、他の共同相続人が法定相続分以下の遺産の帰属に甘んじ、あるいは遺産の取得を断念した場合はどうか。この場合、老母の扶養・監護は共同相続人全員の義務であり、そのための中心的な行為をYに委ね、その費用として、自己の法定相続分の全部または一部をYに帰属させるというような、委任類似の関係を観念するならば、このような不調和はあまり感じられない。とはいえ、三で紹介する上野教授の論文によれば、扶養の協議と遺産分割の協議とは当然に結びつくものではない。とすれば、扶養協議の柔軟性が直ちに遺産分割協議の性質にも反映するということはできず、遺産分割協議について独自に、その「処分行為」性の意義と、「処分行為の解除」について検討しておく必要がある。

3　「処分行為の解除」について

ここで「処分行為の解除」という問題をより一般的に検討するために、「和解契約の解除」に関する磯村教授の論文(7)を参照する。

磯村教授はまず「和解契約とは、争いある法律関係を当事者の合意により確定させることによって紛争を終了させる契約であり、この法律関係の確定が和解契約の本質をなすこと、和解契約の結果当事者が債務を負担しあう場合にも、これは和解契約により新たに確定された法律関係上の債務であり、和解契約それ自体と和解契約によって成立した法律関係とは峻別されるべきである(8)」という基本的視点を示した上で、以下のように述べる。

①和解契約自体を双務契約と捉え、両当事者が譲歩すべき義務を負うと説く見解は、更改契約の「当事者は新債務を生ぜしめる債務を負担するのでなく、更改契約により新債務が直接生ぜしめられるのと全く同様に、和解契約においても、当事者の譲歩義務を媒介とすることなく、争いある法律関係に代わって新たな法律関係が直接確定されるのであり、……譲歩義務という考え方は、譲歩が和解成立のための単なる手段にとどまり、当事者の意思からして、和解の目的が不明確な法律関係を確定することによる紛争の解決にあることを看過す

るものである」[9]。そして更改契約と同様、和解契約も（争いある法律関係から争いなき法律関係への）変更契約に属するものとして、一種の「処分行為」と解すべきものである[10]。

②和解契約の目的は新たな法律関係を発生させることによって尽くされており、不履行が問題となるのは和解契約により発生した債務についてである。右債務の不履行により、和解契約により確定された法律関係を解除するということは考えられるが、和解契約自体は解除されるわけではなく、和解契約の確定効は法律関係の解除により影響をうけることなく存続する。したがって、たとえばある物の買主Aが売主Bからその引渡を受けたが、その後瑕疵が発見され、結局代金一〇万円のうち二万円を減額して、Aが八万円の代金支払い義務を負う旨の和解が成立した場合において、Bに責ある履行不能やBの履行遅滞があれば、Aは契約を解除しうるが、その際の損害賠償は一〇万円でなく、八万円の代金額が基準となる[11]。

また「債権者Aが債務者Bに対して有する債権の額につき争いが生じ、Aは十万円の支払いを求めたのに対し、Bはすでに全額を弁済したと抗弁、結局BがAに対し六万円の債務を負担しているとの和解契約が成立した」場合において、Bが六万円の債務を支払わなかった場合、Aは履行を請求する他に「和解契約を解除して和解前の状態を惹起して、改めて十万円全額の支払いを求めうるであろうか。これを認めるとすれば、Bも改めて全額の弁済を主張しうることが可能となり、事後にその証拠が現れた場合には、かえってBはAの解除により利益を受けることになろう。これは和解契約の確定効にむしろ矛盾する結果となる。もっとも、Aが十万円全額の支払いを本来欲していたが、Bの即時の履行と引換に一定の減額に応ずるような場合（例えば、Bに信用不安がある）には、即時の履行がなされることが和解契約の前提であるから、履行がなされない場合には和解前の法律関係に立ち戻る必要があるが、この場合には当事者の和解契約締結の趣旨に基づき、解除条件の合意ないし解除権の留保がなされていると見ることができる。[12]」

磯村教授が最初に示したように、和解契約の場合には、争いある法律関係を当事者の合意により確定させることがその本質である。遺産分割協議の場合にも、共有関係を解消して単独所有の権利関係を確定することを目的としているのであるから、その点では和解契約と共通の性質を有する。ただ遺産分割協議は、同時に、各相続人に財産権を帰属させ、相続による権利移転の過程を完成させるものであって、贈与・交換等と共通の側面を有すると考えることも不可能ではない。しかし各相続人に帰属すべき権利内容を決する諸要因（財貨移転の原因関係に対応する）は、協議の過程で考慮され、その内容が直接に分割の結果に反映されるものである。贈与・交換のように、まず各当事者（相続人）において前提たる権利関係が確定しており、それを契約上の債務を媒介させて変化させるというものではない。したがって、分割後の事情によって再分割が必要になる場合があるにせよ――磯村教授の示すように、和解においても和解前の状態に戻る必要のある場合がある――、遺産分割の基本的性質は、和解契約と同様、権利関係の確定を目的とするものであり、法定解除を想定しないものと考えるべきである。[13] そして負担の履行が遺産分割の基礎となっており、その不履行の場合に当該遺産分割の結果を維持すべきではない場合については、解除条件の合意ないし解除権の留保が認められるかどうかが検討さるべきであろう。

そして磯村教授が和解契約について指摘し､遺産分割協議に関する裁判例の中からも読み取ることのできる｢合意自体と合意の結果生じた法律関係の区別」という観点によれば、遺産分割協議に伴う負担のうち、①何らかの財産的給付が問題となる場合はその給付の強制実現を図れば足る。②家業の維持継続が問題となる場合は、**2**の末尾で述べたように、分割後も他の共同相続人が家業の維持継続について干渉しうるのであれば、それは未だ完全に分割がなされていないか、分割の後、新たな結合の合意がなされたものというべきである。したがって、家業の運営をめぐって分割協議の結果を見直す場合、これは分割協議自体の解除ではなく、家業の運営を目的とする新たな結合関係に関するものであるというべきであろう。

しかし、③老親の扶養や世話が問題になる場合はどうか。この場合は、老親の扶養や世話を目的とする新たな結合関係が結成されたとはいいにくい。親子の扶養関係は、遺産分割の前後を通じて、継続的に存在しているからである。この場合には、遺産分割がなされ、単独の財産関係が生じたものとした上で、それに扶養関係がどのように係わるかを検討しなければならない。

三　遺産分割協議と扶養の協議

遺産分割協議の効力を、扶養に関する約束の履行に係らせることができるか。〔6〕判決に対する判例批評において、右近教授は「老親の世話というような強制執行になじまない性質の債務が負担させられた場合……この種の債務の不履行にあっては法定解除を認め、共同相続人の公平を改めて実現すべく、その法的可能性の道を開いておくべきである」としつつも、「遺産分割において将来における老親の扶養を絡ますことは厳に謹むべきであり、扶養は扶養として考えるべきことを痛感させる事件である」とする。(14) 石田教授も、遺産分割の協議の解除を認めるとしつつ、「『親の面倒をよくみること』とか、本件にみられるような『母の満足を得るような方法で』とすることの内容は、……完全に履行されているかどうかは、判定し難い。……率直にいうならば、老親の主観によって不履行の有無が左右されるような債務は、債務の名に値しないのである」と説く。(15) さらに泉教授は「この種の債務は履行を強制できないし、不履行を理由に解除することもできないとすると、『ずうずうしい相続人』が得をし、約束の履行を前提として行為した『正直な相続人』は馬鹿をみるという結果になりかねない」が「こういった矛盾は、扶養法（扶養関係）一般に内在しているように思われる」として、〔6〕判決を支持する。[16] かくして、老親の世話と法定解除の要件たる債務不履行とを直結させることに対する疑問は、ある程度共有されているとみて良いであろう。

遺産分割協議と扶養の協議との関係について、上野教授は次のように分析する。

① 老母に対する扶養義務の履行を遺産分割の条件・負担ないし債務とすることができるとしても、それは通常、家業の承継者に営業用資産を相続させるとともに同居する老母の扶養も引き受けさせるという形でなされる。その際、後継者が相続財産の維持形成に多大の寄与をした事実があれば寄与分をも評価した結果であり、他の子供に生前贈与がなされていれば特別受益持ち戻しの結果でもあって、「単に、老母の扶養を条件ないし負担・債務とした遺産分割とはいえない場合が多い。そのような場合には、老母扶養債務の不履行だけで、遺産分割全体を解除ないし失効させるのは行き過ぎであろう。扶養義務に対応する相続分の価額返還請求を認めれば十分であろう。[17]」

② 民法上の扶養は経済的関係として構成されており、介護サービスや情緒的支援など非経済的な援助を排除している。その限りで形式論理的に見ると、老母がその生活を維持しうるに足る遺産を取得すれば扶養の問題は生じない。跡取りの子に遺産を集中させた結果、老母の扶養の問題が生じる場合もあるが、その場合には扶養義務に関する協議は遺産分割の前提ではなく、遺産分割が扶養義務に関する協議の前提となっている。しかし現実に行われているのは遺産分割と扶養の同時並行的な協議であるが、これは跡取りの子への相続分の譲渡を対価として、老母の扶養義務引受の合意が成立したものとみるべきであり、義務不履行による解除を理由とする対価の返還請求を認めなければならない。そして内容の点でも法的扶養義務の限度を超えた経済的援助

がなされるが、これについては法的扶養義務の具体化と一体の協議として、贈与ないし終身定期金類似の契約――有償的扶養契約――がなされたということになろう。その不履行の場合、事後処理の方法としては、民法六九一条を類推適用する方が、当事者の意思解釈としても遺産分割協議の安定性という点からも適切であろう。[18]

③　身辺介護や扶合いが本来の扶養義務の範囲外だとすると、扶養の協議の中でこれについて合意がなされた場合、それは扶養義務とは別個の契約の問題である。〔6〕判決及びその後の二つの事例[19]においては、跡取りの子への遺産の集中を前提として、老母の生涯にわたる同居介護に関する契約が締結されたが、跡取りの子が債務を履行しないので、契約が解除され、実質的対価である相続分の取戻しが認められたということができる。このうち〔6〕判決では、その請求方法が、対価の返還を超えて遺産分割の解除という請求であったために認められなかったが、その後の事例の一つにおいては、老母の別居後、返還の額を確定することなく、それを元本とする終身定期金契約に切り換えられ、もう一つにおいては、老母と同居する条件で次男が父の遺産の土地を単独相続したが、老母が別居した後、返還額が二〇〇〇万円と合意され、その利息付の年賦償還契約が締結されたとみることができる。[20]

①に紹介した上野教授の指摘のとおり、老親の扶養・世話は遺産分割にあたって考慮される唯一の要素とは限らない。そして二でみたように、遺産分割協議は、基本的には権利関係の確定を目的とするものであるのに対し、扶養義務は当事者の協議により具体的に形成されねばならず(民法八七九条)、事情の変更による再協議に服するものである（民法八八〇条）[21]という柔軟性をもつ。したがって、老親の扶養・世話の問題と遺産分割の全体とを直結させるべきではなく、上野教授が分析するように、扶養・世話を目的とする契約と、その対価ないし費用の問題として考えるべきであろう。

まとめ

以上で検討したところによれば、裁判例が遺産分割協議の法定解除を否定するにあたり、遺産分割協議の性質を処分行為とし、同時にその結果の法的安定性を理由としていることは、遺産分割協議が権利関係の確定を目的として、右権利関係を直接に生ぜしめるものであること(行為の性質)、また分割の結果生じた単独の権利関係の確保の要請(行為の目的)に基づくものである。遺産分割協議の基本的な性質に照らす限り、このような処理は正当であり、負担の履行が遺産分割の基礎となっている場合には、解除条件の合意ないし解除権の留保が認められるか否かが問題とさるべきである。

したがって遺産分割協議に伴う負担は、基本的には分割協議の結果生じた権利関係に属するものであって、その不履行は遺産分割全体の効果の解消をもたらすものではない。そして分割協議(ないしそれと同時に行われた合意)の結果生じた権利関係は、それぞれの性質に従った処理が行われるべきであって、①何らかの財産的給付が問題となる場合にはその給付の履行強制が、②家業の維持継続が問題となる場合には、継承者の財産運用に対する他の共同相続人の干渉は単独の権利関係の確定という遺産分割の性質と調和しないのであるから、仮にこれを認めるとすれば、遺産分割後にあらためて財産運用についての合意(組合、信託等の性格を有するか)が行われたものとして、それに従った処理が行われるべきである。

③老親の扶養や世話が問題となる場合にも、遺産分割と同時に、扶養や世話に関する合意がなされ、その義務履行の対価ないし費用として相続分の譲渡が行われていると見ることができる。したがって、義務者の老親との同居の解消等、事情が変更した場合には再協議が必要となるが、これは遺産分割(ないしそれと同時に行われた合意)

の結果に属するものであり、遺産に属した財産の帰属の見直しが行われるにしても、それは扶養・世話に関する合意の内容の変更であって遺産分割自体の法定解除を意味するものではないと解すべきである。

(1) 新潟地判昭四六・一一・一二下民二二巻一一・一二号一一二一頁は、「贈与が親族間の情誼関係に基き全く無償の恩愛行為としてなされたにも拘らず、右情誼関係が贈与者の責に帰すべき事由によらずして破綻消滅し、右贈与の効果をそのまま維持存続させることが諸般の事情からみて信義衡平の原則上不当と解されるときは、諸外国の立法例における如く、贈与者の贈与物返還請求を認めるのが相当である」として、信義則に根拠を求める。これに対して東京地判昭五一・六・二九判時八五三号七四頁、東京高判昭五二・七・一三下民二八巻五〜八号八二六頁は、受贈者が負担である義務の履行を怠ったことを理由とする贈与の解除を認め、後者の上告審判決である最判昭五三・二・一七判タ三六〇号一四三頁は高裁の判断を正当としている。もっとも、これらはすべて養親子関係の事例である。なお、負担付贈与、負担付遺贈については、松川正毅『遺言意思の研究』（一九八三年）一三九頁以下を参照。

(2) 早川眞一郎「判批」法教一一〇号八二頁（一九八九年）。

(3) 右近健男「判批」民商一〇一巻五号六八頁（一九九〇年）。

(4) 金山正信「遺産分割協議と条件」『谷口知平先生追悼論文集3　財産法・補遺』（一九九三年）五七一頁。

(5) 山下末人「判批」民商一〇四巻五号一〇一頁（一九九一年）。

(6) 石田喜久夫「判批」判評三七一号四一頁（一九九〇年）。

(7) 磯村保「和解契約の解除―和解契約の処分行為性―」神戸法学雑誌三四巻三号五一一頁以下（一九八四年）。

(8) 磯村・前掲五一二〜五一三頁。

(9) 磯村・前掲五一四〜五一五頁。また磯村・前掲五一五〜五一六頁は、各当事者の「争いを止むべき債務」とは、確定された結果の反射的効果を意味し、また和解契約により成立した法律関係が双務的債務を生ずるものである場合にのみ和解契約の双務性を認めるという見解は、和解契約自体とそこで確定された法律関係とを混同するものであると述べる。
(10) 磯村・前掲五一六頁。
(11) 磯村・前掲五二〇〜五二二頁。
(12) 磯村・前掲五一四頁、五二一頁。
(13) 裁判例が、遺産分割の合意が「処分契約」であるとか、「その性質上協議の成立とともに終了」する旨を、常に法的安定性と並べて述べているのは、結果を直接に発生させるという面に加え、発生すべき結果、すなわち本文に述べたような遺産分割の目的を考慮しているためではないかと推測しうる。そしてここにいう「法的安定性」も、〔3〕判決へのコメントで述べたように、一般的・抽象的な意味にとどまらず、分割によって実現した単独所有権の絶対性というような要素をも含んでいるのではないかとも考えられる。そうであれば、〔6〕判決(平成元年最高裁判決)の理由を批評するにあたり、本稿の「はじめに」で試みたように、遺産分割の性質論と法的安定性論とを分離したまま、それぞれの当否を論ずるのは適切ではないことになろう。
(14) 右近・前掲七〇〜七一頁。
(15) 石田・前掲四一頁。
(16) 泉久雄「判批」リマークス一号一四七頁(一九九〇頁)。
(17) 上野雅和「遺産分割とともになされた老母の扶養に関する協議」新井誠=佐藤隆夫編『高齢社会の親子法』(一九九五年)一五七頁。
(18) 上野・前掲一七〇〜一七四頁、一七八頁。
(19) 上野・前掲一六二頁以下では東京家裁平三・二・六調停成立(ケース研究二三四号七九頁)が紹介され、一六七頁以下では東京地判平四・七・一六(家月四六巻一号一五一頁)が紹介されている。
(20) 上野・前掲一七七頁。
(21) 上野・前掲一五七頁。

〔後記〕　本稿は、民法フォーラム研究会例会（一九九九年一二月一八日、於神戸大学）での報告に基づくものである。討論の中で御教示を戴いた出席者各位に感謝する。

20　企業会計法と訴訟要件

岸田雅雄

一　はじめに

最近において、企業会計法上のさまざまな紛争が増加してきている。従来企業会計法が裁判における紛争の対象となることはほとんどなかったが、最近では不況の影響等で倒産事件が相次ぎ、その結果企業会計法の問題が刑事及び民事の裁判の形を採ることが多くなっている。例えば、不良債権の過小評価による違法配当事件での取締役の刑事・民事責任、あるいは、倒産会社の会計監査を担当した公認会計士・監査法人に対する損害賠償請求事件等がこれである。これらの事件において、争いの中心となるのは、その会計処理が企業会計法に違反したか否かであり、その会計処理が違法である場合にのみ法的効果、特に何らかの法的責任が生ずるからである。しかし企業会計法においては、何が適法で何が違法かの判断基準等が必ずしも明確ではなく、その適法性についての問題が混迷をきわめているのが実情である。

本稿ではこれまであまり論ぜられることのなかった企業会計法の問題を訴訟との関連で検討し、その問題点を指摘しようとするものである。

二　実体法と手続法の仕組み

社会に二人以上の人々が存在する限り、人々の間では必ず紛争が生ずる。この紛争のうち、当事者間で権利義務の存否を理由として行われる紛争を法律上の紛争というとすると、その紛争の最終的な解決方法は現実にその主張されている権利・義務が実現されることである。その紛争の解決はまず当事者間の話し合いに委ねられるが、それで解決がなされない場合には、最終的には裁判によって解決が図られることとなる。裁判による紛争の解決とは国家権力による強制的な紛争の解決を意味する。

裁判には主として刑事裁判と民事裁判とがある。刑事裁判においては原則として公訴を提起する検察側が被告人の犯罪の成立の主張立証を負う。これに対して民事裁判においては弁論主義により、原則として当事者の主張立証に基づき裁判が行われる。民事裁判の中で最も典型的な訴訟である何らかの権利を請求する裁判（請求訴訟）では、原則として訴訟を提起した者、すなわち原告がその請求を正当化する権利を有することを主張立証しなければならない。もしその権利を有することを主張立証できなければ、その請求が認められることはなく請求は棄却されるとするのが原則である。このように裁判においてはどちらに権利義務があるかが争われるが、その場合に権利の発生・変更・消滅という法的効果を生ずる事実は、原則としてそれによって利益を受ける当事者に主張・立証責任があるとしているからである。これは一般に訴訟において、当事者の主張する権利の存在が相手方当事者によって争われた場合には、権利は、直接に立証することができないので、その権利の発生などを基礎づける要件に該当する具体的事実を主張立証することによって、権利の存在を明らかにしなければならないからである。(1)

ところで民法・商法といった実定法は当然に裁判の基準となる裁判規範でもある。この観点から法律の仕組みを見ていると、民法・商法は、権利・義務の体系として構成され、ある一定の事実関係があるときは、ある一定の法律的に意味のある効果、すなわち権利・義務の発生、変更、移転、消滅が生じると言う形で構成されている。前者を法律要件、後者を法律効果という。すなわち法律要件に該当する具体的事実が存在すると、法律効果が現実に生ずることになるが、この具体的事実を要件事実という。法律効果としては、一定の構成要件を満たす事実があれば、その法律の規定する効果すなわち法律に規定する保護が与えられるのが原則であり、これを法的に有効という。また法律に定める要件を満たさない場合には、何等の法律効果を生じないのが、原則である。これを無効という。

しかしさらに厳密にいうと、法律の規定において、強行法規と任意法規とを区別することができる。強行法規すなわち一定の者に一定の義務が課せられているのに、この義務を履行しないときは、法律要件を満たさないという事実が一定の効力を生ずることとなり、これが法律違反すなわち違法という効果を生ずる。違法の場合の効力として、その効力が生じないという意味で無効ということと、違法に対する責任が問題となるのが一般的である。もっともその場合は当然に責任を課す一定の法律の構成要件を満たさなければならないこととなる。これに対して当事者の意思によってその適用を排除できる規定を任意規定という。この場合に法律要件を満たす事実を行うか否かは自由であり、その行為を行わなかったとしても何ら法律的に違法と評価されず、原則としてその効果は生じないだけで有効・無効とは関係ない。しかし具体的な法規範がこのような強行規定か、任意規定かのどちらに該当するかの区別は必ずしも明らかではない。従って個別の法規定ごとにそれが強行規定か任意規定かを検討しなければならない。

三　企業会計法の構造と訴訟手続

企業会計法とは、商法、証券取引法、税法等、企業会計について規制するすべての法律をいう。そこでこれらの具体的な法的効力について検討する。

まず商法について検討すると、商法は組織法であり、特に会社法はその構成員の利益あるいは取引先の利益確保を図ることを第一義としていることに鑑みると、その規定は原則として強行法規と考えられる。しかし会社法のうち計算規制すなわち企業会計法についてみると、一般に配当規制についての規定は強行規定と考えられるが、それ以外の規定については必ずしも明かではない。しかしその重要性から強行規定と解するべきである。

例えばこの問題を商法上の企業会計規制に関するもっとも典型的な粉飾決算による違法配当事件について検討してみよう。違法配当がなされる前提として、会社の株主総会において違法に作成された計算書類の承認決議(商法二八三条一項、ただし商法特例法上の大会社については、取締役会決議のみで確定しうる特例がある、商法特例法一六条)、及びその計算書類の確定を前提として、株主総会で株主に配当を行うための利益処分決議がなされる（商法二八三条一項)。この決議は会社が行う法律行為、すなわち会社の意思決定である。これに基づき、会社と株主との間には、配当可能利益支払という債権債務契約が成立する。この契約に基づき、会社は株主に対して利益配当を行わなければならない法律上の債務が発生し、株主をそれを請求する権利が生ずるのである。

このように違法配当の場合に、会社はその株主に違法配当額の返還を求め、あるいは債権者は悪意の株主にその返還を求め(商法二九〇条二項)、さらにそのような違法な配当の議案を株主総会に提出した取締役には、損害賠償責任が生ずる(商法二六六条一項一号)。その計算書類が取締役会で決議された場合には、その決議に参加した取締役にも一定の責任が生ずる(商法二六六条二項三項)。そこで株主がこれらの取締役等に対し、代表訴訟によって損害賠償請求を行うためには、その配当が法令に違反したことを主張・立証しなければならない。これは違法配当に対する監査役や会計監査人の責任を追及する訴訟においても同様である。

ところで利益配当の前提となる会社の計算書類が、法令（商法及び計算書類規則等）に違反している場合には、その決議自体が無効である(商法二五一条)。そこでこれが具体的にどの規定に違反しているかが問題となる。一般に違法配当は、商法二九〇条違反（商法二九三条ノ五の中間配当に関する規定も同じ）である。商法二九〇条は配当可能利益の算定方法について詳細に規定しているが、基本的には配当可能利益は、貸借対照表上の純資産額から資本金及び法定準備金を控除したものである。ここに純資産額とは、貸借対照表上の総資産から負債を控除したものであるので、結局もっとも問題となるのは、貸借対照表上の総資産額である。総資産額は、会社が有するすべての資産であるが、これが企業会計法によって規制されることとなる。

このように結局のところ、違法配当の問題が企業会計上の訴訟として、裁判が行われる場合に、おいては、基本的にそれが法令違反、特に企業会計法に違反することを主張・立証しなければならないこととなる。そこで具体的な商法上の規定がどのように企業会計法に違反するかが問題となる。

ところで商法のうち、会社の計算規制が企業会計に関する法律だとすれば、なぜこのような法律が必要なのであろうか。企業会計法が企業の計算・評価に関する規範だとすれば、本来このようなものは、私的自由の原則の下でいくらにしようと自由のはずである。実際、個人の財産の評価についてては原則としてこのようなものは存しない。そこで、考えられる理論としては、商人、会社、とりわけ法人の存在を公的な存在と考え、その社会的責任の見地からこれを裏付ける考えである。特に株式会社の場合は、その有限責任性の見地からこれを裏付けることができる。すなわち株式会社、有限会社の場合は、有限責任性を享受しているところから、その会社の財務状況は会社の利害関係者、とくに債権者に大きな影響を及ぼすためにその保護のためにも会社の計算は正確かつ公開されなければならないのである。

次に証券取引法は、投資家保護の見地から一般に強行規定と考えられる。さらにその情報開示に関する規定あるいは企業会計規制はその性質上強行規定と考えられる。例えば証券取引法上の開示規制として、有価証券届出書や有価証券報告書があるが、それらの開示書類における開示情報が不実である場合においては、その情報提供者について一定の不実情報の開示責任が生ずることがある。その場合の不実とは、真実でない情報である。しかし一般に企業会計上の情報は相対的なものであるため、不実とは何らかの企業会計上の基準に違反した情報を意味することとなる。さらにそれが法令違反としての責任を負わせるためには、それらの開示情報も法令上の根拠を有する企業会計上の基準に違反する必要がある。この場合もその企業会計の基準が法令違反でなければならないこととなる。

さらに税法はその性質上納税義務と結びつき、特に憲法八四条の租税法定主義の観点から、課税の構成要件についての規定は明白かつ一義的である必要があるため、税法上の企業会計規制の多くの規定も強行規定と考えられる。税法でも特に企業会計法と関連するのは、法人税法である。法人税法上の課税所得の計算は、確定決算主義に基づき、商法の損益計算を基礎とする。そのために、商法上の企業会計規制、さらには法人税法特有の企業会計規制がその企業会計規制の法令上の根拠となる。従ってその課税所得の計算がその企業会計規制に違反するか否かがその法人税法に違反するかどうかの根拠となることも少なくない。

四　企業会計法の要件事実

1　企業会計法の要件事実の意義

企業会計法は、企業会計に関する法律である。従って企業会計法の法律関係は、法律要件と法的効果によって決定される。しかし他の多くの実体法と異なり、企業会計法に関する具体的な要件事実は必ずしも明確ではない。そこで以下では企業会計法の具体的な要件事実を、主として商法を中心に検討し、さらにこれと関連させて、証券取引法、税法について検討する。

2　商法の企業会計規制の構造

(1)　総　説

商法を根拠として、何らかの紛争が生じた場合には、その商法を根拠としてその紛争が争われることとなる。その場合には、一般の民事紛争の場合と同様に、当事者間で主張立証責任の問題が生ずるが、それが企業会計法の問題の場合には、一般の紛争と異なり特殊な問題が生ずることがある。例えば、粉飾決算事件において、利益がないのに利益があるとして、違法に配当した場合に、会社が株主に配当された利益を返還請求する場合、あるいは、違法配当の決議をした取締役に対して、取締役に損害賠償請求する場合を考えてみよう。その場合におけるもっとも重要な問題は、その配当が違法配当かどうか、違法配当ならばその違法配当額はいくらかである。違法配当とは法令に違反した配当であるが、その根拠となる法令に必ずしも明確な配当可能利益の計算方法についての規定がないために、当事者間の主張立証責任が問題となることがある。

ありえよう。

(2) 商法における計算規制

商法上の計算規定のほとんどは貸借対照表能力および資産評価についての規定であり、これらはその性質上すなわち債権者保護の立場から原則として強行規定と考えられるが、性質によっては任意規定と見なしうる場合もありえよう。

(i) 商法における明文規定の存在

具体的な商法の条文をみると、会社の計算規定は、次のように規定の仕方が分かれる。①要ス(商法二八一条一項―二八三条一項、二八五条ノ二第一項、二八五条ノ四―二八五条ノ七)、②ス(二八四条ノ二)、③得(二八六条―二八七条ノ二)、④斟酌ス(三二条二項=これについては後述する)、がこれである。このうち「要ス」「ス」は原則として強行規定であることは問題ない。しかし「得」が当然に任意規定か否かについては問題がある。例えば評価規定には、「……得」という規定と「……要ス」と両者があり、前者は任意規定であり、後者は、強行規定であり、「得」とあればその規定を採用してもいいしなくてもよいが、「要ス」とあれば、必ずその規定に従わなければならないと一応は考えられる。これが原則であるが、会社の計算に関する規定すべてについてこれが当てはまるかどうかみてみる。計算に関する規定のうち、貸借対照表能力、資産評価に関する規定については、「要ス」という規定と「得」との差がある。しかし、例えば引当金や繰延資産については「得」等とあるのも係わらずにこれを強行規定と解する説も少なくない。

(ii) 商法における明文規定の不存在

商法上、会社法の計算規定はほとんどが貸借対照表に関するものであり、それ以外についてはほとんど規定がない。とくに損益計算書あるいは損益計算については、ほとんど規定がないため、これを企業会計法としてどのように解すべきかが問題となる。

一般に企業会計に関して法律に何らの明文の規定がない場合、理論的には二つの場合が考えられる。一は、規定がない以上法律効果を生ずべき法律要件は存しないのであるからどんな会計処理も許され、これは法律効果とは直接には何ら関係がないとする考え方である。他の考えは明文の規定がない場合でも、企業会計という重要な事実について何らの法律上の規制がないことは考えられないとして、法律の規制(会計処理に法律効果の発生)が及ぶことを認めるものである。そして会計規定の重要性を考えるとこの後説が採られるべきであろう。その場合の条文上の根拠としては、既存の規定を類推する考え方、あるいは一般規定もしくは包括規定(商法三二条二項)が適用されるとする考え方、及び商慣習法(商法一条)が適用されるとする考え方がある。このうち既存の規定を類推解釈するとは、例えば損益計算書について、貸借対照表に関する規定例えば減価償却についての「相当性」の規定(商法三四条二号)から、損益計算における発生主義を認識するという考えである。さらに商慣習法を根拠とする考えは、包括規定に含まれない商慣習法も、株式会社の基本原理、あるいは計算規定の趣旨に反しない限り有効だと考える。しかし実際上はこれらの根拠の相互間あるいは明文の規定との関係については困難な問題を生ずることもある。例えば明文の規定が優先するのか、包括規定が優先するのかといった問題である。なお税法の場合は、このような曖昧なことは許されず、原則として法律の規定に従うべきである(租税法律主義)が、税法にも包括規定がある以上同様の問題を生じよう。

(iii) 「公正ナル会計慣行」による規制

このように商法には必ずしも十分な企業会計規制の法令あるわけでない。その場合に商法においても、他の法令と同様に一般規定が置かれている。これが商法三二条二項の「商業帳簿ノ作成ニ関スル規定ノ解釈ニ付テハ公正ナル会計慣行ヲ斟酌スベシ」である。商法三二条二項の包括規定は、どのような効力を有するものであろうか。この場合の構成要件は、①「公正ナル会計慣行」、と②「斟酌スベシ」である。「公正ナル」とは「営業上の財産および損益の状態に照らして公正な」という意味であり、「会計ノ慣行」とは既に行われている事実に限らず、新しい合理的な慣行が生まれようとしているときは、それも含むと解される。(2)「斟酌」とは「諸種の事情を考慮に入れて考える、あるいは組み入れて解釈しなければならない」のであり、「参酌」よりも接着しているが、「基づく」よりは接着せず、その中間を表すのであって、「公正な会計慣行によらない特別の事情を立証できない限り、それに従わなければならない趣旨である」とする。(3)

このような包括規定はその名の通り、個々の具体的法律要件事実に該当する場合に適用されるものではなく、それら個々の要件事実に当てはまらない事実が存する場合に、それらすべてに「包括的」に適用されるものである。従って狭い意味では前述の明確な「法律の規定」がない場合に初めて適用されるものである。従ってこれについては①どのような場合に適用されるか、②どのような効果を生ずるかが問題となろう。ある会計規定が商法上法的効力を有するか否かが問題となった場合に、その構成要件はどのように考えるべきであろうか。例えば「公正ナル会計慣行」は誰が証明責任を負うべきものであろうか。一般に訴訟法の大原則によれば、権利を主張する者がその証明責任を負う。このような包括規定の効力についても具体的な規定を見なければならない。

ところでこれを一般的な粉飾決算事件について検討してみよう。まず粉飾決算事件とは、商法二九〇条違反である。すなわち利益がないのに利益があるように見せかけて、決算を行い、あるいは配当を行うことである。この場合にはその決算が法令に違反することである。しかし二九〇条は純資産額から資本及び法定準備金を控除した額が原則として配当可能利益となるとしており、問題はその純資産額がいくらかである。純資産額の算定は、法令に定める基準に従ってなされる。その場合の法令について、明文の規定で定めていることは少なく多くの場合は、商法に明文の規定がない。そのために、商法三二条二項を介して商法の規定となることとなる。この場合にはどのような証明責任を負うものであろうか。

一般に証明責任は、原則としてそれを主張する方が負う。従って粉飾決算によって損害を被った会社、あるいは債権者が訴訟を提起する場合には、それが法令に違反することを証明する責任を負う。しかし明文で法令に規定がない場合には、商法三二条二項の規定の適用を受けること、さらに会社、あるいは債権者側で、それが「公正ナル会計慣行」であることを証明しなければならないことは問題ない。すなわち一般に公正な会計慣行といった、一般条項の場合には、それに違反すると主張する者が、その主張、立証責任を負うとされている(4)。その場合に「公正ナル会計慣行」に該当する規制が、企業会計原則、財務諸表等規則等に存在する場合には問題ないが、それがない場合には、企業会計審議会の意見書、あるいは公認会計士協会の実務指針等が存在することについて証明責任を負う。まずそれが「公正ナル会計慣行」であることを証明しなければならない。さらにそれを斟酌しなければならないこと、斟酌しなかったこと等についても主張立証責任を負う。そこで次に具体的な問題について検討してみよう。

①　時価評価　二〇〇〇年四月から商法が改正され、時価評価制度が導入された。その結果二〇〇一年三月決算において、時価評価が導入されたが、その方法は必ずしも統一されていないようである。そこで法的効力について検討を加える。

商法二八四条ノ四「時価ヲ付スルモノトスルコトヲ得」の規定は、商法二八五条ノ五、二八五条の六に引用されている。特に問題となるのは、株式の時価評価の問題である。この場合に株式を時価で評価しなければ「ならない」のか、それとも「してもしなくてもよい」のかは大きな相違である。条文をそのまま読めば「してもしなくてもよい」ようにも読めるが、一般には「しなくてはならない」と解されているようである。(5) このような場合に、時価評価をせずに純資産額を算定し、配当可能利益があるとして配当を行ったが、時価で評価すれば配当可能利益は存在しなかったような場合に、法令に違反する計算書類の作成として、その責任を追及することができるのであろうか。

この場合の訴訟について検討すると、この場合には法令の規定の解釈が問題となる。法律には「時価ヲ付」することができるだけであるから、「時価ヲ付」さなかったからといって当然に違法とは言い難い状況にある。従ってその場合には、責任を追及する者（権利を主張する者）が、その規定が強行規定であることを主張立証しなければならない。法律の規定が「得」であるにも関わらず、それが「しなければならない」ことを主張する根拠として「立法の経緯」「学説」あるいは商法三二条二項を通じての「公正ナル会計慣行」の存在等を証明しなければならない、こととなる。

② 不良債権　一九九〇年代以降の、日本経済のもっとも大きな問題の一つが、不良債権の処理である。そして不良債権を不良債権とみなさずに、会計処理を行うことによって粉飾決算となることがある。その場合に不良債権を不良債権と考えないことが、法令に違反する場合には、それから損害賠償責任が生ずることになる。ところで、商法には債権に関する規定はあるが、具体的な不良債権の会計基準は存在しない。そこで企業会計原則、規則や通達、マニュアル、公認会計士協会の指針等がこれに当たるかどうかが問題となる。すなわち具体的には、その不良債権が法令に違反したことを直接に証明できない場合には、それが「公正ナル会計慣行」に該当すること、さらに斟酌すべきであったのに斟酌しなかったこと等、それが違法であることの法令上の根拠を有すること

を明らかにしなければならない。

③　継続性の原則　粉飾決算事件の他の事例としては、継続性の原則違反事件がある。すなわち資産評価についての評価方法を変更して利益を算出するのがその一例である。継続性の原則とは、企業会計において、「その処理の原則及び手続きは、毎期継続して、適用し、みだりにこれを変更してはならない」とする原則である（企業会計原則・一般原則）。例えば、ある会計処理が継続性の原則に違反して損害賠償を生じさせた場合には、その損害賠償請求を行うことができる。その場合の構成要件は何であろうか。

まず継続性の原則が商法三二条二項の「公正ナル会計慣行」として法律上の効力を有するか否かが問題となる（あるいは商法二八一条二項の監査に関する規定も問題となる）。具体的には①継続性の原則が「公正なる会計慣行」に当たるか、当たるとすれば、継続性の原則は、法律上の効力を有することとなる。②その場合、継続性の原則の法律上の効力発生の前提となる要件事実は何か、が問題となる。さらに③この規定に違反した場合の効力、すなわち違法となるのは、当然として、それが、会計の表示だけに影響を及ぼすのか、それとも配当計算自体にも影響を及ぼすのかが問題となる。

ところで継続性の原則が、法的効力を有するか否かについては、説がわかれる。肯定説は、イ）継続性の原則は、普遍的原理である、商法三二条二号、二八一条ノ三第二項五号などの規定は、継続性の原則の間接的表現である、(6)などを根拠とする。これに対して否定説は、商法上明文の規定がない、等を根拠とする。このように説は、分かれるが、一応、商法三二条項の公正会計慣行に該当するものと考える。ただしその場合でも法律の規定はあくまでも「斟酌スベシ」であって、解釈論として違法となるのは、斟酌しなかった場合だけであり、斟酌してもこれに従わなかった場合は当然に違法とはならないことはいうまでもない。

次に継続性の原則が法律上の効果を持つとすると、その要件事実は、何であろうか。継続性の原則とは、一つの会計事実について二つ以上の会計処理の原則が認められている場合に、一旦採用した会計処理の原則または手続きは、正当な理由により変更を行う場合を除き、財務諸表を作成する各時期を通じ手続き、継続して適用しなければならない、とするものである。従って、ここでもとっとも問題となる会計事実は、その会計処理の原則またはは手続きが、「正当な理由によって」変更されたかということである。利益操作が正当な理由と認められないのは当然として、どの様な場合にその「正当でない」ことを立証できるかということである。実際には、極めて困難であろう。さらにそれを斟酌すべきにもかかわらず斟酌しなかったことが違法であることを主張立証すべきこととなる。

最後に継続性の原則に違反した場合にどのような、法律上の効力を生ずるかが、一番大きな問題である。継続性の原則が商法の規定ではないと解する立場は、その効力は問題とならない。[7] 違法と解する立場に立った場合、一般にある会計処理行為が法律に違反した場合、その会計処理は無効であり、何ら効力は、生じない。しかしその無効はその表示に関するものか、それとも実体的な内容に関するものか、説が分かれる。すなわち商法三二条、二九〇条等により、これに基づく配当計算も無効となるのか、それとも単に二六六条、二六六条ノ三、等の取締役の責任等の問題になるかである。多くの説は配当可能利益の計算に当たって、継続性の原則に違反した場合でも、その軽微性に鑑み一般にはなんら違法配当の民事あるいは刑事責任を負わないとする後説を採る。すなわちその違法な会計処理を行った取締役の忠実義務違反の問題が生ずるだけであって、それが商法の配当計算規定(商法二九〇条)違反を生じないとする。[8] なおこの場合、計算書類の承認が、原則的に株主総会にあるところから、株主総会の承認を得た場合は、なお違法として取締役等が責任を負うべきかは問題であろう。また条文に「斟酌」

という規定がある以上、斟酌しなかった場合にのみ違法となるのであって、継続性の原則に違反した場合に当然に法的責任を負うというものではない。

またその配当が違法でないとしても、これについて表示上の責任を負うことはある。すなわちそのような継続性の原則に違反する会計処理が商法三二条二項に違反し虚偽と考えられる場合である。ここに虚偽とは、それが真実を表していない場合であり、それも理論的には公正な会計慣行に従っている場合と従っていない場合の両者がありうる。しかし公正な会計慣行を斟酌している場合には一般に違法性が阻却されると考えられ、従って問題となるのは継続性の原則に違反しかつそれが著しく虚偽の場合である。ただこの場合も、配当規制の場合と同様にその違反の程度が著しい場合（例えば大幅な利益操作の場合）のみが問題となろう。[9] これが実際問題となるのは、有価証券の評価基準の変更、棚卸資産の評価基準の変更、有形固定資産の減価償却方法の変更、繰延資産の会計処理の変更、等である。

⑤　引当金　粉飾決算の手段の他の方法の一は、引当金の計上、あるいは不計上である。一般に引当金のように債務でないものを貸借対照表上に計上するには特別の規定が必要である。引当金について商法は「……引当金ハ……之ヲ貸借対照表ノ負債ノ部ニ計上スルコトヲ得」とする。そこでこの規定の解釈について説が分かれる。すなわち「得」は貸借対照表に計上してもしなくてもよいという規定なのかという問題がこれである。一はこれを文字通り計上する、しないは全く自由であると解する。他は貸借対照表能力と計上の必要性を分けて考察する。前者は他の規定、例えば繰延資産に関する規定等と統一的に解釈する。これに対し後者の説は、「得」の規定は単に貸借対照表能力を定めたに過ぎないとする。すなわち一般に引当金は負債ではないので当然には計上できないので、この規定によってはじめて計上しうる能力が生じたとするのである。さらにその具体的な計上の必要性の

有無に付いては、商法三二条二項によるとする。しかしこの説によっても載せないだけでは「斟酌」しなかったとはいえないので、違法とはいえまい。

2　証券取引法における会計規制

次に証券取引法上の不実表示の問題について検討する。この場合にもある情報が不実情報であることは、それが何らの法令に違反していることを示し、この場合にも何が企業会計法かが問題となる。証券取引法一九三条は、証券取引法によって提出を要する財務書類は内閣総理大臣が「一般に公正妥当であると認められるところに従って大蔵省令で定める用語、様式及び作成方法により、これを作成しなければならない」とし、これに基づき財務諸表規則が制定されている。これはその内容については一般に公正妥当な会計慣行と考えられる企業会計原則に従っており、主としてその形式面を規制している。従ってその内容については企業会計原則によるのと同じ考えがあてはまる。なお財務諸表等規則一条三項は、企業会計原則のい公正妥当と認められる基準であることを認める。

ところで証券取引法上の不実開示の問題とは、開示された情報が真実でない、すなわち不実開示であるとして、それから生じた損害賠償請求がなされる場合である。この場合には、それが不実であることと、それによって損害が生じたことを主張立証する責任がある。この場合に不実とは、ある情報が一定の基準に反することである。その基準が明確に法令で定まっている場合には問題ないが、そうでない場合には法令の基準を明らかにする必要がある。しかしそれは必ずしも容易ではない。

3　税法における会計規制

税法とりわけ法人税法を企業会計法として検討する。法人の決算は原則として確定決算主義により、商法の計算規制を基本としており、法人税法自体には商法の規制と異なるわずかの計算規制しかおいていない。しかし例えば商法上の不良債権が税法上も不良債権となるか、あるいはそれが損金算入されるかについては、必ずしも明白ではない。従ってそのような不良債権の会計処理が課税所得に大きな影響を及ぼす場合には、困難な問題を生ずることがある。すなわち企業会計法の問題は特に税法の場合には、深刻な対立を生ずることとなる。ある会計処理が法令に違反するかどうかが問題となる。これらの場合には、その企業会計法存在自体が実際には、大きな影響を及ぼすこととなる。

ところで法人税法二二条四項は益金及び損金の額は公正処理基準に従って計算しなければならないとして、商法、証券取引法と同様に一般条項に依るべきことを定める。ここに公正処理基準の趣旨については二つの見解が対立する。一は公正処理基準を税法規に関する国税庁長官の解釈の性格を有する法人税取扱通達に明らかにされているとみる見解である。他は公正処理基準をもって企業会計原則とみる考えである。しかし一般に企業会計法についての包括規定については、一般には、商法上の公正会計慣行と税法上の公正処理基準とはまったく同じものと考えられている。しかし具体的にはどの規定がこれに当たるのかは、租税法定主義との関係が問題となる。

なお公正会計慣行の一般的な問題については、特に継続性の原則が問題となろう。税法においてもいったん採用した償却方法は継続的に適用することが原則である。しかしその範囲を明確にするために税務署長の承認を必要としている点が重要である。それには次のようなものがある。①たな卸資産の評価方法を変更する場合に、それが相当期間を経過していないとき、あるいはそれにより所得金額の計算が適正に行われないと認められるときは、その承認が得られない、として継続性の原則の適用を認めている（法人税法施行令三〇条、施行規則九条）。②同様に減価償却方法を変更するときも、それが相当期間の経過していないとき、あるいはそれにより所得金額の計算が適正に行われないときは認められないものとして継続性の原則を採用している（法人税法施行令五二条三項）。そのほか、時価評価や、不良債権の会計処理等についても問題が生ずるが、これらは基本的に商法、証券取引法と同様である。

五 商法改正の動きと企業会計法

1 商法改正中間試案

二〇〇一年四月一八日に法務省民事局参事官室は、「商法等の一部を改正する法律案中間試案」を公表した。このうち「会社の計算・開示関係」に関する部分のうち①資産評価等に関する規定の方法、について検討し、問題点を指摘する。この商法改正案がもし実現すれば、特に商法の計算に関する規定は、商法制定以来（一八九九年）の大改正であると考えることができる。

2 資産評価等に関する規定の方法

この改正の概要は、「株式会社の会計帳簿に記載すべき財産の価額については、商法三四条の規定の適用をしないものとし、さらに資産評価に関する商法二八五条ノ二から二八七条ノ二までの規定を削除するとともに、財産、繰延資産及び引当金の額並びに記載の方法は、法務省令で定めるものとする」とし、さらに配当限度額について「商法二九〇条四号から六号までの規定を削除し、法務省令で定める額を貸借対照表上の純資産額から控除」し、中間配当限度額についても「二九三条ノ五第三項三号から五号までの規定を削除し、法務省令で定める額を最終の貸借対照表上の純資産額から控除する」ものとする。

このように試案では、商法の評価規定に関する規制を不適用とし、あるいは削除し、その結果として商法の計算に関する実質的規定（特に評価規定）がすべて、法律から省令で規定しようとすることが中間試案の大きな特色である。確かに、計算規制を柔軟に行うには、この方法が優れているし、また商法と証券取引法の統一を図るには、この方法がもっとも合理的であることは間違いない。さらに連結財務諸表を商法に導入するには、この方法がもっとも容易な方法である。しかしこのような規定の仕方は同時に以下のような多くの問題を生ずることになるのではないだろうか。

① 罪刑法定主義に違反しないか。計算規制をすべて省令で行うことは、その刑罰規定との関係で罪刑法定主義に違反しないか、が問題となる。罪刑法定主義とは、刑罰を課すには、その前提として、その犯罪の構成要件が法律で定められていなければならないとするものである（憲法三一条、三九条前段）。政令（省令ではない）では、特に法律の委任がある場合を除いては、罰則を設けることができない（憲法七三条六号但書）とし、国家行政組織法一二条四項も、総理府令・省令について、法律の特定委任があった場合を除いて罰則を設けることができないとしているのも、政省令は法律よりも下位の効力しか認めていないことの証である。さらに罪刑法定主義の派生的原則として、刑罰法規の明確性の原則がある。(10)

商法の罰則がもっとも問題となりうる規定として、いわゆる粉飾決算に関する商法四八九条三号の規定の規定がある。商法四八九条三号は、法令・定款に違反して配当、中間配当を行うことが犯罪となることを規定しているが、もし商法が改正されると、その犯罪の構成要件が法律ではなく、事実上省令に委ねられることとなる。わが国のように配当可能利益の算定を純資産額から一定の額を控除する方法によっている場合には、その純資産額の算定について評価規定は決定的に重要な規定となる。実際に刑事事件においてその資産の評価が大きな問題となることも少ないない。(11) このように犯罪成立にとって最も重要な構成要件について、商法に規定せずに、省令に委ねることは罪刑法定主義の立場から何ら問題は生じないのであろうか、検討が必要であろう。

② 租税法定主義に違反しないか。憲法八四条では、租税の条件は、法律又は法律の定める条件によらなければならない、とする。法人税法七四条等によれば、会社における法人税法上の所得計算は、会社の「確定した決算」に基づくこととなるが、その会社の決算は、商法の規定によって定められる。しかしその商法に計算に関する実質的な規定がなくなり、省令に委ねられることとなると、その確定した決算は、法律に基づく課税標準といえないのではないかとの恐れも生じることとなる。従来から法人税法二二条四項が租税法定主義に違反しないかが問題となっているところであるが、省令に委ねる場合も同様の問題が生ずる可能性がある。特にこれは、商法において引当金や繰延資産をどの程度認めるかにより、実際の課税所得が変わってくる場合等に大きな問題となり得よう。

中間試案の目的の一つが、商法と証券取引法の計算規定の統一であり、有価証券報告書提出会社においては、その計算書類を財務諸表等規則に従って作成するとする方法が注(2)で提案されている。しかしこの場合には、財務諸表等規則（証券取引法）上の財務諸表を商法上の計算書類と「みなす」ことになるのであろうか。もしそうなら、法的には、次の連結計算書類で述べるようなさまざまな問題が生じる可能性がある。例えば、財務諸表等規則（証券取引法）上の「子会社、関係会社」等を商法においてどのように読み替えるのかが、その問題の一である。すなわちこの場合には、その前提として商法と証券取引法の規定の調整が必要となる。

3　商法特例法上の大会社についての連結計算書類の導入

中間試案では、「大会社は、毎決算期に連結貸借対照表及び連結損益計算書を作り、取締役会の承認を得なければならないものとする。」とする。これについては、以下のようなさまざまな問題が生じよう。まずこの連結書類は、商法上の計算書類となるために、それが商法において開示規制に関わる規制しか及ばないのか、それとも商法の実体的な規制にも効力を及ぼすものかが大きな問題となる。理論的には、連結計算書類を商法上の制度として導入する以上、これを開示規制だけの効力しか有しないと解することは、特別の規定がない以上不可能と思われる。またこれを株主総会の承認決議を必要とする（第二十二・六）以上、これは単なる開示書類と見ることも困難であろう。なお注(3)によれば、連結計算書類の作成方法は法務省令で定められるとしても、実際には証券取引法上の連結財務諸表規則の規定を適宜引用するものとしている。

そうすると次のような問題が生じることとなる。すなわち貸借対照表に記載される「子会社、関連会社、外国会社」等の概念が商法の規定とどのような関係を有するかである。まず連結財務諸表の子会社（財務諸表規則八条三項）は商法上の子会社（商法二一一条ノ二第一項三項）とはどのような関係になるのであろうか。連結財務諸表上の子会社（実質基準）を商法上の子会社（形式基準）と見ることは可能であろうか。もしそうだとすれば、商法上親会社の監査役、会計監査人等の子会社調査権（二七五条ノ三）等、あるいは、子会社株式の評価等に関する規定との関係で、規定の齟齬を生ずるおそれがあることになる。また連結財務諸表においては外国会社(財務諸表等規則八条三項)もその連結会社に含まれることとなるが、このような連結外国会社を商法においても、商法上の会社と見ることができるか等は問題であろう。そのほか持分法の適用を商法上どう考えるかも問題となる。さらに注(11)により、連結計算書類を作成すべき大会社の範囲は、当分の間は有価証券報告書提出会社に限られるとすれば、実際にはこの規定による連結財務諸表の作成義務は拡大せず、単に現在の証券取引法上の書類を商法上の書類に読み替えるに過ぎないこととなるのであろうか。ただその場合でも連結計算書類が商法上の書類となる商法上の法的効果はきわめて重要である。

なおこの大会社に連結計算書類の作成を義務づけることとする規定は、その連結計算書類を連結貸借対照表及び連結損益計算書に限定しており、連結附属明細書、連結剰余金計算書、連結キャシュ・フロー計算書等も含まれておらず、その場合には、証券取引法との関係はどうなるのであろうか。すなわち証券取引法では別個の書類を作り、その一部を商法の書類を見なすこととするのであろうか。その場合に、証券取引法上の不実記載等の責任において、複雑な問題を生じよう。すなわち有価証券報告書の書類については証券取引法上の責任が、その一部については商法上の責任が生ずるというのがこの問題である。

中間試案では「連結計算書類は、監査役及び会計監査人の監査を受けなければならないものとする」とし、連結計算書類を、商法上の書類として、監査役や会計監査人の監査を受けなければならないとする。しかし二の場合と同様に、連結計算書類を商法上の書類と見ることは次のような問題が生ずることとなる。

① まず連結書類を商法上の書類と見れば、商法上の監査と証券取引法の連結財務諸表の監査との関係をどう考えるべきであろうか。現在の法制度の下では、商法上の監査は事前監査（株主総会前）であり、証券取引法の監査は事後監査（株主総会後）であるため、形式的には二回別個の監査を行う意味があるが、商法監査を行えば、証券取引法の監査はなくなるのであろうか。この場合に証券取引法の監査が行われる範囲と、商法上の監査が異なる場合には困難な問題が生ずる。前述のように商法監査では、連結貸借対照表と連結損益計算書だけがその監査対象となるが、証券取引法監査ではそのほか連結附属明細書、連結剰余金計算書連結キャシュ・フロー計算書等について監査を行わなければならないからである。

② 次に連結計算書類の監査とは何であろうか。現在でも、証券取引法上の連結財務諸表の作成は、商法二六〇条二項の重要な業務執行事項として、取締役会の決議が必要であると考えられ、その結果、連結財務諸表の作

成についても商法上、監査役の監査が必要と考えられている。しかしこれはこれまで明文の規定がなかったため、この問題について必ずしも深刻な問題を生じてこなかった。

しかしこの中間試案の規定によれば、明文の規定により連結計算書類が商法上の書類となるため、次のような問題が出てくる。この連結計算書類に対する監査において、現行の計算書類に対する監査と同様に、会計監査人の監査の結果を「相当であるか否か（商法特例法一六条一項）」の監査意見を述べなければならない、とすれば、その連結計算書類についても非常に詳細な会計監査を行わなければならないことが義務づけられる。しかし、実際には現在の証券取引法上の連結財務諸表に対する監査役の会計監査と同様に、監査役がその連結財務諸表を現実に監査することは不可能に近いと思われる。

4　商法改正と訴訟上の問題点

このように商法が改正され、企業会計に関する実体的な規制が、商法本体ではなく、省令に委ねられた場合にはどうなるであろうか。例えば典型的に粉飾決算事件について考えてみよう。この場合に、現在と同様にその会計処理が商法に違反することを主張立証しなければならない。しかし、商法本体には、商法二九〇条の一般的な規定があるだけで、評価規定しか存在しないため、それが省令（計算書類規則）に違反する会計処理であることを主張立証することとなる。

その場合に省令は当然に「法令」の一部であるから明文の規定がある場合には、原則として現行法とあまり解釈は異ならない。しかし省令と異なる「公正ナル会計慣行」がある場合には、その「公正ナル会計慣行」が法的効力を有する場合には、省令は法律より下位にあるため、商法三二条二項の「公正ナル会計慣行」との関係をどのように解するかが問題となる。すなわち企業会計原則等の「公正ナル会計慣行」等と異なる場合には、商法三二条二項による「公正ナル会計慣行」の方が効力が上位となるのかが、問題となる。

また裁判では、省令の効力について、罪刑法定主義との関係で問題となることもあろう。これは商法が基本法であり、また裁判規範、行為規範であることを考えると、一般の取締役となる人々が、そのような計算書類規則まで考慮を及ぼして行動しているかどうかが問題となろう。

そのほか連結財務諸表について証券取引法上の書類を商法上の書類とみなすとするような場合には、その構成要件は、商法か証券取引法かの問題も生じよう。それは本来は証券取引法の規定であるため、証券取引法の効力を有するのか、それたも商法の規定と見なされる場合には、商法の規定となるかがこの問題である。その場合に、両者は競合するのは、証券取引法上の開示書類の一部だけが商法の書類とみなされ、そのほかの書類はそうでない場合には、両者の関係をどう見るかは困難な問題を生じる可能性がある。例えば、証券取引法上の有価証券報告書のうち、連結貸借対照表、連結損益計算書だけが商法上の書類となり、キャシュ・フロー計算書等がそうでない場合に、その連結貸借対照表に不実情報が含まれているような場合がこれである。

今後これらの問題は検討課題となろう。

六　まとめ

本稿においては、一般に論じられることの少ない、企業会計法と訴訟上の問題について検討してみた。この分野については、平成一四年にも予定されている商法改正が行われれば、相当その内容も変更されることが予想される。また証券取引法上の規制を商法に取り入れた場合に、その解釈をどう考えるかという問題がこれである。これについては今後の検討が必要である。

（1）伊藤滋夫・要件事実の基礎一八九頁以下参照（二〇〇〇年）。
（2）以下岸田雅雄・企業会計法入門（改訂版）二七頁（一九九〇年）。
（3）斟酌とは（水または飲料水などを組分ける意から）照合して取得すること（広辞苑）。「斟酌」については、商法一一一条三項、二〇四条四項、五九〇条二項、八〇一条、民法二六八条、四一八条七二二条などがある。
（4）例えばある法律行為が権利濫用として無効と主張する者は、相手方の権利行使の違法性を主張・立証責任を負うのである。
（5）竜田節・会社法（第八版）二八五頁（二〇〇一年）。
（6）味村治「継続性の原則の現実」鈴木古希記念（中）二三一頁（一九七五年）。
（7）味村・前掲注6、二三六頁。
（8）河本一郎・現代会社法〔新訂五版〕四三二頁、一九九一年、矢沢惇。企業法の諸問題二五頁、一九八一年。
（9）サン・ウェーブ事件（東京地判昭和四九年六月二九日＝矢沢惇「継続性の原則とサン・ウェーブ事件刑事判決」・商事法務六九五号一三頁一九七四年）
（10）大コンメンタール刑法一巻五〇頁（篠田公穂執筆）（一九九一年）。
（11）有名な事件としてサンウエーブ事件、前掲注(9)一三頁があるが、最近の銀行の粉飾決算に関する事件の多くも不良債権という資産の評価問題である。

21　ネットワークへのアクセスと財産権論序説
――一九七〇年代のドイツ電力託送論――

藤原淳一郎

一　はじめに

わが国において、国家独占の郵便事業（郵便法五条）、[1] 事実上公営独占に近い水道事業（水道法六条二項参照）、[2] 戦後公社（日本電信電話公社）及び特殊会社（国際電信電話株式会社）によって発展してきた電気通信のほか、[3] 大半が民営で実施されてきた運輸、電気、ガス等の事業は、「自然独占」に属する事業として、新規参入規制、料金規制等の強い政府（経済）規制ないし公益事業規制を受けてきた。ところが近時技術革新等の諸要因から（水道事業を除き）一般的傾向として、これら市場も徐々に大なり小なり自由化されつつあり、これにともなって、従前の事業規制も、緩和ないし撤廃の動きが急速である。[4]

わが国だけではなく欧米各国で、事業分野横断的に市場自由化に向けた有力な手法の一つとして採用されているのが、既存の事業者が有する回線設備（電気通信）、送配電線（電気）、ガス・パイプライン（ガス）等のハードのネットワークを新規参入者に共同利用させること、換言すれば競争者にネットワークへのアクセスを認める「オープン・アクセス化」（＝ネットワークの開放）である。わが国の事業法では、右の事業者のネットワーク利用を「接続」と呼び（電気通信事業法三八条、三八条の二、三八条の三）、電気・ガスの輸送であるいわゆる託送（Wheeling; Durchleotung）を「接続供給」と呼ぶ（電気事業法二四条の四、ガス事業法二二条の二。一般電気事業者の供給区域をまたがる輸送は、法二四条の三の「振替供給」と併用）。少なくとも英米のガスの先例では、右のオープン・アクセスは「包括的で継続的な行動規制によってのみ貫徹される」ものであり、「当局によって接続料と他の条件とが定められたときに、企業は託送による他者［との］競争義務を強制させられる」という「競争政策のディレンマ」が存在するとの指摘(5)がある。

法律論としては、右のようなネットワークの開放を事業者に義務づけることが、既存事業者の財産権なり営業の自由とどう調和するかという論点を、提示することができる(6)。右論点に関するわが国の研究は、電気市場のオープン・アクセスについてアメリカとドイツのその当時の議論を要領よくかつ適確に交通整理した丸山論文(7)を除くと、いまだに皆無の状況にあるように思われる(8)。

もちろん自由化の手法が財産権と抵触する場面は、ネットワークのオープン・アクセスに限定されるものではない。たとえば電力市場において、電力取引を一定の市場経由に限定する「プール（pool）」構想が主張されることがあるが、「このような動きは、財産権に抵触するとの理由で託送の導入よりも強い抵抗にあうことが多い。これらの問題はドイツで盛んに議論されたが、その結果同国ではＴＰＡが採用されることとなった」と指摘されているところである(9)。さらに、電気で言えば発送配電の一貫経営（垂直統合）事業者、ガスで言えば輸入・製造・輸送・配給の一貫経営（垂直統合）事業者について、ネットワーク運営の中立性確保等のために、組織分離すべきであると主張されることがある。このような組織分離（corporate unbundling or legal unbundling）[10]を国家が強制的に命じることができるのは、わが国でいえば独禁法八条の四にいう「独占的状態」に該当するとして公正取引委員会が発する「企業分割」のように、憲法上「公共の福祉」の要請から正当視できる場合に限定されるもので、単なる競争促進上の要請というだけで企業の垂直分割を命じるというのは、財産権を侵害するとの強い反対論[11]が展開されている。[12]さらに近時各国の移動体電気通信市場において、移動体電気通信事業者の有する設備の全部又は一部を利用して移動体通信の契約・電話サーヴィスを提供する「仮想移動体電気通信事業者（Mobile Virtual Network Operator略称ＭＶＮＯ）」が登場し始めた。これを契約自由に任せるのか、それとも既存通信事業者に提供を義務づけるか、わが国でも議論が始まろうとしている。[13]電力市場では、既存事業者の発電設備又は容量の一部について、所有権を既存事業者に留保させたままで入札にかけさせる「仮想独立発電事業（Virtual Independent Power Producer略称「ＶＩＰＰ」）」の手法が、テキサス州、（フランス電力公社ＥｄＦが、ドイツの［現在］第三位の電気事業者エネルギー・バーデンヴュルテンベルグを買収するに際し、フランス国内市場開放のためＥＵからいわば交換条件とされたため）フランスで実施され始めたが、二〇〇一年五月一五日付エンロン・ジャパン社の「日本電力市場の改革への提言」に、この手法の採用の提言が織り込まれている[14]。

　これら仮想競争者（ＶＩＰＰ）を含む構造改革の手法と比べると、ネットワークのオープン・アクセスは、ことに各国の各事業分野でのオープン・アクセス化のいわば「既成事実」を前にして、財産権制約に対する公益事業者の抵抗感は薄れ、憲法論をたたかわせる気運も消滅してきているかも知れない。しかしオープン・アクセスは、より財産権制約の程度の強い仮想競争者（ＶＩＰＰ）を含む構造改革への前哨戦という意味も有していた筈である。その意味では、オープン・アクセスと財産権との抵触という問題意識は、底流としてはいまだに続いており、本稿で再検討する意義が、なお残っているように思われる。

本稿で外国法としてドイツの議論を取り上げる理由の第一は、憲法上(アメリ合衆国が修正一四条から間接的に導き出すのとは異なり) 明確に財産権及び営業の自由が認められている点において、わが国と共通の土俵があること、第二に、少なくともエネルギー部門では、事業形態として(わが国ではガス事業、ドイツでは電気及びガス配電・配給事業に)公営を含んでいても主力が民営である点においても共通項が多いことである。本稿は、その序論として、時代区分としては丸山論文では扱われていない電力託送論の萌芽である一九七〇年代後半に的をしぼり、若干の考察を試みるものである。

具体的な検討の前に、私の問題意識を、検証すべき命題の形で整理しておきたい。

第一命題：オープン・アクセスの義務付けは、基本法一四条一項の財産権保護に違反する。

第二命題：オープン・アクセスの義務付けは、基本法一四条二項のいわゆる財産権の社会的拘束(Sozialbindung des Eigentums) によって正当化されない。

第三命題：オープン・アクセスの義務付けは、補償 (Entschaedigung) を議論するまでもなく、基本法一四条三項の収用 (Enteignunung) として正当化されない。

第四命題：オープン・アクセスの義務付け及び接続条件に関する諸規制は、基本法一二条の営業の自由に違反する。

第五命題：ＥＵが加盟国にオープン・アクセスを義務づけて接続条件について規制を命じることは、条約二八[旧・三〇] 条の輸入規制禁止に違反する。

第六命題：ＥＵが加盟国にオープン・アクセスを義務づけて接続条件について規制を命じることは、条約二九五〔旧・二三二〕条の加盟国の財産権秩序保護に違反する。

第七命題：仮に右の第一ないし第六命題が成立しないときでも、（国有企業の民営化か元来民営かの）事業の成立ち・事業規模、提供サーヴィスの性格等によって、①オープン・アクセスの対象となる具体的なネットワークの範囲、②対象ネットワークへのアクセスの義務づけ方、③アクセスの対価としての接続料算定等、具体的場面で、事業ごとに差異を生じ得るものである。

先に断ったように、本稿は時代区分として一九七〇年代の電力託送に議論を限定するので、右の第五ないし第七命題は、時期的に論点としては登場していない。そこで本稿では、右の第一、ない、し、第、四、命題に限って検証を行うことになる。

ことに一九九〇年代以降、ドイツにおいて、電力・ガスのエネルギー分野だけでなく、民営化・自由化に伴う電気通信市場においても、オープン・アクセスが重要な争点となった。当然のことながら、オープン・アクセスと財産権の問題について論じる多くの文献が九〇年代に出ている。九〇年代の議論をもとにした第一ないし第四命題の再検証と、新たに生じた第五ないし第七命題の検証作業とは、後日の検討課題として、本稿では留保させて戴きたい。

（1）　藤原淳一郎「現代経済社会における公企業と法」正田彬・金井貴嗣・畠山武道・藤原淳一郎著『現代経済法講座1・現代経済社会と法』二二七、二六三、二七五、二八五頁（一九九〇年）。二〇〇一年省庁再編にともない郵政事業庁となり、二〇〇三年頃の郵政公社化が定まっているが、小泉純一郎総理は郵政民営化論者である。郵政公社化の総務省案について、二〇〇一年八月七日付日本経済新聞一面参照。ドイツを含む欧州の郵便自由化について、

同月四日付同紙七面、一〇月一六日付同紙夕刊三面参照。

(2) 藤原・同右・二七六、二八六頁。目下のところ、水道事業の民営化はわが国では聞かれない。

(3) 電々公社は、一九八五年、日本電信電話株式会社（いわゆるNTT）に民営化され、その後さらに九七年法改正によって持株会社たる日本電信電話株式会社、東日本電信電話（株）、西日本電信電話（株）の二地域会社、長距離会社に再編成されている。他方、国際電信電話株式会社（いわゆるKDD）は、九八年のKDD法廃止により完全民営化された（その後同社はDDIと合併しKDDIになっている）。藤原・同右・二六八―二七二、二七五、二八五、二八七、二八八頁、藤原淳一郎「公益事業の海外展開とアジア・インフラ」藤原淳一郎編著『アジア・インフラストラクチャー：二一世紀への展望』一五六―一五八頁、一六二頁補註三（慶應義塾大学出版会、一九九九年）参照。

(4) 藤原・前掲注1・二四七―二五〇頁、同「規制リストラクチャリング時代の公益事業法」法学研究七〇巻一一号一、一一―一七頁（一九九七年）参照。

(5) Mestmaecker, *Durchleitungspflichten auf dem Binnenmarkt fuer Erdgas*, in: Juergen F. Baur ed., Leitungsgebundene Energie und der Gemeinsame Markt, 61 Veroeffentlichungen des Instituts fuer Energierecht an der Universitaet zu Koeln, 39, 48, 49 (1990).

(6) 藤原淳一郎「経済的自由権：営業の自由」公法研究五九号二七六、二八〇頁（一九九七年）。

(7) 藤原・同右・二八四頁註二〇で紹介した丸山真弘『オープン・アクセスにおける財産権の保障：電気事業における財産権と収用に関する検討』（研究報告Y九五〇一〇。電力中央研究所、一九九六年）である。

(8) たとえば公的規制を総括的に論じる古城誠「公的規制と市場原理」公法研究六〇号一〇九頁（一九九八年）も、競争促進策としての経済規制については、格別言及がない。白石忠志「大阪バス協会事件を通して見た『規制と独禁法』」同誌同号一五七、一六三頁は、「競争促進的規制」と独禁法を今後の検討課題として提示するにとどまる。

(9) 矢島正之『電力改革：規制緩和の理論・実態・政策』一九頁（一九九八年）、同旨・丸山・前掲注7・一一頁。なおJens-Peter Schneider, Liberalisierung der Stromwirtshaft durch Regulative Marktorganisation, 495 fn. 2

(1998)によれば、一九九七—一九九八年、ドイツ連邦政府も、プールモデルの導入を検討している。

(10)　「分離（アンバンドリング）」と一口に言っても、概念の外延として、機能分離、会計分離、組織分離、所有分離等の選択肢が有り得る。藤原淳一郎「EC電気市場統合への一考察」法学政治学論究一四号一、七、一五頁（一九九二年）、同「米国電気事業のリストラ動向」エネルギーフォーラム一九九七年四月号、五一頁、同「ドイツの電力・ガス自由化」月刊エネルギー二〇〇一年八月号三〇、三三頁、International Energy Agency, Competition in Electricity Markets, 70 ff. (2001) 参照。

(11)　強制的会社垂直分割は、当該法人及び法人の株主に着目して、憲法二九条一項と正面衝突するとの見解である。末次克彦『エネルギー改革』九九頁（一九九四年）、藤原淳一郎「電力市場における競争導入：発送配電垂直統合の再検討序説」経済法学会編『持株会社と独占禁止法（経済法学会年報一七号）』一五三、一五五頁（一九九六年）参照。Cf. Lukes, *Die Reformdiskussion zur Wettbewerbsrechtlichen Regelung der leitungsgebundenen Versorgungswirtshaft, insbesondere der Elektrizitaetswirtshaft*, in: Juergen F. Baur/Rudlf Lukes, Geshlossene Versorgungsgebiete, Versorgungssicherheit oder Wettbewerb, 18 Schriftenreihe Recht-Technik-Wirtshaft, 65, 85 (1979).

(12)　滝川敏明「規制改革と競争政策」山本哲三・佐藤英善編著『ネットワーク産業の規制改革』二一七、二二一頁（二〇〇一年）は、同論文二二二頁の慎重論とは異なり、憲法論を意識しないで「株主がこうむる損害を国が賠償する必要」を説く。仮に違憲の分割命令であれば、民法七二二条一項にもかかわらず、金銭賠償ではなく、現状回復措置を講じる方が妥当ではなかろうか。

(13)　堤健吾「MVNOスタート」二〇〇一年一〇月一六日付電気新聞一一面参照。

(14)　二〇〇一年五月一六日付日本経済新聞三面、同日付電気新聞一面、井上寛「市場支配力問題と発電設備競売制度（米国）」海外電力二〇〇一年一〇月号一〇頁参照。

二　電力託送をめぐる憲法論――一九七〇年代後半

1　電力託送論の背景

（1）　ドイツの電気事業法制度の流れ

一九三五年エネルギー事業法（Energiewirtshaftsgesetz）は、電気とガスの両事業を対象にしていた。これとは別に、戦後の競争制限禁止法（略称「GWB」。以下通称にしたがい「カルテル法」という）が関係してくる。すなわち、電気・ガスのエネルギー供給事業者（Energieversorgungsunternehmen。略称「EVU」）及び水道事業については、①わが国のかつての「報償契約」[15]に相当する自治体との間の（電線・電柱・ガス管等のインフラストラクチャーの）道路占用をめぐる特許契約（Konzessionsvertraege）、②配電・配給事業者への卸供給をめぐる事業者間（稀に自治体も巻き込んだ）の縄張り契約（Demarkationsvertraege）の二種類の契約について、カルテル法の適用が除外されていた（同法一〇三条及び一〇三条a）。右のカルテル法適用除外規定によって、電気供給事業者は、「閉ざされた供給区域（geschlossene Versorgungegebiete）」、すなわち供給区域独占を享受してきた[16]。そこで右のカルテル法適用除外の二契約を「供給区域保護契約（Gebietsschutsvertraege）」とも呼んでいた。ここでカルテル法「適用除外」というのは、電気・ガス供給事業が全面的に同法の適用除外になるというのでは決してなく、（わが国の独占禁止法旧二一条がそうであったように[17]）明文の適用除外規定の範囲内でいわば部分的に（teilweise）カルテル法の適用が除外されにとどまることはいうまでもない[18]。

それではなぜ右二契約をカルテル法適用除外にしてまで電気供給事業者に「供給区域独占」が認められるのだろうか。本稿筆者旧知のビューデンベンダー教授は、電気供給事業の有する特質、すなわち第一に「送変配電ネットワーク」設備に拘束された供給事業という特殊性（Besonderheiten der leitungsgebundenen Versorgungswirtshaft）、第二に、電気エネルギーの貯蔵可能性の欠如(fehrende Speicherbarkeit)、第三に契約締結義務、供給義務（エネルギー事業法六条）[19]が課せられていること等をその理由に挙げている。[20] 彼の指摘する前者二点は、いわば電気事業そのものの固有の特殊性であるが、最後の第三点は、前者二点と無縁ではないが、エネルギー事業法という実定法上の義務から導かれるものであって、その意味では前者二点とは異質のものと考えられよう。また、本稿筆者のドイツ・エネルギー法研究の指導教授であったルーケス（現在・名誉）教授は、右の前者二点、設備被拘束性と貯蔵可能性の欠如のほか、資本集約（Kapitalintensitaet）を挙げている。[21]

右の状況を一変させたのが、一九九八年四月のエネルギー事業新規制法(Gesetz zur Neuregelung des Energiewirtshaftsrecht）である。[22] 同法第一章で、一九三五年エネルギー事業法を全面改正した上、第二章で、右に述べた電気・ガス・水道供給事業のカルテル法適用除外規定（同法一〇三条及び一〇三条ａ）を、電気・ガス両エネルギー事業に限って廃止した。これによって、電気供給事業者の供給区域独占に終止符が打たれたのである。[23] さらに同年八月には、ＥＵ競争法との調和の意味合いもあって、カルテル法第六次改正(全面改正)によって、いわゆるエッセンシャル・ファシリティ論の影響を受けたとされている一九条四項四号が設けられた。[24]

本稿は一九七〇年代の議論を取扱うため、以下におけるエネルギー事業法及びカルテル法は、特に断らない限り、九八年改正前の旧法時代の条文を指すこととする。

(2)　電力改革としての「託送」論

右の一九九八年の大変革の前の電気供給事業者の供給区域独占時代においても、研究者から様々な規制改革提案が行われていた。すなわち①発電と送電との分離案、②供給区域の入札案、③カルテル法適用除外規定(一〇三条）の廃止案、等と並んで、本稿で検討する「電力託送」が、選択肢の一つとして主張されていたのである。これらの電力改革案は、純学問的提言にとどまらないで、ＥＣ圏内の他国と比べた（旧・西）ドイツの電気料金の高さへの産業界の不満という、極めて実務的な要請も背景に存在していることを否定できないのである。[25]

電気供給事業者以外の自家発又は他の電気供給事業者が、その需要家のために、電気供給事業者の送配電ネットワークを通して電気を輸送する託送権（Durchleitunsrechte）の法文化は、たとえば一九七三年のいわゆるエネルギー供給事業法（sog. Energieversorgungsgesetz）担当者草案（Referentenentwurf）においても顔をみせていた。[26]さらに一九七六年、（カルテル法二四のb条一、三、五項に基づく）独占委員会（Monopolkommision）の意見書（いわゆるHauptgutachten）[27]も、託送権構想に言及していた。[28]

電力「託送」の事例が実務上皆無であったわけではなく、たとえばルール地方において、鉱山間で自家発電力を、電気供給事業者との自由契約ベースではあるが、電気供給事業者の送電線を用いての託送が行われていた。これには、鉱山事業者による自己送電線の建設を阻止する意味もあったともいわれている。[29]

託送の是非論が、憲法論を含んで法律論として活発に論じられるようになったのは、一九七八年から一九七九年にかけてである。この時期に集中的に託送論が議論された[30]のは、具体的に政府のカルテル法第四次改正草案において、新たな濫用規制（Missbrauchsaufsicht）が提案され、その中で「託送」が争点になったためである。

（3）　カルテル法上の濫用規制

先述の電気供給事業の締結する特許契約と縄張り契約については、カルテル法一条（カルテル契約の禁止）、一五条（再販売価格維持契約禁止）、一八条（排他条件付き取引等）の三か条が適用除外の対象になっていた（一〇三条一項）。[31]他方、電気供給事業者の同法適用除外を通して獲得した市場での地位の濫用（Missbrauch）への規制は、他の適用除外業種とともに概括的な条項を設けるにとどまっていた（第四次改正前の一〇四条）。そこで政府は、カルテル法第四次改正の際に、供給事業に特化した濫用規制の規定を設けようとした[32]。そこで、濫用規制の一類型として、託送の拒絶ないし妨害に関する規定の創設が、争点として浮上してきたのである[33]。

2　「託送権」「託送義務」の基本権侵害性

（1）　託送制度肯定説

託送肯定論として代表的な論者であるエメリッヒ教授の見解をみておこう。エメリッヒ教授は、送電線ネットワーク保有者の財産権云々の憲法論に直接言及することなく、カルテル法の観点から、「託送」について肯定的な見解を述べている。電気供給事業者（ことに高圧送電線保有者）は、市場支配的地位にあるのみならず独占的状態にあり、このため、他者からの託送の要請に対しては、市場支配的企業等の妨害・差別行為を規制するカルテル法二六条二項の差別的取扱禁止（Diskriminierungsverbot）[34]が働くという。このため、電気供給事業者は、供給区域独占保護のために託送を拒絶できないし、また託送拒絶の違法性の判断基準として連邦参議院が提案する託送請求が「現実に要求し得る条件（zumutbare Bedingungen）」に該当するか否かには、関わらない話だという。右の差別的取扱禁止を媒介にして、多くの事例を把握することが可能であり、また、託送請求の「経済的に要求可能性（wirtshaftliche Zumutbarkeit）」基準は、カルテル法二六条二項の「拒絶の不当性（Unbilligleit der Behinderung）」にほかならないという。そしてこれら概念のカルテル法上の解釈評価から、広範囲に託送強制（Erzwingung von Durchleitung）が可能であるとする[35]。

（2）　託送制度違憲説

ドイツ電気事業連合会（VDEW）等の電力業界は、まず託送の性質論を展開する。すなわち、自家発により送配電ネットワークに送り込まれ、消費地点で引出される電気エネルギー（eingespeiste und entnommene Energie）は、（通常消費負荷に追随した発電運転でないため）量の面で同一ではないし、（送り込まれる自家発の電気と、引出される電気供給事業者の電気と）質の面で同一ではないことを強調する。託送は、電気供給事業者に、送配電ネットワーク所有権を制限して第三者利用の「受忍義務」を負わせるという単純な「輸送」ではなく、電気供給事業者を、自家発との間に、強制的な供給関係、すなわち（発電と消費の過不足の）電力交換契約の強制的締結という「強制共同体」に入れるものだと分析する。[36]

次いで憲法論に入り、電力業界は、第一に、「託送義務」を負うことによって電気供給事業者は、現行法上の事業者としての責任の範囲で送電ネットワークを自由に利用出来なくなり、また所有者としてその所有物である送電ネットワークを自由に利用出来なくなるので、電気供給事業者の財産権を侵害する（基本法一四条一項一段）[37]（本稿第一命題）とする。しかも右の義務は、財産権の本質的要素を侵害する（基本法一九条二項）[38]ので、財産権の「社会的拘束」の範囲内に収まらず（基本法一四条二項）[39]（本稿第二命題）、社会的拘束と収用とを区別する「不平等かつ特別の犠牲」、「侵害の重大性かつ過大性」の基準とは無関係に、「収用」に該当するという。しかも「収用」は、公共の福祉のためでなければならない（基本法一四条三項一段）[40]が、自家発のより活用という観点からの託送権は、同時にエネルギー供給確保のための膨大な投資が義務づけられている電気供給事業者の設備稼働の悪化を招き、「可能な限り低廉な電気の供給」という電気供給事業者の義務からくる事業者の設備の優先活用の必要性と衝突するものである。したがって、自家発のより活用の観点からの託送義務は、公共の福祉に該当するためには十分なものではないとする（本稿第三命題）。[41]第二に、「託送義務」が既述のように電力輸送という受忍義務だけでなく、（過不足電力の交換という）自家発との共同作業（Zusammenarbeit）、つまり特定の給付を強制するので、託送義務は、営業の自由、すなわち営業活動（Berufsausuebung）の自由に関わる（基本法一二条一項、一九条三項）[42]。営業の自由制限の合憲性は、公益との利益衡量によるが、自家発と電気供給事業者とを比較すれば、エネルギー事業法によって低廉で安定的な電気供給の義務を負う電気供給事業者の保護法益が優先するため、自家発営業のために設定される電気供給事業者の託送義務は、電気供給事業者の営業の自由を侵害するものであるとする（本稿第四命題）[43]。さらに自家発だけでなく他事業者にも託送権を認めようとする提言に関しては、託送によって需給の柔軟性を損ねる点を措いても、託送が命じられることにより、本来同等の電気供給事業者の一方に有利、他方に不利に働き、しかもこれは「公益」ではなく個別事業者の利益のためだけだから、自家発の託送と同様、基本法一二、一四両条に反するとする。自家発、他事業者を含めて託送及びそれに付随する（発電設備事故・定期点検時の）予備（Reserve-）供給、（不足時の）補助（Zusatz-）供給について、［新たな規定を設ける必要はなく］、電気供給事業者の市場支配的地位の濫用事例があれば、個別事案において既存のカルテル法上の濫用規制によればよく、それ以外［通常］は私法上の契約による共同作業によって解決されるべきであるとする[44]。

二番目の託送違憲論者、ビューデンベンダー教授は、エネルギー輸送は、送電ネットワークの空き容量（freie Leitungskapazitaeten）を前提とするが、実際には空き容量は一時的に（auf Zeit）存在するものであって、電力消費の恒常的上昇とともに漸次縮小されるため、託送権を利用した競争者による需要家への継続的な電力供給は、常時可能というものではないと指摘する。さらに受電需要家が託送委託者の発電設備からの電気量（顕著には停止又は減少時）と無関係に消費することに対応するために、電気供給事業者は、需給バランシングのための十分な自己供給容量を持っていなければならないと指摘し、「託送」は、定義的にも法的にも単なる「輸送」ではないという。[45] ビューデンベンダー教授は、右のような託送についての認識を前提に、託送推進論を以下のように批判する。

まずビューデンベンダー教授は、託送論者が主張する託送の「公益」論に、否定的である。第一に、託送による同一供給区域での供給者間の競争をはかる意図とすれば、短期的には従前の供給事業者が大口需要家を喪失し需要家の最適ミックスが崩れることによってエネルギー供給の確実で低廉な供給を損ねることになることから、競争開始に特別な公共の福祉が存在するとはみられないこと、さらに供給者競争は、財務からみて、大手はますます大きく、中小はますます小さくなり、新たな独占を生む効果を有するとみる。第二に、託送はあくまで個別事案だから「ほんの少しの託送（ein bisschen Duruchleitung）からほんの少しの競争（ein bisschen Wettbebewerb）」にとどまるとの託送導入論があるが、託送によって需要家を奪われれば設備遊休化を避けるため他の需要家の獲得等へ走るというふうに包括的な競争効果を有すると一蹴する。第三に託送のメリットとして説かれる部分的に導入される一次エネルギーの節約効果は、託送とは関係がなく、一次エネルギーの節約はむしろ、電気供給事業者のネットワークへの連系を通して、電気供給事業者の発電設備による発電の抑制によって達成されるもので、それを超えて「託送」がいかなる量のエネルギー節約も得ないままに、供給区域内の大多数の負担のもと、多数の需要家の送込み者（発電者）と関係者（受電者）の最適化に仕えるのみというのである。[46]

ビューデンベンダー教授は、託送の憲法論として、「託送は単なる財産権の社会的制約ではなく、送電ネットワークの財産権の中核部分（Kernbestand）への侵害」であるという（本稿第一ないし二命題）。適切な対価の承認がないままに費用を惹起し受け手に価値を生む給付を高権的に［エネルギー供給企業に］賦課するという託送サーヴィスは、財産権の行使である営業活動への収用的侵害であり、公共の福祉（Allgemeinwohl）の要求という要件を充足したときにのみ許される（基本法一四条三項一段）ものだが、託送はその要件を充足しない（本稿第二命題）。教授は、右の「公益」の点を措いても、託送の高権的義務づけ（hoheitliche Verpflichtung zur Durchleitung）は、託送の技術的・経済的本質に対応した補償額（Verguetung）が承認されたときにのみ許されるとする（本稿第三命題不支持か?:）。さらに送電ネットワークへの託送の過程は、基本法一四条のエネルギー供給企業の送電線ネットワークの財産権の侵害（本稿第一命題）だけではなく、一二条の営業の自由および二条からの一般的経済活動の自由に関係する。ここにおいても公共の福祉（das oeffentliche Wohl）が要求する時にのみ許されるが、託送は、右の公益を欠くものである（本稿第四命題）という。[47] 右のようにビューデンベンダー教授は、本稿第二命題を肯定しながらも、託送料の条件闘争的に読めなくもない記述でやや不徹底である。現実的対応と言えなくもないが、本稿第二命題との論理的矛盾の不鮮明さが残ることは否定できないだろう。

三番目の託送違憲論者、ルーケス教授は「託送」を二類型に分けて議論する。その第一類型は、発電地点から特定の消費地点まで文字通り［特定の］電気を輸送するもので、電気供給事業者の供給区域独占とは抵触しないものである。第二類型は、競争活発化託送（wettbewerbsmobilisierende Durchleitung）ともいうべきものであり、競争強化の目的のために、ある人（通常自家発）によって電気エネルギーが電気供給事業者の送配電ネットワークに送り込まれ（einspeisen）、別の人（他の需要家）が別の場所で、同時に又は時間をずらしてさえも電気を引出すものである。送り込まれた電気は、供給安定性（Lieferungssicherheit）において電気供給事業者のものと等価値ではなく（nichit gleichwertig）、引出された電気と同一（identisch）・同品質のものではない。教授は右の第一類型は、単純な輸送、あるいは高々自家発自家消費の緩和に該当し、送配電容量に余裕のある範囲で実施されているので、法的に特に問題はないとする。第二類型については、自家発事故時に自家発需要家に供給遮断しないかぎり、託送は単なる輸送を超えて「バックアップ」供給を含み得ること、さらに現行送電システムにさらなる参加者が加わることの困難性等の事実上の問題点を指摘する。

第二類型の法的視点としてルーケス教授は、基本法一四条の所有権からくるネットワーク所有者の処分権と矛盾するものという（本稿第一命題）。また、法律上規定された託送義務は、所有権の核となる領域（Kernbereich des Eigentums）への侵害を意味するので、所有権の社会的拘束の範囲内で許されるものではない（本稿第二命題）。競争活発化託送は、おそらくは発電者の利益にであって公益に奉仕しないため、補償義務のある収用の前提は、受け入れられない（本稿第三命題）。[48] 以上、ルーケス教授は、本稿定立第一ないし第三命題を肯定する（本稿第四命題の「営業の自由」にはたまたま言及せず）。

(15) 遠藤博也・阿部泰隆編『講義行政法・総論』三一〇頁以下（藤原淳一郎・執筆）（青林書院、一九八四年）参照。

(16) 藤原淳一郎「電気事業における独占と競争：熱電併給自家発への日独法比較」公益事業研究三八巻一号八一、九三―九七、一〇一―一〇二頁（一九八六年）参照。

(17) 二〇〇〇年の独占禁止法一部改正（平成一二法七六）により削除された旧二一条は「この法律の規定は、鉄道事業、電気事業、瓦斯事業その他その性質上当然に独占となる事業を営む者の行う生産、販売又は供給に関する行為であってその事業に固有のものについては、これを適用しない」と定めていた。兼業行為や、生産、販売又は供給以外の行為には独禁法は適用されるし、ましてや不公正な取引方法については適用されると解されていた。正田彬『全訂独占禁止法II』二一四―二一五頁（日本評論社、一九八一年）、藤原淳一郎「エネルギー産業における政府規制と競争政策：電気・ガス事業を中心として」経済法学会『政府規制と競争政策（経済法学会年報二号）』二一七、二二八―二二九頁（一九八一年）、根岸哲・舟田正之『独占禁止法概説』三三三―三三五頁（有斐閣、二〇〇〇年）、岸

井大太郎・向田直範・和田健夫・内田耕作・稗貫俊文『経済法：独占禁止法と競争政策・第三版補訂』七〇、二九一—二九二頁（有斐閣、二〇〇一年）等参照。

(18) Cf. Malzer, *Die Auswirkungen des Kartellgesetzes auf das deutsche Energierecht*, [1974] Neue Juristische Wochenschrift, 441, 442ff.

(19) 藤原・前掲注16・九四頁表一参照。

(20) Buedenbender, *Zur Notwendigkeit geschlossener Versorgungsgebiete in der leitungsgebundenen Versorgungswirtshaft*, [1978] Energiewirtshaftliche Tagesfragen, *reprinted* in: Materialien zu §§103, 103a GWB, 47 Veroeffentlichungen des Instituts fuer Energierecht an der Universitaet zu Koeln, 89, 94ff. (1981) ドレスデン大学ビューデンバンダー教授がＲＷＥ社に在籍当時の論文である。

(21) Lukes, *supra* note 11 at 76.

(22) 藤原淳一郎「ドイツにおけるエネルギー事業法の改正問題」エネルギーフォーラム一九九七年九月号七六頁、同「ドイツにおける電力改革法その後：浮上したシングル・バイヤー」エネルギーフォーラム一九九八年二月号四六頁、同「ドイツにおける電力改革法」『一九九七年度・ガス事業研究会報告書』七九頁（未公刊。社団法人都市エネルギー協会、一九九八年三月）参照。

(23) 藤原淳一郎「欧州におけるエッセンシャル・ファシリティ論の継受（二・完）」法学研究七四巻三号三七、三八頁（二〇〇一年）参照。なお、一九九八年以降の電気・ガス両市場の動向について、藤原淳一郎「ドイツの電力・ガス自由化」エネルギー二〇〇一年八月号三〇頁参照。

(24) 藤原淳一郎「欧州におけるエッセンシャル・ファシリティ論の継受（一）」法学研究七四巻二号一、三頁（二〇〇一年）参照。

(25) ドイツでは、既に一九六〇年代後半から七〇年代前半にかけて、様々な電力規制改革提案が議論されてきた。藤原・前掲注16・九八—九九頁（一九八六年）で指摘の文献のほか Puettner, *Die Struktur der Versorgungswirtshaft heute und morgen*, *in*: Volker Emmerich/Rudlf Lukes, ed., Perspektiven der Energiewirtshaft, 10 Schriftenrei-

he Recht-Technik-Wirtshaft, 3, 6-7 (1976); Volker Emerich, Ist der Kartellrechtliche Ausnahmebereich fuer die Leitungsgbundene Versorgungswirtshaft Wettbewerbspolitisch Gerechtfertigt?, 49ff., 62f. (1978); Lukes, *supra* note 11 at 84ff.

（26） Cf. Obernolte, *Probleme des deutschen Energiewirtschaftsrechts : Loesungen in Sicht?*, in: Walter Fremuth/Theo Mayer-Maly ed., Zukunftsprobleme des Energiewirtshaftsrechts, 2 Gesellshaftswissenshaftliche Schriftenreihe: Gruppe Energiewirtshaft, 5, 15 (1975); Emerich, *supra* note 25 at 52f.; Lukes, *supra* note 11 at 86 fn. 59.

（27） Cf. Ulrich Immenga/Ernst-Joachim Mestmaecker, GWB: Kommentar, 1177 Rdn. 5 (2nd ed., 1992)

（28） Cf. VDEW, Stellungsnahme der Elektrizitaetswirtshaft zum Ersten Zwei-Jahres-Gutachten der Monopol-kommission sowie zu Fragen des Strukturvergleichs bei der Missbrauchsaufsicht nach § 104 GWB, 11 (1978); Emerich, *supra* note 25 at 60, 68.

（29） Emerich, *Ausnahmebereich fuer die Leitungsgebundene Energieversorgung im GWB*, in: Volker Emmerich/Rudlf Lukes, ed., Orudnungspolitische Ueberlegungen zur Leitungsgebundenen Energieversorgung, 15 Schriftenreihe Recht-Technik-Wirtshaft, 45, 72 (1977); Emerich, *supra* note 25 at 68.

（30） この時期の主要な関連雑誌論文を採録した47 VEnergR（*supra* note 20）が、資料として便利である。なおエメリッヒ教授は、一九七五年以降、ドイツ政府内の電力改革論が、それまでの地域独占の解体（Auflockerung）論から、濫用規制強化に変質を遂げたと指摘する（Emerich, *supra* note 25 at 98）。

（31） 正田彬編著『アメリカ・EU・独占禁止法と国際比較』一〇九頁（江口公典執筆、一九九六年）参照。

（32） Cf. Immenga/Mestmaecker, *supra* note 27 at 2422 (Rn. 45); Emerich, *supra* note 25 at 56.

（33） 政府草案は当初、一〇三条五項一段一号の「濫用（Missbrauch）」の例示として、同項二段に一号ないし三号の三類型のみを予定していたが、連邦参議院から、第四類型として「託送拒絶」を加えるとの提案がなされたのである。Emerich, *Id*. at 56-58, 100f.

(34) カルテル法二六条二項につき、正田・前掲注31・九九頁以下参照。

(35) Emerich, *supra* note 29 at 72-73, *supra* note 25 at 100-101.「ここでの問題は、託送命令の法律上の根拠の欠如ではなく、事案を公にする利害関係人の準備の欠如である」(*Id.* at 101)。

(36) VDEW, *supra* note 28 at 12-14.

(37) 基本法一四条一項は、「財産権と相続権とは保障される。内容と制限とは、法律で定められる」と規定する。

(38) 基本法一九条二項は、「いかなる場合も基本権は、その本質的内容（Wesensgehalt）を侵害されてはならない」と規定する。

(39) 基本法一四条二項は、「財産権は義務付けられる。その行使は同時に公共の福祉に仕えねばならない」と規定する。三項の収用とは異なり、補償なしに（entshaedigungslos）出来る高権的制約と解されている。藤田宙靖「財産権の補償とその限界」公法研究三八号一二四、一二六頁註二（一九七六年）参照。Cf. Otto Kimmnich, Eigentum und Energieversorgung, 20 (1972).

(40) 基本法一四条三項一段は、「収用は公共の福祉のためにのみ許される」と規定する。

(41) VDEW, *supra* note 28 at 17-18.

(42) 基本法一二条一項一ないし二段は、「すべてのドイツ国民は、営業・職業・職場、職業養成機関を自由に選択する権利を有する。営業活動は、法律又は法律に基づいて規制される」と規定する。一九条三項は、「基本権は、その本質において適用され得る限り、国内の法人にもまた妥当する」。

(43) VDEW, *supra* note 28 at 18.

(44) *Id.*, at 22-23.

(45) Buedenbebder, *supra* note 20 at 110-111.

(46) Buedenbebder, *id.* at 109; Buedenbebder, *Laesst sich der Wettbewerb in der Elktrizitaetswirtschaft mit Hilfe von Durchleitung elektrischer Energie ueber fremde Leitungsnetz einfueren?*, [1979] Recht der Elektrizitaetswirtschaft, *reprinted* in: *supra* note 20 at 193, 227-228.

(47) Buedenbebder, *supra* note 20 at 110-112; *supra* note 46 at 225f., 228-230.
(48) Lukes, *supra* note 11 at 86-87.

三　おわりに

1　本稿の小括

本稿では、一九七〇年代のドイツにおける電力改革論、なかでも電気供給事業者に「託送」を命じることについての憲法論を概観した。この時期に早くも発送電分離論、すなわち「ネットワーク会社」案等、今日的意義を決して失っていない画期的な電力改革案が提唱されていたことに驚きを感じる。[49] さらには、ドイツ電気事業連合会が、当該団体の利害関係という立場を割引いてさえも、電力託送論に対して、単なる輸送だけではなくて電力取引を必然的に伴うものであるとの実態分析と、鋭い違憲論を展開する点は、さすがは論理的思考のドイツという感がする。

本稿一、において、託送の合憲・違憲について本稿で検証すべき四つの命題を掲げた。前節二、2において概観したところから、提示した四命題全てを肯定し、託送義務付けが基本法一四条の財産権保護及び一二条の営業の自由を侵害するものとの主張を行う論者（ドイツ電事連）が存在することが判明した。また、第三命題を除いて違憲説を展開する者[50]（ビューデンベンダー教授はここに分類可能？）もある。

合憲論者は、その重要な論拠を、電力供給事業者が、本稿二、1(1)で述べたように、当時のカルテル法一部適用除外規定によって供給区域独占を保障されていることからくる「競争上の特権（Wettbewerbsprivileg）」に求めるものである。しかし、託送を義務付けることが、安定的で低廉なエネルギー供給の実現のためにカルテル法上区域独占を保障した趣旨と矛盾し、エネルギー供給事業者の財産権・営業の自由と牴触するというのが違憲論の論旨である。(51) このように、両説の主張は、全くの平行線をたどっている。

2　残された検討課題

本稿でいわば積み残した一九九〇年代の検討課題の展望を兼ねて、かつ今後の検討に備えて、留意点を指摘しておこう。

第一に、一九八〇年のカルテル法第四次改正により、同法一〇三条五項第二段四号に、託送拒絶の濫用規制規定が設けられたことの意味である。(52) 同号は、あくまで個別係争事案についての濫用規制規定であって、託送要請者に「託送権」そのものを付与したわけではない。(53) 背景的事実としても、電力市場への競争導入という視点よりもむしろ、一九七九年のドイツ電気事業連合会（VDEW）、ドイツ産業連盟（BDI）、産業用発電協会（VIK）で締結された産業用のコージェネレーション、再生可能エネルギー発電の有効利用の合意を背景に、エネルギーの有効利用という視点が強調されたことを看過出来ないだろう。(54) また、連邦議会（下院）及び連邦参議院（上院）において、エネルギー事業法上のエネルギー供給の低廉かつ安定的という側面を維持することが明言されている。(55)

託送拒絶の「不当性」有無の判断基準において、同号最終段落において、供給事業者の供給区域内の「第三者」への供給を目的とする託送は、託送拒絶の「不当性」を否定される可能性を認めている。これを裏から言えば、複数事業者をまたがる託送（わが国電気事業法二四条の三にいう振替供給、米国でいうthrough wheeling）は物理的制約等がない限り託送拒絶は濫用規制を受ける可能性が大である。これに対し事業者の供給区域内の託送（わが国電気事業法二四条の四にいう接続供給、米国でいうretail wheeling）は、自己託送（わが国電気事業法一七条の特定供給のための託送。米国でいうselfwheelingの一種）を除いて、託送拒絶は濫用規制を受ける可能性が小である。つまりは、供給区域独占は維持される結果となったと評価される(56)。

第二に、一九八九年のカルテル法第五次改正によって、一〇三条五項第二段四号の最終段落、供給区域内第三者条項が削除された。このことがその後どうような影響をもたらすかである。と言っても、供給区域内の需要家の供給条件等の市場関係への効果という託送拒絶の「不当性」有無の判断基準（同号二段）は生き残っているので、条文改正の効果は相対的なものにとどまるとの見方もあり得るだろう。

第三に、時代は変わり、エネルギー市場の競争導入が、単にドイツ国内問題としてのみならずEC域内市場達成のため、EC指令案等が公表された。これが次の九〇年代以降の動きである。オープン・アクセス化(57)の過程で、本稿で検討した憲法論がどのような役割を演じたのか、または演じ得なかったのか、その際に、本稿で言及の公益対私益（自家発ないし参入者）論、電気供給事業者の「閉ざされた供給区域」にもとづく供給義務等が、ことに一九九八年以降、どのように変質するのかも、興味深い論点となるだろう。

第四に、電気通信市場においても自由化圧力によって、郵便事業の分離・民営化のプロセスの中で、ドイツ・テレコムの市内回線設備へのアクセス問題が浮上していったが、その過程での憲法論である（本稿第七命題関連）。

以上は、（小生個人にとどまらず学界全体の）今後の研究課題である。

（49） Cf. Michaelis, *Der Streit um den Ordnungsrahmen fuer die leitungegebundene Energieversorgung*, [1979] ENERGIEWIRTSHAFTLICHE TAGESFRAGEN, *reprinted* in: *supra* note 20 at 115, 155-156 引用の各文献等。

(50) Hermann, *Wettbewerbsprivileg fuer Grosskunden in der Elektrizitaetswirtshafts?*, [1979] Recht der Elektrizitaetswirtshaft, *reprinted* in: *supra* note 20 at 159, 176-177.等。

(51) Cf. Braun, *Anmerkungen zu den Vorshalaegen Niedersachsens fuer Ergaenzungen des Kartellrechts im Bereich Versorgungswirtshaft*, [1979] Energiewirtshaftliche Tagesfragen, *reprinted* in: *supra* note 20 at 291, 311f.

(52) 同号の制定過程についてCf. Michaelis, *supra* note 49 at153; Braun, *supra* note 51 at 308ff.

(53) 政府は、「濫用規制が託送の一般的許可にふさわしい出発点かどうかについて、疑念を表明」したが同時に「個別に託送拒絶が不当な妨害と示唆」していたという。Cf. Emerich, *supra* note 25 at 100.

(54) 藤原・前掲注16・一〇三―一〇四頁。

(55) Bundestag: *Entscheidung zu §§103, 103a GWB*, *reprinted* in: *supra* note 22 at 15; Bundesrat: *Entscheidung zu §§103, 103a GWB*, *id*. at 16.

(56) 藤原・前掲注16・一〇五―一〇六頁。

(57) International Energy Agency, Regulatory Institutions in Liberalised Electricity Markets, 59, 69 (2001)は、送電線開放について、ドイツと同様、わが国を交渉による第三者アクセス（NTPA）に分類しているが、わが国はドイツとは異なり、その実質面では、規制による第三者アクセス（RTPA）に極めて近いと評価されよう。

※　一九六六年慶應義塾大学法学部卒業ののち、七〇年に同学部助手に就任するまでの間、私は郷里の神戸大学大学院法学研究科に在籍し、山田幸男先生に師事した。大学院時代に西原道夫先生の民法特殊演習を田上富信君（一九七五年にケルン大学で再会）らと受講し、先生の妥協を許さぬ鋭い質問と格闘したことを思い起こす。八三年、山田先生が亡くなられた折、西原先生が学部長として采配をふるわれたことも鮮明に記憶している。九九年九月、神戸大学法学部主催ロー・スクール・シンポジウムで久しぶりにお元気な西原先生にお目にかかることができた。

西原先生門下の齋藤修教授とは、私の指導下の草薙真一君が神戸商科大学に就職して以来ご交誼戴いている。齋藤教授から本論文集への寄稿のお誘いを戴き、光栄に感じる反面、山田先生追悼出版企画を実現出来なかった手前躊躇したが、山田先生を通じて西原先生との御縁ができたことから、山田先生も歓迎されることと判断し、外様の身でありながら本論文集に寄稿させて戴くこととなった。予想以上に執筆に手間取り、序論的考察にとどまってしまったことをお詫びしつつ、本稿を謹んで西原先生に献呈させて戴く次第である。

22　米国における水力発電規制に関する一考察
――ダム規制を中心として――

草　薙　真　一

一　はじめに

我が国では、ダム建設という大プロジェクトに関する話題にこと欠くことがない(1)。これは、ダムが確実な治山・治水を可能にすることのみならず、多くの場所において利水のために大きな役割を果たしてきたことを物語るものでもある。特に、水力発電の実現が古くから商業用発電の有力な方法の一つであったことは、周知の通りである。水力発電は、国家エネルギー政策に組み込まれており、その地位はもはや揺るがぬものとなっている。我が国では、水力発電を目的とするダムの建設は、それに伴う発電設備の設置を含めて、国の監視下に置かれ、その仕組みは、国政においても所与の事柄として受け止められている(2)。

もとより、水力発電は、大容量電力を供給することが可能であると同時に、大気汚染を起こさず、地球温暖化ガスの筆頭格として挙げられる二酸化炭素の発生原因ともならないなどの点において、高い価値が認められている。しかし、多くの形態のエネルギー生産活動が公害その他の環境上の害を引き起こすとの指摘は、水力発電においても完全に免れ得るわけではない。(3) 特に近年、米国では、環境保護の観点から、水力発電用ダムの建設や操業の停止ないし廃止の動きが非常に顕著になってきた。(4) そこで本稿においては、米国における水力発電用ダムプロジェクトが、政府当局によりいかなる規律を受けているかについて考察する。すなわち、水力発電用ダムプロジェクトに関する連邦規制当局である連邦エネルギー規制委員会(Federal Energy Regulatory Commission; FERC)(5) と州規制当局それぞれの規制権限の根拠、権限発動のなされかたについて、法律上の争点を整理し、検討を加えることとする。(6)

二　連邦エネルギー規制委員会の権限

1　連邦水力法

一九二〇年に制定された連邦電力法（Federal Power Act; FPA）第一部として制定された連邦水力法（Federal Water Power Act; FWPA）(7) は、連邦による水力発電規制の基本法となっている（なお、ＦＰＡ第二部は、電気エネルギーの製造、送電及び電気エネルギーの販売につき必要な施設の設置や料金を規制する権限をＦＥＲＣに帰属させている）。(8) まず、同法第一条により、水力発電所の操業にはＦＥＲＣの発給する免許の取得が求められている。ＦＥＲＣの権限は、航行可能な水域における水力発電に関係するダム・水路・貯水池・発電施設・送電線等の建設、操業及び維持・管理（construction, operation, and maintenance）の全てに及んでいる。(9) この権限を背景として、

FERC（あるいはその前身であるFPC）は、水力発電の包括的計画を策定してきた。

さらに、連邦の水力規制権限が及ぶ範囲に関して、規制当局が航行不可能な河川の上流における水力発電設備の建設を許可する権限を有しているとの考え方が、FPC対ユニオン電力会社事件判決[10]において連邦最高裁により支持されている。連邦最高裁はこの事件において、河川の航行不可能な支流に設置された揚水発電に関してFWPA第一条を適用した。その地域はもともと可航性があり得なかったにもかかわらず、州境を越えて送電がなされるため、FWPA第一条の規定を柔軟に解釈し、連邦規制当局の権限の存在を支持したのであった。このことが可能になった背景を次に検討する。

2　航行規制権限の拡大

水資源規制に関する連邦の一次的権能は、合衆国憲法上の州際通商条項[11]により導かれた「航行規制権限(navigation power)」をそのルーツとする。一八二四年、連邦最高裁は、Gibbons v. Ogden事件[12]において、「合衆国憲法上、『通商（commerce)』の語が『航行（navigation)』の概念を包摂し得るものであることは、米国民の共通理解というべきである。そうすると、『航行』を規制する権限は、『通商』を規制する権限と同様に行使されるのが自然である。[13]」と述べ、その趣旨を確認している。FWPAは、連邦議会がこの判決に影響を受けて制定した。すなわち、そこにおいて同法が航行規制権限に関して規定するものとなり得たのは、この判決が、「航行は州際通商の一部であり、それ故に合衆国内の航行能力は連邦によって規制される」ものと位置づけたからであり、それにより、連邦はこの領域における基本的な管轄権を有することが明らかとなったのである。[14]この理論により、連邦規制当局は、航行可能な水路ないしは航行不可能な支流[15]における全ての潜在的な構造物（structure)の設置者に対して、その設置を禁止し、あるいは航行可能性を排除する構造物の設置を認める権限を与えられている。このことは、アパラチア電力社事件において連邦最高裁によっても審理され承認されている。[16] すなわち、連邦最高裁は判決において、「水路に関する連邦の憲法上の権限は航行管制に限られない。この権限は州際通商規制権限に由来するものであり、通商の可能性があるところに認められるものである」[17] と述べている。この判決は、航行規制権限の発動が、通商のために自由に水路を航行することを保障するものであると同時に、電気の販売が通商であると観念されることから水力発電事業規制の一態様としても発現し得ることを前提としていると説明される。[18] 現在では、米国民にそのような構造物を設置することに同意を与え、あるいは、拒否する連邦規制当局の権限は、完全な自由裁量に委ねられており、条件・期限に関して特権を与え、あるいは、一度創設したそれら特権を一方的に剝奪することも可能とされている。[19] 同様に、連邦規制当局は、航行規制権限を発動することを通して、水力発電事業者に、連邦が望ましいと考える条件・期限その他免許の附款を附した上で、水路を堰き止める特権を与えることが可能である。[20] 水力発電規制権限は、連邦規制当局に附与されている完全な自由裁量を伴った権限だからである。そのことは、ＦＷＰＡの「航行水路」[21] に関する実務上の解釈の推移とも無関係ではない。そもそも、可航性は事実の問題であるとされ、水路は事実上通商に利用可能であれば、可航性が認められていた。[22] これを出発点として、航行規制権限が、広く航行可能な水路に及ぶこととなり、時の経過とともに、かつて航行可能であった水路、[23] 合理的な改良を加えることにより航行可能となりうる水路、[24] 航行可能な水路の航行不能な一部、[25] さらには航行可能な水路の航行可能性に影響を与える航行不可能な支流などが、全て航行水路と捉えられるようになった。[26] 結局、航行規制権限は、航行とは直接関係のない事柄をも包摂する可能性を持つ概念とされるに到った。このことが、連邦規制当局に大きな権限を与える結果となったのである。

3　水力発電に関する連邦の規制権限と州の規制権限との相克

ＦＷＰＡは、水力発電に関して州法を妨げあるいは州規制に影響を与えるように解釈されてはならず、操業免許申請者はそのようなことのない旨を証明すべきことを規定している（第九条b項）[27]。しかし、水力発電に関する連邦規制と州規制において、政策の一致を見ない場合がある。ここでは、両者のどちらを優先するかが争点となった裁判例を検討する。ファースト・アイオワ水力発電社（以下、「操業免許申請者」という。）対ＦＰＣ事件[28]がそれである。アイオワ州規制当局は、ＦＷＰＡ第九条b項を操業免許申請者に州の提示する条件を満たすことを要求する規定であると解釈した。水力発電設備を操業しようとする者は、その計画が、エネルギー製造目的に河川の水を使用し又は他の関連業務を行うため、国法のみならず州法の求める基準を満たす能力を有することの十分な証拠を示すことこそが必要であると考えたからである。ところが、州規制当局からのさまざまな要求は操業免許申請者の計画とは相容れず、操業免許申請者はＦＰＣからの操業に向けての賛同を既に得ていたことを理由に州規制当局側の要求に従うことを拒否したので、州規制当局は操業を禁止した。操業免許申請者は、州側の提示した条件は連邦の意向を妨害するものであるとして、この命令の取り消しを求めて出訴した。連邦最高裁は、この制度のもとでは、操業免許を交付する権限は連邦の側にあり、州の提示した条件は有効たり得ないと判断した。その理由として、連邦最高裁は、そもそも州の条件が機能するのは、ＦＷＰＡ第二七条によりその財産権が関連する場合などに限られるからであるとしている。この判断を受けて、ＦＥＲＣとしては、州は水力発電規制について極めて限定された役割を果たすに過ぎないのであって、その行為の根拠は、州の財産権を保護するために設けられている規定に求められなければならないとの態度をとっている。

その他に、水力発電規制について連邦と州の規制権限が衝突した事件を考察する[29]。まず、南カロライナ州公益事業局対ＦＥＲＣ事件連邦ワシントン地区巡回控訴裁判決[30]では、免許保持者がなす他者の財産権を侵害する行為につき、それによって引き起こされる損害賠償支払債務をＦＥＲＣはＦＷＰＡのもとで免除する権限を有するものではないと判断されている。このように、連邦の立場を支持せず、州法の適用を試みる判例もないではないが、これは不法行為法の分野に特徴的であり、州不法行為法を連邦法が先占することはないとするものである。その他の分野においては、経験則的な分析からは、司法判断の場において連邦の立場が一般に支持される傾向にあるといえる。一九九二年のカリフォルニア州水資源委員会（ＣＷＢ）事件[31]において、連邦第九巡回区控訴裁は、水力発電用ダム操業免許を与えるＦＥＲＣの独占的な権限が、水力発電計画の実施への規制権限を先占していると判断した。事件の発端は、ＦＥＲＣが、水力発電事業のための建設許可及び操業免許を与え、魚類を保護するための最低流水量も設定していたにもかかわらず、ＣＷＢは連邦とは異なった流水量の設定権を留保し、ＦＥＲＣが設定した流水量よりも著しく多い流水量を提示したことであった。ＦＥＲＣは流水量の設定がＦＷＰＡに基づいて作成された計画の不可欠な部分であるとして、事業者に対して、連邦の要求にのみ従うよう命令した。ＦＥＲＣはＣＷＢからの再審査の要求を拒否したため、州はこの命令の取り消し等を求めて出訴した。連邦第九巡回区控訴裁はＦＥＲＣの主張を支持した。この事件における最大の争点は、ＦＥＲＣが最低流水量の設定権限を有するか否かであったが、本件判決は、州の提示内容が「自らの財産権や灌漑目的ないし他の自治的な目的に関連する」ことを証明していないと判示している。この結論に達したのは、州規制の根拠としてＣＷＢが主張した再生利用法第八条[32]を、同裁判所が、「それが予定する規制の対象は使用済みの水であり、その目的は、そのような類の用水から魚類を保護することにある。確かに、灌漑や都市における一次利用を終えた水の利用を規制することは、いまだ州の独占的権能のうちにある。カリフォルニア州は、そのような規制をなすことの明確な理由を示し得る場合に限り、用水規制を認められる立場にある」と解釈したからである。この判断の背景に、この判決より先の一九九〇年、カリフォルニア州対ＦＥＲＣ事件[33]において、連邦最高裁が、「ＦＥＲＣは水力発電に必要とされる用水形態に関する独占的な決定権を与えられている。」と判示していたことが影響しているとも考えられる[34]。この他、連邦規制当局の免許権限の有無が連邦最高裁によって一九七五年に審理されたChemehuevi部族対ＦＰＣ事件[35]がある。この事件は、ＦＰＣが、航行可能河川から冷却水を引く計画を立てた火力発電事業者に対して、冷却水を別河川から引くべき旨を命じたことをその端緒とする。ＦＰＣは、連邦政府のダムによって蓄えられている「過剰水」を使用させることを考えたのであったが、これをインディアン部族が不服として争った事件で、連邦最高裁は、法律の明確な規定がないが、連邦議会にはＦＰＡの制定過程において、連邦規制当局をして、発電所にこの種の規制を及ばしめる意図があったと認定して、この種の規制権限をＦＰＣに認めた。さらに、Sayles水力協会対Maughan事件[36]がある。原告は、カリフォルニア州内の森林において小規模水力発電計画を立て、ＦＥＲＣからの操業免許を受けたにもかかわらず、ＣＷＢが、州規制当局としてその操業を禁じた事件である。これにつき、連邦第九巡回区控訴裁は、州の規制権限の多くがＦＷＰＡによって占有されており、この水流規制全体が（それゆえ州の採用する規制方法そのものも）連邦に先占されるとしてＦＥＲＣの立場を支持している。

三　連邦水力法成立の政治的背景

一九二〇年のＦＷＰＡの成立は、断片的なアプローチではなく、包括的なアプローチをもって連邦水力発電のスキームを策定しようとの連邦議会の努力の現れであった[37]。連邦政府及び連邦規制当局は、本稿**二2**に先述の通り、憲法上の権限により、ＦＷＰＡ制定を待たずして、河川における障害物設置を規制していた。この領域に関する最初の包括的法律は一八八四年河川港湾法（River and Harbor Act）である。[38]この連邦法により、連邦政府は連邦議会に対して航行に影響を与え得る航行可能な水路に設置された障害物の存在を報告する義務を負うこととなり、[39]一八九九年に改正された河川港湾法第九条及び第一〇条は、その後修正を加えられることなく、その効力を維持し、連邦規制当局にとって重要な規制手段を提供している。[40]しかしこの法律は断片的かつ制限的なアプローチにとどまるものであり、新法の制定が望まれていた。これについては、共和党のTheodore Roosevelt大統領（彼は一九〇一年九月一四日に大統領に就任し、在職期間は約七年半に及んだ。）によるGifford Pinchot氏との議論をはじめとして、水力発電推進者と省エネルギー主義者との間で激論が交わされた。[41]両者とも、水力発電を民間企業が行うことを理想としていたものの、目指す態様は大きく異なっていた。水力発電推進者は主として、公共の利益を保護するためには連邦の規制権限を最小化すべきであるとし、一方、省エネルギー主義者は水力発電に強力な連邦の規制を及ぼすことを期待した。双方からの連邦議会の働きかけは加熱し、膠着状態が長期間続くことになった。[42]この間にも、連邦議会は、一九〇六年と一九一〇年に、この領域における統一的な政策を確立すべく、包括ダム法を成立させている。[43]しかし、これらの法律は、省エネルギー主義者はもとより水力発電推進者も支持を表明せず、結局大規模な水力発電用ダムの建設を促すこともなかった。[44]一般に、T. Roosevelt大統領は、連邦ダム計画に強行に反対したことで知られており、彼こそが、長期に及ぶ水力発電推進に関する議論を巻き起こしたとも考えられる。彼は、重要な連邦ダム法案に対して、民間企業が大水路を制御するのは好ましくないなどとして、それらに対する拒否権を発動し続けたのである。結局、いわゆる連邦水力法案[45]は連邦議会の下院委員会における修正を経て、一九二〇年五月、漸く上院を通過した。こうして同年六月一一日、ＦＷＰＡが制定された。[46]

四　連邦水力法に基づく水力発電規制の態様

1　権限強化と環境規制

ＦＷＰＡの仕組みの中心は、同法第六条が規定する、最長五〇年の水力発電用ダム操業免許期間に、水力発電設備の設置及び操業を保障する一方、公共の利益を保護するために大水路の利用への長期の連邦の関与を認めることである（16 U.S.C. §799)。同法の制定当初、連邦議会は、水路に対する連邦の統制を行うことにより公共の利益を保護する必要があるときには、連邦政府自らが水路における事業主体となるシステムが望ましいと考えていた。数次にわたったＦＷＰＡの改正のなかでも重要な改正が、一九三五年改正[47]と一九八六年改正[48]である。連邦議会は、この二度の改正を通じて連邦規制当局にＦＷＰＡを執行する幅広い権限を与えた。すなわち、連邦規制当局に対し、私営水力発電に対する免許発給の際に条件及び期限を設定する権限を与えた[49]。その一方、州には用水規制権限及び財産権としての水利権を維持させ、その上で、免許業者に免許期間中の業務を保障した。さらに、免許が失効する際には、連邦規制当局に元の免許事業者から次なる別事業者にプロジェクトを移行させる権限を与えた[50]。

また、ＦＷＰＡによれば、ＦＥＲＣは、適法である限り、ＦＷＰＡの条項を実施するために必要あるいは有益なあらゆる行為をなす（perform any and all acts）ことが予定されている。たとえば、自ら命令をなし、規則を制定し、規制権限を発動し、規制内容を変更しあるいは廃止することは、原則としてすべて規制権限の内にある[51]。既に規制がなされている段階においても、ＦＷＰＡの趣旨に合致し、公共の利益に資する限りにおいて、他の操業条件を規制の相手方に新たに課すことも可能である[52]。また、これらの条件は、免許事業者に対して、水力資源を省資源に努めながら活用し、[53] 周辺住民の生命、身体、財産を守ることを要求する内容を含み得る。[54]

さて、ＦＷＰＡは、航行可能な水路において、連邦規制当局からの認可を得ずして、いかなる水力発電用ダムも建設、操業、維持・管理してはならないとの趣旨を定めているが、[55] これは、電気消費者保護法（Electric Consumers Protection Act; ECPA）の制定がもたらした修正によるものである。連邦議会は、一九八六年に、ＦＥＲＣは、免許審査の際に発電以外の要素を十分に考慮していないとして、[56] ＥＣＰＡを制定し、これによりＦＷＰＡを修正した。[57] したがって、ＥＣＰＡの主要な制定目的は、事業認可を与える過程において、ＦＥＲＣに環境保護についても十分に考慮させることにあったのである。[58] ＥＣＰＡは、環境保護を実現するために、ＦＥＲＣに対していくつかの新しい要求をなしている。第一に、免許審査の際に、魚類及び野生生物保護、環境へのマイナス要因の排除、環境向上、レクリエーション、省エネルギー、環境に関するその他の要因の保護といった発電以外の要素の、発電の要素との公平な考慮をＦＥＲＣに明確に義務付けることにより、公共の利益に関する基準を強化した。[59] 第二に、ＦＥＲＣに対して、当該水力発電プロジェクトにより影響を受けるインディアン部族からの推薦事項を考慮しなければならないこととした。[60] 第三に、ＦＥＲＣに対して、魚類及び野生生物保護、環境へのマイナス要因の排除、環境向上に関する施策に基づく条件付けを免許発給の際に行うことを義務付けた。[61] 第四に、ＦＥＲＣが課す付加的条件が、ＦＷＰＡの全ての要求を満たすべきものとした。[62] このように、ＥＣＰＡは、ＦＥＲＣが水力発電プロジェクトに操業免許を与えるＦＷＰＡの仕組みを大きく修正したといえよう。特に重要なことは、ＥＣＰＡ第三条ａ項[63]とＥＣＰＡ第三条ｂ項[64]について、連邦議会が「魚類と野生動物の保護」は、十分に尊重されるべき「価値」であることを認識し、その価値観をＦＥＲＣが共有していれば、ＦＥＲＣとしても当然拒否したであろうはずのプロジェクトの実施例が既にあることを確認したために、ＦＥＲＣの政策を変更させるべく制定されたことであろう。

この条項に関する裁判例もないわけではないが、多くは実体判断を回避している。たとえば、連邦内務省対ＦＥＲＣ事件(65)における判決は、環境要因に踏み込んでの審理をなさなかった。ＦＥＲＣが環境要因につき公平に考慮すべきか否かという論点には踏み込まず、ＦＥＲＣが依拠すべき実質的証拠法則の範囲の論点に限定して審理をなしている。また、Rainsong社対ＦＥＲＣ事件(66)がある。この事件は、ＦＥＲＣが、原告の水力発電用ダム操業免許申請を拒否したことに端を発した。原告の申し立てを受け、裁判所は、当該免許事業の森林への悪影響についての独自調査をＦＥＲＣに命じ、ＦＥＲＣではRainsong社の申請を審査すべく再聴聞が行われたが、申請は再びＦＥＲＣにより拒絶されている。結局、免許申請期間を途過した申請であるので却下するとの結論を導いたＦＥＲＣは、もともと自らの判断に違法はなかったとした。司法においても手続的理由からRainsong社の主張を退けるＦＥＲＣの判断は適法と認められた(67)。

さて、既に「レクリエーションの価値」の問題については、ナメカゴン水力発電会社事例(68)において、ＦＰＣが一定の判断基準を確立している。この事例における最大の争点は、同社の提案した水力発電プロジェクトの価値であった。同プロジェクトによる電源が住民に利益をもたらすことは確実であったものの、同プロジェクトの構造はナメカゴン川のレクリエーション目的での利用を不可能にすることも明らかだったからである。ＦＰＣは、特色あるレクリエーション資源を脅威にさらすものとし、同社の免許申請を拒否する決定をなした。また、そのような判断及び政策をもって、公共の利益を保護することがＦＰＣの責務でもあるとした。ＥＣＰＡの制定趣旨に着目すると、合理的に守られるべき河川独特のレクリエーションの価値は看過し得ないともしている。この判断は、レクリエーション目的に適う資源開発に言及した点でＥＣＰＡの制定に大きな影響を与えた。その点でこの事例には大きな意義があるといえよう。

2　免許条件に関する規制　―ハイマウンテンシープ事件

水力発電免許規定であるＦＷＰＡ第六条[69]に基づき、連邦規制当局は、水路を改良し発展させるための包括的計画に最もよく合致するプロジェクトを提案をなす者に免許を発給することができる[70]。このための最も重要な基準は、当該プロジェクトが公共の利益に合致するものとなるか否かである。これに関する事件は古くからあるが、ここでは一九六七年のUdall対ＦＰＣ事件（一般に、「ハイマウンテンシープ（High Mountain Sheep）事件」との呼称が用いられているので、以下それに従う[71]。）を取り上げる。

㈠　ハイマウンテンシープ事件の概要

ハイマウンテンシープ事件は、スネーク川における発電のための水資源開発を、地方自治体や連邦機関に主導権を与えることなく、ＦＰＣがＦＷＰＡ第七条ｂ項[72]に基づいて、四つの企業に水力発電の免許を与えたことの違法を主張する原告が、当該免許の取り消しを求めて出訴し、連邦最高裁まで争われた事件である。なお、このように政策的になされた免許は、内務長官にも異議を唱えさせていた。ＦＰＣ自身の計画であるハイマウンテンシープ計画では、流水量の調節が、サケの生態に悪影響を与えるとの疑義があったからである。ＦＰＣはこのための様々な試験や調査を行いながら、水資源開発への適性評価を作成し、その結果から開発をなすことが適当であるとの報告書を連邦議会に提出したが、内務長官は、その調査手法の妥当性を疑い、より正当な調査をなすよう勧告を行っていたのである。

連邦最高裁は、ＦＰＣの調査には不備があることを指摘した。ＦＰＣは内務長官勧告に従って手続を改め、厳格に調査したと主張したが、同裁判所は、その主張を退けた。また調査の際には景観の価値としてどのようなものを考慮するかも重要であると指摘した上で、水資源開発を中止すべきであるとする原告の主張の合理性を認めた。

㈡　ハイマウンテンシープ事件の検討

ハイマウンテンシープ事件において、連邦最高裁は、将来の電力需要、石油代替エネルギー開発、未開拓地域や河川の保全、回游性魚類や野生生物の保護といった数多くの要因をひろく包含するものとして、水力発電免許基準を捉えた。(73) この判決により、水力発電プロジェクトの影響を受ける住民の生活、健康、財産の保護のための免許条件が確立された。判決によると、免許を申請する者は大まかに以下の点について情報を開示しなければならないこととなった。すなわち、(1)プロジェクトの構成要素と総面積、(2)タービンや発電機の数とそのタイプ及び送電線の規格や電圧が記載されたプロジェクトの実体規模、(3)計画範囲の土地の状態、(4)設備の利用主体と利用方法、(5)商業行為の開始日などを含めた操業スケジュール、(6)費用及び財源である。これらの権限は国家環境政策法（National Environmental Policy Act; NEPA）(74) の制定趣旨解釈により導かれるものであるが、そこにおいて要求される内容は非常に厳格に達成されるべきものとされた。(75) ハイマウンテンシープ事件判決は、連邦規制当局に対し、自らの責務を細部にわたり検討しつつ、代替案と環境要因審査の双方について審査するよう求めている。連邦規制当局には、事業評価・財務分析等の詳細を報告書に掲載しなければならないが、多くの場合において、環境影響評価報告書（Environmental Impact Statement; EIS）を提出することをも求められるようになった。FWPAが、連邦規制当局に、詳細な環境報告書の作成を要求しているからである。(76) 消費水量や水質の報告、計画地周辺に生息する魚類や野生動物・自生植物についての報告、そして、より包括的な計画地周辺の環境についての概論的記述がその内容となっている必要がある。水力発電計画では、ＮＥＰＡに基づき、ＥＩＳにおいて、すべての合理的な提案とそれらと直接又は間接に環境の面での結果が比較可能な代替案、環境への悪影響を緩和する方法、当該提案と他のすべての国有地利用計画との間で起こりうる衝突の可能性などが、計画全体について考慮されなければならない。換言すれば、連邦規制当局にとっては、目前にある計画そのものが評価されるほかに、他の多くの選択可能な政策が評価されることになる。また、既存の連邦設備である水力発電を尊重しながら、現在連邦が所有又は操業している水力発電のコストを削減する機会を捉えるための予備調査にも着手することになる。これらの調査結果は、連邦議会に報告されることになっている。この場合のＥＩＳの方法であるが、公募によって集められた人々が、ＦＥＲＣにより、ＮＥＰＡの要請に適合したＥＩＳの作成を要求される。公募は、有資格者リストが利用されている。

３　ダム操業免許の譲渡と再免許

ＦＷＰＡは、ダム操業免許業者に、五〇年の猶予を与えて投資費用回収を目指させているとも言える。[77] もとより、連邦議会がＦＷＰＡを変更し、修正し、廃止する権限を有するものであることは当然であるが、その際には、現在有効な免許の帰趨を明らかにすることと免許業者の権利に影響を与えないように留意することも求められている。[78]

さて、ＦＷＰＡ第一四条及び第一五条は、各々、ＦＥＲＣが関与すべき免許譲渡と再免許の手続について規定している。第一四条によると、免許の譲渡先は、原則として連邦政府であるが、ＦＥＲＣは元の事業者の免許を更新し、あるいは、別の事業者に新規の免許を発給することもできる。また第一四条は、免許期間が満了する際に、連邦政府は当該事業について事業者の総投資額[79]にプロジェクト離脱に伴う損害額を加えた額に相当する補償[80]をなした後、当該プロジェクトを引き継ぐ趣旨を定める。[81] さらに、連邦政府には、免許期間中であっても、収用

手続に従い、正当な補償をもってプロジェクトを収用、操業、維持・管理することが認められている。(82)

連邦政府が、当該水力発電プロジェクトを収用しないことを決定する場合、FWPA第一五条がFERCに事業者の免許を更新するか、別の事業者に新規免許を発給する権限を与えている。(83) 後者の場合、新規免許事業者は、元の免許事業者の総投資額にプロジェクト離脱に伴う損害額を加えた金額を、元の免許事業者に対して、自ら支払う必要があり、(84) 連邦政府は補償金の支払いを免れる。FERCは、「公共の利益への奉仕にもっとも適合する」最終提案をなすことのできた免許申請者に新規免許を発給することとなる。(85)

FERCは、当該プロジェクトがもはや水力発電のために使われるべきではないと判断するときには、一時的に「非水力発電目的の」ダム操業免許を発給することもできる。(86)「非水力発電目的の」免許は、あくまで臨時のものであり、連邦政府が当該プロジェクトの収用等を決定すると、その免許は失効する。(87) ただし、現在のところ、連邦政府が水力発電ダムプロジェクトを収用したり、FERCが「非水力発電目的の」免許を発給したことはない。(88) FWPA第一五条はまた、水力発電用ダム操業免許が失効するにもかかわらずFERCの政策決定が遅延している場合の操業維持規定を有している。(89) この規定によると、旧免許が失効しても、免許更新が認められるか、新規免許が発給されるか、当該設備が収用されるまでは、元の免許と同じ条件で従来の操業者に一年間有効の免許が暫定的に発給されることになる（年次更新の制度については、本稿**七1**に後述する）。(90)

なお、FWPAは、操業中のダムプロジェクトの廃止問題につき、特別な規定をおいていない。ダムの操業が不経済になったり、ダムの構造が脆くなったり、ダムの存在が環境に悪影響を与えるようになったため、FERCがそれ以上プロジェクトを存続させることが公共の利益に沿うものではないと判断するような重要な局面において、関係者らがどのように行動すべきかについて、FWPAには、明確な規定が存在しないのである。このいわば法の欠缺ともいうべき問題は、緊急に解決すべき性格を有している。現在のところ、FERCによる政策策定により、混乱は回避されているが、実務上の規制態様を本稿**六**において、またそれに関して生じる理論的な問題を本稿**七**において検討する。

五　水力発電計画における環境影響評価の必要性
――ストームキング事件を参考にして――

一九八六年改正に際してFWPA第一〇条a項[91]を解釈するための最重要事項とされたのは、環境影響評価の内容であったが、一九六五年のFPC対ハドソン景観保持協議会事件（これは一般に、「ストームキング（Storm King）事件」と呼ばれる）判決[92]はその論点を提起するものであった。以下、このストームキング事件を取り上げ、検討する。

1　ストームキング事件の概要

FPCにより許可されたストームキング事業は、この種の事業で最大規模の水力発電を予定するものであった。事業そのものが三地域にわたり、二四〇エーカーの貯水池と発電所は直径四〇フィートのトンネルでつながれる。発電所は八つの給水設備を持つ。電力使用のオフピーク時に、ポンプで貯水池に吸水し、ニューヨーク州内の化石燃料を使った発電装置による電力を使用する。そして電力使用のピーク時には、発電のために放水されることになっていた（揚水発電）。

この事業は、計画段階から、環境保護論者を含め多数の関係者から反対された。一方、地方自治体や資産家達からは支持された。反対意見の大部分は、景観の問題に集中した。対象となる地域は、類まれな景観の美しさと歴史的に重要な価値を有していた。ハドソン川流域の高原や峡谷の美しさは世界的に知られており、ドイツの著名な紀行家であるBaedeker氏は「ライン川より美しいハドソン川」と賞賛したという。(93)

ストームキング事件の構図は比較的単純なものであった。ＦＰＣはコンソリデイティッド・エジソン社に対して、ニューヨーク州ストームキング山を流れるハドソン川西岸における水力発電設備の設置許可を与えた。争点は、ＦＰＣによって与えられた当該許可が、ＦＷＰＡ第一〇条ａ項に従っているのか、つまりその事業は「レクリエーションの要求も含め、水路の改良や開発、各州や海外との通商、水力発電の進歩や他の公共利用のために最適であるのか」ということであった。

確かに同法第一〇条ａ項は、もともと水路の有効利用の必要性に焦点を当てたものである。しかしこの規定は「レクリエーションの要求」について触れつつ、その目的は、天然資源の管理や自然の美観維持、歴史的遺跡の保持を含んでいるとも考えられる。そこで、連邦最高裁は、ＦＰＣがニューヨーク州ハドソン川に接したストームキング山でのポンプ貯蔵設備設置の許可をなしたことの違法を認定し、その許可を取り消した。その理由として、連邦最高裁は、「ＦＷＰＡ第一〇条ａ項は、ＦＰＣに、短期と長期の両方に及ぶ計画の影響の熟考を要求しているにもかかわらず、ＦＰＣはそれを怠った」とした。ストームキング計画を代替可能な案と比較し、その結果、景観を含む利益のためハドソン川の発展により適合し得る代替案があるため、ストームキング計画の申請は否定されるべきであると考えたのである。

2　ストームキング事件判決の検討

ストームキング事件判決は、水力発電用ダムの環境への影響にその判断の基礎を置く最初の連邦最高裁の判決であった。その法廷意見は、将来繰り返し起こるであろう多くの環境上の問題を予期しており、その判断は、Ｎ

ＥＰＡによって命じられた新しい考察方法を含意するものであった。ここにおいては、経済的な損害や損傷を被ることのない者であっても、委員会による規制に「感覚の問題」で苦しめられる当事者は、原告適格（standing）を有し得ることの明確な認識をなしていることが重要である。このような当事者が裁判によって救済を求め得ることについて、連邦最高裁は、感覚の問題で苦しめられることは、経済的損害を与えられるのと同等の問題を孕むとした。また同裁判所は、附設ガスタービンその他のシステムの利用、あるいは、システム併用の可能性といった調査が不足していることをも指摘している。

ＦＰＣが許可を取り消すことによる経済的損失に対して指摘した内容は、ハドソン川における魚類の保護計画の不備を含む不十分なものであったとした。独立行政委員会が代替案調査や記録提出をなす義務を十分に果たしていないとの判断をなした点においても、この判決は画期的であるといえよう。

六　連邦エネルギー規制委員会による連邦水力法新解釈
――新政策とその適用――

1　水力発電規制の現状

ＦＷＰＡには、水力発電用ダム操業免許は当該ダムの操業が公共の福祉に合致するか否かを審査した後に発給すべきとする旨の規定があるにもかかわらず[94]、近年までの連邦規制当局はその審査基準を大幅に緩和し、有効期間を五〇年間とする免許を発給してきた。その政策は、水力発電業界からは好意的に評価されたが、環境保護団体からの批判を受けてきた[95]。ところが、現在の水力発電用ダム操業免許発給の事情は、かつてのそれとはかなり異なっている。そのことには、特に環境問題が取り沙汰されるようになった点が大きく影響している。かつて、多くの免許が、現在の環境関連諸法に定められた基準(96)とは関連性を欠く審査のもとで交付されてきた。連邦議会はＦＷＰＡを改正し、ＦＥＲＣに、免許審査の際に電力供給以外の価値について審理することを義務付けたわけであるが、電力業界にとって、技術開発の進展にともなって長距離送電が可能となってきたことも、連邦議会によるこのような政策形成に影響を与えたと思われる。これを受けてＦＥＲＣは、ＦＷＰＡに関する自らの政策を変更し、水力発電を目的とする新規ダムの建設許可を申請する者に対して、ダムが公共の利益上の観点から十分な操業の便益を得られない可能性のある場合には、その建設につき許可をなさないか、厳格な環境関連条件を許可に附するものとしている。また、水力発電用ダムの操業については、その免許期間が終了し免許更新の申請が却下された場合の操業廃止コストを、原則としてダムの所有者及び操業者の負担とする政策を決定している。水力発電事業者らは、このＦＥＲＣの政策策定行為は、その権限を逸脱するものであるとして反発し、そのような政策変更によりダム操業を終了する場合には、連邦政府その他の第三者が、操業廃止コストを負担すべきであるなどと主張してきた。しかし今日に至るまで、ＦＥＲＣはこの点にかかわる自らの政策を維持することを数度にわたり確認している。水力発電業界は、その間もＦＥＲＣの方針に反対する立場をとったが、それらについて司法審査を仰ぐにいたった例はない(97)。

このように、現在の水力発電は、大改革のさなかにあるといえよう。一九九〇年代から、連邦規制当局によりかつて多く発給された水力発電用ダム操業免許の期間(98)が満了しつつある事態が報告されるようになっている(99)が、今後数年でその数はさらに増大し、地域も全米のほぼ全州に及ぶと予想されている(100)。これらの免許事業者のほとんどが免許の更新を希望するわけであるが、この時点ではダム建設時の借入金の返済を済ませている場合が多い。言い換えれば、免許の更新はダム事業者にとって利益確保の現実的保障を意味することになる。

そこで、この政策変更が公共の利益を守ることに合致し、FWPAを基礎とする権限のもとで適法になされたものであるかを概観するとともに、そこでのFERCの見解を次に検討する。

2 ダム操業免許更新拒否政策の公表

一九九三年、水力発電用ダム操業免許の期限切れが一七三に及んだ。(101) さらにその後も非常に多数の免許の期限切れが見込まれたので、FERCは、調査告知（Notice of Inquiry; NOI）を発し、ダム操業の廃止に関する意見を受け付けた。(102) この調査では、FERCはそのダム操業中止命令権限の理論的限界、ダム操業を廃止させるための手続、事業者のための補償基金設立についてなど、多様な領域にわたる一五項目を用意した。水力発電事業者、行政機関、インディアン部族、環境保護団体などからの意見を聴取した後、一九九四年一二月一四日、FERCは新政策を公表した。(103) すなわち、FERCは、FWPAを法制定経緯と広範な公共の利益基準に照らし、たとえ新規条件を附してもなおFWPA第一〇条a項(104)及びその他の法令のもとで確定している基準に免許事業者が適合し得ない場合には、免許更新を拒否すると結論したのである。

またFERCは、通常、電力を確保することによる公共の利益と環境を保護することによる公共の利益との調整を、ダムの操業によって引き起こされる問題を緩和するため、免許に条件を課すテクニックを通じてなす。(105) このことにつき、FERCは、「免許更新申請却下は免許がどうしてもFWPAの趣旨に合致しない場合にのみ行なわれるのであるから、決して頻繁に起こる事態とはならない。」と説明した。(106) むしろFERCが免許更新時に新規条件を課す場合に、免許更新申請者の側が不経済を理由にこれを拒否することも考えられないわけではない。(107) FERCによれば、この場合も、当該水力発電プロジェクトは終焉を迎え、ダムは操業を廃止され、最終的にダムそのものが解体されることになり得る。(108) FERCは、この際には、公共の利益を十分に保護するためにダム操業の廃止からダム解体に到る過程を監視する役割を自らが果たすと宣言している。[109]

新政策公表から三年間は、ＦＥＲＣがこれらの新政策を適用することはなかったのであるが、一九九七年一一月二五日、メイン州オーガスタのKennebec川に位置するEdwards Dam（ＥＤ）の事例[110]において、ＦＥＲＣは新政策を適用し、免許更新を拒否し、しかも事業者にダム閉鎖に係る費用負担を課した。ＦＥＲＣがＥＤに対して免許更新を拒否し費用負担を課すことは、ＥＤの操業者にとって、一八三七年からダムを操業し一九一三年の古くから水力発電を行ってきたことから来る自負に、大きなダメージを与えること自明であった。しかしＦＥＲＣは、ＥＤに対しては一九六四年に免許を与えたのが最後とならざるを得ないと結論したのである。一方、Cushman Dam（ＣＤ）の事例は、ＦＥＲＣが水力発電プロジェクトに非経済的条件を附した事例[111]として知られている。一九九八年七月三〇日、ＦＥＲＣはワシントン州タコマ市に、一三一メガワットの出力規模を持つＣＤの操業免許の更新を認めた。ＣＤの操業者が最初に免許を受けたのは一九二四年のことである。二つのダムに二基の水力発電タービンを稼働させており、これらの関する諸設備がSkokomish川に配されていた。一九七四年からは、同プロジェクトは一年ごとの免許更新を重ねてきていた。ＦＥＲＣは一九九八年時の免許更新は認めたものの、水力発電プロジェクトに様々な非経済的条件を附し、事業者に大きな負担を求めたのであった。

3　連邦エネルギー規制委員会の新政策の評価

水力発電が地域住民に大きな便益をもたらすことは疑うべくもない。しかも、多くのダムでは、環境への悪影響を最小にすべく、多大な努力が払われている。[112] 論者によっては、水力発電はエネルギー供給方法として、汚染物質を排出せず、河川の水という再生可能エネルギーを利用することから、他の手段よりも勝れている（完璧に近い[113]）手段であると主張する者もいる。[114] 確かに、米国において、多くの水力発電用ダムが、多目的ダムとして、船舶航行・治水（流水量調節）・レクリエーション・灌漑などの機能をも果している。[115] それにもかかわらず、ダムの環境への影響は大きく、しかもそれらは回避困難であるとの認識が根強い。[116] ダム周辺の生態系が破壊されること、栄養価が高く利用価値のあった豊富な沈泥の利用が不可能になること、水に含まれる酸素が減少したり、河川の構造を大きく変更する結果、[117]（特に回游性の）魚類の生態系に大きな打撃を与えることなど、水力発電用ダムが他の価値ある資源に悪影響を及ぼす多数の例が提示されている。[118] このこともＦＥＲＣは一応考慮に入れていると思われる。河川環境の保全を主張する者らは、ＦＥＲＣの新政策を基本的に歓迎し、その行動は収用に該当せず、合憲であり適法であるとした。[119]

ＦＥＲＣは、この新政策を公表するに当たり、免許の更新を求める各当事者に、和解制度を活用した創造的かつ自発的な合意形成を心がけてもらいとする一方、必要な場合には、自らがダムの操業を停止させるとした。ＦＥＲＣとしては、この新政策が、結果の予測が困難で、長期にわたり、コストも嵩む訴訟を回避し、相互に利益のある和解に持ち込めるようテーブルにつくことを促すことになると考えたのである。先述のＥＤ事例では、まさしくこのことが起こった。そこにおいて、水力発電事業者側は、ＦＥＲＣの新政策を支持することはなかった。しかしこの基準は、引き続きＣＤ事例においても援用された。

以上のように、ＦＥＲＣは、ダムの操業廃止が公共の利益に合致するものであると考える場合には、免許更新を拒否し、ダムの所有者及び操業者にダム操業廃止費用その他の負担を課すことができるとしている。一方、水力発電事業者らは、これに強く反発した。[120] たとえば、ＦＷＰＡの規定はより狭く解釈されるべきで、ＦＷＰＡに列挙された免許拒否事由に該当する場合にのみ、免許の失効が宣言され得ると主張し、ＦＥＲＣが免許申請を拒否したり、再免許の際に従来よりも経済的にはるかに不利な条件を課すことは合衆国憲法修正第五条により禁じられ[121]、ＦＷＰＡの趣旨にも違反しているとした。また、免許事業者の免許が失効すると、その者が自ら免許の更新を受けるか、他者が新規免許の交付を受けるか、又は連邦が事業を継続するまでは、一年限りの免許を発給されつづけることになるとした。このように、事業者らは、事業免許に附される条件は、それにより事業が非経済的になるほどに厳しいものとなってはならないとする立場をとっているが、ＦＷＰＡの文言そのものに加え、ＦＷＰＡの立法経緯、さらには司法解釈に鑑みると、このような産業界のＦＷＰＡ解釈には相当な無理があると言わざるを得ない。むしろ、正当にもＦＥＲＣは、ダム操業停止という大きな問題を直接に規定し得なかった連邦議会の失策を補うための政策策定をなしたと見るべきであろう。

七　連邦エネルギー規制委員会の新政策への理論的考察

1　連邦水力法に基づく公共の利益の保護と連邦エネルギー規制委員会の権限

水力発電事業者らは、これまでにも操業停止を回避するためのさまざまな政治的工作を行なってきた。ある水力発電プロジェクトが公共の利益に合致するものでないとＦＥＲＣにより判断された場合、ＦＷＰＡ第一四条により当該プロジェクトを元所有者等への補償の後に政府所有に切り替え、ダム解体を含む操業廃止費用は納税者の負担とすべきことなどを主張してきた。さらに事業者らは、政府がプロジェクトを引き継ぐか免許更新を認めることのないまま年次更新免許の申請をＦＥＲＣが拒否することは、ＦＷＰＡ第一五条が禁止していると主張してきた[122]。しかしながら、実際のところＦＷＰＡはこれらの問題を解決するための規定をおいていない。ＦＷＰＡの立法経緯に鑑みると、連邦議会はそれほど多くのダムを操業停止に追い込む必要を感じていなかったからではないかと思われる。そこで、これらの条項が盛り込まれた趣旨に照らして解釈を試みる。

まず、政府によるプロジェクト引き継ぎを規定するＦＷＰＡ第一四条は、連邦政府が、「事業を引き継ぎ、維持し、操業する」ことにより、公共資源への連邦の統制能力を保持し、かつ事業の私的独占状態を排除することを目指した。しかし、ＦＷＰＡが成立した八〇年前と現在とでは、水力発電をめぐる状況も相当に異なる。ＦＷＰＡ成立当時、ダムの設置場所からおおよそ二五〇マイル以上の送電は技術的に不可能であった。多くの者は、ダムによる水力発電の操業が廃止された場合、電力供給について一つのプロジェクトのみに依存してきた地域住民の被る打撃は甚大なものになるとして、不安を募らせた。連邦議会は、この事態を受けて、仮に免許期限が満了しても、当該プロジェクトないしは水力発電事業を続行させるための規定をＦＷＰＡに盛り込んだに過ぎない。しかもこれは、現存するプロジェクトを維持し操業を継続させることが公共の利益に適い、かつ連邦政府がそれを統制する必要があることが所与の前提として考慮されている。そこで、連邦政府がプロジェクトを引継ぐためには、電力供給の確保や洪水の予防など、何らかの公共の利益が認められなければならない。プロジェクトそのものの存在が公共の利益に反する場合や、プロジェクトの引き継ぎが単に操業廃止に係るコストを納税者に負担させることとなる場合などは、ＦＷＰＡ第一四条の規定する補償の範囲から外れると思われる。

さらに連邦議会は、特定プロジェクトからの電力にのみ依存しているコミュニティーを保護するために、ＦＷＰＡ第一五条を定め、ＦＥＲＣは旧免許の期間満了までに免許更新の是非を決定することができないならば、一年間有効の年次更新免許（interim license）の発給を行うことができるようにした。[123] しかし、連邦議会はダムの操業を継続させることにより、これらコミュニティーを保護することを意図したに過ぎないのであって、五〇年の長期免許保有者がその免許の期限切れをもって引きつづき長期免許事業者になることを当然に予定したのではない。[124] また、ＦＷＰＡ第一五条は、ＦＥＲＣが年次更新免許の発給を拒否することを禁じていない。もとより、一般に設定される五〇年という免許の有効期限こそが、FWPAの定める操業保障の根幹を成す（その後の連邦政府による収用等の可能性は、十分にある）ものと位置づけられる筋合であろう。

2　ダム操業廃止費用負担を決定する連邦エネルギー規制委員会の権限

ＦＥＲＣは、免許申請を拒否する権限に加えて、ＦＷＰＡを実施する広範な裁量的権限を行使することにより、免許業者にダム操業廃止費用を負担させることができる。それが連邦議会の航行規制権限に基づいていることについては、本稿**二2**において明らかにした。これに関連して、航行配慮義務（navigation servitude）が観念されることがあるので、ここにおいて検討する。この義務の履行に対する無補償の原則は、航行規制権限との関係が深い。というのは、航行配慮義務は水路岸の構造物所有者に課されているところ[125]、それが、「連邦議会はその航行規制権限の行使により補償をなすことなく私有財産を収用することができる」との法理に基づいて運用されているからである。連邦議会は航行規制権限を発動することにより、他の権限によるならば正当な補償をしなければならないにもかかわらず、それをなさずに私有構造物の収去命令を発することができることになる[126]。航行配慮義務は、この点が特徴的であるといえる。以下、この点について考察する。

航行配慮義務は、航行可能な水路の水位標（water mark）よりも低位に該当する全域において生じる[127]。この義務は英国のコモン・ローに由来しており、その本来の目的は、航行可能な河川において、船舶が無料で妨げられることなく通過する環境を確保することにあった。この概念の正確な起源が完全に明確なわけではなく[128]、これについては近年になって様々な議論が展開されている。ここでは、判例[129]に基づく議論を中心に検討する。連邦最高裁により示された、航行可能な水路における構造物と認定された橋梁を修復ないし撤去させる連邦政府機関の命令を支持する一連の判例は、連邦政府が自ら操業することを目的として収用する場合[130]と、水路における航行を確保するために構造物を収去する場合[131]とを明確に区別している。一般に、前者は補償を要するが、後者は補償を要しない。これらの事件は全て、連邦最高裁が、連邦政府の航行規制権限により構造物を収去させる場合には、当該構造物を収用してその効用により利益を得ようとする場合とは異なり、補償を要しないとする理論[132]に基づくものである。この理論との一貫性を図ると、連邦規制当局が航行配慮義務を課す場合はもとより、再免許を拒否しダム等構造物の撤去を求める場合にも、補償を要しないことになる。航行可能な水路から構造物を除去する行為も、伝統的な区分としては、航行配慮義務に従う結果となるからである。また、判例を参照すると、航行規制権限の概念は航行配慮義務の概念と表裏をなすと指摘されていることがある。[133]しかし、運用上の関連づけの是非はともかく、航行配慮義務が、航行規制権限と理論的にそのような関係を構成するものと考えることは、両者の由来に鑑み、本質的に無理がある。[134]連邦議会も、FERCの思惑に反して、法制定により完全に航行配慮義務を回避せしめることを政策的に選択できようが、[135]そのような義務の回避を制度化することの正当性は別途議論になり得る。[136]なお、FWPA第二三条b項は、航行可能な水路に存在する操業免許の失効したダムを維持・管理することを違法と宣言することによって、FERCが航行規制権限を発動し得ることを明確にしている。[137]免許更新が拒否されると、相手方（旧操業免許事業者）は、航行可能な水路において構造物を違法に保有していることになる。同条項は、航行規制権限を発動することにより、又は航行配慮義務を課すことにより、FERCに対して旧免許事業者の費用によりダムを収去することを命じる権限を明文で与えているのである。

八　結びにかえて

本稿において見てきたように、FERCは、公共の利益を保護する目的の下、水力発電の規制権限を発動し、実定法の間隙を埋める政策を採用してきたが、現在は、水力発電用ダムの操業免許更新を拒否し、あるいは免許更新に際して相手方に経済的不利益を課しつつそれをなすようになっている。既に、ＦＥＲＣは水力発電推進政策の大きな転換局面を迎えているといえよう。一九九四年に水力発電用ダム操業の免許の期間満了が数百に及ぶに至って、ＦＥＲＣは、今後十分な操業利益を得られない可能性のある計画について、水力発電を目的とする新規ダムの建設許可をなさないこと、免許更新時の審査をなすに当たっては、厳しい環境上の条件を課すことを考慮するものとし、ダム操業を廃止するコストは、ダムの所有者及び操業者の負担とすることを決定した(138)。本稿においては、これについて代表的な二つの事例を検討した。まず、一九九七年一一月、ＦＥＲＣは、メイン州ＥＤ事例において、操業者から出された免許更新申請を却下し、かつ当該ダムの操業廃止を自己の費用負担のもとで行うことを命令した。これが新政策を適用した最初の事例となったのであり、さらに一九九八年七月には、ＦＥＲＣはワシントン州ＣＤ事例において、操業者に対して大きな経済的負担を課した上で、免許更新を認めたのであった(139)。

今や、水力発電事業者は、規制緩和に伴う経済的圧力に耐えながら、その操業活動を従来よりもはるかに厳格な各種基準に適合させることを要請されている。水力発電事業者には、ダムの環境への影響を最小化するための条件を操業免許更新の際に附される可能性が増大しているのはその一例である。現在のところレア・ケースの類には属するが、ＦＥＲＣによりダムの存在自体の公益性に疑義ありとされた場合、その所有者及び操業者は、不本意であってもダム操業の廃止を視野に入れてＦＥＲＣとの交渉のテーブルにつくことが求められる。そしてその場には、「河川は公共資源であり、その利用はあくまでも公共の利益に資するものでなければならない」ことを踏まえた真摯な態度で臨むことをＦＥＲＣは要求するのである。

また、ＦＥＲＣは、ダム所有者及び操業者の航行配慮義務を明らかにすることにより、様々なコストをその相手方に負担させることができる。これは、「水力発電事業の発展は事業そのものが公共の利益に資するもの」との当然の前提を基礎として策定される連邦規制政策に沿うものではあるが、事業者らには大きなリスク要因となった。(140) ＦＷＰＡが成立した一九二〇年当時は、連邦の強力な規制の下に総合的な水力発電の育成を行い、事業の私的独占を防御しながら、点在するコミュニティーに確実に電気を供給することが公共の利益につながるとされたが、今日では、公共の利益をむしろ持続可能な発展を支える経済成長と環境保護との調整の中に見出す時代に移行しつつある。ＦＷＰＡが免許事業者に五〇年間という長期の免許期間を認め、水力発電への投資を続けることを容易にしているにもかかわらず、最近になって当該期間が満了し更新の時期を迎えたときの審査を極めて厳格なものにするとの政策をＦＥＲＣが打ち出したことは、確かに、国家がその水路統括権を将来にわたって維持する結果を導くためでもあろう。しかし、この分野においては、技術が進歩し、環境や公共の利益の概念そのものにも変化が生じ、ダムという大プロジェクトへの再評価も頻繁に必要になっており、新政策はその必要を満たすことになり得るとも思われる。ＦＥＲＣは、水力発電の免許発給における政策、手続、条件提示のそれぞれにつき、審査にかかる時間とコストを削減する方向で、さらに見直すことになっており、二〇〇〇年エネルギー法(141)に基づき、二〇〇一年五月八日に、それに関する報告書を連邦議会に提出している。(142) これに続くＦＥＲＣの動向が注目されるところである。

（1） 最近の卑近な例を挙げると、二〇〇〇年夏に封切られた映画「ホワイトアウト」は、日本最大規模の水力発電を行うダムを舞台にしたフィクションものとして、話題になった。この映画を配給した東宝株式会社によると、この映画は同年一〇月一日までに二五〇万人の動員を記録し、その数字はさらに伸びているという。*See* http://www.whiteout-movie.com/.（二〇〇一年八月二九日現在のサイトである。）ノンフィクションの世界に目を転じると、二〇〇一年二月二〇日付けで発せられた長野県の田中康夫知事によるいわゆる「脱ダム宣言」が、長野県内のみならず、公共事業のありかたをめぐって全国レベルの議論をまきおこしている。最近の状況を伝えるものとして、「焦点リポート・脱ダム長野が示す公共事業リストラの凄絶」『日経ビジネス』二〇〇一年五月一四日号一四二頁以下を参照のこと。また、鳥取県では、県中央部の三朝町に予定していた中部ダム建設の廃止による地域住民への補償を片山善博知事が決断したことが話題になった。「全国初の快挙?ダム廃止で鳥取県が地元住民に補償」『日経ビジネス』二〇〇一年七月二三日号一一頁を参照のこと。さらに、地方分権推進の立場から執筆された書物である細川護熙・岩國哲人『鄙の論理』二二頁（一九九一年）において、「河の景観を美しくしようとしても、一級河川は国に管理権限があって、県独自では手が出ません。」とのくだりがある。このように、現在の我が国において、ダムが大きな話題になる例は枚挙にいとまがなく、このことから生じる国と地方の対立の問題もある。なお、国土交通省が、社会資本の整備について、国として優先的に取り組む順位をつけ、新規ダムの建設は抑制する方針をはじめて明らかにしたことが最近報じられている。『讀賣新聞』二〇〇一年五月二三日朝刊一面参照のこと。

（2） 我が国に見られるダム規制の根拠法条を行政法学の観点から緻密に検討したものとして、原野翹「「ダム」建設行政と住民運動」『現代行政法と地方自治』一九七頁（一九九九年）を参照のこと。

（3） 資源エネルギー庁（編）『エネルギー2001』一〇七頁（二〇〇一年）を参照のこと。

（4） *See* http://www.americanrivers.org/damremoval/default.htm.（二〇〇一年八月二九日現在のサイトである。）米国におけるこのような事情を我が国に紹介したものとして、公共事業チェック機構を実現する議員の会（編）『アメリカはなぜダム開発をやめたのか』（一九九六年）がある。

（5） 本稿において、「連邦規制当局」とは、特に断りのない限り、連邦動力委員会(Federal Power Commission; FPC)及び（一九七七年一〇月に連邦動力委員会から名称が変更された）連邦エネルギー規制委員会（Federal Energy Regulatory Commission; FERC）のことを指す。FPCによる電気事業規制の概要につき、*see* Breyer &

MacAvoy, *The Federal Power Commission and the Coordination Problem in the Electrical Power Industry*, 46 S. Cal L. Rev. 661 (1973).

（6）米国における電気事業の規制理論及び規制態様の全体像とその変遷について、その黎明期にまで遡る研究として、藤原淳一郎『十九世紀米国における電気事業規制の展開』（一九八九年）を参照のこと。

（7）Federal Power Act, Act of June 10, 1920, ch. 285, §1, 41 Stat. 1063, 16 U.S.C. §§791-823, *amended by* Electric Consumers Protection Act of 1986, Pub. L. No. 99-495, 100 Stat. 1243.

（8）*See* 42 U.S.C. §7172 (a) (1) (A)-(B) (1935).

（9）*See* Frank P. Grad, Treatise On Environmental Law Vol. 5 §§11-39 (1999).

（10）Federal Power Commission v. Union Electric Co., 381 U.S. 90 (1965).

（11）U.S. Const. Art. I, §8, cl. 3.

（12）22 U.S. (9 Wheat) 1, 190, 193 (1824).

（13）この事件については木南教授の詳細な検討がある（木南敦『通商条項と合衆国憲法』五九頁（一九九五年）参照）。

（14）United States v. Rio Grande Dam & Irrigation Co., 174 U.S. 600, 708 (1899).

（15）River and Harbor Act of 1899, ch. 425, §10, 30 Stat. 1121, 1151 (codified at 33 U.S.C. §403 (1994)).

（16）United States v. Appalachian Electric Power Co., 311 U.S. 377 (1940).

（17）*Id.* at 426.

（18）Eva H. Morreale, *Federal Power in Western Wales: The Navigation Power and the Rule of No Compensation*, 3 Nat. Res. J. 1, 12 (1963).

（19）Appalachian Elec., 311 U.S. at 426-427.

（20）*Id.* at 427. ＦＷＰＡの修正のあった一九八六年以前に、連邦規制当局は、水力発電ダムの操業に対する許可に附款を附す権限を与えられた。この権限の行使により、水路の改良や開発、各州や海外との通商、水力発電の促進その他の公共利用のための計画、水力発電の有効活用、そしてレクリエーション目的を含め、有益な公共的使用のための広範囲の附款が附されるようになった。

(21) 16 U.S.C. §796 (8) (1994).

(22) The Daniel Ball, 77 U.S. (10 Wall.) 557, 563 (1870).

(23) Oklahoma *ex rel*. Phillips v. Guy F. Atkinson Co., 313 U.S. 508, 523 (1941).

(24) Appalachian Elec., 311 U.S. at 407-08.

(25) United States v. Rio Grande Dam & Irrigation Co., 174 U.S. 690, 709 (1899).

(26) United States v. Grand River Dam Auth., 363 U.S. 229 (1960).

(27) 16 U.S.C. §802 (b) (1994).

(28) First Iowa Hydro-Electric Cooperative v. FPC, 328 U.S. 152 (1946).

(29) 水力発電における連邦と州の権限衝突問題について、カリフォルニア州の例を中心に検討したものとして、以下の文献を参照のこと。McHenry & Echeveria, *California v. FERC: State Regulation of Federal Hydropower*, 4 Nat. Res. & Envt 26 (1990).

(30) South Carolina Pub. Serv. Auth. v. FERC, 850 F. 2d 788, 19 ELR 20050 (D.C. Cir. 1988).

(31) California *ex rel*. State Water Resource Board v. FERC, 966 F. 2d 1541, 22 ELR 21397 (9th Cir. 1992).

(32) 43 U.S.C. §383 (1902).

(33) California v. United States, 495 U.S. 490, 110 S. Ct. 2024, 109 L. Ed. 2d 474 (1990).

(34) これに関連して、連邦コロンビア地区巡回控訴裁が、水力発電計画に対してＦＥＲＣがなした予備免許拒否行為を適法とした事件がある。Mine Reclamation Corp. v. FERC, 30 F. 3d 1519, 25 ELR 20127 (D.C. Cir. 1994). 被告ＦＥＲＣは、カリフォルニア州にポンプ水貯蔵池を設立するための予備免許の申請を受けた。計画は、揚水発電であった。ＦＥＲＣは審査の結果、予備免許を拒否した。これは、最終的に計画のために使用される水源が十分に確認されなかったためである。原告は、ＦＥＲＣの予備免許権限の濫用を主張した。連邦控訴裁はこの主張を拒絶し、計画水源の有無の確認は、ＦＥＲＣの審査権限の範囲内にあると判断した。

(35) Chemehuevi Tribe v. FPC, 420 U.S. 395 (1975).
(36) Sayles Hydro Ass'n v. Maughan, 985 F. 2d 451 (9th Cir. 1993).
(37) *See* First Iowa Hydro-Elec. Coop. v. FPC, 328 U.S. 152, 180 (1946).
(38) Ch. 229, 23 Stat. 133 (1884); *See* Jaerry L. Mashaw & Richard A. Merill, Introduction To The American Public Law System 3-101 (1975).
(39) 30 Stat. 1121 (1899).
(40) 33 U.S.C. §§401, 403 (1994).
(41) Jerome G. Kerwin, Federal Water-Power Legislation 8 (1940).
(42) *Id*. at 7-8.
(43) *Id*. at 111-14.
(44) M. Curtis Whittaker, *The Federal Power Act and Hydropower Development: Rediscovering State Regulatory Powers and Responsibilities*, 10 Harv. Env'tl L. Rev. 135, 149 (1986).
(45) *Id*. at 152.
(46) *Id*.
(47) Public Utility Act, ch. 687, 49 Stat. 803 (1935) (codified at 15 U.S.C. §§79a-79z-6 & scattered sections of 16 U.S.C. (1994)).
(48) Electric Cosumers Protection Act, Pub. L. No. 99-495, 100 Stat. 1243 (1986) (codified in scattered sections of 16 U.S.C. (1994)).
(49) 16 U.S.C. §817 (1) (1994).
(50) 16 U.S.C. §§807-808 (1994).
(51) 16 U.S.C. §825h (1994).

(52) 16 U.S.C. §797*g* (1994).

(53) 16 U.S.C. § 797*g*.

(54) 16 U.S.C. §803c (1994).

(55) 16 U.S.C. §817 (1) (1994).

(56) H.R. Rep. No. 99-507, at 17 (1986), *reprinted in* 1986 U.S.C.C.A.N. 2946, 2503-04.

(57) Pub. L. No. 99-495, 100 Stat. 1243 (1986) (codified in scattered sections of 16 U.S.C. (1994)).

(58) *See* Note, *FERC Interaction with Fish and Wildlife Agencies in Hydropower Licensing Under the Federal Power Act Section 10 (j) Consultation Process*, 27 Tulsa L.J. 433 (1992).

(59) 16 U.S.C. §797 (e) (1994).

(60) 16 U.S.C. §803 (a) (2) (B) (1994).

(61) 16 U.S.C. §803 (j) (1) (1994).

(62) 16 U.S.C. §799 (1994).

(63) 16 U.S.C. §797 (e).

(64) 16 U.S.C. §803 (a) (1) (1994).

(65) United States Dept. of Interior v. FERC, 952 F. 2d 538 (D.C. Cir. 1992).

(66) Rainsong Co. v. FERC, 106 F. 3d 269 (9th Cir. 1997).

(67) Rainsong Co. v. FERC, 151 F. 3d 1231 (9th Cir. 1998).

(68) *In re* Namekagon Hydro Co., 12 FPC 203 (1953).

(69) 16 U.S.C. §799.

(70) 16 U.S.C. §803 (a) (1).

(71) Udall v. Federal Power Commission, 387 U.S. 428 (1967).

(72) 16 U.S.C. §800 (b) (1994).

（73） Udall, 387 U.S. at 450.

（74） The National Environmental Policy Act, 42 U.S.C. §§4321-4347 (1969).

（75） 国家環境政策法の制定趣旨等について、山村恒年『環境保護の法律問題』一四七頁（一九九六年）を参照のこと。また、同書一四九頁においては、環境アセスメントにおける法律問題の意識から、米国の環境影響評価制度の法理及び実務の詳細が紹介されかつ分析されている。

（76） 米国の水質規制に集中的な法律上の検討を加えたものとして、北村喜宣『環境管理の制度と実態――アメリカ水環境法の実証分析』（一九九二年）がある。なお、規制の対象領域を判定する際にいわゆる「可航性」の要件が消滅して行く経緯について、同書がその考察の対象のひとつとする連邦清浄水法（Clean Water Act; CWA）においてもほぼ同様のことがあったことがうかがわれる。同書二七頁参照のこと。

（77） 16 U.S.C. §799.

（78） 16 U.S.C. §822 (1994).

（79） *See* 16 U.S.C. §808 (a) (1994).

（80） *See In re* Pacific Power & Light, 23 F.E.R.C. (CCH) ¶63,037 (FERC Apr. 28, 1983).

（81） 16 U.S.C. §807 (a) (1994).

（82） 16 U.S.C. §807 (a).

（83） 16 U.S.C. §808 (a) (1) (1994).

（84） 16 U.S.C. §808 (a) (1).

（85） 16 U.S.C. §808 (a) (2) (1994).

（86） 16 U.S.C. §808 (f) (1994). *See* H.R. Rep. No. 1643, at 1 (1968), *reprinted in* 1968 U.S.C.C.A.N. 3081.

（87） 16 U.S.C. §808 (f).

（88） *See, e.g.*, Project Decommissioning at Relicensing: Policy Statement, 60 Fed Reg. 339 (1995) (codified at 18 C.F.R. §2.24 (1997)) [hereinafter *Policy Statement*].

(89) Lac Courte Oreilles Band v. FPC, 510 F.2d 198, 205-6 (D.C. Cir. 1975).
(90) 16 U.S.C. §808 (a) (1).
(91) 16 U.S.C. §803 (a)
(92) Scenic Hudson Preservation Conference v. Federal Power Commission, 354 F. 2d 608 (2d Cir. 1965), *cert. denied*, 384 U.S. 941 (1966).
(93) Scenic Hudson, 354 F. 2d at 613.
(94) 16 U.S.C. §803 (a).
(95) Ted Williams, *Freeing the Kennebec River*, Audubon, Sept. -Oct. 1993, at 36, 36-38.
(96) *See, e.g.*, Endangered Species Act (ESA), 16 U.S.C. §§1551-1544 (1994).
(97) *See, e.g.*, Promoting Wholesale Competition Through Open Access Non-Discriminatory Transmission Services by Public Utilities; Recovery of Stranded Costs by Public Utilities and Transmitting Utilities, 61 Fed. Reg. 21,540 (1996).
(98) 16 U.S.C. §799.
(99) Donald H. Clarke, *Relicensing Hydropower: The Many Faces of Competition: The Many Faces of Competition*, 11 Nat Resources & Envt, Fall 1996, at 8, 9.
(100) 二〇〇〇年から二〇〇一年にかけて六九の水力発電用ダム操業免許が失効する見込みである。*See* http://www.ferc.fed.us/hydro/docs/waterpwr.htm.（二〇〇一年八月二九日現在のサイトである。）
(101) Clarke, *supra* note 99, at 9.
(102) 58 Fed. Reg. 48,991 (1993).
(103) *See Policy Statement*, *supra* note 88.
(104) 16 U.S.C. §803 (a).
(105) http://www.maineenvironment.org/Edwards_Dam/main.html.（二〇〇一年八月二九日現在のサイトであ

る。）このサイトは、ダムの撤去の状況が詳細に報じられており、現在は元の自然が戻りつつある様子がわかる。

(106) *See Policy Statement*, *supra* note 88.

(107) *Id.*

(108) *Id.*

(109) *Id.*

(110) *See* Edward Mfg. Co., 81 F.E.R.C. (CCH) ¶61,255 (Nov. 25, 1997).

(111) *See* City of Tacoma, Washington, 81 F.E.R.C. (CCH) ¶61,107 (July 30, 1998).

(112) Peter J. Kirsch, *Maine Dam Decision Reverberates in the West*, Denver Post, Jan. 29, 1998, at B-07.

(113) Ben W. Ebenhack, Nontechnical Guide To Energy Resources: Availability, Use And Impact 223 (1995).

(114) Donald N. Zillman & Lawrence H. Lattman, Energy Law 549 (1983).

(115) *Id.* at 549-52.

(116) *See generally* Wilson v. Binger Et Al., Environmental Effects Of Large Dams 5 (1978).

(117) Peter B. Moyle & Joseph J. Cech, Jr., Fishes: An Introduction To Ichthyology 332 (1982).

(118) Michael T. Pyle, *Beyond Fish Ladders: Dam Removal as a Strategy for Restoring America's Rivers*, 14 Stan. Envtl L.J. 97 (1995).

(119) *See* Katherine Costenbader, *Damming Dams: Bearing the Cost of Restoring America's Rivers*, 6 George Mason L. Rev. 635 (1998).

(120) *See* Michael A. Swiger et al., *Paying for the Change: Can the FERC Force Dam Decommissioning at Relicensing?*, 17 Energy L.J. 163, 164-66 (1996).

(121) 合衆国憲法修正第五条の文言のうち「何人も、正当な補償なしに、私有財産を公共の用に徴収されることはない。」の部分を指す。なお、樋口陽一・吉田善明（編）『解説世界憲法集改訂版』五〇頁（一九九一年）における野坂泰司教授の翻訳による。

(122) Beth C. Bryant, *FERC's Dam Decommissioning Authority under the Federal Power Act*, 74 WASH. L. REV. 95 (1999).

(123) *See* 59 CONG. REC. 1441 (1920).

(124) *Id*. at 1442-49.

(125) United States v. Rands, 389 U.S. 121, 123 (1967).

(126) Morreale, *supra* note 18, at 20.

(127) United States v. Cherokee Nation, 480 U.S. 700, 704 (1987).

(128) JOSEPH L. SAX ET AL., LEGAL CONTROL OF WATER RESOURCES 530-31 (2D ED. 1991).

(129) *See*, *e.g*., Kaiser Aetna v. United States, 444 U.S. 164, 177 (1979).

(130) *See*, *e.g*., Monongahela Navigation Co. v. United States, 148 U.S. 312, 344-45 (1893).

(131) *See*, *e.g*., United States v. Chandler-Dunbar, 229 U.S. 53, 66-72 (1913).

(132) Catherine R. Connors, *Appalachian Electric Revised: The Recapture Provision of the Federal Power Act After Nollan and Kaiser Aetna*, 40 DRAKE L. REV. 533, 558 (1991).

(133) United States v. Twin City Power Co., 350 U.S. 222, 225 (1956).

(134) *See*, *e.g*., Kaiser Aetna, 444 U.S. at 178-79.

(135) ダム操業者への財産権補償を認めた事例において、それを看取できよう。*See* FPC v. Niagara Mohawk Power Co., 347 U.S. 239 (1954).

(136) United States v. Cherokee Nation, 480 U.S. at 707; *see also* Lambert Gravel Co. v. J.A. Jones Constr. Co., 835 F.2d 1105, 1110 (5th Cir. 1988).

(137) 16 U.S.C. §817 (1) (1994).

(138) *See Policy Statement*, *supra* note 88.

(139) ＥＤ事例につき、*See supra* note 110. ＣＤ事例につき、*See supra* note 111.

(140) 水力発電プロジェクトに固有のリスクにおける諸要因を分析したものとして、村松聡「水力発電プロジェクトのリスク評価」『海外電力』一九九九年一月号六九頁を参照のこと。なお、わが国では、電力会社が自ら、水力発電設備の維持・管理の方法について、コストダウン等の要請に応えるべく積極的に模索している。たとえば、東京電力株式会社では、管内百六十箇所二百八十台の全水力発電設備を対象に「カルテ」を作成する方針を立てている。これにより、コストダウンと信頼度の両立、修繕費の削減などにつなげようとしているのである。『電気新聞』二〇〇一年九月十三日一面参照。

(141) *See* Energy Act of 2000, Public Law No. 106-469 (2000).

(142) http://www.ferc.gov/hydro/docs/section603.htm.（二〇〇一年八月二九日現在のサイトである。）二〇〇一年五月八日に連邦議会に提出された報告書の全文を閲覧可能である。

23　電子署名法立法の背景と法務行政の情報化

滝川あおい

はじめに

インターネット上で個人や法人の本人確認をする電子署名に、印鑑と同等の法的な効力を認める電子署名法（「電子署名及び認証業務に関する法律」（法律第一〇二号（平一二・五・三一））が、二〇〇〇年四月一日に施行された。ネットを使った企業間取引や個人向けの物品販売が普及するには、詐欺やなりすましなどのトラブルを防ぐ信頼性の高い仕組みが必要で、電子署名はその役割を担うことになる。

インターネットの爆発的普及に伴うＩＴ革命と呼ばれる情報通信分野の技術進歩がめざましい。インターネットを利用した商取引をe-commerceと読んでいるが、e-commerceに代表される電子商取引のメリットは、ネット化で事務処理コストを大幅に削減できることにある。電子商取引により、メーカー・ユーザーが直接つながることになり、電子商取引は、今後、生産財などの分野へ広がる見通しである。このように、電子商取引は、ネット上で行うものであることから、通常の取引に比べ、国際化・ボーダレス化がはかられやすい。

電子商取引の市場規模は、一九九八年段階で、八・七兆円であったが、二〇〇三年段階では、七一・六兆円になると予測されている。(1) 当然経済界からも、この急成長する市場を展開する電子商取引に対する法的整備を求める声が起こっている。各国の電子商取引に関する法整備は、まちまちではあるものの次第に整いつつあり、(2) 一方、我が国の法整備が遅れていることが、日本企業が電子商取引に立ち後れる要因となることが懸念されていた。電子商取引に関する法整備、とりわけ、電子署名に一般の署名と同様の効果を帰属させることを可能とする法制度の整備が求められる所以である。

本稿においては、以上のような電子商取引に対する対応の中核をなす電子署名法を巡る法的基盤整備の諸問題を、特に司法書士業務に密接する法務行政の情報化の視点を踏まえて検討を行いたい。

一　わが国のＩＴ化に対する対応

1　経済界の要求

一九九九年七月二七日経団連が公表した「電子商取引の推進に関する提言」においては、産業界・政府に対して電子商取引拡大に向けた方策が示された。概要は、以下のとおりである。Ｉ電子認証に関する制度的課題への対応としては、①手書署名や押印と同等に通じる制度的基盤が必要②自国の電子署名が他国でも通用するような仕組みが必要③公的部門が採用する認証基準については多様なメニューがあり、各地省庁が共通して利用可能であることが重要〔3〕④認証業務は民間に等。II民事ルールの見直しとしては、①電子署名の推定力②書面による説明などを前提とした制度の見直しが必要。〔4〕III電子署名が国際的に有効であることが必要。IV電子政府推進に向けた認証制度の確立。

経済界は、諸外国では、電子商取引関係法、特に電子署名法の立法の整備は整いつつあるのに対して、我が国の立法が立ち後れているため、我が国の産業が、国際市場における電子商取引をリードできなくなることを懸念している。そのためには、制度的基盤は、グローバルスタンダードなものでなくてはならない。また、行政の情報化に伴う電子認証についても、情報の一元化を前提とする電子政府実現のため、共通して利用可能なものであるべきで、しかも認証業務自体は、適正な競争を促進するために、民間主導でなくてはならないとしている。

2　政府の対応

(1)　通信情報技術戦略本部等閣僚会議レベルでの政府の対応

わが国における電子署名・認証に関する法制度の整備については、高度情報通信社会推進本部（二〇〇〇年七月七日の閣議決定により情報通信技術戦略本部に改組）が、アクションプラン（平成一一年四月一六日）において、「我が国における認証業務の健全な発展を促し、また電子署名が少なくとも手書き署名や押印と同等に通用する法的基盤を整備するため、国際的な整合性に配慮しつつ、平成一一年度中に認証業務に関する制度整備に着手する（郵政省・通商産業省・法務省）」としたことがきっかけで、電子署名法が制定される運びとなった。〔5〕

IT化に対する政府の法的基盤整備に対する取り組みは以下のようなものである。一九九七年五月一六日に「経済構造の変革と創造のための行動計画」が閣議決定され、その中で、「平成一三年（二〇〇一年）頃を目途に、わが国の企業間、企業・消費者間のすべての分野の取引において、ネットワークを活用した受発注、共同設計・開発等（電子商取引）の本格的な普及を実現することを目指す」とされ、そのための施策として、「電子的な契約取引を巡る法律関係…等、電子商取引の本格的な普及に向けて検討すべき制度的課題のすべてについて、早急な検討を行い、その結果を踏まえて、平成一三年（二〇〇一年）までに必要な措置を講ずることとする」との方針が明らかにされた。さらに、その一環として、「平成一〇年度を目途に、商業登記制度、公証制度等に基礎を置く電子認証・公証制度及びこれに関連する法の整備等に着手する。また、取引の種類や形態等の多様性を勘案しつつ、情報通信ネットワーク等を通じて本人確認や内容確認を行う認証業務など、いわゆる認証の在り方についての検討を進める」こととされていた。

一九九七年九月、内閣の高度情報通信社会推進本部に「電子商取引について、基本的考え方や主要な課題を整理しつつ、その推進のあり方につき検討を行うことを目的」として、電子商取引等検討部会が設置された。一九九八年一一月九日には、高度情報通信社会推進本部により「高度情報通信社会に向けた基本指針」が改訂され、一九九九年四月一六日にアクション・プランが策定されることとなったのである。

一九九九年七月一三日に産業構造変換・雇用対策本部が決定した「雇用創出、産業競争力強化のための規制改革」によると、「電子取引の民間における導入を促進し、各種制度について電子媒体の使用を可能とする基盤を整備するため、商業登記に基づいて電子署名の作成者等を証明する電子認証制度のあり方を検討し」となっている。

一九九九年一一月一一日に経済閣僚会議において決定された「経済新生対策」においては、経済の本格的回復のために、具体的な施策として電子商取引の法整備等インターネットを活用した電子商取引等を促進するために、相手方を確認する電子認証業務の健全な発展を促すとともに、電子署名が少なくとも手書きの署名や押印と同等に通用する法的基盤を整備するため、電子認証業務に関する法整備を行うことが求められている。

（2）　行政の情報化推進計画

一九九七年一二月二〇日閣議決定における改訂計画「行政情報化推進基本計画」（平成六年一二月二五日の閣議決定のより策定された平成一〇年から一四年までの五カ年計画）は、改訂前の計画において打ち出した「行政の情報化・高度化」という理念を一層強力に推進することにより、目前に迫った「二一世紀初頭には、高度に情報化された行政すなわち「電子政府」の実現を目指す」とした。一九九九年四月には、総務庁が「共通課題研究会中間報告書―電子文書の原本性確保を中心として―」を発表し、電子的行政情報の原本確保の問題を検討し、行政の情報化の構想を具体化した。

二〇〇〇年三月三一日には、行政情報システム各省庁連絡会議了承として「平成一二年度における行政情報化の取組方針」「申請・届出等手続の電子化推進のための基本的枠組み」が公表され、申請・届出手続の電子化を推進することとなった。(6)この中では、行政機関が申請者のデジタル署名を検証できるシステムとして、商業登記制度に基礎を置く電子認証システムの導入、電子認証・認証業務に関する法制度に基づく認証システムの導入、及び自治省において地方公共団体における印鑑登録証明と同様の機能の電子認証システムについて平成一五年度までの運用開始を目指し検討を進めることが明示されている。(7)二〇〇〇年に、商業登記制度に基礎を置く、法人の電子認証制度が導入されたこと、電子署名法が立法されたことはこのような要請に基づくものであるといえる。

（3）　規制改革委員会からの要請

一方、規制改革の流れの中でも行政の情報化・電子商取引の推進は求められた。一九九九年三月三〇日閣議決定「規制緩和推進計画（三カ年）」五規制緩和の推進に伴う諸方策(五)行政の情報化の推進の項目においては、「特にワンストップサービスの実施に向けて各種の行政手続きにインターネットを活用した行政手続の案内・教示・

申請手続様式の提供や手続き自体のオンライン化を進める」とされている。しかし、この時点では、特に、電子商取引に関する記載はなかった。

一九九九年七月三〇日行政改革推進本部規制改革委員会が公表した「規制改革に関する論点公開」においては「八電子商取引の基盤づくりの推進」の中で「電子認証の信頼性を確保する視点から、認証機関を公的機関が認定するが必要であるという考え方がある。将来の技術的な発展への対応と、公平・公正な制度運営を考慮に入れつつ、認定機関の要件・在り方・認証の仕組みを検討するべきである」として行政の情報化とは別項目で取り上げられている。

一九九九年一二月一四日行政改革推進本部規制改革委員会が公表した「規制改革についての第二次見解」においても二法務(三)電子商取引の中で「電子認証の信頼性を確保する視点から、認証機関を公的機関が認定するが必要であるという考え方がある。しかし認定機関の要件・在り方・認証の仕組の検討に際しては、将来の技術的な発展に対し柔軟に対応できるよう、技術的中立性の確保と過度の規制の排除を考慮に入れる必要がある。また、公平・公正な制度運営を行えるよう、国際的な制度の整合性の確保を考慮に入れつつ、認証サービス事業者が自由に事業活動を行えるとともに、ユーザーが自由にサービスを選択できる制度とすべきである」として行政の情報化とは別項目で取り上げられている。

二〇〇〇年七月二六日に公表された「規制改革に関する論点公開」では、IT化と環境問題は、総合的でかつ早期に検討を開始する必要性が極めて高いと判断され(8)、IT化の規制改革の三つの視点のうちコンテンツの拡大の中で、申請届けの電子化や書類の電子保存、民間取引の電子化への法整備の必要性などについて触れている(9)。この「規制改革に関する論点公開」の中で、法務省は、規制改革委員会から商法の電子商取引に対する対応の不備についての指摘を受け、①ＣＰの電子化②株券と社債券の電子化③船荷証券の電子化④会社法上の紙の要求の改正の必要性⑤支店登記は不必要（インターネットで登記情報を開示すればよい）⑥外国会社の規制（商法四七九条）の撤廃の必要性などの指摘を受けている。

（4） 各省庁の対応

郵政省・通商産業省・法務省は、各省での検討結果を踏まえて、[10] 一九九九年一一月一九日に「電子署名・認証に関する法制度の整備について」と題するパブリック・コメント募集を行った。[11] 政府は、各省での検討結果、関係団体等との調整、パブリック・コメントの結果を踏まえて、第一四七回国会に「電子署名及び認証業務に関する法律」案を提出し、五月二四日に可決成立した。

以下、各省庁の電子署名法制定にいたるまでの具体的取組を考察する。

(1) 法務省

法務省においては、民事局一九九七年七月に「電子取引法制に関する研究会」が設置され、一九九八年三月までに五回の全体会合を開催した。制度関係小委員会と実体法小委員会とを設置し、それぞれ検討を行っている。また、電子取引・電子申請の現状及び電子認証・電子公証制度に対するニーズの調査のため、「電子認証・公証制度のニーズに関するアンケート」を実施し、一九九八年三月二一日に、中間報告書をとりまとめ、公表した。電子取引法制に関する研究会は、一九九八年三月に報告書を公表し、①商業登記に基礎を置く電子認証制度の構築②公証人制度に基礎を置く電子公証制度の構築③電子認証に関する法的整備を中心として報告書を公表した。

二〇〇〇年四月一一日第一四七回国会において成立した「商業登記法等の一部を改正する法律」(平成一二年法律第四〇号）により、商業登記法・公証人法・民法施行法の一部が改正され、「商業登記制度に基礎を置く電子認証」

「公証人制度に基礎を置く電子公証」等の制度が導入され、二〇〇〇年四月一九日に公布された。同法は、インターネットを利用する電子商取引の増加に伴い取引の安全性を担保するため、商業登記情報を活用した電子認証制度を創設し、公証サービスを電子文書についても可能とする電子公証、電子署名も同時に整備することを目的としている。商業登記制度に基礎を置く電子認証制度は、二〇〇〇年一〇月一〇日にサービスを開始した。

従来の書面による商取引などにおいては、登記所の商業登記情報に基づいて発行される登記簿謄抄本や資格証明書、印鑑証明書が広く用いられている。しかし電子取引では対面によって相手を確認できないうえ、データ内容が改ざんされる恐れがあることから、データ作成者や内容の真正性などを証明する仕組みとしての電子認証が求められていた。商業登記制度に基づく情報を電子認証で活用する仕組みとして、商業登記情報を持っている登記所に認証機関としての役割を担わせ、実際の手続きは、各登記所が申請を受け付け、集中的に情報を処理する「認証センター」を新設して電子証明書を発行する。電子文書への署名は暗号(公開鍵方式)を用いたデジタル方式とし、安全性を確保する。法務省はこれによって現在書面の形式で提供されている登記簿謄抄本や資格証明書、印鑑証明書と同様の極めて高い信頼性を持つ認証の手段を提供できるとし、電子認証は官公庁での電子申請にも十分に可能で、特に印鑑証明書などが使用される分野を中心にかなりの需要が見込まれていると予想しており、政府の申請者の認証に関する取組は、商業登記所から開始したといってよい。(12)

(2) 通商産業省

通産省においては、一九九六年四月に電子商取引環境整備研究会が設置され、一九九七年一一月に「中間論点整理」が公表され、論点整理をおこなった。一九九九年二月より七月まで「電子商取引の環境整備に関する勉強会」において議論され、一九九九年八月一九日「電子商取引の環境整備の一環としての法的課題の検討について」

を公表した。これらの報告書は、法務省の報告書と同様に、認証システムや電子署名、電子公証について触れているが、法務省のスタンスとは異なり、民間による自主的ガイドラインの設定を勧奨するものである。

(3)　郵　政　省

郵政省は、一九九七年一〇月から「ネットワークを通じた認証業務の在り方に関する調査研究会」を開催し、一九九八年五月に報告書を発表した。一九九九年一月に「暗号通信の在り方に関する研究会」が設置され、一九九九年六月に報告書を発表している。また、「電気通信回線を通じて行われる電子計算機に係る犯罪の防止及びアクセス制御機能により実現される電気通信に関する秩序の維持を図り、もって高度情報通信社会の健全な発展に寄与することを目的」（第一条）として不正アクセス禁止法が成立した。

一九九九年一一月一九日には、法務省・通産省・郵政省三省による論点整理「電子署名・認証に関する法制度の整備について」が公表され、パブリック・コメントを募集している。その大まかな中身は、①対象となる電子署名の範囲はデジタル署名以外のものも含む方向②民間認証機関の国による任意の認定制度の検討～中立的な機関の国による指定③認定された認証機関の認証にかかる電子文書は、署名者の思想が表されていると規定する方向などというものであり、認証機関による本人確認の方法等について、法律で規定する必要があるかどうかは明確にはされていない。

(4)　警　察　庁

警察庁は、一九九九年一二月一八日、「電子認証制度のセキュリティ確保方策についての基本的考え方」を公表し、パブリック・コメントを募集した。警察庁のスタンスは、法務省・通産省・郵政省とは異なり、電子商取引の信頼と、安定したネットワークづくりと、取引の信頼性の確保の観点から、一定の規制的側面を考慮する必要があるとする。考え方の基本は、認証過程での信頼性の確保のための施策としては、①認証段階でのいわゆる「なりすまし」防止による取引安定性の確保②秘密鍵の管理③認証過程での不正行為に対する罰則を設ける等というものである。

(5) 自治省

一九九九年、住民基本台帳法が改正され、住民基本台帳情報の電子化がはかられることとなったことを契機として、自治省は個人の電子認証を導入する方向で検討を進めている[13]。今後は、政府レベルでは、法人の認証は商業登記所で、個人の認証は、自治省で行われることとなろう。

二 電子署名法の意義[14]

1 電子署名法とは

それでは、そもそもどうして電子署名法が必要なのであろうか。本稿冒頭で述べたように、電子商取引が今後日本経済を発展させ、日本経済が世界でイニシアティブをとるための重要な要素であることは否めない[15]。契約成立自体が、オンライン上のみで行いうるため、オフラインであらかじめ基本取引を行うという従来の方法では対応できないのである。契約締結の過程も全てオンラインで行うこともある[16]。その前提として法的整備が必要で、特に、電子認証制度が法的整備の中核となる。

電子認証とは、本人の同一性と電子データに改竄がないことを保証する制度である。いいかえれば、電子データ発信者の特定と、意思内容の完全性を証明する制度であるといえる。オンライン上の取引の場合は、相手に会って取引を行う訳ではないので、特に、相手を確認する必要が生ずる。また、デジタルデータが改竄されていないことも保証される必要がある。電子署名とは、電子認証を実現する一手段であり、方法としては、公開鍵暗号方式を利用して、認証機関と呼ばれる段三者機関に当事者の特定と内容の完全性を証明させるデジタル署名が現在のところ、一般的である。(17)

2　電子署名法の主な内容・争点

電子商取引を前提として、現行民法上で、どうしても改正が不可欠な規定はないといわれている。(18) 日本民法は、比較法的にも、異例なほど諾成主義をとっているからである。つまり、実定法の規定の改正は特に必要ではないということになり、法改正が必要な領域は、主に証拠法の分野となる。書面・捺印・署名の持つ意味は、警告機能・完全性維持機能・帰属機能であるが、これらの機能が契約が電子的に行われると、どうなるのかが問題となる。

各国契約法の電子商取引に対する対応の概観は、以下のようなものである。アメリカは、UETA（統一電子取引法）、UCITA（統一コンピューター情報取引法）を制定し、EUは「電子商取引の法的枠組みに関する指令」を本年五月に採択した。国際機関では、UNCITRALモデル法（一九九六年）が採択されている。

我国においては、立法過程において、以下のようなことが争点となった。

①　証明力の問題

デジタル署名も、印鑑と同様に無断使用される可能性があり、保管は印鑑よりも困難であるかもしれないが、押印と同様の推定効を与えてもいいのかという点が議論になった。デジタル署名が誰のものであるのかを証明する認証機関が本人登録時に厳格な本人確認を行わなければなりすましは簡単である。それでも、印鑑と同様の推定効を与えていいのであろうか。

また、証明力の程度の問題との慣例では、認証機関は、民間主導でいいのかどうかという問題がある。営利性とは無関係な公的機関が認証を行うべきではないかという考え方があり、その場合は、商業登記制度に依拠することとなろう。印鑑登録制度同様に、個人の認証に関しては、自治体が認証機関となることが現実的である。あるいは、本人確認は、オフラインでするべきであるとする考え方もあるが、そうすると、電子商取引の円滑生が阻害されることが懸念される。

なりすましの危険性がしばしば指摘される電子認証制度であるが、現実になりすましが起こった場合の認証機関の責任はいかなるものであろうか。アメリカは、民間主導・公的規制撤廃という方針で電子商取引を推進する方向であるのに対し、ＥＵは、適切な規制の枠組みを構築しようとしている。

証明力の問題としては、帰属機能を与えることが可能かどうかという議論も行われた。

② 技術的中立性

現在は、電子認証に関しては、専らデジタル署名を中心として論じられているが、特定の技術に限定せず、技術革新や市場適合性に柔軟に対応できる制度を創設することが望ましいとされた[19]。

③ ライセンス制の採否

認証機関のライセンス制をとるかどうかという問題がある。必要的ライセンス制か任意的ライセンス制かという点では、任意的ライセンス制をとることが検討された[20]。意思推定規定や無過失効果帰属規定の適用は、対象となる認証機関を一定の要件を具備したものに限定する必要がある[21]。上級認証機関とそうでないものの区別が必要であるとの見解もあった[22]。認証機関の規制も必要となる場合があり、免責条項のチェックが必要であろう[23]。一方的に認証機関が責任を負わない旨の条項は、現在議論されている消費者契約法の不当条項規制に反する可能性もある。

④　鍵寄託システムの採否

秘匿化のための鍵を認証機関などに寄託して、暗号の利用拡大に伴う組織犯罪対策や社会防衛を行うことの可否が問題とされる。[24] 警察庁は、認証機関は鍵の保管を厳正に行うべきであるとしている。

3　電子署名及び認証業務に関する法律（電子署名法）の概要

以上のような背景のもとに電子署名法は二〇〇〇年五月二四日、可決・成立し、二〇〇一年四月一日施行された。法制定過程においては既述のように、①電子署名による本人の同一性の証明の効力を法定化するか否か②電子署名に民事訴訟法二二八条の書面の推定力を認めるなら、民事訴訟法の改正によるべきで、特別な立法を必要とするか否か③認証機関の資格認定制度の導入を電子署名法に入れるか否か④鍵寄託システムを導入するかどうか等という点が争点となった。

①に関しては、結果的に本人の同一性の証明の効力の推定条項は定められなかった。その理由は、印鑑証明制度自体に、このような効力を定める法律がないこととのアンバランスが問題になるというものである。②に関しては、電磁的記録に記録された情報について、本人による一定の電子署名がなされたときは、その電磁的記録は真性に成立したものと推定することとなり、結果的に電子署名法自体に推定規定を入れることとなった。法務省は一貫して私法たる電子署名法にこのような規定を挿入するのは妥当ではないとするスタンスをとっていたようである。③に関しては、認証業務についての任意の認定制度の導入については、認証業務のうち、一定の基準を満たす特定認証業務について、利用者の信頼性の目安として、任意の認定制度を導入することとなった。特別な法律の制定の必要はなく、業法をつくればいいというのが、法務省の基本的スタンスであったようであるが、立

法の主導権が郵政省にとられたということもあって、結果的に法務省は、電子署名法において認定制度の導入することに合意をしたようである。④については、結局、警察庁が指摘していた鍵寄託システムを認証業務に義務づけるようなセキュリティシステムの導入は見送られた形となっている。

確かに、現在の我が国の法体系上を基本にして考えると、法務省の言い分が最もであろう。しかし、電子商取引は、その性質上、グローバルスタンダードが求められるものであり、国際的立法のバランスが必要であることは、いうまでもない。電子署名法という特別法を制定せずに、現在ある法律の一部の改正などで対応することは、国際的にみると、体裁をなさないとするのが、通産省・郵政省の立場であったようである。そして、制度の円滑な実施をはかるため、政府が電子署名及び認証業務に関する調査研究・教育・広報活動に努めることとされた（第一四七回国会参議院法務委員会第五号附帯決議）。

電子署名法の概要は以下のとおりである。

（1）電子署名の定義（二条一項）は、電磁的記録に記録することができる情報を対象として行われた措置のうち①当該情報が当該措置を行った者の作成にかかるものであることを示すためのものであること②当該情報について改変が行われていないかどうかを確認することができるものであることが条件となっている。署名目的で、何らかの形で暗号化されているものは全て含み、公開鍵暗号方式に限定しないものとし、技術的中立性が保たれている。

（2）電子署名の効果（三条）については、他人が公開鍵から秘密鍵を解読することができない程度の暗号の強度を持っている電子署名に限り、民訴法二二八条四項と同様の推定規定を置く。

（3）特定認証業務等の認定等（四条～三三条）については、認証業務の信頼性の目安として任意の認定制度を導入する。認定基準（六条）としては、設備基準・本人確認基準・業務方法一般に関する基準を掲げる。認定事業者の義務を定め、外国における認証業務の取り扱いも、海外との間の相互承認協定を推進する目的で可能とした。認証機関を調査する指定調査機関は、公益法人に限定せず、民間の参入を認めた。

（4）特定認証業務に関する国の措置・罰則等については、特定認証業務に関する国の援助（三三条）、国の広報活動などを通じての努力義務（三四条）を定めた。認定認証業者などに虚偽の申し込みをして利用者について不実の証明をさせる行為に対する罰則（四一条〜四七条）も定められている。

4　電子署名法の意義

成立した電子署名法によって、電子署名や認証業務に対し、従来の取引等における手書き署名や印鑑に相当する法的な位置づけが与えられることとなった。第三条に電磁的記録の真性な成立の推定が定められ、民事訴訟法二二八条と同様の推定規定となっているが、証拠法としての推定規定はこの条文一条のみで、第四条以下は、特定認証業務の認定及び認定されて認証機関の調査のための指定調査機関、そして認定認証機関に関する罰則規定となっている。つまり、電子署名法の主要な立法目的は、認定認証機関による電子認証によって電子商取引を安全確実なものにすることにあるといえるのではないだろうか。

三　法務行政の情報化と電子商取引

1　商業登記制度に基礎を置く電子認証制度と公証人制度に基礎を置く電子公証制度の導入

（1）商業登記制度に基礎を置く電子認証制度の導入

行政の情報化と、電子商取引に対する法整備の要請の中で、法務省は、電子署名法の立法に関与する一方、商業登記と公証制度を利用して、電子認証を登記所と公証役場が行うことで、情報化社会におけるイニシアティブをとろうとした形跡が伺える。

法務省の構想の基本となった平成一〇年三月に法務省が公表した「法務省電子取引法制に関する研究会（制度関係小委員会）報告書」は、「電子認証は、電子的なデータの伝送において、通信の相手方を確認するための方法であるが、このような相手方の確認は、電子取引及び電子申請においてのみ行われるものではなく、従来の取引や官公庁への申請においても行われている。こうした従来の取引等において相手方の同一性を確認する方法の中でも、商業登記情報に基づき発行される登記簿謄抄本、資格証明書及び印鑑証明書は、相手方の実在、代表権の存在及び代表者の同一性を確認するための手段として広く利用されている。そこで、電子商取引においてもこうした商業登記情報を活用した信頼性の高い電子認証制度を構築することが望ましい。電子認証は、電子文書等の作成者を確認するための手段であるから、電子認証のシステムにおいては、その利用者の同一性を何らかの方法で確認する必要がある。特に、電子取引及び電子申請の場面で用いられる電子認証のシステムにおいては、利用者の同一性の確認がもとどうり正確に行われることが必要になる。そこで、電子取引及び電子申請が安全に行われるための環境整備の一環として、既にみたように、わが国のすべての会社を網羅し、かつ、極めて信頼性の高い証明手段として広く利用されている商業登記情報を電子認証の場面で活用する仕組みを整備することが考えられる。」とし、商業登記制度に基礎を置く、電子認証制度の導入を提唱し、この構想はそのまま商業登記法改正により導入された(25)。

また、商業登記制度における印鑑カード方式の導入が進められている(26)。これは、商業法人について、代表者の印影と、関連情報を電子化し、あらかじめ本人に交付したカードの提出があれば、電子化された印影により印鑑証明書を作成して交付する制度である。商業法人の電子認証にも活用できる。印鑑関連情報の電子化の先取りとされ、将来は、商業法人登記全体のコンピューター化と連動する。

商業登記制度を利用した電子認証制度は、二〇〇〇年一〇月一〇日からサービスが開始しているが、利用するには、三ヶ月にわたる証明で二四〇〇〇円の費用がかかる。(27) 法人の電子証明にこのようなコストがかかると、簡易な取引の場合には、費用負担が大きくなり、利用者から敬遠されるのではないだろうか。(28)

（2）　公証制度に基礎を置く電子公証制度

また、報告書においては、公証人制度に基礎を置く電子公証制度の導入の必要性についても触れられている。報告書は、「従来の書面による取引においては、その安全を確保するために、商業登記制度と並んで、公証人制度が利用されている。公証人は、確定日付の付与、私署証書の認証といった業務を行うことにより、ある書面が一定の時期に存在したこと、その書面が真正に成立したこと等を明らかにするほか、一定の法的効力を有する証書である公正証書を作成している。こうした公証人制度は、ある事実の存在を公に証明することにより、当該事実の存否について後日紛争が生じることを未然に防止する等の役割を果たすものであり、実際の取引において広く利用されている。しかし、現在の公証人制度においては、その対象は書面に限られており、電子的なデータについての公証サービスは提供されていない。」とし、具体的には、（ア）電子確定日付の付与（提示された電子文書等に、公証人が日付を書き込んだ上、デジタル署名を付する）（イ）電子私署証書の認証（私人によって作成された電子文書等が本人によって作成されたこと及びその内容が違法なものでないことを審査し、認証文を付し、公証人がデジタル署名を付する）（ウ）電子公正証書の作成（契約当事者の本人性及び代理人の場合は代理権限を確認し、その嘱託に従って公正証書を電子的に作成し、公証人がデジタル署名を付する）（エ）電子文書の保管並びに存在及び内容の証明（電子的に公証した文書、確定日付を付与した電子文書等を保管し、その電子文書等の存在及び内容について証明する）などの案が提案された。このうち、（ウ）電子公証証書は、当事者の意思確認が容易でないこと等の理由により、その導入が見送られている。(29)

また、成立した電子公証制度においては、電子公証制度の証明機関として、まずは公証人認証機関を設けて（指定法務局長または地方法務局長）、公証人が権限を有することを証明する電子証明書を添付することとされた。

法務省の基本的スタンスは、商業登記制度・公証制度の利用による厳格な認証制度を推奨しようとするものであったといえるのではないだろうか。(30) 法務省の考え方は、現在広く利用されている商業登記制度における情報を利用しようとするもので、現実的であり、民間認証局に比べ、信頼度が高い。通常の取引で印鑑証明書が果たしている役割を商業登記所による電子認証制度が行うことを意味する。(31)

帝国データバンク等民間の認証機関か商業登記制度、認証機関として、企業はどちらを利用するであろうか。印鑑証明を必要とする現実社会の取引が限定されといるように、厳格な認証が必要な電子商取引も限定されていると考えるべきであろう。

電子公証制度(32)は、電子取引の普及促進に資する制度とされ、電子公証制度が認証機関の代わりとなり、法人電子認証制度とともに、車の両輪の役割を果たすとするのが法務省の考え方であったと思われる。確かに、電子公証制度は、紛争予防機能も持っているであろう。電子商取引においては、そこで利用される情報は、全て電子化されるために、電子化された情報は、改竄・変造される危険性が高く、内容が公証された場合は、証拠力が高まる可能性がある。しかし、既述のように、結果的に今回の法改正では、電子公正証書制度の導入は見送られた。債権譲渡登記申請手続のオンライン化が開始した今、むしろ、確定日付の電子化が一番利用されるのではないかという見方がある。

2　求められている法務行政の情報化

法務省の電子認証制度への関与を推進するもう一つの大きな波が行政の情報化である。行政の情報化の流れの法務行政に対する要請として①申請請手続等の電子化の推進②ワンストップサービスの段階的実施③インターネットなどによる行政情報の提供の促進④情報通信ネットワークの高度利用に必要不可欠な電子文書の原本正確・受発信者の認証機能・手数料の納付方法など共通課題の早期解決等があげられる。

登記情報の電子化は、その行政情報としての割合の大きさにより、急務となっている。登記事務のコンピューターシステムは、既に全国約三割の登記所において稼働しており、昭和六三年一〇月東京法務局板橋出張所がブックレス第一号として稼働してから、平成一六年を目処に終了する予定である。現在、不動産登記は、筆個数にして、全体の約四分の一のコンピューター化が終了しており、商業登記は、法人数の約六分の一がブックレスシステムへ移行している(33)。

その他、現在検討中で、今後開始予定されているものが、地図情報の電子的形態による閲覧である。地図情報システムは次なる課題(34)で登記情報・土地情報の連動が期待されている(35)。政府レベルでの地理情報システム(GIS)(36)への取り組みに対応するための必要不可欠となっている(37)。しかし、現状のいわゆる不動産登記法に定められている一七条地図は、極めて不備であり、主として土地家屋調査士会の協力のもとに整備が進められている。

3　オンライン登記情報制度の創設

電気通信回線による登記情報の提供に関する法律（平成一一年法律二二六号）が、一九九九年一二月一四日に成立し、二〇〇〇年四月一日施行された。これに基づいて二〇〇〇年九月二五日より、地域を限定して、不動産登記及び商業登記情報のオンラインによる取得が可能となった。利用料は一件につき、八七〇円と定められた(38)。これは、インターネットを使用して登記情報を提供する制度である。国民は、自宅や事務所のパソコンの画面上で閲覧できることとなった。

まとめ――法務行政の課題(オンライン登記申請に向けて)

商業登記制度・公証制度・債権譲渡登記制度(39)・成年後見登記制度などの制度を所轄する法務省は、法務省主導による認証制度が、情報の正確さ、認証の厳格さを理由に、我が国における電子認証制度をリードするべきであると考えていたようである。

これは、民間主導で電子商取引を進めようとする通産・郵政のスタンスとは、明らかに異なる。当初、登記所が認証局のピラミッドの頂点として、認証局の認証を行うという構想もあったようであるが(40)、結果的に電子署名法による認証機関の認定制度は、そのようなスタンスをとらなかった。

行政の情報化において、政府情報としての比重が重い登記情報の電子化は、政府にとって大きな課題である。その大きな役割を担う所轄省として法務省は、特に商業登記の電子化を契機に、電子商取引についてイニシアティブをとるために、まずは、商業登記所が法人の認証局となる制度を導入した。しかし、現状の取引とパラレルに考察すると、電子商取引において、商業登記所や公証役場が認証局として必要とされる場合は限定されているのではないかと考えられる。

公証制度が認証局を担うという発想はどうであろうか。電子文書に確定日付が必要な場合は、少なくとも現在の実務レベルと同レベルで起こるであろう。電子私署証書の認証は、まさに、公証制度が認証局たる役目を担う場合のさいたるものである。公証人は、関係者の意思確認をどのように行うのであろうか。これがスムーズかつ正確に行われるのであれば、利用される可能性が高いのではないか。しかし、電子公正証書制度の導入は、本人確認の方法などについて、登記申請のオンライン化と同様の問題が生ずる可能性が高く、結果的にその導入が見送られた。

司法書士を取り巻く職務環境も、IT化・行政の情報化の要請による商業登記制度に基礎を置く電子認証制度の導入、公証制度に基礎を置く電子公証制度の導入、オンライン登記情報の開始等によって激変しつつある。

次なる段階は、オンラインによる登記申請の開始である。一九九八年一〇月に新設された債権譲渡登記の登記事務は電子情報処理組織によってなされ[41]、平成一三年三月二六日にオンライン申請の運用が開始された。商業登記、不動産登記のオンライン申請については、平成十二年度から実施方策、法令精査の検討が開始され、平成十五年度からシステムの検討が開始される予定（http://www.moj.go.jp/PRESS/000929-1.html別紙2参照）であるが、商業登記の場合は、申請人の認証は、商業登記制度に基礎を置く電子認証制度によって比較的簡単に行えるのではないかと考えられる。

これに対して、不動産登記の場合は、申請人が個人である場合もあり、個人の電子認証制度を確立する必要があるという点と、特に売買による所有権移転登記などについては、利害対立のある当事者による申請もあるという二点で、厳格な認証が必要となる。建設省や通産省では、一部の申請が、既にオンラインによって可能となっている。

行政の情報化とオンライン申請に向けて、急速ににコンピューター庁は増えている。しかし、オンライン登記情報制度は開始したが、登記申請のオンライン化はなかなか実現に向けての具体化がはかどっていないようである。世界的にも、商業登記のオンライン申請、登記情報提供システムのオンラインは開始している国はあるが、不動産登記オンライン申請が開始しているのは、カナダ・オンタリオ州の一部の地域においてのみである。カナダ・オンタリオ州の場合は、登記申請を行うソリシターを電子認証することによってオンライン登記申請を行っている。認証するのは、ソリシター協会である。これにならい、司法書士を電子認証することによって登記申請を行うとする考え方がある。本人から司法書士に対する委任状の電子認証は民間の指定機関によるもので足りるとする考え方もあろう。

しかし、商業登記制度に基礎を置く電子署名制度が導入されることによって法人の電子認証が可能となり、本稿冒頭でも述べたように、自治省が地方公共団体における個人認証基盤の在り方を検討している現在、行政に対する申請は、一般に法人の電子認証は商業登記所で、個人の認証は自治省によるネットワークシステムを利用して行われる可能性が極めて高いといえるのではないだろうか。申請を電子的に行う場合、登記原因証書など不動産登記法が定める添付書類も電子的に添付することとなるのか否かという点が問題である。(42) 登記の真性担保目的であれば、電子認証によって申請者の確認できれば、司法書士が関与する場合、添付書類制度は廃止してもいいのではないかという考え方も一考に値するであろう。

(1) 「電子商取引の環境整備の一環としての法的課題の検討について」(平成一一年八月一九日通産省)、http://www.miti.go/report-j/gdensy0j.html

(2) アメリカでは、二〇〇〇年六月に「国際及び国内商取引における電子署名法」が成立し、ドイツでは、二〇〇一年二月、EU指令に従い、電子署名法を承認した。

(3)　日経二〇〇〇年七月二五日「電子政府向け体制強化」、日経二〇〇〇年七月二七日「ＩＴ革命が迫る制度改革、電子政府（上）」、日経二〇〇〇年七月二八日「ＩＴ革命が迫る制度改革（下）」などが近時の電子政府関連の動向の参考となる。

(4)　日経二〇〇〇年八月七日「ネット通販の契約条件見やすく〜消費者保護へ訪問販売法改正」によると、通産省は、家庭におけるＩＴ普及を推進するために、インターネット取引における契約条件をわかりやすくすることを義務づけるように訪問販売法の改正をする方針である。

オンラインショッピングを利用しない理由として、電子決済に対する不安が翁要因としてあげられている（日経二〇〇〇年七月二八日「電子商取引「利用経験ある」一〇％」）。日経二〇〇〇年八月四日「書面や対面販売免除」によると、訪問販売法や旅行業法など各種の業法で定められている規制を緩和してネット取引を推進する方向性が打ち出されている。

(5)　http://www.kantei.go.jp/jp/it/actionplan.html

(6)　http://www.somucho.go.jp/gyoukan/kanri/12hoshin.htmhttp://www.somucho.go.jp/gyoukan/kanri/kihonwak.htm

(7)　http://www.mha.go.jp/news/00828.html、一方、申請人・届出人に対して、許認可権限を証明するために、政府機関が運営する電子認証の基盤として政府認証基盤（GPKI）が設置された（http://www.moj.go.jp/ONLINE/CERTIFICATION/MUTUAL/mutual102.html）。

(8)　「規制改革に関する論点公開」（行政改革推進本部規制改革委員会二〇〇〇年七月二六日）五頁Ⅲ今年度の重点参照。

(9)　「規制改革に関する論点公開」（行政改革推進本部規制改革委員会二〇〇〇年七月二六日）一一頁。

(10)　郵政省は「暗号通信に在り方に関する研究会」（平成一一年一月〜六月）、通商産業省は、「電子商取引の環境整備に関する勉強会」（平成一一年二月〜七月）法務省は、「電子取引法制に関する研究会（制度関係小委員会）」（平成八年七月〜一〇年三月）を開催し、検討を行った（http://www.moj.go.jp/PUBLIC/MINJ102/pub-mini02.

htm)。

（11）http://www.moj.go.jp/PUBLIC/MINJ102/pub-mini02.htm

（12）平成一〇年一〇月に新設された債権譲渡登記オンライン申請制度の運用が平成一三年三月二六日に開始されたが、申請者は、登記所に送信するデータが真正であることを証明するために、申請データに電子署名を行い、商業登記に基づく電子認証制度により発行される電子証明書とともに、債権譲渡登記所に送信することとしている(http://www.moj.go.jp/PRESS/010314-1.html)。

（13）地方公共団体における個人認証基盤検討委員会「地方公共団体における個人認証基盤の在り方について」（平成一二年三月）、http://www.mha.go.jp/news/00828.html「ＩＴ革命対応した地方公共団体における情報化施策などの推進に関する指針」（平成一二年八月二八日）等参照。

（14）稲垣史則ほか「電子取引法制度整備の課題」ジュリスト一一八三号二頁以下参照（平成一二年）。

（15）浦中裕孝「電子商取引における電子認証、電子署名の重要性」金融法務事情一五六四号一頁（平成一一年）。

（16）浦中裕孝「電子商取引を巡る法律問題の現状と課題」金融法務事情一五六五号五二頁（平成一一年）。

（17）浦中裕孝「電子商取引を巡る法律問題の現状と課題」金融法務事情一五六六号三四頁（平成一一年）。内田貴「電子認証・電子署名をめぐる法制度整備のあり方（上）」ＮＢＬ六七五号六頁（平成一二年）。

（18）内田貴「電子商取引と民法」私法六一号四三頁。

（19）室町正美「電子商取引に関する法制度の検討状況」自由と正義一九九八年三月号九八頁（平成一〇年）。アメリカ・カリフォルニア州の中立性重視の代表的立法。

（20）室町正美「電子商取引に関する法制度の検討状況」自由と正義一九九八年三月号九九頁（平成一〇年）。

（21）浦中裕孝「電子商取引を巡る法律問題の現状と課題」金融法務事情一五六六号四〇頁（平成一一年）。

（22）内田貴「電子商取引と民法」別冊ＮＢＬ５１号三一九頁（平成一〇年）では、電子認証手続と上級電子認証手続を区別している。

（23）内田貴「電子認証・電子署名を巡る法制度整備のあり方（下）」ＮＢＬ六七六号三二頁（平成一二年）。

(24)　室町正美「電子商取引に関する法制度の検討状況」自由と正義一九九八年三月号一〇〇頁（平成一〇年）。
(25)　http://www.moj.go.jp/TOPICS/topics29.htm,http://www.moj.go.jp/MINJI/minji24.htm参照。
(26)　星野明一「高度情報化と法務局」登記情報四三三号三七巻一二号五頁（平成九年）。
(27)　http://www.moj.go.jp/ONLINE/CERTIFICATION/GUIDE/guide03.htm
(28)　日本銀行、東京三菱銀行、三井銀行の三行は、システムを共同開発し、顧客に認証サービスを提供することを決定した（日本経済新聞二〇〇一年七月三日朝刊）。
(29)　小川秀樹・金子直史「商業登記法の一部を改正する法律の解説」民事月報五五号六号三七頁（平成一二年）。小川秀樹「電子公証制度の創設について」ジュリスト一一八三号五二頁（平成一二年）。
(30)　原田晃治「高度情報化社会における商業登記所の将来ビジョンについて」民事月報五三巻一号九頁（平成一〇年）。太田健治「商業登記所における電子認証事務」登記研究六一九号一〇三頁以下参照（平成一一年）。原田晃治・早貸淳子「商業登記制度を活用した電子認証制度の整備について」登記情報四四二号三八巻三二頁以下参照（平成一〇年）。
(31)　渋佐慎吾「商業・法人登記の行方を探る」登記情報四五三号三九巻八号五頁（平成一一年）。
(32)　小川秀樹「公証制度と民事立法」登記情報四五七号三九巻一二号四頁以下（平成一〇年）。
(33)　坂本昭「登記情報システムのデータ管理」民事月報五三巻三号三頁（平成一〇年）。
(34)　イギリスでは、タイトルマップと呼ばれる土地の権利の範囲を示す地図のコンピューター化により、地理情報システムとしてオンラインによる情報提供をしようとしている（小林久起「目は口ほどにものを言い」民事月報五二巻一二号五頁（平成九年））。カナダ・オンタリオ州では、既にマッピング（地図情報）がコンピューターシステムの中核をなし、乙号オンラインが開始している（司法書士英国法研究会『オンライン申請と法律家の役割〜カナダ視察団第二次視察報告書』三五頁（平成一一年））。平成元年民事局長通知「地図整備の具体的方策」、及び平成九年民事局第三課長通知「今後の地図整備の方向について」等により地図管理システムが地図のコンピューター化のための事前準備であることを明確にし、地図のコンピューター化が登記情報システムと連動した独立のシステムであることが明らかになる。

(35) 原優「行政の情報化と登記行政」登記情報四五一号三九巻六号五頁（平成一一年）。松尾武「地図の概念とコンピューター化」登記情報四四四号三八巻一一号五頁（平成一〇年）。寺田逸郎「情報化時代の「公示」」ジュリスト一一二六号二一〇頁（平成一〇年）。

(36) 政府は、「地理情報システム関係省庁連絡会議」を設置、システム構築のためのデータの標準化等を検討している（登記研究六〇八号一二九頁（平成九年））。

(37) 細川清「新年を迎えて」登記研究六二四号五頁（平成一二年）。

(38) 改正登記手数料令五条の二。

(39) 「債権譲渡登記大いに期待する」金融法務事情一五〇九号一頁（平成一〇年）。

(40) アメリカユタ州の立法が代表的（内田貴「電子認証・電子署名をめぐる法制度整備のあり方（上）」ＮＢＬ六七五号九頁（平成一一年））。

(41) 玉田勝也「債権流動化と対抗要件」登記情報四三七号三八巻四号五頁（平成一〇年）。

(42) 法務省は、平成一二年九月二九日、情報処理連絡会議で承認された「法務省申請・届出等手続の電子化スイシンアクションプラン」を公表し、個別手続のオンライン化実施計画を明らかにした（http://www.moj.go.jp/PRESS/000929-1.html別紙2）。

このアクションプランによると、平成一五年までに、法務省が処理する申請・届出手続一六二件のうち九五件について、平成一五年度までにオンライン化を実施することとなっている。

不動産登記申請及び商業登記申請に関しては、平成一二年度から実施方策の検討及び法令精査を行っているが、平成一五年度からシステムの検討に入る予定である。平成一五年度までにオンライン化の実施が困難な理由として、備考欄に①現行制度が書面主義及び出頭主義を基本として登記の真正を図っていること、登記された権利の実体上の順位が申請が受け付けられた順序により左右されること等から、オンライン化に当たっては、制度全体の見直しが必要となるため②既存のシステムが、メインフレームを利用した導入年次の古いものであり、また、その規模も大きいため、このシステムにオンライン化のための変更を加えることは著しく困難であり、システムの安定稼働に支障をもたらすおそれもあることから、現在、調査・研究が行われているシステムの再構築の際に併せて実施することが、現実的かつ効率的であるためという二つの事柄が掲げられている。

24　形成期の社会保障
——制度と研究の軌跡——

荒木誠之

一　社会保障の黎明期

1　社会保障制度の発足

わが国の社会保障制度は、先進資本主義諸国のそれよりやや遅れて形成された。制度の骨格と方向が固まったのは昭二五（一九五〇）年（以下では煩雑を避けるため西暦は下二桁で表示する）に社会保障制度審議会の出した「社会保障制度に関する勧告」以後であった。この勧告は、イギリスのビバリッジ報告をモデルとした体系的な社会保障制度を目指して、わが国の社会保障の制度設計を提示したものであった。しかし、経済復興こそ先決問題とする政府によって、勧告は実質上棚上げされてしまった。だがこの勧告は、国の公的な機関の示した最初の社会保障計画であったから、そこに掲げられた制度の目的、構成、具体的内容等は、その後の制度形成にとって少なからぬ影響を与えた。占領下の福祉立法、講和条約後の社会保険各法の整備等をへて、国民健康保険法改正による強制設立・加入と国民年金法の制定によって国民皆保険・皆年金が達成されるが、それまでの約一五年間がわが国の社会保障制度の基礎形成期であった。

敗戦直後約一〇年間の社会保障関係の立法は、必要に迫られた応急策という性格がつよく、とくに社会福祉の分野にその傾向が著しかった。社会保険各法においても戦時立法からの脱皮が主要な課題であった。戦後一〇年余を経ると、国民経済がようやく安定し国家財政に余裕もできた。社会保障を推進する条件が備わったのである。その時期になってもまだ、国民一般の社会保障への関心はうすく、そもそも社会保障が何であるかについての知識が少なかったのである。ありていに言えば、その当時は上からの制度形成の時期であった。最大の社会運動体であった労働組合組織も、賃上げ、企業整備にともなう解雇反対の闘争に主力をそそがざるをえず、社会保障の獲得や推進にまでは（スローガンに生活関係要求が現れはじめてはいたが）まだ手がまわらなかった。

社会保障立法の基礎となったのは、日本国憲法二五条であった。生存権を基本的人権として保障したこの条項によって、社会保障法制が確固とした成立基盤を与えられたのであった。この生存権保障を具体化した生活保護規準の違憲性を法廷で問うたのが、第一審から最高裁まで継属した朝日訴訟であった。この提訴にともない訴訟支援と社会保障推進運動が展開され、また法廷での論争点や支援団体の活動等がマスメディアによって広く報道されたので、社会保障への一般の関心が高まった。最高裁判決が出たのは昭和四二(六七)年であり、生存権保障規定の誕生から約二〇年を経ていた。この訴訟は、社会保障が国民生活に浸透するには憲法の生存権規定があれば足りる、といった単純なものではないことを実証することとなった。

2　初期の社会法学

まず、国民皆保険・皆年金が一応実現するまでの約一五年間の社会保障法学の態様を見ておこう。この期間は、労働法、経済法を中心とする戦後社会法学の形成期である。筆者はこの時期に社会法学研究者としての生活に入ったのであるから、学界の動向は自身のパーソナルな研究活動に大きな影響を及ぼした。したがって以下の記述がやや個人的な経験にわたり、また主観的なコメントに傾くことがあろうが、寛恕を願う次第である。

敗戦後一〇年余りの間は、社会法学研究者の関心は主として労働法に向けられていた。労働基本権が保障され、労働組合運動が全国的に沸き起こり、労組法、労調法および労基法のもとで労働法の基本的体系が形成された。組合運動の展開に伴って生起する現実の法的問題に、法学研究者が新鮮な意欲をもって立ち向かったのである。筆者もその一人であった。それからすでに半世紀をへたいま、労働法がかつての新鮮さと学問的魅力を失いつつあるとの評もあるが、戦争直後に労働法学の研究に進んだ者にとっては、まさに今昔の感に堪えない。そのような状況のなかで前述の社会保障制度審議会の「社会保障勧告」が出されのである。敗戦直後に福祉三法（生活保護法、児童福祉法、身体障害者福祉法）が制定されていたが、社会保障に対する法学者の関心はきわめて低かった。社会保障なるものが法的には雑然としていて、法理的に捉えどころが無いもののようにみられていた。また社会保障政策や制度そのものに対するネガティブな見方も、社会法研究者の間では少なくなかった。

この時期の社会保障関係法は、社会保険各法と前述の福祉三法であった。社会保険法制は戦前・戦中からの医療保険各法および厚生年金保険法と、新しく制定された労働者災害補償保険法および失業保険法で構成されていた。これらの被用者保険法は、当時の講学上では労働者保護法の一部に位置付けられていた。福祉関係の法は戦前の救貧法の系譜を引くものとして、行政法の周辺領域に置かれていた。この二つの領域が独自の法領域として認識されるには、なお相当の年月を要した。この時期でも、福祉関係の特定の立法について優れた解説や研究が無かったわけではないが、まだ社会保障を独自の法領域として確認するには至らなかった。

六〇年代になって、国民皆保険・皆年金の体制がともかくも実現した。これによってわが国の社会保障制度の基礎的な枠組ができたのである。しかしその制度体系と給付水準は、まだ初期的な貧弱さを免れていなかった。したがってそれ以後の政策では、保障水準の引き上げと制度の体系的整備が主要な課題となった。以下に、その時期の社会保障法学の形成過程について、筆者の研究と重ね合わせた素描を試みることにする。

二　社会保障法学の形成と展開

1　社会保障立法の集積と社会保障法否定論

戦前及び戦中期には、社会保障という観念そのものが存在しなかった。戦後になってGHQから政府に示された憲法草案にsocial securityという文言があったが、当時の政府仮訳では「社会の安寧」となっていた。securityという語を治安の意味にとらえたのであろう。そのような状況であったから、憲法二五条が社会保障を国の責務と規定した当時は、保障の実体は貧弱そのものであった。老齢年金の受給者はまだ発生せず、生活保護規準は救貧的水準から遠くはなかった。生存権保障はプログラム規定であるとの学説は、理論的にはともかく当時の実態の表現としてみればあまり違和感がなかった。そのような状況であったから、社会保障制度に関する法学者の本格的研究は皆無であった。

戦後の社会法学者の関心はほとんど労働法に集中され、被用者の社会保険法も労働法で扱われていた。しかし地域住民を対象とする社会保障関係法が増えてくると、労働法から相対的に独立した社会法の一体系としての社会保障法を構想する研究者も現れてきた。やがて社会保障法という独自の法領域形成への理論的試みが、少数ではあれ論文として発表された。

社会保障に関心をもつ研究者のあいだでは、五〇年代に入るまでは、新しく成立し、あるいは改正された社会保障関係各法を個別的に研究し、その政策と現実に生起する法的問題点を検討するのが支配的傾向であった。その時期の注目すべき業績として、小山進次郎氏の『生活保護法の解釈と運用』、小川政亮氏の一連の生活保護法研究論文等があった。そのほかに保障関係各法についての解説書や、先進諸国の保障制度の紹介等が出版された。この時期は社会保障法学の端緒期であったといえよう。

社会保障という新しい制度とこれに関する一連の法を、どのように把握すべきかという問題が、社会法学の論文として発表されるようになったのは、国民皆保険・皆年金が制度化された昭和三五（六〇）年頃からであった。その頃筆者がとくに注目したのは、当時の著名な労働法学者からの端的な社会保障法否定論（石井照久『労働法総論』法律学全集二三一頁）の提起であった。その要旨は、社会保険関係立法の現段階では、社会保障法という統一的かつ独自の法領域を認めるのは妥当でなく、また可能でもない、というものであった。この断定は、従来の法学の視点からする見解の典型的な表明であった。社会保障関係法の主要な領域を占める社会保険各法の大部分は、労働者が対象の被用者保険の法であり、それは労働保護法の一分野に位置付けられる。その労働者保険のほかに、非労働者層を対象とする国民保険の法が加わり、また労働生活から切り離された人びとを対象とする生活保護法や社会福祉法等がある。これらを一まとめにして社会保障法が存在するといっても、労働法の原理と対象領域をふまえた見地からすれば、そこに統一的な原理は見出せず、雑多な法の集積があるにすぎない、ということになる。この所論はその限りでは論理的であった。だが、論理の筋は通っていても、社会保障が制度的にともかくも基礎を形成して国家予算の相当部分を占め、それを構成する諸立法が一つの集団をなして憲法の保障する生存権確保の制度としての機能を期待されているとき、社会保障とは法的には統一原理を有しない雑多な立法の集合体にすぎないと断定し去ってよいのであろうか、との疑問を禁じえなかった。社会保障とは法的には何であるのか、この問題を、既存の法原理や体系に立って考えるのではなく、現代社会の新しい必要によって生成してきた社会保障という新しい制度の目的や内容、機能等に即して、その法原理と体系を構成すべきではないか、これが筆者の考えであった。ときあたかも、内容貧弱とはいえ国民皆保険・皆年金の枠組みができ、社会保障の充実と整備がつぎの政策課題とされる時期にさしかかっていたのである。

2　社会保障法理論の基礎作業

社会保障は、法的にみて一個の体系的存在を認めうるものであろうか、という疑問は、最初に赴任した大學で労働法と社会保障法の講義を担当したとき、筆者の脳裏にもあった。そのようなときに前述の明確な否定論に接したのであるが、そのように割り切るのにも釈然としないものがあった。著名な労働法学者によるわが国最初ともいうべき社会保障法の体系書も、さきの否定論とはニュアンスは違うが、社会保障の法学的研究の貧困を指摘する見解（吾妻光俊『社会保障』法律学全集の〈はしがき〉は「社会保障の領域に関する文献は内外ともに皆無に近い」という）に接した。

このような社会保障法否定論や基礎的研究の空白は、社会保障を一個の法原理体系として把握しようとするとき、まず突破すべき障壁であった。著者が最初に社会保障法の講義を担当（五五年頃）した頃は、これが正規の講義科目になっている大学は稀で、伝統的な法学部では皆無ではなかったかと思う。講義で最初に取上げるべき総論をいかにすべきかに悩んだ。どうにかまとまった考えに到達したのは、講義を始めてからかなりの年月を経てからであった。それが「社会保障の法的構造」〈熊本法学五号、六号、発行六五、六六年、のちに荒木『社会保障の法的構造』有斐閣刊〉である。そこでは、社会保障法がすべての人びとをその生活手段のいかんに関わらず「生活主体」としてとらえ、そこに独自の生存権法理と領域があり、そこに法としての体系の存立を認めうる、と論じた。この論文が、自身の社会保障法研究の土台となった。研究領域を労働法から社会保障法へ拡げ、後者を社会法の一領域として積極的に位地付ける作業を重ねていった。しかし、この社会保障法理論に対して、後に述べるように社会保障の階級的側面を捨象するものとの批判が少なからずあったことも付言しておかなければならない。それは、当時の社会法学界の一般的な考え方の反応を示すものであった。

この「法的構造」の論文に前後して、筆者と同じ年代の研究者が相次いで社会保障の法理論、体系論を展開した。戦前・戦中からの研究者を第一世代とすれば、第二世代の登場であった。第一世代の社会保障法研究者としては、菊池勇夫、吾妻光俊、有泉亨の各教授たちが著名であり、沼田稲次郎教授は第二世代の最年長といったところであった。菊池教授は戦前・戦中期に社会事業法や社会保険法につき研究を進めていたが、戦後いちはやく九大で社会保険法の講義を行い、労働法と社会保障法を社会法に属する二大領域として定着させる基礎を築いた。吾妻教授は前述のように、法律学全集で『社会保障法』を担当し、わが国ではじめてこの分野の体系書を著した。有泉教授は労働法学の碩学であり、社会保障法学会の前身である社会保障法研究会の代表世話人、また日本社会保障法学会の初代代表理事として研究者の結集と学会の発展に大きく貢献した。沼田教授は労働法学の一方の旗頭としての業績が顕著であったが、高度経済成長期の頃から社会保障法についても鋭い論文を展開するに至り、学会でも指導的役割を果たした。第二世代の研究者は当時まだ助教授クラスが多く、第一世代の学者から直接または間接の指導・影響をうけて、それぞれ活発な研究活動を展開していた。筆者とほぼ同年代で社会保障に深く関わった研究者には、林迪広、角田豊、小川政亮、佐藤進、西原道雄、古賀昭典等の諸氏があった。

3　基礎的研究の発酵

第二世代の研究者の関心は、社会保障制度の展開によって集積されてきた関連立法を、法学の側からどのように把握し、また分析し批判する基礎を固めるか、ということにあった。そのためには法体系としての社会保障否定論を克服することが避けられないと考えた。この観点から積極的に法体系論を展開したのは佐藤進、荒木誠之で、すこし時期をおいて籾井常喜、高藤昭、坂本重雄等の諸氏が続いた。佐藤氏は社会保障の制度体系に即して社会保険法、公的扶助法、社会援護法および社会関連環境整備法の四部門説をとり、みずからこれを機能的分類と称した（佐藤進『社会保障の法体系・上』勁草書房、昭和四四年、一四〇頁以下）。その基底に生存権保障が据えられているのは勿論である。この佐藤説は生成発展する具体的な社会保障法制を制度領域毎に区分して整序するもので、当時の一般的な理解を法的に洗練したものであった。この体系論は制定されている法令の形式にそって理解する上で有意義であるが、その各制度が生存権とどのように関わり、また相互の関連がどうなるのか等について、かならずしも明瞭ではない憾みがあった。また、機能的分類としても、たとえば医療保障について社会保険方式にするか税負担の給付方式にするかは、政策的選択の問題であって、わが現行法は社会保険法の形態をとるが、理論的にはそうすべき必然性はないと思われる。筆者は、制度論や機能論を否定するのではなく、それを一つの認識方法として認めた上で、より基本的な見地から立論する方向をとった。保障ニーズの性格とそれに対応すべき保障給付の具備すべき内容を確かめ、そこから社会保障の法的原理と体系を構成すれば、そこから現行法令を論理的に整序でき、同時に現行の法制度や政策についての一貫した批判的検討も可能となるであろう。このような考えが、先述の「法的構造」論の根底にあったが、まとまった佐藤説に接したのは筆者の論文執筆後であった。

この「法的構造」論に対する多くの批判や疑問は、二つの点に集約できる。一つは、所論は現行法の形態と異なるというものであった。その主張は、荒木の法理的体系付けは現行法制の在り方と一致せず、将来の構想図だというのである。これは誤解に近く、あえて反論するほどのことはなかった。法体系論は、多種多様な制定法令を論理的に整序する拠り所を提供するものであるから、法体系論が現行法のとっている存在形式と一致しない(たとえば、荒木は現行の医療保険各法と福祉各法を同じく生活障害保障法に位置づけている)との批判は、的を射たものとは思われなかった。もう一つの疑問・批判は、社会保障法の法主体を、現実の多様な生活手段の差異にもかかわらず「生活主体」として把握することにより、社会保障法の独自性、したがって法としての体系性を承認する、という基本的な法認識と論理構成に向けられた。その批判の要点は、「社会保障の権利主体の社会的ないし階級的地位を不明瞭ならしめ」る危険性を含む（片岡曻「労働基本権と社会保障の権利」日本法社会学界編『社会保障の権利』八頁）ということにあった。社会保障のもつ階級性、資本主義体制の維持手段としての政策等が無視ないし軽視されている、という指摘は、社会保障のイデオロギー批判を根底にしたものである。筆者が社会保障制度の持つ資本主義経済体制の維持機能を認識しながらも、あえて生活主体論をとったのは、現代の社会保障が低所得階層対策から脱して、社会構成員を包括する普遍的な生活保障へ展開するのは必然的である、と考えたからである。したがってそれに法理的基礎を固めることにより、新しい立法展開への筋道を、単なる政策論にとどまらず法理論としても示すことができるであろうと考えたのである。前述の批判は、おなじ第二世代の親しい研究者からのものであり、また同じ趣旨の批判や疑問がいくつか提起されたので、私見について敷衍し、かつ疑問に対する見解を述べたことであった。

その後、社会保障法の原理および体系について、佐藤、荒木等の議論をふまえ、これを批判しつつ自説を展開する著作がいくつか現れた。なかでも籾井常喜『社会保障法』（総合労働研究所、昭和四七年）と高藤昭『社会保障法の基本原理と構造』（法政大學出版会、平成六年）の総論部分が代表的なものであった。やがて社会保障の原理論や体系論をめぐる議論は一段落し、高度経済成長下の具体的な生活保障問題、すなわち高齢者や障害者の社会福祉サービス、医療保険の改革、産業構造の変化と技術革新による大量失業などへ研究の関心は移っていった。

4　日本社会保障法学会の発足

社会保障法の研究団体として社会保障法研究会が発足したのは、七七（昭和五二）年であった。この研究団体は、社会保障に関心のある研究者で結成したもので、実施的な発起者は当時若手の角田豊、佐藤進の両氏であったと思う。有泉亨、沼田稲次郎の両教授をまとめ役にいただき、最初は小じんまりとした研究会として活動をはじめた。これが発展して八二（昭和五七）年に日本社会保障法学会となった。結成のいきさつからして、その母体は労働法学会といっても過言ではない。いまも会員の多くは労働法学会にも所属しており、理事の大半もそうである。西原道雄教授のように社会保障法に造詣の深い民法学者が最初から有力メンバーとして活動されたので、社会保障法学会がしだいに多彩な研究者を迎え入れることになった。

社会保障法の独自性を考えるとき、一つの問題は労働法との関係であった。両者は社会法として同一の法領域に属するのであるが、その共通性と相対的な異質性をいかに捉えるか、これが社会保障法の基礎理論に関わってくる。伝統的な市民法との関連においてみるとき、労働法は市民法と同一の基盤に立ちながらもそれを制約するところに成立するが、社会保障法は市民法的契約関係に介入するのではなく、市民法が事実関係として放置してきた領域に新たな法関係を形成するものである、というのが筆者の基本的な考えであった。労働法と社会保障法との関係の考察は、社会保障法の独自性と存在意義を確立する理論作業の過程で重要な検討課題と考えられるが、当時これを意識的に取上げた論文はさほど多くはなかった。

三　社会保障制度の展開と研究の動向

1　社会保障制度と研究の展開

時期的には少し前後するが、皆保険・皆年金以後の社会保障法制の動き、その間の研究者の論点、社会運動の展開等について、印象に残るいくつかのことを述べておこう。

国民健康保険法の改正と国民年金法の制定による国民皆保険・皆年金の実現で、わが国の社会保障制度に一応の基礎的枠組みが与えられた。つぎの段階では、保障水準の引き上げと制度の整備が政策課題となった。その時期に朝日訴訟、ついで堀木訴訟が提起された。前者では生存権の実質が問われ、生活保護法の貧弱な最低生活規準の実態がはじめて一般に知れわたった。それまでは、社会保障は一部の学者や官僚等の関心事ではあっても、一般の人びとにはまだなじみのうすいものであった。この訴訟は原告の死亡により終結したが、大法廷の生存権についての「意見」が出され、また行政面では保護基準の引き上げをもたらした。また堀木訴訟では、障害福祉年金と児童扶養手当との併給調整規定の違憲性が争われた。このケースについても、報道をつうじて当時の社会福祉立法の在りようと問題点が一般に知られることになった。判決は上告棄却で終結したが、争点となっていた併給調整規定は裁判の過程で改正され、提訴の目的は実質的に達成された。この二つの訴訟によって、はじめて生存権の法理について本格的な検討がなされ、学説上もはなばなしい論議が展開された。また社会保障の政策や制度の展開に大きな影響を与えた。その意味で社会保障史における画期的な訴訟事件であった。

朝日訴訟と堀木訴訟には、社会保障研究者の多くが積極的にコミットした。その点については小川政亮著『堀木訴訟運動史』（法律文化社、昭和六二年）をはじめ多くの研究・記録がある。朝日訴訟で最高裁の示した見解、すなわち最低生活基準の設定は厚生大臣の合目的的な裁量に委ねられるとの解釈は、堀木訴訟でも立法権の裁量について踏襲された。これで判例の理論は定着したといってよい。学説では、朝日判決は司法の過度な自己抑制の現れであるとして、批判が少なくなかった。また、生存権保障規定に具体的権利性を認める主張も展開された。この二つの最高裁の判断をめぐって、憲法学と社会保障法学の研究が深められたのはいうまでもない。その後、合目的的裁量論は下級審判決で踏襲され、上告審での注目すべき違憲訴訟の提起もなかった。高度経済成長の波に乗って社会保障制度の質・量にわたる展開の時期を迎えると、生存権をめぐる議論は少なくなり、個別的問題やテーマに研究者の関心が移っていった。

2　社会保険法の展開と学界の論点

高度経済成長期には、社会保険と社会福祉の制度で法改正と新立法が続いた。医療保険では被用者と地域住民とのあいだの給付較差の縮小、高額療養費の導入、国民健康保険における退職者医療の新設等があった。これらは医療へのアクセスを容易にする上で、大きな進歩であった。しかし反面では、医療の荒廃といわれる歪み現象も現れてきた。保険財政の問題も深刻化してきた。抜本改正論の一応の到達点が老人保健法の制定であった。この法律は、それまで老人福祉の措置により無料化していた老人医療に一部負担（定率ではなく定額負担）を導入した。日本医師会はもちろん世論の傾向も、患者負担を復活するのは医療保障の後退であるとして、この制度に批判的であった。

学説上でもこの患者負担に批判が集中した。私見では、低額の患者負担の問題よりは、疾病予防と治癒後のリハビリテーションを医療給付と結びつけた点を重視し、これを医療保障の根本的改革の第一歩とする可能性を評価できると考えた。その観点から、制度の展開方向を展望（ジュリスト七六六号、昭和五七年）した。これは当時では少数意見であったように思う。ともあれ、医療保険の抜本的改革となると、関係諸団体の利害が複雑にからみあって、老人保健法の内容も、法案審議が終わったときには当初の案からかなり後退していた。法成立以後の改正も部分的手直しに終始して、医療保障の抜本的改正はいまなお懸案事項となっている。医療保障の改革が、多分に政治的要素を含んでいることを如実に示している。

社会保険の分野では、労働保険に大きな変化があった。まず労災保険法に年金給付が採用され、それまでの労基法と表裏一体であった補償が独自の内容と機能を持つようになった。その背景には、三井三池炭坑の爆発災害による多数の被災労働者の医療と生活保障の問題があり、また他方では社会保障、とくに年金制度の展開があった。筆者は、この労災保険法の変化を、労働条件保護から被災労働者とその家族の生活保障への発展として捉え、内外の学説展開をその国の法制のありようとの関連で検討して労災補償の理論を考察した。のちに『労災補償法の研究』（総合労働研究所、昭和五六年）として公刊した。やがて学界で補償理論をめぐって議論が交わされたが、筆者の研究が労災問題の労働法学と社会保障法学の両面から検討される機縁となったのであろうか。

もう一つの変化は、失業保険法から雇用保険法への移行であった。これは技術革新と産業構造の転換により、大量失業が発生しはじめたので、失業給付と積極的雇用政策を結合させて労働力の流動化をはかるものであった。この積極的雇用政策は、主要な産業諸国に共通してとられた政策で、日本独自のものではなかったが、わが国の伝統的な雇用慣行に行政的指導と誘導が作用し、その変化をうながす作用を営んだ。この点をめぐって社会保障法学および労働法学の両面から議論が展開された。労働法学では、失業者の適職選択権を無視ないし軽視するような労働力流動政策の強行に批判が集中された。社会保障法学の見地からは、失業の認定（ここにでも適職選択権の問題が生じる）上の問題のほかに、失業給付の手続と内容が雇用政策へ従属することへの懸念と批判が出された。ともあれ、わが国が失業率三％を超えずに産業構造変化の危機を乗り越えた。欧米諸国では一〇％前後の高い失業率に達したことを考えると、これは先進国に例をみない経過であった。日本的雇用慣行を背景に雇用政策と雇用保険が相まって、一定の雇用維持機能を果たしたと言えようか。

3　福祉立法の新展開

高度経済成長期になると、一般の生活水準が向上し、多くの人びとが中流意識をもつようになった。他面で高齢者や障害者の生活上のニーズはむしろ増大した。そこで福祉優先のスローガンのもとに、まず革新自治体で福祉サービスの充実がはじまり、それが他の自治体に普及すると、国レベルでもこれに追随した。行政上の施策に加えて、法制面では新たに老人福祉法、精神薄弱者福祉法〈現行の知的障害者福祉法〉、さらに母子福祉法〈現行の母子寡婦福祉法の前身〉の制定があり、福祉立法の第二の展開期を迎えた。この時期になって、福祉制度を低所得階層への特別な施策とする従来の考え方と法制が見直され、生活上のハンディキャップをもつ人びとと一般へ福祉サービス対象が拡大された。これは筆者がつとに主張してきた生活障害保障の論理が、実定法の上でも現実化されたもので、戦後二〇年余にして福祉サービスに社会保障給付としての普遍性が与えられたのである。この制度変化をノーマライゼーション、インテグレーション等を進めてきた北欧福祉政策の影響とみて、それらの解説や紹介が盛んに行われた。モデルを外国に求めればそういうことになるが、生活障害保障を所得保障と並立する独自の給付体系として認識していた私見では、これは保障論理の必然的な展開経過であり、北欧の経験はこの必然性を政策化する上での適切な先例となったのである。

老人福祉法は老人保健法と関わりが深く、高齢者の生活ニーズに対応する法制と施策が相対的に独自の領域として意識されてきた。制度の運営面で医療と福祉サービスとの連携が求められるようになった。しかし伝統的な縦割り行政は急には変わらず、基本的には行政改革の課題となっていた。ただし市町村段階では、老人保健計画と老人福祉計画が一体的に扱われるなど、両者の関連性は徐々に進んできた。地方分権の実施段階になって、これが制度的にさらに前進することになった。

福祉サービスは措置という行政処分によって行われてきたので、福祉の受給権は実態としてはないに等しい状況であった。養護老人ホームの福祉施設としての貧弱さ、また特別養護ホームの絶対的な不足、さらには老人ホームについての偏見の残存等もあって、介護を必要とする老人が福祉施設に入所せず、または入所できず、患者として病院・診療所に入る社会的入院がひろがった。障害者福祉でもニーズに適応したサービスが得られない実実態があった。法的には、福祉の受給権の確保が主要な論点となり、福祉の受給権の確保が主要な論点となり、研究者は当時の福祉法制のもとでいかにして受給権を確立するか、に苦心した。しかし法制的な限界を解釈論で突破するのは容易ではなく、また裁判所も、ニーズに応じた受給権を認めるには実定法上の規定がかけているので、老人ホームの個室入居の請求を退けてた裁判例もあった。生活障害保障の論理からすれば、医療保険に類する制度を老人福祉サービスに採用することが可能で、またそれは一般になじみ易い制度になろう考えた。しかしこれを制度化するには、なお検討すべき問題があるので、論文として私見を提示するには到らなかった。実際上も介護保険構想が立法段階に登場するには、まだかなりの時日を要したのであった。この時期に発表された福祉の権利論はかなりの数にのぼるが、その代表的な著作として河野正輝『社会福祉の権利構造』（有斐閣、平成三年）を挙げることができる。

以上で本稿の主題に関わる部分は終わるが、以後の動向と若干の感想を簡単に記して稿を閉じたい。

四　高齢社会へむけての制度再編成へ

1　再編成の要因

戦後約半世紀近くを経た八〇年代には、わが国の高齢社会が現実のものとなり、同時に少子化も進んできた。核家族化が一般化し、既婚女性の就業は増加した。老人のみの世帯、独居老人も年々ふえてきた。人びとの生活意識も、戦後しばらくとは大きく変わってきた。これらの変化は、それまでの社会保障関係各法が前提としてきた基盤が揺らいできたことを意味する。このままでは、社会保障が変化する社会的条件のもとで本来の機能を維持することが難しくなり、財政的にも行き詰まることが明かになった。そこで社会保障全般の根本的な見なおし、いわゆる制度の再編成が政策課題の中心となってきたのである。

制度再編成の基本目標は、経済低成長下で進行する高齢社会への対応である。その基本方向は、適正な保障水準を維持しながら保障財政の収支バランスを確保する長期的プランの策定と段階的実施であった。そしてすでに既存の法制の見なおしが行われてきた。所得保障では年金法、医療では老人保健法、社会福祉サービスでは関係福祉各法、これらが再検討の対象とされてきた。介護保険法もその産物であった。

高齢化社会に耐えうる社会保障にむけての制度改革には異論はありえない。だが具体的な改革の中身となると、給付水準をどう設定するか、負担と給付の適正なバランスをいかにするか、運営の直接の担い手と法的責任の所在をどうするか等について、基本的な点について国民的コンセンサスがなければならない。そこにはいくつかの選択肢がありうる。これまで保障改革のビジョンやプランは、多くの審議会の報告等で展開されてきた。それらの内容については周知の事として省略し、ここでは社会法学の観点から若干の私見を述べるにとどめる。

2　制度再編成の法的課題

社会保障改革のプランは、これまで主として経済的、政策的見地から進められてきた。その過程で法学者がこれに積極的にコミットしてきた形跡はない。社会保障法学者はこれらの改革案に対して、そこにひそむ法的問題を指摘し、あるいはその改革発想にある効率主義、市場論理への傾斜を批判してきた。それがどの程度において法改正に反映されたか、つまびらかにしないが、改革の基本方向は、市場原理に立つ効率重視、民間活力誘導に向かって進み、社会保障における公的責任の後退が顕著である。たしかに、制度創設期の国家中心の制度構成や過度の公的規制がいまや修正を迫られるのは当然であるが、あまりに楽天的な市場主義への移行と公的責任の回避は、社会保障の本来の性格・機能を変質させるおそれがないとはいえないであろう。

社会法の研究者は、現在の諸条件をふまえた社会保障の再構築に、いま一度正面から理論的に立ち向かう時期に来ているように思われる。これは困難な理論作業となろうが、若い世代の研究者に期待しなければならないであろう。

（付記）　本稿は、筆者の熊本学園大学における最終講義の一部を再構成したものである。老学究の回顧録に近いが、研究者として社会保障の形成期をともに過ごしてきた畏友西原道雄教授の古稀の祝賀に献呈させていただく。

資料

25 近代公的扶助制度の形成と帝国議会の役割
――窮民救助法案――

桑原洋子

一 はじめに

本稿においては、近代における公的扶助制度の形成過程を帝国議会議事録に依拠して論考する。これは、官報に公刊されている帝国議会議事録ならびに議事速記録を出典とすることは、その資料に客観性と信憑性があると考えるからである。また帝国議会という公の場における議員の発言、そこで行われた議論には、その時代の公的扶助制度に関する国民感情が如実に露呈されているといえる。さらに議会に提出される「法案」というものは、研究対象として客観性があり、その中から近代における生存権思想の存否を読みとることが可能であるといえよう。このことは、公的扶助制度の形成に帝国議会が果たした役割を浮彫りにしうると考える。

「社会福祉法」が制定され、個人の尊厳を基本理念とする社会福祉制度が形成されていく現在においても、生存権に立脚した公的扶助立法は社会福祉に関する法令のなかで基本的な役割を担うものである。

制度は歴史的な背景や文化的風土、政治などの土壌に根ざして形成されていく。歴史とはラテン語のヒストリエを語源とし、情報・資料の収集、整理を意味するが、収集し得た資料が客観的で正確なものであることが前提である。その意味では近代において、公的扶助立法の中核であった恤救規則の改正に関する帝国議会における論議を、議事録に依拠して検討することは、今後の社会福祉法制がどのように展開していくかについて、その方向性の予測を可能とする。また帝国議会議事録に呈示されている議論は、ニーズがあっても制度が形成されなかったのはなぜなのか、という問題意識を我われに喚起させる。

本稿でとりあげるのは、成文化されることのなかった「恤救規則（明治七年）」の五つの改正案の中の一つであって、第一回帝国議会に提案され、否決された「窮民救助法案」である。

政府提案のこの法案が、第一読会を設け、反対派の意見も取り入れて修正案まで策定したにもかかわらず、なぜ廃案となったのかを検討することは、帝国議会発足当時の窮民にたいする民選議員の人権思想を探ることであり、このことは社会福祉法制史研究の基盤であると考える。

明治後期において立案されながらも、否決・審議未了・議会への不提出により、成文化されなかった「恤救規則」の五大改正法案とは以下のものである。

①明治二三年一二月政府提案として第一回帝国議会衆議院に提出された「窮民救助法案」（否決）、②明治三〇年二月大竹貫一・元田肇他二名より議員立法として第一〇回帝国議会衆議院に提出された「恤救法案」（審議未了）、③明治三〇年三月、恤救法案と同じく大竹貫一・元田肇他二名により第一〇回帝国議会衆議院に、議員立法として提案された「救貧税法案」（審議未了）、④明治三一年、大隈内閣の内務大臣板垣退助が中心となって

内務省の省議にもとづいて起草された「窮民法案」（同法案は第一三回帝国議会に政府立法として提案される予定であったが、提案を行うこととすらなくほうむりさられた草案である）、⑤明治三五年二月二八日、第一六回帝国議会衆議院に立憲政友会の安藤亀太郎により議員立法として提案された「救貧法案」（審議未了）である。

二　近代国家の始まりと救貧制度

近代は一つの時代区分であるが、時代区分とは、歴史の推移による各段階の変遷・発展をその特質に基づいて区分することをいう。わが国における近代は、幕藩制国家から天皇制国家に転換する起点となった明治維新より始まると一般にいわれている。しかしそれをどの時点からとするかについては説が分れている。

たとえば、石井良助は「……近代というのは安政五（一八五八）年以降、太平洋戦争終了の昭和二〇年（一九四五）までの八十七年間である」(1)と定義している。つまり神奈川条約を幕府が締結し、開港した時に近代国家が始まったとしているのである。その他、幕藩体制の矛盾が顕在化した天保期以降とする説、アメリカ東インド艦隊司令長官ペリーが米国大統領フィルモアの国書を携えて浦賀に来航した時とする説、大日本帝国憲法制定により近代国家体制が整備された時とする説などがあり議論の分れるところである。

本稿では、徳川幕府の倒壊を経て、明治政府により統一国家が形成された明治元年を近代のはじまりとする。この時点で諸外国に対して王政復古と天皇の外交権が確立し、同時に太政官代が正式に設置された。

公的扶助制度の形成過程を帝国議会における論議をふまえて論考するという本稿の目的からいえば、大日本帝国憲法施行時以降を近代と定義するべきであるかもしれない。しかし、太政官制のもとで明治政府が制定した恤救規則は、その制定後、約半世紀にわたり公的扶助の基本法として機能した。その意味で、社会福祉法制の時代区分としては太政官制が確立された明治元年以降を近代とする。

恤救規則は、明治維新により職を失った多数の武士の失業者が窮民となり、浮浪者となることにより生ずる治安の紊乱を防止して、明治政府の基盤を確立するという目的をもつ法令であったといえよう。その意味で「明治政府の行財政の実施を実力でもって保障した……新しい軍隊と警察」(2)と同じ役割を担うものであったといえる。それは「明治六年の徴兵令施行に抵抗して起こった血税一揆の鎮圧」(3)直後に制定されたという時期的な一致が見られるからである。つまり明治維新は、ある意味で「古き良き制度の破壊であり、新文明の建設であったが、之に伴ふ政治経済上の急激なる変革は社会生活の上にも非常な影響を来たし貧困救助の必要が漸く切実となるに至った」(4)のである。

太政官は律令制度の下で天皇に直属する最上位の国家機関であって国政の運営を中心となって行う宮司であった。既述のように明治維新後、政権の樹立と同時に太政官代が行政機構として設置され、明治一八年内閣制度が実施されるまでの期間、天皇につぐ中央権力機構として中央集権制度の確立に寄与した。(5)この太政官制のもとで制定されたのが「恤救規則」(明治七・一二・八、太政官達一六二号)である。

太政官の下には正院と右院・左院が置かれ、各省は正院に属した。右院には議長・副議長・議官・議生を置き、正院の下位機関である各省庁の起草する立法草案の審議がその職掌であった。左院は本来、立法諮問機関であったが、明治四年、その権限が拡大され、政府が国民に布告する各法令の審議・地方長官会議の開催・憲法草案の起草等を担う国家機関となったが、明治八年、元老院が立法府として設置されると共に廃止された。(6)

このような政治機構のもとで制定された恤救規則は、個人の慈善心に訴え、人民相互の情義によって窮民を救済し、国家は最低の限度においてしか直接これに関与すべきものではない、という原則に立っていた。これは養老令の戸令がもっぱら五保の制度に依存したのと同一の思想にもとづくものであって、国家が積極的に責任を負わないことを表明した法令であった。それ故に厳格な制限救助主義がとられていたのである。

恤救規則の公布によって、内務省は府県の申請に関して上位機関である太政官の承認を求める必要がなくなり、救貧行政が独立していったが、他方、地方官の救貧行政権に関する裁量権を認めることになり、内務省の権限が分散する結果となった。そして明治八年七月三日、内務省達乙第四九号で府県に通達された「恤救規則救助申請調査箇条」によって、恤救規則の窮民への適用がさらに制限されていった。(7)

恤救規則の実施に関してはその後、明治一一年一二月二〇日内務省達乙第八七号による士族への適用の明文化、明治一三年の救貧恤窮施行届の件、明治一四年九月一四日「救貧恤窮施行済届書式」(内務省達乙第四四号)、明治一五年一一月一七日「救貧恤窮施行済届書式改正」(内務達達乙第六二号)が達せられた。(8)

そして明治一九年三月一二日、内務省は「恤救規則心得第八条一家数人救助ノ事等二二件稟請ヲ要セズ処分シテ後報告」(内務省令第一号)を訓令し、(9) 恤救請願は、一家数人の救助にわたる場合も本省に伺をたてずに府県に委任することとした。また本訓令は、区町村の救助方法や親戚隣保相救の情誼の欠如を叱責して、精密調査によって恤救規則の適用を減少するように訓令している。

現行生活保護法四条二項に規定する親族扶養優先の原則は、理念として同規則に内包されていたのである。そして各府県はこれに対応して官金救恤費が増大することの防止を図った。

以上のような経緯をたどって明治政府の下で公的扶助制度は形成されていった。その基本理念は、恤救は地方の権限で行ってよいが、その財源もまた地方に委ねるというもので、そのために実施された厳格な制限救助主義であった。その地方分権の精神は、現行の「社会福祉法」の理念と共通するものがある。

同規則は、その適用の実施基準があまりにも厳しいものであったがために、救済を受けることができないまま餓死したり自殺する者の数が相当数に昇り、これが社会的批判を受け、明治政府の政権の根幹が危くなってきた。このことを虞れて政府は救済の基準を緩和した改正案を作成した。これが第一回帝国議会に提出された「窮民救助法案」であった。

三　大日本帝国憲法の制定と帝国議会

内閣制度は明治一八年に創設された。それ以前に「民撰議院設立ノ建白書」が明治七年に左院に提出されており、この頃から国会開設運動が展開されていった。これを受けて当時の立法機関であった元老院は、勅旨によって憲法の起草に着手し、明治一三年には草案が出来上がった。しかしこれは外国憲法の影響を余りにも受け過ぎているという理由で採用されなかった(10)。わが国の天皇制に関する配慮がなかったということである。

内閣の成立と同時に、従来の欧米の憲法に関する調査研究をふまえて、明治一九年末、伊藤博文が中心となってドイツ人顧問ロエスレルの助言を得て、井上毅《こわし》・伊藤己代治・金子堅太郎らが起草に加わって憲法草案を作成した。この伊藤起草の憲法草案は、明治天皇臨席のもとに枢密院の審議を経て明治二二年二月一一日発布され、翌明治二三年一一月二九日第一回帝国議会開会の日にその承認を得て効力が発生した。これが「大日本帝国憲法」と呼ばれるもので、七章七六条より成る(11)。

一般に明治憲法と呼ばれている同法は欽定憲法であり、天皇大権の下に置かれるものではあったが、その発布により、わが国は近代的立憲国家として、三権分立制度が形式上確立された。司法・立法・行政は、それぞれ国家機関として分離独立し、相互に不可侵のものとなった。帝国議会は大日本帝国憲法に規定する立法機関であると同時に予算に関する協賛権を持った。また帝国議会は、貴族院と衆議院とからなる二院制をとるもので、両院は憲法上は対等の権限をもつものとされていた。

貴族院は大日本帝国憲法と貴族院令に規定された上院であるが、第二院という位置づけにあった。貴族院議員は、成年の男子である皇族、世襲の公爵・侯爵と伯爵・子爵・男爵の同爵者の間で互選された華族、勅撰による国家への功労者・学識者間と各府県一名の多額納税者間の互選ならびに帝国学士院会員の互選からなる勅任議員からなるもので、特権階級の者により構成されていた。

衆議院は、明治二二(一八八九)年二月一一日に公布された衆議院議員選挙法により選出された議員により構成される第一院であって、貴族院と対等の権限を持つが、予算については貴族院に対して先議権をもった。衆議院議員は民間から選出されるものではあったが、選挙人資格を、直接国税一五円以上を納める二五歳以上の男子とする制限選挙制をとったため、有権者の数は四五万八七二人であって、これは人口の一・一三%に過ぎなかった。(12)従って民間から選出されたとはいえ、各議員が貧困の実態を知っていたか否かは不明である。

帝国議会は天皇の協賛機関であったが故に、最終的な決定権つまり大権は天皇にあった。帝国議会は法律案・予算案を有効に成立させるために必要な意思表示をなし得るにすぎなかったのである。こうした政治的・社会的背景を基盤として恤救規則の改正案が帝国議会で審議されることとなった。

明治二三(一八九〇)年七月一日、わが国最初の衆議院議員の選挙が行われたが、国民の関心は高く投票率は九三・九パーセントであった。しかし選挙権を持つことができたのは、既述のように国税を年一五円以上納めている富裕な者に限定されていた。

第一回衆議院議員の選挙の投票方法は、記名投票であった。選挙人は投票用紙に立候補者の氏名を記載するだけではなく、投票者自身の氏名を書き押印しなければならなかった。この投票方式を採ることで、政府は吏党（与党）が優位になると考えた。しかし結果としては民党（反政府派）の議員の当選が圧倒的多数となった。大成会七九議席・国民自由党五議席と吏党は八四議席であった。これに対して立憲自由党一三〇議席・立憲改進党四一議席と反政府派は一七一議席を獲得し、中立は四五議席であった。中立派の四五議席を除いても民党の議員数は吏党の倍を越えていたのである。

四　第一回帝国議会と「窮民救助法案」

大日本帝国憲法制定直後、「窮民救助法案」が第一回帝国議会に政府委員により提案された。これは、従来、基本的公的扶助立法であった恤救規則が救貧立法として、社会状況に対応し得なくなっており、同規則による救済の不備が社会不安を招きかねないことを施政者自らが認識していたからであろう。

この時期は、近代以降、生産過剰によりわが国が第一回資本主義恐慌をむかえた時期である。また自由民権運動が復活し、これが大同団結運動により盛り上がりをみせた時期でもある。こうした社会的背景のもとにおいて恤救規則の厳格な制限救助主義には民間から批判が出てきた。一部の窮民が救済の対象となり得ないという漏給が生じると同時に、民間の慈善家や篤志団体により行われる非恒常的施与を求めて各地をさまよう多数の浮浪者を排出した。このことは衛生上、伝染病の拡大と治安の維持について社会的不安を生じさせた。こうした状況を是正するために第一次山県内閣の品川弥二郎内務大臣が中心となって立案されたのが「窮民救助法案」である。同法案は政府提案の草案として明治二三年一二月六日、第一回帝国議会衆議院通常会に提出された。

これは市町村制実施の一年後である。この法案は二四ヶ条から成り立っており、救助対象を二種類に分け、第一種は、①不具廃疾長病不治の疾病 ②重傷老衰その他災阨のために自活能力がなく飢餓に迫る者であり、第二種は、①養育者なき孤児 ②引受人なき棄児迷児とし、一三歳未満の幼児は父母とともに救済されるものとした。救済を受け得る者は、市町村内に満一年以上居住していることが前提条件であった。

救助の第一次責任者は、市町村、ついで郡府県とした。救助内容は、住宅・衣食・医療・埋葬等であり、窮民が職業についた場合は、給付した金銭を可能な限り償還させることを明らかにしている。救助を実施するにさいしては、厳格な調査を行い、調査は警察官吏に依頼した。また自活能力がありながら欺罔により救助を受けた者は、二年以下の重禁錮に処する旨規定している。

このことは刑罰を適用することにより、濫救を防止する目的で、こうした規定を挿入したのであり、これは隣保相扶の情宜を説いた恤救規則には見られなかったものである。

第一回帝国議会衆議院において、この法案は、当時の内閣総理大臣山県有朋の通知により、内務事務次官白根専一が内容説明を行うこととなった（官報附録二二三二号　明治二三年一二月五日　九頁）。以下同法案の内容とその審議経過について述べる。

衆議院議長中島信行の指名はあったが、当日白根専一の発言はない。しかし同日午後一時に再開された議会において、政府提出の「窮民救助法案」は、特別委員会において採りあげること、ならびに同議案の審査を付託する特別委員の選挙を行ない審議にとりかかることが決定された（官報二二三三号附録　明治二三年一二月六日　三九頁）。

一二月、第一読会に提出された窮民救助法案は二四ヶ条よりなるもので以下の内容であった。

窮民救助法

第一條　此ノ法律ニ據リ救助スヘキ窮民ハ左ノ如シ
　第一種　不具癈疾長病不治ノ疾病重傷老衰其ノ他災阨ノ爲メ自活ノ力ナク飢餓ニ迫ル者
　第二種　養育者ナキ孤兒及引受人ナキ棄兒迷兒
第二條　市町村内ニ満一年以上住居ヲ占メ若クハ滞在スル者又ハ市町村内ニ於テ出生シタル者又婚姻若クハ養子縁組ニ因リテ市町村内ニ入リタル者前條ニ該當スルトキハ其ノ市町村ノ公費ヲ以テ救助スヘキモノトス一年ノ期限ハ現ニ住居ヲ占メ若クハ滞在セシ初日ヨリ起算ス但監獄病院貧院癲狂院及其ノ他ノ公設所ニ入リ看護ヲ受クル時間ハ滞在ノ期限中ニ算入セス
第三條　前條ニ掲クル一年ノ期限ハ間斷ナキヲ要ス但一時市町村ノ區域外ニ出ツルコトアルモ其ノ滞在地ヲ移スノ意アラサリシコトノ明瞭ナルトキハ其ノ日數ヲ期限中ニ算入ス
此ノ法律ニ依リ公費ノ救助ヲ受クル日數ハ期限中ニ算入セス
第四條　十三年未満ノ幼者ハ父母ニ随伴シテ救助ヲ受クルモノトス
第五條　窮民アルトキハ先ツ所在市町村ニ於テ救助ヲ與フヘシ
救助費用ハ第二條ニ該當スルモノハ其ノ市町村ノ負擔トシ其ノ他ハ町村ノ救助ニ係ルモノハ郡ノ負擔トシ市ノ救助ニ係ルモノハ府縣ノ負擔トス
第六條　救助ハ雨露ヲ凌クヘキ居所並生存ニ必要ナル衣食ヲ給與シ疾病アレハ醫療ヲ施スヲ以テ目的ト爲ス其ノ死亡ノ時ハ相當ノ埋葬ヲ爲スヘシ
第七條　窮民ニシテ勞役ニ堪ユル者ハ成ルヘク相當ノ勞役ニ就カシムヘシ
勞役ヨリ生スル賃錢ハ救助費用ヲ負擔スヘキ府縣郡市町村ニ収入シ本人ノ救助費ヲ扣除シ猶剰餘アルトキハ救助ヲ止ムルノ際之ヲ本人ニ交付スヘシ
第八條　救助ヲ受クル兒童ニハ成ルヘク相當ノ職業ヲ教習セシムヘシ
第九條　窮民ヲ救助スルニハ如何ナル場合ト雖モ本人ニ現金ヲ給スルコトヲ得ス

第十條　窮民ニシテ救助ヲ止メタル後本人職業ニ就キタルトキハ漸次其ノ救助費用ノ全部又ハ幾部ヲ償還セシムルコトヲ得但救助ヲ止メタル時ヨリ六箇月以内及三年以後ニ於テハ償還セシムルコトヲ得ス

第十一條　府縣郡市町村ニ於テ救助費用支出ノ後他ニ民法上ノ養育義務者アリテ資力アルトキハ之ヲ義務者ヨリ償還セシムルコトヲ得

第十二條　府縣郡立ノ貧院アルトキハ救助ヲ與ヘタル市町村ノ申立ニ依リ場所アル限リハ市町村ノ費用ヲ以テ窮民ヲ引受ケ入院セシムルヘシ

第十三條　窮民ハ自己ノ家族ヲ除ク外數人連結シテ救助ヲ願出ツルコトヲ得ス

窮民ニシテ救助ヲ願出ツル者アルトキハ市町村長ハ其ノ戸籍家族養育義務者ノ有無生計其ノ他一身上ノ情態ヲ調査シ其ノ出願ヲ相當ト認ムルトキハ之ヲ許可スヘシ

調査ノ爲メ必要ト認ムルトキハ市町村長ハ家宅ニ臨検シ物件ヲ捜索シ其ノ他必要ナル事項ノ尋問ヲ爲スコトヲ得

本條ノ調査ハ救助中時々之ヲ行フコトヲ得

第十四條　市町村長ハ前條ノ調査ヲ警察官吏ニ囑託スルコトヲ得

第十五條　行旅死亡人ニシテ引取人ナキ者ハ所在市町村ニ於テ假埋葬ヲ爲シ其ノ本籍氏名詳ナル者ハ其ノ家ニ通知シテ引取ラシメ且死亡人ニ屬スル費用ヲ辨償セシムヘシ若シ其ノ家赤貧ニシテ辨償スルコト能ハサルトキハ第五條救助ノ例ニ依リ市町村又ハ府縣郡ヨリ辨償スヘシ

行旅死亡人ノ本籍氏名詳ナラサル者ハ其ノ發見ノ場所年月日及本人ノ相貌景状并附屬物品ヲ詳記シ三十日間其ノ市町村ノ公告式ニ依リテ公告シ猶二回以上新聞紙ニ掲載シ公告ノ日ヨリ九十日ヲ過キテ本籍氏名詳ナラサルトキハ其ノ費用ハ第五條救助ノ例ニ依リ郡若クハ府縣ノ負擔トス

行旅死亡人ニシテ倒死變死ニ係ル者ハ埋葬前警察官及醫師ノ立會ヲ以テ検視スヘキモノトス

第十六條　行旅死亡人所持ノ金錢ハ埋葬及救護ノ費用ニ充テ其ノ他所持ノ物品アルトキハ其ノ家ニ通知シタル上處分スヘシ若シ本籍詳ナラサルトキハ前條ノ期限ヲ過キテ之ヲ公賣シ其ノ費用ヲ相除シ剰餘ハ一年間市町村役場ニ保管シ仍ホ本籍氏名詳ナラサルトキハ府縣郡ノ収入ニ歸ス

第十七條　窮民救助費用ノ負擔ニ關シ町村相互ノ間争論アルトキハ郡参事會之ヲ裁決シ其ノ郡参事會ノ裁決ニ不服ナル者ハ府縣参事會ニ訴願シ其ノ府縣参事會ノ裁決ニ不服ナル者ハ行政裁判所ニ出願スルコトヲ得
町村ト郡若クハ市トノ間前項ノ争論アルトキハ府縣参事會之ヲ裁決シ其ノ府縣参事會ノ裁決ニ不服ナル者ハ行政裁判所ニ出訴スルコオトヲ得市ト府縣トノ間争論アルトキハ行政裁判所ニ於テ之ヲ判決スヘシ
第十八條　郡市町村ニ於テ救助ノ費用多額ニ昇リ負擔ニ堪ヘサルトキハ府縣ハ郡市町村會ノ申立ニ依リ府縣會ノ議決ヲ以テ其ノ費用ヲ補助スルコトヲ得
第十九條　明治四年六月二十日布告明治六年四月第百三十八號布告明治七年十二月太政官第百六十二號達恤救規則ニ依リ従前國庫ヨリ支出シタル金額ハ此ノ法律施行前三箇年ノ平均ニ依リ人口ヲ標準トシ毎年各府縣ニ配布スヘシ
前項ノ金額ハ各府縣ニ於テ郡市町村ノ救助補助費ノ一部ニ充ツヘシ
第二十條　府縣知事ハ窮民救助ノ方法并費用辨償ノ手續ニ關シ府縣會ノ議決ヲ經テ規則ヲ設クルコトヲ得
第二十一條　地方有志者ニ於テ公然義捐金穀等ヲ募リ窮民ヲ救助セントスルトキハ募集シタル金穀等ヲ市町村長ニ委託スヘシ此ノ場合ニ於テ市町村長ハ公費救助ト同一ニ取扱フヘシ
第二十二條　町村制第百十六條ニ依リ一切ノ行政事務ヲ共同處分スルカ爲ニ設ケタル町村組合ハ窮民救助ニ關シテハ一町村ト視做ス
町村制第百十六條ニ依リ特ニ窮民救助ノ爲ニ設ケタル町村組合モ亦前項ニ同シ
第二十三條　自活シ得ヘキ者ニシテ詐僞ノ方法ヲ以テ救助ヲ受ケタルトキハ一月以上二年以下ノ重禁錮ニ處ス
第二十四條　此ノ法律ハ明治二十四年四月一日以後市制町村制及郡制ヲ施行シタル各府縣ニ施行ス
明治四年六月二十日布告明治六年四月第百三十八號布告布告明治七年十二月太政官第百六十二號達恤救規則明治十五年九月第四十九號布告行旅死亡人取扱規則其ノ他此ノ法律ニ牴觸スル成規ハ此ノ法律施行ノ地ニ於テ總テ之ヲ廢止ス
此ノ法律ハ明治十三年六月第三十一號布告備荒儲蓄法ト相關渉セス

（官報号外衆議院第一回通常会議事速記録第四号二一三頁）

この内容は、第二条三条については一六六二年のイギリスの定住法をしのばせる部分がある。そして第六条が雨露をしのぐ住居と生存に必要な衣食を与えると規定しているのは一八三四年のイギリス新救貧法の劣等処遇の原則を思い浮ばせるものである。また第八条が救助を受ける児童の職業訓練について規定しているのは、イギリスの一八五四年授産学校法の内容と酷似している。一方で財政上の理由から単独で窮民救助を行い得ない町村の協同を認めているのは広域連合を公的扶助制度に導入した始まりといえようか。さらに第二三条において不正受給について詐欺罪に準ずる刑罰の適用を認めたのは、恤救規則ではみられなかったことである。それは窮民救済の適用範囲を拡大するかわりに、刑罰というコストのかからない濫給のコントロール方法を導入しようとしたといえようか。

本法案の提案理由を内務次官白根専一はつぎのように説明している。

「……維新以來政府ガ窮民救助ノコトニ就キマシテ、……明治七年ニ恤救規則ト云フガ今尚行ハレテ居ル譯デ御座イマス、……其ノ規則ニ依リマシテ、特ニ官ヨリ救助致シマスルモノハ、彼ノ無告ノ人民即鰥寡孤獨ニ當ルモノデ御座イマス、此ノ鰥寡孤獨ヲ救濟スルニハ、此ノ規則ヲ以テシマスレバ不完全ト申スコトハ御座イマスマイ、併シナガラ其ノ區域タルヤ實ニ狭イモノデ御座イマシテ、今日……目今ノ状況ニ照シマシテハ、或ハ、狭隘ナルヲ恐レル場合ガ生ジテ來マス、ソレ故ニ彼ノ鰥寡孤獨ニ止マラズ、此ノ一時ノ災疫ノ爲ニ苦メラレテ居リマスモノデアツテ、さうシテ此ノ生活ノ力ナクシテ饑餓ニ迫ッテ居ル……ト云フモノヲ、今日デハ此ノ恤救規則ヲ除イテ外ニ救フ方法ガ御座イマセヌ、ぢやニ依リマシテ、此ノ一朝災疫ノ……天災地變ノ場合ニ於キマシテハ、……個々ノ慈惠心ニ訴ヘテ、是マデハ救助致シマシタケレドモ、如何セン多數ノモノデ御座イマスカラ、悉ク之ヲいたうト云フ譯ニイキマセヌ、……現今ノ規則ハ、……制限ガ御座イマス、其ノ他ニ及ブコトガ出來マセヌノデ、誠ニ唯此ノ座シテ饑餓ニ迫リマシテ、殆ト死ニ瀕スル……或ハ死シテ居ル場合ガアルカモ知レマセヌ、……然ルニ今日ノ救助ハ……市町村ノ公費ヲ以テ救助致シマスルガ、……其ノ他ハ……臨時ノ土木ヲ起シマシテ、ソレニ使用シテ其ノ日あたりノくらしヲサセル、……併シナガラ是ハ永遠ニ續クモノデ御座イマセヌ、又如何ニ貧民ガ窮スルトモ不急ノ土木ヲ起スト云フハ……、左様ニ長クやル譯ニ往キマセヌ、ソレカラ最ウ一ツ……義捐ノ事ニ就キテハ、誠ニ其ノ心ハ好ミスベキコトデ」、あるが、「此ノ弊害ト云フモノモ亦多イコロデアル、何ントナレバ甲村ニ救助ノコトヲ義捐ヲ以テ行ヒマスレハ、乙村之ヲ傳播シ、又丙丁ニ至リマスルト、詰リ救フベカラザル、救ハナクテモヨイ、マダ窮民タル度合ニ至ラヌモノヲ救フト云フコトニナル、又或ハソレニ馴レルト云フトコロノ弊害ガ、窮民自ラノ方ニ御坐リマス、……却ツテ……惰民ヲ養成スルト云フヤウナ場合ニ至ルマイカ、……じやニ依リマシテ此ノ方策ハ、救助スルトコロノ窮民ノ第一種類ヲ定メマシテ、……其ノ窮民ニ當ルモノ、外ハ、……公ノ費用ヲ以テ、救助スルト云フコトハ致サナイコトノ本旨ニ致シテアリマス、又市町村……ハ、凡ヘテ自治制ヲ布キマシテ居リマスカラ、其ノ團体ニ基キマシテ、其ノ救助費ノ負擔ヲ定メマシテ、御坐リマス、さうシテ……義捐金等ニノミ頼ラズニスルト云フコトニナツテ居リマスデ、是ハ畢竟此ノ法律ノ趣意ト云フモノハ、一ハ以テ此ノ救助ノ一大則ヲ施行シタノデアル、一大則ト云フモノハ救助スベキ實ニ罪ナク告ゲルトコロノナイ良民デ御坐リマシテ、さうシテ饑餓旦夕ニ迫ツテ、如何トモスルコトガ出來ヌ、隣傍相救ハンカ隣傍マタさうハ行カヌ、親戚ハナイカ、親戚ガアツテモ救助スル程ノ力ガ或ハナイ、又斷エテナイト云フモノヲ、其侭打やつテ置クコトガ出來マセウカ、どうモ出來マセヌ、さう致シマシテ救助スルトコロノ制限ヲ設ケテ、危急ニ至リマシテ種々ナ弊害ヲ起シマシテ、無頼放蕩家産ヲ破リ、社會ノ秩序ヲ亂ルモノヲ救助スルコトハ、此ノ法律ノ差配セヌトコロデアリマス、……仁人個々ノ心ニ訴ヘテ救助スルコトハ宜シイガ、如何セン此ノ公費ヲ以テソレマデモ死ニ瀕シテ居ルモノニモガ、救助スルト云フコトニナルト、其ノ費用實ニ莫大ナルコトハ思ヒやルベキコトデ、取モ直サズ放蕩無頼ノ惰民ノ爲ニ、良民ヲ苦メルト云フ結果ヲ生ジテ來ル、故ニ此等ハ此ノ法律ヲ以テ支配致シマセヌ、……」（議事速記録四号五―六頁）と。

つまり「恤救規則」ではその適用にあまりにも厳格な制限があり、これでは社会の実情からみて無理があるため「救助の一大則」を施行するのが政府の意図であると説明している。しかし一方で公的支出の増大を恐れ、出来る限り親族が面倒をみることを要請している。それ故に、この法案を提案した真実の理由は、既述のように窮民を救助しないままに放置することが、明治政府の存立を危くすることを恐れてのことであろう。

この白根による提案説明に対して清水粂蔵議員（大成会＝吏党）は、この法案の対象となる者の年齢区分（一条・

四条）、「相当の埋葬」の意味（六条）、また七条において「労役ニ堪ユル者ハ成ルベク相当ノ労役ニ就カシムベシ」とあるが果してこれらの者の就労の場は年中あるのであろうか等につきつぎのような質問を行った。

「此ノ窮民救助法ノ第一條ノ第一種『不具癈疾長病不活ノ疾病重傷老衰』其下ノトコロヲ見ルニ『其他災阨ノ爲自活ノ力ナク飢餓ニ迫ル者』トアリマスガ、此ノ老衰ト云フモノニ年齢等ノ際限ノナイコトデ御坐リマスルカ、是ガ第一ニ承リタイ、……ソレカラ災阨ト云フコトモ備荒儲蓄ニ於テ行フヘキコトハ、此ノ災阨トハ別物デアルカ是モ承リタイ、ソレカラ第四條ノ十三年未満トアリマスガ、……全ク十三年迄ハ迚モ自活ニ堪ヘナイト政府ガ認メテ、ソレヲ十三年トシタノデアリマセウガ、町村ノ實況ニ就イテ見レバ、十三年ト云ヘバ最ウ舊暦十四年デアリマスカラ、自活ノ出來ナイコトハナイト考ヘマスガ、是モ説明ヲ乞ヒマス、ソレカラ第六條デ御座イマス、第六條ニ『死亡ノ時ハ相當ノ埋葬ヲナスベシ』トアルガ是ハ十五條ノ行旅人ノ死亡ナドニハ、あとで死体ノ必要ガアリマスカラ、火葬ハ出來マセヌケレドモ、此ノ條ニ於テ埋葬ト限ルコトハどうイフ必要ガアリテ、埋葬ト限リ火葬ノ規定ガシテナイカ……、第七條ニ『勞役ニ堪フル者ハ成ルベク相當ノ勞役ニ就カシムベシ』トアル、是ニ就イテハ只今政府委員モ説明ヲ致サレマシタガ、土工デモ起ツタ時ニ使ハウト云ハレタヤウデアリマシタガ、説明ノ方デハ業務ト云フコトニナツテ居ル、業務ナレバ宜シイガ、勞役トスレバ勞役ノコトハ年中ハ無イモノデアル、説明ノ方デハ業務トナツテ居ツテ分ラヌ、故ニ此ノ本條ノ勞役トハ如何ナルコトカ是モ伺ヒタイ、ソレカラ第十四條ニ『警察官吏ニ囑託スルコトヲ得』トアルガ、……どう云フ譯ガアツテ警察官吏ニ囑託スルト云フコトガ出テ來ルノカ、是丈ノ説明ヲ乞ヒマス」（議事速記録四号六頁）。

清水は、労働能力がなく、公的扶助を受けるべき者の年齢区分、六条では埋葬と書くのみでなぜ火葬について規定していないのか、災害に遭った労働能力のある窮民の活用方法等について質問しているのである。

また天野三郎議員（弥生倶楽部＝中立）は、つぎのような発言をしている。

「明治七年ノ第百六十二號ノ達以來、其達ニ依ツテ鰥寡孤獨ノモノヲ救恤シタ、其ノ人數ハ幾人御坐イマセウカ、又ソレニ要セシ金額ハ何千何百圓ニナリマスルカ、又明治四年第百三十八號ノ棄兒養育法デアリマス、是ニ依ツテ今日マデ棄兒ガ幾人アッテ、其ノ金額ハどれ丈カ此ノ二ケ條ノ説明ヲ乞イタイ」（同速記録同頁）と。

天野は従来の救貧制度による行政の具体的な救恤の実績の程度について質問しているのである。

渡辺治議員（弥生倶楽部＝中立）は、窮民救助法案の第一条二項ならびに第三条に関してつぎのように質問している。

「窮民救助法ノ筋書ノ中デ……『第一窮民救助法ハ地方自治制ト相並行セザルベカラズ』ト即一方ニハ自治制ガ布カレテアルカラ、之ト同時ニ救助法ヲ以テ往カウト云フ、是ガ第一條第二項ニ『從來ノ經驗ニ徴スルニ慈善家ノ救助ハ往々弊害ナシトセズ』サリナガラ此ノ市町村ノ救助ガ、果シテ此ノ弊害ヲ喰ヒ止メルコトガ、出來ルヤ否ヤ、是ガ第二條……第三條ニハ一番仕舞ニ『施與濫漫ノ弊ハ大抵妨遏スルヲ得ベシ』即原案ノ説明ニヨレバ、施與濫漫ノ弊ガアルガ、市町村制ノ方ナレバ之ヲ防ギ得ラル、、ト云フ様ニ讀メマスガ、此ノ事ニ就イテ最ウ一層ノ説明ヲ願ヒマス、救助法ト市町村制ト相並ビ行ハレザル爲ニ、慈善家ノ弊害ナシトセズト云フ以上ハ、然ラバ、市町村制ニ附シテ防ゲルカ否ヤト云フコトハ、此ノ中ニハとんト書イテアリマセヌガ、本案ニ對シ賛成シ反對スルニハ、大ニ心得ニナルベキコトダカラ、此ノ必要點ニ就イテ今一應御説明ヲ願ヒマス」（同速記録六頁）と。

これらの質問に対して、白根政府委員は渡辺の行った町村制と自治と救助法の関係ならびに慈善家の救助についてはつぎのように答弁している。

「町村制ト自治ト救助法ノ相隨伴シテ、行ハレナケレバナラヌコトニ就キマシテノ一段ハ、勿論町村ハ……自治ノ團体ヲナシテ居ルモノデ御坐リマシテ、……じゃニ依リマシテ只此ノ町村制ノ施行ヲシマスレバ、矢張此ノ救助法ト云フモノハ、町村ノ負擔ニ依ツテやリマスレバ、勿論能ク行届ク譯デ御座リマス、……救助ヲスルト云フコトハ即町村ガ一團体デアリマシテ、……法律上ノ一個人ニ就イテ其ノ定規ニ依リマシテ、コレ丈ノコトヲ果サナケレバナラヌト云フ譯合ニナリマス、ソレカラ慈善家ノ救助ニ就イテハ往々弊害ガアル、此ノ弊害ハ町村ニ救助ヲ負擔スル場合ニナルカ、どうカト云フ意味ト思ヒマス、勿論此ノ法律ハ敢テ慈善家ノ救助ヲ痛ク禁ズルノ精神デハ御座リマセヌ、サリナガラ、……救ハナクテモ宜シイモノヲ、救フト云フ様ナ弊害ガ起ツテ來マスさうシマスト矢張いつデモコレハお救ヒニ逢ウト云フ心ヲ持チマシテ、即惰民ガ夫ヨリ生ズルト云フ弊害ガ……是ハ現時随分御座リマスコトデ御座リマス、さうシテ町村ナレバ此ノ施與濫漫ノ弊ハ斷ヘテ防遏スルト云フコトニ至リマシテ、……此ノ救助ヲシマスト申シテモ随分其ノそれそれノ調査モシマスシ、……法案ニ掲ゲテアル、家宅ノ捜索マデシテ、彌々其ノ人ガ實ニ目下迫ツテ誠ニ一ト動モナワヌト云フ、斯ウ云フ必迫ノ場合ヲ調査スルト云フ様ナ、箇條ガ設ケテ御座イマスカラ、……じやニ依リマシテ濫ニ救助スルト云フコトガ、容易ニ出來マスマイ、……却ツテ其ノ邊ハ能ク調査ヲシテ、即救助スベキモノハ救助シ、救助スベカラザルモノハ、救助セヌト云フコトニナツテ、是等ハ即町村ノ認定ニ依ツテ然ウナルコトデアルト信ジマスル、」（速記録七―八頁）と。

また年齢区分についてまず「老衰」とは何歳からをいうのかという清水議員の質問に対して白根は、つぎのような答弁を行なっている。

「一條々々於テ、老衰ト云フモノハどう云フモノカトカ、斯ウ云フコトニナリ往キマシテハ、……老衰ト申サバ、是迄ハ六十以上ト云フコトニ現今ノ規則ハナツテ居ルガ、併シ是ハ詰リ町村ガ、老衰ト認メテ、此ノ規則ハ法律トシテ行ハル、時ハ、現今ノ法律ハ癈絶ニナルカラ、老衰ト云フノヲ五十以上トスルカ、七十以上トスルカ、又ハ其ノ間ヲ採ルカ、ソレラハ町村ノ自治ニ任セル譯デ御坐リマスル、……」と。

白根は何歳からを老衰とするかについての年齢区分に関する政府の立場の開示を回避すると同時に、これを一律に定める必要はなく、自治体によって異なってよいのではないかと逃げている。

また渡辺の行なった、「此ノ自治ノ團体を全カラシムルガ爲ニ、此ノ度ノ救助法ヲお出シニナリマシタカ、但シ目下ノ窮民ヲ救ハザルベカラズト云フノデ、此ノ自治ノ團体ノ中ヘ、此ノ救助法ヲ投込マウト云フノデアルカ、どちらニ御着眼ニナツタノデアリマスカ」という質問に対して白根は、「勿論此ノ法律ハ、目下一時ノ急ヲ救フト云フ様ナコトデハ御座イマセヌデ、永遠ニ此ノ法律ニ依ツテ、施行シナケレバナリマセヌモノデアルノデス、ぢやニ依リマシテ必ズ、今茲ニ窮民ガ澤山アルカラ、ソレヲ始末ヲ付ケナケレバナラヌト云フノデハナイト、云フコトニ辯ジタ譯デ御座イマスル」(同速記録八頁)と婉曲な表現で答弁している。つまり窮民救助は未来永劫に市町村の負担で行うこととするのが、この法案において政府が示した見解であるということであろうか。

また末廣重恭議員(弥生倶楽部＝中立)は、つぎのように予算について質問している。

「世ノ中ニ窮民ガ澤山アツテ之ヲ抛棄シテ置クト云フト、社會の秩序ヲ紊ルト云フ困難カラ此ノ案ヲ設ケタノデアル、即一ノ團体ヲナシテ居ル町村ト云フモノガ、……茲ニ貧乏人ガアレバ之ヲ抛棄シテ置カレヌカラ、社會ノ必要ハ暫ク措イテ、道徳上ノ必要カラ救助スルト云フコトニ認定ヲ致シテ、義務上カラ起ツタ譯デ御座リマセウカ、之ヲ伺ヒタイ是ガ一箇條、……次ニ此ノ法ヲ執行スルニ就イテハ、略々地方ニ於キマシテ貧民ノ救助ヲ受ケルモノガ、幾萬人ノ多キコトデ御座リマセウカ、又、此ノ法ヲ行フニ就イテハ我國ニ要シマスル所ノ金額ハ、略々幾ラト云フ所ノ御概算ガ分ツテ居リマセウカ、」と。

さらに、「東京養育院トカ慈恵院トカ申シマスルヤウナ、義務或ハ教法上、或ハ慈善家ノ考ヲ以テ、貧民救助ヲ施行シテ居ル所ノ習慣ト云フモノハ、各地方ニ於テ立ツテ居ルカ居ラヌカヲ承リタイ次ニ此ノ貧民救助法ト云フモノハ、地方ノ團体即町村ノ自治デ……此ノ地方ノ自治ニ任カシタラ、如何ナル弊害ガアルカ、必ズ是ハ法律ヲ以テ全國一般ニ標準ヲ立テ、此ノ法律ヲ布カナケレバナラヌト云フ御趣意ハ、何處カラ参ツテ來タ、」と問いかけている。

民間施設の運営方針が各地方ごとにあるのか、また地方に窮民救助を委ねた場合の弊害ならびに地方に費用負担を委ねるのであるならば、なぜ全国に適用するこの法律による制度改革が必要なのかについて末廣は説明を求めたのである。

これについて白根は、つぎのような苦しい答弁を行なっている。

「只今ノ御尋ノ所デ御座リマスルガ、勿論此ノ町村ノ自治ニ随伴シテ、往クモノデアリマス……、サリナガラ是ハ何モ今自治ノ制ヲ施シタラ、……必要ノナイ二此ノ法律ヲ出サナケレバナラヌト云フコトデハアリマセヌ、……デソレハ勿論大休ノ上ニ取リマシテ、社會ノ慈恵心ヲむちゃニ起サスルト云フ譯デハナイ、ソレハ此ノ法律ニ能ク能ク節制ヲ附ケタ譯デ御座リマス、じゃニヨリマシテ、只慈恵心ノミ起サシテ往クト云フコトハ、是ハまあ……ソレダケ務ムルト云フ譯デハナイ、即ソレハ此ノ第一ノ理由トナルテ、相待ツテ双方ノ關係ヲ現ハサザルモノデ御座リマス、」（同速記録八頁）と。

末廣は、①この法案は社会秩序維持のために作成したのではなく、人間が本来もつ慈恵心の啓発であること ②貧民救助を受ける者は全国に何万人居り、そのための負担額は何万円か ③貧民を施設で救助する習慣は全国各地にあるのか否か ④窮民救助のために政府が法律を作成することは本当に必要なのか、本案は負担と救助の要否の判断を地方の自治にまかせるという趣旨はないか、それならばなぜ法律を制定するのか、という質問を行ったのである。白根の答弁からみれば既述のように窮民を救助して社会的治安を維持しないと政府の存立が危ういが、窮民救助の負担は地方へという意向が当時から社会福祉行政実施の中央省庁である内務省にあったのであろうか。

また、前記末廣の救恤した者の人数に関する質問に対して白根は、つぎのようにのべている。

「ソレカラ……此ノ法案ヲ施行スルニ就イテ、どれ丈ノ人員ニナルカト云フコトハ、本員ハ之ヲ推測シ能ハヌデ御座イマス、ソレハ未ダ統計モ御座イマセヌデ、此ノ明治二十年、二十一年二十二年……ノ平均ニ由リマスト、是マデノ救恤規則ニ由ツテ救恤ヲ受ケタ鰥寡孤獨ノ人員ハ、一万四千百幾ラト云フモノデ御座イマス、ソレカラ、其ノ上ニ又棄兒迷兒等ノ救助ヲ受ケマスル者ガ五千餘御座イマスル、ソレカラ行倒即行旅死亡人……ガ平均シマシテ、五千二百幾ラデアツタト考ヘマス、……併セテ二万ノ數ニ上ツテ來マシテ御座イマス、是ガ現行ノ法ニ依ツテ救助ヲ致シタノデアリマス、じゃニ依リマシテ此ノ法律ガ實行サル、上ニナリマスレバ、其ノ數ハ多少増加スルコトデアラウカトハ思ヒマス、………其ノ數ノ果シテ二万ノモノカ三万ニナリマスカ、四万ニナルカそこハどうモ未ダ推測シ能ハザル所デアリマス、ソレカラ救育院ノ設是ハ尤モ少ナウ御座リマス、又此ノ法律必ズシモ救育院ノ如キモノヲ設ケヨト命令ハ致シマセヌ、……一概ニ貧民ヲ入ル、所ヲ設ケネバナラヌト云フ、窮屈ナコトニハ致シテアリマセヌ、……然ウシテ現在ハ全國中府縣立ノモノハ甚ダ少ウ御座リマスル、ソレカラ何故……斯ノ如キ法律ヲ設ケタカ、斯ノ如キ法律ヲ出サナクテモ、自治團体ニ任セテ置イテ宜イデハナイカト、……併シナガラ大範圍ニ渡リマスルコトハ、是ハ矢張法律デ如何ニ自治ト雖モ、自侭ニサセル譯ニハ行カヌデ御座リマス、……此ノ法律デハ成丈町村ニ任セ、又其ノ段階ノ上ナル府縣ニ於キマシテ、一府縣ノ事柄ヲシテ宜シキニ適スル様ニ、サセンガ爲ニ、救助方法、費用ノ辨償、皆府縣ノ決議ニ依リマシテソレヲ極メテ、一縣ノ規則ヲ設クルコトガ出來ルト云フ條ガ、此ノ法律中ニ設ケテ御座リマスル、……矢張自治ハ自治ナレドモ、法律デ括リマスル所ハ又括ツテ置カ子バナラヌ、又即法律ノ範圍内ニ於テ成丈此ノ地方自治体ノ運動ヲ自由ニスルヤウニ趣向ヲ致シテ居リマス」（議事速記録四号九頁、窮民救助法議案第一読会）と。

白根は行政当局者として、その数は摑んでいたに違いない。しかし大日本帝国統計年鑑が公刊されていたにもかかわらず、「統計もございませぬで」といっている。その上で救助の人員は約二万人だがこれは増えるであろうこと、またこの法律は必ずしも施設保護を意図するものではないこと、さらに救助の権限と財源を地方自治にまかせてはいるが、大本は法で規制するということであろうか。白根の発言は、費用は支出しないが地方自治に規則は加えると言うことである。つまりNo Support, Controlを主張しているのである。

この案件について岡田良一郎議員（大成会＝吏党）は、「恤救規則ニ依リ従前國庫ヨリ支出シタル金額ハ此ノ法律施行前三箇年ノ平均ニ依リ云々、ト云フコトガアリマス、此ノ三箇年ノ平均額ハ幾ラデ御座リマスカ、ソレカラ又人口ハ毎年ノ人口ヲ標準トシタル譯デアリマスカ」（速記録四号一〇頁）と質問している。

これに対して白根専一は「能くわからぬ」と答えている。しかしこのような実態を知らずに政府が法案を作成したとは考えられない。この金額等を開示することによる不利益はどのようなものであったのであろうか。金額を開示すれば成案に到らないといった事情があったのであろうか。

また新井章吾議員（弥生倶楽部＝中立）は、「此ノ救助法ヲ發スル精神ト云フモノハ、……元來人類ノ義務デアルト云フ趣意カラ出デタルノデアリマスカ、将目下ノ貧民ガ澤山アツテ、之ヲ救ハにゃナラヌト云フ必要ヨリ起ツタカト云フ事柄デ御座リマスカ、其ノ事ニ就イテハ先刻ノ御答辯ニ於テ、必要ト云フコトモアリ、亦徳義ト云フコトモアルト云フ、二様ノ分子ヲ含ンデお答ニナツタカト私ハ思ツテ居リマスガ、果シテ然ラバ此ノ法律ハ、……一ハ實利、一ハ義務ト云フ二點ヨリ出デタルモノト、解釋シテ差支ナイデ御座リマセウカ、サリナガラ此ノ貧民ヲ救助スルト云フコトガ、吾人相互間ノ義務デアルト云フ以上ハ、……貧民ハ救ヲ求ムルノハ權利デアルト言ハネバナリマセヌ、此ノ法律ハ貧民ヲ救フガ、政府ノ義務デアルト云フ御精神デ、規定セラレタカ之ヲ一應伺ヒマス、ソレカラ饑餓ニ迫ルト云フコトヲ認ムルノ標準如何デ御座リマス、是ハ固ヨリ地方ノ團体ニ任セルコトデ御座リマスカ、或ハ府縣會等ニ議サシメマシテ、貧民即饑餓ニ迫ル者ハ斯ク斯クノモノデアル、斯ク斯クノ情状ヲ具ヘテ居ル者ガ饑餓ニ迫リタル者ト、認ムルト云フ標準ヲ立テルノカ、各地方勝手ニ極メルノカ、然ルトキニハ甲ノ地ニ於テハ救ヲ求メラル、ニ、乙ノ地方ニ於テハ同様ノ貧民アリナガラ、救助ヲ受クルコトガ出來ナイト云フコトガアツテ、支給スル上ニ大變幸不幸ガ生ジテ來ルダラウト考ヘマスガ、其ノ邊ノコトハ、此ノ法律起草者ノ御精神ハ、如何デアリマスカ之ヲ質問致ス」（速記録四号一〇頁）と発言している。

新井の質問は、この法案は、実利と義務という二面性をもつという政府委員の説明であったが、それでは政府は救済の義務があり、窮民には救済を求める権利があるのか、また救済の基準を定めるのは地方自治体か政府かというものである。鋭い切り込みであるが、当の新井に窮民の人権についてどの程度の認識があったかについては不明である。

この質問に対して白根専一は、「此ノ法律ハ救助ヲ受ケマス者ハ、自ラ其ノ人ニ對スル權利ヲ與ヘタ譯デハ御座イマセヌ……、勿論……其ノ救助ニ就キマシテハ、ソレゾレノコト、モシ死ンダラ又葬モスル、斯ウ云フコトガ書イテアルノデス、サリナガラ之ヲ只町村ナラバ町村其ノモノガ、斯ウスルト云フコトヲ法律デ云フ丈デ御座リマシテ、若シモ其ノ救助ガ足ラナイトカ、或ハ救助ヲ受クベキ者ガ受ケナイ、斯ウ云フコトニ就イテ訴願出訴ヲスルト云フ所ノ、權利ヲ與ヘタト云フ譯デハ御座リマセヌ」（速記録四号一〇頁）と答えている。

白根は保護受給は権利ではないというのが政府の見解であると述べているのである。

こうした議論の後、中島信行衆議院議長は、「窮民救助法案」の審査を付託する特別委員の選挙を行うことを提案する。多くの発言・異論があった後、同日投票は行われ、翌八日開票の結果、以下九名の議員が特別委員に選出された。そしてこれら九名により法案の詳細な検討がなされることになったのである。

九十九點末廣重恭君　九十一點是恒眞楫君
八十七點立入奇一君　八十四點今井磯一郎君
八十點　安田　勲君　七十九點田村惟昌君
七十六點北川矩一君　七十三點天野文衛君
七十三點井上角五郎君

（衆議院速記録五号二頁）

明治二三年一二月二二日午後一時「窮民救助法案第一読会ノ続」が開催された。同法案特別委員会委員長は、最高点で選出された末廣重恭に決定した。末廣は審議の経過において専門委員の間で同法案の廃棄説と修正説は四対五に分れたこととその根拠をつぎのように報告した。

「去ル八日ニ貧民救助法案審査委員會ガ出來マシテ、九日ニハ委員長及ヒ理事ノ選擧ガアリ、十日ニハ委員會ハ政府委員ノ説明ヲ求ムルコトニ決シ、十一日ニハ白根内務次官・荒川参事官ガ出席シテ、委員ヨリ逐條ニ就イテ質問ヲ致シマシタ……、十二日ニモ……、大体ニ就イテ討論シテ意見ガ二ツニ分レマシタ、即原案ヲ廢棄スルト云フガ四人、之ヲ修正ヲスルト云フノガ五人……一人ノ多數ヲ以テ大修正ヲナスニ決シマシテ、此ノ逐條ノ修正案ハ本員ニ託セラル、コトト相成リマシタ、ソレニ就イテ本員ハ立入君、天野君等ノ御懇切ナルお助ヲ得テ、直チニ稿ヲ起シテ十五日ノ午前九時ニ開會シ、白根、荒川ノ両君モ出席アリマシテ、其ノ修正削除ノ箇條ヲ議シ、十七日午後三時ヨリ同様白根、荒川ノ両氏モ出席アリマシテ、十條ノ末項迄ノ修正削除ヲ審査結了シ、報告書ハ本員ヨリ直チニ提出スルコトニナリ、先日議長ヨリ諸君ニ御配布致シタル通リノ修正案ヲ議長ニ提出シタ譯デ御坐イマス、……此ノ修正案ト廢棄説トノ二ツニ就キマシテ、廢棄説ノ方モ……、其ノ意見ハ議長ヨリ議場ニ提出スルニ成リマシタ、説明書ニ委シクアリマスカラ、私ハ先ヅ其ノ概略ヲ申上ゲマスル、即此ノ窮民救助法ノ如キモノヲ行フトキニ於テハ、町村ノ費用ヲ増加シ、又町村ノ事務ヲ増加スルト云フコトガアル、法律ニ依ツテ窮民ヲ救助スルトキハ、一般人民ヲシテ窮苦ニ迫ルノ場合ニ當ツテハ、法律上救助ヲ受クルノ安心ヲ生ゼシムルヤウナ不都合ガアル、今ヤ法律ノ規定ヲ以テ自治團体ノ完全ヲ求メ、施與濫漫ノ弊ヲ防遏セントスルガ如キハ、其ノ得策タルヲ知ラナイト云フヤウナ趣意ヲ以テ、此ノ議案ノ廢棄ヲ主張サレタノデアリマス、又一方ノ此ノ原案ヲ修正シテ、通過スルヤウニシタイト云フ趣意ノ概略ヲ述ベマスレバ、」（速記録一六号一六頁）（未完一七号に続く）「第一ハ災厄或ハ天災時變ニ於テ、困窮ニ陷ルモノ迄モ救フヤウナ箇條ガアル、此ノ箇條ガアリマシテハ、或ハ懶民ノ依頼心ヲ生ズル如キ弊害ガ出來ルニ相違ナイ、ソレガ爲ニ地方ノ費用ヲ増加スル傾ヲ生ズル弊ガアルニ相違ナイ、第二ニハどうシテ救助ヲスルトカ、貧民ニ勞役ヲ取ラスルトカ云フコトガ、法律ニ於テ規定ガシテアル、箇樣ナコトヲスルト地方ニ依ツテ、便宜ニ救助ヲスルノ途ヲ妨ゲルダラウト思フ、第三ニ於テハ公然ニ基キタル義捐ノ金穀ト云フモノハ、必ズ市町村長ニ委託シナケレバナラヌ、然ウスルト慈善家救助ノ發達ヲ妨害スル弊ヲ生ズルカラ、原案ノ侭デハ不都合ガ出來ル、併シナガラ今日此ノ議案ヲ全ク廢棄スル時ニ於テハ、……今マデ政府モ地方モ充分ニ不都合ヲ感ジ、經験シタル所ノ……、其ノ不完全ナル恤救規則ヲ行ハナケレバナラヌ、又不完全ナル行旅死亡人取扱規則抔ヲ、行ハナケレバナラヌト云フコトニナル、餘リ原案ハ行過ギテ居ルケレドモ、此ノ原案ニ修正ヲ加ヘナイデ、直チニ之ヲ廢スルトスレバ、多年ノ間不都合ヲ感ジタル規則ヲ行ハネバナラヌト云フコトニナル、今日ニアツテ此ノ社會ニ於テ窮民ガ死シテ仕舞ウ、……之ヲ棄置イテ宜シイト云フコトナラバ、いざ知ラヌコトデアル、若シモ救助ヲ爲スノ必要アリト云フナラバ、此ノ府縣ト府縣トノ關係上、町村ト町村トノ關係ト云フモノハ、是非共コレハ法律ヲ以テ規定ヲ致サヌト、實際上政治ヲ行フニ就イテ大變不都合ヲ生ズルノデアル、依ツテ原案ニ就イテ充分改正ヲ加ヘ、一方ニ於テハ不完全ナル所ノ恤救規則ノ救助内ヲ以テ、並ニ行旅死亡人諸規則ヲ廢スルヤウニ致シテ、一方ニ於テ救助ト云フモノハ、成ルベク此ノ大体ヲ規定スルコトニ止メテ仕舞ウテ、出來ル丈地方ノ便宜ニ任シテ、救助ヲ行ハシメルヤウニ致シタイ、デ若シ斯ノ如クアラバ人民ノ依頼心ヲ増加スルト云フコトナク、慈善家ノ救助ヲ妨グルト云フコトニモナリマスマイカラ、此ノ點ニ從フテ大修正ヲ致シテヨカラウト云フコトニ決シタ」ことを述べ修正の要点をつぎのように説明している。

「先ツ第一條ニ……『其他災厄ノ爲メ』ト云フ句ガアリマスルノヲ削除致シマシタ、是ハ最必要ナル所ノ修正ト信ズルノデ御坐リマス、原案ニ依リマスルト云フト、天災地變ニ遇フテ家ガ流レルトカ、家ガ焼ケルトカ、其ノ他種々ノ不幸ニ遇フタ者マデモ救助スルト云フ精神デアル、然ウスレバどこマデモ此ノ救助ノ程度ヲ高クシテ、ソレコソ懶惰人民ノ依頼心ヲ増加スルヤウナ弊害ヲ生スル故ニ、之ヲ改正シテ不具、廢疾、長病、不治ノ疾病、重傷、老衰ト云フヤウナ憐レムベキ所ノ者ニテ、自活ノ力ナク饑寒ニ迫ル者ヲ救助スルヤウニ、極其ノ制限ヲ細ク致サナケレバナラヌト云フノガ、改正ノ第一デ御坐リマス

第二ニハ第四條ハ『十三年未満ノ幼者ハ父母ニ伴隨シテ救助ヲ受クル』ト云フ法文ニ成ツテ居リマシタガ、元ト貧民ノ子ニ御坐リマシテ、十歳以上ニ成ツタモノナラバ、子僧奉公スルナリ田ノ草ヲ取ルナリシテ、兎ニ角自活ノ道ハ立ラレルト思ヒマスカラ、之ヲ改正シテ十歳未満ト致シマシタ、

第三ニ第五條ノ二項ニ於テ『町村ノ救助ニ係ルモノハ郡ノ負擔トシ市ノ救助ニ係ルモノハ府縣ノ負擔トス』トアツテ、町村ノ者ナラバ郡ニ行ケ、市ノ者ナラバ府縣ニ行ケトナツテ居リマスガ、是ハ平均ヲ得ヌノデアル、何故ナレバ郡ト此ノ市ト云フモノハ相並ンダモノデアリマシテ、町村ト郡ヲ合セタモノガ即市デ御坐リマスカラ、一方ハ府縣郡、一方ハ郡ニ止マルハ平均ヲ得ヌカラ、『市ノ救助ニ係ルトキハ仍ホ市ノ負擔トス』ト改正致シマシタ、

第四ニ第六條ニ『雨露ヲ凌グベキ小屋ヲ拵ヘ死ンタトキハ何ウスルト云フノヲ規定シ』、第七條ニ『相當ノ勞役ニ就カセルトカ』、第八條ニ『兒童ニハ相當ノ職業ヲ教習セシム』トカ、第九條ニ『如何ナル場合ト雖モ本人ニ現金ヲ給スルコトヲ得ス』トカ、隨分お世話ヲ焼イテアル箇條ガアリマスガ、此等ハ一切地方ノ規定ニ任シテ然ルベシト存ジマシテ削除致シマシタ、第二十一條ヲ改正シテ第九條ト致シマシタノモ、矢張必要ナル所ノ大修正ト考ヘマス、原案ニ依ツテ見マスルト、『公然タル所ノ義捐金穀ハ市町村長ニ委託スベシ』トアル『スベシ』ト云フガ最此ノ條ノ精神ト考ヘマス、説明書ニ依レバ慈善家ノ救助ハ往々弊害ガアルモノデアル、此ノ法律ハ慈善家ノ救助ヲ制止スルノ精神デナイハ無イナレドモガ、其ノ市町村役場ニ依託シテ公費救助ト同一ニ取扱ハセ、施與濫漫ノ弊ヲ防ク云々ノ箇條ガ設ケラレテアリマス、ケレドモ公費ノ救助ナレバ必ズ適當デアル、慈善家ノ救助ナレバ必ズ不適當ナリトハ、決シテスルコトハ出來マイ、……此ノ

法律ノ下デ市町村デ行フヨリ、一層完全ナル救助法ガ出來ヌトモ斷定スルコトハ出來マセヌ、依ツテ「ス可シ」ノ三字ヲ「スルコトヲ得」ト改メタルハ、全く其ノ精神ヲ一變シタノデ御坐リマス

第六ニ是迄行旅病人……ヲ取扱フ規則ガナイノデアル、所ガ其ノ地方ニ於テハ恤救規則ニ準據シテ今迄取扱ヒ來ツタサウデ御坐リマス、原案ニ『災阨云々』ノ文字ヲ加ヘタノハ、畢竟斯ウ云フ處ニ當嵌メル積リデ設ケタ趣デ御坐リマス、然レドモ此ノ行旅病人ハ、普通ノ窮民ト同視スルコトハ出來ナイ、人ニ依レバ郷里モアリ家モアツテ、後カラ償ノ取レルヤウナノガ、随分出來ヌトモ極リマセヌカラ、是モ改正セネバナラヌ、成ルベク行旅病人ヲ救助致シマスニハ、家カラ其ノ費用ヲ償ハセルヤウニセネバナラヌト考ヘマシタカラ、第十條ヲ設ケテ手續ヲ定メタノデアル

第七ニ……第十七條ニ、郡市町村長ニ於テ貧民救助ノ方法手續ヲ定メルコトヲ略示シ、成ルベク救助ハ大体ヲ規定スルニ止メテ、自治ニ任シテ救助法ヲ實行スルハ、最ナル點デ御坐リマスカラ、改正案ニハ十七條ヲ新ニ置イタ譯デ御坐リマス、ソレ故ニ我々ガ提出致シマシタ所ノ改正案ニ從ヘバ一方ニ於テ是迄成立ツテ居ル不都合ナル現行諸規則ヲ廢シマシテ、一方ニ於テハ法律ヲ以テ救助法ノ大体ヲ示シ、地方ニ遵據シテ参ルコトノ出來ル樣ニ致シ、救助ノ漫すル所ノ弊害ヲ制シ、成ルベク地方ノ習慣ニ違ハヌ樣ニ致シテ、眞誠ニ不幸ナル窮民ヲ救助スル目的ヲ達スルコトガ、出來ルコトト信用致スコトデ御坐リマス」（官報二二四八号附録　明治二三・一二・二四　一―二頁）と。

このことは、①原案の審議で問題となった災厄・天災時変に於いて困窮に陥った者を救助対象から除外したこと（一条）②救助の対象とする児童の年齢を一〇歳未満に変更したこと（四条）③「町村の救助ニ係ルモノハ郡ノ負担トシ、市ノ救助ニ係ルモノハ府県ノ負担トス」とあったのを「市ノ救助ニ係ルトキハ仍本市ノ負担トス」としたこと（五条二項）④六条・七条・八条・九条の一部は任意規定としたこと⑤一条を九条としたこと、同時に慈善家の救助について一部文言を改める⑥行旅病人の救助を後日その家から償わす手続きを定めたこと（十条）⑦一七条に郡市町村長の貧民救助の方法手続きを略示し、救助法を適用するのはやむを得ない場合に限るようにしたことなどである。

政府原案よりも救助の要件を厳格にし、一方で救済した者に後日、資力があることが判明すれば救償権を行使することで費用負担の削減を行うように修正したのである。以上の修正により濫救が防止できるからこの修正案を可決して欲しいというのが末廣の意見であった。

是恒眞楫議員（大成会＝吏党）は、この窮民救助法案の廃棄を主張した少数派の意見をつぎのように述べている。

私は「窮民救助案ハ廢棄ヲ致シタイト云フ意見ヲ以テ居リマス、先刻末廣君ノ述ベラレタ如クニ委員會ニ於テハ、四人ノ小數デ廢棄説ガ潰レマシテ御坐リマスカラ、……四人ノ者ノ意見ヲ議場ニ提出致シマシテ……其ノ意見ノ大要ヲ此處デ申述ベルデ御坐リマス、……原案ニ依ツテ見レバ、成程第一條ニ於テ『其他災阨ニ掛ル』ト云フ廣イ文字ヲ使ツテアリマスカラ、貧民トシテ救助ヲ受ケル者ノ考カラスレバ誠ニ便利デアル、サリナガラ此ノ草案中ニアル所ノ貧民ヲ救助スルトキハ、雨露ヲ凌グベキ居所并生存ニ必要ナル衣食ヲ給與シ、疾病アレバ醫療ヲ施スニ止メルヲ以テ、救助ノ目的トスルトシテアル、斯ノ如キコトハ第一條ニ於テ範圍ヲ廣メタカラ、制限ガ入用デ書イタモノデアリマセウガ、……其ノ雨露ヲ凌グベキ居所及ヒ其ノ生存ニ必要ナル衣食ト云フモノハ貧民ニ與ヘルモノト、其ノ救助ノ金ヲ負擔シテ居ル所ノ町村内ノ多數人民ノ衣食住ト、どれ丈變ハルコトガアリマスカ、一般人民ノ窮迫ノ有様デ殆ト多クノ人民ヲ觀マスレバ、僅ニ飢ヲ凌タ丈ノ食物ヲ食ツテ居ル、斯ノ如キ者カラ集メテ救フノデアリマスカラ、一合一タ宛デモ集メテ、ソレヲ以テ救ハナケレバナラヌト云フコトデアルカ、其ノ事タル私ハ今日マデ成立ツテ居ルト思ヒマス……此ノ案ヲ必要トスルハ、……唯其ノ慈善家ノ救助ニ任セテ置クトキハ弊害ガアルカラ、其ノ弊害ヲ救ハネバナラヌト云フノ一點ニ止メテ居ルガ如クデアリマスガ、……どれ丈ノ弊害ガアルカ、又慈善家ノ救助デナク公費ヲ以テ之ヲ救助スレバ、果シテ弊害ガ無イモノデアルカヲ確メネバナラヌ、此ノ原案ノ如クニシテ窮民ヲ救フトスルモ、矢張施與濫漫ノ弊ガ從來ノ如クナルコトハ決シテ免レヌ、……サスレバ此ノ法律ガ出來テモ、其ノ實際上ニ好結果ヲ見ルコトガ出來ヌ、唯自治團体ノ上ニ義務ヲ括リ附ケテ以テ、……一ツデモ事務ノ共同ノ事柄ガ殖レバ完全ニ向ツテ來ルガ抑々之ヲ以テ今日ノ自治團体ヲ鞏固ニスルハ、其ノ目的ガ當然カどうカト云フコトハ斷言シ難イコトデアル、……修正委員ガ修正セラレタ如ク、其ノ救與ノ範圍ヲ狭クセネバナラヌ必要ガ起ツテ來ル、……救與スベキ範圍ヲ狭クスレバ、今日ノ現行規則ト少シモ異ナルコトハナイ、……現行ノモノハ不完全不整頓デアルト云フガ、……サリナガラ現今之ヲ行ツテ於テ毫モ施行上ニ於テ差支ヲ見ナイ、……是迄地方カラ要求シタ國費ノ支出額ハ、年々百圓トカ要求スル地方モアル、又數百圓要求スル地方モアル、多ク要求スルモノハ貧民ガ多イカラト云フガ、然ウ云フ譯デハナイ、只縣廳ノ考ヘトカ町村長ノ考ヘトカデスルモノデアルカラ、……各地方ニ向ツテ公平均一ニ出ント云フノミデアル、……強イテ改正セヌテモ宜シイ、……詰リ私ノ考ヘデハ此ノ改正案ノ成立ナイヤウニ……今日ヨリ窮民救助法ヲ施行セザルモ、是迄やリ來テアルカラ、…斯ノ如クシタラ施與濫漫ノ弊ヲ生ジ惰民ノ養成スルト云フ弊ハ免ヤラヌ、故ニ原案ニシテモ修正案ニシテモ、到底廢案ニナランコトヲ希望致シマス」（衆議院議事速記録一七号三頁）と。

是恒議員は、あらためて窮民救助法を制定せずとも従来の恤救規則等で十分である。「其他災阨ニ掛ル」者を対象にして救助の範囲を拡大するとそのために税を拠出する低所得層の国民に過重な負担を課することとなり不公平である。その上濫救の弊を生じ惰民を養成する可能性があるという理由で少数派の四名は反対したことを議場で説明したのである。

鈴木萬二郎議員（弥生倶楽部＝中立派）は、この法案を審査する特別委員ではなかったが、つぎのような理由により修正された「窮民救助法案」の成立に賛成している。

「第一明治政府ハ先キニ非職條例ヲ設ケ以テ成年、年尚ホ若イ所ノ役人共ニ即非職金ヲ與ヘ、又恩給令ヲ設ケテ以テ尚矍鑠タル所ノ老役人ニ養老金ヲ與ヘナガラ、然カモ却ツテ非職金或ハ養老金ヲ、粒々辛苦ノ間カラ醸シ出シタ地方人民ニアリマシテハ、或ハ老衰ノ爲、若クハ疾病ノ爲ニ生活力ハ殆ト盡テ正ニ餓死セントスル者、或ハ餓死スルノ苦シサニ首縊リヲナスモノハ、至ル所ニ之ヲ聞カナイト云フコトノナイノハ……今日ノ現況デ御座イマス、……ソレ故ニ當時ノ新聞或ハ演説ニ一ツトシテ、地方貧民ノ惨状ヲ述ベナイモノハ一人モ御座リマセヌ……、今饑ヘテ死セントスルモノガ、食ヲ求メ救助ヲ乞フモノホド急ナルモノハ御坐イマセヌ、若シ此等窮民ガ相傳ヘ相連署シテ、當院ノ門前ニ哀願致シマシタナラ如何デ御坐イマセウカ、汝等ノ死ヌルニ任セル、汝等ノ饑ヘルニ任セル、汝等ハ後日ヨイ方法ヲ待ツテ居レト、私ハ無情ニモ之ヲ却下スル譯ニハ往キマスマイト考ヘマス、……救助ヲ求メテ泣イテ居リマス左様ノ者ガ幾ラアリマスカ、……試ニ第一統計年鑑ヲ繙イテ御覽ナサイ、十六年カラ同二十年ニ至ルマデ、各地ノ各警察署ニ於テ取扱ツタ所ノモノデ、死シタルモノ若クハ少シノ病アリテ死ンダモノガ幾何アルカト云ヘバ、明治十六年ニ千五百八十二人、十七年ニハ一千七百十八人、十八年ニハ二千三百九十八人、十九年ニハ三千九百十一人、二十年ニハ二千二百六十人、合計五箇年間ニ餓死シタル者一万一千五百六十五人デ御坐イマス、是ハ貧困デ自殺シタモノ、即首縊或ハ入水ヲ致シテ、食ハレナイ困シサニ止ヌヲ得ズ首ヲ縊リ水ニ入ツテ死ンダ者ガ、五箇年間ニ幾ラ有ルカト云フト七千三百〇二人御坐リマス、其ノ外ニ最早水ニ入ルコトヲ出來ズ、首ヲ縊ルニモ立ツ力ナク、全クひぼしニナツテ死ンダ者ガ、五箇年間ニ二百九十七人殆ト三百人、之ヲ總計致シマスルト救助ノ無イ爲ニ饑ヘテ死シタルモノガ、五箇年間ニ合計一万九千百六十四人ニナリマスカラ、平均スルト一年間ニ四千人ノ平均デ御坐リマス、……ソレ故私ハ此ノ民會ト云フ當議場衆議院ノ徳義上、之ヲ救フノ甚ダ必要ノモノデアラウト信ジマス

第二ニ貧民即下等民ハ遊民即徒食民デハ御坐イマセヌ故ニ、貧民ナル者ハ殖産興業ノ手足デアツテ、又製産品ニ對シテハ工手即道具デアル、ソレ故……貧民ヲ救護スルト云フコトハ、必要ノコトデアラウト存ジマス、然ルニ窮民ナルモノハ貧民ノ一歩其ノ度ヲ進メタモノデ御坐リマス、今若シ此ノ一歩度ヲ進メテ……我國ノ工業殖産上ニ於テ、其ノ手足ノ發達ヲ抑制致シ、延ヒテ殖産工業進歩ノ連緩ヲ致スヤモ亦知ルベカラヌコトト思フ、……帝國ノ金庫トモ唱フル所ノ北海道ヲシテ、永ク金界ヲ地中ニ埋没シ去ラレムルニ至ルヤモ亦知ラヌコト、思フ故ニ、窮民ヲ救助スルト云フコトハ、國家經濟ノ一端デアラウト信ジマス、　……

第三ニ……人ノ生命ニ危害ヲ與ヘ、或ハ商業交通ノ道ヲ壅塞致シテ、人ノ財産ニ危害ヲ與ヘル者ハ何ンデアルカ、即諸君モ知ラルル如ク流行傳染性ノ病氣デ御坐リマス、扨此ノ流行傳染性ノ病ノ毒ハ、……貧民ノ流動……ガ、此ノ病毒延漫ノ一因デアリマシテ、即若シ國會ノ法律ニ依ツテ此ノ町村ノ者ガ、其ノ貧民ヲ負擔ヲ致シテ養フト云フコトニ至リマスレバ、貧民ノ流動ト云フモノヲ防グノ一端デ御坐リマス、貧民ノ流動ヲ防ギマスレバ、是即暗々裏ニ起ル所ノ生命財産ノ危害ト云フモノヲ防ギマスルノ一端デ御坐リマスカラ、私ハ窮民救助ナルモノハ衛生上、亦之ヲ行フノ必要ナルモノデアラ

ウト考ヘマス

第四ニ……貧窮民ガ少クシテ泥坊獨多イト云フコトハ御坐リマセヌ、又泥坊獨多ウ御坐リマシテ、貧窮民ガ少イト云フコトハ御坐リマセヌ、……犯罪人ト貧窮民トハ、正比例ヲ相成シテ居ルト云フコトハ、……蔽フベカラザル事實デアルト考ヘマスシテ見レバ、窮民ヲ救助スルコトハ取リモ直サズ、在監人ヲ減ズト云フ理屈ト考ヘナケレバナリマセヌ、ソレ故ニ私ハ明治十六年カラ同二十年ニ至リマス間、即五箇年間ノ在監者ト並ニ救恤者トノ表ヲ参觀致シマシタ所ガ、斯ノ如キ結果ヲ生ジテ居リマス……明治十六年在監者ハ五万八千百三十七人、然ルニ明治十七年ニハ即非職條例ヤ恩給令ガ出マシテ、役人社會ガ安心ヲスルノ時カラハ、益々増シマシテ……、七万二百十九人、明治十六年ニ比較シマスルト、一万二千カラノ進ミデ御坐リマス、ソレカラ十八年ニハ七万八千六百八十七人、丁度十六年ニ較ブレバ二万カラノ在監人ノ増加デ御坐リマス、……受救者モ在監者ト共ニ上リマシテ、十六年ニハ一万〇八百九十人、十七年ニハ一万千八百八十人、十八年ニハ一万六千六百四十人、在監者ノ上リマスニ從ツテ、矢張ソノ受クル者ノ數ガ増シテ居リマスガ、十九年カラハ在監者ガ七万二千トナリ、二十年ニハ六万四千トナツテ居リマス、受給者ハ十九年ニハ二万四百、二十年ニハ二万九百デ矢張殖ヘテ居リマス、是ハどう云フ譯デアルカト思ヒマスト、即救恤ノ方デ人ヲ増シタガ爲ニ喰ハレナイデ、飢テ苦ム者ガ御坐リマセヌカラ、窃盗或ハ其ノ他ノ犯罪ヲ犯サナイ爲ニ在監者ニ其ノ數ヲ減シテ居ルコトハ、……一目瞭然デ御坐リマス、ソレ故……貧乏人ト在監人トハ正比例ヲ爲シテ居リマス、又救助致シマスコトト在監人トハ一定ノ比例ヲ致シテ居リマスモノデ御坐リマス、……若シモ國家ガ救恤ヲ致シマスコトガ少ナカツタナラバ、之ヲ在監人トシテ養ハナケレバナラヌト云フ譯ニナル結果ガ参リマス、……ソレ故ニ……寧ロ窮民トシテ之ヲ養フノ安全ナルニハ過キマイト存ジマス、是レ即私ガ國家ノ保全上此ノ窮民救助法ヲ賛成スル所以デ御坐リマス、……又若シモ老後ニ困ツタナラバ、病ンダナラバ、救ハレルト云フコトガアルト云フト、平生謹倹節約ノ心ヲ起シ貯蓄スルト云テ心ヲ起サナイカラ、悪イト云説デ御坐リマスガ、地方農民……此ノ下民……下等民ハ朝ヨリ晩に至ル迄筋骨ヲ勞シ盡シテモ、其ノ日スラ猶送ルコトガ出來ナイデ御坐リマス、何故ニ餘リヲ貯蓄スルト云フコトガ出來マセウ、……此ノ法ヲ設ケタルガ爲ニ貯蓄ノ心ヲ起コサヌト云フ如キハ、實ニ貧民ノ状態ヲ御洞察ナキ御議論ト云ハザルヲ得マセヌ、又地方ノ行フニ任セル、各縣ノ行フニ任セルト云フ御議論モ御坐リマスガ、若シ各縣ノ適宜ニ任セルト云フコトデ御坐リマスルト甲ノ縣ニ於テハ之ヲ行ヒ、乙ノ縣ニ於テハ之ヲ行ハナイト云フ結果ガ参リマス、然ウ致シマスルト此ノ救助ヲ行フ縣ニ於テハ、自分ノ縣内ノ窮民ヲ負擔スルノ外ニ、又隣縣カラ貧民ガ救助ヲ乞ヒニ参ルト云フ恐ガ御坐リマス、……地方ノ手續ニ任セルト云フコトニスルト、之ヲ行フ縣ト行ハナイ縣トアリマスカラ、其ノ之ヲ行フ縣ニ於テハ自分ノ縣バカリデナク、隣縣ノ窮民マデモ救助シナケレバナラナイト云フ結果ニナリマス、……此ノ法ニ向ツテ不同意ノ多イト云フモノハ、國家ノ積極的ノ事業デナイ消極的ノ事業デアル、りがさいぼうノ見エナイ所ノモノデアリマスカラ、反對ノ意見ヲ持ツテ居ラルル方ガ多イノデアルト考ヘマス、併シナガラ年々歳々四千以上ノ者ガ餓死シテ居ル所ヲ見マシタナラバ、實ニ已ムヲ得ザル費トシテ是丈ハ……其ノ要リ目丈ハ拂ハナケレバナリマセヌ、之ヲ救濟スルノ場ヲ設ケナケレバナラヌト存ジマス、ソレ故ニ私ハ過グル今月ノ九日十日ノ両日……本郷ノ竜岡町ニ……福田會育兒院、并ニ本所長岡町府立ニ係ル所ノ養育院、此ノ二箇處ヲ一覧致シマシタ、然ウシテ其ノ飲食物、衣服及其ノ費用、并ニ彼等ノ手細工カラ生ズル所ノ、利益ト云フヤウナモノヲ持ツテ参ツタノデ御坐イマス、……福田會育兒院ハ其ノ規模ハ甚ダ小サウ御坐イマシテ其ノ養育致シテ居ル所ノ子供ノ數ハ僅ニ三十六名デ御坐イマス、……ガ元ト是ハ慈恵家ノ力カラ出來テ居リマスカラ、其ノ衣服、飲食抔ハ勿論ノコト、其ノ他ノコトモ大ニ行届イテ居リマス、ソレ故其ノ入費ト云フモノモ勢餘計ニナツテ居リマス、一箇月一人平均二圓四十錢カラ三十錢マデヲ要スルサウデ御坐リマス、……尚其ノ兒童等ガ聞イタ數ヨリ不足デ御坐イマスカラ、あとハどうシタカト申シマシタラ、乳呑兒ハ里子ニやリ殘ル學齢兒童ハ近所ノ學校ニやツテアルト申シマシタノデ御坐リマス、……若シモ此ノ福田會育兒院ガナカツタナラバ、此ノ三十餘名ノ小兒等ハ其ノ半ハ或ハ飢死ニナルカ、病ノ爲ニ斃レルカ、殘ル所ノ小供ハ無告ノ民ニナルカ、若クハ緑林ノ徒トナルデアラウカト思ハレマシタ、……明ケル十日ハ本所ノ養育院デ御坐リマス、……現員ハ私ガ参リマシタ時四百六十七人ノ中病人ガ八十人御坐リマシタカラ、當時煩ツテ居リマシタモノハ六分ノ一ノ病人デ御坐リマス、ソレカラ棄兒迷兒ハ現員中百八十九人御坐リマスカラ、大凡十分ノ四ハ子供デ御坐リマス、偖此ノ子供ハ先キニモ申シ上ケマスル通リ、其ノ教育ノ如何ニ依ツテ未來國家ノ利ヲ興スモノトナルカ、或ハ又害ヲ與フル盗賊、其ノ他ノ在監人トナルカ分レ目デ御坐リマスカラ、矢張養育員ニ於テモ教場ヲ二ツ設ケテ、學齢兒童ヲ教育シテ居ル有様ヲ目撃致シマシタ、我邦ニ於マシテハ貧民院ノ設ケガ少ノフ御坐リマスガ故ニ、其ノ經験ガ甚タ少フ御坐リマスカラ、子供ト成人トノ比例ハ正確ニユキマセヌケレドモ、今東京養育院ニ於テ明治十六年カラ二十年マデノ比較ハ、……ざつト七分三分……子供ガ三分大人ガ七分デ御坐リマス、……例ヘバ國家ガ此處ニ百万圓ノ金ヲ窮民救助ノ爲ニ費ヤスト致シマシタナラバ、其ノ中三十万圓ダケ……十分ノ三ハ徒費ナラズシテ、未來國家ノ農工業ノ担手ヲ作ル所ノ費用ニシテ、却ツテ盜賊ヤ無告ノ民ヲ防グノ費用ト云ハナケレバナラヌト考ヘマス、……私ハ尚其ノ種々ナル所ヲ見ンガ爲ニ、貧民院ノ食堂ニ這入リマシテ其ノ喰ヘルモノヲ見マスルト、下等米ガ四分ニ麥ガ六分デ御坐リマス、……其ノ菜ハ漸ク大根ノ葉ヲ細ク刻ンタ汚ナイ物ヲ喰ベテ居リマス、……室ニ行ツテ見マスレバ、一人前畳一畳或ハ一畳半デ御坐リマス、私ハ獄屋モ見マシタガ嗚呼貧民院ト云フモノハ、獄屋デアルト云フ感ヲ起シテ参リマシタ、其ノ有様ヲ見マシテ又進ンデ彼等ノ工業場ニ行ツテ見マシタ、如何ナルモノヲ彼等ガ拵ヘテ居ルカト申シマスト、炭團或ハ提灯張或ハ其ノ骨削ル、ソレカラ棕櫚縄、或ハ菰縄、或ハ小文庫張、状袋張其ノ他……まつちノ箱ノ製造ハ殆ド婦人ガやツテ居リマス、念ノ爲ニ私ハ此ノ處ニ明治二十二年一月コノ貧民院デ拵ヘタ所ノモノト、……仕事ヲシタ所ノ賣高ヲ見マスルト……、百七十圓餘賣出シテ居デアリマス、此ノ百七十餘圓ノ中カラ材料元金ヲ百十四圓許リト、ソレカラ器械其ノ他ノ入目ハ五圓トシ、純益金五十餘圓出テ居リマス、此ノ五十餘圓ノ中カラ二十二圓ヲ積立金トシテ、矢張救助費ノ中ヘ這入ル金デアリマス、ソレカラ五圓許リハ貧民ガ出ル時ノ割戻積金トシテアリマス、百五十人ニシマスレバ少クトモ二十餘圓ノ割戻ト認定シナケレバナリマセヌ……、國家ガ百万圓貧民ノ爲ニ費ストスレバ、其ノ中三十萬圓ハ子供ニ費ス費用デ、未來國家ノ事業ノ爲ニ出ス費用デアリマス……明治十六年カラ二十年ニ至ル五箇年間ノ官ノ救助、……平均……、一年一万六千百五十九人御坐リマスル、……ソレカラ行旅死亡人……五箇年平均デ……、一箇年二千三百十五人御坐リマス、……ソレト貧窮自殺者ト云フモノデ御坐リマス、貧窮自殺者ハ狂人ノ自殺シタトハ違ヒマス、全ク食フニ困ツテ仕方ガ無ウテ首ヲ縊ルトカ、或ハ入水シタモノデ御坐リマスル、ソレト先刻申シマシタ枯死シタモノ、即立ツコトガ出來ナイデ死ンダモノガ、……一年千五百十人餘アリマス、此ノ三ツヲ合シテ今日マデニ救ツタモノト、救ハレナイモノトノ數ヲ幾ラデアルカト云フト、明治十六年カラ二十年マデノ平均ガ、一万九千九百八十四人御坐リマスカラ大凡二万人デ御坐リマス、此ノ數ガ……不景氣、或ハ米價騰貴ノ爲ニ、自ラ窮民ガ増加シタトシテ五割ノ増加トシテ其ノ數ガ三万人デ御坐リマス、……窮民救助法ヲ實施スルト同時ニ、負担スベキ町村或ハ府縣ニ於テ負担スベキ所ノモノハ三万人デ御坐リマス、此ノ中デ大人ガ二万人アルトシテ、其ノ入費ハ……、東京養育院ノ費用ハ明治十五年カラこちら、一箇年一人前三十四圓バカリニ付イテ居リマス、是ハ着物カラ其ノ他役員ノ給料トカ、諸入費ヲ引ツ括メテアリマスカラ随分掛ツテ居リマスケレドモ、此ノ修正案ニ致シマスレバ、其ノ中ニ養育院ニ居ルモノハ米ヲ與ヘルノデアリマスカラ、其ノ米代モ入レテアルカラシテ、是ヨリモ費用ハ少イモノト見ナケレバナリマセヌ、又地方ニアツテハ東京トハ入費ガ甚ダ違ヒマスカラ、自ラ安イト云フコトヲ考ヘナケレバナリマセヌ、故ニ平均致シマシテ子供ト大人ト、地方ト都會ト平均シテ、一人前一箇年二十圓トシタラどうかかうか救ヘルト考ヘル、此ノ二拾圓ガ二万人アルト致シタナレバ六十万圓デ御坐イマス、……併シナガラ今若シ此ノ六十万圓ヲ三府四十二縣ヲ假ニ四十縣ト見做シテ、之ヲ四十ニ割リマスレバ……、ざつト一万五千圓デ御坐イマス、東京府ノ養育院ノ豫算ハ一万二千圓デ御坐イマス、此ノ救助法案ヲ實施シマスルト同時ニ、地方ノ負擔トナルモノハ……即一府縣凡一万五千圓デアリマス、ソコデ全國ノ人口ハ幾ラアルカト云フト、四千万デ御坐イマスルカラ之ヲざつト一府縣ニ分ケテ……百万デアリマス、ソコデ一万五千圓ヲ割リ渡シタナラバ、一人前日本ノ人民ノ頭ニ掛ルノハ幾ラデアルカ……一人凡一錢五厘デ御坐イマス、一軒ニ取リマシテ五人家内ト云フノガ日本ノ平均ノ數デ御坐イマスカラ、七錢五厘宛軒別ニ之ヲ擔當シナケレバナリマセヌ、之ヲ月ニ割リマスレバ丁度一人前一厘五毛宛出ス位ノ割合デ御坐イマス、如何デ御坐イマセウカ……此ノ徳川時代ニ於テハ随分乞食ト云フモノガ澤山御坐イマシテ、……其ノトキニハ或ハ其ノ救助トシテ澤山ノ金ヲ出シタモノデ御坐イマス、今日我國ニ於テハ餘程乞食モ減リマシタ故ニ、一箇年七錢五厘位ノ救助費ハ之ヲ乞食ニ與ヘルト思召シテ、此ノ法案ヲ成立タセナケレバナリマセヌ、間接ニハ一國ノ殖産興業上ニモ影響ヲ及ボシ、或ハ一國ノ保安ノコトニモ安寧ノコトニモ、此ノ窮民ヲ救助スルコトガ關係ヲ持ツモノデアルト致シマスレバ、……此ノ法案ヲ成立タシメラレンコトヲ希望致シマス」（速記録一七号五頁）と述べてこの法案を積極的に支持している。

しかし鈴木の賛成の趣旨は、第一に殖産興業の労働力の確保、とくに北海道開拓に必要な手足として貧民の労働力が必要であること第二に病気の貧民を放置するとその移動により伝染病が流行するので一般市民をその伝染から護るという衛生上の見地から救済が必要であるということ第三に犯罪者と貧民の数は比例しているから、救助を怠った結果、刑務所で彼らを養うことになる。それならば治安上ならびに財政上の見地からこの法案に賛成するというもので窮民の生きる権利に目を向けて賛成しているのではない。

つぎに湯淺治郎（弥生倶楽部＝中立）はつぎのような理由でこの法案に反対している。

「自分ハ本問題ニ對シマシテハ反對ノ意見ヲ有スルモノデ御坐イマス、……まだ今日迄行ハレ居ル所ノ窮民ニ關スル所ノ法律ガ存シテ居ル、行旅死亡人ノ規則ガ存在シテ居ル、多少ノ不便ハアルカモ知レヌバ、ソレデ今日迄格別ノ不都合ヲ見ザル場合ニ於テハ、……凡法律ヲ改定シ、若クハ新設スルニ臨ンデ、目下ノ必要ニ迫ラレテ止ムヲ得ズ爲ス可キモノト、又此ノ立法者ガ其ノ要不要ト云フコトガ、目下ニ差迫リ差迫ラヌニ拘ラズ、爲ス可キコトガ二ツアラウト思フ、然ルニ茲ニ本問題ノ出マシタ窮民救助法ノ如キハ、社會ノ秩序ヲ亂シ國家ノ安寧ヲ妨害シテ來タトカ、事實ニ於テ斯ノ如キ止ムヲ得ナイト云フ状態ヲ顯ハサザル間ハ、斷シテ是ガ爲ニ法律ヲ要スルコトハアリマセヌト信ジマス、尚本法ハ重ニ將來ニ注意シ、……今日ノ窮民ヲ救フニ非ズシテ、將來之ヲ要スルコトヲ明白ニ示シタコトト思ハレマス、……箇樣ノ事ハ……、必要ナル場合ニ差迫ツテやルベキコトデアラウト思ヒマス、或ハ本法ノ如キ若シ施行スルモノデアルナラバ、即窮民問題ヲ喚起シテ、從來人民相互ノ間ニ兎ニ角今マデノ窮民ヲ救ヒ來タ所ノ者ガ、俄然公費ニ依頼スルト云フ結果ヲ來シ、却ツテ貧民ノ偸々安心ヲ生ゼシメル結果ヲ見ナイトハ斷言ガ出來ナイ、……本案ハ市町村ニ慈善心ヲ促シ、人民各自ニ對シテハ其ノ慈善心ヲ制限スルニ在ル故ニ、性質上横着ヲ免レナイ、……政府ハ自ラ説明シテ國費ニ限アリテ支ヘ難シト想像スル所ノ將來、將ニ多ク増スデアラウト考ヘル程ノ事務ノ繁雜ト費用ノ多キヲ、……市町村ニ負擔ヲ負ハシメヤウトスルニ過ギナイ、即一種ノ増税デス、一種ノ増事務デス、尚本案ノ負擔方法ヲ見マスレバ、國庫及ビ府縣ヲシテ從來ニ比シテ甚ダ輕カラシメ、郡以下ニ甚ダ重キヲ負ハスル所ノモノデアル、權衡上斷ジテ當ヲ得タルモノデハ御坐リマセヌ、……自分ノ本案ニ反對スル所ノ最要點ハ、……既ニ窮民ヨリ出願スルト云フコトガアレバ、其ノ窮民ノ救助ヲ受ケルコトハ、權利ニアラザルコトハ明白デアリマスルガ、實際ニ於テハ此ノ請願ハ直チニ化シテ、請求スルヤウナ場合ヲ生ゼヌトモ限ラヌ、市町村ハ恰モ其ノ義務者トナリテ、之ガ處理ニ甚ダ苦ムノ弊ヲ生ズルニ違ヒナイト信ジマス、……是等ハ……町村ガ損ヲスルト云フ實際ヲ免レヌト思フ、尚説明ヲ見レバ窮民ノ費用ヲ負フベキ義務者ヲ發見シタトキ、或場合ニ民事訴訟ヲ起シテモ請求スル精神デアルト書イテアル、然ルニ自分ノ推察デハ凡窮民ノ親族ハ窮民ガ多イデアラウト思フ、然ルニ窮民ノ爲ニ窮民ヲ訴ヘレハ却ツテ窮民ヲ増ス、若シ之ヲ請求セザル場合ニ於テハ、町村長ハ義務ヲ實行セザルコトニナル、甚ダ不都合ヲ生ズルト思フ、……府縣ハ市町村ニ救助費ヲ補助スルコトヲ得ト云フコトデアル、然ラバ補助スルモ補助セザルモ府縣ノ勝手デアル、或ハ郡制施行ノ後ニ於テ國庫カラ其ノ配布ヲシテモ、其ノ府縣會ガ救助スベカラズト議定シタトキハ、其ノ金ハ何處ニ行クデアリマセウ、若シ修正委員ノ修正ノ如クスルナラバ、直チニ人口ニ依ツテ市郡以下ノ町村ニ配布スルガ當然デアル、甚ダ此ノ修正案ハ其ノ一端ヲ見テモ、未ダ完全ヲ得タルモノトハ思ヒマセヌ故ニ、……是ノ案ハ全廢スルコトヲ望ミマス」、「勿論修正案モ悪イガ、本案ニ對シテハ全体ニ反對シ、又修正案ニモ反對スルモノデアリマス」と。

当時公刊されていた大日本帝国統計年鑑が収集し得た数値には漏れがあるはずであるが、そこに挙っていただけでも、約二万人の者が餓死・貧困死をしている事態があることを聞かされた後においてもなお、「事態は差迫っていない」と湯浅は発言しているのである。下院といっても既述のように一・一％の富裕な国民から選出された、餓えを経験したことのない衆議院議員は、この程度の餓死・貧困死は、国家の大局から見て取るに足らぬと考えたのであろうか。

ここにいたり東尾平太郎議員（弥生倶楽部＝中立）が「双方ノ名論卓説ヲ充分ニ聞キマシタカラ、終結ヲ望ミマス」と発言し、議長中島信行は「只今東尾君ヨリ討論終結ノ動議ヲ提出セラレマシタガ、之ニ賛成ガアリマス即此ノ動議ニ就イテハ決ヲ集會ニ問ハザルヲ得マセヌカラ問ヒマス、東尾君ノ討議終結ノ動議ニ御同意ノ諸君ハ起立ヲ……」と呼びかけたが、起立者は少数であった。中島は討議の続行を宣言する。

これに応じて今井磯一郎議員（大成会＝吏党）は、登壇し、「此ノ窮民救助法ニ就イテハ其ノ大体ハ政府提出ノ議案ヲ賛成シマス、……要スルニ此ノ貧民救助ト云フコトノ必要デアルト云フコトハ、何レモお論ジアルノデアリマス、唯之ニ反對スルノハ之ヲ今此處ニ此ノ法律ヲ設クルニ及ハヌ、是マデ有ルトコロノ恤救規則、或ハ行旅死亡人取扱規則、又ハ棄兒等ノ取扱ヲ以テ足レリトスルノ御議論ニ外ナラヌノデアリマスガ、……恤救規則ニハ鰥寡孤獨ニ限ツテ居ル、故ニ其ノ他ノモノニハ如何様ナコトカアツテモ、之ヲ救助スルト云フコトガ出來ヌト云フノガ、現行法ノ精神デアリマスルガ、其ハ餘リ窮屈ニ過クルト云フ考ヘデアリマス、又此ノ鰥寡孤獨ト云イマスルモノハ、現行法ハ本籍ニ依ツテ取ル所ノモノデアリマス、然ルニ此ノ近頃ハ町村制ニ依ツテ見マスルト、本籍ニ依ルト云フコトヨリハ、住居地ト云フコトデ取ツテ多ク何事モ行ハレテ居ル、現ニ鰥寡孤獨ノ如キハ此ノ住居地デ實際迫ツテ困難ヲ生ジテ居ルト云フモノガ往々アリマス、併シナガラ……、規則上鰥寡孤獨ト見做スコトノ出來ヌト云フモノガ、本籍ニ依ルト云フコトデアリマスカラ、戸籍面ニ親戚等ガ附ケ込ミアルトキハ、實際ソレヲ行フト云フコトガ出來ヌ、……又……慈善家ノ救助ニ放任シテ差支ナイト云フヤウナ御議論モアリマスルガ、……且概シテ申シマスト田舎ニハ多ク慈善家ハアリマスガ、都會ニ至リマスルト實際ニ行ハレヌ事實ガ目ノ前ニ分ツテ居リマスル、……又地方デハ救助ニ就イテ一種ノ弊害ガアリマス、ソレハどうカナレバ此ノ窮民ノ總代ヤウノモノナドガ御坐リマシテ、折々此ノ少シク世柄デモ惡イトカ、又少シク變ツタコトデモアルト、ソレヲ機トシテ富豪家ニ迫リマシテ、濫リニ救助ヲ要求シ未タ窮民ノ範圍ニモ至ラザル者ヲマデ組入レマシテ、ソレニ分配ヲスルコトガ、往々御坐リマス、此等コソ實ニ惰民ヲ養成スルノ弊害ニシテ、……矢張從前法ノ完全ナラザルガ故生ズル結果デアラウト存ジマス、又此ノ從前國庫ヨリ補助スルトコロノ……、手續ノ面倒ナルガ爲ニ、地方ニ依ツテハ實際救助ヲ受クベキ者アルニモ拘ラズ、出願等ヲセザルト云フヤウナ向キガ御坐リマス、ソレガ爲ニ國庫救助ノ府縣別ノ不公平ヲ生ズルモノハ、現ニ此ノ岩手縣ノ如キ隣縣ノ青森トノ差違ノ甚シキコトハ、誠ニ明カナ證據デアリマス、……二十一年度ノ實費ハ岩手縣ハ十一圓八十五錢九厘、青森縣ハ七千百三十圓八錢三厘、二十二年度ハ岩手縣ノ方ハ二十圓七十三錢六厘、青森縣ハ八千三百二十二円〇八錢九厘ト御坐リマス、二十三年度ノ豫算ニナリマスルト岩手縣ハ僅カ七圓、青森縣ハ七千百五十三圓ト御坐リマス、斯ノ如キ此ノ不公平ヲ生ズルモノハ……、從前ノ規則ノ不完全ナルヨリ生ズル結果デアラウト私共ハ信ジマス、……斯ノ如キ不完全ナ割合ノ出ルト云フコトヲモ、見ツ……、是等ノモノハ矢張速ニ現行法ノ改正ヲ致シマシテ實際今日貧苦ニ迫ツテ困難ヲスル者ヲバ、宜シク公平ノ處置ヲ以テ救ヒ、又從前法律ノ不完全ナルガ爲ニ惰民ヲ生ズルト云フ如キ感アル者ハ、即之ヲ改メテ宜シク公平至當ノ處置ヲスルト云フノハ當然ノコトデアラウト私ハ信ジマス、……然ラバ當期ノ會議ニ於テ、……どうカ本案ノ通過スベキヤウニ、切ニ本員等ノ望ムトコロデアリマス、唯聊カ賛成ノ意ヲ……」と述べて修正案に賛成している。

今井は、①戸籍面に親族の名前が掲載されておれば実際には独居であって近親者による扶養を受け得なくとも鰥寡孤独とはみなされず救助を受け得ないことの不条理を指摘し②制度の欠落部分を慈善家の救済にまかせると窮民の代表が何かの事情をきっかけに集団の力を背景に富豪に救済を強要し、これが濫救につながる場合があること ③恤救規則の厳格な手続が真に救助の必要な者の申請をためらわしている実態がある故、同規則の改正はすべきであるという意見である。今井は貧困者の救助の実態とそれに対する国庫救助の額に府県別の格差があることを具体的にその金額を提示してこの法案の通過の必要性を力説したのである。今井をしてこう言わしめたのは窮民を放置すると団結して暴動が起こり得ることを危惧してのことで政権党の立場での発言であろう。

続いて堀越寛介議員（立憲自由党＝民党）はこの法案に反対する理由をつぎのように述べている。

「私ハ委員諸君ノ御決定ニナリマシタル所ノ案ニ就キマシテハ、不同意ヲ唱ヘマスル所ノ一人デアリマス、……第一ノ論點ハ公費ト云フモノヲ以テ、貧民ト云フモノヲ救助スベキ性質デナイト云フコト……、第二ニハ公費ヲ以テ救恤ヲスルノハ、其ノ時ト場合ト云フモノガアルト云フコト……、第三ニハ我國ノ有様ニ於テハ決シテ、斯ル法律ハ必要デナイト云フ證明ヲスル積デ御坐リマス、第四ニ於キマシテハ公費ヲ以テスル所ノ弊害ト云フモノハ、實ニ多イト云フコトヲ論證致シマスル積デ御坐リマスル、第五ニハ即反對論ヲ逐一論駁致シマスルデ御坐リマスル

先ツ第一ニハ公費ヲ以テ窮民ヲ救恤スルト云フコトハ、決シテスベキモノデナイト云フコトヲ申シマスルデ御坐リマスル、一体此ノ公費ト云フモノハ公衆一般ノ爲ニ使用スベキモノガ即公費デアル、即チ貧者ト云フモノハ、……其ノ人一人ニ止マルコトデアルガ、然ルニ此ノ公衆一般ノ關係ノ爲ニ使用スベキ公費ヲ以テ、此ノ貧民ヲ救助スルハ所謂公衆一般ノ金ヲ一人一箇ノ爲ニ使用スルモノト見ナケレバナラヌ……、併シナガラ時ト場合トニ於キマシテハ使用モシナケレバナラヌモノデアル、其ノ時ト場合ト云フノハ所謂公衆一般ノ安寧ヲ害スルトカ、大ナル危害ヲ受ケルトカノ心配ノ場合、此ノ如キトハ公衆ノ安寧ヲ維持シ、公衆ノ安寧ヲ保ツト云フ事柄ガ必要デアルカラ、其ノ公費ヲ以テ支辨スルト云フコトニ立到ルノデアリマス、

第二ノ論點ニ反對論者ノ申シマスノニハ文明ガ益々進ムト云フト、貧富ノ隔絶ガ益々多ク成ツテ参ルモノデアル、……

斯ル結果ガ社會上ニ生ジテ來タツタナラバ不都合デアルカラ、此ノ法律ヲ以テ防ギ止メテ置ナケレバナラヌト云フコトデ御坐リマスル、……成程文明ノ進ムニ從ツテ、貧富ノ隔絶ト云フモノハ益々甚シキ有様ニナルニ違ヒナイ、然ラバ……社會黨ノ如キモノガ生出スルニ違イナイ、社會黨ガ生出スルコトハ最早理勢上免レズト見タナラバ、……社會黨撲滅條例ヲ制定シテ、……之ヲ防ギ止メテ置クコトモ出來ナケレバナラヌ話デアル、併シナガラ……現時ノ有様ニ從ツテ見マスルト將來斯ノ如キ有様ガ出ルカラ、貧民救助法ヲ發スルト云フ御論ハ既ニ倒レタト言ハナケレバナラヌト思フ、

第三ニ、……貧民救助ナルモノハ宜シク人々ノ慈惠ニ放任シロ、慈惠ニ放任シテモ我邦ニ於テハ……、決シテ差支ヘナイコトデアル、……先達テ政府委員ノ御説明中ニモ、我國ノ人ハ慈惠心ガ非常ニ富ンデ居ルト申シタデ御坐リマス、斯ノ如ク折角慈惠心ニ富ンデ居ルノニ、政府ガ法律ヲ以テ一方ニ於テ之ヲ壓シ付ケテ仕舞ツタナラバ、……私ハ非常ナル所ノ結果ヲ來タスモノト深ク心痛致シマス、此ノ慈惠ノ心ト云フモノハ即同情相憐ムノ情ヨリ起ルモノデアル、同情相憐ムノ情ハ、即人ノ權利ヲ重ンジ人ノ自由ヲ重ンズルノ心、之ヲ推擴メテ云ハヾ愛國心ノ原素デアル、詰リ基礎トナル所ノ美徳ヲバ、法律を以テ壓シ付ケテ養成サセナイヤウニ致シテ参ルノハ、私ハ實ニ其ノ意ヲ得ナイコトデアルト深ク考フルノデアル」と。

堀越は、①貧民は中産階級の治安を侵害する可能性をもった集団であり、これが暴徒として暴れ出した後に、救済を実施すればよいということ②法案の賛成論者は貧富の格差により社会主義社会になることを虞れているが、それならば社会党撲滅条例を制定して、これを防ぎとめることができるではないかということ ③慈恵心に富むわが国の国民性にそって実施されている恤救規則を改正すれば国民の慈恵の美徳が失われると主張しているのである。堀越は慈恵は同病相憐むの情にもとづくもので、人の権利を重んじ人の自由を重んずる心であると人権論を持ち出して民間の慈善心にまかすことを主張しているが、憐れまれて受ける救済は人権の尊重と果たしていえるのであろうか。

つぎに登壇した立入奇一議員（議員集会所＝中立）は、以下の理由で本法案に賛成の意を表明している。

「私モ本案賛成者ノ一人デ御坐イマス、……私モ審査員ノ一人デ御坐リマスカラ、修正案ニ同意ヲ致シマスデ御坐リマス、……反對ノ御論ハ……町村ノ自治デ充分ナラント云フノガ一ツノ起源、又二ツニハ言ハヾ今日此ノ法律ヲ、更ニ成立スル必要ガナイト斯ウ述ベラレマスルガ、二ツノ原因デアラウト思フ、ソレカラ、……此ノ法律ガ出タナラバ、懶惰ノ人民ガ起ルト斯クノ如ク述ブルニ他ナラズト思ヒマス、私ノ考フルトコロデハ、今日ノ町村制ハ大ニ自治ヲ進メタモノぢやラウト私ハ考ヘル、……既ニ自治體ヲ施行ニナリマシテ、一家ノ如クニ一町村ヲ思フト云フコトニナレバ、此ノ一村ノ中ニ貧民ガアルト云ヘバ、どうシテモソレ丈ノ始末ヲ着ケルノハ當前デアラウト思フ、然ルニ是迄ノ法律ニ更ニ救育規則トカ、救助規則、其ノ他直接ニ政府カラ保護ヲ受ケルヲ其ノ俓見テ居ルコトハアルマジキコトデアル、是ガ現在今日法律ヲ直サナケレバナラヌト云フ必要ヲ感ズル様ニ思ヒマス、……尚此ノ恤救規則デアレ、或ハ他ノ規則デアレ、明治四年カラ十五年ノ間ニ布告達シガアリマシタガ、……之ヲ纏メテ一ツノ法律トナレバ、官民トモ實際上便利ヲ得ヤウト云フノガ、改正ヲシナケレバナラナイ重ナル原因デアラウト思フ、……是迄ノ通リノ事ガ出來ルノデ、町村ノ義務ヲ明カニスルト云フコトニ外ナラヌト思ヒマス、詰リ地方ニ於テ附帯ノ義務ガ明ニナラヌト云フコトハ既ニ種々様々ナル例ガアリマシテ、聞合セマシタ所ガ……、あつちこつち往返ヲ費シテ一年ニモ渉ルト云フコトハ、實際何レノ御縣モ免カレヌト思ヒマス、其ノ費用ハ如何ト云フト初メハ十圓カ十四五圓デアリマシテモ、積リ積リテ百圓餘ノ費用トナリテ、町村デ辨ズルコトモ出來マセヌデ、地方税カラ出シタコトハ間々アラウト思ヒマス、之ニ依ツテ見マスレバ……斯ノ如キ費用ハ町村デ辨ゼヨ、地方税デ辨ゼヨト云フコトニ極ツテ來レバむだナ費用ハ省クコトニナリ、種々ノ時間ヲ費ス弊害モナクシテ、如何ニモ此ノ法ヲ設ケラタナラバ、是マデノ足ラザル所ヲ補ツテ、町村ノ自治ニ取ツテ完全無缺ノ法律デアルト私ハ考ヘマスカラ、修正案ヲ賛成シマス」と。

彼は従来、責任をもつ機関が明確になっていないケースを盥回しにすることを回避するためにも本案の成立に賛成したのであろう。他の議員と比較して、窮民の立場を理解したノーマルな意見である。

この後北川矩一議員（大成会＝吏党）より「私ハ更ニ終結ノ動議ヲ提出致シマス」との提言があり、終結に「賛成々々ト呼ブモノ」があり、また西尾傳藏（大成会＝吏党）からも「通告ハシテアリマスガ、最早私ハ終結ノ動議ニ賛成致シマス」との発言があった。

しかしこれにかまわず高木正年議員（議員集会所＝中立）は演壇に立ちつぎのように述べた。

「諸君ハ大層此ノ議事ニ就イテお急ギデアリマスガ、……此ノ窮民救助法デ救助セラル、人ハ三萬人デアラウ、鈴木萬次郎君ガ三萬人ヲ一人二十圓トスレバ、一年六十萬圓支出シナケレバナラナイト云フコトヲ云ハレマシタ、此ノ六十萬圓即三萬ト云フ人民ノ數ハ頗ル少ナイ數デアラウト信ジマスガ、假リニ三萬人ト致シテモ一箇年六十萬圓ノ負擔ハ我々同胞ノ負フベキモノデアルト考ヘタナラバ、左様ニ議事ヲ急カル、筈ハナイ、……政府ガ……法律ヲ施行スル結果トシテ、……六十萬圓若クハ其ノ他數多ノ金ヲ負担セシメタナラバ可決シタ所ノ責ハ、我々ハ諸君ト倶ニ之ヲ脊負ハネバナラヌト考ヘタナラバ、……随分鄭重ニ手數ヲ費シテ……審議セネバナラヌコトデアルト信ジテ居ルノデス、ソレカラ鈴木萬次郎君ノ申シタ此ノ三万人ト云フコトデス、暫ク之ニ致シテモ此ノ負擔ハ同胞四千万人ノ人ニ脊負ハセネバナラヌ、此ノ三萬人ト云フコトハ……、益々進ンテ行フテ此ノ窮民救助法ノ結果トシテ、十万若クハ十五万人モ其ノ帳薄ノ上ニ載ルト云フ不幸ヲ見ルト云フコトハ、自分ノ斷言ヲ憚カラヌコトデアリマス……、此ノ恤救規則ニ依ツテ養ハル、者ハ僅ニ鰥寡孤獨其ノ他區域ガ至ツテ狭クアリマスガ、今後ノ貧民救助法ニ依ツテ養ハル、モノハ、……五倍六倍ノ人ハ殖ヘルト云フコトハ、……分ルノデアリマス、此ノ貧民救助法ガ一度ビ可決ニナリマシタ以上ハ、此ノ救助ヲ受ケンケレバナラヌト云フ者ガ澤山出テ來ルニ相違ナイ、若シ假リニ自分の申スガ如ク、此ノ貧民救助ガ鈴木君ノ三万人ニナラズシテ十万人若シクハ十五万人トナツタラバ、此ノ決議ノ結果ハ二百万若シクハ三百万ノ金ヲ直チニ議決シタト、同様ノ結果ニナルト箇様ニ信ジテ居ル……、貧民救助ノ上デハ或ハ格段ナル場合ト、普通ナル場合トヲ定メネバナラヌト思ヒマス、格段ナル場合ハ彼ノ棄子、若クハ迷兒ノ如キ、自分自ラ豫メ防グコトガ出來ヌモノデ、國家ノ負擔トシテ之ヲ救助スルコトハ、勢國庫ノ……セネバナラヌ事柄デアリマスガ、此ノ普通ノ貧民ニ至リテハ、不斷自分ノ心掛ヲヨクシテ貯蓄シテ置クカ、若クハ其ノ他ノ手段ヲ以テスレバ自ラ防クコトガ出來ル、此ノ貧民ナル者ヲ町村ノ負担、若クハ國庫ノ負担トスレバ、……多クノ貧民ヲ醸シ其ノ數ヲ累進シ、遂ニ貧民相食ムト云フ傾ヲ生ズルコトト存ズルデス……、何人ト雖モ貧民ノ區域ヲ脱セントスル心ト、不時ノ災害ヲ避ケル爲ニ貯蓄ノ念ハアルニ相違ナイ、サリナガラ泥坊ヲ爲スモノト貧民ノ仲間ニ入ルモノハ、遺傳デアルト云フコトモアリマスガ、苟モ一旦此ノ泥坊トナリ貧民ノ仲間ニ這入ツタ以上ハ、現在乞食相餓死セズト云フガ如ク、自分ノ安樂ナル位地ニ安ンジテ、知ラズ識ラズ其ノ範圍ヲ脱スルコトガ出來ヌト云フガ如ク、……此ノ國ノ生産力ヲ害スル爲ニ物價ノ騰貴ヲ來スト、一方ニ向ツテハコレガ爲ニ貧民ノ苦樂ノ範圍ヲ増スト云フ結果ガ來ルニ違イナイ、貧民ハ救助セラレザル以上ハ自分ノ力ニ依ツテ生活シ、若シ生活セザレバ餓死スルト云フ憂ガアルガ、此ノ救助規則ガ成立ツタ以上ハ、却ツテ依頼ノ念カラ貧民ノ蕃殖ヲ來スコトハ、豫言スルニ憚ラヌ所デアルト考ヘル、……慈惠ニ就イテ、コレガ爲ニ變化ヲ來スト云フコトハ、豫言シテ置クニ憚ラヌコト、思ヒマス、是迄貧民ニ救助スル所ノ彼ノ慈惠者ノ與ヘタル所ノ物品金錢ヲ、此ノ救助ノ法ガ一度行ハレタ以上ハ、人ニ腰ヲ屈メテ物ヲ貰ウヨリモ、自分ノ權利トマデハ行カズトモ、資格ノ上デ貰ヘルコトニナル、此ノ貧民救助法ニ依ツテ物ヲ貰ウ方ガヨイト云フ世間ノ傾ヲ生ズルハ必然デアル、何ニモ禮ヲ云ハレザル金ヲ好ンデ惠ム者ハナイノハ、是亦必然ノ結果デアルト考ヘマス、箇樣ニナルト一方ニ向ツテハ貧民ヲ増シテ、少ナカラザル國民ノ負擔ヲ増スト同時ニ、是迄ノ慈惠心ハ之ト同時ニ喪失スルコトハ、自分ノ言葉ヲ待ダズシテ知リ得タル事柄デアル、原案ノ上ニ就イテ自分ノ賛成スベカラザル理由ハ斯ノ如シ、又修正案ニ就イテ委員ノお説モ先刻來伺ヒマシタガ、自分ハ委員ノ調査ノ上ニ就イテ文字ノ上ニ就イテ一々非難ハ仕マツリマセヌガ、併シ私共ノ此ノ委員ノ人々ノ原案ヲ審査スル上ニ就イテハ、此ノ窮民救助法ノ結果トシテ國民ノ受クル所ノ限度如何デアルガ、此ノ事ニ就イテ將來ノ利害ハ如何ト云フコトヲ、會ツテ御調査カナイマス樣ニ自分ハ伺ヒスルノデアル、其ノ他委員ノ修正ノ上ニ就イテ頗ル不可思議ナルコトガアル、前段自分ノ申ス通リ、此ノ貧民救助ノ上ニ就イテ最必要ナルハ如何ノ場合デアルカト云フト、或ル特別ナ場合デハ、天災地變ノ如キ會ツテ豫備ヲ爲シ得ベカラザル、會ツテ貯蓄シ置キタルモノガ、何レモ喪失シタル場合ニ之ヲ救ハナケレバナラヌノガ、此ノ窮民救助ノ第一要點デアルノニ、委員ハ第一條ノ不治老衰ノ下ノ處ニ其ノ餘災害……少シ文字ガ違ツテ居ルカ知ラヌガ、其ノ餘ノ災害ト云フ文字ヲ削ラレマシタノハ、即救助ヲ爲スベキモノ、一番救ハレナケレバナラヌコトニ就イテ殊ニ之ヲ撤去セラレマシタノハ、頗ル不可思議ノ調査ナリト斷言スルコトヲ憚ラヌコトデアル、箇樣ノ意見ヲ以テ其ノ救助法案ニ反對スル所以デ御坐リマス」と。

高木は、鈴木議員は窮民救助法で救助を受ける者が三万人と試算したが、これは十万から一五万にもなり得ること。原案が採りあげており、修正案において削除した災害に遭って貧窮に陥った者こそ真に救済を要する者といえるはずであるにもかかわらず、これを「撤去セラレマシタノハ、頗ル不可思議」と救済の対象となりうる者の範囲に異論を唱えている。

この時、堀内忠司議員（弥生倶楽部＝中立）は「終結ノ動議ヲ起ス、充分承ハリマシタカラ……」と、審議の終結を提案した。

議長中島信行は「堀内君ノ動議ガ御坐イマスカラ此ノ動議ニ賛成ノ諸君ハ起立」と言い堀内の終結動議に賛成の者の起立をうながした。

中島は議場を見廻し、起立者が多数と目測で判断した。

その結果「多数デ御坐イマス、本案ニ就イテハ即九十條ノ第二項ニ依ツテ決ヲ採リマス」と中島はいった。これに対して天野三郎は「大分缺席ガアル様デ御坐イマスカラ、相席ノ方ニデモ……」との意見を出したが、中島信行は「決ヲ採ルニ足ルノ出席ト思ヒマス、出席ヲセザル者ハ權利ヲ放棄シタ者ト認メマス」と決をとることを断行する旨宣言する。中島信行は、この長時間にわたる議論の司会を行い疲れ果ててしまっていたのであろうか。

この時、松本議員は無記名投票を提言したが、此時〔起立シテ宜シイト云フ者アリ〕。そこでこれに対応して議長中島信行は「即本案ヲ第二讀會ニ付スベシト云フノ諸君ハ起立ナサイ」といい、中島は起立者少數と判断した。しかし〔此ノ時多數ト呼フ者アリ〕。つまり賛否の数はすれすれで不明であったといえる。

それにもかかわらず議長中島信行は「少數デアリマス……少數デアリマス、依ツテ本案ハ第二議會ニ付シマセヌ」と宣言して、窮民救助法案を否決の方向にもっていってしまった。中島自身が、議長であるが故に自らの立場を鮮明にはしていなかったが、この法案に反対であったものと推測し得ようか。中島の経歴をみると第一回帝国議会には衆議院議員として神奈川五区から出馬しているが、その解散後、勅選の貴族院議員として五二歳で没するまでその職にあった[13]。つまり中島は貧困と無縁の人であり、この法案の審議をとりまとめるのに適した人物ではなかったのである。

五　結　び

以上のような経緯を経て窮民救助法案は、政府提案であったにもかかわらず否決された。明治七年制定の恤救規則による厳格な制限救助主義は維持され、半世紀にわたりわが国の公的扶助制度の根幹となったのである。

それにはいくつかの理由があるであろうが、第一に内務省の目的は窮民救助を目的とするよりも、町村制を実施した以上、窮民の救助は町村の負担で実施して欲しいというところにあった。国庫の負担を削減し救助の責任を免れ、市町村に窮民救助を行うか否かの判断をまかすのと引き換えに救助費の負担を市町村に押しつけたかったのである。しかし国の政治の根幹を人口構成のうえで、多数を占める窮民集団により揺ぶられることは回避したいという思惑があったのであろう。つまりNo Support No Controlというスタンスで政権を維持したかったといえようか。

第二に同法案には、恤救規則にはなかった不正受者に対する懲罰規定が置かれていた（二三条）。濫給を刑罰によって抑制することは、最低のコストで最大の効果を上げることである。議事録を見るとこの点に対する議員の反発は強い。しかし政府にとっては罰則による不正受給のコントロールは、最善の策であったのである。

第三に篤志家の寄付による窮民救助に対する帝国議会のアレルギー反応である。チャリティについての伝統をもたないわが国においては、帝国議会の議場においてすら、篤志家の寄附は不平等をまねき、惰民を養成することになるという議論が各所で真剣かつ活発に行われていたとみられる。

第四に市町村こそが窮民に一番近い立場にあるのであるから、救助の是非は市町村がすればよいが、その決定には窮民の住居への立入調査が当然必要であろうという議論がなされていたことである。現行生活保護法二八条のルーツはここにあったのである。

窮民の立場に立って「窮民救助法案」の成立には賛成した鈴木萬二郎議員でさえも、窮民について「下等民」「下民」と呼んでいる。つまり貧富の格差はあっても互いに人間としては対等であるとは考えていなかったのである。その他この法案の成立に賛成する者ですら貧窮児童の養育に出費するのは、殖産興国の労働力として必要であるから救助を行おうというのがその立場であった。

反対派の堀越寛介にいたっては、貧民の起こす暴動はこわいが、窮民救助は人民相互の情宜というわが国に古来からあった醇風美俗に依拠すればよいというものであった。この考え方は、連綿と社会福祉行政の実施機関に引継がれ今なお在宅福祉の論拠になっている。しかも堀越は貧富の格差による社会不安はまだ起こっていない。それ故に恤救規則の改正は時期尚早であり、不必要であると言っている。堀越は、まだ起こってもいない暴動の予防のために救助を行うのは無駄なことである、という信念をもっていることを、隠そうともしなかったのである。

要するに反対派は「窮民救助法案」が制定されると町村の費用が増大し、又町村の事務も増加する。これに加えて、一般の国民が生活に困れば、法律上の救助が得られるという安心を与えることは妥当ではない。故に廃案とすべしということであった。

これに対して修正派は、原則としてはこの法案の実施に賛成であるが、原案の侭では不都合が生じる。しかしこれを廃案にしてしまえば、不完全な恤救規則や行旅病人・死亡人取扱法により、この社会において窮民が死ぬことを棄て置くことになる。それは社会不安・治安の紊乱をまねき、そうしたことが起こってしまうと収拾がつかなくなるのを虞れて、修正を加えて実施しようというものであった。また西尾傳藏のように災害により貧窮に陥った者について規定する原案を支持する者もあった。

窮民救助法案が廃案となったことには、第一回帝国議会を構成する議員の派閥にも問題があった。吏党(政府与党)の議員は民党(反政府党)の議席数をはるかに下廻り、さらに中立派の議席を三〇議席上廻るに過ぎなかった。こうした衆議院の議席数のなかで政府が恤救規則の制限救助主義の緩和を求めても数の上で無理があった。後に政府委員として荒川が加わるが、この法案の提案当初、内務次官白根専一が一身に質疑の矢をあびて、とまどうさまが議事録から伺われる。

明治二三年に行われた第一回総選挙から明治三一年の第五回総選挙までは、「超然内閣期」と呼ばれる時期で、内閣総理大臣は衆議院の勢力関係とは無関係に任命される建前であった。そのため衆議院の多数派と内閣の間には激しい対立関係があり、衆議院は内閣の提案を承認しないことが多かった時期である。(14) 窮民救助法案は政府提案であったが故に否決されたのであろうか。

民選議員とはいえ、所詮、当時一五円の所得税を支払えた国民の一・一パーセントの富裕階級により選出された衆議院議員に、「飢えとは何か」を体験する機会はなかったはずである。一・一パーセントの選挙民にも「飢え」の理解はなかった。民権運動は餓死に瀕することとは無縁な上層知識階級のもので、窮民は自らにも人間としての人権があることに気づきもしていなかった。それ故に治安を乱すほどの暴動は起きず、議会という公の場で、国民の代表であるはずの衆議院議員に社会不安が起こってから法改正に取り組めばよいではないかという発言がなされているのもかかわらず、窮民はそれに対する怒りを表明する方法を知らなかった。それ故に暴動は起こらなかったのである。

白根は「知らない」と答えたが、当局として餓死・貧困死の数を把握していたが故に明治政府は、いつか貧困者が団結して政府に刃向かってくることを予測してこの法案を作成したのであろう。貴族院は特権階級により構成されていたといわれているが、衆議院もやはり選挙権をもつという特権をもった者により選出された階層であった。議員の中にも納税者の利益を護るためには、窮民救助法案を否決したことにより、生活できない貧民が餓死してもやむを得ないではないか。それは本人が働ける間に貯蓄をしていなかったからで、自業自得であると言い張ってゆずらなかった者がいた。民選の衆議院議員すら、貧民も自分と同じ人間であるとは考えていなかったのであろう。一方で法案を提案した政府吏党の議員がひたすら虞れていたのは窮民の団結による治安の紊乱と貧民の移動にともなう伝染病の蔓延という衛生上の問題であった。

窮民救助法案はこうした意図で策定され審議されたが故に否決されたといえようか。また餓えた民と裕福な施政者ならびに帝国議会の構成員との間にある亀裂が、恤救規則改正が切実であるという理解にいたり得なかったのであろう。

明治憲法に規定されていた基本的人権は窮民のものではなかった。したがって「貧困」という永遠の「軛《くびき》」から解放されることなく「餓死」を他人事とする帝国議会の構成員により窮民は放置されたのである。

（1）『日本法制史概要』（創文社、昭和五〇年）一九七頁

（2）大竹＝牧編『日本法制史』（昭五二、青林書院）二四三頁

（3）大竹＝牧・前掲書二四七頁
（4）山崎嚴『救貧法制要義』（昭和六年、厳松堂）二六頁
（5）石井・前掲書二〇四頁
（6）石井・前掲書二〇五―六頁
（7）桑原＝宮城編『社会福祉法制大全』(1)（一九九九年、港の人）一七二頁
（8）同『大全』(2)一〇二頁
（9）同『大全』(2)二三二頁
（10）石井・前掲書二〇六頁
（11）石井・前掲書二〇七頁
（12）木山正夫「解説（第一回～第三四回総選挙）」日本国政調会編『衆議院名鑑』（昭和五二年、国政出版室）一頁
（13）議会開設百周年記念『歴代議員経歴要鑑』コンピュータ編集版（平成二年、政治広報センター）一〇二七頁
（14）木山・前掲論文一頁

〔追記〕本文中、議事録・議事速記録に括弧で入れた頁数は東大出版会が編纂した『官報号外』『帝国議会衆議院議事会議録』『帝国議会衆議院議事速記録』から採録した、桑原洋子・宮城洋一郎編『社会福祉法制大全』第九巻（二〇〇一年　港の人）の一五―四六頁に収録した史料の原典の頁数である。

26 実定法について
――エスノメソドロジーの視角から――

樫村志郎

はじめに

今日の社会の法秩序の特徴である実定法体制のもとでは、ある表現が法であるかどうかは、それが立法されたかどうかによって定まる。法社会学も、主として、今日の法体制を対象として研究を行う限り、実定法体制を対象とすることになる。ところが、実定法とは何かについては、あまり法社会学的につめられた考察がなされていないのが現状である。

本章では、エスノメソドロジーの考え方を適用して、「法律」という社会的活動に関するエスノメソドロジカルな研究をどう行っていくべきかについて、論じてみようと思う。そうする際に、われわれは、法が「言葉として定められている」ということがどのような社会的関係性を前提とし、また帰結するかに、着目することになろう。

本稿で試みるのは、法のエスノメソドロジカルな研究可能性の具体的な実現にむけての私なりの導入である。もっとも、「法律」のエスノメソドロジカルな研究がなされうる形はここに述べようとするものに限られない。しかし、あとに述べるように、エスノメソドロジカルな研究の方法論的基準は、それによって研究されようとする現象自体に内在している方法論によって与えられる。法律という現象にもまたいくつかの固有の方法論が内在しているが、そのうち、本章では、〈ある（記号的）表現を・法律と・呼ぶ・こと〉が、ひとびとの法的な活動それ自体のなかに含まれている、ということに着目する。ここで「記号的表現」とは、一定の言語表現、つまり「歩行者は道路の右側端を通行しなければならない」とか、「訴訟費用は敗訴の当事者の負担とする」などのようなものをいう。それらは、ひとが、発話したり、伝達したりすることができるものである。

実定法体制に先立つ自然法体制のもとでは、ある表現が法であるか否かは、その表現の内容によって定まると考えられていたといえよう。これに対して、今日の社会では、ある表現を〈法として〉言及することが、自然法体制のもとにおけるよりも一層顕在的である。(1) 法が法であるか否かは、立法手続きの履行によって明示化されているからである。だが、法に言及されるすべての場合に、立法手続きへの明示的な言及がなされるわけではなく、それが多数であるわけでもない。ここから、法への言及の方法論的性格があらわれてくる。

具体的には、つぎの三つの問題を順に論じることにする。

(1) 導入として、「法律」に関する通例的な社会学研究とそのエスノメソドロジカルな研究とはいかに異なるかを説明する。

(2) 〈ある表現を・法律と・呼ぶ・こと〉というひとびとの活動の存在を明らかにし、その方法論的性格を明示化する。

(3)　さまざまな具体的な〈ある表現を・法律と・呼ぶ・こと〉に共通して観察できる行為的詳細をとりあげ、例外化という行為を手がかりにして、ルールを尊重することの実践的構造という問題を素描する。

一　法の通例的な研究とエスノメソドロジカルな研究

法のエスノメソドロジカルな研究の一般的な方向は、より通例的な「法社会学」的研究とそれがどのように異なるのかを明らかにすることで、示すことができる。

はじめに通例的法社会学がいかなる問題を設定し、研究していくものなのかを見ておくことにする。

通例的法社会学研究は、「法の在り方や法の実際の働き方を、社会または社会的因子との関連で理解し、説明しようとする学問である[2]」とか、「社会のなかで法が実際にどのように働いているのかを認識する学問である[3]」といわれる。ここでは、法社会学が、「法」という存在が「社会（または社会的因子）」と相互作用するものであることが前提されており、そのような存在やその相互作用を客観的に認識することが研究の目標であると主張されている。

法社会学は、さまざまな「法」に関する観察をひとつの体系的な知識にまとめることを目標にしている。したがって「法」という言葉で指し示される存在が何であるかを、はっきりと定める必要があることになる。法社会学における理論的問題は、こうした体系的知識を建設するという実践的文脈のもとで提出される。

通例的法社会学研究に典型的な問題の一例はつぎのようなものである。

『「法」は国家によって定められるものとみられるべきだろうか、それとも国家が定めるものの外にも「法」

がありうるとみるべきだろうか。』

この「法は国家によって定められるものに限定されるべきでない」または「そう限定されるべきである」という主張は、〈法社会学における・法の・実践的定義〉を問題にするものだ。エスノメソドロジカルな法研究と法社会学の間の区別は、ここにいう「実践的」という語をどう理解するかの区別を見ることでよりよく理解できる。法社会学における理論的問題は、一般に「経験的な知識の体系の建設」という(4)、一定の実践的行為の遂行に対する適切な手段を求める問題として理解することができる。この点で、それらの問題は、「方法論的問題」であるということができる。

さて、通例的法社会学研究における「法」の定義をもとめるタイプの問題に限定していうと、異なる「法」定義の諸提案や諸発見の間の選択は、通常、実際には、つぎのような二群の理由、ないし評価基準により行われている(5)。

第一群はつぎの(1)から(4)である。

(1) 慣習や倫理や道徳などと法をどう区別するか等の、実質的一般理論形成にかかわる理由。たとえば、国家に言及することで、法社会学の領域を明快に確定することが一般的理論の形成可能性を増大させるという理由。

(2) 法実務や法行為の担い手を国家に限定するかどうかという研究領域設定の望ましさにかかわる理由。たとえば、企業の内部秩序の社会的重要性が増大してきているから、国家以外の団体の秩序形成を研究領域に含めることが、研究の内容を豊かにすることに寄与するという理由。

(3) 法を主として「解釈の対象」としてではなく社会の構成要素、つまり「社会学的対象」としてとりあつかうという学問体系的理由。たとえば、国家と結合することで法は社会的重要性を高めつつあるという認識にもとづく理由。

(4)　その主張の実践的帰結がなんらかの道徳理論的な意味で「望ましい」という実践的理由。たとえば、国家による法的規制が社会的重要性を増してきているので、法社会学がそれを研究することが善なることであるという理由。

これらは、方法論的観点からいうと、提案や発見の実質内容的資格を評価するものであるが、その評価は、法社会学研究がその評価の時点までに達成した経験的知識の体系の状態に照らして変動する。そしてこれらの方法論的評価は、先に定義されたような法社会学研究の社会的価値を高めるという目的のために行われている。

第二群はつぎの(5)から(7)である。

(5)　その提案や発見の主張や主張者が、広く受け入れられた提案や発見の達成のための手続きにしたがっていることが示されているか、過度に実践的かかわりをもっているのではないかという疑いを免れているかであること。たとえば、その定義が、通常行われている定義を批判するための受け入れられた手続きの結果として提案されていることが示されていること、または「法は国家と結合するべきだ」という実践的主張を押し進めるための手段として提案されているという疑いを免れているという理由。

(6)　その提案や発見の主張や主張者が、現代の経験科学の一学科としてふさわしい意味の一貫性、明晰性、学習可能性などをもつ理論言語体系を背景としていること。たとえば、「国家」という概念が、これらの理論的言語を用いて定義可能であるという理由。

(7) その提案や発見にもとづく研究が、一般的に、裁判官、弁護士などの法実務家や一般の法解釈学者、法的に意識の高い市民などの、社会の実践的活動家に対して、名誉ある寄与を行う一般的可能性を示すことができること。たとえば、その定義によって開かれる研究可能性の中で、社会的アクチュアリティをもつ実践的に有用な研究が可能であるという理由。

これらは、いずれもその提案や発見の方法論的資格を評価するものであるが、各項目の中で言及されている理由のそれぞれが背景としている「実践」的行為は、互いにいくらか異なったプロジェクトである。たとえば、社会的にアクチュアリティがある研究がもつ有用性は、ある定義の採用を正当化するかもしれないが、同じ定義は、適切な理論言語体系を背景としていないかもしれない。

このようにして、通例的社会科学としての法社会学においては、通常、そして実際には、「法」という用語やその望ましい理論的内容が、通例的な法社会学研究を構成する経験社会学的コミュニケーションのもついくつかの必要に応じて、また、その時点までの経験的知識を背景として、方法論的に定義される。要するに、通例的法社会学の提案や発見は、多かれ少なかれ制度化された法社会学の産出基準の履行によって、達成される。

われわれは、つぎに、このような通例的法社会学と対比しながら、法のエスノメソドロジーの構想を示そう。いま明らかにされたように、通例的な法社会学的研究の最良のものは、洗練された経験的社会学研究の社会的基準に従っている。そのような基準は、法の一般的社会学理論の形成維持、専門的法実務のあり方の経験科学的認識とその記述、一般人の法行為のあり方の経験科学的認識とその記述、法解釈学その他の隣接学科との間の方法論的あるいは理論的境界の確定維持、経験科学的方法論による基準の制約下での実践的社会改革提案、などの関心に促された活動を行うために必要とされる。

これらの基準は、一定の学問において適切とされる主張、つまり広い意味で真理とされる主張をささえる根拠を与える。それと同時にこれらの基準はそれぞれの学問が置かれている社会的状況の特徴の一部をなしている。学問の実践者はこれらの基準を内面化するよう努力し、自他にそれを期待する。この意味で、すべての通例的社会科学と同様に、法社会学はその活動の社会的統一性を構成する特徴から、個々の主張の学問的真理性を引き出すものである。

これに対して、まず、法のエスノメソドロジー研究もまた、その活動の社会的統一性からいくつかの学問的真理を引き出している。しかし、真理の構成においても、その方法論的証明においても、エスノメソドロジーのもつ学問的コミットメントは通例的科学とは著しく異なった内容をもっている。

通例的科学との対比で述べれば、法のエスノメソドロジー研究の社会的統一性を構成する特徴は、つぎのものである。番号は、通例的法社会学の特徴に対応して付してある。

第一に、提案や発見の実質内容についてつぎのことがいえる。

(1) 法の社会科学的一般理論の形成に寄与することによって、主張の適切性を判断しない。

(2) その研究領域が学問論的に基礎づけられた領域であることによって、主張の適切性を判断しない。

(3) 法が社会の構成要素であるという事実を尊重する必要に照らすことで、主張の適切性を判断しない。

(4) 研究のもつ固有の実践的価値によって、主張の適切性を判断しない。

第二に、提案や発見の方法論的評価についてつぎのことがいえる。

(5) 科学のコミュニティに受け入れられた方法論的手続きや価値中立性の基準によって、その主張の方法論的妥当性を判断しない。

(6) その科学のコミュニティに受け入れられた理論的統一の必要によってその主張の方法論的妥当性を判断しない。

(7) 実践的関連性によって、その主張の方法論的妥当性を判断しない。

以上のコミットメントはいずれも否定的なものであるが、それをより肯定的な表現で述べればつぎのようになる。

エスノメソドロジー研究は、ひとびとがさまざまな社会的活動を行うに際してしたがっている方法論の研究である。ひとびととは、他者とともに、他者の中で説明可能な行為を行う能力を発揮し続けている存在のことであり、方法論とは「説明可能に行為を行うやり方・およびそのための議論」を意味する。エスノメソドロジー研究は、これらのひとびとの方法論の詳細を、分析し、体系的に、また、包括的に記述することをめざす学問的活動である。

こうして、法のエスノメソドロジー研究は、つぎのことを自己の研究プログラムの基盤として受け容れるところに成立する。

(1) 法がそれ自体の資格でひとびとの方法論的で合理的な活動である。

(2) あらゆる法的活動の方法論的妥当性を判断する基準は、その活動自体がもつ、方法論的性格や合理性にほかならない。

いいかえると、法のエスノメソドロジー研究は、法それ自体が方法論的活動であることを出発点とする。そうして、法的活動が、諸々の学問によるその研究と並立する、ひとびと固有の能力による合理的で方法論的な活動であることに研究の関心を向ける。したがって、法のエスノメソドロジー研究の特有の課題は、その研究の実践

において、このひとびとによる合理性や方法論的性格を、再記述しようとすることである。(6)

二 〈ある表現を・法律と・呼ぶ・こと〉の方法論的性格

1 法を述べること

われわれは普通の日常生活のなかで「法」や「法律」として何かを語ることがある。そしてその語りに、法的活動の説明可能にするやり方への志向をみてとることができる。というのは、法に明示的に言及することは、法的活動の多くの場面で重要な手続きだからである。(7)

まず、法的活動場面においては、「民法」「憲法」「刑法」などの語で、われわれはいくつかの具体的な既存の法律(「法典」)に言及している。このような活動を「法の言及」と呼ぼう。「法の言及」とは、発話者を含めたある範囲の人々がそれに従うべき義務を負っている法律へと言及することである。このような法律のもつ義務的特質は、法学的概念枠組みでは、「妥当」(8)という語で言い表されている。

法律を名前で呼ぶことはひとつのやり方である。個々の法律にはその正式名称や略称が存在する。このやり方によれば、「民法709条」とか「憲法21条」などのように、妥当する法律のひとつひとつの「条文」に言及することができる。

また、われわれは、法律の名前や条文をこれとして名指すことなく、妥当する法律の「意味の全体」に不特定的に言及することもある。たとえば、「法律的に言って、どういう結論になるでしょうか?」というたぐいの質問をする場合がそうである。このような質問には法律の総合判断で答えなければならないと、普通われわれは考えている。

このことを具体的な例で考えてみよう。

われわれは、交差点での人と車両との通行の調整が、法によって規制されていることを知っている。いま先生が小学生に、「歩行者は道路の右側を歩きます」と教えている場面を考えよう。そして先生は、「このことは法律でも決まっています」と述べたとしよう。このような場面では、先生は、小学生に対して、この表現を法律として述べているといえることになる。この法律は、「道路交通法」などの具体的な名称をもっているかもしれないが、この設例では、先生は、その名称は名指さず、われわれの社会に妥当する一切の法律のどこかに「歩行者は……」という表現が法律という名前で呼ばれる決まりとして存在していることを述べるのである。

このように考えると、われわれは、大人でも子供でも、われわれが普通に言及する法律が、いくつかの名前をもった法律であり、その法律は、個々の指示可能な条文によって成り立ち、さらに、その法律の成立や存在は、それを語る発話と独立のものであるということ、これらのことをおおむね理解しているといえよう。その場合、われわれは、そうしたければ、それらの条文を指示することなく、「法律」を指示することもあるが、それはいわば漠然と一般的に「われわれの社会の法律」の全体に言及することができることも理解している。

2　法についての言及

法的活動の中で言及される主要な存在は、法律の条文だけではない。法的活動を行う者が、法律の条文へと還元できないが、法律的といえるあるものに言及しているように見える場合がある。

たとえば、先の交通法規の例で、「こういう規制があるのは、歩行者と車両の双方の安全のためです」という解説が行われたとしよう。このような発言は、法律に関して何かに言及しているが、そこで言及されていることがらは法律に決められている何かではない。それは、法律の決まりについての事情であり、その「背景」にある「理由」を述べるものである。しかもわれわれは、どのような法律の背景にも何らかの理由があると仮定しているという意味で、法律の理由への言及は普遍的である。

同様の言及は、たとえば、ある法律の適用のあり方を言及する場合に拡張できる。たとえば、ある条文の適用の範囲を限定する言及の場合である。このような言及は、個々の法律や法律の全体についての言及を前提にして成立するものであって、法律をある独立の存在として語るやり方で言及されるものが例外なくもっているような普遍的な性質のいくつかに言及するものである。こうした背景や理由は、一般に法律の条文には述べられていず、また、条文の集合に還元できるものでもない。それらは、条文など「法律」として言及されるものを対象とする言語に属する概念であると考えることができる。それらは、判例や学説などに述べられていることが多い。たしかに、これらの場合にも、特定の「条文」が関連あるものとして指示できることが多い。また、その判例や学説が、複数の条文の間の優劣や、条文自体ではなくその背景となる法原則（それはしばしば条文に書かれていない）にかかわるために、特定の条文への関連性が指示できない場合でも、それらは、ひとつか複数の法典には関連づけることができることが多い。しかし、それらを法典や条文の水準の言語に還元することはできない。

これらによって言及される存在は、法律のきまりそのもののもつ、義務的性質をもたない。法律の適用範囲や適用の目的などはわれわれが負いうる義務に関して二次的なものであって、それによってわれわれが義務を負うということはない。しかし、それらは法の義務的性質を外側から強化するように用いられることもできる。(9)

3　法への制度的言及

制度的発話とは、ある特定の状況のもとで特定の役割をもつひとびとによって行われる発話をいう。制度的発話の中には、既存の法への言及ではない場合であっても、法的義務賦課的な効果をもたらすことができるものがある。

たとえば、立法の理由についての立法者の説明は、立法という手続きのなかで行われるものであって、その手続きの中での規範的効果をもっている。また、裁判官による判決やその理由の説明は、ある一定の意味的境界の内部で、ひとびとが尊重するべき意味をもつものとして扱われる。これらに類するものとして、訴訟や契約等の法的行為の当事者による法の言及がある。(10)

裁判官、立法者、法的行為の当事者による法についての言及が、独特の義務賦課的効果をもつための条件は、それらが、裁判、議会、訴訟、契約などのような、ある「手続き的」状況において適切に行われるということである。それらの特定の状況が「手続き的」だという意味は、その状況においては、一定の法典や法律の言及やそれらについての言及が、「手続き」という、当事者によって共通に了解された、あるより大きな相互行為の一部をなしているからである。また、それらの言及が「適切に行われる」という意味は、それらの言及が、手続という相互行為の一部として理解された役割規範に従って行われるということである。このような状況は、たとえば、それらの法律についての言及が、既存の法律を潜在的に変更する可能性に結び付けられている場合に生じる。(11)

4　社会科学研究

通常の法学や社会学の研究においては、法は、われわれが従うべき規範として現われる。たとえば、逸脱行為の研究においては、法に違反する逸脱とそうでない逸脱が区別されることがある。このとき、この区別が意味をもつためには、刑法の条文への言及ができていなければならない。また、政治社会学において、普通選挙権の民主主義的意義が論じられるとき、選挙法や憲法やその条文への言及が可能でなければならない。これらの研究において、法への言及可能性は、その学問的研究枠組みの一部をなしている。多くの場合、その言及可能性そのものは、それぞれの学科の方法論的考慮の対象にはなっても、それ自体の社会的在り方が方法論的興味をはなれた研究の対象になることは稀である。

5　政治的言説

人々は、世俗的生活の実践の中で、法の観念を、義務賦課的な効果とは切り離された方法論的資源として用いている。とりわけ法の観念は、実践的目標を達成するために、あるべき社会状態を定義し、目標を構成する手段を人々に提供する。

たとえば、法によって定められた権利が守られていないという観念は、権利の実現行為を行うための方法論的前提条件である。この場合「あるべき社会状態」を特定する、法的観念なしには、どんな人も、権利を実現するための社会変動や社会構造や社会的行為について語ることがほとんど不可能になるであろう。

また法や規範の観念は、実践的目標を達成するために利用可能な、社会統制の観念の一部である。正当な権力手段を用いて組織的に他者の社会的状態に影響力を行使すること、つまり「規範的介入」の観念なしには、平等、社会運動、リーダーシップ、犯罪などについて語ることがほとんど不可能になるであろう。

また、正義や価値を議論するやりかたとしての、規範的議論、相互批判、根拠づけなどの、規範的・法的観念なしには、人々の間に存在する、価値、合意、討議、説得などを語ることがほとんど不可能といえよう。このようにして、多くの社会的実践場面で、人々は個々の具体的規範をさまざまな実践のための資源として用いている。それらの規範には、伝統的その他の既存の規範もあれば、新たに提案される新奇な規範もある。(12)

法律を述べる場合の中心が、これこれのきまりが定められているという述べ方であることはあきらかである。法律を述べるということは、そのきまりによって、われわれはだれかが義務を負うということを実践的に意味することである。

この場合、われわれが何をしているかについて、もう少し考えて見よう。われわれは、法律が存在するということを意味するさまざまな発話によって、少なくともつぎのことを行っている。

(1) われわれは、法律を述べるいくつかのやり方に従うとき、法律の唯一の存在を前提したり、それに言及したりしている。われわれは、法律の存在は、それを述べるやり方としてそのどれを選ぶかにかかわらず、一義的に定まっていると前提している。

(2) われわれが法律を述べるとき、法律の存在が前提とされているので、その言及された法律が存在しない、という述べ方が可能なときには、法律は方法的に述べられ得ないということになる。逆に、われわれが法律を述べる述べ方は、その言及される法律が、存在しているその存在の仕方を特定化している。また、そのような特定化を通じて、われわれの発話は、法律が存在しないといえるための条件を特定化している。そうすることで、われわれは、法律について、その無限定な仕方での不存在を述べる機会を、前もって排除している。

(3) われわれが法律を述べるとき、われわれはそのように述べることが、さまざまな実践的目的に奉仕すると前提している。法律のそれぞれの述べ方は、それを述べる発話がどのような実践的目的に奉仕しているかを示唆している。

これらの三つの行いは、重要な社会的帰結をもたらしている。それは、われわれが法律を述べるとき、どのように述べるかの詳細にかかわらず、法律の有意義な存在は一般的に否定されないということである。われわれは特定の法律の存在を否定することは容易だけれども、法律全体の存在を否定したり、それがおよそ存在しないと言い表すことは困難なのである。方法論的にいうと、この特質は、われわれが法律について語るときには、法律一般の存在が仮定され、批判されにくいために、われわれは法律の存在自体を直接的に確認する必要が普通はないということを意味している。この特質は、たとえば、エチケットや個人道徳などの主張とは著しく異なる、高い程度の社会的安定性が、法律の存在については存在しているということを意味している。

三 〈ある（記号的）表現を・法律と・呼ぶ・こと〉の具体的詳細

法への言及はさまざまな社会的場面において行われうる。これまでの検討が明らかにしているように、法は簡単に言及でき、その表現においてばかりでなく、〈それが法律であること〉についても、強い程度に社会的安定性をもつ。他方、法への言及を具体的に行う行為は多様であり、それ自体複雑な社会的規制の網目のなかにおかれている。以下では、ある表現が〈法として〉言及される結果としてもたらされる、基本的な方法論的性格をとりあげてみたい(13)。

1 法の意味解明の本質的指標性

法への言及は、あらゆる社会的発話と同様に、本質的な指標性を帯びている。「指標性indexicality」とは、同一の表現をもつ発話が、発話の行いの諸様相によって異なる意味を達成するものとされるという社会的事態を意味している。指標性をもつ表現の典型は、「わたし」「あなた」「ここ」等の指標的表現である。これらの表現は、発話者がだれであるかに従って、異なった人や場所を指示するが、それが何を指示するかは、その発話の行為者や場所等の諸様相を見なければあきらかにならない。たとえば、指標的表現「わたし」は「発話者」を意味しているといえるかもしれないが、その「発話者」がどの人であるかは、発話の現場を参照しなければ定まらないのである。このため、ある立場からは指標的表現は不完全な表現であるとみなされうる。

社会的発話の指標性は、あらゆる現実の発話が、具体性をもつ、ダイナミックな社会的状況の一部として行われるという事情によって必然的にもたらされるものである。すべての社会的発話がそれをまぬかれないという意味で、その指標性は「本質的」といわれる。

一般的には、法への言及のもつ指標性は、法への言及が、その言及行為の諸様相に依存しているということである。たとえば、労働組合の団体交渉担当者が「団結権は憲法に定められた基本的人権である」と発話するときには、その発話が向けられた経営者側の担当者が発話者が代表する当該労働組合の存在理由に相応の尊敬を払うべきことを主張していると理解できる。このような理解ができること、これが本質的指標性である。

本質的指標性は、いつも実践的に問題をはらむものとはいえない。多くの場合は、逆に、この本質的指標性は、発話行為の関係者によって、明白な「意味」として感じ取られている。しかし、この意味解明を再記述することは困難である。指標性のため不完全な表現に対して付与される「意味」については人々の間に圧倒的な合意がある。これはいかにして可能か。ここにエスノメソドロジー的探究の課題がある。

2　定式化の状況内在性

人々はさまざまな社会的場面のなかで法に言及する。人々の実践の中で、法の自然言語による認識可能性という方法論的資源それ自体は、多くの場合、主題化されにくい。あるアイディアが法律と「よばれる」ためには、どのような言語的資格が必要なのかという疑問、言語的に提案されているにすぎない法律と話題として確立された法律とはどのように区別できるのかという疑問、これらの疑問は法を認識し用いることに関わる実践的方法がどんなものかを問いかけるものである。このような疑問は、一般的に答えることが困難である。

社会の人々がそうした疑問に答えるやり方のなかには、技術的に非常に洗練された感じを与えるものがある。

たとえば、ある小企業の経営者が、新たに結成された労働組合と交渉をするための前提として、労働法の知識が必要だと感じたとき、彼は、書店に並ぶ書物のなかから、「もっとも左翼的に思われる学者の著書」を選んで読むというアドバイスに従うことにした。(14)

この経営者にとって、法が何であるかをどう適切に知ることができるかは、問題的であった。いま、彼には、法の知識を得るための利用可能な方法の選択複が問題的なものとして現われていたことに注意しよう。

複数の法認識のいずれを選ぶべきかという問いはあきらかに方法論的な仕方で提出されている。このような仕方で問題に直面している経営者に対して、「法学的に正しい」法認識の方法を助言することは、適切な助言のあり方の一つであるが、かれはそれを受け入れないだろう。また、この経営者に対しては、一定の選択肢をもつゲームの状況での一定の「戦略」を採用するという助言もできるかも知れないが、かれはそれ以上のものを期待するであろう。かれは、選択肢としての書物の集合自体を定義すること、また、戦略の成公の定義やゲームの終了の定義なしに、合理的に、具体的に与えられた実践的問題状況という地平のなかで行為を選択しようとしているからである。これらの助言は、いくつかの方法論的観点から適切なものと主張できるが、社会の人々はそのような主張を行うことは滅多にない。それらの方法論的観点は、社会の人々の方法論においては尊重されないからである。

「もっとも左翼的に思われる学者の著書」という助言は、つぎの様相をもつという点で、人々の方法論の観点からなされたものとみることができる。

(1)　この助言の前提は、あらゆる社会的発話が指標的である、という公準の受容である。この助言は、その経営者の政治的志向、その理解可能な政治的意見の範囲、その理解された政治的意見を背景にした法理解の可能性、そのような法理解が当面の具体的交渉状況でもちうる実践的有用性、等々の具体的条件のもとではじめて、方法的適合性を獲得できるものとして行われている。

(2) この助言は、適切な法律の意味を発見するために、つぎのようにして、指標的発話のもつ状況内在性を利用している。あらゆる法律解釈は指標性をもち、社会に内在している。いくつかの法律解釈が社会的に行われていることが、その法律解釈の方法論的適切性の証しとみなされる（この場合、「存在するものは合理的である」という哲学的公準が採用されているわけではないことには注意しておく必要がある。この助言は、普遍的合理性や歴史の狡智などには無関心である）。それは、合理性についての特定の理論ではなく、社会に行われている法律解釈をその存在ゆえに尊重するという原理に基づいている。そこには、法律が専門家によってよりよく解釈されうるものであるという制度的想定への尊重も含まれている。

(3) この助言は、法律として妥当するものと、法律として望ましいものとを、実践的社会生活の観点から区別している。「もっとも左翼的」な学者の説が参照されるのは、この経営者が団体交渉の相手にすることになる労働組合にとって、妥当する法律の解釈のなかでもっとも望ましいものと考えられるからである。そのような思考法の前提は、現実に存在する労働組合の行為を自然な意思決定の結果とみなすことで、法律問題の背景を常識的に通常のものとみなすことが正しいという、方法論的考慮である。

要するに、実践的選択状況を背景として行われる法認識は、方法論的洗練を特質としてもつものとして行われており、そのような特質に照らして認識可能な構造をもっている。この構造は、方法論的であるとともに、その方法的性格が具体的状況にきわめて深く組み込まれているので、この具体的状況を超えて一般的妥当性をもつ方法とはいえない。したがって、一般化する理論的思考にとっては、「興味深くない」存在として現われてくることになりがちである。

日常的な思考における同様、人々の実践の中では、法や規範が、このような仕方で、主題として浮かび上がる。それと同時に、ここに見たような特定の洗練を帯びた意味探究は、同時に、非主題的な背景的様相を構成することで、現実の実践的世界を維持してもいる。

3　法的説明可能性の達成

法の意味解明は、法への言及の指標性や状況内在性を利用しつつ行われるという方法論的特質をもつだけではない。もうひとつのきわめて重要な方法論的特質は、法の意味解明の行為がもつ相互反映的というべき性質が、法的説明可能性の達成のために利用されるという性質である。法的説明可能性とは、その状況のなかに法が「妥当している」という事実の形成である。

ここでの方法論的問題はつぎのように言い表すことができる。ある具体的社会的状況に対してある法律が妥当しているということは、その法律が適切にその状況に適用できるということである。適用される法律は、その適用が方法論的正当性をもつものである。法律がある状況について妥当しているということは、その法律がその状況で現実に従われているということではない。また、その状況でその法律の遵守を主張するものがあるということでもない。それは、これらの行為のある種の前提条件であって、それが満たされているという理由によって、法の遵守や権利主張が意味のあるものとして解釈されることができるようになるのである。法の妥当という条件が満たされているとき、人々は、法を特殊な意味で「見て・言う」ことができるのであるが、この条件は、いかにして満足されるのだろうか。

つぎのような例を考えよう。問題は、法律以外のものであってもそれが「明示的に定められた」と理解される実定法的性質をもつルールについても共通の面がある。あるルールを仮定して例を作ろう。まず、ある利益の配分が、多くの場合に「早いもの勝ち」という明示的ルールに従って行われているとしよう。しかし、そのルールが従われず、「必要なもの勝ち」というルールが従われている局面も観察されているとしよう。このとき、それぞれのルールの適用には、どのような方法論的正当性があるのだろうか？

ここでの問題は、「早いもの勝ち」のルールが適用されているように見える大多数の局面について、実は「必要なもの勝ち」というルールが適用されてもよいのではないか、という疑問が正当に提出されるように思われることである。また、逆に、少数の局面について、大多数の局面で適用されるルールが適用されてもよいのではないか、という疑問が正当に提起されるように思われることである。

この問題は、ルールが適用されうる可能性を定めているある条件を仮定する場合には、その条件群を発見するという課題とみなされるかもしれない。

ルールの適用の条件を見い出すという問題については、法律学の正当な方法論においては、いくつかの理論的解決が可能である。たとえば、「本当のルール」は、「早いか必要なものが勝つ」というものだと考えることもできるし、「早さ」と「必要」が選ばれなければならない場合にはその選択を導く「本当の適用条件」がどこかに隠されているのだと考えることができる。それぞれの局面ごとに適用されるルールが「本当は」異なるのだと考えることもできる。しかし、人々の方法論は、これらの解決を満足のいくものとは考えないのではないだろうか。法律学の現実の運用においても、この事情がある程度妥当している。たとえば、裁判所の先例は法的ルールを定立するものと考えられているが、裁判所が事件を解決するに際しては、その事件が先例のルールが正当に適用される場合であるのかどうかがしばしば不明瞭になる。その結果として、しばしば、裁判所が、先例のルールを適用すべきであったのに、そうしなかったという疑いが提出されるような場合が生じてくる。このような事例については、法律学者は、「本当のルール」とか「隠れた適用条件」という観念に訴えることもあるが、先例のルールの「射程」が新たな事件については限定されたのだ、という説明を構成することがある。つまり、ルールには「射程」という特質があり、その特質について変化が発生したとみなすのである。この場合、その変化は、あたかも、あるルールが適用され始めると、その同一のルールの適用のなかで、生じたのであるように感じられる。

これらの例は、ルールの適用というわれわれの概念にはどこか不明瞭な点があるということを示唆している。その不明瞭さは、ルールの適用の正当な可能性、ないしルールの妥当という現象をめぐって現われている。

この現象を解明することは、重要な課題だが、本章ではひとつの具体例にかかわる限りでこの問題を論じてみよう。(15)

官僚制組織において、上の例に似た状況とその「射程」を測るという解決は、ジンマーマンによって観察されたことがある。われわれが手がかりにしたいのはこの具体例である。ジンマーマンは、その状況では、一方のルールが「停止」されたと報告している。ルールが停止されるときには、そのルールが適用されるべきだという想定はくつがえされることがない。それと同時に、現に適用された別のルールはそれ自体正当に適用されたのだとも主張されている。いずれの場合も、適用が正当であるような二つのルールの存在が承認されるとともに、その一方の適用が正当であるという判断がくだされるが、その二つの判断の両立可能性が主張されるのである。ジンマーマンはまたあるルールに「例外」が見い出されることも観察している。

ルールの「停止」や「例外」を発見することを「例外化の実践」と呼ぼう。それは、どのような行為なのだろうか？いくつかの方法論的特徴が見い出される。

(1) ここで想定されているどのような「ルール」も、直接に観察されていない。「停止」や「例外発見」は、出来事の単純な観察報告ではなく、それによって何事かを行う行為である。人々は「あ、ルールが停止した」とか「ほらここに例外があるだろう」などとは言わない。

(2) 例外化の実践がいつどのようになされるべきかについてのルールは、いかなる意味でも存在していない。というのは、そのようなものが存在していれば、端的に適用可能なルールの解釈の問題が生ずるだけである。例外化の実践が「隠れたルール解釈」でないとするのが人々の想定であり、それは尊重されるに値する想定である。

(3) 例外化の実践という行為がそれについてなされるルールについていうと、それらの対象ルールが、各々存在している、という想定は、この実践によって攻撃されていない。それらのルールは、ひとびとによって受容されているわけではとうていないが、例外化の実践という行為は、そのルールの存在そのものを疑ったり、その存在を毀損しようとする行為ではない。

(4) 例外化の達成には報償が存在する。正の報償は、状況や行為の通例性の維持である。ルールを例外化することは、ある行為をルールにもとづく非難から保護しようとするが、その行為の順機能は、社会体系の維持である。例外化の実践自体の善さは、この機能達成を水準として測られる。また、例外化のもとでの行為の行われ方の細部は、この機能や達成の観点から、決定される。

(5) 例外化にもとづいて行われる行為の報償は、社会的状況が変動するにしたがい、変動する。その原因は、ひとびとが異なった報償を欲するようになったり、報償の社会的付置のパターンが変動するからである。したがって、その機能、測定水準、細部決定も異なってくる。

(6)　例外化という行為は、ルールの存在との関係で、無制約に行われるものではない。ルールの存在そのものに対する攻撃が行われるときには、もはや「停止」や「例外発見」の努力はなされない。

以上の特徴は、例外化の実践がいかなる実践的構造をもっているのかをいくらか浮き彫りにしている。そしてそこからひとびとの行うルールの尊重という問題への一般的展望を得ることもできると思う。それらの特徴のいくつかに注意を促しておこう。

(1)　ひとびとは「ルールが妥当するから、適用することができる」という想定を尊重していない。ひとびとにとって、ルールがたしかに存在するということが、適用できるための十分な条件である。

(2)　ひとびとは「相反する二つのルールは、ひとつの社会的状況に同時に適用することができない」という想定を尊重していない。いいかえると「ひとつの社会的状況では、ルール与える指示はひとつに定まる」ということは想定されていない。ひとびとの方法論は、この点で、法理論的世界の合理性とは異なる合理性にしたがっている。「ルール」の存在は、行為への一義的な指示を与えないが、ひとびとはそれによって困難を感じることはない。

(3)　ひとびとにとっての困難は、ルールが存在するにもかかわらず、それに反する行為が行われてしまった後に生じうる。ひとびとは、「ひとつの社会的状況では、存在するルールと行為とは、一致するはずだ」という想定を尊重しているのだが、あるルールが違反行為によって破られており、またその違反にもかかわらずルールが存在するという想定を守ろうとするひとびとが存在することがあるからである。

(4)　「ひとつの社会的状況では、存在するルールと行為とは、一致するはずだ」という想定は、ルールが一義的な指示を与える保証がないにもかかわらず、ルールに言及する発話によってルールの存在を疑うことが困難にされている場合には、継続的に揺るがされることになる。

(5)「停止」や「例外発見」の行為は、こうした問題状況に対する修復の行為であるといえる。「停止」や「例外発見」の理由や動機が、法理論家の努力を裏切って、ルールそのもののなかには見い出されないのはこのためである。その際、ひとびとの方法論は、ルールが社会的状況にすでに適用されているという、ルールの状況内在性を利用するように促す。こうして、「停止」や「例外発見」の行為は、その状況内在性のなかに、ルールの適用を限界づける実践的理由を見い出すのである。ルールの適用を限界づける行為は、それ自体、〈ルールが社会的状況にそのように適用されている〉という状況の構成的様相として存在することになるのである。

ルールの「妥当」という問題は、ルールと行為の一致が継続的に問題化されるという事態への適応の過程で生じてくるものであるといえよう。ひとびとがルールを尊重すると言ったりそうしたりするとき、ルールの適用条件を前もって確認したり、その適用の方法論的正当性に関心を払ったりはしない。これらを行うのは、たとえば、立法手続きに違法の疑いがあるなどの場合のように、ルールの適用条件や方法論的正当性それ自体が問題化されている場合であるか、あらたな立法に従おうとする場合のように、そのルールの適用に対する習熟が欠けている場合などである。ひとびとの観点からは、ルールの尊重とは、ルールの妥当性に関心を払うことではなく、ルールの存在に関する疑いの提起を困難にすることで、ルールの存在に安定性を付与する実践にこそある。

しかし、この実践はときには失敗の危機に遭遇する。上に見たように、状況的に不適切な指示を与えるにもかかわらずその不存在が主張されにくいルールが存在し、他方で適切な行為がどうしても実行されなければならないと感じられるとき、ひとびとはルールと行為の間の継続的な不一致という事実と、法と行為の一致という日常的想定との間の調停不能な対立に直面する。この不一致の承認は、ルールの存在そのものを脅かすと考えられている。ひとびとがつねにルールに例外を見い出さなければならないと感じるのは、この不一致をなんとかして耐えうるものにしなければならないからなのである。こうして、ひとびとが例外化の実践を行っていることは、ルールを社会組織に活用する体制としての法体制の存立の基盤を構成することでもあるといえる。

あとがき

神戸大学の法社会学大講座は、一九八〇年以降、西原道雄先生がご退官まで所属され、また同年七月以降樫村が赴任してこの講座に加えていただきました。私事になりますが、神戸大学に赴任したとき、当時民事訴訟法学者の変わり者の卵であった私は、すでに法社会学の専門家として生きていこうと決めておりました。ここに書きましたような方向の研究を私が漠然と考え始めたのは、そのころのことです。一九八四年に、当時の学部長の西原先生は私に相談をしてくださった上で、宮澤教授を北大から採用するという交渉をし、私の留学中の一九八五年ごろに、宮澤教授が赴任されました。宮澤教授は、刑法学者として出発した方ですが、日本初の経験的な警察研究と、明晰な方法論の著作で、売り出し中の法社会学専門家でした。私は西原先生の人事方針を、法社会学の専門家で講座を運営していくというものだと理解しました。現在の神戸大は、その昔うわさによれば「法社会学不毛の地」ともいわれたという頃とは違って、研究においても研究者養成のうえでも、学界の中でかなり存在感をもつようになってきました。このような発展が可能になったのは、何よりも西原先生が専門研究者が安心して走ることのできるレールをこの開墾地に敷いて下さったからです。ここに書きましたような研究方針はいまだに未開地の野性をとどめており、洗練された解釈論を得意とされる西原先生に全面的にご満足いただけるとはとうてい思わないのですが、私にとって二〇年以上にわたる先生のご恩に報いるべく、このようなつたない論考を感謝をこめてささげさせていただきます。（あとがき執筆、二〇〇一年九月）

（1）　自然法と実定法との対比については、無数の文献があるが、基本的な説明が得られるものとして、[12]（一二五頁以下）をあげておく。そこでは、自然法の四つの形式的特徴として、(a)内容上一定の価値判断を与える、(b)与えられる価値判断は普遍妥当的である、(c)与えられる価値判断の認識が可能である、(c)認識された価値判断は実定法に優越する、が挙げられている。

（2）　[13]（二頁）。

（3）　[11]（三頁）等。

（4）　なお、法社会学において提出される問題は、法の定義をめぐるタイプのものだけではなく、何らかの仕方で定義された「法」の実際のあり方の経験的詳細をめぐるものもある。定義と経験的詳細のどちらを問題にするかによって、法社会学の答え方の基準はさまざまに異なってくる。だが、どちらの問題も、つぎの点においては共通である。それは、どちらの問題も、「法」という用語によって指示される何らかの実際の存在について、自覚的に、一つの経験的な知識の体系を建設するという実践的行為の遂行のなかで生じてくる問題だということである。ここで「経験的な知識の体系」とは、われわれの社会の客観的な特徴に関する確実で真なる言明の集合をいうことにする。

（5）　これらの基準の中には、法社会学の実践者によって正当だとみなされているものもあるが、そうみなされないままに、自覚的あるいは無自覚的に使用されているものもある。とりわけこれらの基準の尊重が観察されるのは、学会発表や著作の内容の計画、研究補助金申請書の執筆などの場合である。

（6）　この意味で、法のエスノメソドロジー研究は、通例的社会科学の一つの方法なのではなく、それと異なる目的と方法による社会研究であるということになる。とりわけ、つぎの点に注意を払っておくことは有益である。第一に、法のエスノメソドロジーにおいては、多くの洗練された社会科学的研究と異なり、「科学的真理」が素朴に追求されているのではなく、そのかわりに、ひとびとの方法論に即した合理的主張や認識や関係の再定式化がめざされている（この意味でエスノメソドロジーは理解社会学の伝統から多くの問題設定をうけついでいる。）。第二に、法のエスノメソドロジーの主張の合理的性格を判定するための方法論的基準は、通常の社会科学的研究と異なり、科学的活動の方法論からではなく、ひとびとの活動それ自体の方法論から引き出されるものである。法のエスノメソドロジカルな研究の可能性は、少なくともこの二つの準則の受容によって成立する。

（7）　たとえば、裁判の判決、交渉での主張、法学教育、法的事件の報告や記録、法の公布など。

（8）　「妥当」という言葉は日常用語としては、適当とか役に立つという意味をもっている。また、法学上この語は、ある法律的内容が、ある根拠によって正当であるという意味をもっている。しかし、法社会学の概念としては、ある法律の社会規範的有効性を意味する。たとえば、法社会学の古典的文献である［1］では、法秩序の妥当とは「法秩序［が］現実の人間行為を事実上規定しているもろもろの規定根拠の複合体を意味する」ことであるといわれている（五頁）。

（9）　本文で言及した区別は、J・L・オースティンの「発語内行為」と「発語媒介行為」の区別を参照することで理解できよう。すなわち、法的義務を賦課する発語には、義務賦課的な発語行為である法律への言及が発語内行為として含まれている。そして、法律の理由を述べる行為は、義務を賦課する行為を受け入れさせるような別の行為、たとえば説得行為をそれによって行う（発語媒介行為）のである［2］。

（10）　これらはまさにオースティンがとりあげた発語行為の例である。また、違った哲学の伝統に立つ議論としてH・ケルゼン［3］もある。

（11）　法的発話の制度的側面については［7］でやや詳しくとりあげた。

（12）　これらの側面については、［6］、［10］参照。

（13）　本節での説明については、［8］、［9］も参照。本文では、「指標性」は“indexicalty”の訳語として、また、「状況内在性」は“reflexivity”の訳語として、「説明可能性」は“accountability”の訳語として用いている。これらの用語法については、［6］を参照。これらの概念については、いうまでもなく、［14］を参照。

（14）このデータの詳細は［5］（一七一頁）に報告されている。

（15）以下のデータについては、［15］を参照。その内容は［4］で紹介し検討した。

参考文献

［1］マックス・ウェーバー『法社会学』（世良晃志郎訳）（創文社）一九七四年。

［2］J・L・オースティン『言語と行為』（坂本百大訳）（大修館書店）一九七八年。

［3］ハンス・ケルゼン『純粋法学』（横田喜三郎訳）（岩波書店）一九三五年。

［4］樫村志郎「我が国の労使紛争における当事者の『背景報告』不当労働行為紛争を素材として(1)」『神戸法学雑誌』第三七巻一号一九―七九頁、一九八七年。

［5］「紛争行動と文化的説明　日本の労働争議における文化の使用法」藤倉皓一郎＝長尾竜一編『国際摩擦　その法文化的背景』（日本評論社）一九八九年所収。

［6］『「もめごと」の法社会学』（弘文堂）一九八九年。

［7］「労働仲裁の社会学的秩序」『三ヶ月章先生古希祝賀論文集・民事手続法学の革新（上）』（有斐閣）一九九一年所収。

［8］「法律的探求の社会組織」好井裕明編『エスノメソドロジーの現実　せめぎあう〈生〉と〈常〉』（世界思想社）一九九二年所収。

［9］「社会過程としての法解釈」『法社会学』第四五号六四―七三頁、一九九三年。

［10］「権利意識と法行為」文献［11］所収。

［11］棚瀬孝雄編『現代法社会学入門』（法律文化社）一九九四年。

［12］グスターフ・ラートブルフ『法哲学』（田中耕太郎訳・東京大学出版会）一九六一年。

〔13〕　六本佳平『法社会学入門　チュトリアル一八講』（有斐閣）一九九一年。
〔14〕　Harold Garfinkel, STUDIES IN ETHNOMETHODOLOGY. Prentice-Hall. 1967.
〔15〕　Don H. Zimmerman "The Practicalities of Rule Use". In Juck D. Douglas (ed.) UNDERSTANDING EVERYDAY LIFE: TOWARD A RECONSTRUCTION OF SOCIOLOGICAL KNOWLEDGE. Routledge & Kegan Paul, 1971.

西原道雄教授の法学方法論と思想
――社会保障法学の視点から――

佐藤　進

「はしがき」において、古稀記念を迎えられた西原道雄教授の人柄と幅の広い教授の学問への造詣とその歩み、そしてその社会的活動すべてが齋藤修教授によって余すところなく記されている。

筆者のような老骨が、編集代表の一人に加えられたこと自体光栄なことであるが、これは、西原道雄教授の旧制大阪高等学校の一年先輩であり、また長い日本社会保障法学会での交誼を慮んばかって下さった編集委員会の齋藤修教授をはじめとする皆様の御気持からで、あえて老軀を顧ずに筆をとったことを御許しいただきたい。

西原道雄教授は、旧制大阪府立住吉中学の四年修の俊秀で、旧制大阪高等学校文科甲類に入学、同期に、同僚の西賢教授がおり、西原道雄教授は東京大学法学部での我妻栄、川島武宜教授門下の民法学専攻の将来を嘱望されていた学究であった。童顔のなかに、鋭い、しかも適確で学問的な批判は、何かおそろしさを感じた人材の一人であった。

(1)　さて西原教授の法学方法論と思想というテーマを与えられ、労働法、社会保障法学部門の私の頭に浮んだ初期の御労作は、民法とかかわり、社会保障制度の底辺を支え、人間の暮しの底辺を支える生活保護の権利の研究、しかも民法学と当時未成熟な社会保障法学との交錯領域にある生活保護の権利の実態に迫る法社会学的手法による若き日の調査分析研究であったのである。この論文は（「生活保護と国民の権利意識」日本法社会学会編・法社会学六号、一九五五）、社会保障法学における権利研究への礎石的業績といってもよい。また、西原教授の研究方法論の開花ともいえるものであった。

とりわけ、憲法二五条一、二項との関係で憲法における生存権の法的な存否は、何を「法」と考え、何を「権利」と定義するかにかかわるとし、法社会学的視点から、生存権の保障手段としての「生活保護請求権」を対象にアプローチを試みられることになる。西原教授は、生存権のプログラム的規定解釈論とあわせ、その権利性をその社会的存在とともに被生活保護層の社会的、生活的地位を頭のなかにいれて検証する。この研究につき教授の法社会学的見地に即する一九五四年東京都足立区の社会調査を通じ、「健康で文化的な生活を営む権利」とそれを阻むものの実態を通じ、〈権利は与えられるものではなく闘いとるものであることを痛感〉する。ことにこの論文で指摘された、憲法二五条が十分その内実を充たされていない法的な理由は、今日なお妥当するのでふれておきたい（前掲論文五三頁）。

(1) 憲法や生活保護法の原則が、それと矛盾するような法律の細い規定によって、あるいは命令・告示・通達等によって骨抜きにされていること。

(2) 法の解釈適用が、保護の実施を担当している行政機関の一方的な判断にまかせられ、実質的には相当な力をもっているこれらの機関がなるべく保護を受けさせないような取扱をしていること。

(3) 保護を受けようとする側が必ずしも充分な権利意識にめざめておらず権力に屈服しやすいこと。なかには慈善を受けるような考え方をして自立への意欲をもたないものさえある。

(4) 被保護層をめぐる周囲の人たちが往々にして被保護者を牽制してその向上を抑えるような態度をとっていること。

この研究につぐ一九五四年一二月の同地域対象の「扶養に関する都市家族の実態調査」とあわせて、西原教授の実態調査研究方法による権利概念もすぐれた研究である。この研究の方法は、「生活保護法における親族の扶養義務」（私法一六号八五～九八頁、一九五六）に現われる。この私的扶養義務の強調は、当時（今日でもそうであるが）、扶助財政節減から、当時当局によって叫ばれていることに対し、西原教授は社会保障制度の整備、とりわけ社会保障発展促進には扶養義務の縮小制限とともに、国民のこの点に関する意識変革を提起する（前掲論稿九八頁）。この指摘も、今日「社会福祉基礎構造改革」と称する、社会福祉サービス行政改革に妥当するものである。

(2) 一九五〇（～一九七五）年代に、わが国では西欧諸国と同様〈福祉国家〉論が、当時の資本主義、社会主義などのイデオロギーとかかわり、多面的な学問領域から展開された（本書記念論文集（上巻）所収の拙稿）。この時期に、西原道雄「現行社会保障法の問題点」（大隈・鵜飼・宗像・関編著・現代福祉国家論集、至誠堂、一九五九）が発表された。

この論稿は、今日の時代にみられている北欧の政治経済学者のゆらぐ、「福祉国家」の分析などと異なり、当時展開をみつつあった「福祉国家」につき、「国民の福祉の実現を目的とするものであるから、全国民の生活の維持、向上をめざす社会保障制度の充実・発展は、福祉国家にとってのもっとも重要な課題」（前掲書一八七頁）とし、前記の生活保護法をはじめとするわが国の現行制度を対象に、社会保障法の体系を論ずる。その体系は、(1)社会保険、(2)公的扶助、(3)社会保険と公的扶助との関連制度として、第三の型の「社会扶助」を指摘し、これらを〈経済的給付〉により国民各個人の生活を維持向上させようとするものとする。そしてこれに伴う非経済保護の手段を主として提供するものが「社会福祉、公衆衛生など」とその体系で指摘する。これらは、日本国憲法二五条一、二項に即するもので、この体系の中心は前記の「経済的給付」であり、西原教授は、これらの社会保障制度は理想的には全国民を対象とする一つの総合的な制度の統合、その整備を主張する(同書一九一頁)。ことに注目に値いするのは、社会保険と公的扶助の断層の存在を分析され、その統合過程において両者の差異の縮小接近、その区別の不可能を指摘し、両者の断層の縮小を提起する。

そこにおいてこの社会保障法の問題点として、齋藤教授が紹介された、一九五九〜一九六一年におけるドイツの損害賠償法研究とともに、「労働災害補償と社会保険」をめぐり、民法学者として、社会保障法学者として、社会保険の不法行為法の発展の一成果である労災補償制度や、各種の国家による損害補償制度との関連や制度間調整の必要性を指摘され、また災害扶助法、戦争行政責任による国家補償の公平妥当な施策を提起され、原子力災害にも言及されていた。

このほか、本著論文では、社会保険制度などにみる各種の給付の不均衡→同種の給付間にみられる不均衡や、家族給付、遺族給付にみる法定支給要件の不合理な差異問題とその是正に加えて、日本社会保障制度機構の複雑性に対し、その適用範囲、被保障者の負担、給付額、民法上の扶養義務と補足的問題などに言及される。また、社会保障制度にみる〈権利性〉において、社会保険、公的扶助制度の管理運営、審査機構の民主化、被保障者代表の直接参加を指摘する。西原教授は、制度の現状を見つめつつ、さらに法律論、制度論のみでの対応の限界にあわせ、制度の裏づけとなる経済的諸条件の検討、その他の各種の学問の成果をとり入れ、完全雇用の実現や、最低賃金制の実施や、一定水準以上の技術や設備をもった医療機関の存在の前提を提起した(前掲書二〇三頁)。

そして本著をベースに、この後「日本社会保障法の問題点」(小川政亮・蓼沼謙一編『現代法と労働』(岩波講座・現代法10、岩波書店、一九六五)三二七〜三六〇頁)において、改めて日本の社会保障制度の概況にあわせて、社会保障法学の課題を論ぜられ、西原社会保障法学の「総論」「各論」の礎石的討論が展開をみることになる。

以上の著作をへ、体系的な社会保障法の叙述は、「現行社会保障法の問題点」現代社会福祉国家論（至誠堂、一九五九）と「日本社会保障法の問題点」（岩波講座・現代法10、一九六五）などをへての、西原道雄編『社会保障法』〔第四版〕（有斐閣、一九九九年）の西原著の「社会保障」論とその法理によって一応伺うことができるのである。

教授は、「社会保障とは何か」につき、「目的概念としての社会保障」として把え、これも流動的であり、絶えず生成発展しており、その社会保障の経済的な意義について「所得再分配」＝経済的保障とし、社会保障は最小限〈社会保険と公的扶助〉を含むものとし、この両者につき詳細にして適切な法制度構造の、そしてその権利性について指摘されてきた。とりわけ〈法制度としての社会保障〉につき、〈社会保障は、生活上の給付をたんに社会的規模で行うだけのものではなく、これを国家および社会の義務として確認し、個々の国民の権利として確認するものである〉とし、単に恩恵的、社会的、政治的な意味だけでなく「……法的にも明確な権利である以上、また権利重視の個々の段階や側面について、個々の法律関係や権利の法的性格や構造を明らかにして、権利の実現と正義のための条件を検討し、整備することは現代の社会保障法学の重要な課題である。……」と指摘する。

生存権やその具体化としての社会保障の権利とはかなり異った性格をもっている、この両者を対比しながら社会保障の権利の具体像を打ちたてることは、法学に新しい分野を開くものである（前掲書七頁）とする。

また、民法学の特別法ともいえる、民法各論の諸領域に深くかかわる社会法学の社会保障法学にもライフワークとして取り組まれてきた。社会保障法は国民の生存、生活に関連するものであるが、とりわけ憲法二五条一、二項に即して公的責任の領域にあることに即し、また公的な立法政策措置により実現されることから、その多様にして、個別的な社会保障法の領域について緻密な法解釈学の駆使とともに、立法政策的研究を試みられてきたことにも注目したいのである。このことは、私たちの編集にかかわる、佐藤・西原・西村編『社会保障判例百選』

(第一版・一九七七、第二版・一九九一、有斐閣)とその〈新版〉として佐藤・西原・西村・岩村編『社会保障判例百選』(〈第三版〉二〇〇〇、有斐閣)など西原教授の多数の社会保障関係判例評釈にも伺うことができるのである。

以上、教授のマルチ・サイエンスを駆使される、しかも客観的な学問関心によって到達された社会保障法学の現状ならびにその歩みの軌跡の一端にふれたにすぎない。しかし、そこにはこの歩みの方法論はともかく、憲法二五条一、二項の法的な権利構築に腐心された生活保障法研究にみられる、真摯なヒューマニストの思想をみることができ、社会的な問題提起の姿勢にふれることができるのである。

最後になったが、日本社会保障法学会創設の前身である一九七七年「社会保障法研究会」創設当初から(創設時から)参加をいただき、小さな研究会の事務局長として、学会運営に協力、助言をいただいた西原教授が、理事として「年二回の新しい研究会は、三~四年もってゆければ」との創設当初会員一〇〇名余、財政苦境下でのきびしい研究会への励ましにどうにか応え、今日五〇〇余名の大きな学会に発展しえたことは望外の喜びで感謝に耐えないことである。変化の多い、流動する社会保障とその学を指向するものとして、教授が提起する課題に応えたいと思いつつ、今後も一層きびしい叱声をいただきたい。

なお、拙いこの短い稿が、西原教授の学問とその方法論と思想の一面にとどまっていることをおそれるのである。

(二〇〇一年一一月二〇日)

西原道雄先生　略歴

昭和　四年　九月　ソウル（京城）にて出生
〃　二一年　三月　大阪府立住吉中学校四年修了
〃　二四年　三月　大阪高等学校文科甲類卒業
〃　二七年　三月　東京大学法学部法律学科卒業
〃　二七年　四月〜三〇年　三月　東京大学大学院研究奨学生
〃　三〇年　四月　神戸大学講師（法学部）
〃　三二年　一月　神戸大学法学部助教授（法学部）
〃　三四年　九月〜三七年　四月　フンボルト財団の研究奨学金により、西ドイツ・ケルン大学に留学
〃　四一年　八月　神戸大学教授（法学部）
〃　四一年一一月〜　調査・研究連絡・講演等のため、ソビエト連邦・連合王国・ドイツ・スイス・中国・韓国ほかに計十数回出張
〃　四三年　六月　神戸家庭裁判所調停委員（現在に至る）
〃　四七年　三月〜四八年　三月　文部省の給費により在外研究のためアメリカ合衆国ほかに出張（ミシガン大学・ハンブルク大学等）
〃　五四年一〇月〜　㈶交通事故紛争処理センター大阪支部審査員（平成一一年一〇月から大阪支部長）
〃　五六年　一月〜六〇年　六月　日本学術会議会員（第二部民事法学全国区）

〃 五七年 四月～五九年 三月 神戸大学法学部長・大学院法学研究科長
〃 六〇年 四月～六二年 三月 ㈶大学基準協会基準委員会委員
〃 六〇年 六月～六四年一〇月 国立大学協会第四常置委員会委員
〃 六二年一月～平成二年一二月 司法試験（第二次試験）考査委員に併任
〃 六二年一〇月～平成一二年 神戸地方海難審判庁参審員に併任
〃 六二年一〇月～六三年 三月 フランクフルト大学客員教授
〃 六三年 七月～平成六年七月 日本学術会議会員（第二部部長）
〃 六三年一一月 科学技術会議専門委員
この間 日本私法学会理事（一九七七年～一九七九年、一九八五年～一九八七年）、日本法社会学会理事(一九六六年～)、日本交通法学会理事(一九七〇年～現在に至る)、日独法学会理事(一九七六年～)、日本社会保障法学会理事（一九八一年～）等
名古屋大学、大阪市立大学、金沢大学、琉球大学、大阪大学、甲南大学、東北大学等非常勤講師
平成 五年 三月 神戸大学定年退職
〃 五年 四月 神戸大学名誉教授
〃 五年 四月 近畿大学教授（法学部・大学院法学研究科）
〃 七年一〇月～一一年九月 近畿大学大学院法学研究科長
〃 一二年 一月 弁護士登録（大阪弁護士会）

西原道雄先生　主要著書・論文目録

I　主要著書

（書　名）	（発行所）	（発行年月日）
『相続』（上）（下）（共著）	河出書房	昭和三一年三月
『オーストリアにおける農地相続』	農政調査会	昭和三八年三月
『諸外国における交通事故による人身損害賠償の研究』（共著）	日本国有鉄道	昭和四一年八月
『公害対策I・II』（佐藤竺と共編）〔現代行政シリーズI・II〕	有斐閣	昭和四四年
『演習法律学大系4』（遠藤浩・川井健と共編）	青林書院新社	昭和四六年一〇月
『演習法律学大系5』（遠藤浩・川井健と共編）	青林書院新社	昭和四七年一月
『社会保障法』（編）有斐閣双書・初版～第四版	有斐閣	昭和四七年八月～平成一二年六月
『公害・生活妨害』（沢井裕と共編）〔現代損害賠償法講座V〕	日本評論社	昭和四八年一二月
『公害法の基礎』（木村保男と共編）〔基礎法律学大系21実用編〕	青林書院新社	昭和五一年九月
『罹災法の実務Q&A』（監修）	法律文化社	平成八年一月

『損害額算定と損害限定（ヘルマン・ランゲ著）』　信山社　平成一一年五月
（齋藤修と共訳）

II　主要論文

（論文名）	（掲載誌、発行所）	（発行年月日）
「生活保護と国民の権利意識」	法社会学六号	昭和三一年三月
「生活保護法における親族の扶養義務」	私法一六号	昭和三一年一〇月
「親権と親の扶養義務」	神戸法学雑誌六巻一・二号	昭和三一年一月
「親族的扶養の法的保障（I）」	家裁月報八巻一一号	昭和三一年五月
「民法上の扶養義務ほか六項目」中川善之助編・法律学ハンドブック	法学協会雑誌七四巻二号	昭和三一年五月
「遺族給付の法的性格」我妻先生還暦記念論文集・損害賠償の責任の研究（上）	青林書院	昭和三一年五月
「調停・審判における扶養の問題」	有斐閣	昭和三一年一二月
「扶養の史的諸形態とその背景・扶養と社会統制」中川善之助ほか編・家族問題と家族法V	法律時報三〇巻三号	昭和三三年三月
「英国国家扶助法における家族の扶養義務」	酒井書店	昭和三三年四月
「扶養」谷口知平・加藤一郎編　民法演習V（親族・相続）	神戸法学雑誌八巻三号	昭和三三年一二月
	有斐閣	昭和三四年五月

「現代社会保障法の問題点」大熊ほか編・現代福祉国家論　至誠堂　昭和三四年九月

「扶養法改正の問題点」　法律時報三一巻一〇号　昭和三四年九月

「扶養」谷口知平・加藤一郎編・民法例題解説III　有斐閣　昭和三五年五月

「親権者と親子間の扶養」中川善之助教授還暦記念論文集・家族法大系V　有斐閣　昭和三五年六月

「西独ケルン市における被扶助世帯の概況」　ジュリスト二五八号　昭和三七年九月

「社会保険における拠出」契約法大系V　有斐閣　昭和三八年六月

「割賦払債務の時効の起算点」柚木馨・谷口知平・加藤一郎編・判例演習［民法総則］　有斐閣　昭和三八年六月

「扶養の権利と義務」　法学教室八号　昭和三八年一一月

「債権の移転と相殺」柚木馨・谷口知平・加藤一郎編判例演習［債権法I］　有斐閣　増補版　昭和三八年一二月

「Unterhaltspflicht in der oeffentlichen Fuersorge nach britischem und japanishem Recht (1)」　Kobe University Law Review 3　昭和三八年

「生存権保障の手続きと生活保護基準（1）・（2）完」（大須賀明編・生存権［文献選集・日本国憲法］に再録）　判例評論六七号、六八号　昭和三九年四月　昭和三九年五月

「過去の扶養料——扶養審判の法的性格」（学説展望）　ジュリスト三〇〇号　昭和三九年六月

「社会保障法における親族の扶養」　ジュリスト三〇一号　昭和三九年七月

「死亡による逸失利益損害賠償請求権」柚木馨ほか編・判例演習〔親族・相続法〕　有斐閣　昭和三九年一二月（増補版　昭和四八年八月）
「幼児の死亡・傷害と損害賠償」　判例評論七五号　昭和三九年一二月
「生活の場としての家族と家族法——家族法研究の一視点」　法律時報三七巻一二号　昭和四〇年二月
「先取特権の順位、先取特権の効力」注釈民法（8）　有斐閣　昭和四〇年六月
「日本社会保障法の問題点（1）・（2）」現代法と労働・岩波講座現代法10　岩波書店　昭和四〇年八月
「生命侵害・傷害における損害賠償額」　私法二七号　昭和四〇年一〇月
「人身事故における損害賠償額の法理」　ジュリスト三三九号、三八一号　昭和四一年二月
「保証債務の附従性」民法一五〇講・債権法　一粒社　昭和四一年六月
「現代の家族と法」現代法と市民・岩波講座現代法8　岩波書店　昭和四一年八月
「交通事故損害賠償における責任制限と最低額保障」　自由と正義一七巻九号　昭和四一年九月
「交通事故と被害者の救済——損害賠償の問題を中心として」　都市問題五七巻九号　昭和四一年一〇月
「公害に対する私法的救済の特質と機能」（戒能通孝編・公害法の研究に再録）　法律時報三九巻七号　昭和四二年六月
「相続と借地の関係」鈴木禄弥・高木良一編・借地の法律相談　有斐閣　昭和四二年七月

「航空機騒音について――外国における事例の調査報告を中心として」（野村好弘と共著）　空法一一号　昭和四二年一〇月

「交通事故における補償の問題」　市政一六巻一二号　昭和四二年一二月

「市民生活を守る法理―相隣者間の生活妨害を中心として（1）」　法学セミナー一四四号　昭和四三年四月

「社員の自家用車と企業の運行供用者責任――いわゆる便宜的社用使用を中心に」　企業法研究一五五号　昭和四三年四月

「産業公害における企業の過失（1）」　事故と災害二巻一号　昭和四三年四月

「公害と会社の責任」石井照久編〔会社法律大事典〕（鴻常夫編・会社法律全書に再録）　第一法規　昭和四三年五月

「交通事故による賠償の基本問題―人身損害を中心として」　運輸と経済二八巻七号　昭和四三年七月

「公害訴訟における当事者」（戒能通孝編・公害法の研究に再録）　法律時報第四〇巻一〇号　昭和四三年九月

「間接被害者の損害賠償請求」鈴木忠一・三ケ月章編〔実務民事訴訟法講座3〕　日本評論社　昭和四四年五月

「『得べかりし利益』の『算定』」（判例と学説・民法）　法学セミナー一七四号　昭和四五年八月

「社員所有の自家用車事故と会社の賠償責任」　新国策三七巻二九号　昭和四五年一〇月

「自動車騒音とその法的対策（1）・（2）」　補償時報二五・二六号　昭和四五年一二月
昭和四六年三月

「公害問題国際シンポジウムにおける公害の法的側面（1）・（2）」　公害と対策六巻六号、七号　昭和四五年

「医療と民法」大阪医師会編〔医療と法律〕　法律文化社　昭和四六年一月

「交通法学の課題」　交通法研究創刊号　昭和四六年一月

「建設工事現場の落石事故と元請人の工作物責任」　法律時報四三巻三号　昭和四六年二月

「産業公害対策の基本問題―法学の立場から」　ジュリスト四七四号　昭和四六年三月

「公的扶助の捕足性と民法上の扶養」　日本評論社　昭和四六年五月

「母が父に子の養育費を請求しない旨の念書を差し入れた場合の効力」中川淳編・家族法審判例の研究

「産業公害と企業責任」　企業法研究一九二号　昭和四六年五月

「扶養（八七七条―八八一条）」中川善之助ほか編　日本評論社　昭和四六年五月

〔別冊法学セミナー〕基本法コンメンタール・親族法・相続法　平成元年四月

「公害対策と社会保障」　週刊社会保障二五巻（六二二号）　昭和四六年六月

「ドイツ公的扶助における家族共同体概念の成立――ドイツ家族法の一断面」山田晟先生還暦記念〔概観ドイツ法〕　東京大学出版会　昭和四六年九月

「新潟水俣病判決の意義」　ジュリスト四九三号　昭和四六年一一月

「都市と人権」〔現代都市政策Ⅹ・岩波講座〕　岩波書店　昭和四八年九月

「法的にみた日本の子ども」　愛育三九巻五号　昭和四九年五月

「福祉の思想」小林直樹・水本浩編［現代日本の法思想］ 有斐閣 昭和五一年一月
「損害論―大阪国際空港公害事件控訴審判決をめぐって」 判例時報七九七号 昭和五一年一月
「現代損害賠償法と人格権」 立命館法学一二一―一二四号 昭和五一年二月
「大阪国際空港騒音判決をめぐって」 青と緑五巻二号 昭和五一年二月
「Relationship between judicial and Administrative Techniques in the Control of Pollution」［Science for Better Environment］ HESC Science Council of Japan, 1976.
「環境法の現況と課題（1）・（2）」 都市政策四号、五号 昭和五一年七月、一〇月
「災害と民事訴訟の役割・機能」 法律時報臨時増刊四九巻四号・災害と法 昭和五二年三月
「民法七〇九条の現代的諸相と無過失責任」森島昭夫編［判例と学説・民法II（債権）］ 日本評論社 昭和五二年九月
「老齢者扶養の実態と問題点―近年のベルギーの一研究より（世界の法社会学）」 法律時報四九 昭和五二年一〇月
「違法性―権利侵害と違法性―違法性の判定―違法性阻却事由」乾昭三・徳本鎮編［不法行為法の基礎］ 青林書院 昭和五二年一二月
「親子法と血縁―特別養子、実子特例法に関連して」 大阪家事調停二号 昭和五三年三月
「チッソ救済と汚染者負担原則」 ジュリスト六七三号 昭和五三年九月

「地方政治と住民の福祉―社会保障行政における地方自治体の役割」　法学セミナー増刊・現代地方自治　昭和五四年一月

「違法性と過失――不法行為理論の再構成」　Law School　七号　昭和五四年四月

「人身損害補償における損害賠償と社会保障」　ジュリスト六九一号　昭和五四年五月

「被害者救済システムの展望」　ジュリスト六九一号　昭和五四年五月

「現代の老親扶養」　法学セミナー増刊・日本の家族　昭和五四年九月

「Schadenersatz bei Personenschaeden: Zur Standardisierung der Ersatzsumme」
Wissenschaftliche Zusammenarbeit und Austausch zwischen Deutschland und Japan
A.v. Humboldt-Stiftung, 1979
昭和五四年

「Schadenersatzsumme bei Personenschaeden: Zur Standardisierung und Pauschalierung der Ersatzsumme」　Kobe Law Review, 12.　昭和五四年

「日本の医療制度における法的諸問題」　北川善太郎編『医療制度と法』　日本評論社　昭和五五年九月

「損害賠償の実例」　加藤一郎編『中国の現代化と法』　東京大学出版会　昭和五五年一〇月

「東海道新幹線騒音・振動差止・損害賠償第一審判決をめぐって―総論」　判例時報九七六号　昭和五五年一一月

「資本主義国における家族法発展の動向―欧米資本主義国」　福島正夫編『家族――政策と法・4巻』　東京大学出版会　昭和五六年三月

「損害賠償の実際」（特集　中国法の最近の動向）　ジュリスト七五四号　昭和五六年一二月

「家族と扶養」　社会保障講座3巻・社会変動への対応　総合労働研究所　昭和五六年

"Remedies for Environmental Damages in Japanese Laws", Seoul Law Jounal, 22-2, 1981

「大阪空港訴訟大法廷判決と損害賠償(上)」(特集 大阪空港大法廷判決) ジュリスト七六一号 昭和五七年三月

「老人福祉」(家族と国家との守備範囲と接点) 法学セミナー三二八号 昭和五七年六月

「定型化・定額化論から見た逸失利益の問題」 交通法研究一〇・一一号 昭和五七年一二月

"Rechtliche Fragen des japanischen Gesundheitswesens im Rahmen der sozialen Sicherung" [Das Gesundheitswesens in Deutschland und Japan] Carl Heymanns, 1982 昭和五七年

「中国の交通事故損害賠償制度と具体的事例」(損害賠償と社会保障)(本井巽と共著) 交通法研究一二号 昭和五九年五月

「総論―過失相殺の思想」(シンポジウム 過失相殺と損害賠償の減額) 交通法研究一二号 昭和五九年五月

"Schadenersatzsumme bei Personenschaeden nach japanischem Recht" Alfred Metzner Verlag, Recht in Japan, Heft 5, 1984 昭和五九年七月

「公害―大阪空港事件」判例演習民法(4)債権各論・新版 有斐閣 昭和五九年八月

「社会保障と男女の平等」 法学セミナー増刊・これからの家族 昭和六〇年一〇月

「財産法と家族法」山畠正男・泉久雄編[演習民法(親族)] 青林書院 昭和六〇年一一月

「損害賠償の定型的・定額的一律請求」〔法令解釈事典（下）〕　ぎょうせい　昭和六一年三月

「日本社会保障法における家族」沼田稲次郎ほか編〔現代社会の家族と法〕　日本評論社　昭和六一年三月

「私法学からみた社会保障法」　法律時報五九巻一号　昭和六二年一月

「扶養」遠藤浩ほか編・民法（8）第三版増補版　有斐閣　昭和六二年三月

「民法七七四条―七七八条」民法コンメンタール（21）親族2・親子　ぎょうせい　昭和六二年七月

「『死の恐怖』と慰謝料―ヘリコプター墜落事件一審判決を契機として」　月刊法学教室七九号　昭和六二年四月

「有責配偶者の離婚請求にみる夫婦不平等（1）―（5）」　法律時報五九巻八・九・一一・一二号、六〇巻九号　昭和六二年七月―昭和六三年八月

「医学の研究成果と法的因果関係」都留重人ほか編〔水俣病事件における真実と正義のために〕　勁草書房　平成元年一月

「組織体における損害賠償交渉の機構と過程―総括（2）」　法社会学四二号　平成二年

「保護義務の法的性格と実質的機能」　法と精神医療四号　平成二年一〇月

「公的扶助の補足性―朝日訴訟ほか二件」島津一郎編〔判例ハンドブック（親族・相続）〕　日本評論社　平成三年四月

「製造物責任法の課題」　工業一九九一年一二月号　平成三年一二月

「離婚法にみる夫婦不平等」古橋エツ子編［男と女の周辺・下］ 法政出版 平成三年一二月
「時効―援用権者（1）物上保証人ほか一〇件」甲斐道太郎編［判例ハンドブック（民法総則・物権）］第二版 日本評論社 平成四年四月
「損害賠償法の理論と現実―連載をはじめるにあたって」 NBL四九五号 平成四年四月
「企業の過失責任」小室・本間・古瀬村編［企業と法（下）］ 有斐閣 平成七年一二月
「罹災都市借地借家臨時処理法の現状と課題」［罹災と法］（土地法学会） 有斐閣 平成九年一一月
「我が国の環境アセスメント制度と今後の課題」兵庫県建設技術センター・テクニカルセミナー講演録 兵庫県建設技術センター 平成一〇年八月
「災害と社会保障の総論的課題――大規模災害における賠償・補償・保障」社会保障法一三号 日本社会保障法学会 平成一〇年五月

III 判例研究など

「建物賃貸借の法定更新と解約の申入」 法学協会雑誌七二巻一号 昭和二九年一〇月
「原始的不能と他人の物の売買の成立」（判民昭和二五年度）（来栖三郎と共著） 判例研究四巻二号 昭和二九年一一月（昭和三七年一二月）

「家督相続人選定の効力発生時期」	法学協会雑誌七二巻三号	昭和三〇年五月
「債務者の履行遅滞中の事情変更と事情変更の原則の適用」	判例研究五巻一号	昭和三〇年六月 （昭和三八年一一月）
「期間の定ある建物の賃貸借の法定更新後の期間」	法学協会雑誌七二巻五号	昭和三〇年七月
「借家法第一条の二にいわゆる正当事由」（判民昭和二六年度）	判例研究五巻一号	昭和三〇年
「家督相続により家屋所有権を取得したる者は右家屋の占有権を継承するか」	法学協会雑誌七三巻五号	昭和三一年一二月
「代替家屋引渡しを条件とする明渡判決の適否」	民商法雑誌三六巻三号	昭和三二年一二月
「無断で間貸したことを理由とする賃貸借の解除」	判民昭和二六年度	昭和三八年一一月
「受働債権取立命令と相殺の意思表示の相手方」	民商法雑誌五二巻六号	昭和四〇年九月
「保安設備のない踏切と土地の工作物の瑕疵」	法律時報三八巻三号	昭和四一年二月
「保険会社営業所長が自己所有の自動車で帰宅途上に起こした事故についての会社の損害賠償責任」	判例評論九〇号	昭和四一年五月
「夫婦の一方が他方の不正行為を摘発する行為と民法旧八一三条五号」	判民昭和二七年度	昭和四一年五月
「履行遅滞後に引渡があった場合の損害賠償額」	別冊ジュリスト七号・売買（動産）判例百選	昭和四一年五月
「共同相続と登記」	別冊ジュリスト一〇号・ 不動産取引判例百選増補版	昭和四一年九月 昭和五二年三月

「根抵当権設定者が連帯保証人となっている場合の保証責任の範囲」 別冊ジュリスト六号・銀行取引判例百選、 昭和四一年一一月
別冊ジュリスト三八号・銀行取引判例百選・新版 昭和四七年一二月

「死者の恩給受給利益喪失による損害賠償債権から相続人が受給権を得た扶助料を控除すべきか」 判例評論一〇五号 昭和四二年九月

「過去の扶養料の求償と民法八七八条・八七九条」 民商法雑誌五七巻二号 昭和四二年一一月

「保険会社の営業所長個人の車による事故と会社の責任」 別冊ジュリスト一八号・交通事故判例百選 昭和四三年四月
別冊ジュリスト四八号・第二版 昭和五〇年八月

「借地法一〇条の建物買取請求権の消滅時効期間」 民商法雑誌五八巻二号 昭和四三年五月

「老齢福祉年金の夫婦受給制限規程の違憲性」 ジュリスト四一六号 昭和四四年六月

「新潟水俣病訴訟における一律請求」 判例時報六四二号 昭和四六年一〇月

「落石事故と鉄道の注意義務」 別冊ジュリスト三四号・運輸判例百選 昭和四六年一一月

「不法行為に基づく損害賠償債務の弁済供託」 別冊ジュリスト三五号・供託先例百選 昭和四七年一月
別冊ジュリスト一〇七号・供託先例判例百選 平成元年四月

「阪神高速道路事件」　別冊ジュリスト四三号・公害・環境判例百選　昭和四九年五月

「熊本水俣病事件」　別冊ジュリスト六五号・第二版　昭和五五年一月

「先取特権の第三取得者への追求力」　ジュリスト五六五号・昭和四八年度重要判例解説　昭和四九年七月

「扶養（兄弟姉妹間における扶養請求ほか一二件）」（松本タミと共著）　別冊ジュリスト四六号・民法判例百選Ⅰ（総則・物権）　昭和四九年一二月
　別冊法学セミナー基本判例シリーズ・判例民法Ⅲ　昭和四九年

「少女の生命侵害と『財産上の損害』の算定方法」　判例評論一九七号　昭和五〇年七月

「生命侵害による損害賠償請求権の相続性」　別冊ジュリスト四七号・民法判例百選Ⅱ（債権）　昭和五〇年七月
　別冊ジュリスト七八号・第二版　昭和五七年七月
　別冊ジュリスト一〇五号・第三版　平成元年一〇月

「基金に対する将来の診療報酬請求権の差押」　別冊ジュリスト五〇号・医事判例百選　昭和五一年四月

「損害賠償請求権と費用返還義務」　別冊ジュリスト五六号・社会保障判例百選　昭和五二年一二月

「共同相続と登記」　別冊ジュリスト一〇号・不動産取引判例百選　昭和五二年三月
別冊ジュリスト一一二号・三版　平成三年七月

「国民健康保険審査会の裁決の取消訴訟と保険者の原告適格」　別冊ジュリスト五六号・社会保障判例百選　昭和五二年一二月

「保険診療契約の当事者」　別冊ジュリスト五六号・社会保障判例百選　昭和五二年一二月

「基金に対する将来の診療報酬債権の差押」　別冊ジュリスト五六号・社会保障判例百選　昭和五二年一二月

「女子の事故死と財産上の損害」　ジュリスト増刊・民法の判例・第三版　昭和五四年四月

「過去の扶養料の求償」　別冊ジュリスト六六号・家族法判例百選・三版　昭和五五年二月

「横田基地公害訴訟判決」　月刊法学教室一四号　昭和五六年一一月

「日本化工クロム労災訴訟第一審判決、クロム禍訴訟一審判決における責任論」　判例時報一〇一七号　昭和五六年一二月

「民法九一五条一項の『自己のために相続の開始があったことを知った時』の意義」　別冊ジュリスト九九号・家族法判例百選・四版　昭和六三年一一月

「精神科患者の自殺事件」　別冊ジュリスト一〇二号・医療過誤判例百選　平成元年六月

「有責配偶者からの離婚請求の許否」　法律時報別冊・私法判例リマークス一号　平成二年七月

「非嫡出子の相続分を定めた民法九〇〇条四号但書の合憲性」　法律時報別冊・私法判例リマークス五号　平成三年七月

「療養給付と民法上の損害賠償請求」　別冊ジュリスト一一三号・社会保障判例百選　平成三年一〇月

IV その他

「私的扶養と公的扶助ほか三項目」中川善之助編・民法事典　青林書院新社　昭和三二年五月

「失跡宣告ほか五項目」末川博編・民事法学辞典（上）（下）　有斐閣　昭和三五年六月、一二月

「二つの人権会議に出席して」　法律時報三二巻一二号　昭和三五年一〇月

「ギリシャ的款待」　法学教室四号　昭和三七年七月

「西ドイツの大学生活（上）（下）」　書斎の窓一〇五号、一〇六号　昭和三七年一〇月、一一月

Das Buergerliche Recht - Jahresbericht, 1963-64, 1964-1965, Japan Annual of Law and Politics, Nos. 13, 14, 1964, 1965　昭和三九年～四〇年

「小川政亮『権利としての社会保障』」（書評）　日本労働協会雑誌六八号　昭和三九年一一月

「渡辺洋三著『日本の社会と法―財産』」（書評）　法律時報三七巻四号　昭和四〇年三月

「誰が一番強いか？」　随想・注釈民法第八巻　昭和四〇年六月

「（実例）親権・後見、扶養」中川善之助編・家庭法律大事典　第一法規　昭和四〇年一〇月

「民法学の未来像（1）・（2）」（座談会）　書斎の窓一三九号、一四〇号　昭和四一年一月、三月

「三島宗彦・佐藤進『労働者の災害補償』」（書評）　季刊労働法五九号　昭和四一年三月

「民法上の扶養ほか五項目」中川善之助編・体系民法事典　青林書院　昭和四一年六月（新版　昭和五一年二月）

「航空機事故と損害賠償責任」（座談会）　ジュリスト三四九号　昭和四一年七月

「家庭問題と法」「社会保障と法」渡辺洋三編・法の常識　有斐閣　昭和四二年二月（改訂版　昭和五〇年二月、新版　昭和五七年三月）

「判例批評をめぐって」（座談会）　民商法雑誌五六巻一号　昭和四二年四月

「航空機による騒音公害」（鼎談）　ジュリスト三六九号　昭和四二年五月

「相続と借地の関係」鈴木禄弥・高島良一編〔借地の法律相談（増補版）〕　有斐閣　昭和四二年七月

「意思表示」現代教養百科事典四巻〔法律〕　暁教育図書　昭和四三年七月

「自動車事故の過失責任―民法と刑法の接点（1）・（2）」（西原春夫と対談）　法学セミナー一五〇号、一五一号　昭和四三年九月、一〇月

「後見ほか一二項目」社会科学大事典七―一八巻　鹿島研究出版会　昭和四三〜四六年

「企業法制・動向の省察と展望」　企業法制研究一六四号、一七六号、一八八号　昭和四四年

「産業公害対策の基本問題」（シンポジウム）　ジュリスト四七四号　昭和四六年三月

「民法関係法改正の諸問題」（座談会）	ジュリスト四七七号	昭和四六年四月
「航空機騒音による損害の賠償責任者」ほか四項目、谷口知平・沢井裕・淡路剛久編［公害の法律相談］	有斐閣	昭和四六年一〇月
「公害訴訟と法律家」	受験新報二一巻一一号	昭和四六年一一月
「自賠責保険診療をめぐる諸問題（1）・（2）」（座談会）	書斎の窓二〇三号、二〇四号	昭和四六年一一月、一二月
「産業公害と企業責任」（座談会）	企業法研究二〇〇号	昭和四七年一月
「乗用車天国アメリカ」	工業二九三号	昭和四七年四月
「強制執行法改正要綱と民法」（座談会）	ジュリスト五一七号	昭和四七年一〇月
「シェラ・クラブ対内務省事件—アメリカのある公害訴訟」	工業三〇二号	昭和四八年三月
「私権の相互調整—問題—楠本安雄著『日照権』（書評）」	朝日ジャーナル一五巻二一号	昭和四八年六月
「補償基準と公害・環境問題」	アプレイザル六号	昭和四九年三月
「大阪空港騒音公害判決」（座談会）	ジュリスト五五九号	昭和四九年五月
「不動産の従物とは何かほか二項目」林良平編・不動産取引事故百科	金融財政事情研究会	昭和四九年六月
「調停制度改正をめぐって（1）・（2）」（座談会）	民商法雑誌七一巻二号、三号	昭和四九年一一月、一二月
「判例回顧と展望」（座談会）	法律時報四七巻一号	昭和五〇年一月
「関西新空港と地域社会—特に環境問題」（座談会）	航空公害二巻一号	昭和五〇年

「末川博、我妻栄―人と業績」小林直樹・水本浩編 現代日本の法思想 昭和五一年一月
「環境保護の法理論と法的手段」(座談会) ジュリスト六〇七号 昭和五一年三月
「末川博士の学問と業績」(座談会) 法律時報四九巻六号 昭和五二年五月
「浜田宏一著『損害賠償の経済分析』」(書評) 経済セミナー二七二号 昭和五二年九月
「親子法と血縁――特別養子・「実子特別法」に関連して」 大阪家事調停二号 昭和五三年
「チッソ救済の本質を問う」(座談会) エコノミスト一九七八年七月四日号 昭和五三年七月
「豊前環境権シンポジウム(1)―(5)」 法学セミナー二八四号、二八五号、二八六号、二八八号、二八九号 昭和五三年一一月―昭和五四年四月
「サラ金問題研究会『サラ金対策の全て』」(書評) 自由と正義二九巻一三号 昭和五三年一二月
「判例回顧と展望」(座談会) 法律時報五二巻一号 昭和五五年一月
「親子〈扶養〉」加藤一郎・幾代通・遠藤浩編［現代家庭法律大事典］ 第一法規 昭和五五年四月
「社会福祉コース――コース別オリエンテーション」 法学セミナー増刊・法学入門 昭和五五年四月
「民事法学30年の歩みと展望」(座談会) ジュリスト七三一号 昭和五六年一月
「京都市空かん条例について」(座談会) ジュリスト七三三号 昭和五六年一月
「大阪空港公害最高裁判決にのぞむ」(座談会) 公害研究一一巻三号 昭和五六年三月
「被害者法の研究」 法社会学三三号 昭和五六年四月

「損害賠償と社会保障―被害者救済制度の性格と関連して」　PLニュース九号　昭和五七年二月

「大阪空港の差止と損害賠償――大法廷判決をめぐって」（特集　大阪空港大法廷判決）（座談会）　ジュリスト臨時増刊七六一号　昭和五七年三月

「クロロキン薬害判決をめぐって――損害論の新しい動向を探る」（特集　クロロキン薬害判決）（座談会）　ジュリスト七六四号　昭和五七年四月

「権利性の諸段階」　受験新報三二巻一二号　昭和五七年一一月

「逸失利益算定の課題」（シンポジウム）　交通法研究一〇号　昭和五七年一二月

「市民福祉の展望」　市民の福祉二六〇号　昭和五八年

「借りていない被害者―サラ金禍と家庭」　サラ金対策ニュース二四号　昭和五九年一二月

「予防接種ワクチン禍訴訟東京地裁判決の検討」（討論会）　判例タイムズ五三九号　昭和六〇年一月

「いのちの値段―生命侵害と賠償・補償」（特集　いのちの値段）（座談会）　法学セミナー三七二号　昭和六〇年一二月

「『損害』とはなにか―債務不履行、不法行為における」　ジュリスト増刊・民法の争点II　昭和六〇年一二月

「交通医療費の適正化―交通事故損害賠償における医療費の相当性」　昭和六一年度科研・交通災害の抑止と補償に関する研究・救急医療と交通事故医療費　昭和六二年三月

「交通災害と損害賠償・保険・社会保障」（シンポジウム）現代社会における法的問題処理	出版科学総合研究所	昭和六二年七月
「新しい法理論と制度を求めて」（総合討論）現代社会における法的問題処理	出版科学総合研究所	昭和六二年七月
「市レヴェルにおける法務担当職員と紛争処理（1）―（3）」	神戸法学雑誌三七巻二号	昭和六二年九月
損害賠償交渉過程資料1、（共同研究）	三九巻三号、四号	平成二年三月
「国際学術交流を阻むもの」	日本学術会議月報三〇巻四号	平成元年四月
「イタリアにおける学術の推進体制、学術研究会議（Consiglio Nazionale delle Ricerche）、スイス学術評議会（Schweizerischer Wissenshaftsrat）」二国間学術交流派遣団報告	日本学術会議	平成二年四月
「製造物責任と産業の立場」	消費者法ニュース一一号	平成四年四月
「ドイツの自動車交通と自動車事故の実情―ドイツ滞在時の経験と印象」日本交通法学会編・世界の交通法	西神田編集室	平成四年六月
「社会保障研究と外国法・比較法」（論説）	日本社会保障法学会誌八号	平成五年
「阪神大震災を体験して」	日本法社会学会会報三九号	平成七年
「阪神・淡路大震災に学ぶ（2）」（座談会）	司法書士研修一五号	平成八年
「試行錯誤が繰り返される年金制度の誤算」	「時局」	平成九年

「法社会学の関心」日本法社会学会創立五〇周年記念　日本法社会学会　平成九年
「法社会学への出発」

現代民事法学の理論 下巻
──西原道雄先生古稀記念──

2002年（平成14年）10月10日　第1版第1刷発行
1912-0101

編　集　佐　藤　　進
　　　　齋　藤　　修
発行者　今　井　　貴
発行所　株式会社　信　山　社
〒113-0033　東京都文京区本郷6-2-9-102
電　話 03（3818）1019
FAX 03（3818）0344
henshu@shinzansha.co.jp

Printed in Japan

印刷・製本／東洋印刷・大三製本
ISBN4-7972-1912-2 C3332
1912-0101-02-040-020
NDC分類 324.001

ISDN-7972-3100-9 新刊案内2002.7

五十嵐　清 著（北海道大学名誉教授）

現代比較法学の諸相

A5判変型 上製箱入　総344頁　　定価：本体8,600円

格調高い法文化論であり、さながら比較法原論でも

本書は、著者が比較法学者を目指して専念した比較法関係の論稿を集めたものであるが、現代比較法の主要問題にふれている。

第1部「比較法の現状」は、北海道大学退官記念講義「比較法の四十年」を中心に、大木雅夫著『比較法講義』の書評を加えて現代比較法学の現状を概観。

第2部「西欧法の生成と展開」では、まず「西欧法文化圏生成とその特色」で西欧法文化の特色を明らかにする。次いで著者の専門であるヨーロッパ大陸法の基礎に関する二論稿「大陸法序説」と「大陸法の基礎」を配置して、今日のヨーロッパ私法の歴史的基層を探る。近世以後の発展について書評2編、さらに現代的問題を論じた論稿「ナチス民俗法典の性格」と「亡命ドイツ法学者のアメリカ法への影響」を収録。

第3部は、「社会主義法系の消滅」を扱っているが最初の「社会体制の相違と比較法（1984年）」では、まだ社会主義法系の消滅は予感されていない。90年代に入り、社会主義が崩壊すると、あらためて「社会主義法系は存在したか?」を問題とせざるを得ない。ドイツの再統一については、著者の畏友フィッシャー教授の「両ドイツ間私法における公序」という国際私法の分野の翻訳論文を収容。

第4部「アジア法と日本法」では、アジア法とその中における日本法の位置づけに関する2論文「法系論における東アジア法の位置づけ」と「西欧法学者が見た日本法」が収録され、著者の関心が示されている。

第5部「終章」札幌大学大学院における最終講義「比較法とともに歩いた50年」によって、所収の論稿の多くについて著者の研究史におけるその位置づけが分かる。

もくじ

信山社　〒113-0033　東京都文京区本郷6-2-9-102
TEL03-38181019　FAX03-3811-3580